AF519069

# Dhyani's Glossarium of Library and Information Science Terms

## (English - Hindi)

By

**Pushpa Dhyani**
*MA, M.Lib. Sc., PhD*

**Ess Ess Publications**

4837/24, Ansari Road, Darya Ganj,
New Delhi-110002
✆ : 3260807, 3201533
Fax : 3274173
E-mail: essess@del3.vsnl.net.in
***url:http://www.essessbooks.com***

**First Published 2002**

**ISBN : 81-7000-312-1**

**Price : Rs. 1200/-**



*Published by:*

**Ess Ess Publications**

4837/24, Ansari Road, Darya Ganj,
New Delhi - 110 002
Phone : 3260807
Fax : 3274173
E-mail : essess@del3.vsnl.net.in
***url:http://www.essessbooks.com***

*Laser Typesetting:*

**Mukesh Graphics**

L-2/8, Mangolepuri, New Delhi
Ph. : 7924405

*Printed at :*

Print Line

**DEDICATED TO MY HUSBAND**

**Prof. S.N. DHYANI**

Former Dean And Head
Faculty of Law,
University of Rajasthan, Jaipur

**WHO KINDLED THE LIGHT OF SCHOLARSHIP IN ME**

# CONTENTS

*Preface*
A ... 1
B ... 55
C ...104
D ...177
E ...207
F ...223
G ...248
H ...260
I ...273
J ...317
K ...321
L ...327
M ...358
N ...385
O ...402
P ...416
Q ...461
R ...464
S ...486
T ...534
U ...557
V ...570
W ...577
X ...585
Y ...587
Z ...588

# Preface

In 1930's Library Association (United Kingdom) proposed to start a new paper Library Terminology, although there were no books available on this subject. With this background LM Harrod ventured upon a project of its own kind. The project published in 1938 was in the form of **Librarian's Glossary** containing merely 176 pages. However, till then the discipline Library Science was an unknown and unfamiliar subject without specific content and nomenclature. The advent of Dr. S.R. Ranganathan became a watershed for the discipline who gave not only a specific and exact name **Library Science** to the discipline but provided a definite theoritical foundation and philosophy to it using his own terminology. This led to a deluge of new specialist concepts and terms which necessitated the need to design an elaborate glossary on the subject. In 1960's the computer technology came into vogue, which brought with it new challenges including new technical terms. Librarian's Glossary was revised in 1959. However, since 1971 under the nomenclature Harrod's Librarian's Glossary and Reference Work was continuously being revised and updated to meet the ever growing influx of new terms. To English speaking professionals and academic community this Glossary has become an important and necessary tool to know the meaning and description of library and information science terms as well as other related terms. However, there has been a complete vacuum for those who crave to know the meaning and description of these concepts and terms in Hindi language. This Glossarium, therefore, aims not only in fulfilling this vacuum but also to provide the exact and correct corresponding, terms together with their meaning, evolution, history, function and use in Hindi language. Although there are few dictionaries available on the subject which provide merely the corresponding terms in Hindi without their elaborate description, but even then there are terms like Energy for which consistently a wrong term ऊर्जा is being used. However, the meaning of this term as is given in the ordinary English - Hindi dictionaries actually means strength or physical power required for doing an action. On the contrary the Fundamental Category Energy connote action which in Hindi means क्रिया. Therefore, the correct version for the Fundamental category Energy is क्रिया and not ऊर्जा.

The author has made a sincere effort to encompass all the probable terms of the subject Library and Information Science. The help of Harrod's Librarian's Glossary and Reference work (Ed. 5, 1984) and few other available dictionaries like पुस्तकालय विज्ञान शब्द कोश By Dr. S. Tyagi, Comprehensive Glossary for Library and Information Science By O.P. Gupta (1994) वृहद प्रशासन शब्दावली of the Department of Education, Government of India (1996) has been taken to compile the Glossarium. Help from many Hindi books on Library & Information Science and Computer Science like that of Prof. S.M. Tripathi, Dr. Pandey S.K. Sharma, S.C. Sharma, Harjeet Kaur and several other text books, reference books and articles of various authors has also been taken. The author acknowledges her sincere gratitude and thanks to all such authors. The author also acknowledge the spontaneous and sincere efforts of M/s Ess Ess Publications, New Delhi in bringing out this publication.

Pushpa Dhyani
253 Panditwari
Phase II,
Dehradun-248007

**AACR**

**एंग्लों अमेरिकन कैटालौगिंग रुल्स का संक्षेपण :** इस सूचीकरण सहिंता का प्रथम संस्करण 1966 में तथा दूसरा संस्करण 1978 में प्रकाशित हुआ। ब्रिटिश, अमेरिकन तथा कनाडा के पुस्तकालय संघों का यह संयुक्त, प्रकाशन है। इसके नियमित रूप से संशोधित संस्करण प्रकाशित किये जाते हैं तथा कई भाषाओं में इसका अनुवाद भी हो चुका है।

**ABACUS**

**अबेकस** अर्थात **गिनतारा :** यह माना जाता है कि इस प्रथम गणितीय गणक उपकरण का अविष्कार लगभग 500 ई॰ पू॰ बेबीलोनिया ग्रीस में हुआ था। इस लकड़ी के फ्रेम के अन्दर तार में मोती जैसे दाने पिरोकर इनसे गणना का कार्य किया जाता था। सामान्य जोड़–गणना के लिये इस माध्यम का स्लेट के रूप में भी प्रयोग किया जाता था। इसे गिनती सिखाने का यंत्र भी कहा जाता है।

**ABBREVIATED CARD**

**संक्षेपित पत्रक :** वह सूची पत्रक जिसमें मुख्य प्रविष्टि से कम सूचना दी जाती है।

**ABBREVIATED CATALOGUE CARD**

**संक्षेपित सूची पत्रक :** मुख्य प्रविष्टि से कम सूचना प्रदान करने वाला सूची पत्रक अर्थात संक्षेपित पत्रक।

**ABBREVIATED CATALOGUE ENTRY**

**संक्षेपित सूची प्रविष्टि :** एक प्रलेख की आख्या, विषय अथवा अनुवादक

आदि से बनी सूची प्रविष्टि जिनमें मुख्य प्रविष्टि के समान सूचना नहीं दी जाती है।

**ABBREVIATED NAME**

**संक्षेपित नाम :** व्यक्ति, पुस्तक, संस्था आदि के नाम के कुछ अक्षरों का प्रयोग करके छोटा कर देना जिसे पूरे नाम के कुछ हिस्से हटाकर अथवा नाम के प्रथम अक्षर प्रयोग करके बनाया जा सकता है।

**ABBREVIATED TITLE**

**संक्षेपित आख्या :** एक कृति के पूरे शीर्षक के स्थान पर प्रयोग की गयी छोटी आख्या, जिसके द्वारा भी कृति को आसानी से पहचाना जा सकता है।

**ABBREVIATED WORD**

**संक्षेपित शब्द :** एक कृति के लेखक द्वारा अपने पूरे वास्तविक नाम के स्थान पर नाम के कुछ भाग को संक्षिप्त में लिखना जैसे शेखरानन्द ध्यानी के स्थान पर एस॰एन॰ ध्यानी लिखना।

**ABCs**

अंग्रेजी भाषा को लिखने व पढ़ने के मूल आधार।

**ABBERRANT COPY**

**विकृत प्रति :** सामान्य प्रलेख अथवा इलैक्ट्रॉनिक टेप की दोषपूर्ण अथवा विकृत प्रति जिसमें जिल्दसाजी या यांत्रिक त्रुटि के कारण दोष अथवा विकृति उत्पन्न हो गई है।

**ABERRATION**

**विपथन :** कम्प्यूटर के इलैक्ट्रॉनिक लैन्स तथा कैथोड रे ट्यूब में असमान्यता अथवा त्रुटि आ जाना।

**ABGILA**

**अबगिला :** पुस्तकालय विज्ञान विषय की पत्रिका। रंगनाथन 1943-53 तक इसके सम्पादक रहे। इसके बाद इस पत्रिका से तीन पत्रिकाओं का जन्म हुआ – Annals of Library Science; ILA Bulletin तथा ग्रन्थालय विज्ञान।

**ABNORMAL SIZE**

**असामान्य आकार :** बहुत छोटे अथवा बहुत बड़े आकार के प्रलेख।

**ABNORMAL TERMINATION**

**असामान्य समाप्ति :** कम्प्यूटर में हार्डवेयर द्वारा किसी त्रुटि का पता लगने पर यह इंगित करना कि पूर्व में आरम्भ की गई कार्यों की श्रृंखला को सही तरह से पूरा नहीं किया जा सकता है।

**ABORT**

**निष्फलन अनुदेश :** कम्प्यूटर में भंडारित किसी भी प्रोग्राम अथवा क्रिया में किसी प्रकार की खराबी अथवा वाइरस आ गया हो तो कम्प्यूटर को यह निर्देश दिया जाता है कि जहाँ यह खराबी है उसे बंद अथवा निष्फल कर दें। इसे ही निष्फलन अनुदेश कहा जाता है।

**ABRIDGED EDITION**

**संक्षिप्त संस्करण :** एक कृति की मुख्य विशेषताओं के आधार पर प्रकाशित संस्करण।

**ABRIDGEMENT**

**संक्षेपण :** एक कृति के मूलभाव तथा एकत्व को सुरक्षित रखते हुए उसका संक्षिप्त अथवा लघुकृत रूपान्तरण।

**ABSENTEE**

**अनुपस्थित :** छात्र, कर्मचारी अथवा अन्य व्यक्ति का अपनी कक्षा अथवा कार्य से अनुपस्थित रहना।

**ABSOLUTE ADDRESS**

**सुनिश्चित पता :** अंकाक्षरो की भाषा में कम्प्यूटर भंडारण स्थान का पूरा व सही पता अथवा डेटा के किसी भाग पर पहचान हेतु प्रयुक्त लेबल। इसे असली पता, सीधा पता, मशीनी पता, विशिष्ट पता भी कहा जाता है।

**ABSOLUTE LOCATION (FIXED LOCATION)**

**सुनिश्चित स्थान :** 1876 से पूर्व पुस्तकालयों में पुस्तकों को शैल्फ की संख्या तथा अन्य चिन्हों के आधार पर वर्गांक आवंटित कर एक सुनिश्चित स्थान प्रदान कर दिया जाता था जिससे पुस्तक के प्रयोग होने के पश्चात् उसी शैल्फ में उसी स्थान पर उसे वापस रखा जा सके।

**ABSOLUTE SIZE (EXACT SIZE)**

**यर्थात आकार :** पुस्तक का सेन्टीमीटर तथा इंचों में मापा गया आकार अथवा सामान्य रूप से स्वीकृत तथा मानकीकृत आकार।

**ABSOLUTE SYNTAX**

**सुनिश्चित विन्यास :** रंगनाथन के अनुसार एक विषय के पक्ष विचारों के क्रम के अनुरूप सारगर्भित शब्दों में उसे जो स्पष्ट नाम दिया जाता है तथा अधिकतम व्यक्तियों के मष्तिष्क में जिस तरह वह व्यवस्थित होता है उसे ही सुनिश्चित विन्यास कहते हैं।

**ABSORBENT PAPER**

**अवशोषक कागज** : मुद्रण में प्रयुक्त अथवा अन्य प्रकार की स्याही को सोखने की क्षमता रखने वाला कागज।

**ABSTRACT**

**सार** : एक कृति अथवा लेख के विषय–वस्तु को थोड़े से शब्दों में व्यक्त कर देना ही सार है। सार सांकेतिक हो सकता है जिसमें लेख व पुस्तक के विषय की सूचना मात्र होती है जबकि सूचनात्मक सार लेख व पुस्तक के विषय–वस्तु की पूर्ण जानकारी प्रदान करके उसकी उपयोगिता से अवगत करा देता है।

**ABSTRACT BULLETIN**

**सार पत्रिका** : वह प्रकाशन जिसमें एक विषय अथवा विभिन्न समान क्षेत्र के विषयों पर विभिन्न पत्र–पत्रिकाओं में प्रकाशित लेखों का सार प्रकाशित किया जाता है जैसे कैमिकल एब्सट्रैक्ट नामक पत्रिका।

**ABSTRACT CARD**

**सार-पत्रक** : वह पत्रक जिसमें पुस्तक/लेख के सार की प्रविष्टि बनाई जाती है।

**ABSTRACT CLASSIFICATION**

**अमूर्त वर्गीकरण** : विषय जगत के वर्गीकरण हेतु अमूर्त एंव काल्पनिक सिद्धान्तों पर बनाई वर्गीकरण रूपरेखा को अमूर्त वर्गीकरण कहा जाता है। रंगनाथन के अनुसार अमूर्त वर्गीकरण के आधार पर एक साथ कई वर्गीकरण मौडल तैयार किये जा सकते हैं जिनमें से जो भी मौडल एक विशिष्ट समय के विषय जगत के अनुरूप हो उस समय उसका प्रयोग किया जा सकता है।

**ABSTRACT ENTRY**

**सार-प्रविष्टि** : एक प्रलेख अथवा लेख के सार के लिये बनाई गयी प्रविष्टि।

**ABSTRACTING**

**सारकरण** : सार बनाने की प्रक्रिया।

**ABSTRACTING, CANON**

**सारकरण, उपसूत्र** : देखिये Canons For Abstracting

**ABSTRACTING JOURNAL (PERIODICAL)**

**सारकरण-पत्रिका** : देखिये Abstract Bulletin.

**ABSTRACTING SERVICES**

**सारकरण सेवा** : एक विशिष्ट क्षेत्र अथवा विषय के प्रलेखों/लेखों की विषय–वस्तु के बारे में उस क्षेत्र अथवा विषय के विशिष्ट उपयोगकर्त्ताओं को संक्षिप्त में जानकारी देने हेतु सार बनाने की प्रक्रिया को सारकरण सेवा कहा जाता है। यह सेवा व्यापक अथवा चयनित हो सकती है।

**ABSTRACTNESS SEQUENCE**

**अमूर्तता अनुक्रम** : रंगनाथन द्वारा प्रतिपादित सहायक अनुक्रम के सिद्धान्तो में गापीनाथ व नीलमेघन द्वारा 1973 में जोड़ा गया एक सिद्धान्त। इस सिद्धान्त के अनुसार वर्गीकरण में यदि विषयों को एक पंक्ति में विषयों अथवा एकलों की एक पंक्ति में एकलों में यदि विभिन्न स्तर की मूर्तता प्रकट होती है, यदि सहायक है तो उनको अमूर्तता को कम करते हुए मूर्तता वृद्धि की ओर व्यवस्थित किया जा सकता है।

**ABSTRACTOR**

**सारकर्ता** : वह व्यक्ति जो एक प्रलेख अथवा लेख के विषय–वस्तु में उल्लिखित मूल तत्वों, सिद्धान्तों, उद्देश्यों, निष्कर्षों आदि के सार को कम से कम शब्दों में अभिव्यक्त करने की योग्यता रखता है। रंगनाथन के अनुसार एक अच्छा सारकर्ता वही हो सकता है जो उस विषय का विशेषज्ञ हो जिस विषय के प्रलेखों/लेखों का सार बनाया जा रहा है साथ ही उसे सार बनाने के नियमों का भी पूर्ण ज्ञान हो।

**ABSOLUTE ORDINAL VALUE OF DIGITS**

**अंकों का सुनिश्चित क्रमसूचक गुण** : एक वर्गीकरण पद्धति की मिश्रित अंकन प्रणाली में प्रयुक्त अंकों के लिये सुनिश्चित किया गया क्रमसूचक गुण जिसे पद्धति में स्थाई रूप से प्रयोग किया जाता है। जैसे कोलन क्लासिफिकेशन में रोमन बड़े अक्षरों का क्रमसूचक गुण अरैबिक अंकों से अधिक निर्धारित किया गया है।

**ACADEMIC LIBRARIES**

**शैक्षणिक पुस्तकालय** : शिक्षण संस्था से संबद्ध पुस्तकालय जैसे स्कूल, कालेज व विश्वविद्यालय से संबद्ध पुस्तकालय।

**ACADEMIC QUALIFICATION**

**शैक्षणिक योग्यता** : शैक्षणिक संस्था के पाठ्यक्रमों के आधार पर अध्ययनरत रह कर उपार्जित योग्यता अथवा उपाधि।

**ACADEMIC SESSION**

**शैक्षणिक-सत्र** : प्रत्येक शिक्षण संस्था द्वारा अपने पाठ्यक्रमों को पूरा

करने हेतु निर्धारित किया गया समय जैसे जुलाई से जून या जनवरी से दिसम्बर।

**ACADEMIC WORK**

**शैक्षणिक कार्य :** शोध कार्यों के आधार पर लिखी गयी कृतियाँ, लेख आदि।

**ACADEMIC YEAR**

**शैक्षणिक-वर्ष :** एक शैक्षणिक–संस्था के नियमित सत्र की अवधि जैसे जुलाई से जून।

**ACCEPTANCE NOTE**

**स्वीकृति पत्र :** आवेदक की माँग अथवा प्रार्थना को स्वीकार करने के बारे में टिप्पणी।

**ACCESS**

**पहुँच अथवा अभिगम :** पाठक द्वारा **पुस्तकालय** में उपलब्ध प्रलेख अथवा सूचना तक पहुँचने की प्रक्रिया; **कम्प्यूटर** में डेटा प्राप्त करने अथवा सूचना पुनः प्राप्ति की प्रक्रिया।

**ACCESS METHOD**

**अभिगम माध्यम : पुस्तकालय में** पाठक द्वारा अपने प्रलेख अथवा सूचना तक पहुँचने के लिये प्रयोग किये गये माध्यम, जैसे लेखक, आख्या, वर्गांक; **कम्प्यूटर में** फाइल से संसाधन हेतु डेटा छाँटने/चयन करने की प्रक्रिया जैसे सीधी पहुँच भंडारण (Direct Access Storage) प्रणाली जिसके द्वारा अन्य प्रकार की फाइलों जैसे क्रमवार पहुँच (Serial Acces), बेतरतीव पहुँच (Random Access) आदि से सम्पर्क किया जा सकता है।

**ACCESS POINT**

**अभिगम बिन्दु :** सूचीकरण अथवा अनुक्रमणीकरण में प्रलेख अथवा लेख की प्रविष्टि के शीर्षक में प्रयुक्त वे शब्द अथवा नाम जिनको पाठक उस प्रलेख अथवा लेख तक पहुँचने के लिये प्रयोग कर सकता है।

**ACCESS TIME**

**पहुँच समय :** कम्प्यूटर की भंडारण इकाई से सूचना अथवा डेटा पुनः प्राप्ति में लगने वाला समय अथवा कम्प्यूटर की बाह्य माध्यमों से सूचना प्राप्त करने में लगने वाला समय।

**ACCESSION**

**अवाप्ति :** प्रलेख को पुस्तकालय की सम्पत्ति बनाने हेतु अवाप्ति–पत्रिका में उसका पूर्ण विवरण व सम्बन्धित सूचना अंकित करना।

**ACCESSION BOOK**

**अवाप्ति पुस्तक : देखिये** Accession Register

**ACCESSION BULLETIN**

**अवाप्ति बुलिटन** : पुस्तकालय में प्राप्त नई पुस्तकों की सूचना देने वाली सूचना बुलिटन।

**ACCESSION CARD**

**अवाप्ति पत्रक** : यदि एक पुस्तकालय में पुस्तकों की संख्या कम है तो अवाप्ति पंजिका के स्थान पर पत्रकों का भी प्रयोग किया जा सकता है।

**ACCESSION DATE**

**अवाप्ति तिथि** : अवाप्ति पंजिका में प्रलेख का विवरण लिखने व उसको क्रम संख्या आबँटित करने की तिथि।

**ACCESSION DEPARTMENT**

**आवप्ति विभाग** : प्रलेखों को अवाप्ति सँख्या आवंटित करने वाला विभाग।

**ACCESSION NUMBER**

**अवाप्ति क्रमांक** : पुस्तकालय में जो भी प्रलेख खरीदा अथवा अन्य स्त्रोतों से प्राप्त किया जाता है उसका सर्वप्रथम पुस्तकालय अवाप्ति पंजिका में विवरण लिखा जाता है तथा पंजिका में पुस्तक की क्रमसंख्या के आधार पर उसे आवाप्ति संख्या आवंटित की जाती है जिसके पश्चात वह पुस्तकालय की सम्पत्ति का हिस्सा बन जाता है। **यूनीटर्म अनुक्रमणीकरण** पद्धति में एक लेख अथवा सामयिक प्रकाशन व अन्य प्रकार के प्रलेखों को भी आवाप्ति क्रमांक आवँटित किया जाता है जिसकी एक विषय के प्रलेखों को प्राप्त करने में महत्वपूर्ण भूमिका होती है।

**ACCESSION NUMBER SECTION**

**आवाप्ति क्रमांक अनुच्छेद** : सूचीकरण संहिता के नियमानुसार सूची प्रविष्टि पत्रक में वह स्थान जहाँ पर प्रलेख का आवाप्ति क्रमांक लिखा जाता है।

**ACCESSION ORDER**

**आवाप्ति क्रम** : शैल्फ में प्रलेखों के अधिग्रहण क्रम अथवा आवाप्ति क्रमांक के आधार पर प्रलेखों की व्यवस्था अर्थात संख्या क्रम व्यवस्था।

**ACCESSION FACET OF CRITICISM NUMBER**

**समीक्षा अंक का प्राप्ति पक्ष** : कोलन क्लासीफिकेशन में ग्रथांक के लिये प्रयुक्त पक्ष परिनियम का एक पक्ष है, ऐसे ग्रन्थ जो उत्कृष्ट होते हुए भी श्रेण्य

नहीं है तो उसको सामान्य पुस्तक की तरह ही वर्गीकृत किया जाता है। किन्तु इस पर यदि कोई समीक्षा अथवा समालोचना लिखी गई है तो उसे संबद्ध पुस्तक मान कर मूल पुस्तक का प्रकाशित वर्ष आंवटित करके उसके पश्चात अंक : g प्रयोग किया जाता है जिसे समीक्षा अथवा संलग्न अंक कहा जाता है। यदि इस प्रकार की एक से अधिक पुस्तकें हैं तो समीक्षा अंक के पश्चात अंक 1, 2, 3 को दूसरी पुस्तक से प्रयोग किया जाता है जिसे समीक्षा अंक का प्राप्ति पक्ष कहा जाता है।

**ACCESSION RECORD**

**अवाप्ति अभिलेख** : देखिये Accession Register।

**ACCESSION REGISTER**

**अवाप्ति पंजिका** : पुस्तकालय में प्राप्त किये जाने वाले प्रत्येक प्रलेख का पूर्ण विवरण – लेखक, आख्या, संस्करण, प्रकाशक, प्रकाशन वर्ष, पृष्ठ तथा आकार, व मूल्य आदि अवाप्ति पंजिका में लिखा जाता है। जिस क्रम संख्या में प्रलेख का पंजीकरण हुआ है उस आधार पर उसे अवाप्ति क्रमांक दिया जाता है। अवाप्ति पंजिका को अवाप्ति अभिलेख भी कहते हैं। अवाप्ति पंजिका के स्थान पर पत्रकों अथवा कम्प्यूटर डेटाबेस का भी प्रयोग किया जाता है।

**ACCESSION STAMP**

**अवाप्ति मुहर** : प्रलेख के आख्या पृष्ठ के पीछे के पृष्ठ पर लगाई जाने वाली रबर की मुहर। इस मुहर द्वारा पुस्तक पर छपे प्रारूप के आधार पर यह सूचना मिल जाती है कि प्रलेख के अधिग्रहण से लेकर पाठक तक उसके पहुँचने तक के किन–किन अनुभागों विभागों ने प्रलेख से सम्बन्धित अपना काम पूरा कर लिया है।

**ACCESSIONS LIST**

**अवाप्ति सूची** : देखिये Accession Register

**ACCESSIONS SECTION**

**अवाप्ति अनुभाग** : पुस्तकालय के तकनीकी कार्यों के विभाग का वह अनुभाग जिसमें पुस्तकालय द्वारा अधिग्रहण किये गये प्रत्येक प्रलेख को अवाप्ति क्रमांक आवंटित किया जाता है।

**ACCOMPANYING MATERIAL**

**संलग्न सामग्री** : एक प्रकाशन के साथ प्रयोग की जाने वाली सामग्री जैसे नक्शा, रिकार्ड आदि जिसे उस प्रकाशन के साथ ही व्यवस्थित किया जाता है। ऐसी सामग्री को सूचीकरण में संलग्न सामग्री माना जाता है।

**ACCOUNTS SECTION**

**लेखा अनुभाग :** पुस्तकालय प्रशासन विभाग का वह अनुभाग जो सभी प्रकार के लेखे सम्बन्धी कार्य देखता है तथा पाठ्य सामग्री के तथा अन्य सभी प्रकार के देयकों के भुगतान की कार्यवाही करता है।

**ACCREDITATION**

**प्राधिकृत करना :** शैक्षणिक संस्था अथवा पाठ्यक्रम को मान्यता प्रदान करना। जिसके लिये एक कमेटी बनायी जाती है जो यह सुनिश्चित करती है कि उस संस्था के पास उस हेतु सभी मूलभूत सुविधायें जैसे भवन, अनुभवी व प्रशिक्षित मानव संसाधन, वित्तीय संसाधन, पुस्तकालय में सम्बन्धित विषय अथवा विषयों के प्रलेखों का उचित संग्रह आदि उपलब्ध है।

**ACORN COMPUTER**

**देखिये :** BBC Micro

**ACOUSTIC COUPLER**

**ध्वनिसंयोजक :** अकुस्टिक मोडम (acoustic modem) में एक विशेष प्रकार का उपकरण होता है जिसे अकुस्टिक कपलर कहा जाता है। टेलीफोन लाइन द्वारा जोड़े गये कम्प्यूटर तथा दूरवर्ती टर्मिनल ध्वनि अथवा स्वर को दोनों ओर से संचारित करने के लिये इस तकनीक का प्रयोग किया जाता है। अर्थात् इसके माध्यम से टेलीफोन लाइनों में ध्वनि संचारित हो जाती है।

**ACOUSTIC MODEMS**

**ध्वनि अधिमिश्रक :** मोडम दो प्रकार की होती है एक वे जिनको टेलीफोन लाइन से सीधा जोड़ा जा सकता है किन्तु इसके लिये डाक व तार विभाग की अनुमति को आवश्यकता होती है। दूसरी वे जिन्हें ध्वनि द्वारा लाइनों से जोड़ा जाता है इनको ही अकुस्टिक मोडेम अथवा ध्वनि अधिमिश्रक कहते हैं। अकुस्टिक मोडम में टेलीफोन के तारों से कोई सम्बन्ध नहीं होता है अपितु इसके लिये अकुस्टिक कपलर का प्रयोग किया जाता है।

**ACQUISITION**

**अधिग्रहण :** पुस्तकालयों में प्रलेखों को प्राप्त करने की प्रक्रिया।

**ACQUISITION DEPARTMENT/SECTION**

**अधिग्रहण विभाग अथवा अनुभाग :** पुस्तकालय का वह विभाग अथवा अनुभाग जिसका कार्य प्रलेखों को खरीद कर अथवा अन्य माध्यमों से प्राप्त करना है।

**ACQUISITION NUMBER**

**अधिग्रहण संख्या** : पुस्तकालय में प्राप्त प्रत्येक प्रलेख को अवाप्ति पंजिका के द्वारा आवँटित क्रम संख्या।

**ACQUISITION POLICY**

**अधिग्रहण नीति** : पुस्तकालय में प्रलेखों को प्राप्त करने की प्रक्रिया को निश्चित करने हेतु बनाई गई नीति।

**ACQUISITION RECORD**

**अधिग्रहण अभिलेख** : देखिये Accession Register।

**ACQUISITION REGISTER**

**अधिग्रहण पंजिका** : देखिये Accession Register।

**ACQUISTION SECTION**

**अधिग्रहण अनुभाग** : देखिये Acquisition Department।

**ACQUISITION WORK**

**अधिग्रहण कार्य** : प्रलेखों का चयन, खरीद, उपहार अथवा विनिमय से प्राप्त करने से सम्बन्धित कार्य।

**ACRONYM**

**परिवर्णी शब्द** : नाम के शब्दों अथवा एक वाक्यांश मे से निकाले गये प्रारम्भिक शब्द। जैसे बाइनरी डिजिट से बना शब्द बिट या अमेरिकन लाइब्रेरी ऐसोसियेशन के लिये प्रयुक्त परिवर्णी शब्द ए॰ एल॰ ए॰।

**ACTAND - ACTION - ACTOR - TOOL PRINCIPLE**

**क्रिया प्रभावी - क्रिया - कर्ता - साधन सिद्धान्त** : रंगनाथन द्वारा पक्ष अनुक्रम के लिये 1964 में प्रतिपादित सिद्धान्त। जिसके अनुसार 'यदि एक विषय में अ जिस पर क्रिया अपना काम कर रहा है, ब क्रिया, स क्रिया करने वाला तथा द साधन माध्यम है तो इनका अनुक्रम अ, ब, स, द होना चाहिये'। एक पक्ष की भिन्न–भिन्न आवर्तनों में अभिव्यक्ति को क्रमबद्ध करने के लिये इस सिद्धान्त का प्रयोग किया जा सकता है। अर्थात पाँच मूलभूत श्रेणियाँ, उनके स्तरों तथा आवर्तनों के अनुक्रम को इस सिद्धान्त के द्वारा निर्धारित किया जा सकता है।

**ACTION**

**क्रिया** : कोलन क्लासीफिकेशन में प्रत्येक वह एकल विचार जिसमें क्रिया की अभिव्यक्ति है उसे मूलभूत श्रेणी क्रिया (Energy) की अभिव्यक्ति माना जाता है। तथापि संस्करण 6 तक ऐसे एकल विचार जिनमें क्रिया नहीं है उनको भी गलत परम्परा के कारण इस श्रेणी में सम्मिलित किया गया है।

**ACTIVE DOCUMENTATION**

**क्रियात्मक प्रलेखन :** इसका दूसरा नाम प्रलेखन कार्य (Documentation Work) है। रंगनाथन के अनुसार प्रलेखन के अन्तर्गत दो प्रकार के क्रियाकलापों का समावेश है – प्रथम पाठक की माँग के पूर्वानुमान के आधार पर किया जाने वाला कार्य जिसे प्रलेखन कार्य अथवा क्रियात्मक प्रलेखन कहा जाता है। इसमें पाठक क्या माँग कर सकता है उसको ध्यान में रख साहित्य तथा सूचना स्त्रोतों का विश्लेषण, सार सेवाएँ, अनुक्रमणीकरण सेवाएँ, सामयिक सूचना अभिज्ञा सेवा, चयनात्मक सूचना प्रसार सेवाएँ, अनुवाद सेवा आदि क्रियाकलापों को किया जाता है जबकि प्रलेखन सेवा अथवा कर्मप्रधान (Passive) प्रलेखन में पाठक के द्वारा विशिष्ट अनुरोध अथवा माँग पर ही सेवा प्रदान की जाती है।

**ACTUAL ARRANGEMENT**

**वास्तविक विन्यास :** किसी वस्तु को एक निश्चित आधार पर वर्गीकरण कर व्यवस्थित करना जिसे देखा भी जा सकता है।

**ADA**

**एडा :** अमेरिका के सुरक्षा विभाग के लिये बनायी गयी उच्च स्तरीय प्रोग्रामन भाषा। इस भाषा का नाम लार्ड बाइरन के बेटी तथा चार्ल्स बैबेज की सहायिका अगस्टा एडा लोबलेस के नाम पर रखा गया है जिन्हें विश्व की प्रथम प्रोग्रामर माना जाता है।

**ADAPTATION**

**रूपान्तरण :** एक पुस्तक को किसी विशिष्ट उद्देश्य से किसी भी भाषा में, पूरा अथवा अंशतः फिर से लिखना अथवा सम्पादित करना। किन्तु इस रूपान्तरण में पुस्तक के विषय–वस्तु में किसी प्रकार का परिवर्तन नहीं किया जाता है। जैसे शेक्सपियर के ड्रामा को नाटक हेतु रूपान्तरित करना। यह संक्षेपण अथवा सार नही है।

**ADAPTED WORK**

**रूपान्तरित कृति :** एक मूल साहित्यिक कृति के आधार पर लिखी अथवा सम्पादित कृति।

**ADAPTER**

**रूपान्तरकर्ता :** एक साहित्यिक कृति को सरल भाषा अथवा अन्य रूप में रूपान्तर करने वाला लेखक।

**ADAPTER CARDS**

**अडेप्टर कार्ड्स :** पर्सनल कम्प्यूटर के सिस्टम यूनिट के अंदर मदरबोर्ड में लगे रिक्त साकेटों में प्रयुक्त किये जाने वाले कार्ड्स।

**ADAPTIVE NOTATION**

**अनुकूली अंकन** : हेनरी इवलिन ब्लिस के अनुसार पुस्तकालय वर्गीकरण के अंकन में नये विषयों व उनके पारस्परिक सम्बन्धों के अनुकूल ही विस्तार की क्षमता होनी चाहिए।

**ADAPTIVENSS OF CLASSES**

**वर्गों की अनुकूलता** : हेनरी इ॰ ब्लिस के 32 सिद्धान्तों में से एक सिद्धान्त है। जिसके अनुसार एक वर्ग में गुण, लक्षण, सम्बन्ध व परिभाषा के दृष्टिकोण से परिवर्तन हो सकता है अथवा उसमें नये गुण अथवा विशेषता का समावेश हो सकता है। इसलिये एक पद्धति में इन वर्गों के अनुकूल ही, बिना किसी नये वर्ग, उपवर्ग की उत्पत्ति के ग्राह्यता संभव होनी चाहिये।

**ADD DEVICE**

**जोड़ विधि** : डीवी डेसीमल क्लासीफिकेशन में प्रयोग की जाने वाली विधि, जो वर्गकार को इंगित करती है कि किस आधार अंक को किस विषय के अंको अथवा वर्गांक के आधार पर विभाजित किया जा सकता है। इस विधि के द्वारा ही डी॰डी॰सी में सहविस्तृत वर्गांक प्रदान किया जा सकता है। 17वें संस्करण तक इस विधि का नाम Divide Like Device था।

**ADDED COPIES**

**अतिरिक्त प्रतियाँ** : पुस्तकालय में पहले से ही उपलब्ध प्रलेखों की अतिरिक्त प्रतियाँ अर्थात एक प्रलेख की एक से अधिक प्रतियाँ।

**ADDED EDITION**

**अतिरिक्त संस्करण** : एक कृति के पहले से उपलब्ध संस्करण से भिन्न संस्करण।

**ADDED ENTRY**

**अतिरिक्त प्रविष्टि** : प्रत्येक पाठक अपनी पुस्तक तक सुगमता से पहुँच सके इस हेतु सूचीकरण में पुस्तक को मुख्य प्रविष्टि के आधार पर उसके लेखक, आख्या, अनुवादक, सम्पादक, ग्रन्थमाला आदि के द्वारा कई अन्य प्रविष्टियाँ भी बनायी जाती है। इनको अतिरिक्त प्रविष्टि की संज्ञा दी जाती है।

**ADDED TITLE ENTRY**

**अतिरिक्त आख्या प्रविष्टि** : पुस्तक में प्रयुक्त आख्या के आधार पर बनायी गयी प्रविष्टि। यदि पुस्तक की आख्या में कुछ विशिष्टता है अथवा इस प्रकार की प्रविष्टि पुस्तक तक पाठक को पहुचाने में सहायक है। जैसे अज्ञात नाम, उपनाम लेखक की पुस्तक, तब अतिरिक्त आख्या प्रविष्टि बनायी जाती है।

**ADDED TITLE PAGE**

**अतिरिक्त आख्या पृष्ठ :** प्रत्येक पुस्तक का एक मुख्य आख्या पृष्ठ होता है जिसमें उल्लिखित सूचना का प्रयोग सूचीकरण में मुख्य प्रविष्टि बनाने के लिये किया जाता है। पुस्तक में इस आख्या पृष्ठ के अतिरिक्त भी महत्वपूर्ण आख्या पृष्ठ हो सकते हैं जैसे ग्रन्थमाला पृष्ठ, दूसरी भाषा में दिया गया आख्या पृष्ठ आदि।

**ADDENDUM/ADDENDA**

**परिशिष्ट :** पुस्तक के तैयार हो जाने के पश्चात जोड़े गये पृष्ठ। ऐसे पृष्ठों को अलग से मुद्रित करके पुस्तक के आरम्भ अथवा अन्त में जोड़ा जाता है।

**ADDITION**

**सम्मिलित करना :** वर्गीकरण पद्धति में विषयों की एक पंक्ति में नये विषयों को अन्तर्वेशन तथा बहिर्वेशन के द्वारा सम्मिलित करना।

**ADDITIONAL COPIES**

**अतिरिक्त प्रतियाँ :** पुस्तकालय में पहले से उपलब्ध प्रलेख की अधिक प्रतियाँ खरीदना।

**ADDITIONAL DESIGNATION**

**अतिरिक्त विवरण :** सूचीकरण में एक प्रविष्टि में सामान्य सूचना के अतिरिक्त अन्य सूचनाओं जैसे तिथि, लेखक के जन्म का साल, घर का पता आदि का विवरण देना।

**ADDITIONAL FEES**

**अतिरिक्त शुल्क :** शैक्षणिक संस्थाओं में पढ़ाई शुल्क के अतिरिक्त अन्य मदों पर लिया जाने वाला शुल्क।

**ADDITIONS LIST OF**

**नये प्रलेख सूची :** पुस्तकालय में प्राप्त किये गये नये प्रलेखों की सूची जो वर्णानुक्रमिक अथवा वर्गीकृत अथवा आवंटित क्रमांक के आधार पर तैयार की जा सकती है।

**ADD NOTES**

**जोड़िए टिप्पणी :** डीवी डेसीमल क्लासिफिकेशन में जोड़ विधि में प्रयुक्त निर्देश टिप्पणी।

**ADDRESS**

**पता :** कम्प्यूटर अनुदेश का वह हिस्सा जो उस स्थान अथवा विधि को इंगित करता है जहाँ पर अथवा जिसके द्वारा कार्य किया जाना है।

**ADENET**

**एडिनेट :** अहमदाबाद पुस्तकालय नेटवर्क की स्थापना 1995 में हुई। निसात द्वारा स्थापित यह देश का पाँचवा नेटवर्क है जिसका मुख्य उद्देश्य अहमदाबाद तथा उसके आस–पास स्थित 150 पुस्तकालयों तथा सूचना केन्द्रों की कार्यविधि में पारस्परिक सहयोग प्रदान करना है।

**ADHOC COMMITTEE**

**तदर्थ समिति :** किसी विशिष्ट उद्देश्य अथवा स्थिति के अध्ययन हेतु बनायी गयी अल्पअवधि समिति, जिसके विचारार्थ विषय भी सुनिश्चित होते हैं। एक स्थाई समिति के पूर्व भी तदर्थ समिति बना दी जाती है।

**ADHOC TRANSLATIONS**

**तदर्थ अनुवाद :** सामयिक प्रकाशनों में प्रकाशित लेखों का चयनित अनुवाद।

**ADJUNCT SUBJECT**

**अनुलग्न विषय :** विषयों की पंक्ति में दो विद्यमान विषयों अथवा एकलों के बीच एक नया विषय अथवा एकल अन्तर्वेश किया जाता है तो उसे अनुलग्न विषय अथवा अनुलग्न एकल कहा जाता है, जैसे कोलन क्लासीफिकेशन के स्थान एकल 44 तथा 45 के बीच अन्तर्वेशित एकल – 44T Nepal, 44VCeylon, 44X Pakistan आदि।

**ADJUNCT MAIN SUBJECTS**

**अनुलग्न मुख्य विषय :** देखिये Adjunct Primary Basic Subjects

**ADJUNCT PRIMARY BASIC SUBJECTS**

**अनुलग्न प्राथमिक मुख्य विषय :** दो या अधिक प्राथमिक मुख्य विषयों के विलयीकरण (Fusion) से बनने वाले एक नये प्राथमिक मुख्य विषय को रंगनाथन ने विलयीकृत (Fused) प्राथमिक मुख्य विषय की संज्ञा दी है। इस प्रकार के विषय में एक मुख्य आधार विषय होता है, इसी आधार विषय में विभिन्न विशिष्ट सूक्ष्मतम विषय व दृष्टिकोणों के विलयन से बनने वाले विषयों को अनुलग्न प्राथमिक विषय कहा जाता है। जैसे कोलन क्लासीफिकेशन में प्राथमिक मुख्य विषय Linguistics के आधार पर बनने वाले अनुलग्न प्राथमिक मुख्य विषय है -Biolinguistics, Psycholingnistics, Sociolinguistics।

**ADJUSTABLE CLASSIFICATION**

**एडजस्टेबल क्लासिफिकेशन :** जेम्स डफ ब्राउन की तीन वर्गीकरण पद्धतियों में से यह दूसरे नम्बर की पद्धति है जिसकी रचना 1897 में की गयी

थी किन्तु उपयोगी सिद्ध न होने पर ब्राउन ने तीसरी वर्गीकरण पद्धति सब्जैक्ट क्लासीफिकेशन की रचना की।

**ADJUSTABLE SHELF**

**समायोज्य निधानी :** प्रलेखों को व्यवस्थित करने के लिये प्रयोग किये जाने वाले ऐसे शैल्फ जिनको प्रलेखों के छोटे अथवा बड़े आकार के अनुरूप ही छोटा अथवा बड़ा किया जा सकता है।

**ADMINISTRATIVE RECORD**

**प्रशासनिक अभिलेख :** पुस्तकालय प्रबन्ध से सम्बन्धित सभी फाइलें, रजिस्टर व अन्य अभिलेख।

**ADMISSION CARD**

**प्रवेश पत्र :** पुस्तकालय के प्रत्येक सदस्य को दिया जाने वाला पत्रक, जिसका प्रयोग पुस्तकालय की पाठ्य सामग्री के उपयोग तथा पुस्तकों के आदान–प्रदान के लिये किया जाता है। इस प्रकार के प्रवेश–पत्र की अवधि सामान्यतया एक शैक्षणिक सत्र की होती है।

**ADMISSION RECORD**

**प्रवेश अभिलेख :** शैक्षणिक संस्थाओं में छात्रों के प्रवेश सम्बन्धित अभिलेख।

**ADOLESCENT LIBRARY**

**किशोर पुस्तकालय :** किशोर अवस्था के पाठकों के लिये पुस्तकालय। इस प्रकार के पुस्तकालय बच्चों व प्रौढ़ों के बीच सेतु का कार्य करते हैं।

**ADULT EDUCATION**

**प्रौढ़ शिक्षा :** समाज के निरक्षरों को शिक्षित करने का एक माध्यम। ऐसे प्रौढ़ जो सामान्य शिक्षण संस्थाओं में शिक्षा नहीं ले सकते हैं उनको साक्षर करना व सभी के लिये शिक्षा ही प्रौढ़ शिक्षा का उद्देश्य है।

**ADVANCE COPY**

**अग्रिम प्रति :** पुस्तक के स्वरूप, जिल्दसाजी आदि को लेखक की सहमति हेतु अथवा विज्ञापन समीक्षा या अन्य उद्देश्यों की पूर्ती हेतु भेजी गई पुस्तक की अग्रिम प्रति।

**ADVANCE PAYMENT**

**अग्रिम भुगतान :** पाठ्य सामग्री अथवा अन्य सामग्री के प्राप्त करने से पूर्व किया गया भुगतान। पुस्तकालयों में सामयिक व शासकीय प्रकाशनों के लिये सामान्यतया अग्रिम भुगतान करना पड़ता है।

**ADVANCED VERSION**

**विकसित विवरण** : पूर्व प्रकाशित पुस्तकों का नये तथ्यों के साथ तथा विषय का अधिक विस्तृत विवरण प्रदान करके प्रकाशित करना।

**ADVERTISEMENT FILE**

**विज्ञापन फाइल** : पुस्तक प्रकाशकों तथा विक्रेताओं के विज्ञापनों को प्रकाशकों व विक्रेताओं के फर्म के नाम से अथवा अन्य माध्यम से व्यवस्थित की गयी फाइल।

**ADVISORY COMMITTEE**

**परामर्श समिति** : पुस्तकालय की नीति निर्धारण करने व सेवाओं को उपयोगी बनाने हेतु परामर्श देने वाली समिति।

**AERIAL MAP**

**आकाशी मानचित्र** : आकाश से लिये गये छाया चित्रों के आधार पर बनाये गये मानचित्र।

**AFFILIATED ASSOCIATION**

**सम्बद्ध संगठन** : एक बड़े संगठन के अन्तर्गत कार्य करने तथा उनकी नीतियों पर चलने वाला संघ।

**AFFILIATED COLLEGE**

**सम्बद्ध विद्यालय** : ऐसे कालेज जो एक विश्वविद्यालय द्वारा निर्धारित पाठ्यक्रमों तथा नीतियों का अनुसरण करते हैं तथापि प्रशासनिक व्यवस्था उनकी स्वंय की होती है।

**AFFILIATING UNIVERSITY**

**सम्बद्धताग्राही विश्वविद्यालय** : विश्वविद्यालय जो अपने पाठ्यक्रमों को विभिन्न सम्बद्ध विद्यालयों/संस्थाओं के माध्यम से चलाती है।

**AFFIX**

**जोड़ना** : अतिरिक्त पाठ्य सामग्री को पुस्तक के अन्त में लगा देना।

**AGENDA**

**कार्य सूची** : सभा, गोष्ठी, सम्मेलन अथवा अधिवेशन में जिस विषय पर विचार – विमर्श होना है उसकी कार्य सूची।

**AGENT**

**अभिकर्ता** : वह व्यक्ति अथवा फर्म जो पुस्तकालय में प्रलेखों तथा अन्य वस्तुओं को उपलब्ध कराने हेतु माँग कर्ता तथा आपूर्ति कर्ता के बीच कड़ी के रूप में कार्य करता है।

**AGGLOMERATION DEVICE**

**पुंजयन विधि :** कोलन क्लासीफिकेशन में एक अनुसूची में अनुसूचित विषयों को एक साथ बिना आपसी सम्बद्धता के एक बड़े पुंज के रूप में एकत्रित करने की प्रक्रिया को पुंजयन कहते है। यह पुंज दो प्रकार से बनाया जा सकता है : पद्धति में लगातार क्रमबद्ध विषयों का एक पुंज बना कर उसको एक नाम व वर्गांक आवंटित कर दिया जाता है। कोलन क्लासीफिकेशन के संस्करण 6 तक इस प्रकार के पुंज को आंशिक समावेशी (Partial Comprehensive) मुख्य वर्ग की संज्ञा दी जाती थी जबकि संस्करण 7 में इसको पुंजित मूल विषय (Agglomerates Basic Subjects) प्रकार I कहा जाता है; दूसरे प्रकार के पुंजित मुख्य विषयों का सृजन वर्गीकरण पद्धति में अनुसूचित विभिन्न अलग–अलग बिखरे हुए विषयों का पुंज बनाकर किया जाता है। सी॰सी॰ में इस प्रक्रिया पर आधारित मुख्य विषय अभी उपलब्ध नहीं है। यू॰डी॰सी॰ में संकेतक + (plus) के माध्यम से इस प्रकार के विषय को बनाया जा सकता है। तथापि इस प्रकार के विषयों की प्रासंगिकता उसी पद्धति तक सीमित होती है जिसमें इनका सृजन किया गया है।

**AGGLOMERATION OF BASIC SUBJECTS**

**मुख्य विषयों का पुंजयन :** विभिन्न सत्वों अथवा विषयों को बिना उनके पारस्परिक सम्बद्धता के एक पुंज बना कर मुख्य विषयों की सूची में सम्मिलित कर लिया जाता है। जिससे विभिन्न क्षेत्रों/विषयों पर आधारित प्रलेखों को वर्गीकृत किया जा सके। कोलन क्लासीफिकेशन में इस प्रकार के पुंजित मुख्य विषयों के कुछ उदाहरण इस प्रकार है – Physical Sciences BZ (Ed6) B*Z (Ed7); Agriculture and Forestry J*Z (Ed7)।

**AGGREGATE**

**सत्व समूह :** वर्गीकरण में सत्वों अथवा विषयों का एक समूह अथवा समुच्चय, जिनको बिना किसी विशिष्ट क्रम के एक साथ एकत्रित कर एक समूह बना दिया जाता है जैसे विभिन्न विषयों की पुस्तकों का संग्रह, विभिन्न देशों का समूह, शिक्षा की विभिन्न प्रणालियाँ आदि।

**AGLIS**

एगलिस : 1933 में भारतीय शासकीय पुस्तकाध्यक्ष संघ (Government of India Librarians Associations) के नाम से स्थापित किया गया। 1977 में इसका नाम शासकीय पुस्तकाध्यक्ष एवं सूचना विशेषज्ञों का संघ (Association of Government Librarians and Information Specialists) कर दिया गया। इसका मुख्य उद्देश्य पुस्तकालय एंव सूचना विज्ञान के विकास हेतु कार्य करना है।

**AGRICULTURAL RESEARCH INFORMATION CENTRE (ARIC)**

**कृषि अनुसंधान सूचना केन्द्र** : एग्रिस के क्रियाकलापों में एक सक्रिय सदस्य के रूप में भाग लेने का निर्णय भारत सरकार के कृषि मंत्रालय द्वारा 1974 में लिया गया तथा इस हेतु 1975 में भारतीय कृषि अनुसंधान परिषद के अधीन कृषि अनुसंधान सूचना केन्द्र की स्थापना की गयी। यह केन्द्र कृषि विज्ञान एवं प्रौद्योगिकी से सम्बन्धित भारत में प्रकाशित साहित्य को एग्रिस सूचना प्रणाली में निवेश करता है तथा प्रतिवर्ष 40,000 से अधिक संदर्भ एग्रिस डेटाबेस के लिये भेजता है। प्रथम दस वर्षों 1975-1984 में ही 30,000 संदर्भ एग्रिस में निवेश हेतु भेजे गये। एग्रिस से प्राप्त चुम्बकीय टेप, सी॰डी॰ रोम व आनलाइन सेवा से भारतीय कृषि वैज्ञानिकों को अन्तर्राष्ट्रीय स्तर की सूचना प्राप्त हो जाती है।

**AGRINDEX**

**एग्रिन्डेक्स** : एग्रिस–अन्तर्राष्ट्रीय कृषि विज्ञान एंव प्रौद्योगिकी सूचना प्रणाली द्वारा 1975 में एक मासिक पत्रिका **एग्रिन्डेक्स** आरम्भ की गई। जिसके प्रथम संस्करण में ही 40 देशों से प्राप्त सूचना संदर्भ प्रकाशित किये, गये। वर्तमान में एग्रिस के 128 राष्ट्रीय तथा 17 अन्तर्राष्ट्रीय केन्द्र सूचना स्त्रोत है। इसलिये इस पत्रिका में अब 50 भाषाओं के 7000 से अधिक सामयिक एवं अन्य प्रकार के प्रकाशनों से 11000 से अधिक संदर्भ सम्मिलित किये जाते हैं। प्रत्येक निवेश केन्द्र को पत्रिका की प्रति निःशुल्क भेजी जाती है।

**AGRIS**

**एग्रिस** : यह शब्द International Information System for Agricultural Science and Technology का सूक्ष्म है। अन्तर्राष्ट्रीय कृषि विज्ञान एवं प्रौद्योगिकी सूचना प्रणाली को स्थापित करने का निर्णय खाद्य एवं कृषि संगठन (FAO) के 16 वे सम्मेलन (1971) में लिया गया। अन्तर्राष्ट्रीय स्तर पर कृषि के क्षेत्र से सम्बन्धित सूचना के प्रचार, प्रसार व सहयोग में इसकी महत्वपूर्ण भूमिका है। इसमें 128 राष्ट्रीय तथा 17 अन्तर्राष्ट्रीय केन्द्रों से सूचना प्राप्त होती है। इस सूचना सामग्री के आधार पर अनुक्रमणिका एग्रिन्डेक्स तथा चुम्बकीय टेप तैयार किये जाते हैं। एग्रिस सेवा अब आनलाइन तथा सी॰डी॰ रोम पर भी उपलब्ध है। कृषि विज्ञान एवं प्रौद्योगिकों से सम्बन्धित भारत में प्रकाशित सूचना सामग्री को भारतीय कृषि अनुसंधान परिषद के अधीन कृषि अनुसंधान सूचना केन्द्र (ARIC) द्वारा भेजी जाती है।

**AHMEDABAD LIBRARY NETWORK**

देखिये ADENET

**AI**

देखिये Artificial Intelligence

**AIDED LIBRARY**

**सहायता प्राप्त पुस्तकालय** : वह पुस्तकालय जिनको सरकार द्वारा आर्थिक सहायता प्राप्त होती है इसलिये उसके द्वारा निर्धारित नियमों का पालन भी आवश्यक होता है।

**ALA.**

देखिये American Library Association

**ALBUM**

**एलबम** : लिफाफों की किताब अथवा ग्रामाफोन रिकार्ड रखने का जैकेट अथवा ऐसी खाली पृष्ठों की पुस्तक जिसमें टिकट, चित्र, कविता, विशिष्ट लोगों के हस्ताक्षर, आदि को लिखा अथवा चिपकाया जा सके।

**ALBUM LETTER OR NUMBER**

**एलबम अक्षर अथवा संख्या** : ग्रामोफोन के एलबम पर उत्पादक द्वारा आवंटित क्रम संख्या अथवा अक्षर।

**ALGOL**

**अलगोल** : यह एलगोरिथमिक लैंग्वेज के लिये प्रयुक्त सूक्ष्म शब्द है जो कि गणित तथा वैज्ञानिक क्षेत्र के लिये एक उच्चस्तरीय कम्प्यूटर भाषा है। इसका मूल नाम अन्तर्राष्ट्रीय अलजेबरिक भाषा [International Algebraic Language (IAL)] है। कम्प्यूटर प्रोग्रामिंग की इसे प्रथम भाषा माना जाता है। इस भाषा को अमेरिकन एंव यूरोपियन कम्पूटिंग संघों द्वारा 1958 में विकसित किया गया। इस भाषा का प्रभाव बाद की सभी कम्प्यूटर भाषाओं पर पड़ा।

**ALGORITHM**

**एलगोरिथम** : कम्प्यूटर में चरणबद्ध निर्देश, जिनके आधार पर सवाल या समस्या हल किये जा सकते हैं अर्थात एक समस्या को सुलझाने में प्रयोग की जाने वाली विधि को क्रमांक रूप से रखना एलगोरिथम कहलाता है। एलगोरिथम लिखने की प्रक्रिया को आसान बनाने के लिये, फ्लो चार्टस प्रयोग किये जाते हैं जिसमें समस्या को हल करने से पहले समस्या को संक्षिप्त रूप से दर्शाया जाता है।

**ALGORITHM TRANSLATION**

**एलगोरिथम अनुवाद** : एलगोरिथम के माध्यम से एक भाषा का दूसरी भाषा में अनुवाद करना।

**ALIEN - PENUMBRAL - UMBRAL - PENUMBRAL - ALIEN (APUPA) PATTERN.**

**अपूपा पैटर्न :** रंगनाथन द्वारा प्रतिपादित इस सिद्धांन्त के अनुसार शेल्फ में पुस्तकों की व्यवस्था इस प्रकार की जानी चाहिए जिससे एक पाठक को अपनी रूचि अथवा विषय की पुस्तकों के साथ–साथ उससे संबद्ध व प्रासंगिक पुस्तकें एक साथ सुनिश्चित व सुव्यवस्थित रूप से प्राप्त हो सके। इस विधि में प्रयुक्त शब्दों की श्रृखंला में Umbral उन पुस्तकों के स्थान को इगिंत करता है जिसमें पाठक की रूचि है व जिस विषय से उसका सम्बन्ध है इसलिये अपूपा पैर्टन में शब्द U प्रासंगिक प्रलेखों को इंगित करता है। प्रासंगिक प्रलेखों के दोनों तरफ ऐसे प्रलेख व्यवस्थित किये जाने चाहिये जो कुछ सीमा तक प्रांसगिक प्रलेखों से संबद्ध है ऐसे संबद्ध प्रलेखों के लिये शब्द Penumbral प्रयोग किया गया है इसलिये अपूपा पैर्टन में U के दोनों तरफ शब्द P रखा गया है अर्थात PUP शब्दों की इस श्रृँखला के पश्चात A अर्थात Alien अर्थात असंबद्ध प्रलेखों को व्यवस्थित किया जाता है अर्थात ऐसे प्रलेख जिनका अम्बरल (U) से कोई सम्बद्ध नही है।

**ALIEN RECORDS**

**असंबद्ध अभिलेख/प्रलेख :** अपूपा पैर्टन का प्रथम व अन्तिम अक्षर A है अर्थात एलियन अर्थात विदेशी अर्थौत ऐसे प्रलेख जो एक पाठक के लिये अप्रासंगिक है।

**ALIEN REGION**

**असंबद्ध क्षेत्र :** शेल्फ का वह भाग अथवा स्थान जिसमें एक पाठक के दृष्टिकोण से अप्रासंगिक प्रलेख व्यवस्थित किये गये हैं।

**ALIEN SUBJECTS**

**असंबद्ध विषय :** ऐसे विषय जो एक पाठक की रूचि अथवा विषय से संबद्ध न हो अर्थात अप्रांसगिक है।

**ALLOCATE**

**बाँटना :** कम्प्यूटर की बाह्य इकाई अथवा स्मृति क्षेत्र को एक प्रोग्राम के नियंत्रण में व्यवस्थित करना अथवा कम्प्यूटर के संसाधनों को दो या अधिक इकाईयों में बाँटना।

**ALLOCATION**

**आवँटन : पुस्तकालय** की धनराशी को विभिन्न मदों के लिये आवंटित करना; **वर्गीकरण** पद्धति में एकल विचारों को एक पंक्ति में स्थान अथवा एकल अंक आवंटित करने की प्रक्रिया।

**ALLONYM**

**छद्म नाम :** किसी अन्य व्यक्ति के नाम से लिखने वाला लेखक। सामान्यतया एक ऐतिहासिक व्यक्ति के नाम का प्रयोग इस हेतु किया जाता है।

**ALL-PURPOSE COMPUTER**

**बहुप्रयोजक कम्प्यूटर :** एक सामान्य कम्प्यूटर जिसमें विभिन्न प्रोगामों के आधार पर विभिन्न समस्याओं को हल किया जा सकता है।

**ALL-RIGHTS RESERVED**

**सर्वाधिकार सुरक्षित :** प्रत्येक प्रलेख में प्रकाशित पाठ्य सामग्री के सम्बन्ध में अंकित वक्तव्य, जिसके अनुसार लेखक/प्रकाशक की अनुमति के बिना प्रलेख की पाठ्य सामग्री का उपयोग अन्य प्रलेख में नहीं किया जा सकता है।

**ALL UNION INSTITUTE OF SCIENTIFIC AND TECHNICAL INFORMATION**

देखिये VINITI

**ALMANAC**

**पचांग :** मूल रूप से पंचाग अथवा पत्रे के रूप के प्रकाशित होने वाला प्रलेख है जिसमें ज्योतिष सम्बन्धी सूचनाएँ प्रकाशित होती है, किन्तु वर्तमान समय में एक सामान्य वार्षिकी की तरह ही इसमें विभिन्न प्रकार की सूचनायें सम्मिलित की जाती हैं।

**ALMOST - ENUMERATIVE CLASSIFICATION SCHEME**

**लगभग परिगणनात्मक वर्गीकरण पद्धति :** वर्गीकरण पद्धति, जिसमें भूतकाल, वर्तमान तथा विषय के सम्भावित विषयों के लिये तैयार वर्गांक दिये जाते हैं। केवल कुछ सामान्य सारणियाँ अलग से प्रदान की जाती है जिनके आधार पर वर्गकार आवश्यकतानुसार वर्गांक बना सकता है। डीवी डेसीमल क्लासीफिकेशन को इसी श्रेणी में रखा जाता है।

**ALMOST - FACETED CLASSIFICATION SCHEME**

**लगभग पक्षात्मक वर्गीकरण पद्धति :** इस प्रकार की पद्धति की अनुसूची में भूतकाल, वर्तमान व भविष्य के सम्भावित विषयों के लिये तैयार वर्गांकों के साथ–साथ सामान्य व विशिष्ट सहायक सारणियाँ भी प्रदान की जाती है जो सहविस्तृत वर्गांक बनाने में सहायक होती है। यू.डी.सी. तथा बी.सी्. पद्धति के प्रथम संस्करण को इसी श्रेणी में रखा जाता है।

**ALMOST - FREELY - FACETED CLASSIFICATION SCHEME**

**लगभग निर्बाध पक्षात्मक वर्गीकरण पद्धति :** इस प्रकार की पद्धति में

मिश्रित विषयों की व्याख्या के आधार पर ही पक्षों का निर्धारण किया जाता है, किन्तु मिश्रित विषय के एक ही आवर्तन में घटित घटकों को विभिन्न स्तरों में व्यवस्थित किया जाता है जो अनम्यता (Rigidity) उत्पन्न करता है। कोलन क्लासीफिकेशन के संस्करण 4 से 6 को इसी श्रेणी में रखा जाता है।

**ALPHABET**

**वर्णमाला** : एक भाषा के निर्धारित क्रमसूचक गुण सहित उस भाषा को सीखने के अक्षर तथा प्रारम्भिक ज्ञान के सिद्धान्त।

**ALPHABETICAL ARRANGEMENT**

**वर्णानुक्रमिक विन्यास** : सूची, अनुक्रमणिका, ग्रन्थ–संदर्भ सूची आदि में लेखक, आख्या, विषय, अनुवादक आदि की प्रविष्टियों को अथवा शैल्फ में प्रलेखों को उनमें प्रयुक्त शब्दों के आधार पर व्यवस्थित करना।

**ALPHABETICAL CATALOGUE**

**वर्णानुक्रमिक सूची** : सूची जिसमें लेखक, आख्या तथा विषय के लिये बनाई गई प्रविष्टियों को उनमें प्रयुक्त अक्षरों के आधार पर वर्णानुक्रमिक में व्यवस्थित किया जाता है।

**ALPHABETICO - CLASSED CATALOGUE**

**वर्णानुक्रमिक - वर्गात्मक सूची** : यह एक प्रकार की विषय सूची है, जिसमें वर्णात्मक तथा वर्गीकृत सूची दोनों का इस प्रकार सम्मिश्रण प्रस्तुत किया जाता है कि प्रविष्टियों को विषय के शीर्षकों अथवा विभाजनों, उपविभाजनों के उपशीर्षकों को श्रेणियों के अनुसार वर्णानुक्रम में व्यवस्थित किया जा सकता है।

**ALPHABETIC CODE**

**वर्णानुक्रमिक संकेत पद्धति अथवा संहिता** : कम्प्यूटर में डेटा कोडिंग का एक ढंग जिसमें सूचना प्रस्तुत करने के लिए शब्दों के संयोजन अथवा संक्षेपण का प्रयोग किया जाता है।

**ALPHABETICAL DEVICE**

**वर्णानुक्रमिक विधि** : वर्गीकरण में विषयों अथवा एकल विचारों को विभाजित करने अथवा स्पष्ट स्वरूप प्रदान करने के लिये इस विधि का प्रयोग किया जाता है जिसमें उस विषय अथवा एकल विचार के नाम का प्रथम एक या दो अक्षरों अथवा पूरे नाम का प्रयोग वर्गांक बनाने के लिये किया जाता है।

**ALPHABETICAL INDEX**

**वर्णानुक्रमिक अनुक्रमणिका** : ऐसी सूची जिसमें एक पुस्तक अथवा वर्गीकरण पद्धति में उल्लिखित विषय–वस्तु अथवा विषय जगत में प्रयुक्त शब्दों

व नामों का शब्दानुशब्द क्रम में व्यवस्थित करने के साथ ही उसके निर्धारित स्थान को भी इगिंत करता है।

**ALPHABETICAL MNEMONICS**

**शाब्दिक स्मृतिसहायक** : रंगनाथन द्वारा प्रतिपादित चार प्रकार के स्मृति सहायक में एक शाब्दिक स्मृति सहायक है जिसके अनुसार यदि किसी भी विषय अथवा एकल विचार को विभाजन, उपविभाजन अथवा स्पष्ट स्वरूप प्रदान करने के लिये उसके नाम के एक, दो या अधिक अक्षर प्रयोग किये जाते हैं तो पद्धति में उस विषय एकल विचार की जहाँ भी पुनरावृत्ति हो उसके नाम के वे ही शब्द विषय अथवा एकल विचार को विभाजित करने तथा वर्गांक अथवा एकल अंक बनाने के लिये प्रयोग किये जाने चाहिये।

**ALPHABETICAL PART OF CATALOGUE**

**सूची का वर्णानुक्रमिक भाग** : पुस्तकालय सूची का वह भाग जिसमें पत्रकों को प्रलेख के लेखक, आख्या, अनुवादक, ग्रन्थमाला आदि में प्रयुक्त शब्दों के आधार पर शब्दानुशब्द व्यवस्थित किया जाता है।

**ALPHABETICAL SCATTERING**

**वर्णानुक्रम से छितराव** : हर विषय का अपना एक विशिष्ट नाम होते हुए भी वह एक वृहद विषय से सम्बद्ध होता है। रंगनाथन के अनुसार यदि प्रलेखों का विन्यास विषयों के नामों से किया जाता है तो वह अपने संबद्ध विषय से अलग हो जाता है। इस प्रकार वर्णानुक्रम संबद्ध विषयों को छितराव अथवा बिखरा देता है तथा पाठकों के लिये सहायक सिद्ध नहीं होता है।

**ALPHABETICAL SEQUENCE**

**वर्णानुक्रमिक अनुक्रम** : विषयों लेखकों, देशों अथवा अन्य वस्तुओं का यदि उनके लिये प्रयुक्त अक्षरों के आधार पर अनुक्रम बनाया जाता है तो उसे वर्णानुक्रमिक अनुक्रम कहते हैं। रंगनाथन के अनुसार एक वर्गीकरण पद्धति में विषयों एवं एकलों को सहायक अनुक्रम में व्यवस्थित करने हेतु वर्णानुक्रमिक अनुक्रम तब ही प्रयोग किया जाना चाहिये जब अन्य उपलब्ध सिद्धान्तों के आधार पर इससे अच्छा अनुक्रम प्राप्त न किया जा सकता हो।

**ALPHABETICAL SUBJECT CATALOGUE**

**वर्णानुक्रमिक विषय सूची** : पुस्तकों के विशिष्ट विषय को व्यक्त करने के लिये प्रविष्टियों के शीर्षकों के लिये शब्दों, पदों अथवा वाक्याशों का प्रयोग करके उनको यदि वर्णानुक्रम में व्यवस्थित किया जाता है तो उसे वर्णानुक्रमिक विषय सूची कहा जाता है। इस प्रकार की सूची का मुख्य उद्देश्य पाठक को यह सूचित करना है कि पुस्तकालय में किसी विशिष्ट विषय पर कौन सी पुस्तकें उपलब्ध है।

**ALPHABETISATION**

**वर्णानुक्रमण :** शब्दों, नामों अथवा वाक्याशों की सूची को वर्णानुक्रम में घ्यवस्थित करना। यह दो प्रकार से किया जा सकता है – शब्दानुशब्द अथवा पूरे अक्षरों के आधार पर।

**ALPHABETOLOGY**

वर्णानुक्रम लेखन के विकास का अध्ययन।

**ALPHANUMERIC**

**अंकाक्षर :** अक्षरों, अंकों तथा अन्य प्रकार के चिन्हों के आधार पर बनी एक माला या सेट।

**ALPHA - NUMERICAL - INDEXING**

**अक्षर - क्रमांक मिश्रित अनुक्रमणीकरण :** अनुक्रमणीकरण पद्धति जिसमें मुख्य विषयों को वर्णानुक्रम से तथा इनके उपविभाजनों को क्रमांक के आधार पर व्यवस्थित किया जाता है। प्रलेखों को भी क्रमांक के आधार पर ही पहचाना व व्यवस्थित किया जाता है।

**ALTERNATIONS**

**रद्दोबदल :** पुस्तक प्रकाशन से पूर्व प्रुफ की प्रतियों में आवश्यक सुधार, परिवर्तन आदि करना।

**ALTERNATIVE LOCATIONS**

**वैकल्पिक स्थान :** ब्लिस के अनुसार पाठकों के विभिन्न दृष्टिकोणों तथा उद्देश्यों को पूरा करने हेतु एक वर्गीकरण पद्धति में वैकल्पिक स्थानों का प्रावधान किया जाना चाहिये। ब्लिस ने अपनी वर्गीकरण पद्धति बिब्लियोग्राफिक क्लासीफिकेशन में ऐसे ही वैकल्पिक स्थानों की सूची सारणी V में प्रदान की है जिसका प्रयोग विभिन्न मुख्य वर्गों तथा उनके उपविभाजनों के लिये सही विकल्प निर्धारित करने में सहायक होता है।

**ALTERNATIVE CLASS NUMBERS**

**वैकल्पिक वर्गांक :** ब्लिस की बिब्लियोंग्राफिक क्लासीफिकेशन में वैकल्पिक वर्गांक का प्रावधान है। खण्ड 1 की सारणी V व VI में इस प्रकार के वैकल्पिक वर्गांकों की सूची दी गयी है, जो वर्गकार को यह स्वायत्तता देता है कि इनमें से उपयुक्त वर्गांक का प्रयोग कर सकता है।

**ALTERNATIVE TITLE**

**वैकल्पिक आख्या :** वैकल्पिक आख्या को सामान्यतः उपआख्या कहा जाता है जो एक प्रलेख में मुख्य आख्या के बाद विभिन्न प्रकार से लिखा जाता

है। यदि एक प्रलेख कई भाषाओं का प्रकाशन है तो उसमें हर भाषा की पृथक आख्या हो सकती है जिसे मुख्य शीर्षक आख्या की तरह प्रयोग किया जा सकता है। इन सभी वैकल्पिक आख्याओं में से एक को चुनना आवश्यक होता है।

**A.L.U.**

देखिये Arithmetic Logic Unit

**ALVEY PROGRAMME**

देखिये Fifth Generation Computer.

**AMATEUR CLASSIFICATION**

**अव्यावहारिक वर्गीकरण :** रंगनाथन के अनुसार अप्रवीण वर्गाचार्य द्वारा शाब्दिक स्मृतिसहायको के आधार पर बनायी गयी वर्गीकरण पद्धति जो निरन्तर बढ़ते हुए विषय जगत को न तो ग्राह्यता प्रदान कर सकती है न. सहायक अनुक्रम। इस प्रकार की अव्यावहारिक वर्गीकरण पद्धति बनाने का प्रयत्न कई वैज्ञानिकों भी किया है।

**AMBIGUOUS TITLE**

**अस्पष्ट आख्या :** प्रलेख की ऐसी आख्या जो स्पष्ट न होने के कारण भ्रान्ति उत्पन्न करता हो।

**AMERICAN BRAILLE**

ब्रैल का अति पुराना प्रकार।

**AMERICAN CHEMICAL SOCIETY**

**अमेरिकन कैमिकल सोसाइटी :** यह रसायन विज्ञान क्षेत्र की सबसे बड़ी वैज्ञानिक परिषद है जिसके सदस्यों की संख्या 1,40,000 से अधिक है। 1907 से कैमिकल अब्सट्रैक्टस का प्रकाशन कर रहा है जो विश्व की विशालतम संस्करण सेवा पत्रिका है। इसके अतिरिक्त सामयिक सूचना सेवा तथा चयनात्मक सूचना सेवा हेतु कई महत्वपूर्ण पत्र पत्रिकाऐं प्रकाशित की जाती है। 1988 से रसायन साहित्य के डेटाबेस तैयार कर रहा है तथा इसे आनलाइन के माध्यम से अन्तर्राष्ट्रीय स्तर पर वैज्ञानिकों तक पहुँचाया जाता है।

**AMERICAN LIBRARY ASSOCIATION (ALA)**

अमेरिकन लाइब्रेरी ऐसोसिएशन की स्थापना 6 अक्टूबर 1876 को फिलाडिलफिया में हुई। राष्ट्रीय स्तर पर स्थापित होने वाला यह पुस्तकालय क्षेत्र का प्रथम संगठन था जिसके प्रथम सचिव मेलविल डीवी थे। डीवी के प्रयासो से ही इस संघ को स्थापित किया गया। इस संघ का मुख्य उद्देश्य न्यूनतम व्यय पर अधिकतम लोगों के लिये श्रेष्ठतम पाठ्य सामग्री (The best reading for the greatest number at the least cost) निर्धारित किया गया। अंग्रेजी में इसके संक्षिप्त नाम ए॰एल॰ए॰ (ALA) को भी संदर्भ सेवा का सूचक 'पुस्तकालय से कुछ भी पूछिये' (Ask Library Anything) बनाया गया। 1876 में मात्र 103, सदस्य से आरम्भ किया जाने वाले इस संघ में वर्तमान में 50,000 से अधिक सदस्य है। संघ के उद्देश्यों को सुचारू रूप से कार्यान्वित करने हेतु इसके कार्यों को 13 विभागों में विभाजित किया गया है जैसे – बाल सेवा विभाग, पुस्तकालय प्रशासन विभाग, सार्वजनिक पुस्तकालय विभाग आदि। संघ द्वारा प्रकाशित की जाने वाले कुछ प्रमुख प्रकाशन हैं – अमेरिकन लाइब्रेरीस, बुकलिस्ट, मेम्बरशिप डाइरेक्टरी आदि।

**AMERICAN SOCIETY FOR INFORMATION SCIENCE (ASIS)**

**अमेरिकन सोसाइटी फार इन्फोरमेशन सांइस** : सूचना विज्ञान के क्षेत्र मे यह एक महत्वपूर्ण संगठन है जिसकी स्थापना अमेरिकन डाक्यूमेनटेशन इन्स्टिट्यूट के नाम से 1937 में की गयी थी, 1967 में इसका नाम अमेरिकन सोसाइटी फार इन्फोरमेशन सांइस कर दिया गया। यह एक अलाभकारी संघ है जिसका मुख्य उद्देश्य सूचना हस्तान्तरण प्रक्रिया विकास में सहायक होना है। इसके मुख्य प्रकाशन है – Journal of the American Society for Information Science; Information Science Abstracts; ASIS News letter; आदि।

**AMERICAN STANDARD CODE FOR INFORMATION INTERCHANGE**

देखिये ASCII Code

**AMPERE'S CLASSIFICATION**

फ्रैंच दार्शनिक मेरे एम्पियर (Andre Marie Ampere 1776 - 1836) ने नैचुरल (Naturelle) नाम से 1934 में वर्गीकरण पद्धति बनाई। जिसमें विषय जगत को उनके सम्बन्धों व उद्देश्यों के आधार पर स्पष्ट रूप से क्रमबद्ध किया गया था। पद्धति को अधिक उपयोगी बनाने हेतु इसे तीन स्तरों – प्रथम क्रम के विज्ञान को दूसरे क्रम के विज्ञान से तथा इसे तीसरे क्रम के विज्ञान में विभाजित किया गया। वर्गीकरण पद्धति के इतिहास में एम्पियर की पद्धति को प्रथम क्रमबद्ध व विस्तृत पद्धति माना जाता है।

**AMPERSAND**

**ऐम्परसैड (& का चिन्ह)** : यह चिन्ह अंग्रेजी शब्दों and, thus के लिये प्रयुक्त सूक्ष्म शब्द है। कोलन क्लासिफिकेशन में इसे पद्धति की अंकन प्रणाली में सम्मिलित किया गया है तथा संस्करण सात में इसका प्रयोग विषय सम्बन्ध विधि (Phase - Relation) के लिये संकेतक के रूप में किया गया है। इस

संकेतक का प्रयोग **कम्प्यूटर** में भी किया गया है लेकिन सामान्यतः कम्प्यूटर वैज्ञानिक इसके स्थान पर A-N-D का ही प्रयोग पसंद करते हैं।

**AMPLIFIED BASIC CLASS**

**विस्तारित मूल वर्ग :** कोलन क्लासिफिकेशन में प्रणाली (Systems) तथा विशिष्ट विषय क्षेत्र (Special) से बनने वाले मुख्य वर्गों को आरम्भ में विस्तारित मूल वर्ग कहा जाता था। 1968 के बाद एक नयी अवधारणा के प्रतिपादन होने से इनको संयोजित मूल विषय (Compound Basic Subjects) की संज्ञा दी गयी है।

**AMPLIFIED CLASS**

**विस्तारित वर्ग :** कई सत्वों से मिलकर बने बहुविध वर्ग में यदि एक आभासी सत्व को जोड़ कर और अधिक संवर्धित कर दिया जाता है तो उसे रंगनाथन ने विस्तारित वर्ग की संज्ञा दी है।

**ANAGRAM**

**वर्ण विपर्यय :** किसी शब्द अथवा वाक्य के अक्षर या शब्दों को इस प्रकार बदलना कि नये शब्द या वाक्य बन जाये।

**ANALECTS**

**सूक्ति संग्रह :** साहित्यिक अंशों, खण्डों का चयनित संग्रह।

**ANALET**

**सारशब्द :** वर्गीकरण में मिश्रित एवं जटिल विषयों की चरणबद्ध संक्षिप्त व्याख्या। रंगनाथन ने प्रलेख के विषय की व्याख्या के आधार पर मुख्य विशेषताओं को श्रेणियों में क्रमबद्ध करने हेतु एक प्रंक्रिया प्रतिपादित की है जिसे पक्ष–व्याख्या कहते हैं। इसी प्रकार जे॰ई॰ एल फैराडेन ने जटिल विषयों में विभिन्न प्रकार के सम्बन्धों को दिखाने हेतु संकेतकों को प्रतिपादित किया जिनके आधार पर जटिल विषय को एक रेखीय क्रम में सार शब्दों में अभिव्यक्त किया जा सके। यह माना जाता है। अनालेट – Analysis व Set से मिल कर बना है अर्थात विश्लेषण के आधार पर बनाया गया सेट अथवा कड़ी।

**ANALOG COMPUTER**

**एनालौग कम्प्यूटर :** वैज्ञानिक कार्यों के लिये प्रयोग किया जाने वाला कम्प्यूटर। इस प्रकार के कम्प्यूटर में सूचना भंडारण भौतिकीय रूप – तोल, वजन, मात्रा, विद्युत प्रवाह आदि के रूप में किया जाता है। ये कम्प्यूटर जिस विशिष्ट कार्य हेतु बनाये जाते हैं उसी कार्य को कर सकते हैं।

**ANALOG SIGNAL**

**एनालौग सिगनल :** ऐसा इलैक्ट्रोनिक संकेतक जो बिजली के धारामाप/वोल्टेज का लगातार संकेत देता रहता है।

**ANALOGUS SUBJECT DEVICE**

**समानान्तर विषय विधि** : कोलन क्लासीफिकेशन में 1955 से पूर्व एक मुख्य वर्ग के एकल अंक को दूसरे मुख्य वर्ग में समानान्तर विषय विधि द्वारा प्रयोग किया जाता था। अर्थात बिना किसी संकेतक के एक मुख्य वर्ग का एकल अंक दूसरे मुख्य वर्ग के एकल अंक के साथ जोड़ दिया जाता था जैसे M + B9 = MB9 Horology, M + C 3 = MC3 Gramophone। अब इसे विषय विधि कहा जाता है जिसका संकेतक वृत्ताकार ( ) कोष्टक है।

**ANALPHABETIC**

**निरक्षर व्यक्ति** : व्यक्ति जो लिख व पढ़ नहीं सकता है।

**ANALYSED TITLE**

**विश्लेषित शीर्षक** : रंगनाथन ने व्यावहारिक वर्गीकरण हेतु आठ चरणों की प्रक्रिया प्रतिपादित की है। उस प्रक्रिया का यह तीसरा चरण है जिसमें वर्गीकृत किये जाने वाले प्रलेख के शीर्षक का वैचारिक स्तर पर व्याख्या के आधार पर मुख्य विषय, तथा विषरा में अभिव्यक्त मूलभूत श्रेणियाँ, स्तर, आवर्तन आदि को स्पष्ट शब्दों में अभिव्यक्ति के साथ–साथ श्रेणीयों व आवर्तनों को भी प्रदर्शित करना होता है।

**ANALYSIS**

**विश्लेषण** : एक अवधारणा, पद्धति अथवा विषय का विस्तृत जाँच अथवा व्याख्या करना जिससे उसको बनाने वाले तत्वों अथवा विशेषताओं को स्पष्ट रूप से पहचाना जा सके।

**ANALYTICAL BIBLIOGRAPHY**

**विश्लेषणात्मक ग्रंथ सूची** : इस प्रकार की ग्रन्थसूची में प्रत्येक ग्रंथ सूचीकार अपने ही दृष्टिकोण से पुस्तक के विभिन्न बाह्य तत्वों जैसे संकेत शब्द, प्रकाशन तिथि, संस्करण, पूर्ण व अपूर्ण प्रति आदि के आधार पर इस प्रकार से जाँच करता है जिससे पुस्तक के उत्पादन व इतिहास का पूर्ण विवरण प्राप्त हो सके। इस प्रकार की ग्रंथसूची को आलोचनात्मक ग्रंथ सूची भी कहते हैं। विवरणात्मक ग्रंथ सूची (Descriptive Bibliography) तथा ऐतिहासिक ग्रन्थसूची (Historical Bibliography) से इस प्रकार की ग्रन्थ सूची का निकट का सम्बन्ध है।

**ANALYTICAL CATALOGUING**

**विश्लेषणात्मक सूचीकरण** : कई प्रलेखों में दो या अधिक लेखकों की कृतियाँ अथवा लेख सम्मिलित होते हैं जो पाठक के दृष्टिकोण से महत्वपूर्ण विषय हो सकते हैं लेकिन सामान्य प्रतिष्टियों से इनकी सूचना पाठक को प्राप्त

नहीं हो सकती है इसलिये सूचीकरण जिसमें इस हेतु विश्लेषणात्मक प्रविष्टियाँ बनायी जाती है उसे विश्लेषणात्मक सूचीकरण कहा जाता है।

**ANALYTICAL ENGINE**

देखिये Babbage, Charles

**ANALYTICAL ENTRY**

**विश्लेषणात्मक प्रविष्टि :** यदि एक प्रलेख, पत्रिका तथा अन्य प्रकार के प्रकाशन विभिन्न लेखकों के लेखों अथवा योगदानों का संग्रह हो तो मुख्य प्रविष्टि की अन्य अनुपूरक प्रविष्टियाँ भी बनायी जाती है। ये प्रविष्टियाँ प्रत्येक लेखक व उनके लेख के शीर्षक, विषय आदि से बनायी जाती है तथा यह स्पष्ट करने के लिये कि यह किस प्रलेख/पत्रिका में प्रकाशित हुआ है मुख्य प्रविष्टि की सूचना भी इसमें सम्मिलित की जाती है जिससे पाठक इन लेखकों व उनके लेखों तक सरलता से पहुँच सके।

**ANALYTICAL INDEX**

**विश्लेषणात्मक अनुक्रमणिका :** ऐसी अनुक्रमणिका जिसमें विषय को पहले विभिन्न मुख्य शीर्षकों में विभाजित किया जाता है तथा इन मुख्य शीर्षकों के अन्तर्गत विषय के उपविभाजनों को वर्णानुक्रम में व्यवस्थित किया जाता है।

**ANALYTICAL METHOD**

**विश्लेषणात्मक पद्धति :** वर्गीकरण में एक विशिष्ट विषय में निहित विशेषताओं को एक निर्धारित नियम के आधार पर विभाजित करके उनको पाठकों के लिये सबसे उपयोगी पूर्वनिर्धारित अनुक्रम के आधार पर व्यवस्थित करना ही विश्लेषणात्मक पद्धति है। रंगनाथन ने इस हेतु पक्ष व्याख्या (Facet Analysis) पद्धति तथा पक्ष परिनियम (Facet Formula) प्रतिपादित किये हैं।

**ANALYTICAL NOTE**

**विश्लेषणात्मक टिप्पणी :** विश्लेषणात्मक प्रविष्टि का वह भाग जिसमें उस प्रलेख के बारे में सूचना होती है जिसके लिये वह प्रविष्टि बनायी गयी है; अथवा एक मुख्य प्रविष्टि में उन सभी योगदानों के संदर्भ में टिप्पणी जिनका उस प्रलेख से सम्बन्ध है।

**ANALYTICAL SUBDIVISION**

**विश्लेषणात्मक उपविभाजन :** यू॰डी॰सी॰ पद्धति के संक्षिप्त संस्करण (1961) में संकेतक – (Hyphen). 0 तथा (Point Nought) से आरम्भ होने वाले विशिष्ट सामान्य सारणी के उपविभाजनों को विश्लेषणात्मक उपविभाजन कहा जाता है।

**ANALYTICAL SURVEY**

**व्याख्यात्मक सर्वेक्षण** : इस प्रकार के सर्वेक्षण में एक तथ्य के बारे में कुछ परिकल्पनाओं अथवा सिद्धान्तों को प्रतिपादित करने का प्रयत्न किया जाता है तथा दो घटनाओं अथवा कार्यों की एक श्रृंखलाओं में परस्पर सम्बन्धों ढूंढ कर उनकी व्याख्या का प्रयास किया जाता है।

**ANALYTICO - SYNTHETIC CLASSIFICATION SCHEME**

**वैश्लेषी-संश्लेषणात्मक वर्गीकरण पद्धति** : रंगनाथन द्वारा प्रतिपादित अवधारणा पर आधारित पद्धति, जिसमें प्रलेख का वर्गांक बनाने के लिये विषय की व्याख्या करके उसमें निहित पक्षों (विशेषताओं) को प्राप्त किया जाता है जिनका अनुक्रम वर्गीकरण के सिद्धान्तों व अभिधारणाओं के आधार पर निर्धारित किया जाता है। इस प्रक्रिया से प्राप्त प्रत्येक पक्षशब्द को पक्ष अंक आवंटित किया जाता है तत्पश्चात पूर्व निर्धारित संकेतकों का प्रयोग करके इनका संश्लेषण किया जाता है। अर्थात इस प्रकार के वर्गीकरण में वर्गकार को प्रलेख का वर्गांक बनाने के लिये निर्धारित अभिधारणाओं के आधार पर – पक्ष एकल विचार – पक्ष एकल शब्द – पक्ष एकल अंक = वर्गांक, इस प्रक्रिया का प्रयोग करना आवश्यक होता है, कोलन क्लासीफिकेशन इसी प्रकार की पद्धति है।

**AND OTHERS**

**तथा अन्य** : एक प्रलेख के यदि दो से अधिक लेखक हैं तो सूचीकरण में प्रथम लेखक के नाम से प्रविष्टि बना कर उसके बाद And others, etc अथवा et al लिखा जाता है।

**ANDHRA PRADESH PUBLIC LIBRARY ACT 1960**

**आन्ध्र प्रदेश सार्वजनिक पुस्तकालय अधिनियम 1960** : राज्यों की पुनर्गठन समिति की अनुशंसा के द्वारा 1956 में आन्ध्र प्रदेश राज्य की स्थापना हुई। इसके राज्य के निर्माण के समय आन्ध्र क्षेत्र में मद्रास सार्वजनिक पुस्तकालय अधिनियम (1948) तथा तेंलगाना क्षेत्र में हैदराबाद सार्वजनिक पुस्तकालय अधिनियम (1955) लागू थे। अतः दोनो अधिनियमों के संशोधित स्वरूप को सम्मिलित करके आन्ध्र प्रदेश सार्वजनिक पुस्तकालय अधिनियम के नाम से 1960 में पारित किया गया तथा 1 अप्रैल, 1960 से सम्पूर्ण राज्य में लागू भी कर दिया गया। इसमें 1964, 1969, 1987 तथा 1989 में आवश्यक संशोधन भी किये गये। इस अधिनियम के सात अध्यायों में इसकी कार्यप्रणाली, उद्धेश्यों व नियमों का विवरण दिया गया है।

**ANDREA CRESTADORO'S CODE**

**ऐनड्रा क्रैसटाडोरा द्वारा बनाया गया कोड** : क्रैसटाडोरा ब्रिटिश म्यूजिम

का एक पाठक था जिसने 1856 में 'पुस्तकालय की सूची बनाने की कला' नाम से एक पुस्तिका प्रकाशित की। इस संहिता में लेखक के नाम की प्रविष्टि को अधिक महत्व दिया गया था, पुस्तकों की व्यवस्था के लिये आवाप्ति क्रमांक के प्रयोग का सुझाव था, पुस्तक की आख्या से ही विषय प्राप्त करने का प्रावधान था, लेखक तथा विषय की अनुक्रमणिका भी दी गयी थी जिसमें दिये गये पुस्तक के आवाप्ति क्रमांक के माध्यम से सूची के मुख्य भाग में पहुँचा जा सकता था। बाद में जब क्रैसटाडोरा मैनचैस्टर सार्वजनिक पुस्तकालय का पुस्तकाध्यक्ष बना तो उसने इन नियमों के आधार पर इस पुस्तकालय की सूची बनायी।

**ANEPIGRAPHON**

एक ऐसा प्रलेख जिसमें आख्या पृष्ठ ही नहीं है।

**ANGLO-AMERICAN CATALOGUING RULES**

देखिये AACR

**ANGLO-AMERICAN CODE**

**एंग्लो-अमेरिकन कोड :** अमेरिकन पुस्तकालय संघ व ब्रिटिश पुस्तकालय संघ की स्थापना क्रमशः 1870 व 1877 में हुई थी। दोनों ही संघो के अपने अपने सूचीकरण नियम 1878 तथा 1883 में तैयार किये। अमेरिकन कोड कटर के सूचीकरण नियमों से प्रभावित था जबकि ब्रिटिश कोड में ब्रिटिश म्यूजिम तथा बोडलियन कोड (Bodleian Code) की मुख्य विशेषताओं को सम्मिलित किया गया था। मेलविल डीवी के सुझाव पर दोनों संघो ने मिल कर सूचीकरण संहिता का निमार्ण किया जिसे 1908 में 'Cataloguing Rules : author and title entries' के नाम से प्रकाशित किया गया।

**ANGULAR MARKS**

**कोणीय चिन्ह :** देखिये Brackets

**ANNALS**

**वृतान्त :** घटनाओं का कालक्रमानुसार विवरण।

**ANNEX/ANNEXURE**

**अनुलग्नक :** एक कार्य का पूरक अथवा सहायक भाग जो बाद में संलग्न किया गया है; अथवा एक प्रलेख के साथ जोड़ा गया ऐसा भाग जो उसका हिस्सा नहीं है।

**ANNOTATED BIBLIOGRAPHY**

**सटिप्पण ग्रन्थ सूची :** ग्रन्थ सूची जिसमें प्रत्येक प्रविष्टि के साथ प्रलेख का संक्षिप्त विवरण भी दिया जाता है।

**ANNOTATION**

**टिप्पण** : सूची, अथवा ग्रन्थ सूची की प्रविष्टि में लेख अथवा पुस्तक की उपयोगिता अथवा विशिष्ट विशेषताओं का संक्षिप्त विवरण, कभी कभी लेखक के बारे में भी सूचना सम्मिलित करना आदि।

**ANNOTATION SECTION**

**टिप्पण खण्ड** : सूची अथवा ग्रन्थ सूची की प्रविष्टि का वह भाग जिसमें पुस्तक के विषय अथवा विषय सूची के बारे में संक्षिप्त विवरण दिया जाता है, सामान्यतः यह प्रविष्टि का अन्तिम भाग होता है।

**ANNUAL**

**वार्षिकी** : एक क्रमिक प्रकाशन जो प्रत्येक वर्ष प्रकाशित होता है।

**ANNUAL REPORT**

**वार्षिक प्रतिवेदन** : एक संस्थान, संगठन अथवा विभाग के एक साल के कार्यकलापों, आय–व्यय आदि सभी प्रकार की प्रमाणित सूचना का ब्योरा।

**ANNUAL STOCK VERIFICATION**

**वार्षिक सत्यापन** : एक पुस्तकालय की पाठ्य सामग्री तथा अन्य संग्रह का साल में वास्तविक निरीक्षण व जाँच से वास्तविक स्थिति का पता लगाना। देखिये Stock Verification

**ANONYM**

अज्ञात नाम प्रकाशन अथवा अज्ञातनाम व्यक्ति अथवा लेखक।

**ANONYMOUS**

**अनाम** : एक प्रलेख के आख्या–पृष्ठ, प्रस्तावना, आवरण, भूमिका अथवा किसी भी भाग में लेखक का नाम नहीं दिया गया होता है तो उसे अनाम प्रकाशन कहा जाता है।

**ANONYMOUS AUTHOR ENTRY**

**अनाम लेखक प्रविष्टि** : सूचीकरण में एक ऐसे प्रलेख की प्रविष्टि जिसके लेखक का नाम प्रलेख में नहीं दिया गया है।

**ANONYMOUS CLASSIC**

**अनाम श्रेण्य ग्रन्थ** : एक उच्चकोटि की साहित्यिक कृति जिसका लेखक अज्ञात अथवा सन्दिग्ध है तथा उसके कई संस्करण तथा अनुवाद कृति की आख्या के आधार पर ही प्रकाशित हो चुके हैं।

**ANONYMOUS WORK**

**अनाम कृति** : देखिये Anonymous

**ANOPISTHOGRAPHIC BLOCK BOOK**

**एक तरफ मुद्रित पुस्तक :** ऐसी पुस्तक जिसके कागज एक ही तरफ मुद्रित किये गये हैं।

**A.N.S.**

**Autograph Note Signed का संक्षिप्त :** जिससे तात्पर्य है – हस्ताक्षर करने वाले व्यक्ति द्वारा अपनी लिखावट में लिखी गयी टिप्पणी।

**ANSAPHONE**

**एनसाफोन :** टेलीफोन पर प्राप्त कौल को सुनने के लिये जब कोई नही है अथवा लाइन रिक्त नही है तो उस समय सूचना को टेप पर रिकार्ड करने वाली मशीन का यह ट्रेड नाम है।

**ANTE-DATED**

**पूर्व दिनांकित :** एक प्रलेख पर प्रकाशित ऐसी तिथि जो प्रलेख के प्रकाशन से पूर्व की तिथि है।

**ANTERIOR CLASSES**

**पूर्ववर्ती वर्ग :** ऐसे वर्ग जो विशिष्ट विषय तक पहुँचने के लिये संदर्भ का कार्य करते हैं।

**ANTERIOR NUMERAL CLASSES**

**पूर्ववर्ती संख्यात्मक वर्ग :** ब्लिस की वर्गीकरण पद्धति बिब्लियोग्राफिक क्लासीफिकेशन संस्करण 1 में वर्गांक 1-9 के अर्न्तगत दिये गये प्रथम स्तर के मुख्य वर्गों के लिये प्रयुक्त शीर्षक है। ये मुख्य वर्ग अन्य पद्धतियों के सामान्य वर्गों के समान ही है। जैसे 2 Bibliography, 6 Periodical, तथापि वर्गांक 1, 3, 4, 5, 8 व 9 विशिष्ट प्रकार के संग्रह के लिये प्रयोग किये गये हैं। संस्करण 2 में इन अंकों को नये मुख्य विषयों के लिये प्रयोग किया गया है जैसे 2 Generalia, 3 Phenomena आदि।

**ANTERIORISING COMMON ISOLATES (ACI)**

**पूर्ववर्ती सामान्य वर्ग :** कोलन क्लासीफिकेशन में ऐसे सामान्य वर्ग जो विशिष्ट विषय के बारे में प्राथमिक अथवा परिचायक सूचना प्रदान करते हैं जैसे संदर्भ ग्रन्थ, प्रतिवेदन, स्त्रोत सामग्री आदि। कोलन क्लासीफिकेशन में इनको अभिगम पाठ्य सामग्री की संज्ञा दी गयी है क्योंकि सामान्यतः पाठक इस प्रकार के प्रलेखों को अपने विशिष्ट विषय को समझने व जानने के लिये पढ़ता है तथा सामान्यतः इनको पढ़ने के पश्चात् ही विशिष्ट विषयों के प्रलेखों को पढ़ना पसंद करता है। संस्करण 6 तक पूर्ववर्ती सामान्य एकलों के लिये प्रयुक्त रोमन छोटे

अक्षर a-z को पूर्ववर्ती अंकन के रूप में मान्यता प्रदान की गयी थी जबकि संस्करण 7 में यह मान्यता संयोग चिन्ह " (Double Inverted Comma) को आवंटित कर दी गयी है। ये एकल तीन प्रकार के हैं – स्थान पक्ष से पहले प्रयोग किये जाने वाले, स्थान पक्ष के बाद तथा काल पक्ष के बाद प्रयोग किये जाने वाले सामान्य एकल।

**ANTERIORISING DIGIT**

**पूर्ववर्ती अंक :** वह अंक जिसमें पूर्ववर्ती स्थान प्राप्त करने का गुण है। पुस्तकालय वर्गीकरण में यदि एक विषय के वर्गांक के अंत में पूर्ववर्ती अंक का प्रयोग किया जाता है तो शैल्फ में इसका स्थान इस विषय पर लिखी पुस्तक से पहले हो जाता है जैसे 2a पुस्तकालय विज्ञान विषय की ग्रन्थ सूची है तथा 2 पुस्तकालय विज्ञान की पुस्तक तो शैल्फ में इन पुस्तकों को तथा सूची में इनकी प्रविष्टियों को 2a, 2 व्यवस्थित किया जायेगा।

**ANTERIORISING VALUE**

**पूर्ववर्ती गुण :** एक वर्गीकरण पद्धति की अंकन प्रणाली के कुछ अंको को यदि पूर्ववर्ती अंकों की तरह प्रयोग किया जाना है तो यह आवश्यक है कि उन अंकों में पूर्ववर्ती गुण उत्पन्न किया जाय अर्थात अंकन स्तर पर इनको विशिष्ट विषय के अंकों से पहले व्यवस्थित करने हेतु मान्यता प्रदान की जाय, जैसे कोलन क्लासीफिकेशन संस्करण 6 तक रोमन छोटे अक्षरों a-z को तथा संस्करण 7 में संकेतक " (Double inverted comma) को पूर्ववर्ती अंकन का गुण प्रदान किया गया है।

**ANTHOLOGY**

**संग्रह :** एक या अधिक लेखकों की काव्य कृतियों से अथवा किसी समान विषय पर लिखी गयी कृतियों से चुने गये सारतत्वों का संग्रह।

**ANTIQUARIAN BOOKSELLER**

**पुराकालीन पुस्तक विक्रेता :** पुस्तक विक्रेता जो प्राचीन अमूल्य, दुर्लभ तथा दुष्प्राप्य पुस्तकों का व्यापार करते हैं। ऐसी पुस्तकें प्रायः सामान्य पुस्तकों से अधिक महंगी होती है।

**ANTONYM**

**विलोम :** विपरीत अर्थ वाले शब्द। समानार्थक का उल्टा।

**ANTONYMOUS CATCHWORDS**

**विरूद्धार्थक संकेत शब्द :** अनुक्रमणिका में शीर्षक के लिये प्रयोग किये गये ऐसे शब्द जो विरूद्धार्थक हो।

**APERTURE CARD**

**छिद्रित पत्रक :** एक या अधिक छिद्रों वाला पत्रक, जिसमें छिद्रों की संख्या एक प्रलेख के प्रतिरूप की आवश्यकता पर निर्भर करता है। इसीलिये इसे प्रतिरूप प्रत्रक भी कहा जाता है।

**APL**

**ए॰पी॰एल॰ :** ए प्रोगामिंग लैंग्वेज का संक्षिप्त शब्द। इस भाषा को IBM APL Scientific Center के वैज्ञानिकों तथा कर्मचारियों के सहयोग से कैनेथ ई॰ इवरसन ने आई॰बी॰एम॰ समय साझा सेवा (time - sharing service) हेतु परीक्षण के रूप में 1966 में विकसित किया। 1968 में इसे APL 360 के रूप में सार्वजनिक प्रयोग हेतु प्रकाशित किया गया तथा यह कहा गया कि यह एक सूक्ष्म, सुसंगत तथा प्रभावशाली प्रोग्रामिंग भाषा है जिसमें उच्चस्तरीय संकेतकों का प्रयोग किया गया है।

**APOCRYPHAL BOOK**

**अप्रमाणिक पुस्तक :** एक ऐसी पुस्तक जिसकी प्रमाणिकता अथवा कतृत्व संदेहास्पद हो।

**APOSTROPHE**

**सम्बन्धकारक चिन्ह :** यू॰डी॰सी॰ पद्धति में एक पंक्ति में एक विभाजन के दो एकल अंकों के संयोजन को एक मिश्रित विषय का वर्गांक बनाने के लिये संकेतक ' (apostrophe) का प्रयोग किया जाता है। इसका उत्कृष्ट उदाहरण रसायनशास्त्र के अर्न्तगत 546 व 547 में मिलता है। इस चिन्ह के कारण ही यू॰डी॰सी॰ के अंकन में संश्लेषण का गुण उत्पन्न हुआ है।

**APPARATUS CRITICUS**

**पठान्तर सूची :** एक पुस्तक अथवा लेख को लिखने में सहायता पहुँचाने वाली वह पाठ्य सामग्री जिसका उल्लेख लेखक ने अपनी पुस्तक अथवा लेख में किया है तथा उनका विवरण स्त्रोंतों के रूप में संदर्भ सूची में दिया है।

**APPENDIX**

**परिशिष्ट :** प्रलेख के मूल पाठ में दी गई सूचना को अधिक स्पष्ट व उपयोगी बनाने हेतु ऐसी अनुपूरक सामग्री जिसे पादटिप्पणी अथवा मूलपाठ के साथ नहीं रखा जा सकता है – जैसे विस्तृत टिप्पणी, सांख्यकीय सूचियाँ, नक्शे आदि, तो ऐसी सामग्री को परिशिष्ट के रूप में अन्त में लगा दिया जाता है।

**APPERCEPTION**

**आत्मसातकरण :** मष्तिष्क में पहले से विद्यमान अवधारणाओं के साथ

नये प्राप्त ज्ञान बोध व नयी बनी हुई अवधारणाओं के आत्मसातकरण की प्रक्रिया।

**APPLICATION FORM**

**आवेदन पत्र** : पुस्तकालय का सदस्य बनने हेतु आवेदन पत्र जिस पर निश्चित सूचना व विवरण मुद्रित किया गया है।

**APPLICATION PROGRAMS**

**एप्लीकेशन प्रोग्राम** : विशिष्ट कार्य हेतु बनाये गये कंप्यूटर प्रोग्राम जैसे वेतन चिट्ठा बनाने के लिये, पुस्तकालय कार्यों के लिये आदि। ऐसे प्रोग्राम कम्प्यूटर निर्माता अथवा विक्रेता प्रदान कर सकता है अथवा उपयोगकर्ता अपने कार्यनुसार स्वंय बना सकता है। इसे एप्लीकेशन सॉफ्टवेयर भी कहते हैं।

**APPLICATION SOFTWARE**

देखिये Application Programs

**APPRAISAL**

**मूल्यांकन** : एक **पुस्तक** का उस विषय में योगदान, उपयोगिता तथा अन्य दृष्टिकोणों से मूल्याकन करना; **पुरालेख पुस्तकालयों** में यह प्रलेखों की उपयोगिता निर्धारित करने की प्रक्रिया है जो उनकी शोध व सूचना के लिये उपयोगिता, उनका अन्य उपलब्ध प्रलेखों से सम्बन्ध, उनकी प्रशासनिक, वित्तीय व सामयिक विधि के प्रयोग आदि पर निर्धारित होता है।

**APPRENTICESHIP**

**प्रशिक्षुता** : व्यावसायिक पाठ्यक्रमों की समाप्ति पर प्रशिक्षु को व्यावहारिक ज्ञान प्राप्त कराने की प्रक्रिया।

**APPROACH DOCUMENTS**

**अभिगम प्रलेख** : एक विशिष्ट विषय को समझने तथा उसके बारे में प्राथमिक, ऐतिहासिक एवं अन्य सामान्य व विशिष्ट जानकारी प्राप्त करने के लिये विशिष्ट विषय से पूर्व पढ़े जाने वाले प्रलेखों को अभिगम प्रलेख कहा जाता है। शब्दकोष, सामयिक पत्रिकाएँ, ग्रन्थसूची इसी प्रकार के प्रलेख हैं।

**APPROACH MATERIALS**

**अभिगम पाठ्य सामग्री** : देखिये Approach Documents

**APPROACH TERM**

**अभिगम पद या शब्द** : अपने विषय की पाठ्य सामग्री तक पहुँचने के लिये पाठक सूची में किसी विशिष्ट पद अथवा शब्द का प्रयोग करता है तो उसे अभिगम पद की संज्ञा दी जाती है। **सूची** में यदि इस पद अथवा शब्द का प्रयोग

शीर्षक में वर्ग निर्दिशि प्रविष्टि के लिये किया गया है तो पाठक अपने विषय तक सुगमता से पहुँच सकता है।

**APPROVED COURSE**

**अनमोदित पाठ्य क्रम :** शैक्षिक संस्थाओं की विभिन्न समितियों, परिषदों द्वारा स्वीकार किये गये पाठ्य क्रम जिनके आधार पर उन शैक्षिक संस्थाओं को पढ़ाये जाने वाले विषयों की परीक्षा निश्चित की जाती है।

**APUPA ARRANGEMENT**

**अपूपा विन्यास क्रम :** रंगनाथन द्वारा प्रतिपादित अवधारणा जो एक पाठक के विषय व उससे सम्बन्धित प्रलेखों को एक साथ व्यवस्थित करने की माँग करता है। इस अवधारणा के अनुसार शैल्फ में व्यवस्थित प्रलेखों में हर विशिष्ट विषय का एक केन्द्रीभूत क्षेत्र होना चाहिये, इसे रंगनाथन अमरल रीजन (Umbral region) मानते हैं। इस स्थल के दोनों तरफ ऐसे प्रलेखों को व्यवस्थित किया जाना चाहिये जो अमरल रीजन में व्यवस्थित प्रलेखों से सम्बन्ध रखते हैं तथा इस विषय के पाठक के लिये प्रासंगिक हो सकते हैं इसे पीनूम्बरल रीजन (Penumbral region) अर्थात उपच्छाया क्षेत्र कहा गया है। इस उपच्छाया क्षेत्र के दोनों तरफ ऐसे प्रलेखों को व्यवस्थित करने का सुझाव है जो विशिष्ट विषय से पूर्ण रूपेण असबद्ध होने के कारण अप्रासंगिक है। इस क्षेत्र को रंगनाथन ने एलियन रीजन (Alien region) की संज्ञा दी है। अर्थात असंबद्ध क्षेत्र माना है। इसी आधार पर अपूपा पैर्टन बनाया गया है जो इस प्रकार है – A असंबद्ध क्षेत्र, P उपच्छाया क्षेत्र, U केन्द्रीभूत क्षेत्र, P उपच्छाया क्षेत्र, A असंबद्ध क्षेत्र अर्थात APUPA Pattern।

**ARABIC NUMERALS**

**अरबी अंक :** यह माना जाता है कि 1, 2, 3..... आदि में लिखे जाने वाले अंकों को आठवीं शताब्दी में अरब, भारत से लाये तथा यूरोप में इनका प्रयोग आरम्भ किया। 12वीं शताब्दी में ये अंक प्रथम बार यूरोपिन पाण्डुलिपियों में प्रयोग किये गये तथा 15वीं शताब्दी से इनका प्रयोग पृष्ठ संख्या के लिये किया जाने लगा। इन्ही अंको के आधार पर पुस्तकालय वर्गीकरण की प्रथम पद्धति की भी रचना की गयी।

**ARBITRARY SYMBOLS**

**स्वैच्छिक चिन्ह :** पुस्तकालय वर्गीकरण में एक विषय में निहित विभिन्न विशेषताओं को क्रम में व्यवस्थित करने तथा उनको स्पष्ट पहचान देने हेतु वर्गाचार्यों ने अपने विवेक से अपनी वर्गीकरण पद्धतियों में विभिन्न प्रकार के संकेतकों/चिन्हों का प्रयोग किया है, जिनकी सामान्य रूप से एक विशिष्ट कार्य

हेतु मान्यता सुनिश्चित है। रंगनाथन द्वारा कोलन क्लासीफिकेशन में पाँच मूलभूत श्रेणियों का नाम इसी प्रकार के चिन्हों के आधार पर निश्चित किया गया है जैसे कौमा मूलभूत श्रेणी व्यक्तित्व का सूचक है आदि। इसी प्रकार यू॰डी॰सी॰ व अन्य वर्गीकरण पद्धतियों में भी किया गया है।

**ARCHETYPAL NOVEL**

**पुरातन उपन्यास** : पुराने समय की उपन्यासों व कहानियों आदि को इंगित करने के लिये प्रयुक्त शब्द।

**ARCHITECTURAL BINDING**

**वास्तुशिल्पीय जिल्दसाजी** : 16वीं शताब्दी में पुस्तकों के आवरण पर प्रयोग की जाने वाली सजावट जो वास्तुकला के समरूप थी।

**ARCHIVAL DOCUMENT**

**पुरालेख** : संदर्भ स्त्रोत के रूप में अति उपयोगी प्रलेख जिनको इनके मूलस्वरूप में स्थाई रूप से रखने के लिये पुरालेख पुस्तकालयों में सुरक्षित रखने का प्रयत्न किया जाता है।

**ARCHIVES**

**अभिलेखागार** : ऐतिहासिक, शासकीय अथवा अन्य महत्वपूर्ण प्रलेख जिनको शोध कार्यों के लिये उनके मूलस्वरूप में स्थाई रूप से सुरक्षित रखना आवश्यक होता है इस हेतु स्थापित मान्यता प्राप्त भण्डारों को अभिलेखागार कहा जाता है।

**ARCHIVIST**

**अभिलेखपाल** : अभिलेखागार के कर्मचारियों में से वह व्यक्ति जो इसके प्रलेखों का शोधकर्त्ताओं व इतिहासकारों को उपयोग हेतु सुविधा प्रदान करता है तथा प्रलेखों के सुरक्षित भण्डारण की व्यवस्था करता है।

**AREAS TABLE**

**भौगोकिल एकल सारणी** : डीवी डेसीमल क्लासीफिकेशन में भौगोलिक उपविभाजनों के लिये बनायी गयी सारणी।

**ARIC**

**एरिक** : देखिये Agricultural Research Information Centre

**ARISTRONYM**

**कुलनाम** : पदवी में प्राप्त उपाधि को कुलनाम में बदल देना अथवा कुलनाम की तरह प्रयोग करना।

**ARITHMETIC LOGIC UNIT**

**गणितीय तार्किक इकाई** : यह इकाई कम्प्यूटर का मष्तिष्क है। गणित की सभी प्रकार की गणनाएँ तथा विवेक से निर्णय लेने की सारी क्रियाएँ इसी इकाई में की जाती है।

**ARPANET**

**आरपानेट** : यह Advanced Research Projects Agency Networks का संक्षिप्त नाम है जिसने इंटरनेट के उद्‌भव में आधार का कार्य किया। इसका प्रारम्भ यू.एस.ए. के सुरक्षा विभाग के नेटवर्क के रूप में हुआ। यू एस मिलिट्री विभाग के पास कई कंप्यूटर थे जो लीज्ड लाइन से एक दूसरे से जुड़े हुए थे। 1980 में इसे एक मिलिट्री नेटवर्क में बदल दिया गया, जिसका संचालन डिफेंस डेटा नेटवर्क एवं NFSNet वैज्ञानिक एवं अकादमी कंप्यूटर्स द्वारा किया जाता था। 1995 में NFSNet को इंटरनेट की आधारशिला के रूप में विकसित किया गया जिसे VBNS कहा गया।

**ARRANGEMENT**

**विन्यास** : पुस्तकालय में प्रलेखों को क्रम से व्यवस्थित करना।

**ARRAY**

**पंक्ति** : **वर्गीकरण** में एक विषय जगत को एक विशेषता के आधार पर विभाजित करने से प्राप्त किये गये समकक्ष व अधीनस्थ वर्गों को एक अधिमान्य अनुक्रम में व्यवस्थित करने से एक पंक्ति प्राप्त होती है; **कम्प्यूटर** में डेटा की प्रत्येक इकाई के संकेत शब्दों की क्रमबद्ध सूची को भी पंक्ति कहते हैं।

**ARRESTER**

**बन्धक** : कोलन क्लासीफिकेशन में विषय विधि के लिये कोष्टक ( ) का प्रयोग संकेतक के रूप में प्रयोग किया है। इस के अन्तिम कोष्टक को बन्धक कहा जाता है तथापि कोलन क्लासिफिकेशन में कोष्टक को एक एकल अंक की तरह मान्यता प्रदान की गई है।

**ARROW**

**तीर** : कोलन क्लासिफिकेशन में संकेतक के रूप में तीर चिन्ह का विभिन्न प्रकार से प्रयोग किया गया है। संस्करण 4 (1952) में पश्चमुखी तीर ← (Backward Arrow) निश्चित समय तथा अग्रमुखी तीर → (Forward Arrow) का प्रयोग भविष्य को इंगित करने के लिये किया गया है। जबकि उर्ध्वमुखी तीर ↑ (Upward Arrow) को पूर्ववर्ती सामान्यवर्ग के रूप में मान्यता प्रदान करने पर विचार किया जा रहा है।

**ART CANVAS**

**जिल्दसाजी कपड़ा :** जिल्दसाजी के लिये प्रयोग में लाया जाने वाला कपड़ा जिसे हल्का बुकरम भी कहा जाता है।

**ARTEFACTS**

**कृत्रिम सत्व :** सी॰आर॰जी॰ लन्दन की सदस्या मिस बारबरा कायल द्वारा वर्गीकरण हेतु प्रतिपादित एक श्रेणी है जो मनुष्य की कारिगरी व शिल्प तथ्य पर आधारित है। जिसके अनुसार वस्तु या सत्व के दो प्रकार होते हैं – स्वतः उत्पन्न होने वाले प्राकृतिक सत्व तथा मनुष्य द्वारा बनाये गये कृत्रिम सत्व जैसे कुर्सी, मेज, कार आदि।

**ART GALLERY**

**कलादीर्घा :** कलात्मक वस्तुओं को प्रदर्शन करने का स्थान। पुस्तकालय में किसी स्थान का प्रयोग छायाचित्रों, चित्रकलाओं, पुस्तकों आदि को प्रदर्शित करने के लिये कलादीर्घा के रूप में किया जा सकता है।

**ARTICLE**

**लेख :** एक व्यक्ति अथवा व्यक्ति समूह द्वारा प्रकाशन हेतु योगदान।

**ARTICULATE LANGUAGE**

**संधियुक्त भाषा :** संधियुक्त बोलचाल की भाषा जो मनुष्य के मष्तिष्क में नये विचार व नये शब्दों के उत्पन्न होने वे अनवरत नया रूप लेती रहती है।

**ARTIFICIAL CHARACTERISTICS**

**कृत्रिम विशेषता :** पुस्तकालय वर्गीकरण में विषय जगत को विभाजित करने के लिये मुख्यतः प्राकृतिक व कृत्रिम विशेषताओं का प्रयोग किया जाता है। प्राकृतिक विशेषताऐं जो वर्ग समूह में समानरूप से विद्यमान होने के साथ ही स्थाई होती है तथा उसकी पहचान का मुख्य आधार भी होती है। जैसे फूलवाले पौधे तथा बिना फूल के पौधे। कृत्रिम विशेषता एक वर्ग समूह में समान रूप से विद्यमान तो होती है किन्तु उसकी पहचान का मुख्य गुण न होने के कारण उनको विभाज़ित करने के लिये उपयुक्त नहीं होती है। जैसे मनुष्य का कद, रंग, उम्र आदि।

**ARTIFICIAL CLASSIFICATION**

**कृत्रिम वर्गीकरण :** सत्व जगत की ऐसी विशेषता जो उसमें अन्तर्निहित होते हुए भी उसकी व्यक्तिगत विशेषता ही माना जाता है। जैसे छात्रों की शैक्षणिक योग्यताएँ अथवा उनका कद आदि जैसे विशेषताओं को इनके विभाजन के लिये प्रयोग किया जाता है तो इसे कृत्रिम विशेषताओं पर आधारित कृत्रिम वर्गीकरण कहा जाता है।

**ARTIFICIAL COMPOSITE BOOK**

**कृत्रिम संयोजित पुस्तक :** यदि **प्रकाशक** एक से अधिक पृथक पुस्तकों का एक साथ एक सामान्य शीर्षक के अन्तर्गत प्रकाशन कर देता है अथवा **जिल्दसाज** कई पृथक पुस्तकों को एक साथ जिल्दसाजी करके एक ऐसी पुस्तक बना देता है जिसका एक सामान्य शीर्षक भी संभव नही है तो ऐसी पुस्तक को कृत्रिम संयोजित पुस्तक की संज्ञा दी जाती है।

**ARTIFICIAL DIGIT**

**कृत्रिम अंक :** पुस्तकालय वर्गीकरण पद्धति की अंकन प्रणाली में प्रयुक्त अंक, जिनका प्रयोग तथा अर्थ वर्गाचार्य निर्धारित करता है।

**ARTIFICIAL INTELLIGENCE**

**कृत्रिम बुद्धि :** मनुष्य ने अपने मतिष्क की आलौकिक क्षमता के आधार पर कंप्यूटर में एक नकली मष्तिष्क उत्पन्न किया जो मनुष्य की भाँति सोच–समझ सके, निर्णय ले सके तथा मनुष्य के द्वारा प्रस्तुत की गई किसी भी प्रकार की समस्या का शीघ्रातिशीघ्र हल निकाल सके। इसे वैज्ञानिकों ने नाम दिया है – कृत्रिम बुद्धि (A 1)। इस कृत्रिम बुद्धि व मानव बुद्धि में एक समानता है – दोनों सूचनाएँ व जानकारी ग्रहण करते हैं, सूचनाओं को स्मृति में जमा रखते हैं तथा आवश्यकतानुसार उपयोग करते हैं तथापि नकली बुद्धि में मानव के समान विवेक से कार्य करने व सोचने की क्षमता का अभाव है।

**ARTIFICIAL LANGUAGE**

**कृत्रिम भाषा :** पुस्तकालय वर्गीकरण पद्धति की अंकन प्रणाली को वर्गाचार्य सामान्य भाषा के शब्दों, अंकों, चिन्हों आदि के आधार पर बनाता है किन्तु इन शब्दों, अंकों व चिन्हों का स्वरूप, अर्थ, नाम सभी वर्गाचार्य अपनी पद्धति की कार्यशैली के अनुरूप निर्धारित करता है इस प्रकार प्राकृतिक भाषा के अंकाक्षरों के आधार पर एक कृत्रिम भाषा का सृजन हो जाता है.

**AS NEW**

**नयी समान :** पुरानी पुस्तकों को बेचने वालों की पुस्तक सूची में पुस्तकों की अच्छी स्थिति के बारे में सूचित करने हेतु प्रयुक्त शब्द।

**ASCII CODE**

**एस्की कोड :** जब कंप्यूटर के कीबोर्ड पर कोई अक्षर टाइप किया जाता है तब वह अक्षर मानीटर के पटल पर तुरंत दृष्टिगोचर होने लगता है। परन्तु कंप्यूटर के अंदर वह अक्षर एक विशिष्ट संख्या द्वारा जाना जाता है। इसे एस्की अर्थात् अमेरिकन स्टैंडर्ड कोड फार इन्फारमेशन इंटरचेंज कहा जाता है। इस कोड में शून्य से लेकर 127 तक संख्याएँ होती हैं। प्राकृतिक भाषा के अंकाक्षरों

की संख्या देखते हुए 7 विट की भाषा सारे वर्णांकों का प्रतिनिधित्व कर सकती है किन्तु एस्की में प्रत्येक अंक को दर्शाने के लिए बाइनरी प्रणाली के आठ विट का प्रयोग किया जाता है। एस्की कोड में 128 संख्याएँ है जिसमें शून्य से लेकर 32 तक की संख्याएँ अंग्रेजी भाषा के सभी अक्षरों, अंको व अन्य चिन्हों के लिये निर्धारित है। आठ अक्षर वाले शब्दों का प्रयोग करके 256 संख्याएँ बनाई जा सकती है तथापि केवल 128 संख्याओं को ही मान्यता प्रदान की गई है।

**ASLIB**

**एसलिब** : औपचारिक रूप से एसलिब की स्थापना 1924 में की गयी किन्तु इसका पंजीकरण 1926 में A.S.L.I.B (एसलिब) नाम से किया गया अर्थात् एसोसियन आफ स्पेशल लाइब्रेरीज़ एण्ड इनफोरमेशन व्यूरोक्स। सन् 1949 में ब्रिटिश सोसाइटी फार इन्टरनेशनल बिब्लियोग्राफी तथा एसलिब दोनों का विलय हो गया तथा एक संगठन के रूप में इसका फिर से पंजीकरण किया गया तथा ASLIB को Aslib कर दिया गया। 1984 में इसका पूरा नाम ऐसोसिएसन फार इनफारमेशन मैनेजमेन्ट कर दिया गया है। ब्रिटिश संगठन होने पर भी इसका स्वरूप अन्तर्राष्ट्रीय है। इसके 80 से अधिक देशों में लगभग 30,000 सदस्य हैं। इसमें विभिन्न विषयों के समूह बनाये गये हैं जिससे सभी क्षेत्रों की सूचना सेवा को विकसित किया जा सके। इसके द्वारा संचालित सूचना एवं प्रलेखन सेवाओं में प्रमुख हैं – ऐसलिब माइक्रोफिल्म सेवा; रैफरल सेवा, अनुवाद सेवा, प्रशिक्षण का आयोजन, सूचना प्रबंध में शोधकार्यों को प्रोत्साहन आदि। इसके द्वारा प्रकाशित मुख्य प्रकाशन है : Aslib Proceedings, मासिक, Journal of Documentation, त्रैमासिक, Aslib Book List मासिक, Technical Translation Bulletin. यह कई महत्वपूर्ण रिपोर्टस, निर्देशिकाएँ ग्रन्थ सूची आदि भी प्रकाशित करता है।

**ASPECT PHASE**

**दृष्टिकोण सम्बन्ध** : कोलन क्लासीफिकेशन के संस्करण 3(1950) में विषय सम्बन्धों की स्पष्ट व्याख्या के साथ ही कई प्रकार के सम्बन्धों को मान्यता भी प्रदान की गयी। उनमें से एक प्रकार **दृष्टिकोण विषय सम्बन्ध** भी था जिसमें प्रथम पक्ष (Phase) के रूप में प्रयोग किये गये विषय का किस दृष्टिकोण से अध्ययन किया जा रहा है यह वर्गांक के दूसरे पक्ष द्वारा स्पष्ट किया जाता था इस हेतु संकेतक : 9 (कोलन 9) का प्रयोग किया जाता था तथापि संस्करण 4(1952) से इसका प्रयोग नहीं किया गया।

**ASPECT SYSTEM**

**पहलु प्रणाली** : अनुक्रमणीकरण की एक पद्धति है जिसमें सूचना पुनः

प्राप्ति हेतु पहलु पत्रक (Aspect Card) प्रयोग किया जाता है। प्रत्येक पहलु अथवा विषय के लिए पृथक पत्रक प्रयोग किया जाता है। विषय के विभिन्न पहलुओं के लिए जितने भी पत्रक बनाये गये हैं उन सब में प्रलेख की क्रमाँक संख्या अंकित की जाती है। अन्य प्रलेख जिनमें इसके समान ही सूचनाएँ है, उनका क्रमांक अथवा अन्य पहचान चिन्ह भी इस पत्रक में अंकित किये जाते हैं।

**ASSEMBLAGE**

**समुच्चय** : वर्गीकरण में दो या अधिक विषयों अथवा एकल विचारों के समुच्चय से एक मिश्रित विषय अथवा एकल के सृजन की विधि।

**ASSEMBLER**

**एसेम्बलर** : कंप्यूटर का एक विशिष्ट प्रोग्राम जो एसेम्बली भाषा में लिखे प्रोग्राम को मशीनी भाषा में अनुवाद करता है।

**ASSEMBLY LANGUAGE**

**एसेम्बली भाषा** : कंप्यूटर एक मशीन है जो बाइनरी पद्धति में लिखी भाषा को ही समझ सकता है। तथापि यह सोचा गया कि एक ऐसी भाषा बनायी जानी चाहिये जो सामान्य भाषा में लिखे गये प्रोग्राम का मशीनी भाषा में अनुवाद कर सके। इस हेतु की एसेम्बली भाषा का उद्‌भव हुआ। इस प्रकार प्रत्येक कंप्यूटर निर्माता अपने कंप्यूटर स्मृति में कुछ विशिष्ट सांकेतिक शब्दों को भंडारित कर देता है। इस सांकेतिक भाषा को बनाने के लिए कुछ स्मृति सहायक शब्दों का ही प्रयोग किया जाता है। जिससे कि जब इन शब्दों को कंप्यूटर में टाइप किया जाय तो कंप्यूटर अपने आप इनका मशीनी भाषा में अनुवाद कर ले। इसी को एसेम्बली भाषा कहते है। यह एक निम्नस्तरीय भाषा है जिसे मानव व मशीन, दोनों समझ सकते हैं। किंतु इस भाषा में लिखे प्रोग्राम दूसरे कंप्यूटर में प्रयोग नहीं किये जा सकते है अर्थात् जिस कंप्यूटर के लिए यह बनाई गयी है उसी तक इसका प्रयोग सीमित है।

**ASSISTANT**

**सहायक** : पुस्तकालय में विभिन्न अनुभागों में कार्य करने वाले लिपिक वर्ग को सहायक की संज्ञा दी जाती है।

**ASSOCIATED APPROACH DOCUMENT**

**संबद्ध अभिगम प्रलेख** : यदि एक ही प्रकाशक एक ही विषय पर दो अभिगम प्रलेख प्रकाशित करता है तो इन दोनों को विषय प्रायः समझा जाना चाहिये तथा उनमें से प्रथम प्रलेख को जो वर्गांक (Class Number) दिया गया है वही वर्गांक दूसरे प्रलेख को विस्तारित व्यक्तित्व पक्ष के साथ आबंटित किया जाना चाहिए। इसका यह विस्तारित तत्व किसी भी सहायक विधि अथवा

परिगणन से प्राप्त किया जा सकता है। जैसे – Encyclopaedia Britaninica जिसका वर्गांक कोलन क्लासीफिकेशन के आधार पर k56,L है तथा Encyclopaedia Britannica Year Book जिसे संबद्ध अभिगम प्रलेख माना जायेगा, को K56,L, 1 वर्गांक आबंटित किया जायेगा।

**ASSOCIATED BOOK**

**संबद्ध पुस्तक :** एक पुस्तक पर लिखी गयी समीक्षा, आलोचना, आदि को उस पुस्तक से सम्बन्धित पुस्तक माना जाता है। कोलन क्लासीफिकेशन के ग्रथांक में इस प्रकार के प्रलेखों के लिये यह नियम है कि इसे उस पुस्तक का ही नामांक (Call Number) दिया जाय जिससे यह सम्बन्धित है तथा इसके ग्रन्थांक में संकेतक :g (कोलन g) यदि संबद्ध पुस्तक समीक्षा है तथा :y (कोलन y) यदि संबद्ध पुस्तक प्रायोगिक कार्य है, लगाया जाय। जैसे मूल संबद्ध पुस्तक का नामांक यदि Y N88 है तो संबद्ध पुस्तक का नामांक Y N88:g अथवा Y N88:y होगा।

**ASSOCIATED BOOK NOTE**

**संबद्ध ग्रंथ सूचना टिप्पणी :** यदि किसी पुस्तक पर समीक्षा, समालोचना अथवा संक्षिप्तिकरण के रूप में एक पुस्तक प्रकाशित हुई है तो सूचीकरण में मूल पुस्तक की मुख्य प्रविष्टि के अन्त में इस संबद्ध पुस्तक को इंगित करने हेतु सूचना दी जाती है जिस संबद्ध ग्रंथ सूचना टिप्पणी कहा जाता है।

**ASSOCIATION OF GOVERNMENT LIBRARIANS AND INFORMATION SPECIALISTS**

देखिये AGLIS

**ASSOCIATION OF SPECIAL LIBRARIES AND INFORMATION BUREAX.**

देखिये Aslib

**ASSORTMENT**

**वर्गीकरण :** विषय जगत को विभाजित करने तथा उसको एक निश्चित अनुक्रम में व्यवस्थित करने की प्रक्रिया।

**ASSORTMENT CHARACTERISTIC**

**अधिमानिक विशेषता :** वह विशेषता जिसे विषय जगत को विभाजित करने हेतु वरीयता दी गयी हो।

**ASSUMED TERMS**

**कल्पित शब्द :** वर्गीकरण में प्रयुक्त ऐसे काल्पनिक शब्द जिनको सैद्धान्तिक रूप से सारगर्भित शब्द माना जाता है।

**ASTERISK**

**सितारा** : (*) विभिन्न पुस्तकालय वर्गीकरण पद्धतियों मे इस चिन्ह को विभिन्न कार्यों के लिए मान्यता प्रदान की गयी है। **कोलन क्लासीफिकेशन** संस्करण 7 में इसे पुंजित मुख्य विषयों (Agglomerates) के लिए संकेतक के रूप में प्रयोग किया गया है जैसे A*Z Sciences; **यूनीवर्सल डेसीमल क्लासीफिकेशन** में यदि पद्धति से बाहर के वर्गांकों का प्रयोग किया जाता है तो इनको इंगित करने के लिए सितारा का प्रयोग किया जाता है जैसे (492) Netherlands, (492 * 1000) Amsterdam; **डीवी डेसीमल क्लासीफिकेशन** में फुटनोट निर्देश को इंगित करने के लिए उस वर्गांक पर सितारा लगाया जाता है जिसके लिये वह फुटनोट निर्देश दिया गया है तथा जिसकी अनुपालना आवश्यक होती है; **सामान्य रूप** से सितारा चिन्ह को पाद टिप्पणी हेतु संदर्भ चिन्ह के रूप में प्रयोग किया जाता है।

**ASTERISM**

**तारापुंज** : यदि प्रलेख अथवा लेख के किसी परिच्छेद की ओर लेखक ध्यान आकर्षित करना चाहता है तो उस पर दो, तीन या अधिक सितारें लगा देता है।

**ASTROLOGY AND COMPUTER**

**ज्योतिष विद्या व कंप्यूटर** : कंप्यूटर ज्योतिष विद्या का भी कार्य करने लगे हैं। कंप्यूटर में जन्म की तिथि, समय, स्थान निवेश कर देने से कंप्यूटर कई विधियों से कुंडलियाँ बना देता है। ऐसे साफ्टवेयर भी मिलने लगे हैं जो ज्योतिष का पूरा ज्ञात करा सकते हैं।

**ASTRONOMICAL MAP**

**खगोलीय मानचित्र** : आकाशीय सितारों के बारे में जानकारी देने वाला नक्शा अथवा मानचित्र।

**ATLAS**

**मानचित्रों अथवा भू-चित्रों का संग्रह** : जो विवरण सहित अथवा बिना विवरण के हो सकता है।

**ATTACHED BOOK**

**संलग्न पुस्तक** : वर्गीकरण में ऐसी उच्चस्तरीय पुस्तकें जो श्रेण्य ग्रन्थों (Classics) की श्रेणी में नही आती हैं इसलिए इनका वर्गांक भी इसके नियमों के अन्तर्गत नही बनाया जा सकता है। यदि ऐसी उच्चस्तरीय पुस्तकों पर समीक्षा, प्रत्युत्तर अथवा अन्य किसी रूप में पुस्तकें लिखी गयीं हो तो कोलन क्लासीफिकेशन संस्करण 7 मे इन पुस्तकों को संलग्न पुस्तक कहा जाता है

तथा इनका वर्गांक भी मूल पुस्तक का ही वर्गांक होता है। तथापि इनके ग्रंथाक में मूल पुस्तक के ग्रंथाक के पश्चात् अंक :g (कोलन g) अथवा :y (कोलन y) जोड़ा जायेगा।

**ATTACHMENT NUMBER**

**संलग्न अंक** : कोलन क्लासीफिकेशन में एक उच्च–स्तरीय पुस्तक पर लिखी गयी समीक्षा अथवा समालोचना के ग्रथांक में संलग्न अंक :g तथा व्यावहारिक कार्य के ग्रथांक में :y जोड़ा जाता है। जिसे संलग्न अंक कहते हैं।

**ATTENDANCE REGISTER**

**उपस्थिति पंजिका** : कक्षा अथवा कार्यालयों में छात्रों व कर्मचारियों की उपस्थिति का लेखा रखने वाली पुस्तिका।

**ATTENDANT**

**परिचायक** : पुस्तकालय के विभिन्न अनुभागों/विभागों में कार्यरत अनुचर।

**ATTENTION NOTE**

**ध्यान आकर्षण सूचना** : पुस्तकालय में सामयिक प्रकाशनों पर विशिष्ट पाठकों का ध्यान आकर्षण करने हेतु पत्रिका पर एक पर्ची लगायी जाती है, यह पर्ची उस सूचना को इंगित करती है जो उस पाठक के विषय से सम्बन्धित होती है जिसके पास वह पत्रिका संचरण (Routing) के माध्यम से भेजी जा रही है।

**ATTRIBUTE**

**विशेषता** : **वर्गीकरण** में एक सत्व विषय की अन्तर्निहित विशेषता, गुण, गुणधर्म आदि; **समन्वय अनुक्रमणीकरण** में विषय के रूप में उल्लिखित विशेषता।

**ATTRIBUTED AUTHOR**

**अनुमानित लेखक** : यदि किसी कृति के लेखक के बारे में भ्रान्ति हो तब सूचीकरण में कुछ निश्चित आधारों पर लेखक का अनुमान कर लिया जाता है तथा टिप्पणी अनुच्छेद में इसकी सूचना दी जाती है।

**AUDIO**

**श्रव्य** : मनुष्य के कानों से सुनी जा सकने वाली आवाज की तीव्रता का वर्णन करने के लिए प्रयुक्त शब्द।

**AUDIO CASSETTEE**

**श्रव्य कैसेट** : यह मैगनेटिक फीती की चरखी (Reel) पर सूचना की ध्वन्यालिखित प्रतिलिपि है, जिसे उपयोगकर्त्ता जब आवश्यक हो श्रव्य उपकरण (Tape Recorder) पर सुन सकता है।

**AUDIO DISK**

**श्रव्य डिस्क :** ध्वन्यालेखन का माध्यम जैसे ग्रामोफोन रिकार्ड।

**AUDIO SYSTEM**

**श्रव्य प्रणाली :** उपकरण जिसमें ध्वन्यालेखन करने के पश्चात् उसे पुनरुत्पादित किया जा सके।

**AUDIO TAPE**

**श्रव्य फीता :** ध्वन्यालेखन के लिये प्रयोग किया जाने वाला मैगनेटिक टेप। सामान्यरूप से इसे औडियों टेप के नाम से ही जाना जाता है तथापि इसे ध्वनिफीता (Phonotape) भी कहा जाता है।

**AUDIO-VISUAL**

**श्रव्य -दृश्य :** वह तकनीक जिसके द्वारा कैसेट पर अभिलिखित सूचना को सुना व देखा जा सकता है।

**AUDIO-VISUAL AIDS**

**श्रव्य-दृश्य उपकरण :** अध्यापन कार्य हेतु प्रयोग किये जाने वाले ऐसे श्रव्य–दृश्य उपकरण जिनका प्रयोग किसी विषय के अध्यापन कार्य हेतु किया जा सकता है। इन उपकरणों के माध्यम से एक छात्र अथवा एक विषय की जानकारी प्राप्त करने का इच्छुक व्यक्ति अपने घर पर ही एक अध्यापक अथवा विशेषज्ञ से पूर्ण जानकारी प्राप्त कर सकता है।

**AUDIT**

**अंकेक्षण :** मान्यता प्राप्त अधिकारी द्वारा एक संगठन के आय–व्यय का विस्तृत परीक्षण।

**AUDIT CERTIFICATES**

**लेखा परीक्षण प्रमाण पत्र :** एक संगठन के आय–व्यय के विस्तृत परीक्षण के पश्चात् लेखा परीक्षक द्वारा दिया जाने वाला प्रमाण पत्र।

**AUDITOR**

**लेखा परीक्षक :** संगठन अथवा विभाग के आय–व्यय का परीक्षण करने के लिए प्राधिकार प्राप्त अधिकारी।

**AUTHENTICATION**

**प्रमाणीकरण :** एक प्रलेख अथवा उसकी प्रतिलिपि में यह निश्चित करने की प्रक्रिया कि उसमें वही है जो होना चाहिये था।

**AUTHOR**

**लेखक :** एक व्यक्ति अथवा एक से अधिक व्यक्ति अथवा समष्टि संस्था

जो एक कृति को लिखने अथवा उसके संकलन के लिए उत्तरदायी हैं।

**AUTHOR ABSTRACT**

**लेखक-सार** : लेखक द्वारा अपने लेख का स्वंय लिखा गया सार।

**AUTHOR ANALYTICAL ENTRY**

**लेखक विश्लेषिक प्रविष्टि अथवा विशिष्ट अनुपूरक प्रविष्टि** : विभिन्न लेखकों के लेखों के संग्रह पर आधारित पुस्तक की मुख्य प्रविष्टि पुस्तक के सम्पादक के नाम तथा उसके शीर्षक से बनायी जाती है, जबकि उसमें जिन लेखकों का योगदान प्रकाशित हुआ है उन लेखकों तथा उनके लेख के शीर्षकों के आधार पर अनुपूरक लेखक विश्लेषिक प्रविष्टियाँ बनायी जाती है किन्तु यह स्पष्ट करने के लिये कि यह किस प्रलेख में प्रकाशित हुआ है मुख्य प्रविष्टि की सूचना भी इसमें सम्मिलित की जाती है।

**AUTHOR BIBLIOGRAPHY**

**लेखक ग्रन्थ सूची** : एक लेखक द्वारा लिखे गये ग्रन्थों व लेखों की सूची। इस प्रकार की सूची में लेखक पर प्रकाशित सामग्री की सूची भी सम्मिलित की जा सकती है।

**AUTHOR CARD**

**लेखक पत्रक** : सूचीकरण अथवा ग्रन्थ सूची में पुस्तक अथवा लेख के लेखक के नाम से बनायी गयी प्रविष्टि पत्रक, सामान्य रूप से यह मुख्य प्रविष्टि पत्रक होता है।

**AUTHOR CATALOGUE**

**लेखक सूची** : सूची जिसमें लेखक के नाम से बनायी गयी प्रविष्टियाँ वर्णानुक्रम में व्यवस्थित की जाती हैं, इसमें सम्पादक, अनुवादक, समिष्ट संगठन, आख्या आदि से बनी प्रविष्टियाँ भी सम्मिलित की जा सकती हैं।

**AUTHOR ENTRY**

**लेखक प्रविष्टि** : एक प्रकाशित कृति को लिखने अथवा संकलन के लिए उत्तरदायी व्यक्ति अथवा संगठन के नाम से बनी प्रविष्टि।

**AUTHOR FACET**

**लेखक पक्ष** : वर्गीकरण में एक साहित्यिक कृति के लिए बनाये गये वर्गांक में लेखक का जन्मवर्ष अथवा उसके नाम के आधार पर अंक का प्रयोग किया जा सकता है जिसे लेखक पक्ष की संज्ञा दी जाती है। कोलन क्लासीफिकेशन में मुख्य वर्ग साहित्य (Literature) के पक्ष परिनियम में लेखक पक्ष हेतु स्पष्ट प्रावधान है। यू. डी. सी. में भी लेखक के नाम को प्रयोग करने का प्रावधान है।

**AUTHOR HEADING**

लेखक शीर्षक : शीर्षक जिसके अन्तर्गत लेखक के नाम से प्रविष्टि बनायी गयी है।

**AUTHOR INDENTION**

लेखक दण्ड : प्रथम दण्ड अर्थात् पत्रक की प्रथम शीर्ष रेखा।

**AUTHOR INDEX**

लेखक अनुक्रमणिका : लेखकों के नाम से व्यवस्थित अनुक्रमणिका।

**AUTHOR MARK**

लेखक चिन्ह : वर्गीकरण में ग्रथांक में पुस्तक के लेखक के नाम के आधार पर चिन्ह अथवा अंक प्रदान करना। ग्रंथाक में लेखक के नाम का प्रयोग करने की कई प्रचलित प्रणालियाँ हैं जैसे कटर लेखक चिन्ह सारणी जिसमें लेखकों के नामों को कृत्रिम अंक प्रदान किये गये हैं, जैसे Abz - Abbot, जास्ट लेखक संख्या जिसमें लेखक के नाम के प्रथम तीन अक्षरों के प्रयोग से ग्रथांक बनाया गया है; मैरिल लेखक संख्याँ जिसमें A-Z के अक्षरों को एक सौ संख्याओं में विभक्त करके उसके आधार पर ग्रथांक बनाया जाता है।

**AUTHOR NUMBER**

लेखक अंक : देखिये Author Mark.

**AUTHOR PUBLISHER**

लेखक-प्रकाशक : लेखक जो अपनी कृतियों को स्वयं प्रकाशित करता है।

**AUTHOR SECTION**

लेखक अनुच्छेद : सूचीकरण में प्रविष्टि का वह भाग जिसमें लेखक अथवा सहलेखक का नाम दिया जाता है इसे शीर्षक अनुच्छेद भी कहते हैं।

**AUTHOR STATEMENT**

लेखक विवरण : सूचीकरण प्रविष्टि में प्रलेख के लेखक, सहलेखक के बारे में विवरण।

**AUTHOR TABLE**

लेखक तालिका : ग्रथांक के लिये बनायी गयी तालिका, जिसमें लेखकों के नाम को अथवा प्रलेख के नाम को अंको की भाषा में अनुवाद करके तालिका बनायी गयी है। जैसे कटर लेखक सारणी।

**AUTHOR TITLE INDEX**

लेखक-शीर्षक अनुक्रमणिका : अनुक्रमणिका जिसमें लेखक के नाम से

तथा प्रलेख व लेख के शीर्षक से प्रविष्टियाँ बना कर एक साथ अथवा पृथक दो अनुक्रमों में वर्णानुक्रम मे व्यवस्थित किया जाता है।

**AUTHOR'S COPIES**

**लेखक की प्रतियाँ :** प्रकाशक व लेखक के अनुबंध के अनुरूप प्रकाशक का लेखक को मानार्थ दी जाने वाली पुस्तक की प्रतियाँ।

**AUTHOR'S CORRECTIONS**

**लेखक के संशोधन :** प्रकाशक द्वारा भेजे गये प्रूफ मे लेखक द्वारा मूल प्रति की सामग्री में परिवर्तन करके संशोधन करना।

**AUTHOR'S EDITION**

**लेखक संस्करण :** लेखक के सम्पूर्ण कार्यों को एक साथ जिल्दबन्दी कर प्रकाशित करना। इसमें शीर्षक पृष्ठ पर यह इंगित कर दिया जाता है कि यह लेखक के सभी कार्यों का संग्रह है।

**AUTHOR'S PROOF**

**लेखक का प्रूफ :** कम्पोज़िटर की त्रुटियों को पूरी तरह संशोधित करने के पश्चात् लेखक को भेजा गया प्रूफ।

**AUTHORISED EDITION**

**अधिकृत संस्करण :** लेखक की स्वीकृति से प्रकाशित संस्करण।

**AUTHORITY ENTRY**

**प्राधिकारी प्रविष्टि : सूचीकरण में संगठन, संस्था की प्रविष्टि,** जिसमें उसके स्थापना की तिथि, निगमीकरण की तिथि, बदले गये नाम, अन्य संगठनों से सम्बद्धता आदि का विवरण होता है।

**AUTHORITY LIST**

**प्रामाणिक सूची :** व्यक्तिगत अथवा संस्थागत लेखकों के नाम, अज्ञात श्रेण्य व धर्मग्रन्थों व ग्रन्थ माला के शीर्षकों की सूची जिनका सूचीकरण में शीर्षक के लिये प्रयोग किया गया है। इसे सूचीकार संदर्भ हेतु सूची के रूप में प्रयोग कर सकता है। यदि शीर्षकों की यह सूची पत्रक के रूप में बनायी गयी हैं तो इसे इसे **प्रामाणिक पत्रक** कहते हैं।

**AUTO ABSTRACT**

**मशीनी सार :** कंप्यूटर द्वारा प्रलेख अथवा लेख के सार तैयार करने को मशीनी सार कहा जाता है। जिसका मूल आधार मूलपाठ में महत्वपूर्ण संकेत शब्दों का बार–बार प्रयोग होना है। मशीन ऐसे वाक्यों का भी चयन करती है जिनमें इन शब्दों का बार–बार उपयोग हो रहा है। इस प्रकार मशीन द्वारा

महत्वपूर्ण शब्दों अथवा वाक्यों का चयन करके इनको तर्कसंगत क्रम में व्यवस्थित करके सार तैयार किया जाता है। महत्वपूर्ण संकेत शब्द (Key words) को चुनने व व्यवस्थित करने का कार्य कंप्यूटर पूर्व निवेशित मानदण्डों के आधार पर स्वतः ही करता है।

**AUTO-ABSTRACTING**

**मशीनी सारकरण :** मशीन द्वारा स्वतः सार बनाने की प्रक्रिया।

**AUTO-BIAS DEVICE**

**स्वः अभिनत विधि :** कोलन क्लासीफिकेशन के संस्करण 2 (1939) से संस्करण 5(1957) तक 'एक मुख्य वर्ग के एक पक्ष में अनुसूचित दो एकलों को जोड़कर एक नया एकल बनाने के लिये इस विधि का प्रयोग किया जाता था। संस्करण 3 तक – **(Dash)** को इस हेतु संकेतक के रूप में मान्यता दी गयी किन्तु संस्करण 4 (1952) से – (Hyphen) का प्रयोग किया गया। संस्करण 6(1960) में इस विधि नाम अध्यारोपित विधि कर दिया गया।

**AUTOBIOGRAPHY**

**आत्मकथा :** एक व्यक्ति द्वारा अपने जीवन का लिखित विवरण।

**AUTO-ENCODING**

**ओटो इनकोडिंग :** सार अथवा अनुक्रमणिका की प्रविष्टियों का शब्दों के पुनरावर्तन के आधार पर उत्पन्न करने की प्रक्रिया।

**AUTOGRAPH**

**स्वाक्षर :** एक व्यक्ति के हस्ताक्षर। पुस्तक व्यापार में लेखक की हस्तलिखित अथवा हस्ताक्षर युक्त पाण्डुलिपियों, पत्रों आदि को स्वाक्षर, स्वहस्तलिपि के रूप में प्रस्तुत करना।

**AUTOGRAPHED COPY**

**हस्ताक्षरित प्रति :** पुस्तक की प्रति जिसमें लेखक ने हस्ताक्षर किये हैं।

**AUTO-INDEX**

**मशीनी अनुक्रमणिका :** मशीनी माध्यम से अनुक्रमणिका तैयार करना।

**AUTOMATIC CLASSIFICATION**

**स्वचालित वर्गीकरण :** मनुष्य के हस्तक्षेप के बिना कंप्यूटर का स्वतः ही वर्गीकरण की सम्पूर्ण प्रक्रिया पूरा करना ही स्वचालित वर्गीकरण है। 1950 के दशक से विभिन्न शोधकार्य व परीक्षण स्वचालित वर्गीकरण पर किये जा रहे हैं। 1964 में वर्गीकरण शोध पर दूसरा अन्तर्राष्ट्रीय अध्ययन सम्मेलन डेनमार्क में हुआ। जिसमें स्वचालित वर्गीकरण पर कई लेख प्रस्तुत किये गये। तब से हर

अन्तर्राष्ट्रीय सम्मेलन में स्वचालित वर्गीकरण पर किये गये शोध व व्यावहारिक परीक्षणों पर लेख प्रस्तुत किये जाते रहे हैं। इस हेतु किये गये मुख्य कार्यों में प्रलेख समूह (Document Clustering) व विषय सूचक शब्द समूह, (Key Word Clustering) दो मुख्य सिद्धान्तों को स्वचालित वर्गीकरण हेतु प्रतिपादित किया गया है। तथापि वर्गीकरण के क्षेत्र में कंप्यूटर का प्रयोग अभी भी पूर्णरूपेण सफल नहीं हुआ है व पारम्परिक वर्गीकरण पद्धतियों के आधार पर ही प्रलेखों की व्यवस्था हेतु प्रयोग किया जा रहा है। **देखिये** Document Clustering, Key Word Clustering, SMART.

**AUTOMATIC CONFORMITY**

**यंत्रवत् अनुरूपता :** रंगनाथन के अनुसार यदि एक पद्धति में विभिन्न मुख्य वर्गों में समान विषय अथवा एकल प्रदर्शित होते हैं तो उन सभी मुख्य वर्गों में इनका यंत्रवत् एक समान अनुक्रम उत्पन्न हो सके इसके लिये पद्धति में सामान्य वर्गों की विभिन्न अनुसूचियों तथा विधियों का प्रावधान होना चाहिये। जैसे – सामान्य वर्गों की सारणियाँ तथा काल विधि, जोड़ विधि, विषय विधि आदि।

**AUTOMATIC DICTIONARY**

**स्वचालित कोश :** यह भाषा अनुवाद मशीन का एक भाग है जो एक भाषा के शब्दों के बदले दूसरी भाषा के शब्द प्रदान करता है। एक सूचना पुनः प्राप्ति प्रणाली में यह संकेतशब्दों को शब्दों व वाक्यांशों में बदलने का कार्य करता है।

**AUTOMATIC INDEXING**

**स्वचालित अनुक्रमणीकरण :** सूचना पुनः प्राप्ति प्रणाली में कंप्यूटर का अनुक्रमणिका की प्रविष्टियाँ बनाने हेतु स्वयं प्रलेख से आवश्यक संकेत शब्दों का चयन करके अनुक्रमणिका तैयार करना।

**AUTOMATIC PROGRAMMING**

**स्वाचालित प्रोग्रामिंग :** कंप्यूटर द्वारा स्वतः ही प्रोग्राम बनाने की प्रक्रिया पूरी करना।

**AUTOMATICS**

**स्चलन के सिद्धान्त**

**AUTOMATION**

**यंत्रीकरण :** किसी भी प्रक्रिया अथवा प्रणाली को स्वचालित माध्यमों एवं उपकरणों द्वारा इस तरह नियंत्रित एवं कार्यशील बनाना कि उसमें मानव हस्तक्षेप की कम से कम आवश्यकता हो।

**AUTONOMOUS BODY**

**स्वायत्तशासी संस्था** : ऐसी संस्था जिसकी सभी प्रकार की नीतियों व कार्यों का निर्धारण संस्था की प्रबंध समिति द्वारा ही किया जाता है।

**AUTONOMY TO CLASSIFIER**

**वर्गकार की स्वायत्तता** : एक वर्गीकरण पद्धति में जिन एकल अंकों, वर्गांकों का परिगणन किया गया है उनको विषय जगत की आवश्यकतानुसार विभाजित करने अथवा विषय जगत के नये उत्पन्न होने वाले विषयों एवं एकलों को ग्राह्यता प्रदान करने हेतु नये वर्गांकों बनाने की पूर्ण स्वतंत्रता होनी चाहिए तथा इसी स्वतंत्रता को वर्गकार की स्वायत्तता की संज्ञा दी जाती है। किन्तु यह तभी सम्भव है जब वर्गाचार्य ने इस हेतु पद्धति में विभिन्न माध्यमों व विधियों का प्रावधान किया हो।

**AUTONYM**

**लेखक का वास्तविक नाम**

**AUTOTYPE**

**स्व-टकिंत** : कार्बन के आधार पर प्रतिलिपि बनाने की प्रक्रिया।

**AUXILIARIES**

**सहायक सारणियाँ** : एक वर्गीकरण पद्धति में जिन वर्गांकों का परिगणन किया गया है उनको आगे विभाजित करने या सह विस्तृत बनाने के लिये अथवा जिन विषयों के लिये पद्धति में वर्गांक उपलब्ध नहीं है उनके लिये वर्गांक बनाने हेतु सामान्य सारणियाँ तथा विधियाँ सम्मिलित की जाती हैं। इन सामान्य सारणियों को यू.डी.सी. पद्धति में सहायक सारणी कहते हैं।

**AUXILIARY MEMORY**

**सहायक स्मृति** : भंडारण इकाई जो कंप्यूटर की आन्तरिक प्राथमिक भंडारण का अनुपूरक है।

**AUXILIARY NOTATION**

**सहायक अंकन** : एकल अंको अथवा वर्गांकों को विभाजित करने अथवा सहविस्तृत बनाने हेतु एक वर्गीकरण पद्धति की सामान्य सारिणियों से प्राप्त अंकन।

**AUXILIARY NUMBER**

**सहायक अंक** : वर्गांक को व्यैक्तिता प्रदान करने हेतु ग्रथांक के रूप में कालानुक्रम अथवा वर्णानुक्रम के रूप में अनुपूरक अंक प्रयोग करना।

**AUXILIARY STORAGE**

सहायक भंडारण : देखिये Auxiliary Memory

**AUXILIARY TABLES**

सहायक सारणियाँ : देखिये Auxiliaries

**BABBAGE, CHARLES**

**वैबेज, चार्ल्स (1792-1871) :** चार्ल्स बैबेज को जोकि कैंम्ब्रिज विश्वविद्यालय में गणित के प्रोफेसर थे, कंप्यूटर का प्रवर्त्तक माना जाता है। बैबेज ने खगोल व गणित विज्ञान की सूक्ष्म सारणियाँ तैयार करने के लिये भव्य कंप्यूटर योजना तैयार की थी। सन् 1822 में बैबेज ने **डिफरैन्स इंजन** (Difference Engine) नाम को एक मशीन बनायी जिसके द्वारा गणितीय तालिकाएँ बनायी जा सकती थी इसी के द्वारा प्रथम विश्वसनीय जीवन तालिका (मनुष्य की जीवन अवधि के बारे में सांख्यिकीय तालिका) बनायी गयी। 1833 में बैबेज ने यांत्रिक विश्लेषण इंजन (एनालिटिकल इंजन) बनाना आरम्भ किया जिसमें एक सग्रांहक (स्मृतिपटल), एक चक्की (गणित इकाई), छपाई कार्ड व सूचना निवेश के लिये पँच कार्डो की व्यवस्था थी। यह मशीन किसी भी गणितीय समस्या का समाधान कर सकती थी यह सबसे बड़ा स्वचालित उपकरण था जो एक मिनट में 60 संयोजन कर सकता था। इस इंजन की सबसे बड़ी विशेषता यह थी कि इसके द्वारा दिये गये परिणाम तार्किक होते थे। इस इंजन के पाँच भाग थे– भंडारण इकाई, गणितीय इकाई नियंत्रण इकाई, निवेश तथा निर्गत इकाई। इस प्रकार यह कहा जा सकता है कि यही एनालिटिकल इंजन आज के कंप्यूटर की रूपरेखा का आधार है। यह भी एक संयोग है कि बैबेज की शिष्या व कवि बायरन की बेटी लेडी एडा ने पहला कंप्यूटर प्रोग्राम तैयार किया

**BABBAGE'S ANALYTICAL ENGINE**

देखिये Babbage, Charles.

**BACHELOR IN LIBRARY AND INFORMATION SCIENCE (BLISC)**

**पुस्तकालय एवं सूचना विज्ञान स्नात्तक :** पुस्तकालय एवं सूचना विज्ञान विषय में दी जाने वाली स्नात्तक स्तर की शिक्षा व उपाधि।

**BACK**

**पृष्ठ भाग :** पुस्तक के पीछे अथवा अन्दर के पृष्ठों का हाशियेदार हिस्सा। पुस्तक के पीठ अथवा पृष्ठ भाग जिसका प्रयोग जिल्दसाजी में पुस्तक के लेखक का नाम व शीर्षक लिखने के लिये किया जाता है।

**BACK BOARD**

**पृष्ठ फलक :** पुस्तक के पृष्ठभाग के लिये प्रयोग की जाने वाली दफ्ती।

**BACK COVER**

**पश्च आवरण :** पुस्तक के पीछे हिस्से का आवरण जिसमें सामान्य रूप से लेखक–विवरण दिया जाता है।

**BACK DOOR**

**गुप्त संकेत शब्द :** कंप्यूटर के प्रोग्राम तक पहुँचने का वह गुप्त संकेत जिसकी जानकारी प्रोग्रामर के अतिरिक्त अन्य किसी को नहीं होती है।

**BACK FILE**

**पूर्वांक संचिका :** सामयिक प्रकाशन की पुराने अंको की फाइल।

**BACK ISSUES**

**पूर्वांक :** एक पत्रिका के पुराने अंक।

**BACKLOG**

**पिछला बक़ाया :** पिछले कार्यों का ढेर अथवा कई दिनों से संचित कार्य।

**BACK MARGIN**

**पश्च किनारा :** पुस्तक के बायीं ओर छोड़ा गया हाशियाँ, जिसका प्रयोग पृष्ठ सिलाई में किया जाता है।

**BACK MATTER**

**पश्च सामग्री :** मूल पाठ के अन्त में प्रकाशित सामग्री जैसे ग्रन्थ सूची, परिशिष्ट, लेखक टिप्पणी, संदर्भ सूची। इसे प्रलेख की पूरक सामग्री भी कहते है।

**BACK NUMBERS**

**पुराने अंक :** देखिये Back Issues

**BACK ORDER**

**पिछला खरीद आदेश** : एक अपूर्ण आदेश जिसे भविष्य की आपूर्ति हेतु रोका गया है।

**BACK PAGE**

**वाम पृष्ठ** : पुस्तक अथवा मुद्रित सामग्री का समसंख्याँ वाला पृष्ठ।

**BACK SPACE**

**पश्च स्थान** : जब टंकण युक्ति को उसके स्थान से पीछे ले जाकर प्रयोग किया जाय अर्थात् प्रत्येक समय में एक इकाई पीछे की ओर संचालित करना।

**BACK SPACE KEY**

**वैकस्पेस कुंजी** : कंप्यूटर कीबोर्ड की वह कुंजी जिसका प्रयोग कंप्यूटर पर टाइप करते समय होने वाली त्रुटि को ठीक करने के लिये किया जाता है।

**BACK TITLE**

**पश्च शीर्षक** : प्रलेख के पश्च (पीठ) भाग पर मुद्रित शीर्षक।

**BACK UP**

**पश्च मुद्रण** : कागज के फलक का एक तरफ मुद्रित करने के पश्चात् दूसरी तरफ मुद्रित करना।

**BACK UP (COMPUTER)**

**प्रतिलिपि** : कंप्यूटर में फाइलों को बैकअप करने का अर्थ है सुरक्षा की दृष्टि से इनकी प्रतिलिपि तैयार करना जिससे भविष्य में मूलप्रति के समाप्त या खराब हो जाने पर उसके स्थान पर इसका उपयोग किया जा सके। संक्षेप में बैकअप कंप्यूटर की **डेटा सुरक्षा** प्रणाली है। बैकअप का सबसे प्रचलित उपकरण फ्लापी डिस्क हैं। तथापि 1995 से जिप ड्राइव का प्रयोग भी भंडारण व बैकअप के लिये किया जा रहा है।

**BACK UP SERVICES**

**पूर्तिकर सेवा** : केन्द्रीय उधार संग्रह के सहायतार्थ पुस्तकालयों द्वारा दी जाने वाली सेवा अथवा साहित्य सर्वेक्षण पठन सामग्री सूची तथा इसी प्रकार की अन्य सूचना सेवा के लिये प्रलेख के स्थान पर अन्य प्रकार की सामग्री प्रदान करना।

**BACK UP STORAGE**

**पूर्तिकर भंडारण** : कंप्यूटर में भंडारित सूचना का वह भाग जो सामान्यतः उपयोगकर्त्ताओं को उपलब्ध नहीं होता है अपितु कंप्यूटर प्रणाली के अन्तर्गत ही कुछ वर्गों की फाइलों की प्रतियाँ प्राप्त करने के लिये प्रयोग किया जाता हैं।

**BACK UP SYSTEM**

**पूर्तिकर प्रणाली** : कंप्यूटर की वह सहायक प्रणाली जो अचानक बिजली के चले जाने पर मूल प्रणाली के समानान्तर कार्य करती है।

**BACKBONE**

**पश्चभाग** : पुस्तक की पेठिका वाला भाग।

**BACKING BOARDS**

**बैंकिग दस्ती** : जिल्दसाजी में प्रयोग की जाने वाली दस्ती।

**BACKING MACHINE**

**बैंकिग मशीन** : प्रकाशनों द्वारा सामान्यरूप से सस्ते प्रकाशन सामग्री की जिल्दसाजी के लिये प्रयोग की जाने वाली मशीन।

**BACKING STORE**

**कंप्यूटर स्मृति** : कंप्यूटर स्मृति का वह भाग जो मैगनैटिक ड्रम, डिस्क अथवा टेप के रूप में उपलब्ध होती है।

**BACKLINING**

**जिल्दसाजी अस्तर** : जिल्दसाजी में पुस्तक के पृष्ठ भाग के अन्दर चिपकायी जाने वाली सामग्री; सामान्यतया यह कागज के रूप में ही होती है।

**BACKSLIDE**

**सूची पत्रक अवरोधन** : सूची पेटिका में पत्रकों के पीछे रखा जाने वाला ढाँचा जिससे पत्रकों की स्थिति ठीक रहे व पत्रक उल्टे सीधे न हो जाय। इसे पत्रकों की संख्या के अनुसार आगे पीछे भी किया जा सकता है।

**BACKWARD ARROW**

**पश्चमुखी तीर** : कोलन क्लासिफिकेशन संस्करण 4(1952) से काल श्रेणी में प्रयोग किया जाने वाला यह संकेतक 1948 में रंगनाथन द्वारा प्रतिपादित किया गया। पश्चमुखी तीर संकेतक का प्रयोग एक निश्चित अवधि को बताने वाले दो काल एकलों को जोड़ने के लिये किया जाता है जिससे कि प्रलेख में जिस अवधि का विवरण है उस समय सीमा को वर्गांक में स्पष्ट रूप से इंगित किया जा सके, जैसे 1919 से 1999 N99 ← N19

**BACONIAN CLASSIFICATION**

**बैकोनियन क्लासीफिकेशन** : ब्रिटिश दार्शनिक फ्रांसिस बेकन (1561-1626) के द्वारा बनायी गयी वर्गीकरण प्रणाली। ज्ञान वर्गीकरण के इतिहास में बैकन पद्धति अत्यन्त महत्वपूर्ण पद्धति है जिसे बेंकन ने अपनी पुस्तक Advancement of Learning (1605) में Chart of Human Learning के

नाम से सम्मिलित किया था। इस चार्ट में विषय जगत को विभाजित करने के लिये तीन विशेषताओं–स्मृति (Memory), कल्पना (Imagination) तथा तर्क (Reason) का प्रयोग किया गया। बेकन के अनुसार इन तीन स्रोतों से तीन उद्‌गम प्रकट होते है – इतिहास (History) स्मृति से ; कल्पना से काव्य (Poesy) तथा तर्क से दर्शनशास्त्र (Philosophy)। वेकन की पद्धति का प्रभाव पुस्तकालय वर्गीकरण पद्धतियों – मुख्यतः डी॰डी॰सी॰ पर स्पष्ट रूप से दृष्टिगत होता है।

**BAD COPY**

**खराब प्रति :** पुस्तक की वह प्रति जो खराब तरह से लिखी अथवा मुद्रित होने के कारण मुद्रित करने अथवा पढ़ने में कठिनाई होती हो।

**BALANCED COLLECTION**

**सन्तुलित संग्रह :** पुस्तकालय में सभी विषयों पर एक निश्चित सिद्धांत के आधार पर अधिग्रहित किया गया संग्रह, जिसके फलस्वरूप सभी विषयों पर सभी प्रकार के, प्रमुख एवं प्रांसगिक प्रलेख उपलब्ध हो सकते हैं।

**BALANCE SHEET**

**स्थिति विवरण :** पुस्तकालय के आय–व्यय का पक्का चिट्ठा।

**BALLAD**

**गाथागीत :** विवरणात्मक काव्य जो सामान्यतया लोक गाथाओं के रूप में होता है।

**BANNED BOOK**

**प्रतिबंधित पुस्तक :** ऐसी पुस्तक जिसके विवादास्पद विषय वस्तु के कारण सरकार अथवा अन्य मान्यसत्ता द्वारा विक्रय व उपयोग निषिद्ध कर दिया जाता है।

**BAR CODE**

**बार कोड :** आजकल पुस्तकों, पैकेटों व अन्य वस्तुओं पर एक लेबल लगाया जाता है जिसमें कुछ मोटी व पतली लकीरें खींची होती हैं जिसे बार कोड कहते हैं। यह एक प्रकार की गुप्त भाषा है जिसमें उस वस्तु का मूल्य एवं अन्य जानकारी इस प्रकार से लिखी होती है कि कंप्यूटर उन्हें शीघ्रता से पढ़ कर उपयोग में ला सके। यह सूचना चुम्बकीय स्याही की रेखाओं में कोड की गयी होती है तथा इसे ही बार कोड कहा जाता है। बार कोड के लिये कोई मानक बार कोड नहीं है। अलग–अलग कार्यों के लिये अलग–अलग बार कोड है। इस बार–कोड को पढ़ने के लिये एक विशेष प्रकार का पेन जैसा उपकरण

प्रयोग किया जाता है जिसे आप्टिकल वांड (Optical Wand) कहते हैं। इस हेतु बार कोड रीडर का प्रयोग भी किया जा सकता है।

**BASE**

**अंकल आधार** : पुस्तकालय वर्गीकरण पद्धति में प्रयुक्त अंकाक्षरों के प्रकार व संख्यों पर उसकी अंकन–प्रणाली का आधार निश्चित होता है। जैसे डीवी डेसीमल क्लासीफिकेशन में एण्डो अरेविक अंक 0–9 का प्रयोग किया गया है और यही उस पद्धति का अंकन आधार है। जबकि कोलन क्लासीफिकेशन में विभिन्न प्रकार के अंक व अक्षर तथा चिन्हों का प्रयोग किया गया है इस प्रकार इस पद्धति में 60 अंकाक्षर व 14 संकेतक प्रयोग किये गये है।

**BASE NUMBER**

**आधार अंक** : वर्गीकरण में प्रलेखों के वर्गांक बनाने हेतु एक विषय का वह वर्गांक जिसे पद्धति के नियमानुसार उस विषय के लिये सहविस्तृत वर्गांक बनाने के लिये आगे विस्तृत किया जा सकता है, को आधार अंक की संज्ञा दी जाती है। डेवी डेसीमल क्लासीफिकेशन में जोड़ विधि के निर्देश में आधार अंक को आधार मान कर ही इस विधि का प्रयोग किया जा सकता है।

**BASE OF A NOTATION**

**अंकन का आधार** : वर्गीकरण पद्धति में कितने प्रकार के अंको, अक्षरों, चिन्हों आदि का प्रयोग किया गया है। इसी के आधार पर ही पद्धति का अंकन आधार निश्चित होता है। देखिये Base

**BASIC**

**कंप्यूटर की भाषा** : बेसिक बिगिनर्स आल परपज सिंबोलिक इंस्ट्रकशन कोड (Beginners All-Purpose Symbolic Instruction Code) का संक्षिप्त शब्द है। बेसिक की रचना जान कैमिनी (J. G. Kemmeny) तथा थामस कुर्टज (Thomas Kurtz) ने 1964 में अमेरिका के डॉटमाउथ कालेज में की थी। यह भाषा मूल रूप से प्रोगामिंग पढ़ाने हेतु फौरट्रेन के सरलीकृत संस्करण के रूप में विकसित की गयी थी। यह एक अत्यन्त लोकप्रिय भाषा है जो सीखने में सबसे सुगम है क्योंकि इसमें थोड़े से ही निर्देशों का प्रयोग होता है। तथापि इसके नाम से यह नहीं समझ लेना चाहिये कि यह कंप्यूटर सीखने वालों के लिये प्रारम्भिक भाषा है। इसके सरल स्वरूप से यह एक बहुप्रयोजन व शक्तिशाली भाषा में विकसित होती जा रही है। इसके आधार पर विभिन्न प्रकार के छोटे कंप्यूटरों ने अपने संस्करण भी तैयार किये हैं जैसे G W Basic, BASICA आदि। यह भाषा बीजगणित पर आधारित सीधी–सादी भाषा है जिसमें उसी प्रकार के निर्देश दे सकते है जैसे वास्तविक जीवन में।

**BASIC BOOK**

**मौलिक ग्रन्थ :** वह ग्रन्थ जिसमें एक विषय के मौलिक सिद्धान्तों का प्रथम बार विवरण दिया गया हो।

**BASIC CANONS FOR NOTATION**

**अंकन के लिये आधारभूत उपसूत्र :** अंकन स्तर पर कार्य हेतु रंगनाथन ने दो प्रकार के आधारभूत उपसूत्र प्रतिपादित किये हैं। एकाकी उपसूत्र जिनमें समानार्थक व भिन्नार्थक शब्दों व उनके वर्गांकों के बारे में निर्देश है तथा युगल उपसूत्र दिये गये हैं। विस्तृत विवरण के लिये देखिये Canons

**BASIC CLASS**

**मूल वर्ग :** मुख्य वर्ग अथवा परम्परागत वर्गों के लिये प्रयुक्त सामान्य शब्द।

**BASIC CLASS TERM**

**मूल विषय शब्द :** मूल वर्ग अथवा मुख्य वर्ग के लिये प्रयोग किया जाने वाला शब्द।

**BASIC ENTRY**

**मूल प्रविष्टि :** सूचीकरण में एक प्रलेख की मुख्य प्रविष्टि जिसमें प्रलेख का पूर्ण विवरण दिया जाता है।

**BASIC FACET**

**मूल पक्ष :** प्रत्येक मिश्रित विषय में एक मूल पक्ष होता है जैसे पुस्तकालय वर्गीकरण का मूल पक्ष पुस्तकालय विज्ञान है। मूलपक्ष मुख्य वर्ग ही होता है।

**BASIC FOCI**

**मूल केन्द्रबिन्दु :** एक मिश्रित विषय का आधारभूत विषय।

**BASIC LAWS**

**आधारभूत नियम :** रंगनाथन द्वारा प्रतिपादित वे नियम जो वर्गीकरण में वैचारिक स्तर पर निर्णय लेने की प्रक्रिया को संचालित करते हैं। इनको चिन्तन स्तर की प्रक्रिया को नियंत्रित करने वाले आधारभूत नियम माना जाता है।

**BASIC LIST**

**मूल सूची :** सूचना पुनः प्राप्ति में शब्दों की वर्णानुक्रमिक अथवा वर्गीकृत सूची जिसके आधार पर शब्दकोश बनाया जा सकता है।

**BASIC STOCK**

**मूल संग्रह :** पुस्तकालय का आधारभूत, सन्तुलित एवं प्रमाणिक संग्रह जो उसके उद्देश्यों की पूर्ति के लिये आवश्यक है।

**BASIC SUBJECT**

**मूल विषय** : वर्गीकरण में एक मुख्य विषय को मूल विषय भी कहते है।

**BASIS OF DIVISION**

**विभाजन का आधार** : वर्गीकरण में विषय जगत को विभाजित करने हेतु प्रयोग की जाने वाली एक विषय की आधारभूत विशेषताएँ।

**BASIL**

**बैसिल** : भेड़ की पतली खाल जो पुस्तकालय जिल्दसाजी के लिये उपयुक्त नहीं होती है इसका प्रयोग सामान्यतः बहीखातों की जिल्दसाजी के लिये होता है।

**BASKERVILLE, JOHN**

**जान वास्करबिल** : अंग्रेज मुद्रक (1706–75) जिसने महीन लकीरों वाला टाइपफेस बनाया जो उस समय अव्यावहारिक समझा जाता था किन्तु अब यह सभी कालों के सर्वाधिक लोकप्रिय टाइपफेसों में गिना जाता है। यह टाइपफेस इसी व्यक्ति के नाम से जाना जाता है।

**BATCH FILE**

**बैच फाइल** : यह कंप्यूटर की एक विशिष्ट फाइल, जिसका उपयोग डॉस (DOS) के एक से अधिक आदेशों को एक विशेष क्रम में करने के लिये किया जाता है। ये आदेश बैच फाइल में उसी क्रम से पाठ्य के रूप में लिखे होते हैं और इन्हें टाइप (Type) आदेश द्वारा पढ़ा जा सकता है। बैच फाइलें किसी भी वर्ड प्रोसेसर प्रोग्राम से, या डॉस में दी गई एडलिन (EDLIN) सुविधा से बनाई जा सकती है। बैच प्रोग्रामिंग सीखने के लिये किसी विशेष प्रोग्रामिंग की योग्यता का होना आवश्यक नहीं है। बैच फाइल डॉस आधारित प्रोग्राम है जिसे लंबे कार्यों को शीघ्रता से करने के लिये काम में लिया जाता है। इसमें विभिन्न डॉस निर्देश (Commands) को एक साथ निश्चित क्रम में भंडारित किया जाता है तथा इसे कार्यान्वित (Execute) कराने पर समस्त डॉस कमांड एक एक करके कार्यान्वित होते जाते हैं।

**BATCH NUMBER**

**बैच क्रमांक** : समान विशेषताओं से युक्त सूचना का एक ही पहचान अंक अथवा क्रमांक को बैच नम्बर कहते हैं।

**BATCH PROCESSING**

**समूह प्रक्रमण** : कंप्यूटर में सूचना संसाधन की वह तकनीक जिसमें सम्पूर्ण सूचना इकाइयों को निवेश से पूर्व संग्रहित कर पूरे समूह को इकाई के रूप में संसाधित किया जाता है।

**BATTEN CARDS**

**बैटन पत्रक :** बैटन पुनः प्राप्ति सूचना प्रणाली में प्रत्येक पत्रक में छिद्रण का एक विशिष्ट स्थिति में होना अथवा न होना, प्रत्येक प्रलेख की उपस्थिति अथवा अनुपस्थिति इंगित करता है।

**BATTEN SYSTEM**

**बैटन प्रणाली :** डब्लू ई॰ बैटन द्वारा प्रतिपादित अनुक्रमणीकरण प्रणाली जिसमें प्रलेख की पहचान हेतु विशेषताओं के समन्वयन का उपयोग किया जाता है। इसके पत्रकों के छिद्रणों के स्वरूप के कारण इसे पिक–अ–वू प्रणाली भी कहा जाता है।

**BAUD**

**बौड :** संचार व्यवस्था में सूचना के आदान प्रदान की गति, दूसरे शब्दों में bits per second का दूसरा नाम ही बौड है। टेलीफोन की लाइन पर डेटा सामान्यतया 300 शब्द प्रति मिनट अथवा 300 बौडस् की गति से भेजा जाता है।

**BBC MICRO**

**बी बी सी माइक्रो :** सन् 1981 में ब्रिटिश सरकार ने स्कूलों के लिये कंप्यूटर प्रोग्रामों के विकास की योजना बनायी। बी बी सी ने विज्ञापन दिया कि इस काम के लिये उन्हें अपने नाम का कंप्यूटर चाहिये । इस योजना के फलस्वरूप ACORN कंप्यूटर का जन्म हुआ जिसे बी बी सी माइक्रो भी कहा जाता है। इसका स्वयं का आपरेटिंग सिस्टम होने के कारण से ही इसकी फ्लापी डिस्कों को IBM PC अथवा इसी प्रकार के अन्य कंप्यूटरों पर नहीं चलाया जा सकता है और न ही पी॰ सी॰ की पीसी – डॉस आपरेटिंग सिस्टम की डिस्क को यूनीकार्न पर चलाया जा सकता है। भारत में इसी प्रकार के कंप्यूटर सेमिकन्डक्टर कम्लैक्स लिमिटेड संक्षिप्त में एस सी एल चण्डीगढ़ भारत द्वारा यूनीकार्न (Unicorn) नाम से बनाए जा रहे हैं।

**BCD**

देखिये Binary Coded Decimal Notation

**BEEP**

**विप :** पसर्नल कंप्यूटरों के लिये दो प्रकार के सुविधात्मक प्रोग्रामों का प्रचलन है–नार्टन यूटिलिटिज तथा पीसी टूल्स। विप नार्टन यूटिलिटिज का एक प्रोग्राम है। यह प्रोग्राम एक पठनी फाइल में अंकित सूचना के अनुसार वांछित समय पर अनेक प्रकार की ध्वनियाँ उत्पन्न कर सकता है तथा उन्हें कितनी ही बार दोहरा भी सकता है।

**BELLES LETTERS**

**ललित साहित्य** : शिष्ट साहित्य अथवा साहित्यिक कला सम्बन्धी कार्य जिसमें लालित्य व कल्पना प्रदर्शित की गई हो।

**BENGAL LIBRARY ASSOCIATION**

**बंगाल पुस्तकालय संघ** : बंगाल पुस्तकालय संघ की स्थापना शैक्षिक संस्थाओं में पुस्तकालय के प्रति जागरूकता उत्पन्न करने के ध्येय से 1925 में की गयी। 1937 में इस संघ ने पुस्तकालय विज्ञान का प्रमाणपत्र पाठ्य–क्रम आरम्भ किया जिसकी अवधि मात्र चार सप्ताह थी।

**BERNE COPYRIGHT UNION**

**बर्न रचना स्वत्वाधिकार संघ** : 1886 में बर्न, स्वीजरलैंड में साहित्यिक एवं कलात्मक कार्यों के संरक्षण हेतु अन्तर्राष्ट्रीय सम्मेलन हुआ जो बर्न समझौता (Berne Convention) के नाम से प्रसिद्ध है। इस समझौते का उद्देश्य जहाँ तक संभव है लेखकों के साहित्यिक एवं कलात्मक कार्यों को एक समान व प्रभावशाली ढंग से संरक्षण देना था। इस पर 9 सितम्बर 1886 को हस्ताक्षर किये गये, 4 मई 1896 को पूरा किया गया, 13 नवम्बर 1908 (बर्लिन), 2 जून 1928 (रोम) तथा 26 जून 1948 (बुसल्स) 13 जुलाई 1967 (स्टोकहोम) तथा 24 जुलाई 1971 (पेरिस) में इसमें संशोधन किये गये । एक लेखक का सम्पूर्ण जीवन तथा मरने के 50 साल बाद तक इस समझौते के अन्तर्गत आता है। यह उन लेखकों को संरक्षण देता जो उस देश के है जो समझौते द्वारा स्थापित संघ के अन्तर्गत आते है।

**BEST BOOK**

**श्रेष्ठ पुस्तक** : एक विषय पर प्रकाशित ऐसी उत्तम पुस्तके जिनकों उस विषय पर प्रमाणित पुस्तकें माना जाता है।

**BEST SELLER**

**लोकप्रिय पुस्तक** : सर्वाधिक बिकने वाली पुस्तक।

**BI-ANNUAL**

**अर्धवार्षिकी** : साल में दो बार प्रकाशित होने वाली पत्र–पत्रिकाएँ।

**BIAS NUMBER DEVICE**

**अभिनत अंक विधि** : कोलन क्लासीफिकेशन के प्रथम व दूसरे संस्करण में अभिनत अंक विधि अवधारणा का प्रयोग L Medicine मुख्य वर्ग में किया गया, जिसके आधार पर एक मुख्य वर्ग के एक पक्ष में अनुसूचित दो एकल अंको को जोड़कर एक मिश्रत विषय बनाया जा सकता था। जैसे L136081 Thigh Bone। इसके लिये संकेतक शून्य (zero) को आंबटित किया गया। 1950 के

दशक में Phase शब्द को मान्यता मिलने से अभिनत अंक विधि का सही अर्थ स्पष्ट हो गया। Phase Relation तथा Superimposition Device भी पढिये।

**BIAS PHASE**

**अभिनत पक्ष** : कोलन क्लासीफिकेशन में विषय सम्बन्ध विधि के अन्तर्गत 'यदि एक विषय का दूसरे विषय की प्रति झुकाव प्रदर्शित होता है तो विषय जिसके प्रति झुकाव है को प्रथम पक्ष तथा जो विषय झुकाव दिखा रहा है उसे दूसरा पक्ष अथवा अभिनत पक्ष कहा जाता है।' इस प्रकार की पुस्तकें प्रायः उन पाठकों के लिये लिखों जाती है जो अपने विषय के अतिरिक्त अन्य विषय के प्रति रूचि रखते है ऐसे पाठकों को ही अभिनत पक्ष कहा जाता है।

**BIBLIOFILM**

पुस्तकों के पृष्ठों के छात्राचित्रण हेतु प्रयोग किया जाने वाला माइक्रोफिल्म।

**BIBLIOGENESIS**

**पुस्तक उत्पादन।**

**BIBLIOGRAPHER**

**ग्रन्थ सूचीकार** : वर्तमान परिपेक्ष में ग्रन्थ सूचीकार वह व्यक्ति है जो मान्य विधियों एवं सिद्धांतो के आधार पर प्रलेखों के भौतिक विशेषताओं का स्पष्ट विवरण प्रदान कर उनकी सूची बनाने में सक्षम है। दूसरे शब्दों में ग्रन्थ सूचीकार वह विशेषज्ञ है जो मुद्रित सामग्री के विवरण देने व उनकी सूची बनाने में निपुण होता है। तथापि इस शब्द के अभिप्राय व परिभाषा में निरन्तर परिवर्तन होते रहे हैं। 1656 में थामस ब्लाउन्ट (Thomas Blount) के द्वारा लिखी पुस्तक The Academic of Eloquence में बिब्लियोग्राफर को पुस्तकों का लेखक अथवा नकल करने वाला माना गया है, जबकि एडवर्ड फिलिप (1658) ने बिब्लियोग्राफर को नकल करने वाला (copyist) माना है। 18 वीं शताब्दी में फ्रांस में ग्रन्थ विज्ञान का सैद्धान्तिक अध्ययन अत्यन्त महत्वपूर्ण होने लगा जिसके फलस्वरूप बिब्लियोग्राफर का अर्थ भी बदलने लगा तथा इसे 'पुस्तकों के विषय में लिखने वाला' (1763) माना जाने लगा। फ्रांस के विख्यात शब्द कोश लेखक पायगनाट ने अपने शब्दकोश में (1802-4) बिब्लियोग्राफर की परिभाषा इन शब्दों में दी हैः– 'जिसने पुस्तकों के ज्ञान, साहित्यिक इतिहास तथा मुद्रण कला का विशेष अध्ययन एवं ज्ञान अर्जित किया है, उसे ग्रन्थ वैज्ञानिक अथवा बिब्लियोग्राफर कहते हैं।' 19 वीं शताब्दी में बिब्लियोग्राफी की अवधारणा की अभिव्यक्ति के लिये विभिन्न शब्दों का प्रयोग किया जाने लगा जिनमें से एक ग्रन्थविज्ञान भी था।

**BIBLIOGRAPHIC CLASSIFICATION**

**बिब्लियोग्राफिक क्लासीफिकेशन :** हेनरी एवलिन ब्लिस द्वारा रचित इस वर्गीकरण पद्धति को पूरा होने में 13 वर्ष (1940–53) लगे। यह पद्धति चार खण्डों में है। खण्ड 1 में प्रस्तावना, पूर्ववर्ती सारणी, क्रमबद्ध सहायक सारणियों तथा मुख्य वर्ग A-G हैं। यह खण्ड 1940 में प्रकाशित हुआ; खण्ड 2 में मुख्य वर्ग H-K मानव शास्त्र, प्रस्तावना व अनुक्रमणिका सम्मिलित किये गये तथा 1947 में प्रकाशित किया गया; खण्ड 3 में मुख्य वर्ग L -Z विशिष्ट मानव शास्त्र, व्यक्ति तथा राष्ट्रों का इतिहास, धर्म, नैतिकता, विशिष्ट समाजशास्त्र, साहित्य व भाषा तथा ग्रन्थ सूची व पुस्तकालय सम्मिलित किये गये। इस खण्ड का प्रकाशन 1953 में हुआ; खण्ड 4 जो खण्ड 1–3 की अनुक्रमणिका था, का प्रकाशन भी 1953 में ही किया गया। 1952 में खण्ड 1 व 2 का संशोधित संस्करण एक खण्ड में प्रकाशित किया गया। ब्लिस की बिब्लियोग्राफिक क्लासीफिकेशन पुस्तकालय वर्गीकरण की ऐसी प्रथम पद्धति है जिसकी संरचना ठोस व स्पष्ट सिद्धांतों पर की गयी है। पद्धति की संरचना से पूर्व ब्लिस ने वर्गीकरण के सिद्धांतों पर दो पुस्तकें लिखी जिनकों पद्धति की संरचना का आधार बनाया। इसमें प्रयुक्त विभिन्न प्रकार की अनुसूचियों के कारण इसका स्वरूप लगभग पक्षात्मक पद्धति बन गया। इस पद्धति का दूसरा संस्करण जे॰ मिल्स के संरक्षण में 1977 में आरम्भ किया गया जो बी॰ सी॰ 2 के नाम से प्रचलित है। बी॰ सी॰ 2 को मुख्य वर्गो के आधार पर अलग अलग भागों में प्रकाशित किया जाता है प्रत्येक भाग में भूमिका, अनुसूचियाँ तथा अनुक्रमणिका सम्मिलित होते हैं। इस संस्करण में रंगनाथन द्वारा प्रतिपादित पक्षात्मक सिद्धांतों तथा दो अन्य सिद्धांतों – प्रतिलोमता का सिद्धांत (Principle of Inversion) तथा पूर्व–प्रभावी अंक का सिद्धांत (Principle of Retroactive Notation) का प्रयोग किया गया है जिसके फलस्वरूप यह निर्बाध पक्षात्मक वर्गीकरण पद्धति (Freely Faceted Classification Scheme) बन गयी है। तथापि इसमें संकेतकों के प्रयोग को महत्व नहीं दिया गया है।

**BIBLIOGRAPHIC DATABASE**

**ग्रल्थात्मक सूचना संकलन :** कंप्यूटर अथवा मशीन पठनीय सामग्री में सूचना का संग्रह।

**BIBLIOGRAPHIC DESCRIPTION**

**ग्रन्थात्मक विवरण :** ग्रन्थसूची प्रविष्टियों में प्रलेखों के लेखक, आख्या, संस्करण, प्रकाशन वर्ष, माला टिप्पणी, पृष्ठ संख्या, कीमत, प्रकाशक, प्रकाशन स्थान आदि का विवरण देना ही ग्रन्थात्मक विवरण है। ग्रन्थात्मक नियंत्रण हेतु यह आवश्यक है कि राष्ट्रीय ग्रन्थ सूचियों तथा अन्य पाठ्य सामग्री के संदर्भों की

प्रविष्टियों में यह विवरण एक निश्चित व समान मानदण्ड के आधार ही दिया जाय। इस हेतु प्रथम प्रयास सूचीकार विशेषज्ञों का कोपनहैगन में 1969 के अन्तर्राष्ट्रीय सम्मेलन में किया गया, जिसमें अन्तर्राष्ट्रीय मानक ग्रन्थात्मक विवरण हेतु एक कार्यकारी दल का गठन किया गया। बाद में अन्य दल भी गठित किये गये। जिसके फलस्वरूप प्रथम ISBD अन्तर्राष्ट्रीय मानक ग्रन्थात्मक विवरण 1974 में प्रकाशित हुआ जिसे एग्लों अमेरिकन कैटालौगिंग एल्स 2 (AACR2) अध्याय 6 को संशोधित करने का भी आधार बनाया गया तथा कई यूरोपियन तथा अन्य देशों ने भी इसको स्वीकार किया। इसका मूलपाठ 16 भाषाओं में प्रकाशित हो चुका है।

**BIBLIOGRAPHIC INDEX**

**बिब्लियोग्राफिक इनडैक्स :** पुस्तकों तथा लेखों की एक व्यवस्थित सूची को ग्रन्थात्मक अनुक्रमणिका कहते हैं तथापि इसी नाम से एच॰ डब्लु विलसन कम्पनी भी एक अनुक्रमणिका प्रकाशित करती है जो नये ग्रन्थात्मक सूचियों की विषय अनुक्रमणिका है तथा एक साल में तीन बार प्रकाशित होती है।

**BIBLIOGRAPHIC ITEM**

**ग्रन्थात्मक इकाई :** पत्रिका में प्रकाशित एक लेख, तकनीकी प्रतिवेदन, पेटेन्ट, निबंध संग्रह आदि जिसकी सूची अथवा ग्रन्थात्मक सूची में पृथक ग्रन्थात्मक प्रविष्टि बनायी जा सकती है उसे एक ग्रन्थात्मक इकाई माना जाता है।

**BIBLIOGRAPHICAL CENTRE**

**ग्रन्थात्मक केन्द्र :** ऐसा स्थान जहाँ ग्रन्थ सूचियाँ, पुस्तकालय सूची, प्रकाशकों की पुस्तक सूचियों आदि को संग्रहित किया जाता है तथा ग्रन्थात्मक तथा प्रलेख सूचना प्रदान की जाती है। सामान्यतः ये केन्द्र राष्ट्रीय पुस्तकालयों, पुस्तक उधार केन्द्रों, सहकारी पुस्तक भंडार केन्द्रों से सबद्ध होते हैं।

**BIBLIOGRAPHICAL CLASSIFICATION**

**ग्रन्थात्मक वर्गीकरण :** पुस्तकों तथा अन्य साहित्यिक सामग्री को वर्गीकृत करने तथा ग्रन्थात्मक सूची व पुस्तकालय सूचियों की प्रविष्टियों को व्यवस्थित करने हेतु बनाया गया वर्गीकरण। इस प्रकार के वर्गीकरण में विषय जगत को सूक्ष्मतर स्तर तक विभाजित कर कृत्रिम अंको के आधार पर व्यवस्थित किया जाता है। जैसे डी॰ डी॰ सी॰ अथवा सी॰सी॰।

**BIBLIOGRAPHICAL CONTROL**

**ग्रन्थात्मक नियंत्रण :** पाठ्य सामग्री के अविरल प्रकाशन के कारण उत्पन्न समस्या के समाधान हेतु उत्पन्न अवधारणा को ग्रन्थात्मक नियंत्रण की

संज्ञा दी गयी है। जिससे तात्पर्य है कि निरन्तर रूप से प्रकाशित होने वाली असीमित पाठ्य सामग्री को अभीष्ट पाठक तक पहुंचाने हेतु यह आवश्यक है कि ऐसे माध्यमों का प्रयोग किया जाये जिससे पुसतकालयों व पाठकों दोनों को यह मालूम हो सके किस विषय में कब, कहाँ, किस रूप में पाठ्य सामग्री प्रकाशित हुई है। इसका सबसे उत्तम माध्यम ग्रन्थात्मक सूचियों का प्रकाशन है। भारतीय प्रकाशनों के ग्रन्थात्मक नियंत्रण की दृष्टि से प्रेस एण्ड रजिस्ट्रेशन ऑफ बुक्स एक्ट ऑफ 1867 पहला प्रमुख प्रयास माना जा सकता है। स्वतंत्रता के पश्चात् इस हेतु भारत सरकार ने Delivery of Books (Public Library) Act, 1954 में पारित किया; 1956 में संशोधित Delivery of Books and Newspapers (Public Library) Act पारित कर लागू किया गया।

**BIBLIOGRAPHICAL DESCRIPTION**

देखिये Bibliographic Description

**BIBLIOGRAPHICAL INDEX**

देखिये Bibliographic Index

**BIBLIOGRAPHCIAL NOTE**

**ग्रन्थात्मक टिप्पणी** : सामान्यतः एक **फुटनोट** जो पुस्तकों अथवा पत्रिका–लेखों के संदर्भ में दिया जाता है; **पुस्तकालय सूची** या ग्रन्थसूची में एक पुस्तक की प्रविष्टि में दिया गया ग्रन्थात्मक विवरण।

**BIBLIOGRAPHICAL REFERENCES**

**ग्रन्थात्मक संदर्भ** : एक कृति लिखने में जिन पुस्तकों, लेखों आदि का उपयेाग किया गया है उसमें उनके बारे में दिये गये विवरण को ग्रन्थात्मक संदर्भ कहते हैं।

**BIBLIOGRAPHICAL SCATTER**

**ग्रन्थात्मक विखराव अथवा छितराव** : यदि एक विशिष्ट विषय के लेखक ऐसी पत्रिकाओं में प्रकाशित होते हैं जिनसे उस विषय का कोई सम्बन्ध नहीं है तो ऐसे लेख इस विषय के विशेषज्ञों तक नहीं पहुंच पायेंगे, इस प्रकार इन लेखों का विखराब हो गया। इस अवधारणा को पहचानने का श्रेय एस॰ सी॰ ब्रेडफोर्ड को जाता है जब उन्हेांने कहा कि 'प्रत्येक क्षेत्र में कुछ ही पत्रिकाओं में उस विषय के लेख प्रकाशित होते हैं किन्तु कुछ ऐसे भी लेख रह जाते हैं जो अन्य विषयों की पत्रिकाओं में प्रकाशित हो जाने से बिखर जाते हैं।' ब्रेडफोर्ड ने इसे स्कैटर (Scatter) नाम दिया। इस बिखराब को अनुक्रमणिका, सामयिक सूचना सूची, विषय अनुक्रमणिका तथा पुस्तकालय सूची में विश्लेषिक विषय प्रविष्टि के द्वारा रोका जाता है।

**BIBLIOGRAPHICAL SERVICES**

**ग्रन्थात्मक सेवाः** निरन्तर प्रकाशित होने वाली प्रकाशन सामग्री की सूची बना कर अथवा अन्य विधियों व क्रियाकलापों द्वारा ग्रन्थात्मक सूचना प्रदान करना।

**BIBLIOGRAPHICAL SOCIETY**

**बिब्लियोग्राफिकल सोसाइटीः** ग्रेट ब्रिटेन में 1892 में स्थापित यह एक प्रमुख ग्रन्थात्मक संघ है। यह संघ **लाइब्रेरी** नाम से एक पत्रिका भी प्रकाशित करता है।

**BIBLIOGRAPHICAL TOOLS**

**ग्रन्थात्मक माध्यमः** ग्रन्थ सूचीकारों द्वारा अपने कार्य को करने के लिये प्रयोग किये जाने वाले प्रकाशन, जैसे पुस्तकों की सूची।

**BIBLIOGRAPHY**

**ग्रन्थसूचीः** बिब्लियोग्राफी शब्द की उत्पति ग्रीक शब्द बिब्लियोग्राफिया से हुआ है जो ग्रीक भाषा के दो शब्द बिब्लियोन (Biblion) तथा ग्राफिन (Graphin) से मिलकर बना है। बिब्लियोन का अर्थ है ग्रन्थ (Book) तथा ग्राफीन का तात्पर्य है लेखन। (To write)। इस शब्द के अनुसार बिब्लियोग्राफी का अर्थ हुआ ग्रन्थ लेखन। इस प्रकार ग्रीक में बिब्लियोग्रफोस को पाण्डुलिपियों का नकल करने वाला तथा बिब्लियोग्राफी को पुस्तकों का यंत्रवत् लेखन एवं अनुलेखन (Mechanical writing and transcription of books) माना जाता था। यह माना जाता है कि इस शब्द का सर्वप्रथम प्रयोग लुईस जेकब सेन्ट चार्ल्स (Louis Jacob de Saint Charles) ने अपनी पुस्तक बिब्लियोग्राफिया परिसियाना (1645-50) में किया था। 18 वीं शताब्दी के अन्त तक बिब्लियोग्राफर शब्द से तात्पर्य पुस्तकों का लेखक, अथवा नकल करने वाला (Scrivener) माना जाता रहा। फ्रांस में, ग्रन्थ विज्ञान का सैद्धांतिक अध्ययन (1763) महत्वपूर्ण होने के साथ ही इस शब्द का अर्थ बदल कर पुस्तकों के विषय में लिखना माना जाने लगा। 19 वीं शताब्दी में इस शब्द की अभिव्यक्ति के लिये विभिन्न शब्दों का प्रयोग किया जाने लगा, जैसे ग्रन्थकला (book art) ग्रन्थविद्या (book lore), ग्रन्थविज्ञान (bibliology) आदि। ग्रन्थविज्ञान के रूप में ही इस शब्द का प्रचलन होने से विभिन्न लेखकों ने इसे परिभाषित किया जिसमें इसको 'साहित्यिक रचनाओं से सम्बन्धित विज्ञान; भौतिक वस्तुओं के रूप में पुस्तकों का अध्ययन; सूचना का संकलन; मानव संप्रेषण के अभिलेखों का क्रमबद्ध तालिकाकरण को ही ग्रन्थविज्ञान माना है।' तथापि 20 वीं शताब्दी में इसे ग्रन्थों की सूची के रूप में मान्यता मिली। इस प्रकार बिब्लियोग्राफी प्रकाशित सामग्री मुख्यतः

पुस्तकों की एक सुव्यवस्थित सूची है जिसके आधार पर पाठक अपने विषय में प्रकाशित पुस्तकों व अन्य प्रकार की पाठ्य सामग्री की जानकारी प्राप्त कर सकते हैं तथा ग्रन्थ–चयन के लिये भी उपयोगी हो सकती है। ग्रन्थसूची सभी विषयों के प्रलेखों की सामान्य सूची हो सकती है, एक विशिष्ट विषय से सम्बन्धित विशिष्ट सूची भी हो सकती है तथा अन्तर्राष्ट्रीय, राष्ट्रीय, स्थानीय सूची हो सकती है। प्रलेखों की प्रस्तुति के आधार पर ग्रन्थसूची मुख्यतः दो प्रकार की हो सकती हैः– **(i)** क्रमबद्ध अथवा परिगणनात्मक ग्रन्थसूची (Systematic or Enumerative Bibliography) जिसमें प्रलेखों के न्यूनतम विवरण के साथ एक सहायक अनुक्रम में व्यवस्थित किया जाता है। (ii) विश्लेषित अथवा आलोचनात्मक बिब्लियोग्राफी (Analytical or Critical Bibliography) इसमें पुस्तक के भौतिक तत्वों की इस प्रकार जाँच की जाती है कि पुस्तक के उत्पादन व इतिहास का पूर्ण विवरण प्राप्त हो सकें, इसी का एक अन्य रूप ऐतिहासिक (Historical) ग्रन्थसूची भी है जिसमें पुस्तक उत्पादन के इतिहास व पुस्तक का भौतिक विवरण होता है। ऐतिहासिक ग्रन्थसूची पुस्तकों को कला की वस्तु अथवा कलाकृति के रूप में अध्ययन करती है अर्थात् लिखने की कला, मुद्रण चित्रावली तथा जिल्दसाजी आदि से सम्बन्धित है।

**BIBLIOGRAPHY OF BIBLIOGRAPHIES**

**ग्रन्थसूचियों की ग्रन्थसूचीः** ग्रन्थसूचियों की क्रमबद्ध सूची जिसका मुख्य उद्देश्य पाठकों को एक विशिष्ट विषय अथवा विभिन्न विषयों पर प्रकाशित प्रलेखों से अवगत कराना, प्रलेखों के मुद्रित एवं उपलब्ध होने का विवरण उपलब्ध कराना है।

**BIBLIOLATER**

**ग्रन्थोपासक** : पुस्तकों के प्रति अत्याधिक अनुराग व श्रद्धा रखने वाला व्यक्ति।

**BIBLIOLATRY**

**पुस्तक-पूजा** : पुस्तक को सम्मान देना।

**BIBLIOLOGY**

**ग्रन्थविज्ञान** : वह विज्ञान जो पुस्तकों का विवरण, उसके उत्पादन से लेकर मुद्रण तक का पूर्ण विवरण, उसका कागज, उसमें प्रयुक्त अन्य सामग्री, आदि के साथ पुस्तक का पूर्ण इतिहास का उल्लेख करता है।

**BIBLIOMANIA**

**ग्रन्थव्यसनी** : पुस्तकों के संग्रह व स्वामित्व का व्यसन।

**BIBLIOMETRICS**

**ग्रन्थसांख्यिकी** : गणित तथा सांख्यिकी की विधियों का पुस्तकों तथा संचारण के अन्य माध्यमों के मूल्यांकन हेतु प्रयोग करना ही ग्रन्थसांख्यिकी है। इस शब्द की उत्पति का श्रेय ऐलन प्रिचयार्ड (A. Pritchard) को जाता है जिन्होंने 1969 में सांख्यिकी ग्रन्थसूची (Statistical Bibliography) के स्थान पर बिब्लियोमेट्री शब्द का प्रयोग किया। क्योंकि प्रिचयार्ड का मानना था कि सांख्यिकी ग्रन्थसूची शब्द से आभास होता है कि यह जैसे सांख्यिकी की ग्रन्थसूची हो। बिब्लियोमैट्री की स्थापना का आधार तीन मूलभूत सिद्धांतो–ए॰ जे॰ लोटका (Lotka) का Inverse Square Law of Scientific Productivity; जी॰ के॰ जिप (G. K. Jip) का Law in Linguistics तथा; एस॰ सी॰ ब्रेडफोर्ड (S.C. Bradford) का Law of Scattering of Scientific Papers को माना जा सकता है।

**BIBLIOPEGY**

**जिल्दसाजी कला**

**BIBLIOPHEGUS**

जिल्दसाज के लिये ईसवी पूर्व प्रयुक्त शब्द।

**BIBLIOPHILE**

**ग्रन्थानुरागी** : ऐसा पुस्तक प्रेमी व संग्रहकर्ता जिसे अच्छे व बुरे संस्करणों की पहचान हो।

**BIBLIOPHILE BINDING**

**ग्रन्थानुरागी जिल्दसाजी** : पुस्तक प्रेमी द्वारा विशिष्ट प्रयोग की जाने वाली विशिष्ट जिल्दसाजी।

**BIBLIOPHILE EDITION**

**ग्रन्थानुरागी संस्करण** : पुस्तक प्रेमियों के लिये प्रकाशक द्वारा विशिष्ट रूप से मुद्रित व विशिष्ट जिल्द से युक्त संस्करण।

**BIBLIOPOLE**

**दुलर्भ पुस्तक विक्रेता** : पुस्तक विक्रेता जो मुख्य रूप से दुलर्भ व असाधारण पुस्तकों का व्यापारी है।

**BIBLIOPSYCHOLOGY**

**ग्रन्थात्मक मनोविज्ञान** : पुस्तक, पाठक व लेखक के पारस्परिक सम्बन्धों का अध्ययन। इस अवधारणा के प्रतिपादक स्विटजरलैंड के निकोलस रूबाकिन (Nicholas Rubakin) (1916–46) हैं।

**BIBLIOTHECA**

**बिब्लियोथिका :** जर्मन, रूसी तथा रोमेनियन भाषा में लाइब्रेरी शब्द का उद्भव बिब्लियोथिका शब्द से हुआ जिसका अर्थ पुस्तकों का संग्रह अथवा ग्रन्थकार की सूची अथवा पुस्तकों का कैटालौग है।

**BIBLIOTHETICAL BIBLIOGRAPHICAL CLASSIFICATION (BBK)**

**ग्रन्थ विन्यासात्मक-ग्रन्थात्मक वर्गीकरण :** लेनिन पुस्तकालय, मास्को द्वारा निर्मित व 1960 से 1968 में प्रकाशित वर्गीकरण पद्धति, यह 30 खण्डों में है। 1970–75 इस पद्धति का संक्षिप्त संस्करण छः खण्डों में प्रकाशित हुआ। छोटे पुस्तकालयों के लिये भी 1975 में एक खण्ड का संस्करण प्रकाशित हुआ। इस पद्धति में 21 मुख्य वर्ग हैं।

**BIBLIOTHECAR**

**बिब्लियोथिकर :** पुस्तकालयाध्यक्ष अथवा पुस्तकालय से सम्बन्धित व्यक्ति।

**BIBLIOTHEQUE NATIONALE**

**बिब्लियोथेक नेशनले :** फ्रांस का राष्ट्रीय ग्रन्थालय जिसकी स्थापना पेरिस में सम्राट पंचम चार्ल्स के रायल ग्रन्थालय के रूप में 1367 में की गयी। फ्रांस की क्रांति (1789–1799) काल में इस ग्रन्थाल्य को राष्ट्रीय ग्रन्थालय बना दिया गया। यह फ्रांस की विधि प्रलेखों का पुस्तकालय भी है। यह ग्रन्थालय 1800 के पूर्व विश्व के प्रमुख ग्रन्थालयों में एक विशिष्ट ग्रन्थालय के रूप में गिना जाने लगा। यह यूरोप का सबसे पुराना ग्रन्थालय भी है।

**BIBLIOTHERAPY**

**ग्रन्थात्मक उपचार :** इसका अर्थ है पुस्तकों द्वारा बीमार का उपचार। यदि रोगी को उसकी रूचि के अनुरूप अथवा अन्य ऐसी पुस्तकें पढ़ने को दी जायें तो उसके मष्तिष्क को तनावरहित कर सकता है तो इसका प्रभाव उसकी बिमारी पर भी पड़ेगा। इस प्रकार अच्छी पुस्तकें रोगी के मानसिक व शारीरिक उपचार में सहायक हो सकती हैं।

**BIBLIOTICS**

**प्रमाणिकता परीक्षण :** लिपिबद्ध प्रलेखों के कर्तत्व अथवा विश्वसनीयता के निर्धारण हेतु किया गया प्रलेखों का परीक्षण।

**BIBLIOTRAIN**

**बिब्लियोट्रेन :** रेल का डिब्बा जिसमें चल पुस्तकालय स्थापित किया गया है।

**BIENNIAL**

**द्वि-वार्षिकी** : दो साल में एक बार अथवा हर दूसरे साल प्रकाशित होने वाले प्रकाशन।

**BIFURCATE**

**द्विशाखित** : दो शाखाओं अथवा भागों में विभाजित करना।

**BIFURCATE CLASSIFICATION**

**द्विशाखित वर्गीकरण** : वर्गीकरण की द्वैतात्मक विधि जिसमें प्रत्येक वर्ग को एक जोड़े में जैसे अच्छा–बुरा, सही–गलत में विभाजित किया जाता है। इसी तरह पारफिरी के वृक्ष (Tree of Porphyry) में किया गया है।

**BI-LINGUAL**

**द्विभाषी** : दो भाषाओं में प्रकाशित होने वाले शब्दकोश व अन्य प्रकाशन।

**BILL**

**विधेयक** : विधायिका द्वारा प्रस्तावित विधेयक की रूपरेखा।

**BILL BOOK**

**देयक पुस्तक** : पंजी जिसमें प्राप्त बीजक अथवा देयक का विवरण लिखा जाता है।

**BI-MONTHLY**

**द्विमासिक** : हर दूसरे महीने प्रकाशित होने वाले क्रमिक प्रकाशन।

**BINARY**

**द्विअंकी** : अंक प्रणाली जिसमें केवल दो अंको 0 व 1 का प्रयोग होता है।

**BINARY CODE**

**द्विअंकी संकेत प्रणाली** : दो अंकाक्षरों 0 व 1 पर आधारित संकेत प्रणाली।

**BINARY CODED DECIMAL NOTATION (BCD)**

**बाइनरी कोडेड डेसीमल अंकन** : कंप्यूटर की पुरानी पद्धति जिसमें प्रत्येक डेसीमल अंक को द्विआधारी अंक में बदलना पड़ता था तथा प्रत्येक अंक को चार बिट्स (अंक) आबंटित किये जाते थे जैसे डेसीमल अंक 0 को 0000, 1 को 0001, 2 को 0010, 3 अको 0011, 4 को 0111, 8 को 1000 तथा 9 को 1001 में बदला जायेगा। यदि 1998 को इस कोड में लिखना है तो उसके लिये 0001 1001 1001 1000 अंकाक्षर प्रयोग करना होगा।

**BINARY DIGIT**

**द्विचर अंक** : दो अंको की प्रणाली के आधार पर बना अंक।

**BINARY NUMBER SYSTEM**

**द्विआधारी अंक प्रणाली** : जर्मन दार्शनिक तथा यूरोप के प्रथम गणितज्ञ लाइबनिट्स (God Fried Whilhelm Leibnitz 1646-1716) ने प्रथम यह जानकारी प्रदान की कि केवल दो अंको से सारी गणनाएँ की जा सकती है और इसके लिये उन्होंने 0 (शून्य) तथा 1 (एक) को चुना जो द्विआधारी अंक प्रणाली का आधार है। तथा यही भाषा कंप्यूटर की भाषा का आधार बनी। इस प्रणाली में सभी प्रकार के अंको, अक्षरों तथा अन्य चिन्हों को 0 व 1 के समूह के द्वारा अंकित किया जाता है जैसे A अक्षर के लिये 01000001, Z अक्षर के लिये 01100100 तथा अंक 8 के लिये 00111000 प्रयोग किया जाता है। प्रत्येक अंक को एक बिट (Bit) कहा जाता है। बिट बाइनरी डिजिट का संक्षिप्त रूप है। कंप्यूटर में चुम्बकीय क्षेत्र व विद्युत स्पन्द सभी को इन्हीं दो अंको द्वारा प्रदर्शित किया जा सकता है जैसेः– बिजली का बल्व आन के लिये 1 तथा आफ के लिये 0, पानी का नल खुला 1 व बन्द 0 से इंगित होगा। बाइनरी प्रणली में बिट का अर्थ है अंक 0 व 1, सभी प्रकार के अक्षरों और चिन्हों को व्यक्त करने के लिये कम से कम 7 विटों के कोड की आवश्यकता होती है। तथापि आधुनिक इलैक्ट्रानिक कंप्यूटरों में अंग्रेजी वर्णमाला के अक्षरों व चिन्हों के लिये सात के बजाए आठ बिटों का उपयोग होता है। इस अतिरिक्त बिट का प्रयोग संभावित त्रुटि की खोज निकालने के लिये होता है। कंप्यूटर के लिये उपयुक्त पाये गये इन आठ बिटों के समूह को बाइट कहते है। बाइट की संख्या कंप्यूटर की क्षमता की परिचायक होती है। 1024 बाइट का एक किलोबाइट, 1024 किलोबाइट का एक मेगाबाइट तथा 1024 मेगाबाइट का एक जेगाबाइट होता है।

**BINDER**

**जिल्दसाज** : वह व्यक्ति जो पुस्तकों की जिल्दसाजी करता है।

**BINDER'S TITLE**

**जिल्दसाज शीर्षक** : पुस्तक के पृष्ठभाग पीठ पर जिल्दसाज द्वारा अंकित किया जानेवाला पुस्तक का संक्षिप्त शीर्षक।

**BINDERY**

**जिल्दसाजी स्थल** : वह स्थान जहाँ पुस्तकों व अन्य पाठ्य सामग्री की जिल्दसाजी की जाती है।

**BINDING**

**जिल्दसाजी** : प्रलेख का सुरक्षा आवरण। जिल्दबंदी का मुख्य उद्देश्य

एक प्रलेख के समस्त पृष्ठों को एक साथ सुदृढ़ता से एक इकाई के रूप में इस प्रकार कस कर बांधना है कि प्रलेख की सुरक्षा के साथ–साथ उसका उपयोग भी सुगमता से हो सके।

**BINDING BOOK**

**जिल्दसाजी पंजी :** पंजिका जिस पर पुस्तकालय से जिल्दसाज को भेजे गये प्रलेखों के विवरण तथा जिल्दसाजी हेतु निर्देश अंकित किये जाते हैं। देखिये Binding

**BINDING DEPARTMENT**

**जिल्दसाजी विभाग :** पुस्तकालय का वह अनुभाग जहाँ प्रलेखों की जिल्दसाजी का कार्य किया जाता है।

**BINDING RECORD**

**जिल्दसाजी अभिलेख :** पुस्तकालय प्रलेखों की जिल्दसाजी सम्बन्धी सूचना के विवरण का रिकार्ड। जैसे वर्ष में कितनी पुस्तकों तथा पत्र–पत्रिकाओं व अन्य पाठ्य–सामग्री की जिल्दसाजी की गयी है, उस पर कितना व्यय किया गया है। इसके लिये एक बाइन्डिग रजिस्टर होता है जिसमें प्रलेखों का पूर्ण विवरण, निर्देश व नियम लिखे जाते हैं।

**BINDING REGISTER**

**जिल्दसाजी पंजी :** पुस्तकालय के ऐस प्रलख जिनकों जिल्दसाजी के लिये भेजा जाना है उनका पूर्ण विवरणः– प्रलेख का लेखक, शीर्षक, नामांक, पृष्ठ संख्या, जिल्दसाजी का प्रकार आदि, लिखने के लिये एक पंजी होती है जिसे जिल्दसाजी पंजी कहते हैं। इसमें जिल्दसाजी के लिये भेजने का दिनांक, वापिस प्राप्ति की समयावधि, जिल्दसाजी के लिये विशिष्ट निर्देश आदि भी अंकित किये जाते है।। इसका दूसरा नाम **बाइन्डिग बुक** भी है।

**BINDING SECTION**

**जिल्दसाजी अनुभाग :** देखिये Binding Department

**BINDING SLIP (SHEET)**

**जिल्दसाजी अनुदेश पर्ची :** जिल्दसाजी के लिये बनाया गया वह फार्म जिसमें जिल्दसाज के लिये आवश्यक निर्देश होते है। प्रत्येक प्रलेख का पृथक फार्म होता है जिसे उसी की पाकेट में रख दिया जाता है अथवा उस पर संलगन कर दिया जाता है इसी पर्ची में दिये गये निर्देशों के आधार पर उस प्रलेख की जिल्दबन्दी की जाती है।

**BINOMIAL**

**द्विपद :** ऐसे नाम जो दो या अधिक नामों अथवा पदों से मिलकर बने हों। वर्गीकरण में ऐसे नामों अथवा पदों को वर्गांक में स्पष्ट रूप से प्रदर्शित करने हेतु विशिष्ट प्रावधान करने पड़ते हैं जैसे कोलन क्लासीफिकेशन में Merchant of Venice को M + V से इगिंत किया जाता है।

**BIO-BIBLIOGRAPHY**

**जीवनी ग्रन्थ सूची :** ऐसी सूची जिसमें लेखकों अथवा अन्य व्यक्तियों के जीवन एवं जीवन वृत्तियों का विशेष विवरण भी सम्मिलित किया जाता है। जिसे सूची के आरम्भ अथवा अन्त में प्रस्तुत किया जाता है।

**BIOGRAPHEE**

**चरितनायक :** वह व्यक्ति जिसकी जीवनी लिखी जाती है।

**BIOGRAPHEE ENTRY**

**चरितनायक प्रविष्टि :** सूची में उस व्यक्ति के नाम से बनायी गयी प्रविष्टि जिसकी जीवनी लिखी गयी है।

**BIOGRAPHER**

**जीवनी लेखक :** वह व्यक्ति जो अन्य व्यक्तियों की जीवनी लिखता है।

**BIOGRAPHICAL DICTIONARY**

**जीवनी कोश :** जीवन कोश में विभिन्न विषयों व क्षेत्रों से सम्बन्धित प्रमुख व्यक्तियों के जीवन के विभिन्न पहलुओं जन्म, मृत्यु तिथि, शैक्षणिक योग्यता, पद, उपलब्धियाँ व उनके कार्यकलापों का सुव्यवस्थित विवरण होता है। इसे प्रमुख व्यक्तियों की निर्दशिका भी कह सकते हैं जिसे सामान्यतया वर्णाक्रमानुसार व्यवस्थित किया जाता है।

**BIOGRAPHY**

**जीवन :** अंग्रेजी का यह शब्द बायोस (Bios) अर्थात् लाइफ तथा ग्राफी (Graphie) अर्थात् राइंटिग से मिल कर बना है। जिससे तात्पर्य है जीवन के बारे में लिखना। इस प्रकार जीवनी एक व्यक्ति के जीवन का लिखित विवरण है।

**BIOGRAPHY FILE**

**जीवनी संचिका :** पत्रक, अथवा कतरन अथवा अन्य रूप में व्यक्तियों की जीवनी की सूचना रखने के लिये बनाइयी गयी संचिका। इसे व्यक्ति–परिचय संचिका (Who's Who File) भी कहा जाता है।

**BIOLOGICAL ABSTRACTS**

**बायलोजिकल ऐब्सट्रैक्टस :** बायोसांइस सूचना सेवा, फिलाडेलफिया

द्वारा 1926 से प्रकाशित की जाने वाली सार सेवा है। जीवन विज्ञान की यह अत्यन्त महत्वपूर्ण सारकरण पत्रिका है। यह दो पत्रिकओं ऐब्सट्रेक्ट्स आफ बैक्टीरियोलौजी (1917-1926) तथा बोटिनिकल एब्सट्रैक्ट्स (1918–1926) के विलय का परिणाम है। 1926–27 में इसमें मात्र 14,000 सार प्रकाशित किये गये थे। 1974 में इनकी संख्या 140,024 हो गयी। वर्तमान में इसमें 100 से अधिक देशों से प्रकाशित 9,000 पत्र–पत्रिकाओं से लगभग 2,35,000 सार प्रकाशित किये जाते हैं। इस पाक्षिक प्रकाशन को प्रतिवर्ष दो खण्डों में प्रकाशित किया जाता है। तथा छमाही संचित अनुक्रमणिका तथा पंचवर्षीय संकलित अनुक्रमणिका माइक्रोफिल्म में प्रकाशित की जाती है। इस पत्रिका के मुख्य भाग में प्रविष्टियों को एक विशिष्ट वर्गीकरण पद्धति द्वारा व्यवस्थित किया जाता है। देखिये BIOSIS

**BIOLOGICAL INFORMATION SERVICE**

**जीवविज्ञान सूचना सेवाः** देखिये BIS

**BIOSCIENCES INFORMATION SERVICE**

**देखिये** BIOSIS

**BIOSIS**

**बायोसिस** : बायोसाइन्सेज इनफारमेशन सर्विसेज का संक्षिप्त नाम बायोसिस है। जिसकी स्थापना अमेरिका के फिलोडेल्फिया राज्य में 1926 में की गयी थी। यह संस्था 1926 से बायोलोजिकल ऐब्सट्रेक्ट्स प्रकाशित करती है। जिसमें जीवविज्ञान का सम्पूर्ण साहित्य सम्मिलित किया जाता है। अन्य कई सारकरण व अनुक्रमणीकरण प्रकाशन जैसे – **बायोरिसर्च इन्डेक्स** (Bioresearch Index) एक मासिक प्रकाशन है जिसका आरम्भ 1965 में किया गया। शोध प्रतिवेदन आदि जो बायोलोजिकल ऐब्सट्रैक्ट्स में सम्मिलित नहीं किये गये है इसमें प्रकाशित की जाती है। **बायोरिसर्च टुडे** एक चयनात्मक सूचना प्रसार सेवा है। इसके प्रत्येक अंक में बायोलोजिकल ऐब्सट्रैक्टस के चुने हुए लगभग 250 सार को प्रकाशित किया जाता है। यह एक मासिक प्रकाशन है। बायोसिस द्वारा शोधकर्त्ताओं को ग्रन्थात्मक सेवा प्रदान करने हेतु 10 वर्षीय ग्रन्थसूचियाँ भी प्रकाशित की जाती हैं। बायोसिस की कप्यूटरीकृत सेवाओं में बायोलोजिकल ऐब्सट्रैक्टस आन टेप 1976 से सुलभ किये जा रहे हैं जो सीडी रोम में भी उपलब्ध है। वायोसिस की कंप्यूटर फाइल्स वैज्ञानिकों को सूचना सेवा प्रदान करने में अत्याधिक सक्षम है।

**BIOSIS PREVIEWS**

**बायोसिस प्रिव्यूस** : यह बायोलसेजिकल ऐब्सट्रैक्टस का आनलाइन

संस्करण है। जीव विज्ञान पर दुनिया भर में प्रकाशित साहित्य तथा अन्य संबद्ध विषय जैसे कृषि, प्राणिशास्त्र, वनस्पतिशास्त्र जीव चिकित्सा, औषघशास्त्र आदि की 9000 से अधिक पुस्तकें व अन्य सभी प्रकार के प्रलेखों के आधार पर इसका डेटाबेस बनाया गया है। प्रत्येक महीने 40,000 से अधिक संदर्भ इस डेटाबेस में जोड़े जाते हैं। कई आनलाइन सेवाओं जैसे डाइलौग, डेटास्टार आदि के द्वारा भी इसे उपयोग किया जा सकता है।

**BIRTH DATE**

**जन्मतिथि : वर्गीकरण** में एक व्यक्ति की जीवनी अथवा कृति का वर्गांक बनाने हेतु जन्मतिथि का प्रयोग किया जा सकता है। **सूचीकरण** में एक व्यक्ति के लिये बनायी गयी प्रविष्टि में उसकी जन्मतिथि अथवा यदि आवश्यक व संभव है तो मृत्यु तिथि को अंकित किया जा सकता है।

**BIS**

**बिस** : बायोलोजिकल इनफारमेशन सर्विसेज के लिये प्रयुक्त संक्षिप्त शब्द। जीव विज्ञान संस्था तथा रसायन विज्ञान संघ के बीच अनुबन्ध के तहद 1975 में नौटिंगम विश्वविद्यालय यू॰ के॰ की रसायन सूचना सेवा के द्वारा आरम्भ किया गया। पैसा भुगतान के आधार पर इस सेवा को कोई भी प्राप्त कर सकता है।

**BISCOE DATE TABLE OR BISCOE TIME NUMBERS**

**विस्को तिथि सारणी** : पुस्तकों को ग्रंथाक प्रदान करने हेतु डब्लु एस॰ बिस्को ने 1885 में एक तिथि सारणी बनायी। इस समयांक सारणी में प्रत्येक रोमन बड़े अक्षर को एक निश्चित समय–अवधि आँबटित की गयी है, जिसके आधार पर एक पुस्तक का ग्रंथाक बनाया जा सकता है तथा एक ही विषय की पुस्तकों को कालानुक्रम में व्यवस्थित किया जा सकता है। A अक्षर BC को आबँटित किया गया है तथा B से Z तक के अक्षर AD के काल को आँबटित किये गये हैं जैसे B-O-999, C 1000-1499, D1500-1599, E 1600-1699 तथा Z 1990-1999। इस प्रकार यह समय सारणी 20 वीं शताब्दी पर समाप्त हो जाती है तथापि इस सारणी को वर्ष पर आधारित ग्रंथाक की प्रथम सारणी माना जाता है।

**BIT**

**बिट** : अंग्रेजी शब्द बाइनरी डिजिट के प्रथम व अंतिम शब्द से बिट–शब्द बना है जिसका अर्थ है द्विआधारी अंक अर्थात 0 तथा 1 अंक, **देखिये** Binary Number System

**BI-WEEKLY**

**पाक्षिक :** एक माह में दो बार प्रकाशित होने वाली पाठ्य सामग्री।

**BLACK HEADING**

**काला शीर्षक :** अनुवर्ण सूची (डेक्शनेरी कैटालॉग) में विषय शीर्षकों के अतिरिक्त अन्य शीर्षक को इस नाम की संज्ञा दी जाती है। तथापि यह माना जाता है कि इस शब्द का उद्भव कई पुस्तकालयों का विषय शीर्षकों के लिये लाल तथा अन्य शीर्षकों के लिये काला रंग प्रयोग की प्रथा से हुआ है।

**BLACK LIST**

**वर्जित सूची :** ऐसे पाठकों की सूची जो पुस्तकालय के नियमों का पालन नहीं करते हैं।

**BLACK LISTED**

**वर्जित उपयोगकर्त्ता :** ऐसा पाठक जिसने पुस्तकालय को प्रयोग करने अथवा पुस्तकों के उधार पर लेने के लिये बनाये गये नियमों का उल्लघंन किया हो।

**BLAISE**

**ब्लिज :** ब्रिटिश लाइब्रेरी औटोमेटेट इन्फारमेशन सर्विस का संक्षिप्त शब्द। यह ब्रिटिश लाइब्रेरी के ग्रन्थात्मक विभाग की स्वचालित सूचना सेवा है। इस आनलाइन सेवा को 1982 में दो भागों में विभाजित किया गयाः– Blaise Link तथा Blaise Line

**BLAISE LINE**

**ब्लिज लाइन :** ब्रिटिश पुस्तकालय द्वारा जुलाई 1982 में आरम्भ की गयी इस सेवा का कार्य एक मानक ग्रन्थात्मक डेटाबेस प्रदान करना है जैसे UKMARC, LCMARC, AVMARC

**BLAISE LINK**

**ब्लिज लिंक :** जुलाई 1982 ब्लिज आनलाइन सेवा के विभाजन के फलस्वरूप स्थापित ब्लिज लिंक का संचालन अमेरिका की नेशनल लाइब्रेरी आफ मेडिसन (NLM) के सहयोग से किया जाता है। इस सेवा के ग्राहकों को मामूली खर्च पर एन॰ एल॰ एम॰ कंप्यूटर से सीधी पहुँच प्राप्त हो सकती है तथा इसके माध्यम से अन्य नेटवर्कों से भी पहुँच प्राप्त हो सकती है।

**BLANK COVER**

**कोरा आवरण :** प्रलेख का ऐसा आवरण जिस पर कुछ भी मुद्रित नहीं किया गया है अर्थात् कोरा आवरण।

**BLANK PAGE**

**कोरा पृष्ठ** : पुस्तक का बिना लिखा अथवा मुद्रित पृष्ठ, ऐसे पृष्ठ प्रायः पुस्तक के आरम्भ के पृष्ठ होते हैं।

**BLIND PAGE**

**सादा पृष्ठ** : पुस्तक के अक्रमांकित व सामान्यतया खाली पृष्ठ जिन्हें पुस्तक के सम्पूर्ण पृष्ठों का हिस्सा माना जाता है, प्रायः ऐसे पृष्ठ पुस्तक के प्रांरभिक पृष्ठों में होते हैं।

**BLIND REFERENCE**

**निरर्थक संदर्भ** : **अनुक्रमणिका** में एक ऐसे संकेत शब्द के लिये संदर्भ जो अनुक्रमणिका में है नही; अथवा **पुस्तकालय सूची** या ग्रन्थसूची में किसी ऐसे शीर्षक के लिये संदर्भ जिसके अन्तर्गत कोई प्रविष्टि नहीं दी गयी है।

**BLISS BIBLIOGRAPHICAL CLASSIFICATION**

देखिये Bibliographical Classification

**BLISS CLASSIFICATION ASSOCIATION**

**ब्लिस क्लासीफिकेशन एसोसिएशन** : ब्रिटिश कमेटी फार ब्लिस क्लासीफिकेशन के स्थान पर मई 1967 को जे॰ मिल्स की अध्यक्षता में **ब्लिस क्लासीफिकेशन** एसोसिएशन की स्थापना की गयी। इसी संगठन की संरक्षता में बिब्लियोग्राफिक क्लासीफिकेशन के नये संस्करण बी॰सी 2 को पूरा करने का कार्य भी किया जा रहा है।

**BLLD**

**बी॰एल॰एल॰डी॰** : ब्रिटिश लाइब्रेरी लेन्डिंग डिवीजन का संक्षिप्त शब्द। यह दुनिया भर के अनुवाद संग्रह का सबसे बड़ा केन्द्र है जिसमें सबसे अधिक अनुवाद रूस से प्राप्त किये गये हैं। 1959–70 तक इस केन्द्र को अनुवादों की अधिसूचना का प्रमुख प्रकाशन NLL Translation Bulletin था जिसमें रूसी पुस्तकों, पत्रिकाओं के आलेखों आदि के अनुवादों, सम्पूर्ण पृष्ठों के अनुवादों की सूचना, बी॰ एल॰ एल॰ में नये अनुवादों के संग्रह की सूचना तथा रूसी तथा अन्य पुस्तकों के अनुवादों की सूची प्रकाशित की जाती थी। 1971 से इस बुलिटन के प्रकाशन के समाप्त होने के बाद दो अन्य प्रकाशनः– BLLD Announcement Bulletin तथा BLLD Review प्रारम्भ किये गये, जिनका बाद में नाम बदल कर British Reports Translations and Theses तथा Interlending and Document Supply कर दिया गया। प्रथम प्रकाशन में अनुवादों की सूची दी जाती है। इसमें ब्रिटिश अनुसंधान एवं विकास के प्रतिवेदनों, अनुवादों, विश्वविद्यालयों, शासकीय विभागों संगठनों, उद्योगों आदि द्वारा प्रस्तुत शोध प्रबन्धों आदि को भी

तालिकाबद्ध कर प्रकाशित किया जाता है। दूसरे प्रकाशन में प्रलेख के सम्पूर्ण पृष्ठों का अनुवाद प्रकाशित किया जाता है।

**BLOCK ARRANGEMENT**

**खण्ड विन्यास :** एक विशिष्ट विषय अथवा विशिष्ट प्रकार के प्रलेखों को शैल्फ में निश्चित स्थान अथवा खण्ड में व्यवस्थित करना।

**BLOCK BOOK**

**उत्कीर्ण काष्ट-मुद्रित पुस्तक :** ऐसी पुस्तकें जिनकों लकड़ी के उत्कीर्ण ढाँचे से मुद्रित किया जाता है। यह माना जाता है कि इस प्रकार की ब्लाक पुस्तकों की उत्पति 1460 से 1480 के बीच नीदरलैण्ड तथा जर्मनी में हुई। इनको पतली भूरे रंग की स्याही से पृष्ठ के एक तरफ मुद्रित किया जाता था। 16 वीं शताब्दी में भी ब्लाक पुस्तकों का चलन था।

**BLUE BOOK**

**अधिकृत पुस्तक :** सामान्यतः शासकीय प्रकाशनों के लिये इस नाम का प्रयोग किया जाता है। इसको भिन्न–भिन्न राष्ट्रों में निश्चित रंग से भी इगित किया जाता है जैसे फ्रांस में पीला, जर्मनी में सफेद रंग का आवरण ऐसे प्रलेखों के लिये प्रयोग किया जाता है, ग्रेट ब्रिटेन में इस प्रकार के प्रकाशनों का आवरण नीला होता है इसी आधार पर इस प्रकार के प्रकाशनों का नाम (Blue Book) प्रचलित हो गया।

**BLURB**

**पुस्तक परिचय :** प्रकाशक का पुस्तक के बारे में जानकारी देने हेतु दिया गया विवरण जो सामान्यतया पुस्तक आवरण के आगे अथवा पीछे भाग में दिया गया होता हैं

**B.N.B.**

देखिये British National Bibliography

**BOARD OF DIRECTORS**

देखिये Board of Library Trustees

**BOARD OF LIBRARY TRUSTEES**

**पुस्तकालय संरक्षक समिति :** पुस्तकालय के कार्यों के लिये मार्गदर्शक बनाने तथा उसे नियंत्रित करने हेतु बनायी गयी समिति।

**BOARD OF STUDIES**

**पाठ्य क्रम समिति :** शैक्षणिक संस्थाओं में विभिन्न विषयों के पाठ्यक्रम निर्धारित करने, उनमें समयानुसार सुधार करने तथा इसी प्रकार के अन्य कार्यों हेतु निर्वाचित सदस्यों से गठित समिति।

**BODONI, GLOMBATTISTA (1740-1813)**

**ग्लोमबटीस्टा बोदोनी :** इटली का मुद्रक तथा टाइप बनाने वाला। वोदोनी टाइप डिजाइन करने वालों में अग्रणी माने जाते हैं। ये इटली में 1800 की सदी में **पारमा के डयूक** के निजी मुद्रक थे। वे आजावीन उस टाइपफेस को सुधारते रहे जिसे आज उनके नाम से जाना जाता है। अपने मोटे स्तम्भों और बारीक सेरिफ के कारण बड़े पांइट साइजों में यह शाही टाइपफेस लगता है। अखबारो की सुर्खियों में इसका अत्याधिक प्रयोग होता है।

**BODY MATTER**

**मूलविषय :** मुद्रण में एक पुस्तक में प्रयुक्त चित्रण, दृष्टांत आदि को छोड़ कर विषय से सम्बन्धित लिखा गया मूल पाठ को बौडी मैटर कहते हैं।

**BODY OF THE BOOK**

**पुस्तक विषय वस्तु :** पुस्तक का मूलपाठ जिसमें विषय का विवरण व व्याख्या दी गयी है। रंगनाथन इसे पुस्तक की आत्मा (Soul) कहते है।

**BODY OF THE ENTRY**

**प्रविष्टि मुख्यांश :** पुस्तकालय सूची प्रविष्टि का वह भाग जो एक प्रलेख का विवरण देता है यह सामान्यतया शीर्षक से आरम्भ होकर मुद्रंणाकन (imprint) पर समाप्त होता है।

**BOGUS VOUCHER**

**जाली खर्च प्रमाणक :** ऐसे खर्च प्रमाणक जिनमें ऐसी वस्तुओं के मूल्य लिखे हैं जिनको खरीदा ही नहीं गया हो।

**BOMBAY LIBRARY ASSOCAITION**

**बम्बई पुस्तकालय संघ :** जिसकी स्थापना 9 दिसम्बर 1944 को की गयी थी।

**BOND PAPER**

**बाण्ड पेपर :** यह एक उत्तम प्रकार का कागज है जिस पर मुद्रित प्रलेख वर्षो सुरक्षित रहते हैं।

**BOND THEORY**

**पारस्परिक बद्धता सिद्धांत :** रंगनाथन द्वारा 1962 में प्रतिपादित पारस्परिक बद्धता अथवा पारस्परिक समीपता सिद्धांत का उद्देश्य एक प्रलेख के वर्गांक की सरंचना में प्रयुक्त तत्वों अथवा घटकों के पारस्परिक बद्धता को प्रतिविम्बित करना था। पारस्परिक बद्धता वर्गांक में एक वर्ग के दो तत्वों, घटकों के पारस्परिक सम्बन्धों में कितनी प्रगाढ़ता है इसका सूचक है। वर्गांक के ये घटक दो पक्ष, दो विषयें के सम्बन्धों के विभिन्न पहलु अथवा एक मुख्य वर्ग की

श्रृंखला की कड़ियों के हो सकते हैं। रंगनाथन के अनुसार इन तीनों ही स्थितियों में सबसे अधिक पारस्परिक सम्बन्धों की तीव्रता श्रृंखला की कड़ियों में तथा सबसे कम दो विषयों के सम्बन्धों के विभिन्न पहलुओं व पक्षों में होती है।

**BOOK**

**पुस्तक** : 1964 के यूनेस्को सम्मेलन में पुस्तक की परिभाषा इस प्रकार दी गयी है। 'अपत्रिका प्रकाशन जो कम से कम 49 पृष्ठों का हो, पुस्तक एक हस्तलिखित अथवा मुद्रित पृष्ठों का संग्रह है जिनको एक या अधिक खण्डों में एक साथ बाँध दिया जाता है जिससे वह एक ग्रन्थ का रूप ले लेता है। मध्ययुग तक पुस्तकें नहीं थी। इससे पहिले लोग पपॉइरस पर लिखते थे और उनको आपस में चिपका कर रोल बना लेते थे। पाँचवी शताब्दी के मध्य तक लोग पार्चमैंट और बैलम पर लिखने लगे। इनको समान आकार में काट कर किताब की तरह सिलाई कर ली जाती थी। इसी को पुस्तक की शुरूआत माना जाता है। कागज और मुद्रण कला के विकास के साथ–साथ पुस्तकों के सुंदर व विभिन्न रूप बनाये जाने लगे।

**BOOKAMATIC**

**बुकामैटिक** : पुस्तक आदान प्रदान के लिये प्रयुक्त पत्रक का ट्रेडनाम। यह एक प्लास्टिक का पुस्तक पत्रक व पाठक पत्रक है जिसमें पुस्तक के लेखक का नाम, आख्या का नाम (पुस्तक पत्रक) तथा पाठक का नाम व पता (पाठक पत्रक) मुद्रित किया जाता है तथा पुस्तक निर्गम हेतु प्रयोग किया जाता है।

**BOOK BANK**

**पुस्तक बैंक अथवा पाठ्य पुस्तकों का पुस्तकालय** : शैक्षणिक संस्थाओं में विभिन्न विभागों के पुस्तकालयों में छात्रों के दृष्टिकोण से पुस्तकालय में पाठ्य पुस्तकों के लिये अलग व्यवस्था कर दी जाती है जिससे पुस्तकालय के सामान्य नियमों के विपरीत छात्र इन पुस्तकों को अधिक समय तक अपने पास रख सकते हैं। सामान्यतः यह सुविधा गरीब छात्रों को ही दी जाती है।

**BOOKBINDER**

**जिल्दसाज** : व्यक्ति जिसका व्यवसाय जिल्दसाजी है।

**BOOKBINDING**

**जिल्दसाजी** : पुस्तक की जिल्दबंदी की प्रक्रिया जिसमें विभिन्न सामग्री तथा माध्यमों का प्रयोग करके प्रलेख के पृष्ठों को मजबूती से सिल कर तथा पक्का अथवा सामान्य आवरण चढ़ा कर जिल्दबंदी की जाती है। जिल्दबंदी ग्रन्थालय संस्करण, लोकप्रिय संस्करण, छात्र संस्करण, कागजी जिल्द, पक्की जिल्द, पूर्ण चर्म जिल्द, अर्धचर्म जिल्द, पूर्ण वस्त्र जिल्द, आधा वस्त्र जिल्द आदि

प्रकार की हो सकती है। यह पुस्तक की उपयोगिता पर निर्भर करता है कि किस प्रकार की जिल्दसाजी का चुनाव किया जाय। जिल्दसाजी में जिस सामग्री का सामान्य रूप से प्रयोग किया जाता है वह है:– सिलाई में प्रयोग किया जाने वाला धागा, फीते (tape) धागे की जाली, गत्ता (Board), आवरण सामग्री (चर्म, वस्त्र, कागज), चिपकाने वाला पदार्थ, तथा अक्षर लेखन हेतु सामग्री।

**BOOKBINDING STAMP**

**जिल्दसाजी मुहर :** जिल्दसाजी का वह उपकरण जिस पर एक रूपरेखा उत्कीर्ण की गयी होती है तथा जिसका प्रयोग पुस्तक आवरण पर उस रूपरेखा को छापने के लिये किया जाता है।

**BOOK BUDGET**

**पुस्तक आय-व्ययक :** पुस्तकालय में प्रलेखों की खरीद के लिये निश्चित की गयी राशि का ब्यौरा।

**BOOK CARD**

**पुस्तक पत्रक :** छोटे आकार का पत्रक जिसमें पुस्तक के बारे में मुख्य सूचना दी जाती है जैसे वर्गांक, लेखक व पुस्तक का नाम, क्रमांक आदि। पुस्तक में इसे रखने के लिये पुस्तकालय द्वारा एक जेब चिपकाई जाती है। इस कार्ड को पुस्तक के आदान–प्रदान प्रक्रिया में पुस्तक के रिकार्ड के रूप में प्रयोग किया जाता है। इसीलिये इस कार्ड को निर्गम–पत्रक, पुस्तक पत्री भी कहा जाता है।

**BOOK CARRIER**

**पुस्तक वाहक :** पुस्तकालय के विभिन्न भागों में पुस्तक आदि ले जाने के लिये प्रयोग किया जाने वाला उपकरण जो हस्तचालित अथवा स्वचालित हो सकते हैं।

**BOOK CASE**

**पुस्तक मंजूषा :** प्रलेखों को प्रदर्शित करने हेतु बनायी गयी शैल्फ युक्त मंजूषा।

**BOOK CATALOGUE**

**पुस्तक सूची :** पुस्तक के रूप में तैयार की गयी पुस्तकालय के पुस्तकों की सूची। इसे मुद्रित पुस्तक सूची भी कहा जाता है।

**BOOK CLASSIFICATION**

**पुस्तक वर्गीकरण :** पुस्तकालय में प्रलेखों की व्यवस्था करने तथा ग्रन्थसूची व अनुक्रमणिका की प्रविष्टि को सहायक अनुक्रम प्रदान करने के लिये बनायी गयी वर्गीकरण पद्धति।

**BOOK CLOTH**

**पुस्तक आवरण वस्त्र :** जिल्दसाजी में पुस्तक आवरण के लिये प्रयोग किया जाने वाला सूती कपड़ा अथवा लिनन।

**BOOK CLUB**

**पुस्तक क्लब :** सामान्यतः पूर्व प्रकाशित, सस्ती तथा उपयोगी पुस्तकों के प्रकाशन, वितरण तथा उपयोग के लिये बनाया गया क्लब। प्रकाशित की जाने वाली पुस्तकें एक विषय की हो सकती है।

**BOOK COLLECTING**

**पुस्तक संग्रहण :** एक व्यक्ति द्वारा अपनी रूचि के कारण अथवा किसी उद्देश्य की पूर्ति हेतु पुस्तकों का संग्रह करना।

**BOOK COLLECTOR**

**पुस्तक संग्रहकर्त्ता :** किसी विशिष्ट विषय की अथवा अपनी रूचि की पुस्तकों को खरीद कर पुस्तकों का संग्रह करने वाला व्यक्ति।

**BOOK CONVEYOR**

**देखिये** Book Carrier

**BOOK COUPON**

पुस्तक कूपन **देखिये** Unesco Coupons

**BOOK CRAFTS**

**पुस्तक दस्तकारी :** एक पुस्तक को उसका स्वरूप प्रदान करने में जिन प्रक्रियाओं का प्रयोग होता है उन सबके लिये विशिष्ट प्रकार की दक्षता व कुशलता की आवश्यकता होती हैं। कागज को बनाने, पुस्तक मुद्रण, पुस्तक चित्रण, जिल्दसाज आदि सभी क्षेत्रों में सम्बन्धित व्यक्ति कुशल व दक्ष होता है अर्थात् अपने क्षेत्र का दस्तकार होता है।

**BOOK DEPOSIT CENTRE**

**पुस्तक संग्रह केन्द्र :** वह स्थान जहाँ पर पुस्तकों को संग्रहीत किया जाता है।

**BOOK DISPLAY**

**पुस्तक प्रर्दशनी :** पुस्तकालय अथवा अन्य स्थान पर एक अथवा विभिन्न विषयों पर लगायी जाने वाली पुस्तकों की प्रर्दशनी। पुस्तकालय में सामान्यतः एक निश्चित अवधि में नई पुस्तकों को प्रदर्शित किया जाता है।

**BOOK DRIVE**

**पुस्तक अभियान :** पुस्तकों को उपहार में प्राप्त करने अथवा पुस्तकों को

खरीदने के लिये पैसा एकत्रित करने हेतु चलाया जाने वाला अभियान।

**BOOK EXCHANGE**

**पुस्तक विनियम :** पुस्तकालयों के पारस्परिक सहयोग के आधार पर एक पुस्तकालय का दूसरे पुस्तकालय से पुस्तकों को उधार पर प्राप्त करना ही पुस्तक विनियम है। दुर्लभ, मंहगी अथवा अन्य पुस्तकें जो एक पुस्तकालय में उपलब्ध नहीं है किन्तु पाठक उसकी मांग करता है तो जिस पुस्तकालय में वह पुस्तक उपलब्ध है उस पुस्तकालय से पुस्तक उधार पर प्राप्त करके पाठक की मांग पूरी की जा सकती है।

**BOOK FAIR**

**पुस्तक मेला :** पुस्तकों के प्रसार व प्रचार हेतु प्रकाशकों व विक्रेताओं द्वारा लगाया जाने वाला पुस्तकों का मेला। इस प्रकार के मेले पुस्तकों का प्रचार करने के साथ ही पाठकों को उनकी रूचि एवं विषय की पुस्तकें प्राप्त करने में सहायक होते हैं। इस प्रकार के पुस्तक मेलों में लेखक व प्रकाशक द्वारा भाषण व गोष्टियाँ भी आयोजित की जाती है। पुस्तक मेले एक नगर, प्रदेश, देश से लेकर अन्तर्राष्ट्रीय स्तर तक आयोजित किये जा सकते हैं।

**BOOKFORM**

**पुस्तकारूप :** यदि ऐसे लेख जो पत्रिकाओं में प्रकाशित हो चुके हैं उनको संग्रहित कर एक पुस्तक के रूप में प्रकाशित कर दिया जाय तो उसे पुस्तकारूप रूप की संज्ञा दी जा सकती है।

**BOOKFORM CATALOGUE**

**पुस्तकारूप सूची :** ऐसी पुस्तक सूची जो अधिकांश बड़े–बड़े पुस्तकालयों में प्रचलित थी ये पुस्तकालय अपने पुस्तकालय की सूची को पुस्तक के रूप में प्रकाशित करते थे। ग्रेट ब्रिटेन में अबाध प्रवेश (Open access) प्रचलित होने से पूर्व प्रायः सभी पुस्तकालयों में उनकी सामान्य पुस्तक सूची को मुद्रित करके प्रयोगार्थ प्रस्तुत किया जाता था। सर्वप्रथम पुस्तकारूप सूची 1723 में प्रकाशित हारवर्ड सूची (Harvard Catalogue) को माना जाता है। 1745 में इसी आकार की येल पुस्तकारूप सूची (Yale Book catalogue) प्रकाशित की गयी थी। मुद्रित पुस्तकारूप सूचियों के ब्रिटिश म्यूजियम सूची, लाईब्रेरी आफ कॉंग्रेस के ग्रन्थों की मुद्रित सूची पत्रक, भारतीय राष्ट्रीय पुस्तकालय, कलकत्ता की मुद्रित पुस्तकों के लेखक सूची आदि कुछ सर्वोत्तम उदाहरण है। इस प्रकार की सूची में प्रविष्टियां को मूलपाठ की भांति मुद्रित किया जाता है तथा पुस्तकों की भाँति बांध दिया जाता है।

**BOOK FUND**

**पुस्तक कोष :** पुस्तको को खरीदने के लिये उपलब्ध धनराशि।

**BOOK HUNTER**

**पुस्तक खोजकर्त्ता :** पुरानी प्रयोग की गयी पुस्तकों की तालाश करने वाला व्यक्ति। ये पुस्तक खोजकर्त्ता की रूचि अथवा विषय की हो सकती है अथवा दुर्लभ पुस्तकों को संग्रह करने का चाव हो सकता है। अथवा उनको इच्छुक पाठक को बेचने के दृष्टिकोण से ऐसी पुस्तकों की खोज की जा सकती है।

**BOOK ILLUSTRATION**

**पुस्तक चित्रण :** पुस्तक मूलपाठ की व्याख्या हेतु दिये गये चित्र।

**BOOK JACKET**

**पुस्तक आवरण :** पुस्तक का बाहरी आवरण जिसे पुस्तक के मूलपाठ के अनुरूप रूपांकित भी किया जा सकता है। इसमें पुस्तक का शीर्षक, लेखक का नाम तथा पुस्तक व लेखक के बारे में विवरण भी दिया जाता है।

**BOOK LABLE**

**पुस्तक नामपत्र :** पुस्तक के पृष्ठभाग पर लगाया जाने वाला लेवल जिस पर पुस्तक का नामांक (Call Number) लिखा जाता है। इस लेवल पर लिखा नामांक प्रलेखों को शैल्फ मे व्यवस्थित करने तथा उसकी जगह सुनिश्चित करने में महत्वपूर्ण भूमिका निभाता है।

**BOOKLET**

**पुस्तिका :** पुस्तकालय अथवा किसी विशिष्ट विषय के बारे में विवरण प्रदान करने वाली एक छोटी पुस्तिका।

**BOOK LIFTER**

**पुस्तक वाहक :** पुस्तकालय का वह कर्मचारी अथवा मशीन जो पुस्तको को एक अनुभाग अथवा मंजिल से दूसरे अनुभाग अथवा मंजिल तक ले जाता है।

**BOOK LIST**

**पुस्तक सूची :** सामान्यतः किसी विशिष्ट उद्देश्य से बनायी गयी प्रलेखों की सूची जो एक विषय या लेखक के नाम से व्यवस्थित की गयी हो।

**BOOK LOUSE**

**किताब कीड़ा :** प्रलेखों को नष्ट करने वाले छोटे–छोटे कीड़े।

**BOOK MARK**

**पृष्ठ-चिन्हक :** पुस्तक के किस पृष्ठ तक पढ़ लिया गया है इसे इंगित करने हेतु पृष्ठ–चिन्हक का प्रयोग किया जाता है।

**BOOK MOBILE SERVICE**

**चल पुस्तकालय सेवा :** ऐसे पाठक जो विभिन्न कारणों से पुस्तकालय आने में असमर्थ हैं उनके लिये सार्वजनिक पुस्तकालय एक बड़ी मोटर को पुस्तकालय की तरह शैल्फ आदि से सुसज्जित कर निश्चित स्थानों पर पाठकों को उनकी रूचि की पुस्तकें उन तक पहुँचाती है। इस सेवा के माध्यम से रंगनाथन द्वारा प्रतिपादित सूत्रों 'पुस्तके उपयोग के लिये है तथा प्रत्येक पुस्तक उसके पाठक तक' का भी पालन होता है। यह प्रसार सेवा का भी यह एक माध्यम है।

**BOOK NUMBER**

**ग्रंथाक :** प्रत्येक पुस्तक को वैयक्तिकता प्रदान करने हेतु पुस्तकालय वर्गीकरण में पुस्तक के लेखक, आख्या, प्रकाशन तिथि आदि विशेषताओं के आधार पर ग्रथांक बनाया जाता है। विभिन्न वर्गाचार्यों ने इसे बनाने के लिये विभिन्न माध्यमों का प्रयोग किया है। इन ग्रथांक प्रणालियों को लेखक चिन्ह, पुस्तक चिन्ह, पुस्तक अंक आदि नाम से जाना जाता है। तथापि रंगनाथन द्वारा प्रतिपादित ग्रथांक प्रणाली में प्रलेख की सभी महत्वपूर्ण भौतिक विशेषताओं का उपयोग किया गया है जिनको व्यवस्थित करने हेतु पक्ष परिनियम भी प्रतिपादित किया है।

**BOOK ON LOAN**

**निर्गमित पुस्तक :** पाठक द्वारा पुस्तकालय से बाहर पढ़ने के लिये निर्गम की गयी पुस्तक।

**BOOK ORDER LIST**

**पुस्तक क्रयादेश सूची :** पुस्तकालय द्वारा पुस्तकों को खरीदने के लिये बनायी गयी सूची।

**BOOK PIRACY**

**साहित्यिक चोरी :** एक लेखक की कृति के विषय–वस्तु को बिना उचित संदर्भ के दूसरे लेखक द्वारा अपनी कृति के विषय–वस्तु की तरह प्रयोग करने को साहित्यिक चोरी की संज्ञा दी जाती है।

**BOOK PLATE**

**पुस्तक स्वामित्व नामपत्र :** पुस्तक के ऊपर चिपकाया गया लेबल जिसमें

पुस्तकालय का नाम लिखा होता है साथ ही पुस्तकालय शैल्फ में उसके स्थान को भी इंगित कर सकता है।

**BOOK POCKET**

**पुस्तक जेब :** सामान्यरूप से पुस्तकालय द्वारा प्रत्येक पुस्तक के आवरण पृष्ठ के अन्दर के हिस्से में मोटे कागज की लिफाफानुमा जेब चिपकाई जाती है जिसमें पुस्तक की सूचना (नामांक, लेखक आदि) देने वाला पुस्तक पत्रक रखा जाता है, यह पत्रक इस पुस्तक का पाठक द्वारा उधार पर ले जाने पर रिकार्ड का कार्य करता है।

**BOOK PROCESSING**

**पुस्तक प्रक्रमण :** पुस्तक को पाठक तक पहुँचाने हेतु पुस्तकालय को प्रत्येक पुस्तक को इस प्रकार तैयार करना होता है कि उसकी स्वयं की एक पहचान बन जाय, उसे आसानी से शैल्फ में उसके स्थान से प्राप्त किया जा सके, उपयोग होने के पश्चात् उसे उसके स्थान पर वापस रखा जा सके। इस हेतु पुस्तक का वर्गीकरण, सूचीकरण तथा अन्य आवश्यक प्रक्रिया पूरी करना ही पुस्तक प्रक्रमण कहलाता है।

**BOOK PROCESSING SECTION**

**पुस्तक प्रक्रमण अनुभाग :** पुस्तक को पाठक तक पहुँचाने हेतु पुस्तक का वर्गीकरण, सूचीकरण उसे निर्गमन हेतु तैयार करना पुस्तकालय के प्रक्रमण अनुभाग का कार्य होता है।

**BOOK PRODUCTION**

**पुस्तक उत्पादन :** एक लेखक के कार्य को एक पुस्तक के रूप में तैयार करना भी एक कला है जिसमें पुस्तक की रूपरेखा। सामग्री का प्रयोग, चित्रों की परिकल्पना, आवरण का स्वरूप, मुद्रण दस्तकारी आदि को सुनिश्चित करने हेतु कुशलता व दक्षता की आवश्यकता होती है।

**BOOK RACK**

**पुस्तक रैक :** लकड़ी अथवा स्टील से बना एक छोटा शैल्फ अथवा मंजूषा, जिसमें प्रलेखों को प्रदर्शित किया जा सकता है।

**BOOK RECORD**

**पुस्तक अभिलेख :** पुस्तकालय में आंबटित सभी प्रकार के प्रलेखों को क्रमानुसार लेखा रखने वाली पुस्तक; इसे अधिग्रहण अभिलेख या रजिस्टर भी कहते हैं।

**BOOK REST**

**पुस्तक आधार :** मेज पर पुस्तक को सहारा देने का ऐसा उपकरण जिससे पुस्तक को आराम से पढ़ा जा सकता है।

**BOOK REVIEW**

**पुस्तक समीक्षा :** पुस्तक की विषयवस्तु की उपयोगिता अन्य पहलुओं के दृष्टिकोण से मूल्यांकन करने की प्रक्रिया।

**BOOK SELECTION**

**पुस्तक चयन :** पुस्तकालय की पुस्तक चयन की प्रक्रिया, जिससे पुस्तकालय के उद्देश्यों के अनुरूप पुस्तकों का संतुलित संग्रह किया जा सके।

**BOOK SELECTION TOOLS**

**पुस्तक चयन माध्यम :** विभिन्न नवीन ग्रन्थसूचियाँ, प्रकाशक एवं पुस्तक विक्रेताओं की नवीनतम प्रकाशित सूचियों आदि माध्यमों के आधार पर पुस्तकालय में पुस्तकों का चयन किया जाता है।

**BOOK SELLER**

**पुस्तक विक्रेता :** पुस्तकों का व्यापार करने वाला व्यक्ति।

**BOOKSELLER'S CATALOGUE**

**पुस्तक विक्रेता की सूची :** प्रत्येक पुस्तक विक्रेता अपने यहाँ उपलब्ध पुस्तकों की सूची प्रकाशित करता है। पुस्तकालयों में पुस्तक चयन के समय यह सूची–पुस्तक प्राप्ति के स्रोत; उसका मूल्य, संस्करण, प्रकाशक आदि की सूचना प्राप्त करने में सहायक होती है।

**BOOK SLIP**

**पुस्तक पर्ची :** पुस्तक की पर्ची जिस पर आवश्यकतानुसार ग्रन्थात्मक सूचना जैसे आवाप्ति संख्या, वर्गांक, लेखक व पुस्तक का नाम आदि लिखा जाता है। इसे पुस्तक पत्रक भी कहते है।

**BOOK STACKS**

**पुस्तक भंडार :** पुस्तकालय के वे कक्ष जहाँ पुस्तकों को अलमारियों, अथवा शैल्फ में सुव्यवस्थित रूप से पुस्तकों का भंडारण किया जाता है। इस कक्ष में पाठक को आबाधित प्रवेश (open access) अथवा प्रवेश निषिद्ध (Closed access) हो सकता है।

**BOOK STALL**

**पुस्तक क्रय स्थल :** पुस्तकों की अस्थाई अथवा स्थाई छोटी सी दुकान जहाँ पुस्तकों की बिक्री–खरीद की जाती है। इस प्रकार की दुकानों में

सामान्यतः पुस्तक विक्रेता के बैठने के लिये स्थान होता है खरीदने वाले व्यक्ति को दुकान के बाहर ही रह कर पुस्तक खरीदनी पड़ती है।

**BOOK STAMP**

**पुस्तक मुहर** : पुस्तकालय के नाम की अंकित मुहर जिसे पुस्तकालय की प्रत्येक पुस्तक पर लगाया जाता है यह मुहर पुस्तकालय के स्वामित्व को प्रदर्शित करती है।

**BOOK STAND**

**पुस्तक स्टैंड** : पुस्तकों को रखने के लिये अथवा प्रदर्शित करने के लिये बनाये गये पुस्तक प्रदर्शक।

**BOOK STOCK**

**पुस्तक संग्रह** : पुस्तकालय में आवाप्त किये गये प्रलेखों का सम्पूर्ण संग्रह।

**BOOK SUPPORTERS**

**पुस्तक आधार** : स्टील अथवा लकड़ी के एल (L) अथवा (T) आकार के बने आधार जिनको शैल्फ में पुस्तकों की लाइन की समाप्ति अथवा पुस्तकों का क्रम ठीक रखने के लिये बीच में अथवा इच्छित स्थिति में रखने के लिये प्रयोग किया जाता है।

**BOOK TAG**

**पुस्तक टैग** : टैग अथवा मोटे कागज से बनी टिकली जिसे प्रत्येक पुस्तक की पीठिका पर चिपका कर उस पर पुस्तक का नामांक (Call Number) लिखा जाता है।

**BOOK TALK**

**पुस्तक वार्ता** : पुस्तकालय में प्राप्त की गयी नई महत्वपूर्ण पुस्तकों पर वार्ता का आयोजन किया जाता है जिससे पाठकों को इनकी पूरी जानकारी प्राप्त हो सके।

**BOOK TRADE**

**पुस्तक व्यवसाय** : पुस्तक उत्पादन तथा बेचने का व्यवसाय।

**BOOK TRAY**

**पुस्तक ट्रे** : पुस्तकों को रखने व ले जाने का उपकरण।

**BOOK TROLLEY**

**पुस्तक वाहक** : पुस्तकालय में पुस्तकों को लाने–ले–जाने के लिये पहिये युक्त ठेली, जिसमें पुस्तकों को रखने के लिये शैल्फ भी बने होते है।

**BOOK VAN**

**पुस्तक वाहन :** सामान्यतः सार्वजनिक पुस्तकालय की विभिन्न शाखाओं में पुस्तक भेजने के लिये प्रयोग किया जाने वाला वाहन। ऐसे क्षेत्र जहाँ पुस्तकालय अथवा उसकी शाखाऐं नहीं हैं ये वाहन चल पुस्तकालय का कार्य करते हैं। इन वाहनों में उसी प्रकार शैल्फ व अन्य उपकरण उपलब्ध होते हैं जो पुस्तकालय के लिये आवश्यक होते हैं। पुस्तकालय विस्तार सेवा का यह सर्वोत्तम माध्यम है।

**BOOK WEEK**

**पुस्तक-सप्ताह :** पाठकों में पुस्तकों के प्रति रूचि उत्पन्न करने के लिये प्रकाशक व विक्रेता के सहयोग से पुस्तकालय द्वारा पुस्तक–सप्ताह का आयोजन किया जाता है। यह एक प्रकार से पुस्तक समारोह सप्ताह होता है। जिसमें पुस्तक प्रदर्शनी, पुस्तकों के बारे में वाद–विवाद, गोष्टियाँ भाषण तथा चलचित्रों का भी आयोजन किया जाता है।

**BOOKWORM**

**पुस्तककीट :** कागज को काटने वाला किताबी कीड़ा जो प्रलेखों के पृष्ठों के अन्दर घुसकर उन्हें नष्ट कर देता है। कीताबी कीड़ा उस व्यक्ति को भी कहा जाता है जो हर वक्त पुस्तकों को ही पढ़ता रहता है।

**BOOKS ARE FOR USE**

**पुस्तक उपयोग के लिये हैं :** पुस्तकालय विज्ञान विषय के लिये रंगनाथन द्वारा प्रतिपादित पाँच सूत्रों में से यह प्रथम सूत्र है। जिसके अनुसार पुस्तकें संचय के लिये नहीं उपयोग के लिये होती हैं। अतः पुस्तकालय की सभी प्रक्रियायें, प्रबंधन व सेवाऐं इसी दृष्टिकोण से व्यवहार में लाई जानी चाहिए कि पुस्तकालय में उपलब्ध प्रत्येक प्रलेख का उपयोग उसके पाठक द्वारा किया जा सकें। अब इस सूत्र में पुस्तक के स्थान पर **प्रलेख** शब्द का प्रयोग किया जाता है अर्थात् प्रलेख उपयोग के लिये है।

**BOOLEAN ALGEBRA**

**बुलियन अलजब्रा :** ब्रिटिश गणितज्ञ तथा तकशास्त्रों जार्ज बुले (George Boole 1815-64) ने 1847 तथा 1854 के बीच एक नये सिद्धांत का प्रतिपादन किया जो अलजैब्रिक पद्धति पर आधारित था तथा जो बूले के नाम से **बुलियन अलजब्रा** से जाना जाता है। बूले ने अलजब्रा के अंको में तार्किक सम्बन्धों को उसी प्रकार प्रयोग किया है जैसे पारम्परिक अलजब्रा में गणितीय सम्बन्ध प्रदर्शित किये जाते हैं किन्तु इसमें भिन्नता यह है कि जो अंकाक्षर हैं वे अंको के लिये नही अपितु कथन (Statement) तथा इससे सम्बन्धित तार्किक क्रिया

को प्रदर्शित करने के लिये किये जाते है। इसीलिये इसे तर्कशास्त्र की अलजब्रा (Algebra of logic) भी कहते हैं। इसमें कथन को दिखाने के लिये:– Or (या), AND (तथा), NOT (नहीं), NEAR (नजदीक) प्रयोग किया जाता है जिनको कंप्यूटर में मात्र 0 व 1 से प्रदर्शित किया जाता है। कंप्यूटर में AND Command का प्रयोग सुनिश्चित करने के लिये होता है जैसे यदि कारगिल के संदर्भ में वाजपेयी से संबद्ध सूचना की जानकारी प्राप्त करना है तो वाजपेयी AND कारगिल का प्रयोग होगा। इसी प्रकार A NOT B आदि। नैचुरल लैग्वेंज सर्चिंग जैसी आसान खोज प्रणालियों के आगमन से इसका प्रयोग भले ही थोड़ा कम हो गया हो, लेकिन शक्तिशाली और सही परिणामों के लिये बूलियन खोज आज भी उपयोगी मानी जाती है।

**BOOT**

**बूट** : कंप्युटर को आरम्भ करने की क्रिया को बूट कहा जाता है। बूट शब्द की उत्पत्ति बूटस्ट्रेपिंग से हुई है। बूटस्ट्रेपिंग शब्द का सीधा सम्बन्ध उस छोटे से फीते (तसमा) से है जिसका प्रयोग जूते (बूट) को कसने के लिये किया जाता है जिससे कि यदि पैर को ऊपर उठाया जाता है तो बूट भी साथ–साथ ऊपर उठ सके। अर्थात् स्वंय के बूटस्ट्रेप के माध्यम से ऊपर उठाना। साधारण शब्दों में जब हम अपने पी.सी. के बिजली के बटन को चालू करते हैं तो विद्युत आपूर्ति द्वारा कंप्यूटर के सभी भागों में विजली पहुँचती है इसके बाद सभी जटिल क्रियायें क्रमवार स्वतः होने लगती हैं तथा इसके लिये हम बूट, बूटिंग अथवा बूटस्ट्रेपिंग शब्द प्रयोग करते हैं। किंतु तकनीकी रूप से इसका आशय यह है कि एक छोटे से प्रोग्राम को कंप्यूटर की मेमोरी में डाल कर कंप्यूटर का नियंत्रण उस प्रोग्राम के हाथ में देने से है ताकि वह पूर्ण आपरेटिंग सिस्टम को मेमोरी में डाल सके।

**BOOTING**

**बूंटिग** : कंप्यूटर से कोई भी काम करवाने से पहले उसे बूंटिग करना आवश्यक होता है। पर्सनल और बड़े कंप्यूटरों के लिये सिस्टम साफ्टवेयर अलग से फ्लापी डिस्कों पर दिये जाते है। जिन्हें सिस्टम वॉल्यूम भी कहते हैं। कंप्यूटर के अंदर स्थित रोम (ROM) में केवल इतनी जानकारी होती है कि सिस्टम वॉल्यूम को कहाँ से पढ़ना है इसके बाद कंप्यूटर पूरा प्रोग्राम पढ़ कर अपनी स्मृति रैम (RAM) में रख लेता है अर्थात् कंप्यूटर स्वयं को पढ़ा कर विद्वान हो जाता हैं इसी को बूंटिग या बूटस्ट्रेपिंग कहा जाता है। यह प्रक्रिया कंप्यूटर के पावर स्विच को आन करते ही आरम्भ हो जाती है। कीबोर्ड पर लगी तीन कुंजियों – Control, Alt व Del को एक साथ दबाने से भी बूंटिग क्रिया हो जाती है जिसे वॉर्म बूंटिग कहते हैं।

**BOOTSTRAPPING**

देखिये Booting

**BORROWER**

**ग्रहीता :** पुस्तकालय का सदस्य जो पुस्तकालय से पुस्तकों को नियमानुसार पढ़ने के लिये अपने घर पढ़ने ले जा सकता है। देखिये Reader

**BORROWER'S CARD**

**ग्रहीता पत्रक :** पुस्तकालय से प्रत्येक सदस्य को निश्चित संख्या में दिये जाने वाले ग्रहीता–पत्रक जिनके आधार पर वह पुस्तकालय से पुस्तक उधार पर प्राप्त कर सकता है।

**BORROWER'S NUMBER**

**ग्रहीताँक :** पुस्तकालय की सदस्यता प्राप्त करने के साथ ही प्रत्येक सदस्य को सदस्य क्रमाँक भी आबंटित किया जाता है। जिसे ग्रहीता पत्रक पर भी लिखा जाता है।

**BORROWER'S REGISTER**

**ग्रहीता पंजीका :** पंजी जिस पर पुस्तकालय से पुस्तक उधार पर ले जाने वाले सदस्यों का आवश्यक विवरण जैसे–नाम, पता, विषय, व्यवसाय आदि का उल्लेख होता है।

**BORROWER'S TICKET**

**ग्रहीता पत्रक :** पुस्तकालय से प्रत्येक सदस्य को दिया जाने वाला सदस्यता पत्रक जो उसे पुस्तकें उधार पर ले जाने के लिये अधिकृत करता है।

**BOTTOM EDGE**

**निचला किनारा :** पुस्तक का निचला किनारा जिसे पुस्तक का अन्तिम किनारा भी कहा जाता है।

**BOTTOM NOTE**

**निचली टिप्पणी :** पादटिप्पणी (Footnote) जो पुस्तक के पृष्ठ के नीचे अन्तिम भाग में दी जाती है।

**BOUND VOLUME**

**जिल्दबंद-खण्ड :** एक पत्रिका के विभिन्न अंको को एक पुस्तक के रूप में जिल्दबंद करना अथवा सामान्य पुस्तक जिसकी पक्की जिल्दबंदी कर दी गयी हो।

**BOUND WITH**

**आबद्ध पुस्तके :** यह शब्द सूचीकार द्वारा उन पुस्तकों के लिये प्रयोग

किया जाता है जो पृथक–पृथक प्रकाशित हुई हैं किन्तु बाद में उनको एक साथ जिल्दबन्द कर दिया गया हो। इस प्रकार की पुस्तकों को एक सामूहिक शीर्षक भी दिया जा सकता है जिसके आधार पर इन आबद्ध पुस्तकों की मुख्य प्रविष्टि बनायी जाती है तथा प्रत्येक पुस्तक पाठक तक पहुँच सके इसलिये विश्लेषिक प्रविष्टि भी बनायी जाती है।

**BOWDLERIZED EDITION**

**बाउडलराइजिरड संस्करण :** एक पुस्तक की विषय वस्तु के कुछ शब्दों अथवा परिच्छेदों में दूसरे लेखक द्वारा परिवर्तन किया जाना जिसे आपत्तिजनक माना जाता है। थामस बाउड्लरा (1754–1825) ने इस प्रकार का परिशोधित संस्करण 1818 में शेक्सपियर का प्रकाशित किया था इसीलिये इस प्रकार के संस्करण को बाउड्लराइस्ड संस्करण कहा जाता है।

**BOX FILE**

**पेटी-संचिका :** पुस्तकालयों में इस प्रकार की पेटी समाचार पत्रों की कतरनों, पुस्तिकाओं, छोटी रिपोर्टस, पत्र आदि को रखने के लिये प्रयोग की जाती है। इस पर एक कमानी भी लगी होती है जो इस पर रखी सामग्री को व्यवस्थित रखने में सहायक होती है। यह गत्तें अथवा लकड़ी का बना होता है।

**BRACKETED DIGIT**

**कोष्टित अंक :** वर्गीकरण में वर्गांक का वह अंक जिसे कोष्ठक में रखा गया हो जैसे कोलन क्लासीफिकेशन में विषय विधि के आधार पर बनाया गया एकल अंक।

**BRACKETS**

**कोष्ठक : सूचीकरण** में यह एक मानक चिन्ह है जिसका प्रयोग उस सूचना को रखने के लिये किया जाता है जो पुस्तक में उपलब्ध नहीं है अपितु सूचीकार द्वारा स्वयं जोड़ी गयी हो; **वर्गीकरण** में रंगनाथन ने कोष्ठक का प्रयोग विषय विधि के संकेतक के रूप में किया है।

**BRADEL BINDING**

**ब्रेडल जिल्दसाजी :** यह एक अस्थायी जिल्दसाजी है। यह माना जाता है कि इसकी उत्पति जर्मनी में हुई तथापि इसका प्रयोग सबसे पहले फ्रांस के एक जिल्दसाज ब्रेडल ने किया इसीलिये इसका नाम ब्रेडल जिल्दसाजी पड़ गया।

**BRADFORD'S LAW OF SCATTERING**

**देखिये** Law of Scattering

**BRAILLE**

**ब्रैल :** उत्कीर्ण लेखन पद्धति जिसके प्रतिपादक फ्रांस के लूईस ब्रैल (1809–52) है। ब्रैल स्वयं अंधे थे। यह पद्धति अन्धों के पढ़ने व लिखने के लिये उत्कीर्ण लेखन के आधार पर बनायी गयी है। इसमें अक्षरों को उभरे हुए बिन्दुओं के रूप में मुद्रित किया जाता है इसमें तीन बिन्दु ऊँचे तथा दो चौड़े होते हैं।

**BRAILLE LIBRARY**

**ब्रैल पुस्तकालय :** पुस्तकालय जिसका अधिकतम संग्रह उत्कीर्ण मुद्रित प्रलेखों का ही होता है।

**BRANCH LIBRARIAN**

**शाखा पुस्तकाध्यक्ष :** एक पुस्तकालय की विभिन्न शाखाओं में से एक शाखा का संचालक।

**BRANCH LIBRARY**

**शाखा पुस्तकालय :** पुस्तकालय प्रणाली जिसमें एक केन्द्र पुस्तकालय तथा विभिन्न स्थानों पर उसके शाखा पुस्तकालय होते हैं। इन शाखा पुस्तकालयों में सामान्यतः उस क्षेत्र के पाठकों, बच्चों व प्रोढ़ो की आवश्यकताओं के अनुरूप संग्रह रखा जाता है इस प्रकार के पुस्तकालय को जिला पुस्तकालय भी कहते हैं।

**BRANCHED CLASSIFICATION**

**शाखादार वर्गीकरण :** वर्गीकरण जिसमें विषयजगत को दो या अधिक मुख्यवर्गो अथवा उपवर्गो में विभाजित कर प्रत्येक को फिर से निरन्तर विभाजित किया जाता है जो अन्नतः सारणीबद्ध वर्गीकरण में परिवर्तन हो जाता है।

**BRIDGE LANGUAGE**

**सेतु-भाषा :** सामान्य वर्गीकरण पद्धति की भाषा को कंप्यूटर की भाषा में बदलने वाली भाषा को सेतु– भाषा कहते है। ब्राड सिस्टम आफ आर्डरिंग (B.S.O.) भी एक सेतु–भाषा पद्धति है।

**BRIEF CATALOGUING**

**संक्षिप्त सूचीकरण :** ऐसे प्रलेख जिनका पुस्तकालय में किसी निश्चित जगह पर भंडारण किया जाता है ऐसे प्रलेखों की प्रविष्टि में प्रलेख की मात्र आवश्यक सूचना ही दी जाती है जैसे छोटी छोटी पुस्तिकाऐं अथवा ऐसी ही अन्य पाठ्य सामग्री।

**BRIEF LISTING**

**अपर्याप्त सूचीकरण :** सूचीकार के पास अधिक कार्य होने पर पुस्तकों

को शैल्फ में क्रमांक से व्यवस्थित कर दिया जाता है तथा पुस्तक की एक लेखक प्रविष्टि बना दी जाती है जब भी ऐसी पुस्तक की पाठक द्वारा मांग होती है तब ही सभी सूची–पत्रक बनाने की प्रक्रिया पूरी की जाती है।

**BRITISH CATALOGUE OF MUSIC CLASSIFICATION**

ई॰ जे॰ कोट्स द्वारा निर्मित वर्गीकरण प्रणाली जिसका प्रयोग ब्रिटिश कैटलौग आफ म्यूजिक में प्रविष्टियों को व्यवस्थित करने के लिये किया जाता है। संगीत विषय की इस पद्धति को मानविकी शास्त्र के क्षेत्र में प्रथम प्रयास माना जाता है।

**BRITISH EDUCATION INDEX**

**ब्रिटिश एजूकेशन इन्डेक्स :** इसका प्रकाशन 1954 से त्रैमासिक पत्रिका के रूप में किया जा रहा है। 250 ब्रिटिश पत्रिकाओं तथा 4,000 से अधिक अंग्रेजी भाषा के साहित्य संदर्भो को इस अनुक्रमणिका में सम्मिलित किया जाता है। 1976 से यह ब्लेज लाइन के माध्यम से आनलाइन में उपलब्ध है।

**BRITISH HUMANITIES INDEX**

**ब्रिटिश मानवीकी अनुक्रमणिका :** पुस्तकालय संघ (यू॰ के॰) द्वारा 1915 से प्रकाशित त्रैमासिक अनुक्रमणिका, जो ब्रिटिश व कामनवेल्थ की 400 से अधिक पत्रिकाओं पर आधारित है। जनवरी 1962 से पूर्व इसका नाम Subject Index to Periodicals था।

**BRITISH LIBRARY**

**ब्रिटिश लाइब्रेरी :** डा॰ एफ॰ एस॰ डेनटन की अध्यक्षता में बनी कमेटी की रिपोर्ट 1969 में प्रकाशित हुई। इस कमेटी का सुझाव था कि ब्रिटिश म्यूजियम लाइब्रेरी, नेशनल सेन्ट्रल लाइब्रेरी, सांइस तथा टैकनोलौजी का राष्ट्रीय पुस्तकालय तथा ब्रिटिश नेशनल बिब्लियोग्राफी को एक कर दिया जाना चाहिये तथा इसे ब्रिटिश राष्ट्रीय पुस्तकालय बना दिया जाना चाहिए। इस सुझाव को **दी ब्रिटिश लाइब्रेरी** के नाम से श्वेत पत्र के रूप में ब्रिटिश संसद में जनवरी 1971 को प्रस्तुत किया गया। 27 जुलाई 1972 को इसे सरकारी स्वीकृत भी मिल गयी जिसके फलस्वरूप यह ब्रिटिश लाइब्रेरी एक्ट बन गया। जुलाई 1973 से इस एक्ट को कार्यान्वित किया गया तथा एक राष्ट्रीय पुस्तकालय के रूप में कार्य करने लगा। इस पुस्तकालय के मुख्य रूप से चार विभाग हैं:– संदर्भ विभाग, ग्रन्थात्मक सेवा विभाग, ऋणद विभाग (Lending Division) तथा शोध व विकास विभाग। इस पुस्तकालय द्वारा कई पत्र–पत्रिकायें व क्रमिक प्रकाशन प्रकाशित किये जाते है जिनमें कुछ प्रमुख हैं:– ब्रिटिश नेशनल बिब्लियोग्राफी, ब्रिटिश कैटालौग आफ म्यूजिक, ब्रिटिश ऐजूकेशन इन्डेक्स आदि।

**BRITISH MUSEUM CLASSIFICATION**

**ब्रिटिश म्यूजिम वर्गीकरण :** ब्रनैट वर्गीकरण पर आधारित ब्रिटिश म्यूजिम वर्गीकरण पद्धति की रचना 1836–38 में की गयी। तथापि इसमें फिलासिफी को सांइस व आर्टस के बाद रखा गया था। इसमें रोमन अंको व अरैविक अंको का प्रयोग मुख्य वर्गो व उपविभाजनों के लिये किया गया था जैसेः– VI History, VII Chronology, यह पद्धति पूर्णरूप से व्यावहारिक वर्गीकरण पद्धति है जिसका प्रयोग म्यूजिम लाइब्रेरी तक सीमित था।

**BRITISH MUSEUM LIBRARY**

**ब्रिटिश म्यूजिम लाइब्रेरी :** 1973 से पूर्व यह ग्रेट ब्रिटेन का राष्ट्रीय पुस्तकालय था। इसकी स्थापना 1753 से संसद द्वारा कानून लागू करके की गयी थी। 1870 तक इसमें 1 लाख से अधिक पुस्तकें हो चुकी थी। इसमें बहुमूल्य कृतियों का विशाल संकलन है। सर अन्थनी पन्नजी जो इटली का एक राजनीतिक शरणार्थी था इस पुस्तकालय का प्रधान पुस्तकालय रह चुका है जिनको इस पुस्तकालय को विकसित करने का श्रेय दिया जाता है। ब्रिटिश लाइब्रेरी में इसके सामवेश के बाद यह पुस्तकालय समाप्त हो गया है।

**BRITISH NATIONAL BIBLIOGRAPHY (BNB)**

**ब्रिटिश नेशनल बिब्लियोग्राफी :** यह ग्रेट ब्रिटेन की राष्ट्रीय ग्रन्थसूची है जिसका प्रकाशन 4 जनवरी 1950 से आरम्भ हुआ। हर सप्ताह प्रकाशित होने वाली इस सूची में ग्रेट ब्रिटेन में प्रकाशित होने वाली सभी पुस्तकों को सम्मिलित किया जाता है प्रविष्टियों डीवी डेसीमल क्लासीफिकेशन से वर्गीकृत की जाती है। वे पुस्तकें जो ब्रिटिश लाइब्रेरी के कापीराइट विभाग से प्राप्त की जाती है उन पुस्तकों की महीने के अन्तिम अंक में मासिक अनुक्रमणिका में दी जाती है। इसके त्रैमासिक, अर्धवार्षिक, वार्षिक तथा पाँच साल संचित अंक प्रकाशित किये जाते हैं। 1973 में यह ब्रिटिश पुस्तकालय का हिस्सा बन गया है। इसका प्रचलित नाम बी॰ एन॰ बी है। यह सी॰ डी॰ रोम में भी उपलब्ध है।

**BROAD CLASSIFICATION**

**सामान्य वर्गीकरण :** इस प्रकार के वर्गीकरण में सम्पूर्ण विषय जगत को मुख्य मुख्य वर्गो व उपवर्गों में विभाजित किया जाता है जिसके फलस्वरूप कई उपविभाजनों को एक ही वर्गांक आबंटित किया जाता है। इस प्रकार की वर्गीकरण पद्धति में प्रत्येक विषय की पुस्तक को वैयक्तिकता प्रदान करना संभव नहीं होता है।

**BROAD SYSTEM OF ORDERING**

**ब्राड सिस्टम आफ आडरिंग : देखिये** B.S.O.

**BROADER TERM**

**व्यापक शब्द :** ऐसा शब्द जिसका अर्थ विशिष्ट विचार को इंगित करने वाले शब्द से अधिक व्यापक हो जैसे ललित कलाएँ, सामाजिक विज्ञान आदि।

**BROCHURE**

**पुस्तिका :** फ्रैंच भाषा में ब्रोशर्अ (Broucher) का अर्थ होता सिलना (to stitch) इसी शब्द से ब्रोशर्अ शब्द बना है जिसका तात्पर्य है विवरण देने वाली छोटी सी पुस्तिका जिसके पृष्ठों को एक साथ सिलकर एक पुस्तिका का रूप दे दिया गया है।

**BROWN CLASSIFICATION**

**ब्राउन क्लासीफिकेशन :** जेम्स डफ ब्राफन ने तीन वर्गीकरण पद्धतियाँ बनायीः– क्विन–ब्राउन क्लासीफिकेशन 1894, जो ब्राउन व जोन हेनरी ने मिलकर बनायी; एडजस्टेबल क्लासीफिकेशन (1897) तथा सब्जैक्ट क्लासीफिकेशन (1906) ब्राउन द्वारा बनायी गयी। तथापि इन तीनों में केवल सब्जैस्ट कलसीफिकेशन ही प्रचलित है।

**BROWNE BOOK CHARGING SYSTEM**

**ब्राउन की पुस्तक निर्गम प्रणाली :** इस विधि को प्रतिपादित (1895) करने वाली नीना ई॰ ब्राउन (Nina E Browne) अमेरिका के बोस्टन नगर के लाइब्रेरी ब्यूरो की पुस्तकाध्यक्ष थी। ब्राउन की इस प्रणाली में पाठक को पत्रक दिये जाते है जिनको ग्रहीता पत्रक अथवा पाठक पत्रक (Reader's Ticket) कहा जाता हैं। एक पाठक पुस्तकालय से एक समय में जितनी पुस्तकें लेने का अधिकारी होता है उतने ही पत्रक उसे दिये जाते है। एक पत्रक पर एक समय में एक ही पुस्तक उधार पर प्राप्त की जा सकती है। इस पत्रक पर पाठक की सदस्य संख्या, नाम तथा पाठक का पता अंकित होते हैं। पृष्ठ भाग में पुस्तकालय का नाम तथा कुछ नियम भी मुद्रित होते हैं। इसका आकार लिफाफे अथवा पाकेट की भाँति होता है जिसमें पुस्तक निगर्मन के समय पुस्तक पत्रक रखा जाता हैं। इसके अतिरिक्त एक पुस्तक पत्रक (Book card) भी होता है जिसे पुस्तक में चिपकाए गये पाकेट में रखा जाता है। इस पत्रक में पुस्तक का नामांक, लेखक व पुस्तक का नाम, अधिग्रहण संख्या अंकित होती है। जब पाठक पुस्तक उधार पर लेना चाहता है तो निर्गम स्थल पर निर्गम सहायक द्वारा इन दो पत्रकों के आधार पर पुस्तक उधार पर दे दी जाती है। कंप्यूटर आगमन से पूर्व यह प्रणाली बहुत उपयोगी व सरल प्रणाली मानी जाती थी।

**BROWSER**

**ब्राउजर :** यह एक ऐसा सॉफ्टवेयर है जो कि इंटरनेट पर उपलब्ध

सूचना को व्यवस्थित रूप से उपयोगकर्ता के सामने प्रस्तुत करता है। इसके माध्यम से ही सर्फिंग भी करते हैं। विश्व का प्रथम लोकप्रिय ब्राउजर नेटस्केप नेविगेटर था।

**BROWSING**

**नैमित्तिक प्रलेखावलोकन :** फ्रैंचभाषा के Broust तथा जर्मन भाषा के Brost शब्द से उत्पन्न इस शब्द का अर्थ है जानवरों का पौधों की छोटी–छोटी कोपलों, पत्तों को चरना। पुस्तकालय विज्ञान में पाठक द्वारा पुस्तकों को सरसरी निगाह से देखना अथवा पृष्ठों को उलट पलट कर देखना कि क्या इनमें कुछ पढ़ने योग्य है, को ब्राउजिंग की संज्ञा दी जाती है।

**BRUNET CLASSIFICATION**

**ब्रुने क्लासीफिकेशन :** जे. सी ब्रुने (Jacques-charles Brunet 1780-1867) ने 1810 में अपनी पुस्तक Manualdu Librare et de l Amateur de livres volume में अपनी वर्गीकरण पद्धति का विवरण दिया है। इस पद्धति में पाँच मुख्य वर्ग है:– Theology, Jurisprudence, Sciences and Arts, Belles Letters, History. इनको फिर से विभाजित किया गया था।

**BRUSSELS CONVENTION**

**ब्रसल्स कनवेनशन :** स्वीजरलैंड की राजधानी बर्न में 1886 में साहित्यिक तथा कलात्मक कार्यों के संरक्षण हेतु एक अन्तर्राष्ट्रीय सम्मेलन हुआ जो बर्न कनवेनशेन के नाम से जाना जाता है इसका 26 जून 1948 में ब्रसल्स में भी संशोधन किया गया इस सम्मेलन को ही ब्रसल्स कनवेनशन कहते हैं।

**BRUSSELS EXPANSION**

**ब्रसल्स इक्सपैनशन :** यूनीवर्सल डेसीमल क्लासीफिकेशन के लिये प्रयोग किया जाने वाला एक प्रचलित नाम।

**B.S.O**

**बी. एस. ओ. :** ब्राड सिस्टम आफ आर्डरिंग के लिये प्रयुक्त संक्षिप्त शब्द। यह एक वर्गीकरण प्रणाली है जिसे यूनीसिस्ट प्रोग्राम के अन्तर्गत एक परिवर्तक अथवा सेतुभाषा के रूप में कार्य करने के लिये विकसित किया गया। सामान्यतः एक नेटवर्क से जुड़े विभिन्न सूचना केन्द्रों तथा पुस्तकालयों में भिन्न–भिन्न वर्गीकरण तथा अनुक्रमणीकरण पद्धतियाँ प्रयोग की जाती है। नेटवर्क के माध्यम से ये पुस्तकालय व सूचना केन्द्र परस्पर सूचना का प्रयोग तभी कर सकते है जब समान विषय सामान रूप से व्यवस्थित हो। भिन्न भिन्न पद्धतियों के आधार पर वर्गीकृत एक ही विषय के प्रलेखों को एक वर्गांक के अन्तर्गत व्यवस्थित करने के लिये एक परिवर्तक भाषा की आवश्यकता होती है

और यही कार्य बी॰ एस॰ ओ॰ करता है। एक नेटवर्क के विभिन्न पुस्तकालयों तथा सूचना केन्द्रों के बीच परस्पर सूचना स्थानान्तरण प्रक्रिया में बी॰ एस॰ ओ॰ सबसे प्राप्त प्रलेखों व अन्य सूचना सामग्री के अलग अलग वर्गांको को एक सामान्य भाषा में परिवर्तित कर एक समान वर्गांक प्रदान कर सूचना स्थानान्तरण को सामान्य बना देती है तथा प्रत्येक पुस्तकालय व सूचना केन्द्र, अपनी अपनी पद्धतियों के अनुरूप इस वर्गांक को बदल कर सुगमता से सम्पूर्ण आवश्यक सूचना का प्रयोग कर सकते हैं। इस प्रकार बी॰ एस॰ ओ॰ एक मध्यस्थ वर्गीकरण पद्धति का कार्य करती है। इस पद्धति को तीन स्तरों में व्यवस्थित किया गया है। प्रथम स्तर पर विभिन्न विषय क्षेत्र, दूसरे स्तर पर मुख्य विषय तथा तीसरे स्तर पर विभिन्न विषयों के सम्पूर्ण विभाजनों का परिगणन किया गया है। विषयों का अनुक्रम जटिलता वृद्धि तथा स्तरीय एकीकरण सिद्धांत (Levels of Integration) के अनुसार है। इसका अंकन मुख्य रूप से इन्डो–अरैबिक है तथापि कुछ अन्य शब्द व संकेतक भी प्रयोग किये गये हैं। जैसे रोमन बड़े अक्षर तथा ISO3166 कोड अंकों का प्रयोग भौगोलिक विभाजनों के लिये, (Dash) तथा कौमा (,) का प्रयोग अंको को जोड़ने के लिये किया गया है। इसमें सामान्यतः तैयार वर्गांक हैं तथापि संश्लेषण का भी प्रावधान है। 1978 में एफ॰ आई॰ डी॰ द्वारा Broad System of Ordering-Schedules and Index नाम से इस पद्धति का प्रकाशन किया गया। 1993 में इसे कंप्यूटर डिस्क में प्रकाशित किया गया। प्रथम डिस्क में भूमिका, इसके बनने का संक्षिप्त इतिहास, पद्धति को प्रयोग करने के निर्देश तथा पद्धति में विषय जगत के विभाजन का प्रारूप आदि का विवरण है; डिस्क 2 तथा 3 में सम्पूर्ण पद्धति का विवरण है। इसी में वर्णानुक्रमिक अनुक्रमणिका भी है। एफ॰ आई॰ डी॰ व बी॰ एस॰ ओ॰ पैनल जिसने इसे बनाया था अब BSO Panel Ltd अलाभ वितरक कम्पनी बन गयी है। इसी को बी॰ एस॰ ओ॰ रचना का स्वामित्व भी दे दिया गया है।

**BTISNET**

**बटिस्नेट** : भारत सरकार के बायोटेक्नालॉजी विभाग द्वारा स्थापित विज्ञान एवं प्रौद्योगिक नेटवर्क है। इसके पूरे देश में लगभग 23 उपयोगकर्त्ता केन्द्र हैं।

**BUCKET**

**बकेट** : कंप्यूटर स्मृति की एक इकाई।

**BUCKRAM**

**बुकरम** : टिकाऊ लिनन अथवा सूती कपड़ा जिसका प्रयोग पुस्तक आवरण के लिये किया जाता है।

**BUDGET**

**बजट :** पुस्तकालय की वार्षिक अनुमानित आवश्यकताओं की पूर्ति हेतु स्वीकृत राशि का आय–व्ययक।

**BUDGET ALLOCATION REGISTER**

**बजट आबंटन पंजीका :** किस मद, किस विषय, किस विभाग को कितनी राशि आंबटित की गयी है उसका पूर्ण विवरण रखने वाला रजिस्टर।

**BUFFER STORE**

**बफर भंडारण :** सामान्यतः जब कंप्यूटर की एक इकाई से दूसरी इकाई तक सूचना संसाधन को अथवा निर्गत के लिये भेजा जाता है तो विभिन्न इकाइयों की संचालन गति में भिन्नता होने के कारण गति के पूरक के रूप में डेटा को कुछ देर के लिये एक स्थान पर रोक लिया जाता है। जिस स्थान पर डेटा को अस्थाई तौर पर रोका जाता है उसी क्षेत्र को बफर क्षेत्र कहते है।

**BUG**

**बग :** कंप्यूटर प्रणाली अथवा प्रोग्राम में त्रुटि अथवा दोष उत्पन्न हो जाना।

**BULLETIN**

**पत्रिका :** क्रमिक रूप से प्रकाशित होने वाले प्रकाशन।

**BUS**

**बस :** कंप्यूटर में विद्युत संकेतों को लाने ले जाने वाले तारों के समूह को बस कहते हैं। दूसरे शब्दों में कंप्यूटर में संकेतों के आदान प्रदान के लिये कई तार एक साथ कतार में लगे होते हैं जो एक राजमार्ग की तरह होता है इसको ही बस कहा जाता है।

**BUS NETWORK**

**बस नेटवर्क :** नेटवर्क में एक कंप्यूटर को दूसरे कंप्यूटर से एक लाइन की तरह जोड़ने की तकनीक हैं। बस शब्द एक राजमार्ग के लिये प्रयोग किया जाता है, जिसका प्रयोग एक नेटवर्क के मोडयूलर के घटकों को जोड़ने के लिये किया जाता है जिससे सभी कंप्यूटरों के अपने अलग अलग संचारण मार्ग के स्थान पर एक ही मार्ग प्रयोग किया जाय।

**BY LAWS**

**उपनियम :** उपनियम पुस्तकालय अधिनियम के अन्तर्गत बनाये जा सकते है जिसमें पुस्तकालय के कार्य व सेवाओं के लिये मार्गदर्शक सुनिश्चित किये गये हो अथवा पुस्तकालय के प्रभावी उपयोग के लिये निर्देश दिये गये हैं।

**BY LINE**

**अधिकार रेखा** : किसी रचना के ऊपर अथवा नीचे की पंक्ति के साथ समानान्तर रेखा जो रचनाकार के अधिकार का संकेतक होती है।

**BYNAME**

**उपनाम** : ऐसे कल्पित नाम जो साहित्यकार या अन्य व्यक्ति प्रायः अपने असली नाम के साथ जोड़ देते हैं।

**BYTE**

**बाइट** : 8 बिट की सूचना को बाइट कहते है। कंप्यूटर में लगी स्मृतियों की क्षमता बाइटों में ही नापी जाती है, बड़े आकार की स्मृतियों को क्षमता किलोबाइट में (KB) और उससे भी बड़ी स्मृति की क्षमता को मेगाबाइट (MB) में नापा जाता है, बाइनरी प्रणाली में सारे अंक व अक्षर अलग अलग प्रकार के बाइटों द्वारा अंकित किये जाते हैं ये बाइट अब **एसकी कोड** (ASCII Code) से जानी जाती हैं। देखिये Binary Number System

# C

## ©

**रचना स्वत्व** : रचना स्वत्व अधिकार हेतु प्रतीक है जो यूनीवर्सल कापीराइट कन्वेन्शन की धारा 3(1) के अन्तर्गत कापीराइट के अधिकार को प्रदर्शित करता है। अक्तूबर 1955 में वाशिंगटन में अर्न्तशासकीय ग्रन्थ स्वत्वाधिकार सम्मेलन हुआ। जिसके फलस्वरूप यूनीवर्सल कापीराइट कन्वेन्शन पारित किया गया। इसके द्वारा यह सुझाव दिया गया कि विभिन्न प्रकार के प्रकाशनों में यह चिन्ह किस स्थान पर होना चाहिए प्रत्येक प्रकाशन में वैधानिक रूप से इस चिन्ह को लेखक अथवा प्रकाशक अथवा जिसका स्वत्वाधिकार है उसके नाम के आगे दिया जाना चाहिए।

**CAB INTERNATIONAL**

**कैब इन्टरनेशनल** : कामनवेल्थ एग्रीकल्चरल व्यूराक्स इन्टरनेशनल की स्थापना 1928 में कामनवेल्थ एग्रीकल्चरल व्यूराक्स के नाम से की गई थी। इसका मुख्य उद्देश्य अन्तर्राष्ट्रीय स्तर पर कृषि विज्ञान तथा इससे सम्बन्धित सभी क्षेत्रों के अनुसंधान एवं अन्य क्रियाकलापों के विकास को प्रोत्साहित करने के लिये सूचना केन्द्र का कार्य करना है। यह एक अलाभकारी संगठन है।

**CABINET**

**पेटिका** : लकड़ी अथवा स्टील से बनी पेटिका जिसमें सूची पत्रकों को रखा जाता है।

**CABLE MODEM**

**केबल मॉडम** : इस विधि द्वारा टीवी केबल से पर्सनल कंप्यूटर को जोड़ा जा सकता है जिससे कि केबल कनेक्शन के माध्यम से डेटा प्राप्त किये जा सके।

**CABLE SYSTEM**

**केबल प्रणाली :** केबल एक रस्से जैसा तार होता है जो दूर संचार प्रणाली में प्रयोग किया जाता है। इसके माध्यम से ही एक कंप्यूटर से दूसरा कंप्यूटर अथवा एक कंप्यूटर से उसके सहायक उपकरणों को जोड़ा जाता है। इसी प्रकार टेलीविजन के कई चैनलों से जोड़ने का भी कार्य करता है।

**CACHE MEMORY**

**मध्यवर्ती स्मृति :** कंप्यूटर की उच्चगति की मध्यवर्ती स्मृति जो मुख्य स्मृति तथा प्रोसेसर के मध्य होती है।

**CALCULATOR**

**गणक :** गणक सूचना संसाधन का एक यंत्र है जो गणितीय जोड़, घटाना, गुणा आदि का कार्य करता है।

**CALENDER**

**तिथि पत्र :** यह एक कालानुक्रमिक सारिणी है जिसमें दिन व महीनों की व्यवस्थित सूची तथा अन्य सम्बन्धित सूचना भी होती है। यह माना जाता है कि मिस्र के प्रारम्भिक कैलेन्डरों में एक वर्ष 12 महीने का होता था और महीना 30 दिन का हुआ करता था, यद्यपि बाद में अतिरिक्त 5 दिन वर्ष के अन्त में जोड़ दिए जाते थे, ताकि एक वर्ष ठीक 365¼ दिनों का हो जाय। यूनान के लोग चन्द्र कैलेन्डर का प्रयोग किया करते थे, जिसमें अतिरिक्त 3 माह हर आठ वर्ष बाद जोड़ दिये जाते थे। यद्यपि 432 ई॰ पू॰ से ज्योतिषी मेटन ने ज्ञात किया कि 235 चन्द्रमास 19 वर्षों में सही ढंग से फिट हो जाते है। यही कैलेन्डर उस समय के यहूदियों और धर्म सम्बन्धी कैलेन्डरों का आधार बना। कैलेन्डर के विकास की दिशा में सबसे पहला सही कदम 46 ई॰ पू॰ में रोम के शासक "जूलियस सीज़र" ने उठाया। यह कैलेन्डर पृथ्वी द्वारा सूर्य के चारों ओर के परिक्रमण में लिये गये समय पर आधारित था इसका नाम सौर कैलेन्डर था। पृथ्वी 365.25 दिन मे सूर्य की एक परिक्रमा करती है इसलिए इस समय को एक वर्ष माना गया। सीजर के ज्योतिषियों ने वर्ष को 365 दिन का बता हर चौथे वर्ष को 366 दिन का माना, ताकि हर वर्ष का चौथाई दिन वर्षों में पूरा हो जाय। इस चौथे वर्ष को लीप ईयर कहा गया। जिस वर्ष का अन्त 4 से विभाजित हो जाता था, उस साल को लीप ईयर मान लिया जाता था। यह कैलेन्डर लगभग 1600 वर्षों तक चलता रहा। बाद में इसमें 10 दिन की गड़बड़ी पायी गयी। 1582 में पृथ्वी के "पोप ग्रेगरी" ने इस कैलेन्डर में सुधार किये। इस कैलेन्डर को ग्रेगोरियन कैलेन्डर कहते हैं। इसका प्रयोग आज विश्व में हर जगह होता है। दूसरा कैलेन्डर चन्द्रमा की गति पर आधारित है। इसे चन्द्र

कैलेन्डर कहते हैं। चूँकि चन्द्रमा 25½ दिन में पृथ्वी की एक परिक्रमा पूरी करता है, अतः चन्द्रमा की 12 परिक्रमाओं में 25½ × 12 = 354 दिन हुए। इस प्रकार चन्द्र वर्ष 354 दिन का बैठता है, जो सौर वर्ष से लगभग 11 दिन कम है इस प्रकार 3 वर्षों में लगभग 33 दिन का अन्तर आ जाता है। इस कमी को तीन वर्षों में 13 महीने का वर्ष मान कर पूरा कर लिया जाता है। इस अतिरिक्त एक महीने को "मलमास" कहते हैं। महीने के दिनों को पूरा करने के लिए तिथियों को घटा बढ़ाकर ठीक कर लिया जाता है। भारत सरकार ने 22 मार्च 1957 से चन्द्र कैलेन्डर के आधार पर शक संवत् को राष्ट्रीय कैलेन्डर के रूप में स्वीकार किया है। शक संवत् ईस्वी संवत् से 78 वर्ष पीछे पड़ता है। इन दोनो के अतिरिक्त संसार के कुछ देशों में दूसरे अन्य कैलेन्डर भी प्रचलित हैं, जो वहाँ के धार्मिक कार्यों में प्रयुक्त होते हैं।

**CALBINET**

**कैलिबनेट** : कलकत्ता लाइब्रेरीज नेटवर्क की स्थापना 21 सितम्बर 1993 में कलकत्ता में की गई। इस नेटवर्क के लिए जिन 38 पुस्तकालय एवं सूचना केन्द्रों का चयन किया गया उसका आधार इनकी सेवा की ईकाइयाँ, संग्रह की विशिष्टता, उपयोगकर्ताओं हेतु सेवाएँ, मानवसंसाधन एवं आर्थिक स्थिति, वर्गीकरण, सूचीकरण आदि मानदण्ड रहे हैं। सूचना साझीदारी हेतु बने इस नेटवर्क में निसात की प्रमुख भूमिका रही है। अपने उद्देश्यों की पूर्ति हेतु कैलिबनेट दो साधनों का प्रयोग करता है : 1. **साफ्टवेयर मार्ग** – पुस्तकालय स्वचालन तथा नेटवर्क हेतु कैलिबनेट द्वारा निर्मित साफ्टवेयर **मैत्रेय** (MAITRAYEE) का प्रयोग। 2. **ई-मेल मार्ग** द्वारा नेटवर्क में स्थित विभिन्न डेटावेस का पुस्तकालयों को आन–लाइन द्वारा प्राप्ति, ब्रिटिश पुस्तकालय आपूर्ति केन्द्र तथा अन्य ऐजेन्सियों द्वारा पूर्ण विषयवस्तु प्रलेख, पारस्परिक विचार विमर्श हेतु इलेक्ट्रानिक मेल सुविधा, लेखक के नाम तथा विषय प्रमाणिकता नियन्त्रण हेतु केन्द्रित ग्रन्थात्मक सुविधा, प्रशिक्षण तथा परामर्श सेवा।

**CALL NUMBER**

**नामाँक** : एक प्रलेख को उसके विषय–वस्तु, वाह्य भौतिक विशेषताएँ तथा पुस्तकालय संग्रहाँक के आधार पर एक नाम आबंटित किया जाता है। जिसे उसके नाम का अंक अथवा नामांक कहा जाता है। प्रत्येक प्रलेख को किस सीमा तक एक विशिष्ट नाम प्रदान किया जा सकता है यह उस वर्गीकरण पद्धति पर निर्भर होता है जिसका चुनाव पुस्तकालय द्वारा वर्गीकरण हेतु किया गया है तथा प्रलेख को व्यैक्तिकता प्रदान हेतु किन अन्य माध्यमों का प्रयोग किया जा रहा है। इसी नामांक के द्वारा पुस्तक का शैल्फ में तथा उसकी प्रविष्टि का सूची में स्थान निर्धारित होता है।

**CALL NUMBER ENTRY**

**नामांक प्रविष्टि :** रंगनाथन कृत क्लासीफाइड कैटालाग कोड में एक प्रलेख की मुख्य प्रविष्टि के अग्र अनुभाग में नामाँक लिखा जाता है जिसे नियम ED22 के अनुसार पेन्सिल से लिखा जाना चाहिए। इसीलिये इसे नामाँक प्रविष्टि कहा जाता है।

**CALL NUMBER SECTION**

**नामाँक अनुभाग :** एक प्रविष्टि का वह भाग जिसमें एक प्रलेख का नामाँक लिखा जाता है।

**CALL SLIP**

**माँग पर्ची :** यदि पुस्तकालय में निषिद्ध प्रवेश प्रणाली है तो पाठक को पुस्तक प्राप्ति हेतु माँग पर्ची का प्रयोग करना पड़ता है जिसमें पाठक को अपनी वांछित पुस्तक का इस पर्ची में दिये गये कालम में नामाँक, लेखक का नाम लिखकर देना पड़ता है।

**CALLIGRAPHY**

**सुलेखन :** सुन्दर हस्तलिपि कला।

**CAMERA**

**कैमरा :** कैमरा एक ऐसा यंत्र है जिससे किसी भी व्यक्ति या दृश्य का चित्र खींचा जा सकता है। यह छोटा सा एक बाक्स होता है जिसकी दीवारें काली होती है। इस बाक्स की सामने की दीवार पर एक कनवेक्स लैंस लगा हुआ होता है। लैंस के पीछे प्रकाश नियंत्रण के लिये एक अपरचर होता है। प्रकाश को अंदर भेजने के लिये एक शटर होता है लैंस के पीछे फोटो फिल्म लगाई जाती है। इस फिल्म पर प्रकाश संवेदनशील रासायनिक पदार्थों की तह चढ़ी होती है। फिल्म पर सिल्वर ब्रोमाइड की तह होती है। जिस वस्तु का हमें चित्र लेना होता है उसे लैंस की सहायता से फिल्म पर फोकस करते हैं इसके लिये दूसरा लैंस होता है जिसे व्यू फांइडर कहते हैं। वस्तु से चलने वाली प्रकाश की किरणें लैंस से होती हुई फिल्म वाले स्थान पर वस्तु का प्रतिबिम्ब बनाती हैं जैसे ही हम शटर को दबाते हैं फिल्म पर लगे सिल्वर ब्रोमाइड पर एक रासायनिक क्रिया होती है जिससे वस्तु का उल्टा प्रतिबिंब फिल्म पर बन जाता है। इस फिल्म को हाइड्रोक्यूनॉन और मेटोल के द्रव्य में डाल कर डवलव किया जाता है। डवलव की गयी फिल्म को घोल में डाला जाता है जिससे फिल्म पर चित्र स्थिर हो जाता है। इसे नेगेटिव कहते हैं इसी के आधार पर पोजिटिव बनाया जाता है। वर्तमान समय में पोलेराइड कैमरों द्वारा फोटो तुरंत प्राप्त हो जाते हैं।

**CANON**

**उपसूत्र :** वर्गीकरण की प्रक्रिया को वैचारिक स्तर से अंकन स्तर तक संचालित करने तथा सूचीकरण में कोड की रूपरेखा व सूची के नियमावली बनाने हेतु मार्गदर्शक सिद्धान्तों को उपसूत्र कहा जाता है। इस शब्द का प्रयोग सेयर्श ने पहली बार 1907 मे किया।

**CANON OF ALPHABETICAL MNEMONICS**

**शाब्दिक स्मृतिसहायक का उपसूत्र :** एक वर्गीकरण पद्धति में एक विषय अथवा एकल का वर्गांक बनाने हेतु उस विषय अथवा एकल के नाम का प्रथम एक अथवा दो या तीन अक्षरों का प्रयोग किया जा सकता है तथा वर्गीकरण में जहाँ भी वह विषय अथवा एकल विचार प्रयोग होता हो उसके वर्गांक में निरन्तर उन्हीं शब्दों का प्रयोग किया जाना चाहिए।

**CANON OF ASCERTAINABILITY**

**अभिनिश्चयता का उपसूत्र :** रंगनाथन द्वारा वैचारिक स्तर के लिये प्रतिपादित इस उपसूत्र के अनुसार वर्गीकरण के लिये उन्हीं विशेषताओं का चयन किया जाना चाहिए जिनका प्रयोग करने के बाद परीक्षण व जाँच करके सुनिश्चित व अभिनिश्चित भी किया जा सके। जैसे लेखक के जन्म साल जिसे यदि लेखक कि अंक के रूप में प्रयोग किया जाता है तो यह एक निश्चित विशेषता है जिसमें परीक्षण के बाद सुनिश्चित भी किया जा सकता है। **सूचीकरण** में इस उपसूत्र की माँग है कि किसी प्रलेख की विभिन्न प्रविष्टियों में क्या सूचना दी जायेगी व कैसे दी जायेगी। इसका निर्धारण शीर्षक पृष्ठ व अतिरेक पृष्ठों में दी गयी सूचनाओं के आधार पर किया जाना चाहिएं

**CANON OF BOOK NUMBER**

**ग्रंथांक का उपसूत्र :** रंगनाथन द्वारा प्रतिपादित इस उपसूत्र के अनुसार एक पुस्तक वर्गीकरण में ग्रथांक पद्धति को भी समावेश किया जाना चाहिए। जिससे कि ऐसे सभी प्रलेखों को जिनका अन्तिम वर्ग (Ultimate Class) समान है, वैयक्तिकता प्रदान कर उनकी अधिमान्य व्यवस्था को यंत्रवत् किया जा सके। ग्रथांक प्रलेख के वर्गांक को उस बिन्दु से आगे बढ़ाता है जहाँ वह इसको आगे के कार्य में अपने आप को असमर्थ पाता है।

**CANON OF CLASSICS**

**श्रेण्य ग्रन्थ का उपसूत्र :** रंगनाथन द्वारा प्रतिपादित इस उपसूत्र के अनुसार एक पुस्तक वर्गीकरण में ऐसी विधि होनी चाहिए जो एक श्रेण्य पुस्तक के सभी संस्करणों, अनुवादों व रूपान्तरणों को एक साथ व्यवस्थित कर सके तथा इसके बाद इसके ऊपर लिखी टीकाओं, एक टीका के ऊपर लिखी टीका,

उपटीकाओं आदि सभी को भी एक साथ व्यवस्थित कर सके।

**CANON OF COEXTENSIVENESS**

**सहविस्तृतता का उपसूत्र :** रंगनाथन द्वारा अंकन स्तर के लिये प्रतिपादित इस उपसूत्र के अनुसार 'विषय जगत जिसे वर्गीकृत किया जा रहा है उसमें सम्मिलित तथा वर्गीकरण के उद्देश्य से प्रासंगिक उन सभी विशेषताओं के लिए वर्गांक में इस प्रकार क्रमशः अंक जोड़े जाने चाहिए कि विशेषताओं के अनुक्रम में अन्तिम विशेषता जिस भी मात्रा में घटित हुई है उसको भी प्रतिनिधित्व दिया जा सके'।

**CANON OF COLLECTION NUMBER**

**संग्रहांक का उपसूत्र :** रंगनाथन द्वारा प्रतिपादित इस उपसूत्र के अनुसार 'एक पुस्तक वर्गीकरण पद्धति में विशिष्ट प्रकार के संग्रहों को उनके भौतिक स्वरूप अथवा दुलर्भता अथवा पाठक सेवाओं को सुलभ बनाने के लिये वैयक्तिकता प्रदान करने हेतु संग्रहाकों की अनुसूची का प्रावधान किया जा सकता है'।

**CANON OF CONCOMITANCE**

**सहवर्तिता का उपसूत्र :** रंगनाथन द्वारा वैचारिक स्तर के लिये प्रतिपादित इस उपसूत्र के अनुसार 'वर्गीकरण के लिये विशेषताओं की जो संयुक्त रूपरेखा है उसमें कोई भी दो विशेषताएँ ऐसी नहीं होनी चाहिये जो सहवर्तित हो अर्थात् इनके एक साथ प्रयोग से पंक्ति में समान विषय अथवा एकल विचार उत्पन्न नहीं होने चाहिए। जैसे मनुष्य की आयु व जन्मतिथि का एक साथ प्रयोग नहीं किया जाना चाहिये क्योंकि दोनो से एक ही एकल विचार उत्पन्न होता है।

**CANON OF CONSISTENCE**

**समरूपता का उपसूत्र :** रंगनाथन द्वारा सूचीकरण हेतु प्रतिपादित इस उपसूत्र के अनुसार 'सूची संहिता में ऐसे नियमों का प्रावधान होना चाहिए जिससे एक प्रलेख की मुख्य प्रविष्टि व अन्य अतिरिक्त प्रविष्टियों में समरूपता हो सके तथा सभी प्रलेखों की प्रविष्टियों में कुछ आवश्यक तत्व जैसे शीर्षक व अन्य अनुच्छेदों में दी जाने वाली सूचना के निर्धारण, प्रस्तुतीकरण व लिखने के ढंग में समरूपता हो सके'।

**CANON OF CONSISTENT SEQUENCE**

**समरूप अनुक्रम का उपसूत्र :** रंगनाथन द्वारा वैचारिक स्तर पर पंक्ति के लिए प्रतिपादित इस उपसूत्र के अनुसार एक वर्गीकरण पद्धति के मुख्य वर्गों की विभिन्न पंक्तियों में जब भी समान वर्ग अथवा श्रेणीबद्ध एकल घटित होते हैं

तो ऐसी सभी पंक्तियों में उनका अनुक्रम समानान्तर होना चाहिये, जब तक इस समानान्तरता से अन्य आवश्यकताओं का विरोध न होता हो'।

**CANON OF CONSISTENT SUCCESSION**

**समरूप अनुक्रमण का उपसूत्र** : रंगनाथन द्वारा वैचारिक स्तर पर विशेषताओं के अनुक्रमण हेतु प्रतिपादित इस उपसूत्र के अनुसार यदि वर्गीकरण के लिए एक से अधिक विशेषताओं का चयन किया गया है तो 'विशेषताओं की (इस) संयुक्त रूपरेखा में विशेषताओं के अनुक्रमण को तब तक समरूपता से प्रयोग किया जाना चाहिए जब तक वर्गीकरण के उद्देश्य में परिवर्तन न हो'।

**CANON OF CONTEXT**

**संदर्भ का उपसूत्र** : रंगनाथन द्वारा शाब्दिक स्तर पर वर्गीकरण हेतु प्रतिपादित इस उपसूत्र के अनुसार 'वर्गीकरण पद्धति में प्रत्येक शब्द का अर्थ अथवा नाम का निर्धारण उसी प्राथमिक कड़ी से सम्बन्ध रखने वाले निचले क्रम अर्थात् ऊपरी कड़ी के विभिन्न वर्गों तथा श्रेणीबद्ध एकलों के सन्दर्भ में उसी नाम के द्वारा किया जाना चाहिए जिसे विचाराधीन वर्ग अथवा श्रेणीबद्ध एकल के लिये किया गया है', अर्थात वर्गीकरण पद्धति में एक शब्द का प्रयोग करने से पहले यह सुनिश्चित किया जाना चाहिये कि उसे किस विषय में तथा किस संदर्भ में प्रयोग किया जा रहा है। **सूचीकरण** में इस उपसूत्र की माँग है कि 'एक सूची संहिता के नियमों का प्रतिपादन पुस्तक उत्पादन में प्रचलित पुस्तक के सूचीकरण रूपरेखा का स्वरूप, पुस्तकालय सेवा का स्वरूप व उसे प्रदान करने के ढंग से सम्बन्धित पुस्तकालय के संगठन का प्रकार तथा प्रकाशित ग्रन्थ, सूचियाँ, विशेष रूप से ग्रन्थात्मक पत्रिकाओं के संदर्भ में किया जाना चाहिए तथा नये परिवर्तनों के संदर्भ में इसमें उचित संशोधन भी किये जाने चाहिए'।

**CANON OF COORDINATE CLASSES**

**समकक्ष वर्गांक का उपसूत्र** : रंगनाथन द्वारा वैचारिक स्तर पर वंशानुक्रम के लिये प्रतिपादित इस उपसूत्र के अनुसार 'एक संलीन पंक्ति में यदि वर्ग अ तथा ब एक ही पंक्ति से उत्पन्न हुए हैं तथा लगातार इसी पंक्ति में रहे हैं तो उनको केवल उनके उपविभाजनों जैसे A1, A2, A3 को बीच में रखने के अतिरिक्त पृथक नहीं किया जाना चाहिये', अर्थात समकक्ष वर्गों को केवल उनके उपविभाजनों के द्वारा ही ऊपर नीचे किया जा सकता है उस पंक्ति से पृथक नहीं किया जा सकता है।

**CANON OF CURRENCY**

**प्रचलित शब्द का उपसूत्र** : रंगनाथन द्वारा शाब्दिक स्तर के लिये प्रतिपादित इस उपसूत्र के अनुसार 'एक वर्गीकरण पद्धति में वर्गों तथा श्रेणीबद्ध

एकलों को निर्दिष्ट करने वाले प्रत्येक शब्द को उस विषय क्षेत्र जिसे पद्धति में सम्मिलित किया गया है, के विशेषज्ञों में प्रचलित होना चाहिए, अर्थात् विषय क्षेत्र के तात्कालीन विशेषज्ञों में प्रचलित शब्दों का ही प्रयोग किया जाना चाहिए। **सूचीकरण** में इस उपसूत्र की माँग है कि 'वर्गीकृत सूची (Classified Catalogue) की वर्ग निर्देशि प्रविष्टि तथा डिक्शनरी कैटालोग की विषय प्रविष्टि में प्रचलित शब्दों का ही प्रयोग किया जाना चाहिए'।

**CANON OF DECREASING EXTENSION**

**विस्तार ह्रास का सिद्धान्त :** रंगनाथन द्वारा वैचारिक स्तर पर श्रृंखला के लिये प्रतिपादित इस उपसूत्र के अनुसार, एक पंक्ति में वर्गों एवं एकलों को जब उपवर्गों में विभाजित किया जाता है तो श्रृंखला की प्रथम कड़ी से नीचे की ओर अन्तिम कड़ी तक विभाजन की प्रक्रिया में वर्गो तथा श्रेणीबद्ध एकलों के विस्तार का ह्रास तथा गहनता में वृद्धि होनी चाहिए'।

**CANON OF DIFFERENTIATION**

**विभेदीकरण का उपसूत्र :** रंगनाथन द्वारा वैचारिक स्तर पर विशेषताओं के लिए प्रतिपादित इस उपसूत्र के अनुसार, एक वर्गीकरण पद्धति में एक विषय ज़गत के विभाजन के लिये जिस विशेषता को आधार बनाया जाता है उसे विषय जगत के कुछ तत्वों में भिन्नता बतानी चाहिए अर्थात् उसके आधार पर कम से कम दो भिन्न वर्गों अथवा श्रेणीबद्ध एकलों की उत्पत्ति होनी चाहिए'।

**CANON OF DISTINCTIVENESS**

**पृथकता का उपसूत्र :** रंगनाथन द्वारा नामाँक के लिये प्रतिपादित इस उपसूत्र के अनुसार 'एक वर्गीकरण पद्धति में वर्गांक, ग्रथाँक तथा संग्रहांक जो मिलकर नामाँक बनाते है, को एक दूसरे से स्पष्ट रूप से पृथक लिखा जाना चाहिए'।

**CANON OF ENUMERATION**

**परिगणन का उपसूत्र :** रंगनाथन द्वारा शाब्दिक स्तर के लिए प्रतिपादित इस उपसूत्र के अनुसार 'एक वर्गीकरण पद्धति में एक शब्द का अर्थ निर्धारण विभिन्न निचली कड़ियों जिनमें वर्ग अथवा श्रेणीबद्ध एकल हैं उनमें परिगणन किये गये उपवर्गों अथवा श्रेणीबद्ध एकलों (निचली कड़ियों) के संदर्भ में अथवा उनक़े माध्यम से किया जाना चाहिये'।

**CANON OF EXCLUSIVENESS**

**अनन्यता का उपसूत्र :** रंगनाथन द्वारा वैचारिक स्तर पर पंक्ति के लिये प्रतिपादित इस उपसूत्र के अनुसार 'वर्गों की पंक्ति में वर्गों को तथा श्रेणीबद्ध एकलों की पंक्ति में श्रेणीबद्ध एकलों को परस्पर एक दूसरे से अनन्य या पृथक

होना चाहिए' अर्थात् एक विषय जगत को विभाजित करने के लिए एक समय एक ही विशेषता का प्रयोग किया जाना चाहिये जिसके आधार पर प्राप्त वर्ग अथवा एकल परस्पर एक दूसरे से अलग हो जैसे अध्यापक को विभाजित करने के लिए **विषय** विशेषता का प्रयोग करते हैं तो पुस्तकालय विज्ञान के अध्यापक, गणित के अध्यापक, रसायन शास्त्र के अध्यापक आदि एकल उत्पन्न होगें।

**CANON OF EXHAUSTIVENESS**

**निःशेषता का उपसूत्र :** रंगनाथन द्वारा वैचारिक स्तर पर पंक्ति के लिये प्रतिपादित इस उपसूत्र के अनुसार 'वर्गों की पंक्ति में वर्गों को तथा श्रेणीबद्ध एकलों की पंक्ति में श्रेणीबद्ध एकलों को अपने–अपने सामान्य निकटस्थ विषय जगत से पूर्णतः निःशेष होना चाहिए', अर्थात एक वर्गीकरण पद्धति में पंक्ति में एकलों व वर्गों का परिगणन करते समय : – 1. उन वर्गों एवं एकलों से सम्बन्धित विद्यमान सम्पूर्ण विषय–जगह को निःशेष किया जाना चाहिये कुछ भी छूटना नहीं चाहिए तथा 2. पंक्ति में नये वर्गों एवं एकलों को ग्राह्यता प्रदान करने हेतु प्रावधान होने चाहिये।

**CANON OF EXTRAPOLATION IN ARRAY**

**पंक्ति में वहिर्वेशन का उपसूत्र :** रंगनाथन द्वारा पंक्ति में ग्राह्यता प्रदान करने हेतु वर्गीकरण पद्धति में वर्गांक अथवा एकल अंकों के आरम्भ तथा अन्त में जितने भी नये समकक्ष अंक स्थान की माँग करते हैं उनकों स्थान प्राप्त होना चाहिये'।

**CANON OF EXTRAPOLATION IN CHAIN**

**श्रृंखला में वहिर्वेशन का उपसूत्र :** रंगनाथन द्वारा श्रृंखला में ग्राह्यता प्रदान करने हेतु प्रतिपादित इस उपसूत्र के अनुसार 'वर्गांक अथवा एकल अंकों की एक श्रृंखला के अन्त में निरन्तर आने वाली जितनी भी कड़ियाँ हैं उनके वहिर्वेशन के लिये स्थान होना चाहिए', अर्थात् पद्धति की अंकन प्रणाली में ऐसा प्रावधान होना चाहिए कि श्रृंखला के अन्त में किसी भी सीमा तक आगे विस्तृत किया जा सके।

**CANON OF FACETED NOTATION**

**पक्षात्मक अंकन का उपसूत्र :** रंगनाथन द्वारा अंकन स्तर के लिये प्रतिपादित इस उपसूत्र के अनुसार 'वर्गीकरण में पक्षात्मक अंकन प्रणाली प्रयुक्त की जानी चाहिए'।

**CANON OF GENERAL MNEMONICS**

**स्मृति सहायक का सामान्य उपसूत्र :** रंगनाथन द्वारा स्मृति सहायक अंको के प्रयोग हेतु प्रतिपादित इस उपसूत्र के अनुसार एक विशिष्टि अवधारणा

के लिये प्रयुक्त वर्गांक (अथवा वर्गांक का कोई भी एक घटक) में जो अंक अथवा अंक–समूह प्रयोग किया गया है उनको उन सभी वर्गांकों में भी प्रयोग किया जाना चाहिए जो इसी प्रकार की अवधारणा को अभिव्यक्त करते हैं। वशर्ते कि इस प्रकार के समनुरूप प्रयोग से अधिक महत्वपूर्ण आवश्यकताओं की अपेक्षा न होती हो'।

**CANON OF HELPFUL SEQUENCE**

**सहायक अनुक्रम का उपसूत्र :** रंगनाथन द्वारा प्रतिपादित इस उपसूत्र के अनुसार 'वर्गों की पंक्ति में वर्गों का तथा श्रेणीबद्ध एकलों की पंक्ति में श्रेणीबद्ध एकलों का अनुक्रम जिस विषय जगत के लिये बनाया जा रहा है उसके उद्देश्य के अनुसार सहायक होना चाहिए' अर्थात् इस प्रकार के सहायक अनुक्रम को अधिकांश वर्गों के पाठकों के दृष्टिकोण से निर्धारित किया जाना चाहिए।

**CANON OF HIERARCHY**

**पदानुक्रम का उपसूत्र :** रंगनाथन द्वारा अंकन स्तर के लिये प्रतिपादित इस उपसूत्र के अनुसार 'एक वर्गांक अथवा एकल अंक को बनाने में जितनी भी विशेषताओं का प्रयोग किया गया है उस प्रत्येक विशेषता की अभिव्यक्ति के लिये वर्गांक अथवा एकल अंक में अंक होना चाहिए, अर्थात एक विषय अथवा एकल के वर्गांक अथवा एकल अंक में उन सभी विशेषताओं को प्रस्तुत किया जाना चाहिए जिनसे वह विषय अथवा एकल बना हुआ है।

**CANON OF HOMONYM**

**भिन्नार्थक का उपसूत्र :** रंगनाथन द्वारा अंकन स्तर के लिए प्रतिपादित इस उपसूत्र के अनुसार 'वर्गांकों की प्रणाली में एक वर्गांक जिस विषय के लिए अथवा एकल अंकों की प्रणाली में एक एकल अंक जिस एकल विचार लिये प्रयोग किया गया है वह वर्गांक अथवा एकल अंक एकमात्र उसी विषय अथवा एकल विचार के लिए प्रयोग किया जाना चाहिए, अर्थात एक वर्गीकरण पद्धति में प्रत्येक वर्गांक व एकल अंक विशिष्ट होना चाहिए तथा केवल एक ही विषय व एकल विचार की अभिव्यक्ति के लिये प्रयोग किया जाना चाहिए।

**CANON OF INDIVIDUALISATION**

**वैयक्तिकता का उपसूत्र :** रंगनाथन् द्वारा सूचीकरण हेतु प्रतिपादित इस उपसूत्र के अनुसार 'किसी सत्व (विषय) के नाम के लिए – चाहे वह व्यक्ति, भौगोलिक तत्व, समष्टि निकाय, ग्रन्थमाला, प्रलेख, विषय अथवा भाषा है। जिसे सूची प्रविष्टि के शीर्षक के लिये प्रयोग किया जाता है तो उसमें पर्याप्त मात्रा में वैयक्तिक तत्वों को सम्मिलित करके उसे केवल एक और एक ही सत्व (विषय) को निर्दिष्ट करना चाहिए'।

**CANON OF INTERPOLATION IN ARRAY**

**पंक्ति में अन्तर्वेशन का उपसूत्र :** रंगनाथन द्वारा पंक्ति में ग्राह्यता के लिए प्रतिपादित इस उपसूत्र के अनुसार एक वर्गीकरण पद्धति में 'वर्गांक अथवा एकल अंकों की पंक्ति में किसी भी स्थान पर कितने भी नये समकक्ष अंक हो उनका अन्तर्वेशन संभव होना चाहिए' अर्थात निरन्तर उत्पन्न होने वाले नये समकक्ष एकलों को पंक्ति में उनकी माँग के अनुरूप ग्राह्यता प्रदान की जानी चाहिएं

**CANON OF INTERPOLATION IN CHAIN**

**श्रृंखला में अन्तर्वेशन का उपसूत्र :** रंगनाथन द्वारा श्रृंखला में ग्राह्यता के लिए प्रतिपादित इस उपसूत्र के अनुसार एक वर्गीकरण पद्धति में 'वर्गांकों अथवा एकल अंकों की श्रृंखला में क्रमागत दो कड़ियों का अन्तर्वेशन सम्भव होना चाहिए', तथापि विद्यमान किसी भी वर्गीकरण पद्धति में लुप्त कड़ी अथवा नई कड़ी अन्तर्वेशन करने हेतु कोई प्रावधान उपलब्ध नहीं है।

**CANON OF MIXED NOTATION**

**मिश्रित अंकन का उपसूत्र :** रंगनाथन द्वारा अंकन स्तर के लिये प्रतिपादित इस उपसूत्र के अनुसार 'एक वर्गीकरण पद्धति की अंकन प्रणाली में दो या दो से अधिक प्रकार के अंकों का प्रयोग किया जाना चाहिए'।

**CANON OF MODULATION**

**क्रम सम्बद्धता का उपसूत्र :** रंगनाथन द्वारा वैचारिक स्तर पर श्रृंखला के लिये प्रतिपादित इस उपसूत्र के अनुसार एक वर्गीकरण पद्धति में 'वर्गो अथवा श्रेणीबद्ध एकलों की श्रृंखला की प्रथम व अन्तिम कड़ी के बीच में स्थित क्रमों के प्रत्येक क्रम में एक वर्ग अथवा एक श्रेणीबद्ध एकल को समाविष्ट किया जाना चाहिए' अर्थात् एक विषय की पंक्ति की प्रथम व अन्तिम कड़ी के बीच के क्रम में कोई भी कड़ी लुप्त नहीं होनी चाहिए।

**CANON OF NON-FACETED NOTATION**

**अपक्षात्मक अंकन का उपसूत्र :** रंगनाथन द्वारा अंकन स्तर के लिए प्रतिपादित इस उपसूत्र के अनुसार एक वर्गीकरण पद्धति में अपक्षात्मक अंकन प्रणाली प्रयोग की जानी चाहिए यदि 1. अंकन के विस्तार का आधार 10 हो तथा विषयों अथवा सत्वों की संख्या दस लाख से अधिक न हो; 2. अंकन के विस्तार का आधार 56 हो तथा विषय जगत में विषयों अथवा सत्वों की संख्या एक सौ करोड़ से अधिक न हो'।

**CANON OF NON-HIERARCHY**

**अपदानुक्रम का उपसूत्र :** रंगनाथन द्वारा अंकन स्तर के लिए प्रतिपादित

इस उपसूत्र के अनुसार 'एक विषय के वर्गांक अथवा एकल के एकल अंक को बनाने में जितनी भी विशेषताओं का प्रयोग किया जाता है यह आवश्यक नहीं है कि उन सभी विशेषताओं के लिये वर्गांक अथवा एकल अंक में अंक हो'।

**CANON OF PERMANANCE**

**स्थायित्व का उपसूत्र** : रंगनाथन द्वारा वैचारिक स्तर पर विशेषताओं हेतु प्रतिपादित इस उपसूत्र के अनुसार 'एक विषय जगत के **वर्गीकरण** के लिये जिस विशेषता को आधार बनाया गया है उसको तब तक अपरिवर्तनशील रहना चाहिए जब तक वर्गीकरण के उद्देश्य में कोई परिवर्तन न हो', अर्थात विषयों के वर्गीकरण हेतु ऐसी विशेषताओं का प्रयोग नहीं किया जाना चाहिए जिनमें निरन्तर परिवर्तन होता रहता है अथवा परिवर्तन होने की सम्भावना हो। **सूचीकरण** में इस उपसूत्र की माँग है कि 'सूची संहिता के नियमों के द्वारा प्रविष्टि के किसी भी तत्व में मुख्य रूप से शीर्षक में कोई भी परिवर्तन नहीं किया जाना चाहिए, केवल उस अपवाद को छोड़कर जब संदर्भ उपसूत्र की माँग के अनुसार नियमों में ही परिवर्तन कर दिया गया हो'।

**CANON OF PREPOTENCE**

**प्रबल क्षमता का उपसूत्र** : रंगनाथन द्वारा सूचीकरण के लिये प्रतिपादित इस उपसूत्र के अनुसार –

1. सूची मे विभिन्न प्रविष्टियों के अन्तर्गत प्रविष्टि का स्थान निर्धारित करने की क्षमता का केन्द्रीकरण यदि संभव है तो पूर्ण रूप से अग्र अनुच्छेद में होना चाहिए;
2. इसमें भी जहाँ तक सम्भव हो इसका केन्द्रीकरण प्रविष्टि तत्व में होना चाहिए;
3. यदि क्षमता का पूर्ण केन्द्रीकरण अग्रभाग में सम्भव नहीं है तो कम से कम क्षमता के परिवाह को आगे के अनुच्छेदों में जाने देना चाहिए;
4. अगले अनुच्छेदों में भी इस परिवाह का वितरण तीब्रता ह्रास अनुक्रम के आधार पर किया जाना चाहिए'।

**CANON OF PURE NOTATION**

**शुद्ध अंकन का उपसूत्र** : रंगनाथन द्वारा अंकन स्तर के लिये प्रतिपादित इस उपसूत्र के अनुसार 'एक वर्गीकरण पद्धति की अंकन प्रणाली में एक ही प्रकार के अंकों का प्रयोग किया जाना चाहिए। बरविक सेयर्स ने भी शुद्ध अंकन के उपसूत्र का प्रतिपादन किया है।

**CANON OF RECALL VALUE**

**पुनः स्मरण मान का उपसूत्र :** रंगनाथन ने सूचीकरण में व्यक्तियों, संस्थाओं, सम्मेलनों के बहुशब्दीय नामों को स्मृति सहायक बनाने हेतु 1969 में इस उपसूत्र का प्रतिपादन किया, इस उपसूत्र के अनुसार 'एक व्यक्ति, संस्था, सम्मेलन, शासकीय अथवा सम्मेलन का अंग के बहुशब्दीय नाम तथा सामयिक प्रकाशनों को छोड़कर अन्य प्रलेख की बहुशब्दीय आख्या की मुख्य प्रविष्टि के शीर्षक में प्रयुक्त प्रविष्टि के शब्द अथवा शब्द समूह उच्चतम् पुनः स्मरण मान के होने चाहिए' अर्थात इस प्रकार के प्रलेखों की मुख्य प्रविष्टि के शीर्षक में ऐसे शब्दों का प्रयोग किया जाना चाहिए जो आसानी से याद रखे जा सके अर्थात स्मृति सहायक हो।

**CANON OF RELATIVITY**

**सापेक्षता का उपसूत्र :** रंगनाथन द्वारा अंकन स्तर के लिये प्रतिपादित इस उपसूत्र के अनुसार 'एक वर्गांक एवं एकल अंक में प्रयुक्त अंकों की संख्या एक विषय व एकल विचार के क्रम से सापेक्ष होना चाहिए'। अर्थात एक विषय में विशेषताओं के क्रम के अनुरूप ही उसके वर्गांक में अंकों की संख्या भी होनी चाहिए – प्रत्येक विशेषता के लिए एक अंक।

**CANON OF RELEVANCE**

**प्रासंगिकता का उपसूत्र :** रंगनाथन द्वारा वैचारिक स्तर पर विशेषताओं हेतु प्रतिपादित इस उपसूत्र के अनुसार 'एक विषय जगत के वर्गीकरण के लिए जिस विशेषता को प्रयुक्त किया गया है उसको वर्गीकरण के उद्देश्य से प्रासंगिक होना चाहिए'। जैसे पुस्तकालय में पुस्तक का वर्गीकरण करने के लिए विषय, लेखक, भाषा आदि जैसे प्रासंगिक विशेषताओं को प्रयुक्त किया जाता है न कि उसके रंग, आकार आदि विशेषताओं का।

**CANON OF RELEVANT SUCCESSION**

**प्रासंगिक अनुक्रमण का उपसूत्र :** रंगनाथन द्वारा वैचारिक स्तर पर विशेषताओं के अनुक्रमण हेतु प्रतिपादित इस उपसूत्र के अनुसार 'वर्गीकरण के लिये विशेषताओं की जो संयुक्त रूपरेखा है उसमें विशेषताओं के अनुक्रमण को वर्गीकरण के उद्देश्यों से प्रासंगिक होना चाहिए'। जैसे साहित्य में भाषा, रूप, लेखक, कार्य चार विशेषताओं के आधार पर वर्गीकरण की आवश्यकता होती है इसलिए इनका अनुक्रमण भी विषय के उद्देश्य से प्रासंगिक होना चाहिएं

**CANON OF RETICENCE**

**शिष्ट शब्दावली का उपसूत्र :** रंगनाथन द्वारा शाब्दिक स्तर के लिए प्रतिपादित इस उपसूत्र के अनुसार 'एक वर्गीकरण पद्धति में वर्गों अथवा

श्रेणीबद्ध एकलों को निर्दिष्ट करने वाले शब्दों को आलोचनात्मक नहीं होना चाहिए अर्थात् इनसे वर्गाचार्य के विचारों की अभिव्यक्ति नहीं होनी चाहिए' अर्थात् वर्गीकरण पद्धति में वर्गाचार्य को ऐसे शब्दों का प्रयोग नही करना चाहिए जो वर्गाचार्य के व्यक्तिगत मत को प्रकट करते हों तथा दूसरे को ठेस पहुँचाने वाले हों।

**CANON OF SCHEDULED MNEMONICS**

**अनुसूचित स्मृति सहायक का उपसूत्र** : रंगनाथन द्वारा स्मृति सहायक अंको के प्रयोग हेतु प्रतिपादित इस उपसूत्र के अनुसार 'एक वर्गीकरण पद्धति में एक एकल विचार अथवा पंक्ति के एकल विचार, जिस विषय में भी घटित होते हो, की अभिव्यक्ति के लिये एक समान अंक अथवा अंक–समूह प्रयोग किये जाने चाहिए'।

**CANON OF SEMINAL MNEMONICS**

**मूलसमरूप स्मृति सहायक** : रंगनाथन द्वारा स्मृति सहायक अंकों के लिए प्रतिपादित इस उपसूत्र के अनुसार 'एक वर्गीकरण पद्धति में मूलसमरूप अवधारणाऐ, चाहे किसी भी विषय में विद्यमान हो, को अभिव्यक्त करने के लिए एक ही प्रकार के अंक प्रयुक्त किये जाने चाहिए', मूल स्वरूप स्मृति सहायक, 1952 के बाद से सामान्य प्रायः स्मृति सहायक (Quasi Mnemonics) के नाम से जाना जाता था। रंगनाथन ने अपनी पुस्तक **प्रोलिगोमिना टू लाइब्रेरी क्लासीफिकेशन** के दूसरे संस्करण (1957) में मूल समरूप शब्द प्रयोग किया।

**CANON OF SOUGHT HEADINGS**

**वांछित शीर्षक का उपसूत्र** : रंगनाथन द्वारा सूचीकरण के लिए प्रतिपादित इस उपसूत्र के अनुसार 'यह सिद्धान्त कि क्या यह निर्धारित करना कि –

1. एक विशिष्ट प्रकार के शीर्षक से बनी प्रविष्टि, अथवा
2. उस शीर्षक के लिए विशिष्ट प्रकार से चुने गये शीर्षक, अथवा
3. उसकी विशिष्ट प्रकार की प्रस्तुती, अथवा
4. इससे एक विशिष्ट प्रकार की अतिरिक्त प्रविष्टि का उत्पन्न होना।

इस प्रश्न के उत्तर पर आधारित किया जाना चाहिए कि क्या पाठक अथवा पुस्तकालय कर्मचारी एक पुस्तक के शीर्षक को एक विशिष्ट प्रकार अथवा चयन अथवा प्रस्तुती अथवा विशिष्ट अतिरिक्त प्रविष्टि के अर्न्तगत देख सकते हैं'।

**CANON OF SUBORDINATE CLASSES**

**अधीनस्थ वर्गों का उपसूत्र** : रंगनाथन द्वारा वैचारिक स्तर पर वर्गों के

पदानुक्रम हेतु प्रतिपादित इस उपसूत्र के अनुसार 'एक संलीन पंक्ति (Coalesce Array) में यदि अ1, अ2, अ3 आदि अ में किसी भी क्रम में अधीनस्थ वर्ग हैं तथा अ को किसी भी श्रृंखला से उत्पन्न हुए हो तो अ1, अ2, तथा अ3 आदि वर्गों को एकदम अ के नीचे ही क्रमशः व्यवस्थित किया जाना चाहिए तथा किसी अन्य वर्ग के द्वारा उनको पृथक नही किया जाना चाहिए'।

**CANON OF SYNONYM**

**समानार्थक का उपसूत्र** : रंगनाथन द्वारा अंकन स्तर के लिए प्रतिपादित इस उपसूत्र के अनुसार 'वर्गांकों की पद्धति में एक विषय का वर्गांक तथा एकल अंको की पद्धति में एक एकल विचार का एकल अंक एकमात्र एक ही होना चाहिए', अर्थात् एक विषय अथवा एकल विचार के प्राकृतिक भाषा में चाहे कितने ही भिन्न–भिन्न नाम क्यों न हो वर्गीकरण में उसका केवल एक ही कृत्रिम नाम होना चाहिए।

**CANON OF SYSTEMATIC MNEMONICS**

**क्रमबद्ध स्मृतिसहायक का उपसूत्र** : रंगनाथन द्वारा स्मृति सहायक अंकन हेतु प्रतिपादित इस उपसूत्र के अनुसार 'एक वर्गीकरण पद्धति की एक पंक्ति में व्यवस्थित एकल विचारों को अभिव्यक्त करने के लिए जिन अंकों का प्रयोग किया गया है उनका अनुक्रम सहायक अनुक्रम के सिद्धान्तों के आधार पर व्यवस्थित एकल विचारों के अनुक्रम के समानान्तर होना चाहिए'।

**CANON OF UNDER EXTENSIVENESS**

**अल्पविस्तृतता का उपसूत्र** : रंगनाथन द्वारा अंकन स्तर के लिए प्रतिपादित इस उपसूत्र के अनुसार 'यह आवश्यक नहीं है कि वर्गांक में प्रत्येक अंक को क्रमशः इस प्रकार जोड़ा जाय कि वर्गीकृत विषय में स्वीकृत तथा वर्गीकरण से प्रासंगिक सभी विशेषताओं को इस प्रकार से अभिव्यक्त करे कि विशेषताओं के अनुक्रमण में अन्तिम विशेषता की विस्तार की मात्रा को भी प्रदर्शित किया जाय'।

**CANON OF UNIFORMITY**

**एकरूपता का उपसूत्र** : रंगनाथन द्वारा अंकन स्तर के लिए प्रतिपादित इस उपसूत्र के अनुसार 'एक विषय अथवा एकल विचार का क्रम कैसा भी हो उसके लिये प्रयुक्त वर्गांक अथवा एकल अंक में अंकों की संख्या स्थिर होनी चाहिए', यह उपसूत्र सापेक्षता उपसूत्र से एकदम विपरीत है।

**CANON OF VERBAL MNEMONICS**

**शाब्दिक स्मृति सहायक का उपसूत्र** : देखिये Canon of Alphabetical Mnemonics

**CANONS FOR ABSTRACTING**

**सारकरण के लिए उपसूत्र :** सारकरण को सैद्धान्तिक आधार प्रदान करने हेतु रंगनाथन ने सारकरण हेतु दो मुख्य उपसूत्र प्रतिपादित किये हैं – नकारात्मक (Negative) उपसूत्र तथा सकारात्मक (Positive) उपसूत्र, जिनके अन्तर्गत सारकरण हेतु मार्गदर्शक सूत्रबद्ध किये हैं। इन दो उपसूत्रों के अतिरिक्त समय पर आधारित उपसूत्र जिसके अनुसार लेखों का प्रकाशन से पूर्व (Prenatal) के सार का प्रयोग किया जाना चाहिए, को भी प्रतिपादित किया है। विस्तार के लिये देखिये Negative Canons, Positive Canons।

**CANONS FOR ARRAY**

**पंक्ति के लिए उपसूत्र :** वैचारिक स्तर पर वर्गीकरण में पंक्ति विभाजन तीसरे चरण की प्रक्रिया है। विशेषताओं का चयन तथा उनका अनुक्रमण सुनिश्चित करने के पश्चात् वर्गीकरण पद्धति के प्रत्येक मुख्य विषय में विभिन्न विशेषताओं के आधार पर वर्गों की पंक्तियाँ बनाई जाती हैं। रंगनाथन ने इस हेतु चार उपसूत्र – निःशेषता का उपसूत्र, अनन्यता का उपसूत्र, सहायक अनुक्रम का उपसूत्र तथा समरूप अनुक्रम का उपसूत्र प्रतिपादित किये हैं।

**CANONS FOR CHAIN**

**श्रृंखला के लिये उपसूत्र :** रंगनाथन के अनुसार एक वर्गीकरण पद्धति में वर्गों एवम् एकलों को श्रृंखला बद्ध करते समय विस्तार ह्रास का उपसूत्र तथा क्रमबद्धता का उपसूत्र की मांगों को पूरा करना चाहिए।

**CANONS FOR CHARACTERISTICS**

**विशेषताओं के लिए उपसूत्र :** वर्गीकरण पद्धति में वर्गों एवं एकल विचारों को समान व असमान समूह में विभाजित करने के लिए उनमें अन्तर्निहित प्राकृतिक विशेषताओं अथवा कृत्रिम विशेषताओं को आधार बनाया जाता है। रिचार्डसन, सेयर्स, ब्लिस व रंगनाथन ने विशेषताओं के चयन एवं प्रयोग हेतु उपसूत्र प्रतिपादित किये है तथापि रंगनाथन द्वारा प्रतिपादित चार उपसूत्र – विभेदीकरण का उपसूत्र, प्रासंगिकता का उपसूत्र, अभिनिश्चयता का उपसूत्र तथा स्थायित्व का उपसूत्र, वर्गाचार्य का मार्गदर्शन करने में अधिक सक्षम हैं।

**CANONS FOR FILIATORY SEQUENCE**

**वंशानुक्रम के लिए उपसूत्र :** इस उपसूत्र की माँग है कि "एक वर्गीकरण पद्धति में विषय जगत के विभिन्न वर्गों व एकल विचारों को उनके पारस्परिक सम्बन्धों की मात्रा के आधार पर व्यवस्थित किया जाना चाहिए"। रंगनाथन ने इस हेतु दो उपसूत्र – अधीनस्थ वर्गों का उपसूत्र तथा समकक्ष वर्गों का उपसूत्र प्रतिपादित किये हैं।

**CANONS FOR HOSPITALITY IN ARRAY**

**पंक्ति में ग्राह्यता के लिए उपसूत्र :** इस उपसूत्र की माँग है कि एक वर्गीकरण पद्धति में समकक्ष वर्गों की एक पंक्ति मे नये विषयों को पंक्ति के आरम्भ तथा अन्त में ग्राह्यता प्रदान की जानी चाहिए। रंगनाथन ने इस हेतु दो उपसूत्र – पंक्ति में बहिर्वेशन का उपसूत्र तथा पंक्ति में अन्तर्वेशन का उपसूत्र प्रतिपादित किये है।

**CANONS FOR HOSPITALITY IN CHAIN**

**श्रृँखला में ग्राह्यता के लिए उपसूत्र :** इस उपसूत्र की माँग है कि 'एकल विचारों की एक श्रृंखला में दो विद्यमान एकलों के बीच अथवा श्रृंखला के अन्त में यदि नये विषय ग्राह्यता की माँग करते हैं तो उनकी माँग के अनुरूप उन्हे ग्राह्यता प्रदान की जानी चाहिए'। रंगनाथन ने इस हेतु दो उपसूत्र – श्रृंखला में बहिर्वेशन का उपसूत्र तथा श्रृंखला में अन्तर्वेशन का उपसूत्र प्रतिपादित किये हैं।

**CANONS FOR SUCCESSION OF CHARACTERISTICS**

**विशेषताओं के अनुक्रमण के लिए उपसूत्र :** रंगनाथन द्वारा प्रतिपादित यह उपसूत्र उस स्थिति में वर्गाचार्य का मार्गदर्शन करता है जब एक विषय जगत के वर्गीकरण हेतु एक से अधिक विशेषताओं का लगातार प्रयोग करना आवश्यक होता है। इस हेतु रंगनाथन ने तीन उपसूत्र – सहवर्तिता का उपसूत्र, प्रासंगिक अनुक्रमण का उपसूत्र तथा समरूप अनुक्रमण का उपसूत्र प्रतिपादित किये है।

**CANONICAL BASIC SUBJECTS**

**प्रमाणिक मुख्य विषय :** विषय जगत के विकास की प्रक्रिया में एक प्राथमिक मुख्य विषय के अर्न्तगत ऐसे विषय सम्मिलित हो सकते हैं जो समरूप न हो अर्थात् उनमें कई विशिष्ट विषय सम्मिलित हों। ऐसे प्राथमिक मुख्य विषयों को विखण्डन प्रक्रिया से विभिन्न खण्डों में विभाजित करके जो मुख्य विषय प्राप्त होते हैं उनको प्रमाणिक अथवा पारम्परिक मुख्य विषय कहते हैं। कोलन क्लासीफिकेशन में ऐसे मुख्य विषयों को उस प्राथमिक मुख्य के अन्तर्गत ही व्यवस्थित किया गया है तथापि प्रत्येक अपने आप में एक स्वतन्त्र मुख्य विषय है जैसे प्राथमिक मुख्य विषय B Mathematics के अन्तर्गत B1 Airthmatic, B2 Algebra आदि। ये मुख्य वर्ग किसी विशिष्ट विशेषता के आधार पर प्राप्त नहीं किये जाते है अपितु विभिन्न विषय क्षेत्रों के विशेषज्ञों के विशिष्ट रूचि व अध्ययन के आधार पर परम्परागत रूप से विकसित होते रहते हैं।

**CANONICAL CLASS**

**प्रमाणिक वर्ग :** विषय जगत के ऐसे वर्ग जिनकों एक मुख्य विषय के अन्तर्गत व्यवस्थित करने के लिये किसी विशिष्ट विशेषता अथवा विशेषताओं का

प्रयोग नही किया गया है अपितु उनके पारम्परिक क्रम का ही उपयोग किया गया है। रंगनाथन ने ऐसे वर्गों को प्रमाणिक मुख्य वर्ग की संज्ञा दी है।

**CANONICAL SEQUENCE**

देखिये Principal of Canonical Sequence.

**CAP**

कैप : Capital का शब्द का संक्षिप्त शब्द।

**CAPACITY OF ARRAY**

**पंक्ति की क्षमता :** एक मुख्य वर्ग की एक पंक्ति में कितने वर्गों व एकल विचारों को ग्राह्यता प्रदान की जा सकती है तथा प्रत्येक को विशिष्ट वर्गांक अथवा एकल अंक आवंटित किया जा सकता है। इसी पर एक वर्गीकरण पद्धति की एक पंक्ति की क्षमता का निर्धारण किया जाता है।

**CAPACITY OF NOTATIONAL SYSTEM**

**अंकन प्रणाली की क्षमता :** एक वर्गीकरण पद्धति की पंक्ति मे विद्यमान व नये वर्गों तथा एकल विचारों के वहिर्वेशन तथा अन्तर्वेशन प्रक्रिया में कितने स्पष्ट वर्गांक व एकल अंक आबंटित किये जा सकते हैं इस पर एक वर्गीकरण पद्धति की अंकन प्रणाली की क्षमता का निर्धारण किया जाता है।

**CAPATILIZATION**

**रोमन बड़े अक्षरों का प्रयोग**

**CAPTION**

**शीर्षक :** अध्याय अथवा अनुच्छेद के आरम्भ में मुद्रित शीर्षक; दृष्टान्त अथवा चित्रों के नीचे दिये गये सम्बन्धित शब्द।

**CAPTION TITLE**

**शीर्षक आख्या :** पुस्तक के प्रत्येक पृष्ठ के ऊपर अथवा अध्याय अथवा अनुच्छेद के आरम्भ में प्रयोग किया जाने वाल शीर्षक आख्या। सूचीकरण में पुस्तक की आख्या पृष्ठ उपलब्ध न होने पर प्रविष्टि के शीर्षक हेतु इसका उपयोग किया जाता है।

**CARBON PAPER**

**कार्बन कागज :** रसायन लेपित पतला कागज जिसका प्रयोग एक से अधिक प्रतियाँ प्राप्त करने के लिए किया जाता है।

**CARD**

**पत्रक :** मजबूत व मोटे कागज से बना अन्तर्राष्ट्रीय मानक आकार

5" × 3" अथवा 12.5. cm × 7.5 cm का पत्रक जिसका प्रयोग पुस्तकालयों में सूची की प्रविष्टियों को बनाने तथा इसी प्रकार के अन्य कार्यों के लिए प्रयोग किया जाता है।

**CARD CABINET**

**पत्रक पेटिका :** लकड़ी अथवा स्टील से बनी ऐसी पेटिका जिसमें पत्रकों को रखने के लिए दराज बने होते हैं। इसे पत्रक सूची पेटिका भी कहते हैं।

**CARD CATALOGUE**

**पत्रक-सूची :** पत्रक सूची में प्रत्येक प्रविष्टि को 5" × 3" अथवा 12.5 cm × 7.5 cm के मोटे कागज से बने पत्रक पर लिखा जाता है। इन एक समान पत्रकों पर बनी प्रविष्टियों को वांछित क्रम में, एक पेटिका में व्यवस्थित किया जाता है। यह पेटिका प्रायः लकड़ी की बनी होती है तथा इसमें ट्रे अथवा दराज़ रखने के कई खाने बने होते है। यह ट्रे इस प्रकार बनी होती है कि सभी पत्रकों को एक लोहे की छड़ के माध्यम से इस प्रकार व्यवस्थित किया जा सकता है कि पाठक इनका अवलोकन करने हेतु पत्रकों को आगे–पीछे कर सकता है। इस ट्रे में व्यवस्थित प्रत्येक प्रविष्टि एक इकाई होती है। जिसे आसानी से प्रयोग किया जा सकता है। इस प्रकार की सूची में नयी प्रविष्टियों के पत्रकों को निरन्तर व्यवस्थित किया जा सकता है।

**CARD CATALOGUE CABINET**

देखिये Card Cabinet.

**CARD DRAWER**

**पत्रक दराज :** पत्रकों को रखने की दराज जिसे पत्रक ट्रे भी कहते है।

**CARD FORM CATALOGUE**

**पत्रक आकार सूची :** देखिये Card Catalogue.

**CARD INDEX**

**पत्रक अनुक्रमणिका :** 5 × 3" के पत्रकों पर बनाई गयी अनक्रमणिका, जिसे ट्रे में वांछित क्रम में व्यवस्थित कर प्रयोग किया जाता है।

**CARD ISSUE SYSTEM**

**पत्रक-निर्गम प्रणाली :** निर्गम प्रणाली जिसमें पुस्तकों को उधार पर देने के लिए पत्रकों का प्रयोग किया जाता है। इसमें एक पत्रक उपयोग कर्ता की पहचान हेतु व अन्य पुस्तकें उधार प्राप्त करने के लिए दिये जाते हैं।

**CARD TRAY**

**पत्रक ट्रे :** पत्रक पेटिका में पत्रकों को रखने के लिए दराज़।

**CARDEX**

**कारडेक्स :** पुस्तकालय में सामयिक प्रकाशनों के रिकार्ड को सुव्यवस्थित रखने हेतु रेमिंग्टन रैन्ड आफ इंडिया द्वारा बनाया गया उपकरण। कारडैक्स 16 दराजों की एक पेटिका है प्रत्येक दराज में 64 सामयिक प्रकाशनों से सम्बन्धित अभिलेखों को रखा जा सकता है। सम्पूर्ण पेटिका तथा प्रत्येक ट्रे (दराज) में ताला लगाने की व्यवस्था होने के कारण अभिलेख पूर्ण रूप से सुरक्षित रहते हैं। इस प्रणाली में प्रत्येक सामयिक प्रकाशन हेतु दो पत्रक बनाने पड़ते हैं :–

1. आधार पत्रक (Bottom Card); 2. शीर्ष पत्रक (Top Card)। आधार पत्रक का मुख्य कार्य सामयिक प्रकाशन के प्रत्येक अंक का पंजीयन करना है। जबकि शीर्ष पत्रक का उपयोग सामयिक प्रकाशन के भुगतान तथा स्मरण पत्र भेजने के लिए किया जाता है। इस पत्रक में विक्रेता का नाम, सामयिक प्रकाशन की अवधि, खण्ड संख्या, शुल्क राशि, बीजक क्रम संख्या, दिनांक, अप्राप्य अंकों के लिए भेजे गये स्मरण पत्रों की सूचना अंकित की जाती है। इन पत्रकों को सामयिक प्रकाशनों की आख्या के आधार पर वर्णानुक्रम में व्यवस्थित किया जाता है।

**CARDINAL NUMBER**

**गणन अंक :** वह संख्या अथवा अंक जो गणना के लिये प्रयोग की जाती है।

**CARDINAL VALUE**

**गुणात्मक गुण :** अंकों का वह गुण जो वस्तुओं को गिनने तथा अंकों को जोड़ने के लिए प्रयोग किया जाता है। अंकों के इस गुण के कारण प्रत्येक अंक के साथ जब दूसरा अंक जोड़ा जाता है तो उस संख्या के स्थान मान में परिवर्तन हो जाता है। जैसे 1 + 1 = 2 अथवा 1 एक, 11 ग्यारह, 111 एक सौ ग्यारह। इस प्रकार अंक के बाद प्रत्येक अंक के जोड़ने से ही उसका योग बदल जाता है।

**CAREER PAMPHLETS**

**व्यावसायिक निर्देशन पुस्तिका :** ऐसी छोटी छोटी पुस्तिकाऐं जिनमें एक विशिष्ट व्यवसाय के बारे में पूर्ण विवरण होता है।

**CARICATURE**

**व्यंग्य चित्र :** किसी व्यक्ति, वस्तु आदि को तोड़–मरोड़ कर अथवा अतिश्योक्तिपूर्ण रूप से चित्रित करना।

**CARNEGIE CORPORATION**

**कारनेगी कारपोरेशन :** कारनिगी एन्ड्रयू (Andrew Carnegie) स्काटलैंड

के हाथकरघा जुलाहे का बेटा था। एक सूती कपड़े की फैक्ट्री में 13 रूपये प्रतिमाह पर कार्य करने से उन्होंने अपना व्यावसायिक जीवन आरम्भ किया तथा बाद में अमेरिका के एक सबसे बड़े लोहे के व्यापारी बने। तथापि अपने अपार धन का उपयोग विभिन्न समाज कल्याण के कार्यों में ही किया। अपने धन के सदुपयोग हेतु उन्होंने न्यूयार्क राज्य के अधिनियम द्वारा 1913 में कारनिगी कारपोरेशन की स्थापना की। जिसका उद्देश्य स्कूलों, उच्च शिक्षा संस्थाओं, पुस्तकालयों, वैज्ञानिक अनुसंधानों आदि को अनुदान प्रदान करना था। पुस्तकालयों के विकास में कारनिगी कारपोरेशन का योगदान अत्यन्त महत्वपूर्ण रहा है तथा सबके लिए पुस्तकें सूत्र को प्रयोग करके ज्ञान का प्रकाश फैलाने में सहायता प्रदान की। 1917 में न्यूयार्क के अधिनियम में संशोधन करके ग्रेट ब्रिटेन व आयरलैंड में भी पुस्तकालयों के प्रसार व प्रचार के लिए अनुदान देने का प्रावधान किया गया।

**CARTOGRAPHER**

**मानचित्रकार** : व्यक्ति जो नक्शें, चार्ट आदि बनाता है।

**CARTOGRAPHER ENTRY**

**मानचित्रकार प्रविष्टि** : मानचित्र, नक्शें, चार्ट आदि बनाने वाले व्यक्ति के नाम से बनायी गयी सूची प्रविष्टिं

**CARTOGRAPHY**

**मानचित्रकारी** : नक्शे व चार्ट बनाने की कला।

**CARTOON**

**व्यंग्य चित्र** : कागज के ऊपर परिकल्पना से रेखांकन अथवा राजनीति या वर्तमान घटनाओं पर आधारित हास्यजनक या व्यग्यात्मक चित्रण।

**CARTOONIST**

**व्यंग्य-चित्रकार** : व्यंग्यात्मक, हास्यजनक चित्र बनाने वाला व्यक्ति।

**CARTRIDGE**

**काट्रिज** : मैगनेटिक माध्यमों को रखने के लिए बनाया गया एक डिब्बानुमा उपकरण, जो इस तरह का बना होता है कि वह माध्यम स्थायी रूप से उसमें रखा जा सके। उसको इस प्रकार से भरा जाता है कि प्रयोग करने वाले को उस माध्यम को छूना न पड़े।

**CARTRIDGE TAPE**

**काट्रिज टेप** : छित्रित पत्रकों से मुक्ति पाने के लिए काट्रिज टेप का विकास हुआ। यह मैगनेटिक टेप को रखने का सुरक्षित डिब्बा है जिसे काट्रिज कहते हैं। एक काट्रिज में सामान्यतः 500 मीटर लम्बा टेप होता है, टेप

प्लास्टिक की आधे इंच चौड़ी पट्टी से बना होता है। यह टेप चुम्बकीय होता है। टेप की सतह चुम्बकीय आक्साइड लेपित होती है। डेटा को इसी चुम्बकीय सतह पर भंडारित किया जाता है। टेप की भंडारण क्षमता छिद्रित पत्रक से बहुत अधिक होती है तथा डेटा हस्तांतरण गति भी अत्यन्त तीव्र होती है। पूर्व भंडारित सूचना को मिटाकर नया डेटा भंडारित किया जा सकता है। धूल, नमीए सीलन से यह खराब हो सकता है।

**CARTULARY**

**अभिलेख अथवा अभिलेख संग्रह :** वह स्थान जहाँ राजकीय या अराजकीय अभिलेख अथवा अधिकार पत्र रखे गये हों; अथवा अभिलेख में काम करने वाला अभिलेखागार; अथवा जिस पुस्तक में इन अभिलेखों व अधिकार पत्रों को लिखा गया हो।

**CASSETTE**

**कैसेट :** कार्ट्रिज के समान उपकरण; किसी भी प्रकार की **सूचना भंडारण** करने की पट्टी को रखने का डिब्बानुमा उपकरण। एक **टेप** जिसे कैमरा, प्रोजेक्टर, टेपरिकार्डर में डालकर भंडारित सूचना को देखा व सुना जा सकता है।

**CASSETTE RECORDER**

**कैसेट रिकार्डर :** कैसेट को प्रयोग करने का उपकरण, इसके माध्यम से टेप में सूचना भरी जा सकती है अथवा पूर्व भंडारित सूचना को देखा व सुना जा सकता है।

**CASUAL MNEMONICS**

**नैमितिक स्मृति-सहायक :** वर्गीकरण पद्धति की अंकन प्रणाली के अंकों का प्रयोग इस प्रकार करना कि विषयों अथवा एकलों के लिए वही अंक हर बार प्रयोग किये जाये। तथापि ब्लिस के अनुसार स्मृति सहायक नैमितिक व क्रमबद्ध होने चाहिये अनिवार्य नही होने चाहिए।

**CATALOGUE**

**सूची :** प्रलेखों की एक मान्यता प्राप्त क्रम में व्यवस्थित सूची को कैटालोग कहते है। कैटालाग शब्द की उत्पत्ति का स्रोत ग्रीक भाषा का शब्द Katalogs है। कैटा (Kata) का तात्पर्य है **के अनुसार**, जबकि लोगोस (logos) का तात्पर्य **क्रम** से है। अर्थात् किसी क्रम के अनुसार व्यवस्थित सूची को कैटालोग कहते हैं। सामान्यतः कैटालोग शब्द पुस्तकालय के सहायक अनुक्रम में व्यवस्थित संग्रह को इंगित करता है जो न केवल पुस्तकालय में उपलब्ध संग्रह का प्रतिबिंब होता है अपितु पाठकों को उनके प्रलेखों तक पहुँचाने का मार्गदर्शक भी है।

**CATALOGUE CARD**

**सूची पत्रक** : सादा अथवा लाइन वाला पत्रक जिस पर प्रलेखों की प्रविष्टियाँ बना कर सूची में व्यवस्थित किया जाता है। यह माना जाता है कि पत्रक का प्रयोग सर्वप्रथम 1775 में पेरिस विज्ञान अकादमी की सूची हेतु किया गया था।

**CATALOGUE CARD CABINET**

**सूची पत्रक पेटिका** : देखिए Card Cabinet

**CATALOGUE CODE**

**सूचीकरण संहिता** : प्रलेखों की प्रविष्टियाँ बनाने हेतु नियमों का संकलन ही सूचीकरण संहिता है। जो सूचीकार का मार्गदर्शक का कार्य भी करती है। एक पुस्तकालय में विभिन्न उपलब्ध सूचीकरण संहिता में से एक को चुनकर उसी के आधार पर प्रविष्टियाँ बनायी जाती हैं।

**CATALOGUE ENTRY**

**सूची प्रविष्टि** : पुस्तकालय सूची अथवा प्रलेखन सूची में प्रलेख की सूचना पाठक तक पहुचाने हेतु प्रलेख का पूर्ण अथवा आवश्यक विवरण, जिसे किसी निश्चित नियम के आधार पर बनाया जाता है।

**CATALOGUE IN BOOK FORM**

**पुस्तक रूपी सूची** : देखिए Book Form Catalogue

**CATALOGUER**

**सूचीकार** : पुस्तकालय का वह कर्मचारी जो एक विशिष्ट सूची संहिता के आधार पर नियमानुसार प्रलेखों की प्रविष्टि बनाता है।

**CATALOGUING**

**सूचीकरण** : सूची के लिये प्रलेखों की प्रविष्टि बनाने की प्रक्रिया, जिसमें एक सूचीकरण संहिता के नियमों के अनुरूप प्रलेख के बाह्य भाग में उपलब्ध सूचना को एक प्रविष्टि में अंकित किया जाता है।

**CATALOGUING AT SOURCE**

**प्रकाशन पूर्व सूचीकरण** : पुस्तकों की प्रूफ प्रति के आधार पर पुस्तक की प्रविष्टि बनायी जाती है। यह कार्य एक केन्द्रीय एंजेंसी के द्वारा किया जाता है। इस प्रविष्टि को पुस्तक में सम्मिलित कर प्रकाशित किया जाता है। जिससे प्रलेख की सूचीकरण की सूचना प्राप्त की जा सकती है।

**CATALOGUING IN PUBLICATION**

**प्रकाशनान्तर्गत सूचीकरण** : पुस्तक प्रकाशक के सहयोग से एक नई

पुस्तक के प्रकाशन से पूर्व सूचना प्राप्ति के आधार प्रविष्टि बना ली जाती है। इस पद्धति का आरम्भ 1971 में लाइब्रेरी आफ कांग्रेस तथा 1977 में ब्रिटिश योजना के अन्तर्गत हुआ। पुस्तक के प्रकाशित होने पर इस प्रविष्टि को संशोधित किया जा सकता है।

**CATALOGUING SECTION**

**सूचीकरण अनुभाग** : पुस्तकालय का वह अनुभाग अथवा विभाग जिसमे प्रलेखों की सूचीकरण प्रक्रिया पूरी की जाती है।

**CATALOGUING RULES**

**सूचीकरण नियम** : प्रलेखों की प्रविष्टि बनाने हेतु प्रतिपादित नियम, जिनको सामान्यतः एक संहिता के रूप में प्रकाशित किया जाता है जैसे – एंग्लो अमेरिकन कैटालोगिंग रूल्स अथवा क्लासीफाइड कैटालॉग कोड।

**CATCHWORD ENTRY**

**ध्यानाकर्षी शब्द प्रविष्टि** : यदि प्रलेख की आख्या में प्रथम शब्द को छोड़कर कुछ अन्य शब्द विचित्र व प्रभावशाली शब्द हैं तो प्रलेख का याद रखने के दृष्टिकोण से उस शब्द के अन्तर्गत सूची, ग्रन्थसूची अथवा अनुक्रमणिका में प्रविष्टि बनायी जा सकती है।

**CATCHWORD INDEX**

**ध्यानाकर्षी शब्द अनुक्रमणिका** : अनुक्रमणिका जिसमें प्रलेख की आख्या अथवा मूल पाठ से अर्थ पूर्ण व प्रभावशाली शब्दों का विषय को इंगित करने के लिए प्रयोग किया जाता है।

**CATCHWORD TITLE**

**ध्यानाकर्षी शब्द आख्या** : एक प्रलेख की विचित्र शब्दों वाली आख्या जो पाठक का ध्यान स्वतः ही आकर्षित करती है।

**CATECHISM**

**प्रश्नोत्तरी** : किसी विषय से सम्बन्धित प्रश्न व उत्तर के रूप मे प्रकाशित कार्य।

**CATEGORICAL TABLE**

**कैटीगोरिकल टेबल** : जे. डी. ब्राउन की वर्गीकरण पद्धति सब्जैक्ट क्लासीफिकेशन में सामान्य वर्गों की सारिणी जिसमें रूप, दृष्टिकोण आदि के लिये सामान्य वर्गों को सूचीबद्ध किया गया है। इन वर्गों को संकेतक . (dot) के साथ प्रयोग किया जाता है। प्रत्येक वर्ग को 0-975 के अन्तर्गत अंक आवंटित किया गया है। जैसे .O Generalia, .1 Bibliography, .40 Map

**CATEGORY**

**श्रेणी** : पुस्तकालय वर्गीकरण में विषयों व एकलों को विभाजित करके एक सुनिश्चित क्रम में व्यवस्थित करने हेतु श्रेणियों की परिकल्पना की गयी। जिनका निर्धारण विषयों को प्राकृतिक अथवा कृत्रिम विशेषताओं, गुणों, लक्षणों के आधार पर किया जाता है। वाइल्डहैक (Wildhack) के अनुसार 'श्रेणी दृष्टिकोण के समानार्थ है जिसके आधार पर एक विषय को विभाजित किया जा सकता है'। डी. जे. फौस्केट श्रेणी को रंगनाथन द्वारा प्रतिपादित अवधारणा **पक्षात्मक** (Faceted) के समान ही मानते हैं। बी. सी. विकरी ने श्रेणी को वाक्यांश (Parts of Speech) की संज्ञा दी है। जबकि रंगनाथन का कथन है कि किसी भी विषय का प्रत्येक पक्ष तथा पक्ष का प्रत्येक विभाजन केवल पाँच मूलभूत श्रेणियाँ – व्यक्तित्व, पदार्थ, क्रिया, स्थान व काल की ही अभिव्यक्ति समझा जाना चाहिए। संक्षेप में एक विषय–जगत को उसमें अन्तर्निहित विशेषताओं के आधार पर विभान करने पर जो वर्ग प्राप्त होते हैं उनकों ही श्रेणी कहा जाता है।

**CATENATI**

**श्रृंखलित** : जंजीर से एक कड़ी की तरह बाँधी गयी पुस्तकें।

**CATHODE RAY TUBE (CRT)**

**कैथोड-रे-ट्यूब** : कंप्यूटर पर टेलीविजन के परदे जैसा भाग जो हमें दिखाई देता है वह इस ट्यूब की चिपटी सतह है। यह कंप्यूटर में सूचना प्रदर्शन का सबसे महत्वपूर्ण माध्यम है जो विद्युत तरंगों को दृष्टि प्रदर्शन में बदलता है। सामान्यतः सी. आर. टी. एक ही रंग प्रदर्शित करता है हरा, सफेद, या अन्य। विभिन्न रंगीन प्रदर्शन के लिये कंप्यूटर पर्दे पर फास्फोरस लवणों की कई परते लेपित करके प्राप्त की जा सकती हैं जैसे लाल, हरी व नीली फास्फोरस रंगों की परतों से सभी रंग उत्पन्न हो सकते हैं। इसमें बहुत उच्च बोल्टेज होने के कारण मानीटर का पटल चार्ज हो जाता है यह धूल को आकर्षित करता है जिसके कारण यह जल्दी मैला हो जाता है।

**CAUTION MONEY**

**जमानती रूपया** : पुस्तकालय द्वारा पाठक से प्रलेखों की जमानत के रूप में लिया जाने वाला धन। यह पैसा पाठक की सदस्यता समाप्त होने पर वापस कर दिया जाता है।

**C.C.C.**

देखिये Classified Catalogue Code.

**C.D.**

**सी. डी. :** काम्पैक्ट डिस्क कंप्यूटर का एक भंडारण माध्यम है। इस पर 12 सेमी. व्यास की डिस्क पर लेजर की किरणों से भारी मात्रा में भंडारण किया जा सकता है। काम्पैक्ट डिस्क की भंडारण क्षमता इतनी विकसित हो चुकी है कि 650 मेगाबाइट अथवा इससे अधिक मूलपाठ, डेटा, आवाज आदि भंडारित किया जा सकता है। एक सी. डी. में पूरा विश्वकोश अथवा लगभग 20,000 पृष्ठों की समाग्री भंडारित की जा सकती है।

**C.D.R.**

**सी.डी.आर. :** अर्थात सी. डी. रिकार्डेबल। इसमें केवल एक बार मुद्रण या अंकन किया जा सकता है। इसमें यह सुविधा अवश्य है कि थोड़ा थोड़ा करके रिकार्ड किया जाता है। जब तक उस पर जगह बची है तब तक उस पर मुद्रण किया जा सकता है। लेकिन जो अंकित किया जा चुका है उसमें कोई भी संशोधन नही किया जा सकता है। सी. डी. आर. डेटा को वर्म (WORM) अर्थात राइट वन्स रीड मेनी (Write once Read Many) माध्यम पर रिकार्ड करता है जो डिस्क के केन्द्र से शुरू होकर घुमावदार रास्ता पकड़ते हुए बाहरी किनारों तक पहुँचता है। जब रिकार्डिग की जाती है तब माध्यम की सतह पर कम शक्ति के लेजर के निशान पड़ते चले जाते हैं ये निशान स्थायी होते हैं तथा इन्हें मिटाया नहीं जा सकता है।

**CD ROM**

**सीडी रोम :** अर्थात रीड ओनली मैमोरी (Read Only Memory)। इस पर निर्माताओं द्वारा पहले से ही रिकार्डिंग किया हुआ होता है। इसलिए इस पर लिख नहीं सकते हैं इसे केवल पढ सकते हैं।

**CD RW**

**सी. डी. आर. डब्ल्यू. :** अर्थात् सी. डी. रिराइटेबल (Re-Writable)। 1997 से इस प्रकार की सी. डी. उपलब्ध है जिन पर कई बार रिकार्डिंग की जा सकती है। इस प्रकार सी. डी. में लिखने और मिटाने की फ्लापी या हार्डडिस्क जैसी सुविधा उपलब्ध है। इनको तब तक प्रयोग किया जा सकता है जब तक जर्जर न हो जाय। सी. डी. आर डब्ल्यू में सी. डी आर. जैसी डाई की परत नहीं है। इसके बदले इसमें फेजपरिवर्तन तकनीकी परत है। इस रिकार्डिंग परत को पॉली क्रिस्टलीन कहते हैं।

**CDS**

**सी डी एस :** इसका पूरा नाम है कंप्यूटराइज्ड डाक्यूमेंटेशन सर्विस।

1971 में यूनेस्कों ने कंप्यूटरकृत प्रलेखन सेवा आरम्भ की जिसका कार्यान्वयन 1972 में हुआ। इस सेवा का आरम्भ जिन मुख्य उद्देश्यों के साथ किया गया वे हैं :– (i) यूनेस्को के सदस्य राज्यों को उसके विभिन्न प्रकाशनों व प्रलेखों में उल्लिखित सूचना के आधार पर यूनेस्को के प्रोग्रामों के बारे में सूचना देना; (ii) यूनेस्को के डेटाबेसों (databases) में भंडारित विभिन्न प्रकार की सूचना को यूनेस्को सचिवालय के सदस्यों व सलाहकारों को उपलब्ध कराना; तथा (iii) सूचना प्रकमण, भंडारण तथा पुनः प्राप्ति में प्रयुक्त नवीनतम आधुनिक तकनीकों के लिये प्रदर्शन एवं प्रशिक्षण केन्द्र के रूप में कार्य करना। सी.डी. एस डेटावेस का आधार : यूनेस्कों की साधारण सभा के प्रलेख, कार्य कारिणी प्रलेख, सचिवालय तथा प्रादेशिक व सम्बद्ध संस्थाओं के प्रलेख व अन्य सामयिक प्रकाशन, मोनाग्राफ आदि थे। इस सेवा का संचालन ICL 1903A कंप्यूटर द्वारा किया जाता था। 1975 में इसके स्थान पर IBM कंप्यूटर का प्रयोग शुरू हुआ। जिसके फलस्वरूप मूल रूप से अन्तर्राष्ट्रीय श्रम संगठन (ILO) द्वारा विकसित साफ्टवेयर CDS/ISIS का कार्यान्वयन संभव हो गया। यह मेनू संचालित है तथा सूचना भंडारण, पुनः प्राप्ति तथा प्रसारण के लिए सशक्त साफ्टवेयर है।

**CDS/ISIS**

**कंप्यूटराइज्ड डाक्यूमेंटेशन सर्विस तथा इन्टेग्रेटेड सेट आफ इन्फारमेशन सिस्टम के लिये प्रयुक्त संक्षिप्त शब्द : देखिये CDS**

**CEASED PUBLICATION**

**विरत प्रकाशन :** सामयिक प्रकाशन अथवा बहुखण्डीय प्रकाशन जिसका प्रकाशन बन्द हो गया है।

**CELL**

**कोष्ठिका :** पुस्तकालय में विशिष्ट उद्देश्यों की पूर्ति हेतु बनाये गये छोटे–छोटे कक्ष जिसमें पुस्तकों आदि को रखने के लिए भी प्रावधान होता है। इस प्रणाली का सर्वप्रथम प्रयोग क्रिसटोफर रैन ने ट्रिनिटी कालेज कैम्ब्रीज में 1676 में किया था।

**CENSORSHIP**

**सेंसर व्यवस्था :** धार्मिक, राजनीतिक, अश्लीलता अथवा आपत्तिजनक पाठ्य सामग्री के मुद्रण, प्रकाशन वितरण पर नियंत्रण रखने हेतु राष्ट्रीय, राज्य या अन्य स्तरों पर की गयी व्यवस्था।

**CENTESIMAL DEVICE**

**शताँश विधि** : यू. डी. सी. में कुछ विषयों को विभाजित करने हेतु दशमलव भिन्न विधि के स्थान पर समूह अंकन (Group Notation) पंक्ति के विस्तार हेतु प्रयोग किया गया है अर्थात् वर्गांक को विभाजित करने के लिए .1 – .9 के स्थान पर अंक .11 – .99 प्रयोग किया गया है। उदाहरण के लिए विभिन्न शासकीय विभागों के परिगणन हेतु यू. डी. सी मध्यम संस्करण में 345.11.86 वर्गांक का प्रयोग किया गया है। इस विधि का प्रयोग तब आवश्यक हो जाता है जब एक पंक्ति में वर्ग अधिक व वर्गांक कम होते है तो .1 – .9 के समान ही .11 – .99 को भी समकक्ष एकल अंक की तरह प्रयोग करके समकक्ष वर्गों को ग्राह्यता प्रदान करना संभव हो जाता है।

**CENTESIMAL SYSTEM**

**शंताश प्रणाली** : देखिये Centesimal Device

**CENTRAL CATALOGUE**

**केन्द्रीय सूची** : एक पुस्तकालय तंत्र के अन्तर्गत आने वाले सभी पुस्तकालयों के प्रलेखों की प्रविष्टियों से बनी सूची जो केन्द्रीय पुस्तकालय में उपलब्ध होती है।

**CENTRAL LIBRARY**

**केन्द्रीय पुस्तकालय** : एक पुस्तकालय तंत्र का मुख्य भाग जो तंत्र के सभी पुस्तकालयों की मूल व्यवस्था, नीति निर्धारण आदि के लिए उत्तरदायी होता है।

**CENTRAL PROCESSING UNIT**

**केन्द्रीय प्रक्रमण इकाई** : कंप्यूटर की गणितीय तार्किक इकाई तथा नियंत्रण इकाई दोनों सेन्ट्रल प्रोसेसिंग यूनिट के नाम से जाने जाते हैं। गणितीय इकाई में डेटा का गणितीय तथा तार्किक विश्लेषण होता है। जबकि नियंत्रण इकाई यह सुनिश्चित करता है कि कंप्यूटर को जो निर्देश दिये जा रहे हैं उनका सही पालन हो रहा है या नहीं। सी. पी. यू. कंप्यूटर का मस्तिष्क है जो गणना व विवेक से निर्णय लेने के सारे काम बड़ी शीघ्रता से करता है। कंप्यूटर का प्रत्येक अंग, साफ्टवेयर व हार्डवेयर सी. पी. यू. के आदेश के अनुसार ही कार्य करता है।

**CENTRAL SHELF LIST**

**केन्द्रीय शैल्फ सूची** : एक पुस्तकालय तंत्र के सभी पुस्तकालयों के संग्रह की केन्द्रीय सूची जिसे मुख्य शैल्फ सूची अथवा संयुक्त शैल्फ सूची कहते हैं।

**CENTRALISED CATALOGUING**

**केन्द्रित सूचीकरण** : एक पुस्तकालय तंत्र से जुड़े विभिन्न विभागों, शाखाओं के पुस्तकालयों के प्रलेखों का सूचीकरण यदि एक केन्द्रीय स्थल अथवा मुख्यालय में किया जाता है तो इसे केन्द्रित सूचीकरण की संज्ञा दी जाती है। इस प्रक्रिया में सभी सम्बन्धित पुस्तकालयों को प्रलेखों की तैयार प्रविष्टियों की प्रतियाँ भेजी जाती हैं। सूची पत्रकों पर प्रलेखों की प्रविष्टियाँ मुद्रित करके अथवा मशीन पठनीय स्वरूप में इनको बेचा भी जा सकता है।

**CENTRALISED CLASSIFICATION**

**केन्द्रित वर्गीकरण** : पुस्तकालय तंत्र के सभी पुस्तकालयों के प्रलेखों का वर्गीकरण एक केन्द्र स्थल पर किया जाना। प्रलेखों के सूची पत्रकों को प्रविष्टि व नामांक के साथ वितरण अथवा बेचा भी जा सकता है।

**CENTRALISED PROCESSING**

**केन्द्रित प्रक्रमण** : पुस्तकालय तंत्र की केन्द्रीय इकाई द्वारा सभी पुस्तकालयों के प्रलेखों की खरीद, सूचीकरण, वर्गीकरण व पुस्तक को पाठक तक पहुँचाने व प्रयोग हेतु सभी कार्य किये जाते हैं। अमेरिका में संसाधनों की मितव्ययता तथा वर्गांकों व प्रविष्टियों की एकरूपता हेतु पुस्तकालय सेवा अधिनियम के अन्तर्गत इस प्रक्रिया को प्रेरित किया जाता है।

**CENTRALISED REGISTRATION**

**केन्द्रित पंजीकरण** : पुस्तकालय तंत्र के सभी पुस्तकालयों के पाठकों का पंजीकरण एक केन्द्रीय स्थल व मुख्यालय में किया जाना, चाहे पंजीकरण हेतु आवेदन किसी भी पुस्तकालय में दिया गया हो।

**CERTIFICATION**

**प्रमाणीकरण** : यह प्रमाणित करने की क्रिया कि एक प्रलेख अथवा उसकी प्रतिलिपि का प्रस्तुतीकरण वांछित उद्देश्य के अनुरूप ही किया गया है।

**CESS**

**उपकर** : पुस्तकालय सेवा प्रदान करने हेतु जनता से कर के रूप में लिया जाने वाला धन। इसे इस आधार पर प्राप्त किया जाता है कि यदि जनसाधारण पुस्तकालय सेवा का उपयोग करता है तो उनको उसकी सूचारू व्यवस्था व संचालन हेतु व्यय–भार में भागीदार भी होना चाहिए; तथा यदि जनसाधारण से धन उपलब्ध किया जाता है तो यह उनको पुस्तकालय सेवा का उपयोग हेतु प्रेरित करेगा।

**CF.**

यह Confer शब्द का संक्षिप्त है जिसका अर्थ लैटिन भाषा मे तुलना करना (Compare) होता है। यू. डी. सी. पद्धति में विभिन्न मुख्य वर्गों के अन्तर्गत यदि समान अवधारणाएँ अथवा विषयों का परिगणन किया गया है तो वर्गकार को ऐसे विषयों की सूचना देने हेतु संक्षिप्त संस्करण में संकेतक Cf तथा मध्यम संस्करण में तीर → का प्रयोग किया गया है जिसका अर्थ है इनके आगे लिखे वर्गांकों को भी देखिये। सामान्य भाषा में इसका अर्थ है **तुलना कीजिए**।

**C.G.I.**

देखिये : Common Gateway Interface

**CHAIN**

**श्रृंखला** : वर्गीकरण में एक विषय जगत के एक वर्ग के क्रमिक विभाजन से प्राप्त उपवर्ग, जिनसे प्रत्येक स्तर पर अधीनस्थ वर्गों की लड़ी बनती है। यह प्रक्रिया किसी भी सीमा एक प्रयोग की जा सकती है। पदानुक्रम वर्गीकरण में इससे सामान्य से विशिष्टता अनुक्रम प्राप्त किया जाता है।

**CHAIN INDEXING**

**श्रृंखला अनुक्रमणीकरण** : रंगनाथन द्वारा प्रतिपादित इस अवधारणा के आधार पर वर्गानुक्रमिक अनुक्रमणी को यंत्रवत् बनाया जा सकता है। इसमें प्रत्येक विषय के वर्गांक की व्याख्या के आधार पर प्रत्येक चरण में एक अंक से एक शब्द प्राप्त किया जाता है और इसी प्रक्रिया से पूरी अनुक्रमणिका तैयार की जाती है। यह वर्गीकरण पद्धति पर आधारित प्रक्रिया है।

**CHAIN PROCEDURE**

**श्रृंखला प्रक्रिया** : यह रंगनाथन द्वारा 1938 में प्रतिपादित अवधारणा है जिसका मुख्य उद्देश्य पाठकों को विषय शब्द प्रविष्टियों के माध्यम से विशिष्ट विषय तक पहुँचाना है। रंगनाथन के शब्दों में 'श्रृंखला प्रक्रिया एक वर्गांक से विषय शब्द प्रविष्टि तैयार करने की, कुछ अंश तक, एक यांत्रिक प्रक्रिया है', श्रृंखला प्रक्रिया में प्रलेख के वर्गांक के प्रत्येक अंक (दायीं से बायीं ओर) का प्राकृतिक भाषा में अनुवाद किया जाता है, प्राप्त शब्द उसी वर्गीकरण पद्धति से प्रयोग किया जाता है जिसके आधार पर वर्गांक बनाया गया है तथा वर्गांक के आधार पर प्राप्त शब्दों में से प्रत्येक उस शब्द से विषय शब्द प्रविष्टि (Class Index Entry) बनायी जाती है। जिसका प्रयोग पाठक अपने विषय को खोजने के लिए कर सकता है। रंगनाथन ने इस शब्द को खोज कड़ी (Sought Link) की संज्ञा दी है। इसमें तीन मुख्य कड़ियाँ होती हैं: मिथ्या कड़ी (False Link)

वर्गांक की वह कड़ी जिनका विषय के रूप में कोई अर्थ नहीं है जैसे कोलन क्लासीफिकेशन में प्रयोग किये जाने वाले विभिन्न संकेतक; अखोज कड़ी (Unsought Link) ऐसी कड़ी जिसका पाठक द्वारा अपने विषय को खोजने के लिए प्रयोग की सम्भावना नहीं होती है; खोज कड़ी (Sought Link) जिस कड़ी द्वारा पाठकों के अपने विषय के प्रलेखों को खोजने की पूर्ण सम्भावना होती है।

**CHAINED BOOKS**

**जंजीर बँधी पुस्तके :** 15वीं से 18वीं शताब्दी के पुस्तकालय जिनमें पुस्तकों की चोरी होने के भय के कारण पुस्तकों को जंजीर से बाँध कर रखा जाता था।

**CHANGED NAME**

**परिवर्तित नाम :** जब एक लेखक जो परिवर्तित नाम से अपनी कृतियाँ प्रकाशित करता है तो सूचीकरण में मुख्य प्रविष्टि में इस हेतु टिप्पणी दी जाती है।

**CHANGED TITLE**

**परिवर्तित आख्या :** एक पुस्तक के नये संस्करण को मूल पुस्तक की आख्या से नये परिवर्तित आख्या के अन्तर्गत प्रकाशित करना। पाठक को इसकी सूचना देने हेतु नये संस्करण की मुख्य प्रविष्टि में टिप्पणी दी जाती है।

**CHANNEL**

**संचारण पथ :** वह मार्ग जिससे सूचना का संचारण होता है जो मानव, मशीन अथवा बिजली धारा किसी भी माध्यम से हो सकता है।

**CHAPTER**

**अध्याय :** पुस्तक का एक भाग जो उसमें लिखे गये विषय के दृष्टिकोण से अपने आप में पूर्ण होता है किन्तु पुस्तक के उस अध्याय से पूर्व अथवा बाद के अध्यायों से भी उसका सम्बन्ध होता है।

**CHAPTER HEADING**

**अध्याय शीर्षक :** प्रलेख अध्याय के आरम्भ में प्रयुक्त शीर्षक। इस शीर्षक को मुद्रण के द्वारा कुछ विशिष्ट आकार प्रदान कर दिया जाता है जिससे वह अपने आप में कुछ विशिष्ट लगे। उस अध्याय में जिस विषय का विवरण दिया गया है शीर्षक उसका प्रतिबिम्ब होता है।

**CHARACTER**

**अंकाक्षर :** अंक, अक्षर अथवा अन्य किसी प्रकार का प्रतीक व चिन्ह; कंप्यूटर के संदर्भ में कोई भी वर्ण, अक्षर, अंक अथवा संख्या अथवा चिन्ह, विराम चिन्ह; साहित्य के दृष्टिकोण से असली अथवा काल्पनिक चरित्र।

**CHARACTER CODE**

**अंकाक्षर संकेतकी** : विशिष्ट अंकाक्षरों के संयोजन से बनी संकेत प्रणाली जिसके आधार पर कंप्यूटर में अंकाक्षरों का प्रयोग किया जाता है जैसे ऐसकी कोड।

**CHARACTER READER**

**अंकाक्षर रीडर** : सामान्य भाषा के अक्षरों व अंकों को मशीन पठनीय भाषा में परिवर्तन करने की विशिष्ट तकनीक।

**CHARACTER SET**

**अंकाक्षर सेट** : किसी एक कंप्यूटर में प्रयोग किये जाने वाले अंकाक्षरों का समूह अथवा संकेतकीं

**CHARACTERISTICS**

**विशेषताएँ** : वर्गीकरण में विषय के लक्षण, गुणधर्म, विशेषता अथवा अन्य तत्व जिनके आधार पर एक विषय जगत को समान व असमान वर्गों में विभाजित किया जा सके। विशेषताऐं कृत्रिम अथवा प्राकृतिक हो सकती हैं जैसे रीढ़ की हड्डी वाले जन्तु तथा बिना रीढ़ की हड्डी वाले जन्तु, यह प्राकृतिक विशेषता है तथा जन्तु में अन्तर्निहित है जबकि पानी में रहने वाले पशु–पक्षी, जमीन में रहने वाले पशु–पक्षी कृत्रिम विशेषता है।

**CHARGE**

**निर्गम लेखा** : पुस्तकालयों में पुस्तक लेन देन का लेखा, जिसमें पाठकों को उधार पर दी गयी पुस्तकों का नाम, पुस्तक ले जाने वाले पाठक का नाम व पता लिखा जाता है।

**CHARGING CARD**

**निर्गम पत्रक** : देखिये Book Card

**CHARGING DESK**

**निर्गम डेस्क** : पुस्तकालय का वह स्थल जहाँ से उपयोगकर्ताओं को पुस्तकें उधार दिये जाने वाली पुस्तकों का आदान–प्रदान होता है।

**CHARGING FILE**

**निर्गम फाइल** : संचिका जिसमें पुस्तकालय से उधार पर दिये जाने वाले प्रलेखों का विवरण अंकित किया जाता है।

**CHARGING MACHINE**

**निर्गम मशीन** : पुस्तकालय से पाठकों द्वारा उधार पर ले जाने वाली पुस्तकों का विवरण रखने के लिये प्रयोग की जाने वाली मशीन।

**CHARGING METHODS**

**निर्गम विधि** : पुस्तकालय द्वारा पुस्तकों के आदान–प्रदान हेतु प्रयोग की जाने वाली प्रणाली अथवा विधि – जैसे ब्राउन निर्गम प्रणाली, न्यूयार्क निर्गम प्रणाली आदि।

**CHARGING SLIP**

**निर्गम पर्ची** : पुस्तक आदान–प्रदान की एक प्रणाली, जिसमें जब भी कोई पाठक पुस्तक उधार पर ले जाता है तो एक पर्ची पर पुस्तक का आवश्यक विवरण तथा पाठक सम्बन्धी सूचना अंकित की जाती है तथा इस पर्ची को पुस्तक प्राप्ति की रसीद के रूप में पुस्तकालय में सुरक्षित रखा जाता है।

**CHARGING SYSTEM**

**निर्गम प्रणाली** : देखिये Charging Methods

**CHARGING TRAY**

**निर्गम ट्रे** : स्टील अथवा लकड़ी की ट्रे जो निर्गमित प्रलेखों के रिकार्ड रखने के लिये प्रयोग की जाती है। इसे निर्गम पत्रक ट्रे भी कहते हैं।

**CHARLES BABBAGE**

**चार्ल्स बैबेज** : देखिये Babbage, Charles.

**CHART**

**चार्ट** : कागज के ऊपर विशिष्ट सूचना को प्रदर्शित करने के लिए बनाया गया खाका अथवा रूपरेखा। यह एक मानचित्र, नक्शा, लेखा, सारिणी आदि कुछ भी हो सकता है।

**CHARTER**

**अधिकार पत्र** : एक दस्तावेज जिसके द्वारा एक शासक अथवा विधायिका एक व्यक्ति अथवा संस्था को अधिकार प्रदान करता है।

**CHARTER OF THE BOOK**

**पुस्तक अधिकार पत्र** : अन्तर्राष्ट्रीय पुस्तक वर्ष 1972 के उपलक्ष्य में लेखकों, प्रकाशकों, पुस्तकाध्यक्षों, पुस्तक विक्रेता तथा प्रलेखकों के अन्तर्राष्ट्रीय व्यावसायिक संघ तथा यूनेस्कों द्वारा 1971 में सिद्धान्तों के एक घोषणा पत्र पर स्वीकृति प्रदान की गयी जिसका उद्देश्य राष्ट्रीय तथा अन्तर्राष्ट्रीय स्तर पर पुस्तक के प्रति व्यवहार पर मार्गदर्शन करना था। इसे यूनेस्कों बूलिटन 26(5)1972 में प्रकाशित भी किया गया।

**CHARTULARY**

देखिये : Cartulary

**CHEAP EDITION**

**सस्ता संस्करण :** पुस्तक का ऐसा संस्करण जिसका खरीद मूल्य बहुत कम रखा गया हो। सामान्यतः ऐसे संस्करण एक पुस्तक के मूल संस्करण का पुनर्मुद्रण संस्करण होता है जिसे सामान्य कागज पर मुद्रित कर सस्ती जिल्दबन्दी कर दी जाती है।

**CHECK LIST**

**जाँच सूची :** पुस्तकालय प्रलेखों की पूर्ण विवरण सहित सूची जिसका प्रयोग सत्यापन के लिए किया जाता है।

**CHILDREN'S BOOK TRUST**

**बाल पुस्तक न्यास :** प्रसिद्ध भारतीय व्यंग्य चित्रकार शंकर पिल्लई द्वारा दिल्ली में स्थापित न्यास, जो एक अलाभकारी संस्था है तथा जो अंग्रेजी व हिन्दी में बाल पुस्तके प्रकाशित करता है। ये पुस्तकें सस्ते मूल्यों पर बेची जाती हैं।

**CHILDREN'S LIBRARY**

**बाल पुस्तकालय :** पुस्तकालय जिसमें अधिकांश साहित्य बच्चों के उपयोग के लिये होता है।

**CHIP**

**चिप :** 1959 में एक समतल चिप का आविर्भाव हुआ। सेमीकन्डक्टर तकनीक में प्रगति के फलस्वरूप सिलिकॉन के छोटे से टुकड़े अर्थात नाखून के बराबर चिप पर सैकड़ों ट्रांजिस्टरों से बने एक समूचे इलेक्ट्रोनिक सर्किट को बनाना संभव हो गया। अब सिलिकान के बेफर (Chip) से 200 चिप बनायी जाती हैं। चिप के आगमन से पूर्व किसी विद्युत सर्किट में ट्रांजिस्टर, रेजिस्टर और कैपेसिटर को अलग–अलग रखा व पहचाना जा सकता था। प्रत्येक अपना काम अलग–अलग करता था और इन्हें तार से जोड़कर सर्किट पूरा किया जाता था। लेकिन 1959 के पश्चात् विभिन्न परतों को सिलिकॉन वेफर की सतह पर लाकर ट्रांजिस्टर बनाया जाता है। हाथ से तार जोड़ने के बजाय धातु की वाष्प बना कर छिड़काव किया जाता था। इस प्रक्रिया में जरमैनियम की जगह सिलिकॉन ने ले ली है। विज्ञान की निरन्तर प्रगति को देखते हुए यह माना जा रहा है कि भविष्य में चिप इतने सूक्ष्म होगें कि आँखों से दिखाई नहीं देगें। कंप्यूटर का मष्तिष्क इसी चिप में होता है।

**CHIROGRAPH**

**हस्तलिखित प्रलेख**

**CHIROGRAPHY**

**हस्तलिखित कला**

**CHOROGRAPHY MAP**

**क्षेत्र वर्णनी नक्शा** : एक वृहत क्षेत्र, महाद्वीप अथवा देश का नक्शा।

**CHRESTOMATHY**

**उद्धरणिका** : मुख्य रूप से विदेशी भाषा की रचनाओं से चयनित उद्धरणों का, व्याख्या व निर्देशों सहित संग्रह।

**CHROMOGRAPHY**

**रंगीन चित्र छापने की प्रक्रिया**

**CHRONICLES**

**इतिवृत** : घटनाओं का कालानुक्रमिक वर्णन अथवा वृत्तान्त।

**CHRONOLOGICAL DEVICE**

**कालानुक्रमिक विधि** : कोलन क्लासीफिकेशन में जब व्यक्तित्व व स्थान श्रेणी के अन्तर्गत ऐसे विषय अथवा एकल विचार जिनको बनाने, विभाजित करने अथवा वैयक्तिकता प्रदान करने हेतु उनकी कालानुक्रमिक विशेषता को आधार बनाया जाता है तब काल विभाजन सारिणी के एकलों को व्यक्तित्व व स्थान श्रेणी में बदलने हेतु कालानुक्रमिक विधि का प्रयोग किया जाता है अर्थात काल सारिणी के एकलों का अन्य श्रेणियों के एकलों के रूप में परिवर्तन करने हेतु इस विधि का प्रयोग किया जाता है।

**CHRONOLOGICAL NUMBER**

**कालानुक्रमिक अंक** : एक विषय अथवा एकल विचार के लिये उसकी उत्पत्ति के वर्ष को विशेषता मान कर बनाया गया एकल अंक। जैसे एक लेखक का जन्मवर्ष अथवा एक संस्था का स्थापना वर्ष के आधार पर उनके लिये बनाया गया एकल अंक।

**CHRONOLOGICAL ORDER**

**कालानुक्रमिक अनुक्रम** : एक **वर्गीकरण** पद्धति में समकक्ष वर्गों की अथवा एकल विचारों की पंक्ति में एकलों को व्यवस्थित करने के लिये उनकी उत्पत्ति के वर्ष को विशेषता मान कर सहायक अनुक्रम में व्यवस्थित करना। रंगनाथन ने इस हेतु परवर्ती काल का सिद्धान्त (Principle of Later in Time) भी प्रतिपादित किया है। **सूचीकरण** में प्रविष्टियों की व्यवस्था प्रलेखों के प्रकाशन वर्ष के आधार पर करना।

**CIPHER**

**शून्य** : एक नाम अथवा अक्षरों को सजावटी ढंग से इस प्रकार व्यवस्थित करना जिससे कि वह गुप्त संकेत चिन्ह बन जाय; अथवा **मशीनी भाषा** जो

शब्दों, अंकों या अन्य संकेताक्षरों की हो सकती है उसमें शून्य का प्रयोग नियमानुसार मशीनी गुप्त भाषा या सामान्य भाषा बनाने के लिये प्रयोग करना; अथवा **कप्यूटर** की भाषा का एक मुख्य आधार; अथवा **गणितीय प्रतीक** जो भाषा की अविद्यमानता को इंगित करता है; अथवा एक ऐसी **नगण्य** वस्तु या व्यक्ति जिसकी कुछ उपयोगिता नही है।

**CIRCUIT**

**परिपथ** : कंप्यूटर में बिजली के तारों से बना विद्युत मार्ग अथवा इलेक्ट्रान के जाने का मार्ग।

**CIRCULAR BRACKETS**

**वृत्ताकार कोष्ठक** : कोलन क्लासीफिकेशन में विषय विधि के लिये प्रयुक्त संकेतक, इसके पहले गोल वक्र रेखा को कोष्ट आरम्भक तथा अन्तिम गोल वक्र रेखा को कोष्टबन्धक कहा जाता है; यूनीवर्सल डेसीमल क्लासीफिकेशन में इस संकेतक का प्रयोग स्थान तथा जाति, नागरिकता, व प्रजाति के सामान्य एकल अंकों को कोष्टकों में रखने के लिये किया जाता है।

**CIRCULAR LETTER**

**परिपत्र** : आधिकारिक पत्र जिसके द्वारा सम्बन्धित व्यक्तियों को किसी नई नीति, नीति निर्देशों या अन्य निर्देशों/आदेशों की सूचना दी जाती है।

**CIRCULAR ROUTING**

देखिए Routing

**CIRCULATION**

**आदान-प्रदान** : पुस्तकालय उपयोगकर्ताओं को पुस्तक देने व लेने की प्रक्रिया।

**CIRCULATION COUNTER**

**आदान-प्रदान पटल** : पुस्तकालय का वह स्थल जहाँ से पुस्तकों के आदान–प्रदान का कार्य होता है।

**CIRCULATION DESK**

देखिये Circulation Counter

**CIRCULATION RECORD**

**आदान-प्रदान अभिलेख** : पुस्तकालय से उधार पर दी जाने वाली पुस्तकों का पूर्ण विवरण रखने का रिकार्ड।

**CIRCULATION STATISTICS**

**आदान-प्रदान सांख्यिकी** : पुस्तकालय से पाठकों को आदान–प्रदान की जाने वाली पुस्तकों के पूर्ण आकड़े रखने रखने वाला अभिलेख।

**CITATION**

**उद्धरण :** यदि एक लेखक द्वारा अपनी कृति में अन्य स्रोतों के मूल पाठ अथवा उसका कोई भाग का प्रयोग किया गया है तो अपनी संदर्भ सूची में उन प्रलेखों का विवरण देता है। इसी को उद्धरण कहते हैं।

**CITATION INDEX**

**उद्धरण अनुक्रमणिका :** यह अनुक्रमणिका दो प्रकार के प्रलेखों, लेखों पर आधारित है – प्रलेख जिसमें पूर्व में लिखे गये प्रलेख को संदर्भ सूची में उद्धृत (Cite) किया गया है तथा दूसरा प्रलेख जिसे उद्धृत किया गया है अर्थात संदर्भ सूची में जिसका उल्लेख है। इस प्रकार उद्धरण अनुक्रमणिका उद्धृत लेखों (Cited documents/articles) की क्रमबद्ध सूची होती है जिसमें प्रत्येक उद्धृत लेख के साथ उद्धृत करने वाले प्रलेख (Citing document/articles) का उल्लेख होता है। अनुक्रमणिका की प्रविष्टि में उद्धृत प्रलेख का पहले विवरण दिया जाता है जिसमें उद्धृत (Cited) लेखक का नाम, पत्रिका का नाम व खण्ड अंक, प्रकाशन वर्ष, पृष्ठ संख्या अंकित की जाती है इसके पश्चात् उद्धृत करने वाले (Citing) प्रलेख व लेख के लेखक का नाम, प्रकाशन वर्ष, पत्रिका का नाम, खण्ड अंक, पृष्ठ संख्या का विवरण होता है इसे स्रोत प्रलेख (Source Item) कहते हैं। इसके द्वारा पाठक को एक विषय के नये एवं पुराने प्रलेखों की एक साथ जानकारी प्राप्त हो जाती है।

**CITATION ORDER**

**पक्ष-विन्यास क्रम :** वर्गीकरण में एक मिश्रित विषय को वर्गीकृत करने में यदि उसकी अन्तर्निहित विशेषताओं को आधार बनाया जाता है तो वर्गांक में उन विशेषताओं को व्यवस्थित करने हेतु जो क्रम प्रयोग किया जाता है उसे विशेषता–विन्यास क्रम की संज्ञा दी जा सकती है। सामान्यतया यह क्रम निर्भरता (Dependence) अवधारणा पर बनाया जाता है। जैसे वस्तु–प्रकार–भाग–गुणधर्म–प्रक्रिया–संचालन। रंगनाथन ने इस हेतु पक्ष परिनियम (Facet Formula) प्रतिपादित किया है।

**C LANGUAGE**

**सी भाषा :** 1970 के दशक में बैल लैवोराटोरीज के द्वारा विकसित उच्चस्तरीय भाषा है। इस भाषा के आधार पर UNIX (यूनीक्स), लोटस 1–2–3 आदि प्रोग्राम लिखे जा चुके हैं।

**CLANDESTINE LITRATURE**

**गुप्त साहित्य :** ऐसा साहित्य जिनका प्रकाशन व वितरण गुप्त रूप से किया जाता है। सामान्यतः ऐसे प्रकाशन राजनीतिक होते हैं।

**CLASS**

वर्ग : समान विशेषताओं वाली अवधारणाओं अथवा वस्तुओं का समूह।

**CLASS ELSEWHERE NOTE**

**अन्यत्र वर्गीकृत कीजिये :** डीवी डेसीमल क्लासीफिकेशन में एक विषय का सही वर्गांक इंगित करने के लिए इस प्रकार की टिप्पणी दी जाती है।

**CLASS INDEX ENTRY**

**वर्ग-निर्देशि प्रविष्टि :** रंगनाथन द्वारा प्रतिपादित श्रृंखला प्रक्रिया विधि से एक विषय के वर्गांक से विषय शीर्षक प्राप्त कर वर्ग निर्देशि प्रविष्टि बनायी जाती हैं। यह प्रविष्टि उस वर्गांक को इंगित करती है जिसका प्रयोग वर्गीकृत सूची में उस विषय पर लिखे गये प्रलेखों की प्रविष्टियों को व्यवस्थित करने के लिये किया गया है।

**CLASS NUMBER**

**वर्गांक :** वर्गीकरण में एक प्रलेख के विषय का कृत्रिम भाषा में अनुवाद को वर्गांक कहते हैं अर्थात् एक प्रलेख अथवा लेख में क्या लिखा गया है उसका पुस्तकालय वर्गीकरण की क्रमसूचक अंकों से बनायी गयी कृत्रिम भाषा में जब अनुवाद किया जाता है तो उसे वर्गांक कहते हैं।

**CLASS TERM**

**वर्ग शब्द :** वर्गीकरण में मूलभूत, संयोजित अथवा मिश्रित विषय के लिये प्रयुक्त शब्द।

**CLASSED CATALOGUE**

देखिये Classified Catalogue

**CLASSIC(S)**

**श्रेण्य ग्रन्थ :** ऐसे उच्च स्तरीय व श्रेष्ठ ग्रन्थ जो लेखक के व्यक्तित्व तथा साहित्यिक, शैक्षिक व अन्य कारणों से अमरकृति बन जाती हैं। इनका विषय स्थायी महत्व होने के कारण ये सतत रूप से शोध का विषय बने रहते हैं।

**CLASSIC(S) DEVICE**

**श्रेण्य ग्रन्थ विधि :** उच्चस्तरीय व श्रेष्ठ ग्रन्थ जिन पर सतत रूप से कई टीकायें, भाष्य, अनुवाद, उपटीकायें लिखी जाती हैं तथा जो कई संस्करणों में प्रकाशित होती हैं। ऐसी सभी पाठ्य–सामग्री को पाठक के दृष्टिकोण से एक साथ व्यवस्थित करना आवश्यक होता है। इस हेतु रंगनाथन ने श्रेण्य ग्रन्थ विधि का प्रतिपादन किया है जिसके अनुसार श्रेण्य ग्रन्थ जिस विषय पर लिखा गया है उसमें उसे वर्गीकृत किया जाता है। इस वर्गांक को अन्तिम वर्ग (Ultimate

Class) मान कर इसके पश्चात् पूववर्ती सामान्य वर्ग x जोड़ा जाता है। तत्पश्चात् इस हेतु प्रतिपादित पक्ष परिनियम P1, P2, P3, P4 के आधार पर लेखक अंक (P1), कृति अंक (P2), टीका अंक (P3), उपटीका अंक (P4) प्रदान किये जाते हैं। इस परिनियम के आधार पर प्रत्येक के लिये अंक बनाने हेतु स्पष्ट नियम प्रदान किये गये हैं।

**CLASSICAL AUTHOR**

**श्रेण्य लेखक** : उच्चस्तरीय व श्रेष्ठ ग्रन्थ को लिखने वाला व्यक्ति, जिसकी कृति अपने आप में एक विषय बनकर शोध कार्यों को प्रेरित करती है।

**CLASSIFICATION**

**वर्गीकरण** : मूर्त अथवा अमूर्त वस्तुओं को उनकी समान अथवा असमान विशेषताओं के आधार पर सुव्यवस्थित रूप से श्रेणीबद्ध अथवा क्रमबद्ध करना ही वर्गीकरण है।

**CLASSIFICATION CODE**

**वर्गीकरण संहिता** : देखिये Classification Scheme

**CLASSIFICATION DECIMAL UNIVERSELLE**

यूनीवर्सल डेसीमल क्लासीफिकेशन का दूसरा संस्करण (1927–33) इसी नाम से प्रकाशित हुआ था, यह संस्करण फ्रैंच भाषा में प्रकाशित हुआ।

**CLASSIFICATION FOR SOCIAL SCIENCE**

**सामाजिक विज्ञान के लिये वर्गीकरण पद्धति** : अन्तर्राष्ट्रीय सामाजिक प्रलेखन कमेटी के अनुरोध पर बारबरा कायल ने इस पद्धति की रचना की जिसका उपयोग यूनेस्कों की ग्रन्थ सूचियों को व्यवस्थित करने के लिये किया गया। यह पद्धति कायल क्लासीफिकेशन के नाम से भी जानी जाती है।

**CLASSIFICATION OF LIBRARY SCIENCE**

**पुस्तकालय विज्ञान की वर्गीकरण पद्धति** : इस पद्धति की रचना वर्गीकरण शोध समूह (सी. आर. जी.) लंदन द्वारा की गयी। यह एक पक्षात्मक पद्धति है जिसके प्रथम भाग में पुस्तकालय विज्ञान के विषयों को वर्गांक A/Z के अन्तर्गत विभाजित किया गया है। दूसरे भाग में पुस्तकालय विज्ञान से सम्बन्धित अन्य विषयों को 1 से 8 के अन्तर्गत रखा गया है। इस पद्धति का प्रथम संस्करण 1965 में तथा दूसरा 1975 में प्रकाशित हुआ। इस पद्धति का प्रयोग लाइब्रेरी एण्ड इन्फोरमेशन साइंस अब्सट्रैक्टस (LISA) की प्रविष्टियों को व्यवस्थित करने के लिये किया जाता है।

**CLASSIFICATION RESEARCH, COMMITTEE**

देखिये FID/CR.

**CLASSIFICATION RESEARCH GROUP, LONDON**

देखिये C.R.G.

**CLASSIFICATION SCHEDULE**

**वर्गीकरण अनुसूची** : एक वर्गीकरण पद्धति में विषय जगत के विभिन्न मुख्य वर्गों के लिये सारणियाँ बनायी जाती हैं जिससे प्रत्येक मुख्य विषय के विभाजनों को उनके प्राकृतिक भाषा के नाम के साथ अंकाक्षरों पर आधारित कृत्रिम नाम आवंटित किया जाता है। इसी को वर्गीकरण अनुसूची कहा जाता है।

**CLASSIFICATION SCHEME**

**वर्गीकरण पद्धति** : पुस्तकालय के प्रलेखों को सहायक अनुक्रम में व्यवस्थित करने हेतु विभिन्न वर्गाचार्यों ने वर्गीकरण पद्धति बनायी है। जिनमें से अधिकतम सामान्य वर्गीकरण पद्धतियाँ है जिनमें सम्पूर्ण विषय जगत के मुख्य वर्गों, विभाजनों, उपविभाजनों हेतु कृत्रिम नाम आवंटित किये जाते है। विशिष्ट विषयों के लिए भी कई वर्गीकरण पद्धतियाँ उपलब्ध हैं। वर्गीकरण पद्धति पक्षात्मक अथवा परिगणनात्मक हो सकती है। यह पुस्तकालय पर निर्भर करता है कि इन पद्धतियों में से वह किस पद्धति का प्रयोग करता है। इसी पर एक पुस्तकालय के प्रलेखों की व्यवस्था व कार्य क्षमता निर्भर करती है।

**CLASSIFICATIONIST**

**वर्गाचार्य** : वर्गीकरण पद्धति के रचयिता जैसे कोलन क्लासीफिकेशन के रचयिता डा. एस. आर. रंगनाथन हैं।

**CLASSIFICATORY LANGUAGE**

**वर्गीकरणात्मक भाषा** : पुस्तकालय वर्गीकरण पद्धति की अंकन प्रणाली में प्रयोग की जाने वाली क्रमसूचक अंकों तथा प्रतीकों से बनायी गयी कृत्रिम भाषा को ही वर्गीकरणात्मक भाषा कहते हैं।

**CLASSIFIED ARRANGEMENT**

**वर्गीकृत विन्यास** : पुस्तकालयों में वर्गीकरण पद्धति के आधार पर की जाने वाली पुस्तकों की व्यवस्था।

**CLASSIFIED CATALOGUE**

**वर्गीकृत सूची** : सूची जिसमें प्रविष्टियों को वर्गीकृत क्रम में व्यवस्थित किया जाता है। इस प्रकार की सूची के दो भाग होते हैं – 1. वर्गीकृत भाग तथा

2. वर्णानुक्रमिक भाग। वर्गीकृत भाग में प्रविष्टियों की व्यवस्था विषय अर्थात वर्गांक के आधार पर की जाती है। जबकि दूसरे भाग में प्रलेखों में प्रयुक्त नाम, शब्द आदि के आधार पर बनी प्रविष्टियों को वर्णानुक्रमिक व्यवस्थित किया जाता है। इन प्रविष्टियों के अन्त में दिये गये वर्गांक के आधार पर पाठक वर्गीकृत सूची तक पहुँच सकता है।

**CLASSIFIED CATALOGUE CODE**

**क्लासीफाइड कैटालॉग कोड** : डॉ. रंगनाथन द्वारा बनायी गयी वर्गीकृत सूची संहिता जिसमें विभिन्न प्रकार के प्रलेखों की वर्गीकृत प्रविष्टियाँ बनाने हेतु स्पष्ट नियम दिये गये हैं। इस संहिता का प्रथम संस्करण 1934 में तथा अन्तिम संस्करण 1964 में प्रकाशित हुआ।

**CLASSIFIED INDEX**

**वर्गीकृत अनुक्रमणिका** : इस प्रकार की अनुक्रमणिका में वर्गीकृत शीर्षकों के अन्तर्गत प्रविष्टियों को व्यवस्थित किया जाता है।

**CLASSIFIED LIBRARY**

**वर्गीकृत पुस्तकालय** : पुस्तकालय जिसके प्रलेखों की व्यवस्था किसी वर्गीकरण पद्धति के आधार पर की गयी हो।

**CLASSIFIED ORDER**

**वर्गीकृत क्रम** : शैल्फ में प्रलेखों व सूची में प्रविष्टियों की व्यवस्था वर्गीकरण पद्धति के अनुसार वर्गांकों के आधार पर करना।

**CLASSIFIED SUBJECT CATALOGUE**

**वर्गीकृत विषय सूची** : देखिये Classified Catalogue

**CLASSIFIER**

**वर्गकार** : वह व्यक्ति जो पुस्तकालय के प्रलेखों को एक वर्गीकरण पद्धति के आधार पर वर्गीकृत करता है।

**CLASSIFYING**

**वर्गीकरण प्रक्रिया** : एक समान विशेषताओं वाली अवधारणों अथवा वस्तुओं को साथ रखना; अथवा प्रलेखों को एक वर्गीकरण पद्धति के आधार पर वर्गीकृत करने की प्रक्रिया।

**CLASSIS**

**क्लासिस** : यह लैटिन भाषा का शब्द है जिसका अर्थ है बाँटना अथवा समूह बनाना। इसी से वर्गीकरण (Classification) शब्द की उत्पत्ति हुई है।

**CLAY TABLETS**

**मिट्टी की पट्टियाँ :** प्राचीन मैसोपोटामियाँ जो आधुनिक इराक का भाग है वहाँ पर मिट्टी की पट्टियों पर अभिलेख बनाये जाते थे। सीरिया तथा टर्की में भी इस प्रकार के अभिलेखों के प्रमाण मिलते हैं।

**CLERICAL STAFF**

**सहायक कर्मचारी :** पुस्तकालय के ऐसे कर्मचारी जो लिपिकीय तथा दिनचर्या के कार्यों को करते है। इन कार्यों में पुस्तकालय के सैद्धान्तिक अथवा मानक नियमों को प्रयोग करने की आवश्यकता नहीं होती है इसलिए ऐसे कर्मचारियों का पुस्तकालय एवं सूचना विज्ञान में प्रशिक्षित होना आवश्यक नहीं होता है।

**CLIENTELE**

**पाठक :** पुस्तकालय के उपयोगकर्ता।

**CLIPPING**

**कतरन :** समाचार पत्रों अथवा सामयिक प्रकाशनों से काटी गयी विशिष्ट विषयों से सम्बन्धित सूचना की कतरनें, जिनकों संदर्भ सेवा हेतु एक सुनिश्चित क्रम से चिपका कर रखा जाता है।

**CLIPPING SERVICE**

**कतरन सेवा :** विशिष्ट पुस्तकालयों में विशेषज्ञों तथा शोधकर्ताओं को सामयिक सूचना अभिज्ञा सेवा प्रदान करने का यह एक माध्यम है जिसमें पुस्तकालय में उपलब्ध समाचार पत्रों व सामयिक प्रकाशनो से सम्बन्धित सूचना को काट कर कतरन संग्रह संचिका बना कर सूचना सेवा प्रदान की जाती है।

**CLIPPINGS FILE**

**कतरन संग्रह संचिका :** समाचार पत्रों व सामयिक प्रकाशनों से सम्बन्धित सूचना की कतरनों को काट कर कतरन संग्रह संचिका में सहायक अनुक्रम में व्यवस्थित किया जाता है जिससे इन कतरनों को संदर्भ सेवा हेतु स्थायी रूप से सुरक्षित रखा जा सके।

**CLOCK SPEED**

**क्लॉक स्पीड :** कंप्यूटर की शब्दावली में क्लॉक स्पीड से तात्पर्य प्रति सैकण्ड उत्पन्न होने वाली उस पल्स से है जो कि कंप्यूटर की गति तय करती है। क्लॉक स्पीड को सामान्यतया मेगाहर्टज में मापा जाता है।

**CLOSE CLASSIFICATION**

**सूक्ष्म वर्गीकरण :** वर्गीकरण जिसमें विषय जगत को सूक्ष्मतम् स्तर तक विभाजित किया गया है।

**CLOSED ACCESS SYSTEM**

**निषिद्ध प्रवेश प्रणाली :** पुस्तकालय की वह प्रणाली जिसमें पाठक को पुस्तक भंडारण कक्ष के शैल्फ से स्वयं पुस्तक प्राप्त करना निषिद्ध होता है। इस हेतु पाठक को पुस्तकालय कर्मचारी की सहायता आवश्यक होती है।

**CLOSED ARRAY**

**अवरूद्ध पंक्ति :** वर्ग पंक्ति जिसकी श्रृंखला में एकल विचारों का बर्हिवेशन संभव नहीं है।

**CLOSED ENTRY**

**पूर्ण प्रविष्टि :** ऐसी प्रविष्टि जिसमें एक प्रलेख अथवा सामयिक प्रकाशन के सभी खण्डों की सम्पूर्ण सूचना का विवरण दे दिया गया हो तथा आगे किसी भी प्रकार की सूचना अंकित करने की आवश्यकता न हो।

**CLOSED FILE**

**पूर्ण संचिका :** ऐसे दस्तावेजों की संचिका जिन पर कार्यवाही पूरी हो चुकी है।

**CLOSED NOTATION**

**अवरूद्ध अंकन :** वर्गीकरण पद्धति की ऐसी अंकन प्रणाली के ऐसे अंकन जिसमें नये विषयों एवं एकलों का अन्तर्वेशन व वर्हिवेशन संभव न हो।

**CLOSED SHELVES**

**निषिद्ध पुस्तक भंडारण कक्ष :** देखिये Closed Access System

**CLOTH BINDING**

**कपड़ा जिल्द :** ऐसी जिल्द जिसमें पुस्तक पर दफ्ती के साथ कपड़े को आवरण के लिये प्रयोग किया जाता है।

**CLUSTERING**

**समूहीकरण :** यह पुस्तकालय वर्गीकरण में विषय संरचना की एक प्रक्रिया है। 1966 में रंगनाथन ने विषय संरचना की नई अवधारणा **विषय समूहन** (Subject Bundle) प्रतिपादित की। किन्तु नीलमेघन ने 1973 में इस शब्द के स्थान पर **समूहीकरण** प्रयोग किया। उनके अनुसार एक विशिष्ट विषय पर किये गये शोध कार्यों व अनुसंधानों के निष्कर्षों को एक साथ प्रकाशित किया जा सकता है अथवा एक ही विषय पर विभिन्न दृष्टिकोणों से प्रकाशित सामग्री को एक साथ व्यवस्थित किया जा सकता है। जैसे भारतीय विद्या अथवा भारतीय अध्ययन के अन्तर्गत– शिक्षा, संस्कृति, धर्म, विज्ञान, अर्थव्यवस्था आदि पर लिखे प्रलेखों का एक साथ समूहीकरण किया जा सकता है।

**CLUSTERING (AUTOMATIC CLASSIFICATION)**

**समूहीकरण (स्वचालित वर्गीकरण) :** स्वचालित वर्गीकरण में समूहीकरण

दो प्रकार से किया जा सकता है – प्रलेख समूह (Document clustering) अथवा विषय सूचक शब्द (Keywords) समूह। स्वचालित प्रलेख समूह का आधार भी शब्दों की पुनरावृत्ति पर आधारित होता हैं। इन्ही के आधार पर विभिन्न प्रलेखों की पारस्परिक संबद्धता तथा विषय की समानता को निश्चित कर प्रलेखों का समूहीकरण किया जाता है। जिससे एक विशिष्ट प्रलेख के स्थान पर पाठक को उस विषय के सभी प्रलेख एक साथ प्राप्त हो सकते हैं।

**COALESCED ARRAY**

**संलीन पंक्ति** : जब एक ही विषय जगत को विभाजित करने के लिए भिन्न--भिन्न विशेषताओं का प्रयोग किया जाता है तो उनके आधार पर भिन्न--भिन्न पंक्तियाँ बनेंगी। यदि इन सभी पंक्तियों को सम्मिलित करके एक पंक्ति बनायी जाती है तो उसे संलीन पंक्ति की संज्ञा दी जाती है। जैसे विद्यार्थियों के विषय व उनके बौद्धिक स्तर के आधार पर विभाजित कर दो भिन्न पंक्तियाँ बनायी जाती हैं – हिन्दी, अंग्रेजी, कानून, रसायन शास्त्र के विद्यार्थी, प्रतिभाशाली विद्यार्थी, मन्दबुद्धि विद्यार्थी। तत्पश्चात इन दोनों को मिला दिया जाता है जैसे हिन्दी के विद्यार्थी– प्रतिभाशाली, मन्दबुद्धि; रसायन शास्त्र के विद्यार्थी – प्रतिभाशाली, मन्दबुद्धि आदि इसे संलीन पंक्ति कहा जायेगा।

**COARSE CLASSIFICATION**

**अपरिष्कृत वर्गीकरण** : एक सूचना नेटवर्क से जुड़े विभिन्न पुस्तकालयों एवं सूचना केन्द्रों को जोड़ने के लिये जिस वर्गीकरण पद्धति को बनाया जाता है उसे अपरिष्कृत वर्गीकरण कहते हैं। क्योंकि इस पद्धति से वास्तविक प्रलेखों का वर्गीकरण नहीं किया जाता है अपितु मात्र सूचना संचारण व वर्गीकृत सूचना के वर्गांकों को परिवर्तक वर्गांक प्रदान करने हेतु ही प्रयोग किया जाता है। तथापि इस प्रकार की पद्धति की रचना सामान्य वर्गीकरण पद्धति के समान ही की जाती है।

**CO-AUTHOR**

**सहलेखक** : एक प्रलेख अथवा लेख को लिखने वाले यदि एक से अधिक व्यक्ति अथवा संस्था हो तो उसे सहलेखक कहते है। इस प्रकार की रचना में प्रत्येक सहलेखक समान प्रकार से उत्तरदायी होता है। इस प्रकार की रचना को जौइंट ऑथरशिप (Joint Authorship) अथवा शेयर्ड ऑथरशिप (Shared Authorship) अथवा मल्टीपल ऑथरशिप (Multiple Authorship) भी कहा जाता है।

**COBOL**

**कोबोल** : इसका पूरा नाम कामन विजनेस ओरिएटेड लैंग्वेज है। यह

व्यवसाय एवं उद्योग के क्षेत्र में कंप्यूटर प्रोग्राम की एक प्रचलित उच्चस्तरीय भाषा है। अधिकतर व्यापार के कार्यों में डेटा बहुत अधिक मात्रा में होता है ओर एक ही प्रकार का काम बार–बार किया जाता है। कोबोल में लिखा गया प्रोग्राम ऐसे काम अच्छी तरह कर सकता है। इसके द्वारा कई प्रकार के प्रश्नों जैसे किसी विशेष अविधि में कितना माल आया, कितना गया, कितना खर्च हुआ, कितनी बचत हुई आदि की संक्षिप्त रिपोर्ट भी तुरन्त प्रिन्ट की जा सकती है। व्यापार में इस भाषा के प्रयोग का एक अन्य कारण इसमें अंग्रेजी भाषा जैसे वाक्यों का प्रयोग होना भी है जो कि समझने में आसान होते हैं।

**CODE**

**संकेत पद्धति :** परम्परागत संकेतों व चिन्हों की पद्धति जिसका प्रयोग प्राकृतिक भाषा में अंकित सूचना को प्रस्तुत करने के लिये किया जाता है। इन संकेतों का प्रयोग विभिन्न प्रकार से किया जा सकता है। सूचना पुनः प्राप्ति प्रणाली में पत्रकों को छिद्रित करके इनकों प्रस्तुत किया जाता है। तथापि इनको प्रयोग करने के स्पष्ट नियम भी हो सकते हैं।

**CODE INDEX**

**संकेतकी अनुक्रमणिका :** सूचना पुनः प्राप्ति में शब्द शीर्षकों की सूची जो उपयोगकर्ता को संकेत अंकों के माध्यम से आवश्यक सूचना हेतु मार्गदर्शक का कार्य करते हैं।

**CODE LANGUAGE**

**सांकेतिक भाषा :** प्राकृतिक भाषा के अनुवाद के लिए प्रयोग की जाने वाली कृत्रिम सांकेतिक भाषा जिसे अंकाक्षरों, चिन्हों, प्रतीकों आदि से बनाया जाता है।

**CODEX**

**प्राचीन पाण्डुलिपि :** प्राचीन समय में पाण्डुलिपियों को बाँध कर एक खण्ड अथवा पुस्तक का रूप दे दिया जाता था जिससे पुस्तक की भाँति उसे पढ़ा जा सके।

**CODING**

**संहिताकरण :** सूचना पुनः प्राप्ति प्रणाली में एक सांकेतिक भाषा पद्धति के आधार पर विशिष्ट विषयों के नामों अथवा अंकित सूचना का सांकेतिक भाषा में अनुवाद करना।

**CO-EXTENSIVE CLASS NUMBER**

**सहविस्तृत वर्गांक :** यदि एक प्रलेख अथवा लेख के विषयतत्व में

अन्तर्निहित प्रत्येक विशेषता के लिये एक अंक सम्मिलित करके वर्गांक बनाया गया है तो उसे सहविस्तृत वर्गांक कहते हैं।

**CO-EXTENSIVENESS**

**सहविस्तृतता :** सूक्ष्म वर्गीकरण जिसमें प्रलेख अथवा लेख के विषयतत्व में अन्तर्निहित विशेषताएँ तथा उसके लिये बनाये गये वर्गांक के अंकों में समानता होती है अर्थात् प्रत्येक विशेषता के लिए एक अंक, के आधार पर वर्गांक बनाया जाता है।

**COGNOMEN**

**उपनाम :** कुलनाम अथवा परिवार, ग्राम आदि के आधार पर रखा गया उपनाम।

**COLLABORATOR**

**सहलेखक :** वह व्यक्ति जो एक पुस्तक को लिखने मे अन्य व्यक्तियों के साथ गौण रूप से सहयोग करता है।

**COLLATERAL ARRAY**

**समानान्तर पंक्ति :** वर्गीकरण में एक विषय जगत से प्राप्त एक ही क्रम की पंक्तियाँ।

**COLLATERAL CLASSES**

**समानान्तर वर्ग :** एक क्रम के वर्ग लेकिन एक ही पंक्ति के नही।

**COLLATION**

**पृष्ठादि विवरण :** सूचीकरण में प्रलेख के बाह्य स्वरूप से सम्बन्धित विवरण, जैसे – पृष्ठों की संख्या, खण्ड संख्या, चित्र, मानचित्र, प्रलेख का आकार आदि।

**COLLECTED EDITION**

**संग्रहित संस्करण :** एक लेखक की सम्पूर्ण रचनाओं का एक साथ प्रकाशित संस्करण अथवा कई खण्डों में एक आख्या, समान जिल्द आदि के रूप में प्रकाशित संस्करण।

**COLLECTED WORKS**

**संग्रहित कृति :** एक लेखक की रचनाओं का संग्रह, जिसे एक अथवा कई खण्डों में प्रकाशित किया गया हो। समान्यतः सभी खण्डों की एक सामान्य आख्या होती है।

**COLLECTION DEVELOPMENT**

**संग्रह विकास :** एक पुस्तकालय की वर्तमान एवं भविष्य की आवश्यकताओं

के अनुरूप अपने संग्रह को विकसित करने की योजना बनाने की प्रक्रिया को संग्रह विकास की संज्ञा दी जाती है। जिसका मूल आधार पुस्तकालय के उद्देश्यों की पूर्ति होता है।

**COLLECTION NUMBER**

**संग्रहाँक** : वर्गीकरण में विभिन्न प्रकार के प्रलेखों को इंगित करने के लिये यदि कोई चिन्ह अथवा प्रतीक प्रयोग किया जाता है तो उसे संग्रहाँक कहा जाता है। यह नामांक का ही एक घटक है जिसे पुस्तकालय में प्रयोग की जाने वाली वर्गीकरण पद्धति के आधार (यदि उसमें इसका प्रावधान है) पर अथवा स्वयं निर्धारित किये गये संकेतकों, चिन्हों के आधार पर प्रयोग किया जा सकता है। कोलन क्लासीफिकेशन ही एक ऐसी पद्धति है जिसमें इस हेतु स्पष्ट निर्देश दिये गये हैं।

**COLLECTIVE BIOGRAPHY**

**जीवनी संग्रह** : विभिन्न विषय क्षेत्रों से सम्बन्धित व्यक्तियों के जीवनियों का संग्रह।

**COLLECTIVE CATALOGUING**

**सामूहिक सूचीकरण** : सूचीकरण में छोटे व अस्थाई प्रलेखों का एक सामूहिक शीर्षक के अन्तर्गत प्रविष्टि बनाना।

**COLLECTIVE ENTRIES**

**सामूहिक प्रविष्टियाँ** : सूचीकरण में छोटी–छोटी पुस्तिकाओं, पैम्फलेट आदि के लिए एक ही पत्रक पर प्रविष्टियाँ बनाना। सामान्यतः ऐसी पुस्तिकाऐं एक ही अथवा सम्बन्धित विषयों की होती है।

**COLLECTIVE POPULATION CLUSTER**

**सामूहिक जनसंख्या गुच्छ** : कोलन क्लासीफिकेशन में गाँवों, शहरों के समूह को सामूहिक जनसंख्या गुच्छ की अभिव्यक्ति माना गया है जबकि एक विशिष्ट शहर, विशिष्ट गॉव को व्यक्तिगत जनसंख्या गुच्छ की तरह प्रयोग किया जाता है। कोलन क्लासीफिकेशन संस्करण सात में सामूहिक जनसंख्या गुच्छ के लिये एकल अंकों का परिगणन किया गया है जबकि व्यक्तिगत जनसंख्या गुच्छ के लिए वर्णानुक्रमिक विधि से एकल अंक बनाया जाता है।

**COLLECTIVE TITLE**

**सामूहिक आख्या** : कई लेखकों द्वारा लिखे गये अलग–अलग आख्या के लेखों को यदि एक पुस्तक के रूप में प्रकाशित किया जाता है तो उस पुस्तक को एक सामान्य आख्या आबंटित किया जाता है जिसे सामूहिक आख्या कहा जाता है।

**COLLEGE LIBRARY**

**कालेज पुस्तकालय** : ऐसा पुस्तकालय जिसका मुख्य उद्देश्य अपने कालेज के पाठ्य क्रम के अनुरूप संग्रह को विकसित कर उस कालेज के छात्रों व अध्यापकों की शैक्षिक आवश्यकताओं की पूर्ति करना है।

**COLLOCATION**

**विषय संस्थिति** : वर्गीकरण में विषयों को व्यवस्थित करने के दृष्टिकोण से इस अवधारणा का प्रतिपादन किया गया है। जिसके अनुसार एक वर्गीकरण पद्धति में परस्पर सम्बन्धित विषयों का क्रम व व्यवस्था ऐसी होनी चाहिए जिससे उनपर लिखे गये प्रलेखों को जब वर्गीकृत किया जाता है तो सूची में उनकी प्रविष्टि व शैल्फ में प्रलेखों को साथ साथ व्यवस्थित किया जा सके।

**COLON**

**कोलन** : पुस्तकालय वर्गीकरण में कोलन चिन्ह को एक संकेतक के रूप में प्रयोग किया गया है। रंगनाथन ने कोलन क्लासीफिकेशन के प्रथम संस्करण में केवल कोलन संकेतक का प्रयोग किया तथा इसी आधार पर इस पद्धति का नामकरण भी किया। तथापि संस्करण चार से इस संकेतक को क्रिया श्रेणी को आबँटित किया गया है। यूनीवर्सल डेसीमल क्लासीफिकेशन में भी कोलन संकेतक सबसे महत्वपूर्ण संकेतक है जिसका प्रयोग ही मिश्रित विषयों को सहविस्तृत वर्गांक प्रदान कर सकता है।

**COLON BOOK NUMBER**

**कोलन ग्रंथांक** : रंगनाथन द्वारा प्रतिपादित ग्रंथांक की इस प्रणाली में ग्रंथांक बनाने के लिय पक्ष–परिनियम का प्रयोग करना पड़ता है जिसे प्रलेख के बाह्य स्वरूप की विभिन्न विशेषताओं के आधार पर बनाया गया है जैसे L अर्थात् पुस्तक की भाषा; F पुस्तक का स्वरूप, आकार; Y प्रकाशन वर्ष, (इन तीनों के लिए पद्धति में विशिष्ट सारणियाँ हैं जिनसे इनका एकल अंक प्राप्त किया जाता है); A एक ही वर्ष में प्रकाशित पुस्तकों का भिन्नता अंक; V खण्ड संख्या, S संपूरक अंक; C प्रति संख्या; EVN पुस्तक समीक्षा अंक। इस परिनियम में से जिस भी पक्ष की आवश्यकता हो उसे ही प्रयोग किया जाता है।

**COLON CLASSIFICATION**

**कोलन क्लासीफिकेशन** : एस. आर. रंगनाथन द्वारा संरचित यह प्रथम पूर्ण पक्षात्मक पद्धति है तथा इसकी संरचना स्पष्ट मार्गदर्शक सिद्धान्तों व अभिधारणाओं पर की गयी है। इसमें वर्गांक बनाने के लिये पाँच मूलभूत श्रेणियों, विभिन्न विधियों व पक्ष–विश्लेषण का प्रयोग करना पड़ता है। इसमें नये विषयों व एकल विचारों को पंक्ति के श्रृंखला में असीमित ग्राह्यता प्रदान की जा सकती

है। यह एक मात्र ऐसी वर्गीकरण पद्धति है जिसमें वर्गांक, ग्रथांक तथा संग्रहांक बनाने के लिए स्पष्ट नियम दिये गये है। इसका प्रथम संस्करण 1933 में तथा सातवाँ 1987 में प्रकाशित हुआ।

**COLUMN**

**कालम** : एक **पुस्तक** के एक पृष्ठ के बीच में सीधी खड़ी रेखा के द्वारा बनाये गये कालम; अथवा **वर्गीकरण** पद्धति में विशेषताओं से प्राप्त विषयों को स्तम्भाकार व्यवस्थित करना।

**COLUMNAR SCHEDULE**

**स्तम्भाकार अनुसूची** : वर्गीकरण जिसकी अनुसूचियों में शब्दों अथवा वर्गों को स्तम्भाकार में व्यवस्थित किया गया हो। वर्गों को समकक्ष अथवा अधीनस्थ विभाजनों के आधार पर व्यवस्थित किया जा सकता है।

**COMMA**

**कौमा** : अर्धविराम चिन्ह जिसका प्रयोग वाक्यांश के लिए किया जाता है; **वर्गीकरण** में इसको संकेतक के रूप में प्रयोग किया गया है। कोलन क्लासीफिकेशन में व्यक्तित्व श्रेणी के संकेतक के रूप में; बिब्लियोग्राफिक क्लासीफिकेशन प्रथम संस्करण में तीन व चार सहायक सारणी के अंकों को जोड़ने के लिए इसका प्रयोग किया गया है।

**COMMAND**

**निर्देश** : कंप्यूटर प्रोग्राम का वह भाग जो कंप्यूटर को यह निर्देश देते हैं कि किस स्तर पर क्या कार्य करना है।

**COMMAND CHAIN**

**निर्देश कड़ी** : कंप्यूटर कार्य प्रणाली का वह भाग जिसमें निवेश/निर्गत के लिये निर्देशों को कंप्यूटर क्रमानुसार स्वंय कार्यान्वित कर सकता है।

**COMMENTARY**

**टीका** : किसी कृति पर लिखी गयी व्याख्या अथवा समालोचना।

**COMMERCIAL LANGUAGE**

**व्यापारिक भाषा** : कंप्यूटर में व्यापारिक सूचना निवेश के लिये प्रोग्राम लिखने की भाषा जैसे कोबोल (COBOL)।

**COMMITTEE OF COURSES**

**पाठ्यक्रम समिति** : शैक्षिक संस्थाओं में विभिन्न पाठ्यक्रमों में सुचारू रूप से संशोधन आदि करने अथवा अन्य सम्बन्धित कार्यों को करने के लिए बनायी गयी समिति।

**COMMODITY-ACTAND-ACTION-ACTOR-TOOL PRINCIPLE**

**पदार्थ-क्रिया-प्रभावी-क्रिया-कर्ता-साधन सिद्धान्त :** देखिये Result-Actand-Action-Actor-Tool Principle.

**COMMODITY-RAW MATERIAL-TRANSFORMATION PRINCIPLE**

**उपयोगी पदार्थ-अपरिष्कृत सामग्री-रूपान्तरण सिद्धान्त :** 1964 तक इस सिद्धान्त को भी भित्ति चित्र सिद्धान्त का एक उपसिद्धान्त माना जाता था। बाद में इसका नाम बदल कर Result-Actand-Action-Actor-Tool Principle कर दिया गया।

**COMMON AUXILIARIES**

**सामान्य सहायक सारिणियाँ :** यूनीवर्सल डेसीमल क्लासीफिकेशन में सामान्य एकल विचारों के लिए सामान्य सहायक सारणियों का प्रावधान है। इन सारणियों के एकल अंकों का प्रयोग किसी भी मुख्य वर्गों के वर्गांकों के साथ किया जा सकता है। ये दो प्रकार की है : **चिन्ह :** ऐसी सारणियाँ जिनमें केवल चिन्ह (संकेतक) ही दिये गये है। इन चिन्हों के द्वारा दो या अधिक मुख्य वर्गों, उनके विभाजनों को जोड़ा जा सकता है जैसे कोलन चिन्ह; **उपविभाजनः** ऐसी सारणियाँ जिनमें सामान्य उपविभाजन का परिगणन किया गया है जैसे भाषा की सामान्य सारिणी अथवा काल की सामान्य सारिणी। इन सारिणियों को विशिष्ट संकेतक भी आबंटित किये गये हैं।

**COMMON COMMUNICATION FORMAT**

**समान संचार रूप :** कंप्यूटर नेटवर्क द्वारा एक स्थान से दूसरे स्थान तक सूचना का सरलता से संचारण करने, सूचना का समान रूप से भंडारण करने तथा नेटवर्क द्वारा सूचना सहयोग को ध्यान में रखते हुए सूचना संचार का मानक रूप बनाया जाता है जिसे समान रूप से प्रयोग किया जा सके जैसे MARC Format.

**COMMON FACET**

**सामान्य पक्ष :** ऐसे विषय अथवा अवधारणाऐं जो कई मुख्य वर्गों में सामान्य रूप से प्रयोग किये जा सकते है। देखिये Common Isolates.

**COMMON GATEWAY INTERFACE**

**कामन गेटवे इंटरफेस** जिसे संक्षिप्त में सी. जी. आई कहते हैं, एक मानक है जिसे वेब पेज पर बने फार्म से डेटा को वेब सर्वर तक पहुँचाने तथा प्राप्ति की सूचना वापस पहुँचाने के लिये प्रयोग किया जाता है। इस मानक द्वारा वेब पेज को क्रियाशील बनाया जाता है ताकि उपयोगकर्ता डेटावेस से प्रश्न (क्वैरी) कर सके।

**COMMON ISOLATES**

**सामान्य एकल** : ऐसे एकल विचार जो विषय–जगत के विभिन्न विषयों में सामान्य रूप से प्रयोग किये जा सकते हैं। वर्गीकरण में इनको सामान्य एकल, सामान्य उपविभाजन,रूप विभाजन, सामान्य पक्ष आदि की संज्ञा दी गयी है। ऐसे एकल विचारों को अभिव्यक्त करने के लिये वर्गीकरण पद्धति में एक नाम व एक अंक प्रयोग किया जाता है तथा इस हेतु सामान्य सारणी का प्रावधान किया जाता है।

**COMMON-MATTER-PROPERTY ISOLATES**

**सामान्य पदार्थ-गुणधर्म एकल** : कोलन क्लासीफिकेशन संस्करण सात में पदार्थ श्रेणी का एक नया प्रकार प्रतिपादित किया गया है। संस्करण 6 तक इनको क्रिया श्रेणी की अभिव्यक्ति माना जाता था। पदार्थ गुणधर्म के ऐसे पुनरावर्ती एकल जिनको सभी मुख्य विषयों में प्रयोग किया जा सकता है, को सामान्य एकल मान कर सामान्य सारणी में सम्मिलित किया गया है।

**COMMON PERSONALITY ISOLATES**

**सामान्य व्यक्तित्व एकल** : कोलन क्लासीफिकेशन में किसी व्यवसाय, संस्था अथवा संगठन के बारे में लिखे गये प्रलेखों को सहविस्तृत वर्गांक प्रदान करने हेतु सामान्य व्यक्तित्व एकलों का प्रावधान है जिनका प्रयोग इस हेतु प्रतिपादित पक्ष–परिनियम के आधार पर किया जाता है। इसका संकेतक भी कौमा ही है।

**COMMON SUBDIVISIONS**

**सामान्य उपविभाजन** : डीवी डेसीमल क्लासीफिकेशन के संस्करण 13 में सामान्य एकलों के लिये इस शब्द का प्रयोग किया गया था। वर्तमान संस्करण में इसे मानक उपविभाजन (Standard Subdivisions) कहा जाता है।

**COMMONWEALTH AGRICULTURAL BUREAU INTERNATIONAL**

देखिये CAB International

**COMMUNICATION**

**संचारण** : बोलने, लिखने अथवा संकेत के माध्यम से विचार, संदेश अथवा सूचना का आदान प्रदान।

**COMMUNICATION CHANNEL**

**संचारण पथ** : केन्द्रीय स्थल से दूरस्थ स्थल पर स्थापित कंप्यूटर केन्द्रों के लिये सूचना संचारण मार्ग।

**COMP**

कंप्यूटर का वाह्य आदेश जिससे यह पता लगाया जा सकता है कि दो फाइलें एक जैसी है अथवा नहीं।

**COMPACT DISK**

**कम्पैक्ट डिस्क** : कंप्यूटर का भंडारण माध्यम जिसमें आप्टिकल लेजर भंडारण का प्रयोग किया जाता है।

**COMPACT DISK PLAYER**

**कम्पैक्ट डिस्क प्लेयर** : कंप्यूटर में अधिक डेटा रिकार्ड करने के लिए कम्पैक्ट डिस्क तकनीक का प्रयोग किया जाता है। इसमें भंडारित डेटा को पढ़ने के लिये विशेष प्रकार के उपकरण का प्रयोग किया जाता है। जिसे कम्पैक्ट डिस्क प्लेयर कहते हैं।

**COMPACT DISK ROM**

देखिये CD ROM

**COMPATIBILITY**

**समरूपता** : 1. यदि बिना किसी परिवर्तन के दो प्रकार के कंप्यूटरों में एक ही प्रकार के हार्डवेयर या साफ्टवेयर प्रयोग किये जा सकते हैं जो दोनों में समरूपता है। 2. यदि दो शब्दकोश समान विधि से बनाये गये हैं तो उनका प्रयोग समान विषय क्षेत्र की खोज के लिये अथवा अनुक्रमणीकरण के लिए किया जा सकता है।

**COMPATIBLES, IBM PC**

देखिये IBM PC Compatibles

**COMPENDS**

**सार** : एक विषय का सारांश या संक्षिप्त या रूपरेखा में विवरण।

**COMPENDEX**

**कम्पेनडेस्क** : यह् शब्द Computerised Engineering Index का संक्षिप्त शब्द है। कम्पेनडेक्स, इन्जीनियरिंग इन्डेक्स का आनलाइन संस्करण है।

**COMPENDIUM**

**सारग्रन्थ** : एक कृति के विस्तृत विषय वस्तु का संक्षिप्त विवरण।

**COMPILATION**

**संकलन** : विभिन्न स्रोतों से प्रासंगिक सामग्री एकत्र करके तैयार की गयी कृति।

**COMPILER**

**संकलनकर्ता** : वह व्यक्ति जो विभिन्न स्रोतों से प्रासंगिक सामग्री का संग्रह कर उसे उपयोग हेतु तैयार करता है।

**COMPILER (COMPUTER)**

**कंपाइलर :** यह एक विशिष्ट प्रोग्राम है जो प्रोग्रामिंग भाषा (बेसिक, पास्कल, काबोल आदि) में लिखे गये प्रोग्राम का उस भाषा में अनुवाद करता है जिसे कंप्यूटर समझता है। प्रत्येक उच्चस्तरीय भाषा का विशेष कंपाइलर होता है जैसे बेसिक कंपाइलर, पास्कल कंपाइलर, जिसका कंप्यूटर स्मृति में होना आवश्यक होता है। ये कंपाइलर अंग्रेजी भाषा के कुछ चुने हुए शब्दों में लिखे गये आदेशों को मशीनी भाषा में, तथा मशीनी भाषा को अंग्रजी के शब्दों में अनुवाद कर देते हैं। इन उच्चस्तरीय भाषाओं में लिखा प्रोग्राम किसी भी कंप्यूटर पर चलाया जा सकता है यदि उसमें उस भाषा का कंपाइलर होता है।

**COMPILER ENTRY**

**संकलनकर्ता प्रविष्टि :** सूचीकरण में संकलनकर्ता के नाम से बनायी गयी प्रविष्टि।

**COMPLETE BIBLIOGRAPHY**

**पूर्ण ग्रन्थसूची :** एक विषय पर प्रकाशित सम्पूर्ण पुस्तकों की सूची।

**COMPLETE CHAIN**

**पूर्ण श्रृंखला :** वर्गीकरण में ऐसी श्रृंखला जिसकी प्रथम कड़ी विषय जगत तथा अन्तिम कड़ी एक सत्व वर्ग है।

**COMPLETE SERIES**

**पूर्ण ग्रन्थमाला :** एक ग्रन्थ के अन्तर्गत जितने भी ग्रन्थों का प्रकाशित करने का निर्णय लिया गया है जब वे सभी प्रकाशित हो जाती है तो ग्रन्थमाला पूर्ण मानी जाती है।

**COMPLETELY AMPLIFIED CLASS**

**पूर्णतया विस्तारित वर्ग :** रंगनाथन के अनुसार वर्गीकरण में जब एक मूल विषय के अनुरूप कृत्रिम सत्वों को जोड़कर तथा पूर्ण विभाजन की प्रक्रिया से उत्पन्न होने वाले अनेक वर्गों के द्वारा उसका विस्तार किया जाता है तो उसे पूर्णतया विस्तारित वर्ग कहते हैं।

**COMPLEX ARRAY ISOLATE**

**पंक्ति का मिश्रित एकल :** वर्गीकरण में यदि एक पंक्ति के दो या अधिक एकलों के पारस्परिक सम्बन्धों को दिखाने के लिए उनको जोड़कर एक नया एकल बनाया जाता है तो उसे एक पंक्ति का मिश्रित एकल कहा जाता है जैसे कोलन क्लासीफिकेशन में अन्तर–पंक्ति विषय सम्बन्ध विधि से बनने वाले एकल।

**COMPLEX CLASS**

**मिश्रित वर्ग :** एक मिश्रित वर्ग द्वि–भागीय होता है। वर्गीकरण में ऐसे वर्गों को दो मुख्य वर्गों अथवा दो संयोजित वर्गों को जोड़कर बनाया जा सकता है। इसे मिश्रित विषय भी कहते हैं। कोलन क्लासीफिकेशन में ऐसे विषयों के वर्गांकों में सभी प्रकार के पारस्परिक सम्बन्धों को भी स्पष्ट रूप से अन्तर वर्ग विषय सम्बन्ध विधि से दिखा सकते हैं।

**COMPLEX ISOLATE**

**मिश्रित एकल :** वर्गीकरण में एक मुख्य वर्ग के एक पक्ष के दो एकलों के पारस्परिक सम्बन्धों को दिखाने के लिये इनको यदि जोड़ दिया जाता है तो एक मिश्रित एकल बन जाता है। कोलन क्लासीफिकेशन में इसे अन्तर पक्ष विषय सम्बन्ध की संज्ञा दी गयी है।

**COMPLEX SUBJECT**

**मिश्रित विषय :** वर्गीकरण में यदि एक विषय दो या अधिक मुख्य वर्गों में पारस्परिक सम्बन्धों को प्रदर्शित करता है तो उसे मिश्रित विषय की संज्ञा दी जाती है। ऐसे विषयों के वर्गांक बनाने के लिये कोलन क्लासीफिकेशन में अन्तर–वर्ग विषय सम्बन्ध विधि तथा यू.डी.सी. में संकेतक कोलन का प्रयोग किया जाता है।

**COMPLEXITY SEQUENCE**

**जटिलता अनुक्रम :** एक वर्गीकरण पद्धति में विषयों एवं एकलों को सहायक अनुक्रम में व्यवस्थित करने हेतु उनमें प्रदर्शित होने वाली विभिन्न अंशों की जटिलता का प्रयोग किया जाता है तो उसे जटिलता अनुक्रम कहते हैं। यह दो प्रकार से किया जा सकता है : कम जटिल से अधिक जटिल अर्थात जटिलता वृद्धि अनुक्रम अथवा अधिक जटिल से कम जटिल अर्थात् जटिलता ह्रास अनुक्रम।

**COMPONENT**

**घटक : सूचीकरण** में एक मिश्रित विषय शीर्षक का एक शब्द अथवा **वर्गीकरण** में वर्गांक का एक भाग या हिस्सा।

**COMPOSITE AUTHOR**

**संयुक्त लेखक :** एक पुस्तक जिसमें विभिन्न लेखकों का योगदान हो उसमें से एक लेखक।

**COMPOSITE BOOK**

**संयुक्त पुस्तक :** ऐसी पुस्तक जिसमें एक अथवा विभिन्न लेखकों द्वारा लेख लिखे गये हो, प्रत्येक लेख की भिन्न आख्या हो, तथा पुस्तक को एक पृथक

सामान्य आख्या के अन्तर्गत प्रकाशित किया गया हो। प्रकाशक भी दो या अधिक पुस्तकों को एक साथ मिला कर प्रकाशित कर एक कृत्रिम संयुक्त पुस्तक का सृजन कर सकते हैं।

**COMPOSITE CLASSIFICATION**

**मिश्रित वर्गीकरण :** व्यावहारिक वर्गीकरण में एक विशिष्ट विषय जो विभिन्न विशेषताओं के आधार बना हुआ है उसका वर्गांक बनाने के लिये विभिन्न अनुसूचियों व विधियों का प्रयोग किया जाता है जिसके फलस्वरूप मिश्रित वर्गीकरण प्राप्त होता है। ब्लिस ने इस हेतु एक सिद्धान्त भी प्रतिपादित किया है।

**COMPOSITE HEADING**

**मिश्रित शीर्षक :** एक प्रलेख का शीर्षक जो एक से अधिक तत्वों से मिलकर बना हो तथा जिनमें भिन्नता दिखाने के लिये मुद्रण द्वारा अथवा सूचीकरण में विराम चिन्हों का प्रयोग आवश्यक हो जाता है जिसे क्रम व्यवस्था आसानी से हो सके।

**COMPOSITE SUBJECT**

**मिश्रित विषय :** एक मूल विषय जिसमें कई अन्य घटक सम्मिलित हैं।

**COMPOSITE WORK**

**संयुक्त कृति :** एक विषय पर दो या अधिक लेखकों के योगदान के आधार पर प्रकाशित एक साहित्यिक कृति।

**COMPOUND BASIC SUBJECT**

**संयोजित मुख्य विषय :** कोलन क्लासीफिकेशन में एक मुख्य विषय के साथ कालानुक्रमिक, पर्यावर्णित अथवा अन्य घटकों के संयोजन से कई नये संयोजित मुख्य विषय बनाये जा सकते हैं जैसे –

L-9H Female Medicine;

G-9UP Marine Biology.

**COMPOUND CLASS**

**संयोजित वर्ग :** मुख्य पक्ष के साथ एक या अधिक एकल पक्षों के संयोजनों से बना वर्ग।

**COMPOUND ISOLATE**

**संयोजित एकल :** वर्गीकरण पद्धति की एक ही अनुसूची से दो या अधिक एकलों को जोड़कर बनाये गये विषय को कोलन क्लासीफिकेशन में संयोजित एकल कहा जाता है।

**COMPOUND NAME**

**संयुक्त पदीय नाम** : कई नामों से मिलकर बनाया गया नाम, सामान्यतः ऐसे नाम को विराम चिन्हों, संयोग चिन्हों से जोड़कर बनाया जाता है।

**COMPOUND PRECEPTS**

**संयोजित अवबोधन** : मष्तिष्क में विभिन्न समयों में संचित अवबोधन से बनने वाला ज्ञान।

**COMPOUND SUBJECT**

**संयोजित विषय** : एक मूल विषय के साथ विशिष्ट घटकों अथवा एकल पक्षों के संयोजन से बनने वाला विषय।

**COMPOUND SUBJECT HEADING**

**संयुक्त पदीय शीर्षक** : दो संबद्ध शब्दों अथवा संयोजकों से जोड़ कर बना दो शब्दों वाला शीर्षक।

**COMPREHENSIVE BIBLIOGRAPHY**

**विस्तृत ग्रन्थ सूची** : एक विषय पर प्रकाशित सम्पूर्ण पुस्तकों के आधार पर बनायी गयी ग्रन्थसूची।

**COMPREHENSIVE WORK**

**विस्तृत कृति** : एक विषय के सभी दृष्टिकोणों, पहलुओं, तथा पक्षों को प्रस्तुत करने वाली कृति।

**COMPUTER**

**कम्प्यूटर** : कम्प्यूटर की उत्पत्ति एक तीव्रगति के गणक यंत्र के रूप में हुई। सर्वप्रथम गणना हेतु प्रयोग में लाया जाने वाला गणक यंत्र एबेक्स (Abacus) था। 1942 में 18 वर्ष की आयु में फ्रांसीसी गणितज्ञ ब्लेज पास्कल ने एक **यांत्रिक संगणक** (केलकुलेटर) का अवष्किार किया। इस केलकुलेटर के आधार पर ही बाद में अन्य केलकुलेटर बने। 1671 में जर्मन गणितज्ञ लिबनिट्ज (Leibnitsz) ने गणक–यंत्र बनाया जो जोड़ व गुणा भी कर सकता था। आधुनिक कम्प्यूटरों की अवधारणा का जन्म 1822 में चार्ल्स बैबेज के द्वारा हुआ जब उन्होने डिफ्रेन्स इंजन (Difference Engine) का एक नमूना कैम्ब्रिज विश्वविद्यालय में प्रस्तुत किया। अपने शोधकार्यों के आधार पर 1833 में **एनालिटिकल** इंजन बनाया जिसमें एक संग्राहक (स्मृतिपटल) एक चक्की (गणित इकाई), छपाई कार्ड व सूचना भरने के लिये पंच किये हुए कार्डों की व्यवस्था थी। यह सबसे बड़ा स्वचालित उपकरण था जो एक मिनट में 60 जोड़ कर सकता था। 1880 में अमेरिका के हरमन हालरिथ ने पंच कार्ड बनाए जिनमें

गणना से सम्बन्धित जानकारी को भरा जा सकता था। 1890 में इसी विधि से अमेरिका की जनगणना का कार्य किया गया। 1896 में हालरिथ ने एक कंपनी (The Computing Tabulating Recording Compnay) की स्थापना करके अपनी मशीन का व्यावसायिक उत्पादन शुरू किया। यही कंपनी बाद में आई॰बी॰एम॰ (International Business Machines Corporation) बनी जो आज संसार की सबसे बड़ी कम्प्यूटर कंपनी है। 1946 में इलैक्ट्रोनिक कम्प्यूटरों की एक महत्वपूर्ण अवधारणा विकसित हुई। अमेरिका के पेन्सिलवेनिया विश्वविद्यालय में मेरी मूर स्कूल आफ इलैक्ट्रोनिकल इंजीनियरिंग के दो छात्रों जे.पी॰ एकरेट (Eckert) तथा जे माकले (Manchly) ने पहला इलैक्ट्रोनिक डिजिटल कम्प्यूटर बनाया, जिसे इनिएक (ENIAC – इलैक्ट्रोनिक न्यूमेरिकल इंटेग्रेटर एण्ड कैलकुलेटर) के नाम से जाना जाता है। यह पहली पीढ़ी का पहला कम्प्यूटर था। यह एक मिनट में 5000 जोड़ व 400 संख्याएँ गुणा कर सकता था किंतु इसके लिये वह 150 किलावाट बिजली खर्च करता था। विलियम शोकले (Shockley) के नेतृत्व में वैज्ञानिकों की एक टीम ने अमेरिका की बैल लैबोरटरी में 1948 में ट्रांजिस्टर का अविष्कार किया। 1954-56 के आस–पास कम्प्यूटरों में छोटे सिलिकॉन ट्राजिस्टरों का उपयोग होने लगा जिसने कम्प्यूटर की दूसरी पीढ़ी को जन्म दिया। जिसमें कम्प्यूटरों में इलैक्ट्रोनिक घटकों को एक बोर्ड पर तारों के जरिये जोड़ दिया जाता था। 1964 में तीसरी पीढ़ी के कम्प्यूटर का जन्म हुआ जिनमें संघटित परिपथ (Integrated Circuits) का प्रयोग किया गया तथा पहली बार कम्प्यूटर बाजार में उपलब्ध होने लगे। 1971 माइक्रोप्रोसेसर का अविष्कार हुआ जिसमें कम्प्यूटर की केन्द्रीय प्रक्रमण इकाई के समूचे इलैक्ट्रोनिक घटकों और परिपथों को स्थापित करने में सफलता मिल गयी। 1980 के दशक में वैज्ञानिकों ने अति वृहद श्रेणी संघटन (Very Large Scale Integration) की तकनीक विकसित की, जिसमें डाक टिकट के आकार के सिलिकन चिप पर लाखों ट्राजिस्टरों को स्थापित कर सर्किट बनाए गये। इसके फलस्वरूप कम्प्यूटर का आकार तथा भार छोटा हो गया जबकि इसकी क्षमता व गति में अत्यन्त वृद्धि हो गयी। पाँचवी पीढ़ी के कम्प्यूटर की कल्पना एक ऐसी मशीन से की गयी है जिसमें कृत्रिम वृद्धि उत्पन्न की जा सकेगी। तथा जो मानव की भाँति जानने, समझने व निर्णय लने जैसे गुणों से सम्पन्न होगा। वर्तमान समय में इस मशीन के द्वारा हर प्रकार के कार्य संभव है। इसे एक ऐसा विद्युत चलित उपकरण बना दिया गया है जिसमें सभी प्रकार की सूचनाओं को कुछ अनुदेशों व प्रोग्रामों के अन्तर्गत भंडारित किया जा सकता है तथा जो प्रक्रमण (Processing) के फलस्वरूप सूचना को वांछित आकार व प्रारूप में उपलब्ध कराता है।

## COMPUTER GRAPHICS

**कम्प्यूटर ग्राफिक्स** : कम्प्यूटर ग्राफिक्स कम्प्यूटर के द्वारा मॉनीटर के पटल पर ग्राफ, चार्ट, नक्शे चित्र आदि बनाने की कला को कम्प्यूटर ग्राफिक्स कहते हैं।

## COMPUTER HARDWARE

**कम्प्यूटर हार्डवेयर** : कम्प्यूटर को कई उपकरणों से जोड़कर बनाया जाता है जैसे की बोर्ड, मानीटर, सी॰पी॰यू॰, डिस्क ड्राइव आदि जो इलैक्ट्रोनिक उपकरण और धातु के कलपुर्जे होते है उन्हें हार्डवेयर कहते हैं।

## COMPUTER LANGUAGE

**कम्प्यूटर भाषा** : कम्प्यूटर केवल द्विआधारों अंकों की भाषा समझता है अर्थात अंक 0 व 1 के संयोजन से बनी भाषा। इस द्विआधारी अंक पद्धति में अपने निजी मान के साथ के साथ अलग–अलग स्थानामान भी होते हैं। इस पद्धति पर संख्याएँ काफी बड़ी बनती है। जैसे 2 = 10; 3 = 11; 9 = 1001, 10 = 1010, 15 = 1111, 42 = 10101। अग्रेंजी वर्णमाला के अक्षरों तथा अन्य प्रकार के चिन्हों को द्वि–आधारी भाषा में व्यक्त करने के लिये वर्तमान इलैक्ट्रौनिक कम्प्यूटरों में 8 विटों का उपयोग किया जाता है। जैसे ऐसकी कोड में 8 विटों के प्रयोग से 256 संख्याएँ बनाई जा सकती है। परंतु मान्यता केवल 128 संख्याओं को ही दी गयी है। प्रथम पीढ़ी के कम्प्यूटरों के लिये मशीन भाषा में ही प्रोग्राम लिखे जाते थे जबकि वर्तमान समय में कम्प्यूटर की दो तरह की भाषाएँ हैं – उच्चस्तरीय भाषा जिसमें सामान्य भाषा में प्रोग्राम लिखा जाता है जिसे कम्प्यूटर अपनी भाषा में अनुवाद करता है। दूसरी निम्नस्तरीय भाषा जिसमें सामान्य रूप से कम्प्यूटर की भाषा के अनुरूप सांकेतिक भाषा का प्रयोग होता है।

## COMPUTER MEMORY

**कम्प्यूटर स्मृति** : कम्प्यूटर का वह स्थान जहाँ आंकड़े, सूचनाऐं व डेटा संचित अथवा भंडारित किये जाते हैं। कंप्यूटर में दो प्रकार की स्मृति होतीं हैं – आन्तरिक स्मृति व वाह्य स्मृति। आन्तरिक स्मृति कम्प्यूटर में अन्तर्निहित होती है। यह भी दो प्रकार की होती है – रैम **(RAM)** अर्थात रेण्डम एक्सेस मैमोरी, जिसका प्रयोग अस्थायी स्मृति के लिये किया जाता है। दूसरी रोम **(ROM)** अर्थात रीड ओनली मेमोरी। इसमें अकित सूचना को स्थायी रूप से रखा जा सकता है। बाह्य स्मृति का भंडारण माध्यम बाहरी उपकरण होता है जैसे फ्लापी, टेप आदि।

**COMPUTER SIMULATION**

देखिये Simulation.

**COMPUTER TERMINAL**

**कम्प्यूटर टर्मिनल :** कम्प्यूटर सिस्टम के कीबोर्ड व मानीटर, दोनों को मिलाकर टर्मिनल कहा जाता है। विस्तृत देखियेः Terminal.

**COMPUTER VIRUS**

**कम्प्यूटर वाइरस :** कम्प्यूटर वाइरस का अर्थ है – हानिकारक व विनाशकारी प्रोग्राम जो उन व्यक्तियों द्वारा लिखे जाते हैं जो कम्प्यूटर प्रोग्राम लिखने में अत्यन्त कुशल होते हैं। ये प्रोग्राम एक कम्प्यूटर के डेटा व प्रोग्राम को बिना उपयोगकर्ता की अनुमति के कुछ भी नुकसान पहुँचा सकते हैं तथा कम्प्यूटर की कार्यक्षमता को नष्ट करने में सक्षम होते हैं। एक बार कम्प्यूटर में घुसने के बाद ये अपनी स्थिति सुदृढ़ बना लेते हैं और फिर संक्रामक रोग की तरह फैलना आरम्भ कर देते हैं तथा प्रोग्राम, फाइलों या संचालन प्रणाली में प्रवेश कर उन्हें नष्ट कर देते हैं। वाइरस द्वारा कम्प्यूटर को संक्रामित करने की विभिन्न स्थितियाँ हैं – निष्क्रिय स्थिति (dormant) जिसमें वाइरस कम्प्यूटर में प्रवेश तो करता है लेकिन कुछ ऐसा नुकसान नहीं करता है कि उपयोगकर्ता को संदेह हो; विनाशकारी स्थिति में वाइरस अति शीघ्रता से फैलता है तथा प्रोग्रामर डिस्क को संक्रमित कर देता है तथा डिस्क तथा संचार माध्यमों से अन्य कम्प्यूटरों को भी संक्रमित कर देता है; अन्तिम स्थिति ऐसी होती है जिसमें वाइरस सब कुछ क्षतिग्रस्त कर देता है। तथापि कुछ ऐसे भी वाइरस होते हैं जो मात्र तंग करने के लिये ही होते हैं; कुछ घूमने के लिये जाते हैं तथा कम्प्यूटर को जडवत् कर देते हैं कुछ नुकसान नहीं करते हैं। वाइरस से बचाव के लिये भी हार्डवेयर तथा साफ्टवेयर का विकास हुआ है जो वाइरस के आने की चेतावनी दे देते हैं अथवा जाँच करके बता सकते हैं कि वाइरस है अथवा नहीं।

**COMPUTERISED DOCUMENTATION SERVICE**

देखिये CDS.

**COMET'S CLASSIFICATION**

फ्रैंच दार्शनिक औगस्ट कौमटे (August Comte 1798-1887) द्वारा बनायी गयी वर्गीकरण पद्धति जिसको कौमटे ने अपनी पुस्तक (Course de Philosophic Positive) (1830) में प्रकाशित किया। इस पद्धति को प्रथम पद्धति माना जाता है जिसमें आधारभूत विषयों को एक निश्चित क्रम में व्यवस्थित किया गया।

**CONCEPT**

**अवधारणा :** प्रथम बार किसी वस्तु का ज्ञान अथवा बोध होता है तो उसकी एक छाप मष्तिष्क में रह जाती है। इसी प्रकार की प्रक्रिया से कई शुद्ध विषयों के एक के बाद एक के परस्पर जुड़ने से मष्तिष्क में एक विशिष्ट अवधारणा की रचना हो जाती है।

**CONCEPT INDEXING**

**अवधारणा अनुक्रमणीकरण :** विषय अनुक्रमणिका की एक प्रक्रिया जिसमें यह सुनिश्चित किया जाता है कि एक प्रलेख में वह कौन सी महत्वपूर्ण अवधारणाऐं है जिनको अनुक्रमणिका में सम्मिलित किया जाना चाहिये।

**CONCEPT OF LEVELS**

**स्तर की अवधारणा :** रंगनाथन ने वर्गीकरण हेतु मूलभूत श्रेणी व्यक्तित्व तथा पदार्थ के लिये स्तर की अवधारणा 1952 में प्रतिपादित की। इस अवधारणा के अनुसार व्यक्तित्व श्रेणी तथा पदार्थ श्रेणी के विभिन्न पक्ष एक साथ एक ही आवर्तन में घटित हो सकते हैं तो इन दोनों श्रेणियों के ऐसे सभी उपपक्षों को एक ही आवर्तन में व्यवस्थित किया जाना चाहिये। उपपक्षों को इस प्रकार व्यवस्थित करने की प्रक्रिया को रंगनाथन ने स्तर की संज्ञा प्रदान की। जैसे P1, P2, P3; M1; M2

**CONCEPT OF ROUNDS**

**आर्वतन की अवधारणा :** रंगनाथन के अनुसार 'किसी भी संयोजित विषय में व्यक्तित्व श्रेणी, पदार्थ श्रेणी, तथा क्रिया श्रेणी की अभिव्यक्ति एक से अधिक बार हो सकती है। किन्तु इनमें आवर्तनों की अभिव्यक्ति क्रिया श्रेणी के प्रयोग के बाद ही संभव होती है अर्थात क्रिया श्रेणी पर प्रथम आवर्तन पूरा होने के बाद ही व्यक्तित्व व पदार्थ श्रेणी में आवर्तन संभव है। यदि संयोजित विषय में क्रिया श्रेणी की अभिव्यक्ति नहीं है तो आवर्तन घटित नहीं होंगें।

**CONCORDANCE**

**ग्रंथातर्गत शब्दानुक्रमाणिका :** यह एक ही लेखक की कृति अथवा विषय अथवा ग्रन्थ में प्रयुक्त शब्दों तथा पदों की व्याख्या सहित शब्दकोश है। लेखक या कवि या ग्रन्थ जब बहुत पुराने काल के हो जाते हैं तथा ऐसी कृतियों में प्रयुक्त शब्दों को सुगमता से समझा नहीं जा सकता है। तब ऐसे लेखकों की एक, या अनेक ग्रन्थों में प्रयुक्त शब्दों का कोश बनाया जाता है जिसे शब्दानुक्रमणिका कहा जाता है। जैसे प्रसाद काव्य कोश या श्रीमद्भगवद्गीता कोश। **कम्प्यूटर** प्रणाली में संकेत सूचक शब्दों (Key words) की छटाई करके उनको वर्णानुक्रमिक में व्यवस्थित कर दिया जाता है तो उसे भी शब्दानुक्रमणिका कहते हैं।

**CONCRETE CATEGORY**

**मूर्त श्रेणी** : अनुक्रमणीकरण हेतु जे॰ कैसर (J. Kaiser) द्वारा प्रतिपादित श्रेणी जिसमें पदार्थ (Substance), उपकरण (Equipment), तथा वस्तु (Things) सम्मिलित किये गये हैं। कैसर द्वारा प्रतिपादित दूसरी श्रेणी प्रक्रिया (Processes) है। इन दोनों का प्रयोग अनुक्रमणीकरण हेतु किया गया है।

**CONCRETENESS SEQUENCE**

**मूर्तता अनुक्रम** : एक वर्गीकरण पद्धति में विषयों एवं एकल विचारों को सहायक अनुक्रम में व्यवस्थित करने हेतु यदि विभिन्न स्तर पर प्रकट होने वाली उनकी मूर्तता को सुनिश्चित किया जा सकता है और यदि सहायक है तो उनको मूर्तता वृद्धि अथवा मूर्तता ह्रास के सिद्धान्त के आधार पर व्यवस्थित किया जा सकता है। रंगनाथन ने इन दोनों सिद्धान्तों को सहायक अनुक्रम हेतु प्रतिपादित किया है।

**CONDEMNED BOOKS**

**निरूपयोगी पुस्तकें** : पुस्तकालय की ऐसी पुस्तकें, जिनकी उपयोगिता समाप्त हो चुकी है तथा जिनको छटाई प्रक्रिया के द्वारा शैल्फ आदि से निकाल दिया जाता है।

**CONFIDENTIAL FILE**

**गोपनीय संचिका** : पुस्तकालय की ऐसी फाइलें जिनमें अति आवश्यक तथा गोपनीय पत्रादि अथवा विशिष्ट सूचना सामग्री रखी गयी है तथा जिनका प्रयोग सीमित एवं प्रतिबन्धित होता है।

**CONFIGURATION**

**स्वरूप** : कंप्यूटर प्रणाली के लिये प्रयुक्त सामान्य शब्द जो उन भौतिक इकाइयों को इंगित करता है जिनसे कंप्यूटर की संरचना हुई है।

**CONFIGURATION TABLE**

**स्वरूप सारणी** : कंप्यूटर की संचालन प्रणाली में स्थित स्वरूप सारणी जो कंप्यूटर की प्रत्येक इकाई की साथर्कता को स्पष्ट करता है।

**CONJUNCTION**

**संयोजक** : वर्गीकरण में सारशब्दों को इंगित करने वाले अंकनो को जोड़ने के लिये प्रयोग किये जाने वाले संयोग चिन्ह। जैसे कोलन क्लासीफिकेशन में मूलभूत श्रेणियों के लिये प्रयुक्त संयोजक कौमा, सेमीकोलन, कोलन आदि।

**CONNECTING APPARATUS**

**संयोजक साधन** : रंगनाथन की वर्गीकरण पर पुस्तक प्रोलिगोमिना टू लाइब्रेरी क्लासीफिकेशन संस्करण 1 (1937) में संकेतक के लिये संयोजक

साधन शब्द प्रयोग किया गया था। कोलन क्लासीफिकेशन संस्करण 5 में संयोजक अंक (Connecting Digits) तथा संस्करण 6 में संयोजक चिन्ह (Connecting Symbol) तथा संस्करण 7 संकेतक अंक (Indicator Digit) प्रयोग किया गया है।

**CONNOTATION**

**स्वगुणार्थक** : वर्गीकरण में शाब्दिक स्तर पर प्रयोग किये गये वे सभी शब्द अथवा पद जो एक विषय जगत को विभाजन के बाद आंवटित किये जाते हैं। ये उन विशेषताओं को पूर्णरूप से अभिव्यक्त करते हैं जिनके आधार पर उनका परिगणन किया गया है।

**CONSENSUS**

**सहमति** : हेनरी इवलिन ब्लिस के अनुसार एक वर्गीकरण पद्धति तब ही स्थाई तथा लचीली हो सकती है जब वह शैक्षिक एवं वैज्ञानिक सहमति पर आधारित हो। वैज्ञानिक सहमति से ब्लिस का तात्पर्य विशेषज्ञों के इस दृष्टिकोण से है कि वे पाठ्य सामग्री की किस प्रकार की व्यवस्था चाहते हैं जबकि शैक्षिक सहमति का अर्थ है शिक्षण संस्थाओं में पढ़ाने का ढ़ंग। उपयोगकर्ताओं के विभिन्न दृष्टिकोणों एंव आवश्यकताओं की पूर्ति हेतु ही ब्लिस ने बिब्लियोग्राफिक क्लासीफिकेशन में विकल्पों का विशिष्ट रूप से प्रावधान किया है।

**CONSOL**

**कन्सोल** : कम्प्यूटर की वे इकाइयाँ जो उपयोगकर्ता व कंम्प्यूटर के बीच सम्बन्ध स्थापित करते हैं। कन्सोल के द्वारा ही कम्प्यूटर पर सूचना का प्रदर्शन संभव है।

**CONSOL TYPEWRITER**

**कन्सोल टाइपराइटर** : यह एक प्रकार का विद्युत चालित टाइपराइटर है जो कम्प्यूटर में निवेश का प्रमुख माध्यम है। इसके द्वारा ही डेटा/सूचनाएँ/आकडें प्रत्यक्ष रूप से कम्प्यूटर कुंजी (Key) के द्वारा भंडारित किये जा सकते हैं।

**CONSOLIDATED ENTRY**

**एकीकृत प्रविष्टि** : सूचीकरण में दो या अधिक प्रविष्टियों को एक ही प्रविष्टि में समेकित कर देना।

**CONSOLIDATED GENERAL ENTRY**

**एकीकृत सामान्य प्रविष्टि** : सूचीकरण अथवा अनुक्रमणिका में दो या अधिक प्रविष्टियों के स्थान पर सबके लिये एक सामान्य प्रविष्टि बना देना।

**CONSOLIDATED INDEX**

**एकीकृत अनुक्रमणिका** : पत्र–पत्रिकाओं या सामयिक प्रकाशनों के कई

खण्डों का अथवा अलग अलग प्रकाशित सामयिक प्रकाशन अथवा ऐसे ही अन्य कार्यों की एकीकृत अनुक्रमणिका।

**CONSTANT CATEGORIES**

**स्थिर श्रेणियाँ :** वर्गीकरण हेतु एरिक डी ग्रोलियर (Eric de Grolier) द्वारा प्रतिपादित श्रेणी। ग्रोलियर ने 10 श्रेणियों का सुझाव दिया है जिनको दो भागों में बाँटा जा सकता है – स्थिर श्रेणियाँ व परिवर्ती श्रेणियाँ। स्थिर श्रेणियों के अन्तर्गत–काल, स्थान व क्रिया को रखा गया है।

**CONSTANT VOLTAGE TRANSFORMER**

**कान्सटेन्ट वोल्टेज ट्रांसफार्मर :** देखिये CVT

**CONSTANTS**

**अचल सूचना इकाई :** गणित में दो प्रकार की मात्राएँ प्रयोग में लाई जाती है – अचल मात्राएँ जो अपना मूल्य (Value) किसी भी समस्या या सवाल में बदलती नहीं है जैसी 1, 2, 3 आदि अचल हैं जबकि परवर्ती मात्राएँ जैसे X, Y, Z आदि जिनका उल्लेख नाम द्वारा किया जाता है इसलिये भिन्न–भिन्न समस्या में भिन्न–भिन्न मूल्य रखती हैं। कम्प्यूटर लिखने की भाषाएं जैसे बेसिक भी अचल व परवर्ती को क़ाम में लाती है। कम्प्यूटर प्रोग्राम की ऐसी ही सूचना इकाइयाँ जो बदलती नहीं है जैसे पृष्ठ शीर्षक अथवा गणन के लिये प्रयुक्त गणितीय सूचना इकाइयाँ जैसे 11, 12, 13 आदि को अचल सूचना इकाइयाँ कहा जाता है।

**CONTACT COPYING**

**स्पर्श प्रतिलिपीकरण :** इस विधि को दो विधियों में विभाजित किया जाता है – प्रिन्ट थ्रू (Print Through) तथा रिफलेक्स (Reflex) विधि। इन शब्दों के अन्तर्गत ही इनका विस्तृत वर्णन किया गया है।

**CONTENTS**

**विषय सूची :** एक पुस्तक के अध्यायों अथवा सामयिक प्रकाशन में लेखों की पृष्ठों सहित सूची।

**CONTENTS LIST BULLETIN**

**विषय सूची प्रकाशन :** एक विशिष्ट पुस्तकालय में उपयोगकर्ताओं को सामयिक सूचना अभिज्ञा सेवा (Current Awareness Service) देने हेतु सामयिक प्रकाशनों की विषय सूची पृष्ठ के आधार पर प्रकाशित प्रकाशन।

**CONTENTS PAGE**

**विषय सूची पृष्ठ :** देखिये Contents

**CONTINUATION ORDER**

**अनवरत् क्रयादेश :** सामयिक प्रकाशनों के निरन्तर प्रकाशित होने वाले सभी अंकों के लिये दिया जाने वाला क्रयादेश।

**CONTINUED CARDS**

**पूरक पत्रक** : सूचीकरण में एक प्रलेख में अधिक सूचना के कारण उसकी प्रविष्टि एक से अधिक पत्रकों में बनायी जाती है तो प्रथम पत्रक के अन्त में संयोजक वाक्य 'अगले पत्रक में जारी है' लिखा जाता है जबकि दूसरे पत्रक के शीर्ष भाग में 'ज़ारी पत्रक' लिखा जाता है। यदि दो से अधिक पत्रक प्रयोग किये जाते हैं तो केवल अन्तिम पत्रक को छोड़कर बाकी बीच के सभी पत्रकों में पत्रक के शीर्ष व अन्त में यह सूचना दी जायेगी जबकि अन्तिम पत्रक में केवल शीर्ष में ही दिया जायेगा। ऐसे सभी पत्रकों को पूरक पत्रक कहा जायेगा।

**CONTINUING EDUCATION**

**सतत् शिक्षा** : कार्यरत व्यावसायी अथवा पेशान्मुख वर्ग की कार्यकुशलता में वृद्धि करने तथा उनके विषय से सम्बन्धित नयी सूचनाओं से अवगत कराने हेतु प्रदान की जाने औनपचारिक शिक्षा।

**CONTINUOUS ARRAY**

**अनवरत पंक्ति** : वर्गों की ऐसी पंक्ति जिसमें अन्तर्वेशन संभव नहीं है।

**CONTINUOUS PAGINATION**

**क्रमानुगत पृष्ठाकंन** : एक पुस्तक अथवा कई खण्डों वाली पुस्तक में पृष्ठाकन हेतु एक ही क्रम का प्रयोग करना।

**CONTROL CARD**

**नियंत्रण पत्रक** : छिद्रित पत्रक में भरा गया वह डेटा जो नियंत्रण हेतु प्रयुक्त किया जाता है।

**CONTROL CHARACTER**

**नियंत्रक अंकाक्षर** : वह अंकाक्षर जिसका कार्य कम्प्यूटर की बाहरी इकाइयों के उपर नियंत्रण के कार्य का आरम्भ करना है।

**CONTROL CODE**

**नियंत्रक संकेत** : कम्प्यूटर में प्रयुक्त वह विशिष्ट संकेत जो कम्प्यूटर/प्रिन्टर पर नियंत्रण रखता है।

**CONTROL LANGUAGE**

**नियंत्रक भाषा** : कम्प्यूटर ओपरेटिंग सिस्टम में उपयोगकर्ता को प्राप्त समादेशों/निर्देशों का वह सेट जिनका प्रयोग कम्प्यूटर में उपलब्ध साधनों तथा प्रोग्रामों के संगठन व नियंत्रण के लिये किया जा सकता है।

**CONTROL UNIT**

**नियंत्रक इकाई** : कम्प्यूटर की यह इकाई एक नियंत्रक का कार्य करती है। यह सभी जुड़े हुए बाहरी उपकरणों के कार्य करने तथा डेटा के इधर–उधर आने जाने आदि सभी क्रियाओं पर नियंत्रण रखकर समन्वयन रखने का कार्य करता है।

**CONTROLLED LANGUAGE**

**नियंत्रित भाषा** : रंगनाथन वर्गीकरण पद्धति में प्रयुक्त वर्गीकरणात्मक भाषा को वर्गाचार्य द्वारा नियंत्रित भाषा मानते हैं। उनके अनुसार एक वर्गाचार्य ही पद्धति के शाब्दिक व अंकन स्तर पर भिन्नार्थक व समानार्थक शब्दों का प्रयोग न हो, तथा किस प्रकार की कृत्रिम भाषा का प्रयोग हो आदि सभी को निर्धारित करता है।

**CONVENTIONAL NAME**

**प्रचलित नाम** : एक व्यक्ति, संस्था, स्थान अथवा वस्तु के वास्तविक नाम के अतिरिक्त उस नाम को प्रयोग करना जो प्रचलित है तथा जिससे वह जाना जाता है।

**CONVERSION**

**रूपान्तरण** : कम्प्यूटर की एक फाइल का उसी भंडारण माध्यम में अथवा दूसरे रूप में प्रतिलिपिकरण प्रक्रिया अथवा सामान्य भाषा में लिखे गये प्रोग्राम का मशीनी भाषा में रूपान्तरण की प्रक्रिया।

**COOPER OSWALD**

**ओसवाल्ड कूपर** : कूपर ने 1920 में कूपर ब्लैक नामक टाइपफेज जारी किया जो विज्ञापन जगत में अति लोकप्रिय है।

**COOPERATIVE ACQUISITION**

**सहकारी अधिग्रहण** : सीमित क्रय साधनों के कारण कुछ पुस्तकालय परस्पर सहयोग से पाठ्य सामग्री का क्रय कर सकते हैं अर्थात जो पुस्तकें एक पुस्तकालय खरीदता है दूसरा उनको नहीं खरीदता है अपितु अन्य पुस्तकें खरीदता है। इस प्रकार से क्रय की गई पुस्तकों को अन्तर पुस्तकालय आदान–प्रदान के माध्यम से पाठकों को उपलब्ध कराई जाती है। अमेरिका का फारमिगटन प्लान इसके लिये प्रसिद्ध है। देखिये Farmington Plan

**COOPERATIVE CATALOGUING**

**सहकारी सूचीकरण** : सूचीकरण में मितव्ययता हेतु स्थानीय, क्षेत्रीय अथवा राष्ट्रीय स्तर पर अनेक पुस्तकालय पारस्परिक सहयोग के आधार पर सूचीकरण करते हैं जिसमें सभी पुस्तकालयों के प्रलेखों का सूचीकरण एक केन्द्रीय स्थान पर विशेषज्ञों द्वारा किया जाता है तथा इसके व्यय का भार सभी पुस्तकालय समान रूप से वहन करते हैं।

**COOPERATIVE STORAGE**

**सहकारी संग्रह** : संयुक्त राज्य अमेरिका में बड़े–बड़े पुस्तकालयों की कम उपयोगी तथा अप्रचलित पुस्तकों व अन्य पाठ्य सामग्री को एक केन्द्रित स्थान

पर भंडारण कर दिया जाता है जिससे पुस्तकालयों की स्थान की समस्या के समाधान के साथ ही इनके रख रखाव का व्यय भी कम हो जाता है। इन सहकारी संग्रह स्थलों पर एकत्रित संग्रह की संघ सूची (Union Catalogue) बनायी जाती है। आवश्यकता होने पर इस संग्रह से पुस्तकों का कोई भी पुस्तकालय उपयोग कर सकता है।

**CO-OPTED MEMBER**

**ऐच्छिक सदस्य :** पुस्तकालय कमेटी का वह सदस्य जो अपने विशिष्ट ज्ञान व शैक्षिक, राजनीतिक अथवा सामाजिक कार्यों में रूचि के कारण नियुक्त सदस्यों के द्वारा कमेटी का सदस्य बनाया गया है।

**COORDINATE CLASS**

**समकक्ष वर्ग :** वर्गीकरण में एक ही पंक्ति के समानान्तर वर्ग अथवा एक विभाजन व एक क्रम के समकक्ष वर्ग जिनका उद्‌गम स्रोत समान विषय जगत है।

**COORDINATE INDEXING**

**समन्वयन अनुक्रमणीकरण :** इस अवधारणा के दो भाग है – पूर्व समन्वयन अनुक्रमणीकरण – जिसमें प्रलेख के विषय वस्तु को पदों के समन्वयन से प्रदर्शित किया जाता है जैसे पाप्सी (POPSI) व प्रेसीज (PRECIS) पद्धतियाँ। दूसरा पश्च समन्वयन अनुक्रमणीकरण जिसमें प्रलेख के विषय वस्तु की व्याख्या के आधार पर प्राप्त विचारों को पृथक–पृथक पदों में अनुवाद कर इनको शीर्षक की तरह प्रयोग किया जाता है। प्रत्येक पद का एक पत्रक बनाया जाता है जिसमें प्रलेख का अधिग्रहण क्रमांक लिखा जाता है और यही क्रमांक पाठक को प्रलेख विवरणिका (Document Profile) तक पहुँचाने में सहायक होता है। प्रलेख विवरणिका में विद्यमान व नये प्राप्त होने वाले प्रलेखों से सम्बन्धित पूरी सूचना का विवरण होता है। इसे एकपद अनुक्रमणीकरण भी कहा जाता है। जैसे यूनीटर्म सिस्टम।

**COPROCESSOR**

**कोप्रोसेसर :** कम्प्यूटर में मुख्य माइक्रोप्रोसेसर की सहायता के लिये एक अन्य प्रोसेसर चिप लगाने का भी प्रावधान होता है। इसे कोप्रोसेसर कहते हैं। यह उस स्थिति में प्रयोग किया जाता है जब ऐसा प्रोग्राम जिनमें गणित की क्रियायें बहुत अधिक होने के कारण माइक्रोप्रोसेसर के कार्य करने की गति मन्द पड़ जाती है।

**COPY**

**प्रति :** एक **प्रलेख** की नमूने की एकाकी प्रति अथवा फोटोकापी अथवा अन्य माध्यम से प्राप्त की गई पाठ्य सामग्री की प्रतिलिपि; अथवा **कम्प्यूटर** का एक आन्तरिक आदेश जिसके द्वारा एक फाइल की दूसरी प्रति उसी नाम से दूसरी डिस्क पर, अथवा किसी अन्य नाम से उसी डिस्क पर बना सकते हैं।

**COPY NUMBER**

**प्रतिसंख्या अंक :** वर्गीकरण में एक प्रलेख की कितनी प्रतियाँ पुस्तकालय में उपलब्ध है इसकी सूचना हेतु प्रलेख के ग्रंथाक अथवा वर्गांक में विशिष्ट अंक का प्रयोग किया जाता है। कोलन क्लासीफिकेशन के ग्रथांक में इस हेतु स्पष्ट नियम दिये गये हैं।

**COPYRIGHT DATE**

**स्वत्वाधिकार तिथि :** तिथि जो यह इंगित करती है कि किसी कृति के लेखक अथवा प्रकाशक को स्वत्वाधिकार किस तिथि से दिया गया है। इस तिथि को सामान्यतः आख्या पृष्ठ के पीछे/वामपृष्ठ पर मुद्रित किया जाता है। यदि कई तिथियाँ मुद्रित की गयी हैं तो वह स्वत्वाधिकार में परिवर्तन की तिथि होती है जो सामान्यतः प्रलेख के नये संस्करण अथवा पुनमुद्रण को इंगित करता है।

**COPYRIGHT LIBRARY**

**स्वत्वाधिकार प्रलेख पुस्तकालय :** पुस्तकालय जिसे कापीराइट कानून के अन्तर्गत यह अधिकार है कि प्रत्येक प्रकाशित प्रलेख की एक प्रति बिना किसी कीमत के निःशुल्क उपलब्ध कराई जाय।

**COPYRIGHT LIST**

**स्वत्वाधिकृत प्रलेख सूची :** एक पुस्तकालय को स्वत्वाधिकृत कानून के अन्तर्गत भेजे गये प्रलेखों की सूची।

**CORE CONCEPT**

**मूल तत्व :** वर्गीकरण में एक विषय का वह तत्व अथवा विचार जिससे वह पहचाना जाता है, जिस पर वह आधारित है तथा जिस पर वह केन्द्रीभूत है। एक विषय की धूरी होने के कारण रंगनाथन ने व्यक्तितव श्रेणी को इसी की अभिव्यक्ति माना है।

**CORE MEMORY**

**मुख्य स्मृति :** मैगनेटिक कोर (magnetic core) से निर्मित कंप्यूटर की स्मृति।

**COREL DRAW**

**कोरेल ड्रा :** यह माइक्रोसॉफ्ट के विन्डोज प्रोग्राम पर चलने वाला एक अत्यन्त शक्तिशाली ड्रा प्रोग्राम है। इस प्रोग्राम में अनेक सुविधाएँ हैं। जैसे विविध प्रकार के अक्षर उपलब्ध है जिनको किसी भी प्रकार से तोड़ मरोड़ कर प्रस्तुत

किया जा सकता है। इसी प्रकारं से खीचें हुए चित्रों को भी तोड़ मरोड़ कर उनमें वास्तविक भावना प्रदर्शित की जा सकती है। इन चित्रों को विन्डोज के किसी भी अन्य प्रोग्राम में सम्मिलित किया जा सकता है। कोरेल ड्रा की विभिन्न सुविधाएँ विज्ञापन के कार्यों के लिये बहुत उपयोगी है।

**COROLLARY**

**उपसिद्धान्त :** वर्गीकरण में पक्ष अनुक्रम हेतु 1964 में रंगनाथन ने चार सिद्धान्त प्रतिपादित किये। इन चार सिद्धान्तों में से मित्ति चित्र सिद्धान्त (Wall Picture Principle) को ही मूल सिद्धान्त की संज्ञा देकर अन्य सिद्धान्तों को इसका उपसिद्धान्त माना गया है।

**CORPORATE AUTHOR**

**समष्टि लेखक :** एक संगठन अथवा संघ अथवा शासन अथवा व्यक्तियों का वह समूह जो एक विशिष्ट नाम से जाना जाता है तथा एक सत्ता के रूप में कार्य करता है तथा एक कृति में प्रकाशित विचारों की अभिव्यक्ति का सम्पूर्ण उत्तरदायित्व भी उसी का होता है।

**CORPORATE BODY**

**समष्टि निकाय :** एक संस्था अथवा संगठन अथवा व्यक्तियों का वह समूह जो एक सामूहिक विशिष्ट नाम से जाना जाता है।

**CORRECTED EDITION**

**संशोधित संस्करण :** एक पुस्तक के मूल संस्करण में नयी सूचना को सम्मिलित करके तथा पुरानी व अनुपयोगी सूचना को हटाकर प्रकाशित किया गया संस्करण।

**CORRIGENDA/CORRIGENDUM**

**शुद्धिपत्र :** पाठ्य सामग्री के मुद्रण के पश्चात् यदि उसमें त्रुटियाँ रह जाती है तो उनको ठीक करने हेतु इनकी एक सूची मुद्रित की जाती है जिसे शुद्धिपत्र की संज्ञा दी जाती है। इस मुद्रित शुद्धिपत्र को सामान्यतः प्रलेख के प्राथमिक पृष्ठों में ही सम्मिलित कर दिया जाता है।

**COUNTER**

**आदान-प्रदान पटल :** पुस्तकालय का वह स्थान जहाँसे पाठक पुस्तक उधार पर ले जाता है तथा वापस देता है।

**COVER**

**आवरण :** पाठ्य सामग्री की सुरक्षा हेतु प्रयोग किया जाने वाला कपड़ा, चमड़ा अथवा अन्य सामग्री जिसे जिल्दबंदी के द्वारा आवरण का रूप दे दिया जाता है।

**COVER TITLE**

आवरण आख्या : प्रलेख के आवरण पर मुद्रित प्रलेख की आख्या।

**COVER TO COVER TRANSLATION**

सम्पूर्ण अनुवाद : एक भाषा में लिखी गई पुस्तक अथवा पत्रिकाओं का मुख पृष्ठ से लेकर अन्तिम पृष्ठ तक दूसरी भाषा में अनुवाद करना ही सम्पूर्ण अनुवाद है।

**COW-CALF PRINCIPLE**

गाय–बछड़ा सिद्धान्त : वर्गीकरण में पक्ष अनुक्रम हेतु रंगनाथन द्वारा प्रतिपादित सिद्धान्त। कई ऐसे मिश्रित विषय होते हैं जिसके विभिन्न घटकों की पृथक पहचान व भिन्न स्वरूप होते हुए भी एक दूसरे से ऐसे संबद्ध होते हैं कि उनको एक दूसरे से अलग नहीं किया जा सकता है जैसे गाय व बछड़ा दो पृथक इकाइयाँ होते हुए भी उनको एक साथ एक ही व्यक्ति के स्वामित्व में रखना आवश्यक होता है। इसी प्रकार बिजली व लिफ्ट भी हैं। लिफ्ट तब तक क्रियाशील नही हो सकती है जब तक बिजली न हो। वर्गीकरण में ऐसे विषयों को इस सिद्धान्त के आधार पर एक ही आवर्तन में व्यवस्थित किया जा सकता है।

**C.P.U.**

सी॰पी॰यू॰ : देखिये Central Processing Unit

**CRANFIELD CLASSIFICATION FOR AERONAUTICS AND ALLIED SUBJECTS**

बी॰सी॰ विकरी (BC Vickery) तथा जे॰ई॰एल॰ फैराडेन (J.E.L. Farradane) द्वारा क्रेनफील्ड, यू॰के॰ में स्थित कालेज आफ एअरोनोटिक्स (College of Aeronoutics, Crainfield) की पाठ्य समग्री को वर्गीकृत करने हेतु बनायी गयी वर्गीकरण पद्धति।

**CRACKER**

क्रेकर : नेटवर्क की शब्दावली में क्रेकर उस व्यक्ति को कहते हैं जो दूसरे के कंप्यूटर में अनाधिकृत रूप से प्रवेश कर जाता है तथा ऐसा करने के लिये पासवर्ड अथवा लाइसेंस का माध्यम निकाल लेता हैं।

**CRITERIA**

मानदण्ड : ई॰सी॰ रिचार्डसन (E.C. Richardson) द्वारा 1901 में प्रकाशित पुस्तक Classification – Theoritical And Practical में वर्गीकरण हेतु पाँच सिद्धान्त प्रतिपादित किये गये जिनको रिचार्डसन ने मानदण्ड (Criteria) नाम दिया। इन सिद्धान्तों को वर्गीकरण के सिद्धान्तों के इतिहास में प्रथम

सिद्धान्त माना जाता है। इन सिद्धान्तों के अनुसार : (1) वर्गीकरण में जहाँ तक सम्भव हो वस्तुओं में अन्तर्निहित क्रम का प्रयोग किया जाना चाहिये; (2) वर्गीकरण सूक्ष्मतम स्तर तक किया जाना चाहिये; (3) मिश्रित अंकन का प्रयोग किया जाना चाहिये; (4) विस्तृत एंव स्पष्ट अनुक्रमणिका का प्रावधान होना चाहिये तथा (5) पद्धति की गुणवत्ता उसके प्रयोग के अनुपात में बढ़ेगी।

**CRITICAL BIBLOGRAPHY**

**विवेचनात्मक ग्रन्थसूची** : पुस्तक के बनने का ऐतिहासिक व तुलनात्मक अध्ययन के आधार पर बनायी गयी ग्रन्थसूची। इसे विश्लेषणात्मक ग्रन्थ सूची भी कहते हैं।

**CRITICISM NUMBER**

**समीक्षा अंक** : कोलन क्लासीफिकेशन में ग्रथांक बनाने के लिये प्रतिपादित पक्ष – परिनियम में एक उत्कृष्ट पुस्तक पर समीक्षा अथवा समालोचनात्मक कृति को संबद्ध पुस्तक (Associated Book) की तरह अंक प्रदान किया जाता है अर्थात उसे वर्गांक मूल पुस्तक का ही आवंटित किया जाता है तथा मूल पुस्तक के ग्रथांक में समीक्षा अंक : g प्रयोग करके उसे पृथक पुस्तक बनाया जाता है।

**CROSS CLASSIFICATOIN**

**प्रति-वर्गीकरण** : एक विषयजगत को विभाजित करने के लिये यदि दो भिन्न विशेषताओं का प्रयोग किया जाता है तो एक ही विषय दो भिन्न पंक्तियों में व्यवस्थित हो जायेगा अथवा एक ही पंक्ति में दो अलग–अलग प्रकार के वर्गों का परिगणन हो जायेगा जिससे कि वर्गों में पारस्परिक अनन्यता नहीं रह पाती है। इसे ही प्रतिवर्गीकरण कहते हैं।

**CROSS REFERENCE ENTRY**

**अन्तर्विषयी प्रविष्टि** : सूचीकरण हेतु रंगनाथन द्वारा बनाये गये क्लासीफाइड कैटालौग कोड़ (सी॰सी॰सी॰) के नियम FP5 के अनुसार 'एक वर्गीकृत सूची में अन्तर्विषयी प्रविष्टि एक विशिष्ट अतिरिक्त वर्गांक प्रविष्टि है जो एक विषय के वर्गांक से मूल प्रलेख में उसके स्थान को निर्देशित करता है। अंक प्रविष्टि होने के कारण इसे वर्गीकृत सूची में व्यवस्थित किया जाता है। अनवर्ण सूची में इसे विषय वैश्लैषिक कहा जाता है।' सी॰सी॰सी॰ में इन प्रविष्टियों को श्रृंखला प्रक्रिया विधि से प्राप्त वर्गांक के आधार पर बनाया जाता है।

**CROSS REFERENCE INDEX ENTRY**

**नामान्तर निर्देशि प्रविष्टि** : सी॰सी॰सी॰ में नामान्तर निर्देशि प्रविष्टि एक सामान्य अतिरिक्त प्रविष्टि है जो एक शब्द या शब्द समूह से अन्य पर्यायवाची शब्द या शब्द समूह की ओर निर्दिष्ट करती है। जैसे कृत्रिम नाम से वास्तविक नाम प्रविष्टि अथवा वैकल्पिक नाम प्रविष्टि।

**CROSS REFERENCES**

**प्रतिनिर्देश :** सूचीकरण अथवा अनुक्रमणीकरण में एक शब्द अथवा शब्द समूह से दूसरे शब्द अथवा शब्द समूह को इंगित करने वाले निर्देश।

**C.R.T**

देखिये Cathode Ray Tube

**CRYPTOGRAPHY**

**गुप्तभाषा :** गुप्त सन्देश भाषा अथवा कूटभाषा जो संकेताक्षरों में लिखी जाती है।

**CRYPTONYMOUS BOOK**

**गुप्तनाम से प्रकाशित पुस्तक :** अपने नाम के अक्षरों को बदल कर अथवा अन्य माध्यम से यदि एक लेखक अपने नाम को इस प्रकार बदल देता है कि वह गुप्तनाम अथवा छद्मनाम बन जाता है तथा इसी नाम से वह अपनी कृतियाँ प्रकाशित करता है।

**CUMULATIVE BOOK INDEX**

**संचित ग्रन्थ अनुक्रमणिका :** एच॰ डब्ल्यू विलसन कम्पनी न्यूयार्क द्वारा 1928 से प्रकाशित मासिक अनुक्रमणिका का वार्षिक संचयी अंक। यह अंग्रेजी भाषा में प्रकाशित अन्तर्राष्ट्रीय ग्रन्थ सूची है।

**CUMULATIVE INDEX**

**संचित अनुक्रमणिका :** अलग अलग प्रकाशित अनुक्रमणिकाओं के विलयन से बनायी गयी संचित अनुक्रमणिका।

**CUMULATIVE LIST**

**संचित सूची :** पृथक प्रकाशित पुस्तकों की सूचियों के विलयन से बनायी गयी पुस्तकों की संचित सूची।

**CURATOR**

**संग्रहाध्यक्ष :** कला दीर्घा, अजायघर, आदि जैसी संस्थाओं का प्रशासक।

**CURRENT AWARENESS SERVICE**

**सामयिक सूचना अभिज्ञा सेवा :** विशिष्ट पुस्तकालयों द्वारा अपनी संस्था के सदस्यों को उनके विषयों में प्रकाशित नवीनतम विचारों व शोधकार्यों से शीघ्रतम अवगत कराने हेतु दी जाने वाली सेवा को सामयिक सूचना अभिज्ञा सेवा कहा जाता है। इस सेवा को शीर्षक सूचना सेवा (Title Announcement Service) भी कहा जाता है क्योंकि नये सामयिक प्रकाशनों की विषय सूची की प्रतिलिपि का प्रयोग भी सूचना सेवा के लिये किया जाता है।

**CURRENT BIBLIOGRAPHY**

**सामयिक ग्रन्थ सूची** : पुस्तकालय द्वारा अधिग्रहण की गयी नई पुस्तकों की सूची।

**CURRENT CONTENTS**

**करंट कनटैन्ट्स** : इन्स्टीट्यूट आफ सांइटिफिक इनफौरमेशन फिलडिलफिया द्वारा 1957 से प्रकाशित पत्रिका जिसे विज्ञान, समाजशास्त्र तथा मानवीकी विषय की महत्वपूर्ण पत्र–पत्रिकाओं की विषय सूची की प्रतिलिपि के आधार पर बनाया जाता है। यह सी॰डी॰ रोम में भी उपलब्ध है।

**CURRENT NUMBER**

**नवीनतम अंक** : समाचार पत्र अथवा सामयिक प्रकाशन का अन्तिम नवीनतम प्रकाशित अंक।

**CURRENT RECORDS**

**चालू अभिलेख** : पुस्तकालय संचालन के लिये प्रतिदिन अथवा सामान्यरूप से काम आने वाले अभिलेख।

**CURSOR**

**कर्सर** : कम्प्यूटर की दृश्य पटल इकाई पर एक टिमटिमाता हुआ चिन्ह दिखाई देता रहता है जो यह दर्शाता है कि कम्प्यूटर अमुक स्थान पर कार्य करने अथवा निर्देश लेने को तैयार हैं। यह चिन्ह एक बिन्दु, छोटी रेखा या अन्य किसी रूप में हो सकता है। कुंजीपटल से जब कोई अक्षर टाइप किया जाता है तो वह अक्षर वहीं पर प्रदर्शित होता है जहाँ कर्सर स्थित है और कर्सर एक स्थान आगे सरक जाता है। लाइन पूरी होने पर कर्सर अपने आप अगली लाइन के प्रारम्भ में आ जाता है। यदि हम बीच में या अन्य स्थान पर कार्य करना चाहते हैं अथवा किसी अक्षर को ठीक करना या हटाना चाहते हैं तो कर्सर को प्रथम उस स्थान पर ले जाना होगा।

**CUSTODIAN**

**अभिरक्षक** : वह कर्मचारी जिसकी संरक्षता में पुस्तकालय के विशिष्ट संग्रह अथवा अन्य महत्वपूर्ण सामग्री को रखा जाता है।

**CUTTER AUTHOR MARK**

**कटर लेखक चिन्ह** : कटर (C.A. Cutter) द्वारा प्रतिपादित कटर लेखक चिन्ह ग्रथांक की एक प्रचलित प्रणाली है। सर्वप्रथम 1880 में कटर ने पत्रकों के रूप में एक वर्णानुक्रमिक क्रम सारणी (Alphabetical Order Table) बनायी जिसमें दो अक्षर तक के लेखक चिन्ह प्रयोग किये गये थे। इस सारणी को दो भागों में बाँटा गया था – **प्रथम भाग** : यदि लेखक के नाम का

पहला अक्षर व्यंजन (Consonants) (शब्द S को छोड़कर) है तो नाम का एक अक्षर प्रयोग होगा जैसे Beard B34: **दूसरा भाग :** जब स्वर (Vowel) का कोई अक्षर अथवा अक्षर S हो तो नाम के दो अक्षरों का प्रयोग होगा जैसे Abbot – Ab2। इस सारणी का प्रयोग अपने पुस्तकालय में करते हुए कटर ने तीन अक्षरों के लेखक चिन्ह जोड़ने आरम्भ किये। 1899 से 1901 के बीच इस सारणी का योजनाबद्ध ढंग से विस्तार किया गया। इस बीच कुमारी केट ई. सेनबोर्न (Kate E Sanborn) ने भी कटर लेखक चिन्ह सारणी के समान ही तीन अक्षरों की लेखक चिन्ह सारणी तैयार कर ली। यह सारणी दो भागों में प्रकाशित हुई। 1892 में स्वर अक्षर (Vowel Table) सारणी तथा 1895 में व्यंजन अक्षर (Consonant) सारणी प्रकाशित हुई। इस सारणी का तीसरा संस्करण 1899 में प्रकाशित हुआ जिसकी आख्या में कटर का नाम सम्मिलित था। इस सारणी का नाम था – 'C.A. Cutter's Alphabetical - order Table ..... altered and fitted with three figures by Miss Kate E. Sanborn'। यह पद्धति कटर सनबोर्न नाम से प्रचलित हुई।

**CUTTER CLASSIFICATION**

देखिये Expansive Classification

**CUTTER-SANBORN THREE FIGURE TABLE**

**कटर-सनबोर्न तीन अंक सारणी :** यह मिस सेनबोर्न द्वारा कटर लेखक चिन्ह सारिणी के आधार पर विस्तार करके बनायी गयी सारणी है। इस सारणी में लेखक के नाम के अक्षरों के साथ तीन अंकों का प्रयोग किया जाता था। जैसे R774

**C.V.T.**

**सी. वी. टी. :** कॉन्सटेन्ट वोल्टेज ट्रान्सफार्मर (Constant Voltage Transformer) के लिये प्रयुक्त संक्षिप्त शब्द। इसमें एक विशेष प्रकार का ट्रांसफार्मर होता है जो चुम्बकीय विधि से एक उपकरण को दिये जाने वाले वोल्टेज को स्थिर रखता है।

**CYBERNETICS**

**साइबरनेटिक्स :** इलैक्ट्रानिक, मैकेनिकल तथा जीव–विज्ञान सम्बन्धी पद्धतियों में नियंत्रण प्रक्रिया के सैद्धान्तिक अध्ययन को साइबरनेटिक्स कहते हैं। मुख्य रूप से वह मनुष्य व जीव–जन्तु तथा मशीन की स्नायु तंत्र प्रणाली का तुलनात्मक अध्ययन है।

**DAGGER**

डैगर (†): कटार का चिन्ह जो पृष्ठ के नीचे दिये गये संदर्भ को इंगित करता है। जबकि डी॰ सी॰ में इस चिन्ह का प्रयोग पृष्ठ के नीचे दिये गये निर्देशों को इंगित करने के लिये किया गया है।

**DAILY**

दैनिक : प्रतिदिन प्रकाशित होने वाला प्रकाशन।

**DAISY WHEEL PRINTER**

डेजीव्हील प्रिन्टर्स : डेजीव्हील प्रिन्टर प्लास्टिक से बना एक गोल पहिये जैसा उपकरण है। जिसकी एक धुरी पर प्लास्टिक से बनी लगभग 90 सलाइयाँ होती है जिनको स्पोक्स (spokes) कहते हैं। प्रत्येक स्पोक के बाहरी सिरे के धातु पिंड के उपर एक अंकाक्षर बना होता है। जब मुद्रण कार्य करना होता है तो डेजी व्हील को प्रिन्ट हैड पर लगा दिया जाता है। यह चक्र की तरह तेजी से घूमता रहता है। जिस अक्षर को छापना होता है उस अक्षर वाला स्पोक जब ठीक स्थिति में आता है तो प्रिन्टर पर लगा हथोड़ा उस पर चोट मारकर उस अंकाक्षर को रिबन के माध्यम से कागज पर छाप देता है। इससे एक सेकेंड में 25 से 60 अंकाक्षर मुद्रित किये जा सकते है। डेजी व्हील एक ही आकार के अक्षर छाप सकता है। तथापि एक ही प्रिन्ट हैंड में लगाए जा सकने वाले डेजी व्हील अलग–अलग आकार के अक्षरों में उपलब्ध है। इसकी आकृति एक खिले हुए फूल की तरह होने के कारण इसे डेजी व्हील कहते है।

**DAMAGED BOOKS**

क्षतिग्रस्त पुस्तकें : पुस्तकालय की ऐसी पुस्तकें जो अत्याधिक उपयोग

के फलस्वरूप फट गई हों तथा उपयोग योग्य नहीं रह गई हों।

**DAMAGED LETTER**

**क्षतिग्रस्त शब्द :** मुद्रण के टाइप की एक इकाई जिसका मुद्रण करने वाला भाग क्षतिग्रस्त हो गया हों। प्रिन्टर के प्रुफ में इस तरह के शब्द को X से इगिंत किया जाता है।

**DASH**

**रेखिका – :** दो शब्दों को जोड़ने के लिये अथवा किसी विषय या शब्द को आगे स्पष्ट करने आदि के लिये प्रयोग किया जाने वाला चिन्ह। इसका प्रयोग वर्गीकरण पद्धति में संकेतक के रूप में भी किया गया है। **देखिये** Hyphen

**DATA**

**डेटा :** सामान्य भाषा में इस शब्द का प्रयोग ऐसे सूचना संग्रह को इंगित करता है जो एक विषय पर सभी रूपों व सभी स्रोतों से एकत्रित कर लिया गया है। तथापि इसकी उपयेागी व अनुपयोगी सूचना छटाई के पश्चात् ही इसमें से आवश्यक सूचना का परिष्कृत स्वरूप प्राप्त किया जा सकता है तथा इसी को उपयोगी व अर्थपूर्ण सूचना माना जाता है। **कंप्यूटर** में सूचना निवेश हेतु अंक अक्षर, चिन्ह रिक्त स्थान आदि के आधार पर बने अंकाक्षर का प्रयोग किया जाता है। तथा प्रत्येक प्रकार की सूचना को इंगित करने वाला अंकाक्षरों की प्रत्येक समूह इकाई अथवा टुकड़ा डेटा कहा जाता है।

**DATA BANK**

**डेटा बैंक :** कंप्यूटर की स्मृति में भंडारित डेटा की व्यापक फाइल को डेटा बैंक कहते है जो रिमोट टर्मिनल के द्वारा उपयोगकर्त्ताओं को उपलब्ध हो सकती है।

**DATABASE**

**डेटाबेस :** डेटाबेस का अर्थ है सूचना का व्यवस्थित संग्रह। एक विषय, संस्था, कार्य आदि पर सम्पूर्ण सूचना के व्यवस्थित संग्रह को ही डेटाबेस कहते है। दूसरे शब्दों में सम्बन्धित रिकार्डो अथवा सूचना का कंप्यूटरबद्ध फाइल को ही डेटाबेस कहते हैं। इस सूचना का आवश्यकतानुसार आसानी से प्रयोग किया जा सकता है। पुस्तकालय में पाठकों की सूचना सम्बन्धी आवश्यकताओं की पूर्ति हेतु डेटाबेस बनाया जा सकता हैं जैसे पुस्तकों का डेटाबेस, कर्मचारियों का डेटाबेस, आदि।

**DATABASE MANAGEMENT SYSTEM (DBMS)**

**डेटाबेस प्रबंधन प्रणाली :** डेटाबेस में डेटा को ठीक से संचय करने के लिये डेटाबेस मैनेजमेन्ट प्रोग्राम बनाया जाता है। यह कंप्यूटर प्रोग्राम डेटाबेस

का प्रबधंन इस प्रकार करता है कि वह एक अथवा कई कंप्यूटरों में सरलता से उपलब्ध हो सकता है। डेटाबेस प्रबधंन प्रोग्राम के द्वारा कंप्यूटर सिस्टम में एक से अधिक व्यक्ति एक साथ काम कर सकते हैं। इस डेटाबेस में नया डेटाबेस जोड़ा जा सकता है, पुराना डेटा निकाल सकते है। इसका एक उदाहरण डिबेस (Dbase) प्रोग्राम है जिसका प्रयोग शिक्षा, व्यापार, लेखा में सुगमता से किया जा सकता है। दूसरे शब्दों में डेटाबेस प्रबंधन प्रणाली एक साफ्टवेयर पैकेज है। जैसे एक पुस्तकालय अथवा पुस्तकालय के विभिन्न डेटाबेस को संघटित कर एक पूर्ण डेटाबेस प्रोग्राम बनाया जा सकता है जिससे कि उस संगठन के सभी उपयोगकर्ता इस संघटित सूचना को सामान्य रूप से प्रयोग कर सकते हैं। इस संघटित डेटाबेस प्रोग्राम को एक सामान्य नाम 'डेटाबेस प्रबंधन प्रणाली' दे दिया गया है।

**DATA BUS**

**डेटा बस :** यह कंप्यूटर राजपथ है जिसका डेटा केन्द्रीय प्रकमण (संसाधन) इकाई से अन्दर व बाहर आने जाने के लिये प्रयोग करता है।

**DATA CABLE**

**डेटा केबल :** वह केबल जो ड्राइव को कंप्यूटर से जोड़ता है। इसमें एक नीला (25 पिन वाला) तथा एक भूरा (25 सुराख वाला) कनेक्टर होता है।

**DATA CARRIER**

**डेटा वाहक :** डेटा रिकार्डिंग के लिये प्रयोग में लाये जाने वाले माध्यम का दूसरा नाम, जैसे मैगनेटिक डिस्क को डेटा वाहक भी कह सकते हैं।

**DATA CENTRE**

**डेटा केन्द्र :** वह केन्द्र जहाँ सूचना/डेटा का अधिग्रहण, भंडारण, प्रक्रमण सूचना पुनः प्राप्ति व संचारण किया जाता है।

**DATA COLLECTION**

**सूचना संग्रह :** अपरिष्कृत डेटा को कंप्यूटर में अधिग्रहण की प्रक्रिया। इसे डेटा संचयन भी कहते हैं।

**DATA DESCRIPTION LANGUAGE**

**डेटा विवरण भाषा :** डेटा प्रबंधन प्रोग्राम में रिकार्ड की बनावट, डेटा के मूलतत्व, डेटा फाइलों की संरचना व उनके परस्पर सम्बन्धों का विवरण देने के लिये प्रयुक्त भाषा।

**DATA ENTRY**

**डेटा प्रवेश :** कंप्यूटर में डेटा निवेश।

**DATA FIELD**

**डेटा क्षेत्र** : कंप्यूटर स्मृति में सूचना की एक इकाई।

**DATA FORMAT**

**डेटा का स्वरूप** : कंप्यूटर फाइल अथवा रिकार्ड में डेटा को किस रूप में रखा गया है जैसे अंकाक्षरों के रूप में अथवा बाइनरी अंको में।

**DATA GATHERING**

**डेटा संचयन** : अपरिष्कृत डेटा को उपयोग हेतु कंप्यूटर में एकत्रित करने की प्रक्रिया।

**DATA PLOTTERS**

**डेटा प्लॉटर्स** : कंप्यूटरजनित आकृतियों को कागज पर खीचने के लिये प्रयोग किया जाने वाला उपकरण।

**DATA PROCESSING**

**डेटा प्रक्रमण (संसाधन)** : डेटा को एकत्रित कर उसे सूचना में परिवर्तित करने की प्रक्रिया। यह कार्य हस्तचालित अथवा अर्धचालित अथवा मशीन द्वारा किया जा सकता है। **कंप्यूटर** में डेटा के ऊपर निवेश से निर्गत तक की गई सम्पूर्ण प्रक्रिया।

**DATA RECORD**

**डेटा रिकार्ड** : रिकार्ड जिसमें कंप्यूटर प्रक्रमण हेतु डेटा अंकित है।

**DATA TRANSMISSION**

**सूचना संचारण** : एक कंप्यूटर से दूसरे कंप्यूटर अथवा केन्द्रीय कंप्यूटर से दूरस्त सूचना संग्रह स्थानों के बीच सूचना का स्वचालित संचारण।

**DATAMATION**

**स्वचालित प्रक्रमण** : डेटा स्वचालन अथवा स्वचालित डेटा प्रक्रमण के लिये संक्षिप्त शब्द।

**DATE**

**तिथि** : प्रलेख के प्रकाशित होने की तिथि जिसका विवरण सामान्यरूप से प्रलेख के आख्या पृष्ठ के निचले भाग अथवा पश्च पृष्ठ में मुद्रित होता है। सूचीकरण तथा वर्गीकरण में भी एक लेखक, संस्था, संगठन की जन्मतिथि को प्रयोग किया जाता है।

**DATE CARD**

**तिथि पत्रक** : पुस्तक पर लगाया जाने वाला लेबल जिस पर पुस्तक

उधार देते समय उसकी वापसी की तिथि अंकित की जाती है। इसे तिथि लेबल भी कहते हैं।

**DATE COMMANDS**

**तिथि आदेश :** कंप्यूटर का एक बाह्य आदेश जो उपयोगकर्त्ता को कंप्यूटर में प्रयोग की जा रही तिथि को प्रदर्शित करता है तथा तिथि को बदलने की सुविधा भी प्रदान करता है।

**DATE GUIDE CARD**

**तिथि संकेत पत्रक :** न्यूर्याक निर्गम प्रणाली में पुस्तक पत्रक को जिस ट्रे में रखा जाता है उसमें पुस्तक के लौटाई जाने वाली तिथि के आधार पर बने तिथि संकेत पत्रक के पीछे पुस्तक पत्रकों को आवाप्ति संख्या अथवा नामांक अथवा लेखक से व्यवस्थित किया जाता है। पुस्तक के लौटने पर आसानी से आगम प्रक्रिया पूरी हो सकती हे।

**DATE OF ACCESSION**

**आवाप्ति तिथि :** पुस्तकालय में प्राप्त की गई पुस्तक का आवाप्ति पंजी में विवरण अंकित करने की तिथि।

**DATE OF ISSUE**

**देय तिथि :** पाठक को पुस्तक उधार पर देने की तिथि।

**DATE OF PUBLICATION**

**प्रकाशन तिथि :** प्रलेख के प्रकाशन की तिथि, जो सामान्यतः आख्या पृष्ठ के निचले भाग में अथवा पश्च पृष्ठ भाग में मुद्रित होती है।

**DATE OF RETURN**

**आगम तिथि :** पुस्तकालय द्वारा पाठक को उधार पर दी गयी पुस्तक को लौटाने की तिथि, जो पुस्तक पर चिपकाई गयी देय दिनांक परची पर अंकित की जाती है।

**DATE SLIP**

**तिथि परची :** पुस्तक के प्राथमिक पृष्ठ पर चिपकाई जाने वाली कागज की परची जिस पर पुस्तक का नामांक, आवाप्ति संख्या अंकित होती है। इसी परची पर उधार पर दी गयी पुस्तक की आगम तिथि को अंकित किया जाता है।

**DATE STAMP**

**तिथि मुहर :** पुस्तक की तिथि परची पर पुस्तक की आगम तिथि अंकित करने हेतु प्रयुक्त मुहर।

**D-BASE**

**डी-बेस** : यह माइक्रो कंप्यूटरों के लिये डेटा को व्यवस्थित करनी की प्रणाली का साफ्टवेयर पैकेज है जो उपयोगकर्त्ता मैत्री पूर्ण तथा मेनू संचालित है। डेटा बेस के प्रोग्रामों में dBase I, dBase II, dBase III प्रोग्राम प्रचलित है। डीबेस एक शक्तिशाली व सक्षम प्रोग्राम है। इसके आदेश सरल हैं तथा इसमें सरलता से डेटा जोड़ा जा सकता है।

**D.D.C.**

देखिये Dewey Decimal Classification.

**DEBUGGERS**

**त्रुटि संशोधक** : कंप्यूटर प्रोग्राम में त्रुटि सुधारने के लिये प्रयोग किये जाने वाले प्रोग्राम।

**DEBUGGING**

**त्रुटि सुधार** : कंप्यूटर के दृष्टिकोण से बग (साधारण अर्थ खटमल) का अर्थ है त्रुटि जो प्रोग्राम में रह जाती हैं। इन्ही त्रुटियों को पहचान कर ठीक करने की प्रक्रिया को डी–बगिंग कहा जाता है। प्रोग्राम में इन त्रुटियों को ठीक करना अथवा उसमें किसी प्रकार का संशोधन करना **पैबन्द" लगाने जैसा कार्य** (Patching up lab) समझा जाता है।

**DECACHOTOMY**

**दसभागीय** : किसी वस्तु अथवा विषय जगत को दस भागों में विभाजित करना। जैसे डीवी डेसीमल से पूर्व द्वी शाखीय वर्गीकरण पद्धतियाँ प्रचलित थी जिसे डीवी ने विषय जगत को दस भागों में बांट कर एक नया इतिहास बना कर इस प्रचलित विधि को बदल दिया।

**DECENTRALISATION**

**विकेन्द्रीकरण** : पुस्तकालयों के कार्यों व सेवाओं को सुचारू रूप से चलाने के लिये उनको विभिन्न स्तरों पर विभाजित करना अथवा बांट कर विकेन्द्रीकरण करना।

**DECIMAL CLASSIFICATION**

**दशमलव वर्गीकरण** : देखिये Dewey Decimal Classification

**DECIMAL DIVISION**

**दशमलव विभाजन** : विषय जगत के विभाजन से प्राप्त विषयों, शब्दों, पदों को दशमलव सिद्धान्त के आधार पर कृत्रिम अंक आँबटित करने के बाद प्राप्त विभाजन।

**DECIMAL FRACTION DEVICE**

**दशमलव भिन्न विधि :** इस विधि में वर्गांक का प्रत्येक अंक शुद्ध दशमलव भिन्न माना जाता है इसलिये वर्गांक पूर्णांक के रूप में प्रयोग नहीं किया जाता है। क्योंकि वर्गांक का प्रत्येक अंक दशमलव खण्ड का रूप ले लेता है जिसके कारण वर्गांक के किसी भी अंक के स्थानमान में कोई परिवर्तन नहीं होता है जैसे पूर्णाक में होता है। इसलिये वर्गांक की दाहिनी ओर असीमित अंको को जोड़ा जा सकता है जिसका उपयोग एक वर्गीकरण पद्धति श्रृंखला में नये विषयों एवं एकलों को ग्राह्तता प्रदान करने के लिये कर सकती है। डेवी डेसीमल क्लासीफिकेशन में नये विषयों को ग्राह्तता प्रदान करने की एकमात्र यही विधि है।

**DECIMAL NOTATION**

**दशमलव अंकन :** एक वर्गीकरण पद्धति में विषय जगत के विभाजनों, उपविभाजनों को सहायक अनुक्रम में व्यवस्थित करने तथा वर्गो की श्रृँखला में वर्गों को असीमित ग्राह्तता प्रदान करने हेतु दशमलव भिन्न सिद्धान्त के आधार पर प्राप्त अंकन का प्रयोग किया जाता है। जिसे दशमलव अंकन कहा जाता है।

**DECLASSIFY**

**गुप्त सूची से हटाना :** एक दस्तावेज को गुप्त सूची से हटा कर समुचित प्राधिकारी के अन्तर्गत रख देना।

**DECODE**

डी–कोड : एक डिस्क में अन्य रूप में भरे गये डेटा को मूल रूप में वापस बदल देना; अथवा सांकेतिक अंकाक्षरों में भंडारित सूचना का उस रूप में अनुवाद करना जो उपयोगकर्ता अथवा आगे के प्रक्रमण (संसाधन) के लिये अधिक बोधगम्य हो।

**DEDICATED COMPUTER**

**समर्पित कंप्यूटर :** एक ही प्रकार का कार्य करने वाले कंप्यूटर।

**DEDICATED SPACE**

**रिक्त स्थान :** सूचना पुनः प्रणाली में कंप्यूटर स्मृति में नये डेटा के समाकलन के लिये छोड़ा गया रिक्त स्थान।

**DEDICATION**

**समपर्ण :** एक व्यक्ति अथवा व्यक्तियों को श्रद्धा अथवा आदर की अभिव्यक्ति करने हेतु लेखक का अपनी पुस्तक में दिया गया वक्तव्य।

**DEFAULT**

**डिफाल्ट :** जब प्रोग्राम अथवा उपयोगकर्त्ता द्वारा कंप्यूटर को निश्चित

निर्देश देने में चूक हो जाती हैं, अथवा कई विकल्पों में से एक विकल्प बताने में चूक जाता है तो उस स्थिति में कंप्यूटर स्वयं ही निर्देश अथवा विकल्प को चुन लेता है।

**DEFAULTER**

**दोषी** : उधार पर ली गई पुस्तक को निश्चित तिथि पर वापस न करने अथवा उसका जुर्माना न देने का दोषी पाठक।

**DEFECTIVE COPY**

**त्रुटिपूर्ण प्रति** : प्रलेख की ऐसी प्रति जिसमें मुद्रण अथवा जिल्दसाजी की प्रक्रिया में कोई त्रुटि रह गई हो।

**DEFENCE RESEARCH AND DEVELOPMENT ORGANISATION (DRDO)**

**रक्षा अनुसंधान व विकास संगठन** : स्वतत्रंता के पश्चात् 1948 में रक्षा विज्ञान संगठन की स्थापना की गयी। इसके साथ ही शोध व विकास (Research & Development) की गतिविधियाँ भी आरम्भ हुई। 1958 में इसी संगठन को रक्षा अनुसंधान व विकास संगठन (DRDO) के रूप में मान्यता प्रदान की गयी। इसका दायित्व सैन्य रक्षा से सम्बन्धित उपकरण, हथियार आदि को विकसित करना तथा प्रतिरक्षा के अनुसंधानों को समन्वित करना है। इसके अन्तर्गत देश की 40 शोध शालाओं व सम्बन्धित प्रकोष्ठों का नेटवर्क स्थापित किया गया है।

**DEFENCE SCIENTIFIC INFORMATION AND DOCUMENTATION CENTRE (DESIDOC)**

**रक्षा विज्ञान सूचना एवं प्रलेखन केन्द्र** : 1948 में रक्षा विज्ञान संगठन के बनने के साथ ही शोध व विकास की गतिविधियाँ आरम्भ हुई जिसका कार्य मात्र पुस्तकालय निर्माण व सामयिक साहित्य के सूचीकरण तक सीमित था। 1957 में वैज्ञानिक सूचना ब्यूरो (SIB) की स्थापना हुई। 1967 में इसका पुर्नगठन किया गया तथा इसका नाम बदल कर रक्षा विज्ञान सूचना एवं प्रलेखन केन्द्र (DESIDOC) कर दिया गया। इसके साथ ही इसका कार्य क्षेत्र तथा दायित्व भी अत्यधिक विकसित कर दिया गया। 1970 में डेसीडोक डी॰ आर॰ डी॰ ओ॰ संस्थाओं की एक स्वतंत्र इकाई बन गयी। इसके संचालन के लिये एक निदेशक नियुक्त कर दिया गया। इसका कार्यालय दिल्ली में है। डी॰ आर॰ डी॰ ओ॰ की एक केन्द्रीय सूचना केन्द्र के रूप में इस संस्था ने उत्तम सूचना प्रणाली को विकसित किया। डेसीडोक रक्षा से सम्बन्धित सभी क्षेत्रों के वैज्ञानिकों को विभिन्न प्रकार की सूचना सेवाएँ प्रदान करती है। इसके मुख्य कार्य व सूचना सेवाएँ इस प्रकार हैः– **सूचना संग्रह** –रक्षा से सम्बन्धित सभी प्रकाशित एवं

अप्रकाशित स्रोतों से सूचना सामग्री का अधिग्रहण करना; **सूचना प्रस्तुतीकरण** – अधिग्रहीत सूचना सामग्री को तैयार करके उपयोगकर्त्ताओं को सामयिक सूचना अभिज्ञा सेवा, चयनात्मक सूचना प्रसार सेवा आदि सेवाओं को प्रदान करना। **अनुवाद सेवा**– मुख्य मुख्य रूप से फ्रैंच, जर्मन, जापानी व रूसी भाषाओं के प्रकाशनों का अँग्रेजी में अनुवाद सेवा प्रदान करता है। तथापि इसने विदेशी भाषाओं के अनुवाद हेतु एक पैनल बना रखा है जिसके आधार पर यह 14 विदेशी भाषाओं का अंग्रेजी में अनुवाद सेवा प्रदान करने में समर्थ है ; **प्रशिक्षण** – कर्मचारियों की बौद्धिक क्षमता में वृद्धि हेतु विभिन्न विषयों पर प्रशिक्षण कार्यक्रम आयोजित करता है; **कंप्यूटरीकृत सूचना तंत्र**– डेसीडोक ने अपनी सूचना क्रियाकालापों को कंप्यूटरीकृत कर रखा है। इस संस्था ने कई सॉफ्टवेयर पैकेज विकसित किये है तथा रक्षा क्षेत्र में विस्तृत डेटाबेस भी निर्मित किए हैं। **प्रकाशन** डेसीडोक का प्रकाशन विभाग महत्वपूर्ण पत्रिकाएँ भी प्रकाशित करता है।

**DEFINITION**

**परिभाषा** : शब्द अथवा किसी अवधारणा का संक्षिप्त में अर्थ व विवरण प्रदान करना।

**DEGRADATION**

**निम्नीकरण** : कंप्यूटर प्रक्रमण के संदर्भ में इस शब्द का प्रयोग किया जाता है। कंप्यूटर के किसी उपकरण के किसी भाग में कोई खराबी आने के कारण जब वह निम्नस्तर की ही सेवा प्रदान कर सकता है तो उसे निम्नीकरण की संज्ञा दी जाती है।

**DELEGATION OF POWER**

**अधिकारों का प्रत्यायोजन** : एक संस्था में सभी अधिकारों का केन्द्रीकरण मुख्य अधिकारी के पास न होकर कुछ अधिकारों का एक निश्चित स्तर तक के अधीनस्थ कर्मचारियों में विकेन्द्रीकरण अथवा हस्तांतरण कर दिया जाना।

**DELETE**

**मिटाना अथवा समाप्त करना** : मुद्रण में एक प्रलेख के प्रुफ में किसी शब्द, लाइन, अनुच्छेद आदि को हटाने के लिये यह शब्द एक चिन्ह की तरह प्रयोग किया जाता है जिसमें del अथवा dele शब्द का अर्थ होता है इसे हटाइये। **कंप्यूटर** में टाइप करते समय यदि कोई त्रुटि हो जाती है तो उसे सुधारने के लिये कई सुविधाएँ उपलब्ध हैं जैसे कर्सर को उस अक्षर तक पहुँचाने के वाद डेल कुंजी (del Key) दबाने से वह अक्षर मिट जाता है।

**DELETION MARKS**

**मिटाने के चिन्ह** : मुद्रण में प्रुफ के विषय वस्तु की त्रुटियों को हटाने के लिये प्रयोग किये जाने वाले चिन्ह।

**DELIMITER**

**परिसीमन** : कंप्यूटर प्रोग्रामिंग की सीमा को इंगित करने वाला चिन्ह।

**DELNET**

**डेलनेट** : दिल्ली लाइब्रेरी नेटवर्क, दिल्ली के पुस्तकालयों के सूचना स्रोत साझेदारी हेतु एक महत्वाकांक्षी नेटवर्क है। जनवरी 1988 में कंप्यूटर एवं पुस्तकालय विशेषज्ञों की एक बैठक नई दिल्ली में आयोजित की गयी। जिसमें निसात के सहयोग से डेलनेट की स्थापना का निर्णय लिया गया। डेलनेट की व्यवहार्यता अध्ययन हेतु निसात (NISSAT) द्वारा कंप्यूटर मेनटिनेन्स कारपोरेशन लिमिटेड (CMC Ltd) नई दिल्ली को यह कार्य सौपा गया। जिसने दिल्ली के 35 पुस्तकालयों के सर्वेक्षण के आधार पर 1990 में अपनी रिर्पोट प्रस्तुत की। जिसका क्रियान्वयन डेलनेट की स्थापना के साथ किया गया। अब यह एक पंजीकृत संस्था के रूप में कार्य कर रहा है। वर्तमान मे डेलनेट के 57 पुस्तकालय सदस्य है।

**DENSITY OF RECORDING**

**देखिये** Recording Density.

**DENUDATION**

**अनाच्छादन** : वर्गीकरण में विषय संरचना की वह विधि है जिसमें एक मुख्य विषय अथवा एकल विचार के क्रमशः विस्तार ह्रास से गहनता वृद्धि की ओर विभाजन कर नये एकल विचारों व विषयों की एक श्रृँखला का सृजन किया जाता है। रंगनाथन द्वारा इस विधि का प्रतिपादन 1950 में किया गया।

**DEPARTMENT**

**विभाग** : पुस्तकालय के विभिन्न कार्यों व सेवाओं के आधार पर बनाये गये विभाग अथवा अनुभाग।

**DEPARTMENTAL CATALOUGE**

**विभागीय सूची** : सूची जिसमें एक विभाग के प्रलेखों की प्रविष्टियाँ व्यवस्थित की गयी हैं। जैसे एक विश्वविद्यालय के केन्द्रीय पुस्तकालय में रसायन विभाग की सूची।

**DEPARTMENTAL LIBRARY**

**विभागीय पुस्तकालय** : सरकारी विभागों, मंत्रालयों, विश्वविद्यालय, के

विभिन्न विभागों के पुस्तकालय जिनमें विभाग के विषय के अनुरूप प्रलेखों का अधिग्रहण किया जाता है।

**DEPARTMENTAL PUBLICATION**

**विभागीय प्रकाशन :** राजकीय अथवा अन्य विभागों द्वारा प्रकाशित पाठ्य सामग्री जैसे प्रशासकीय प्रतिवेदन, शोध प्रकाशन।

**DEPENDENT AUXILIARY**

**आश्रित सहायक सारणी :** यू॰ डी॰ सी॰ मध्यम संस्करण (1985) में दो प्रकार की सहायक सारणियाँ हैं:– स्वतंत्र सारणी जिनके अंकों का प्रयोग बिना मुख्य विषय के वर्गांक के एक विषय के वर्गांक के रूप में स्वतंत्र रूप से किया जा सकता है। दूसरा आश्रित सारणी जिनके अंकों का प्रयोग मुख्य विषय के वर्गांको के साथ ही किया जा सकता है।

**DEPENDENT WORK**

**आश्रित कृति :** पुरानी कृति में संशोधन अथवा उसका विस्तार करके लिखी गयी कृति। यह आवश्यक नहीं है कि मूल लेखक के द्वारा ही यह कार्य किया गया हो। इस प्रकार की कृति टीका, संक्षेपण, रूपान्तरण, संशोधन, अनुवाद, आदि हो सकती है।

**DEPOSITORY LIBRARY**

**निक्षेपागार पुस्तकालय :** इस प्रकार के पुस्तकालय हैं:– (1) अभिलेखागार पुस्तकालय जहाँ विशिष्ट उद्देश्य से पुस्तकों का संग्रह किया जाता है; (2) कापीराइट पुस्तकालय जहाँ रचना स्वत्वाधिकार नियम के अन्तर्गत सभी प्रकाशित प्रलेखों की प्रति भेजी जाती है।

**DEPTH CLASSIFICATION**

**गहन वर्गीकरण :** गहन वर्गीकरण अनुसूची जिसमें विषय जगत के सूक्ष्मतम् विषय व एकल विचारों को सहविस्तृत वर्गांक प्रदान करने का प्रावधान हो; अथवा एक प्रलेख के विषय में अभिव्यक्त सूक्ष्मतर विशेषता को भी अंक प्रदान करके सहविस्तृत वर्गांक प्रदान करना।

**DEPUTY LIBRARIAN**

**उप-पुस्तकालयाध्यक्ष :** क्रम में पुस्तकालयाध्यक्ष के बाद दूसरा अधिकारी; जो पुस्तकालयाध्यक्ष की अनुपस्थिति में कार्यकारी पुस्तकालयाध्यक्ष भी होता है।

**DERIVATIVE WORK**

**अमौलिक कृति :** एक मूल कृति के आधार पर बनायी गयी चयनिका रूपान्तरण, अनुवाद संकलन, संशोधन आदि।

**DESCRIPTION**

विवरण : एक विषय का पूर्ण विवरण।

**DESCRIPTIVE ABSTRACT**

**वर्णनात्मक सार :** इस प्रकार के सार को संकेतात्मक (Indicative) सार अथवा सारांश (Abstract) सार भी कहते है। ऐसे सार विषय वस्तु की संक्षिप्त सूचना ही प्रदान करते हैं अर्थात केवल यह बता देते हैं कि इस विषय पर यह लेख/प्रलेख प्रकाशित हुआ है। यह सामाजिक सूचना अभिज्ञा सेवा के दृष्टिकोण से ही उपयोगी होता है।

**DESCRIPTIVE BIBLIOGRAPHY**

**वर्णनात्मक ग्रन्थ सूची :** पुस्तक के बाह्य स्वरूव व बाह्य तत्वों के आधार पर बनायी गयी ग्रन्थ सूची। इस प्रकार की ग्रन्थ सूची में पुस्तक की आख्या, लेखक का पूरा नाम, प्रकाशन तिथि, प्रकाशक व मुद्रक का नाम, पुस्तक का स्वरूप, पृष्ठों की संख्या, चित्रों का विवरण, मूल्य, जिल्दसाजी, कागज का प्रकार आदि का विवरण दिया जाता है।

**DESCRIPTIVE CATALOGUING**

**वर्णनात्मक सूचीकरण :** इस प्रकार के सूचीकरण में प्रलेख की उन विशिष्ट प्रकार की सूचनाओं को सम्मिलित करने का प्रावधान होता है जो एक पुस्तक को अन्य पुस्तकों से पृथक करती है तथा पाठक को पुस्तक की पूर्ण तथ्यात्मक सूचना प्रदान करने में समर्थ होती हैं। जैसे मुख्य तथा अतिरिक्त प्रविष्टियों का क्या स्वरूप होना चाहिये, प्रत्येक प्रविष्टि में किस प्रकार की समुचित सूचना होनी चाहिए जो पाठक को कई प्रविष्टियों में से अपनी उस पुस्तक को प्राप्त करने में सहायक हो सके जो उसकी आवश्यकताओं के अनुरूप हो। इस शब्द का प्रयोग प्रथम बार लाइब्रेरी आफ काँग्रेस की सर्वेक्षण समिति द्वारा 1940 में किया गया।

**DESCRIPTIVE ELEMENT**

**वर्णनात्मक तत्व :** सूचीकरण में व्यक्ति अथवा संस्था के साथ जोड़े जाने वाले शब्द, जो यह इंगित करते हैं कि पुस्तक की विषय–वस्तु को लिखने में उसकी क्या भूमिका है जेसे सह–लेखक, सम्पादक, सह–सम्पादक, अनुवादक आदि।

**DESCRIPTIVE SURVEY**

**वर्णनात्मक सर्वेक्षण :** इस प्रकार का सर्वेक्षण तथ्यों का सामान्य वर्णन करता है तथा किसी प्रकार के सिद्धांतों को प्रस्तुत करने की चेष्टा नहीं करता है। इसका उद्देश्य तथ्यों में बिना किसी प्रकार के सम्बन्ध बताये तथ्यों का संग्रह व व्याख्या करना है।

**DESCRIPTIVE THEORY OF LIBRARY CLASSIFICATION**

**वर्णनात्मक सिद्धांत** : 1901 से 1937 के बीच रिचार्डसन, सेयर्स, ब्राउन, ब्लिस, तथा रंगनाथन द्वारा वर्गीकरण हेतु जो सिद्धांत प्रतिपादित किये गये उनका आधार मुख्य रूप से उस समय प्रयोग की जाने वाली वर्गीकरण पद्धतियाँ थी। इसलिये इन सिद्धांतों में भी उन मापदण्डों का ही वर्णन किया गया था जो उस समय प्रयोग में लाये जा रहे थे। इन सिद्धांतों पर व्यावहारिक वर्गीकरण का प्रभाव होने के कारण इनकी उपयोगिता नगण्य थी। इसीलिये इनको वर्णनात्मक सिद्धांत कहा जाता है।

**DESCRIPTOR**

**विवरण पद अथवा संकेत शब्द** : एक विषय की पहचान कराने वाला शब्द अथवा एक विषय के बदले प्रयोग किया गया शब्द अथवा एक विषय के विवरण के लिये प्रयोग किया गया संकेत शब्द अथवा संकेत। इनको **कूट शब्द** भी कहा जाता है।

**DESIDOC**

**डेसीडोक** : देखिये Defence Science Information and Documentation Centre.

**DESIGNING DEPTH CLASSIFICATION**

**गहन वर्गीकरण संरचना** : विशिष्ट विषयों के पुस्तकालयों के प्रलेख जिनमें सूक्ष्म से सूक्ष्म विषयों का वर्णन होता है ऐसे प्रलेखों को सहविस्तृत वर्गांक प्रदान करने के दृष्टिकोण से गहन वर्गीकरण पद्धति बनाई जाती है। रंगनाथन ने इस हेतु एक निश्चित कार्यप्रणाली प्रतिपादित की है। उनके अनुसार गहन वर्गीकरण पद्धति की कार्यक्षमता इस बात पर निर्भर करती है कि उसका आधार परिगणनात्मक वर्गीकरण पद्धति है अथवा पक्षात्मक वर्गीकरण पद्धति। पक्षात्मक में भी इस पर निर्भर है कि मार्गदर्शक विहीन पक्षात्मक पद्धति को आधार बनाया गया है अथवा मार्गदर्शक युक्त पक्षात्मक पद्धति को ।

**DESKTOP COMPUTER**

**डेस्कटॉप कंप्यूटर** : छोटे आकार के पसर्नल कंप्यूटर जिनको टेबल पर भी रखा जा सकता है।

**DESKTOP PUBLISHING**

**डेस्कटॉप पब्लिशिंग** : टेस्क टाप कंप्यूटर तथा उचित प्रकार के सॉफ्टवेयर की सहायता से घर पर बैठ कर प्रकाशन कार्य किया जा सकता है। आरम्भ में छोटे–छोटे समाचार पत्रो अथवा छोटे प्रकाशक इसका प्रयोग प्रकाशन हेतु करते थे। किन्तु अब बड़े प्रकाशक भी इसका उपयोग करने लगे हैं।

**DESPATCH REGISTER**

देखिये : Dispatch Register

**DETROIT SELF CHARGING SYSTEM**

**डेट्राइट स्वनिर्गम पद्धति :** इस पद्धति की उत्पति का श्रेय अमेरिका के डेट्राइट सार्वजनिक पुस्तकालय के पुस्तकालयाध्यक्ष रैलफ ए अल्वलिंग (Ralph A Ulveling) को जाता है। 1929 में इस पद्धति का प्रयोग इस पुस्तकालय मै किया गया। तथापि यह पद्धति न्यूर्याक निर्गम पद्धति का ही सरलीकरण है। इस पद्धति में पाठक को केवल सदस्यता पत्रक दिया जाता है। प्रत्येक पुस्तक का एक ग्रन्थ पत्रक होता है जिसे पुस्तक में संलग्न थैली में रखा जाता है। पुस्तक पर दिनांक पर्ची नहीं लगाई जाती है अपितु अलग से रखे गये पूर्व अंकित देय दिनांक पत्रकों का प्रयोग किया जाता है। इस पद्धति में पाठक ही ग्रन्थ पत्रक पर अपना सदस्यता क्रमांक लिखता है। इसकी जाँच के पश्चात् पुस्तक की थैली में पूर्व अंकित देय दिनांक पर्ची रखकर पुस्तक पाठक को दे दी जाती है ग्रन्थ पत्रक पर भी देय दिनांक लिखा जाता है। तथा इस पत्रक को उस तिथि के अन्तर्गत वर्णानुक्रमिक अथवा आवाप्ति संख्या से व्यवस्थित किया जाता है। पुस्तक के वापस आने पर पुस्तक थैली में रखी देय दिनांक पर्ची से दिनांक देखकर ग्रन्थ पत्रक निकाल कर उसे पुस्तक थैली में रख दिया जाता है। यदि पुस्तक को देय दिनांक के बाद लाया गया है तो इसी आधार पर निर्धारित दण्ड लिया जाता है।

**DEVELOPMENTAL SEQUENCE**

**विकासात्मक अनुक्रम :** यदि विषयों एवं एकल विचारों में विकास के विभिन्न स्तर प्रकट होते हैं तो एक वर्गीकरण पद्धति में, यदि सहायक है, तो इन विषयों एवं एकल विचारों को उनके विकासात्मक अनुक्रम अथवा विकास के उल्टे अनुक्रम के सिद्धांत के आधार पर व्यवस्थित किया जा सकता है।

**DEVICE**

**विधि :** किसी विषय अथवा कार्य में विभिन्न माध्यमों व तकनीकों के प्रयोग को विधि की संज्ञा दी जाती हैं। पुस्तकालय वर्गीकरण में विषय अथवा एकल विचारों को बनाने, विभाजित करने अथवा वैयक्तिकता प्रदान करने हेतु विधियों का प्रयोग किया जाता है। जैसे जोड़ विधि, विषय विधि; **प्रकाशन व मुद्रण** में अपने कार्य की पहचान हेतु प्रयुक्त प्रतीक अथवा मोनोग्राम को भी विधि कहा जाता है; **कंप्यूटर** में डेटा निवेश व निर्गत के लिये जिन उपकरणों का प्रयोग किया जाता है वे भी डेटा निवेश व निर्गत की विधियाँ ही हैं।

**DEWEY DECIMAL CLASSIFICATION**

**डीवी डेसीमल क्लासीफिकेशन** : यह पुस्तकालय वर्गीकरण क्षेत्र में अग्रगामी वर्गीकरण पद्धति है जिसकी संरचना मेलविल डीवी (1851–1931) ने की थी। इसकी रूपरेखा 1873 में तैयार की गयी तथा एक अनाम प्रकाशन के रूप में इस पद्धति का प्रकाशन 1876 में किया गया। इसके प्रथम संस्करण में मात्र 44 पृष्ठ थे। विषय जगत को विभाजित करने के लिये 10 डेसीमल अंको 0–9 का प्रयोग किया गया। इस पद्धति में कोई भी वर्गांक तीन अंकों से कम का नहीं हो सकता है। यदि वर्गांक तीन अंको से अधिक का हे तो तीन अंको के बाद एक बिन्दु का प्रयोग आवश्यक होता है। इसके प्रथम संस्करण में कोई भी सामान्य सारणी नहीं थी जबकि 21 वें संस्करण में इनकी संख्या सात है। इसका 16 वाँ संस्करण (1958) दो खण्डों में प्रकाशित हुआ। 18वाँ संस्करण (1971) संस्करण तीन खण्डों में तथा 20वाँ (1989) व 21वाँ (1996) संस्करण चार खण्डों में प्रकाशित हुए है। इसमें शुद्ध अंकन को प्रयोग करने के कारण नये विषयों को ग्राह्यता प्रदान करने का एकमात्र माध्यम श्रृंखला विस्तार है जिसके आधार पर समकक्ष व अधीनस्थ वर्गों को एक समान अंक आंबटित किये जाते है। जोड़ विधि का प्रयोग पद्धति में संश्लेषण का गुण उत्पन्न करता है। विषयों को सहविस्तृत वर्गांक प्रदान करने में जोड़ विधि सहायक होती है। नये संस्करणें में वर्गों के परिगणन के स्थान पर जोड़विधि का अधिक प्रयोग किया जाने लगा है जो इसके परिगणनात्मक स्वरूप को पक्षात्मक गुण प्रदान करने में सहायक हो रहा है। सापेक्षिक अनुक्रमणिका इस पद्धति की लोकप्रियता का एक प्रमुख कारण है। यह लगभग 30 भाषाओं में प्रकाशित हो चुकी है तथा 135 से अधिक देशों के पुस्तकालयों में प्रयोग की जाती है। भारत में इसका आरम्भ 1915 में पंजाब विश्वविद्यालय पुस्तकालय में प्रयोग करने से हुआ।

**DEWEY, MELVIL**

**देखिये** Melvil Dewey

**DIACRITICAL MARK**

**स्वरभेद चिन्ह** : अक्षरों पर लगाये जाने वाले चिन्ह जो उनके उच्चारण को बदल देते हैं।

**DIAGNOSTIC PROGRAMS**

**डाइग्नोस्टिक प्रोग्राम** : कंप्यूटर की खराबियों की जाँच के लिये यह डिस्क पर उपलब्ध बड़ा प्रोग्राम है जिसका प्रयोग अधिकतर तकनीकी विशेषज्ञ करते हैं।

**DIAGRAM**

**रेखाचित्र :** एक विषय अथवा वस्तु की रेखीय अभिव्यक्ति।

**DIALECTOLOGY**

**बोली विज्ञान :** विभिन्न बोलियों अथवा उपभाषाओं के अध्ययन का विज्ञान।

**DIARY**

**दैनिकी :** प्रतिदिन की घटनाओं अथवा कार्यों का विवरण।

**DICTIONARY**

**शब्दकोश :** एक भाषा के सम्पूर्ण शब्दों के संग्रह को शब्दकोश कहते है जिसमें शब्दों का उसी भाषा में अथवा अन्य भाषा में अर्थ व व्याख्या की गयी होती है। शब्दकोश किसी एक विशिष्ट विषय में प्रयुक्त शब्दों की परिभाषिक सूची भी हो सकती है। डिक्शनेरी शब्द की उत्पत्ति लेटिन के डिक्शनेरियम शब्द को माना जाता है।

**DICTIONARY CATALOUGE**

**सर्वानुवर्ण सूची :** डेक्शनेरी कैटालौग में लेखक, शीर्षक, विशिष्ट विषय, ग्रन्थमाला सभी की प्रविष्टियों की एक साथ सम्मिलित करके अनुवर्णिक क्रम में एक सूची के रूप में व्यवस्थित किया जाता है। शब्दकोश की भाँति व्यवस्थित होने के कारण पाठक इस प्रकार की सूची का प्रयोग सरलता से कर सकते हैं।

**DIFFUSION TRANSFER REVERSAL**

**डिफ्यूजन ट्रांसफर रिबर्सल :** प्रतिलिपिकरण की इस प्रक्रिया में प्रलेखों की प्रतियाँ प्राप्त करने के लिये दो कोटेड कागज, सिल्वर हेलाइड इमलसन कोटेड निगेटिव शीट तथा रसायनिक विधि से तैयार की गयी पॉजिटिव स्थानान्तर शीट की आवश्यकता होती है। निगेटिव कागज को मूल प्रलेख के साथ स्पर्श करा कर प्रकाश में दिखाया जाता है। जिससे उस पर निगेटिव चित्र स्वतः आ जाता है। इस निगेटिव कागज को पॉजिटिव कागज के साथ रसायनिक घोल से निकाला जाता है। निगेटिव व पॉजिटिव कागज की शीटों को एक साथ जोड़कर लगभग 30 सेकण्ड तक मशीन की दाब लगाई जाती है। इससे निगेटिव कागज की प्रतिबिम्ब आकृति पॉजिटिव कागज पर अंकित हो जाती है। इस प्रकार एक निगेटिव से दो या तीन प्रतियाँ तैयार की जा सकती है।

**DIGEST**

**सार-संग्रह :** प्रकाशन जिसमें साहित्यिक, ऐतिहासिक, वैज्ञानिक अथवा किसी भी विषय के बारे में सूचना को संक्षिप्त रूप में सुव्यवस्थित करके प्रकाशित किया जाता है।

**DIGIT**

**अंक** : पुस्तकालय **वर्गीकरण पद्धति** में अंकन प्रणाली को बनाने के लिये प्रयोग किये जाने वाले चिन्ह, अंक, अक्षर, प्रतीक आदि; **कंप्यूटर** में डेटा की प्रत्येक इकाई में जो अंक सम्मिलित है जैसे 993 * AAB में सात अंक है जबकि इसमें पाँच तरह के ही अंकाक्षर (Character) है। 9, 3, *, A, B,

**DIGITAL COMPUTER**

**डिजिटल कंप्यूटर** : सूचना संसाधन (प्रक्रमण) हेतु कंप्यूटर दो तरह के बनाये जा सकते है – कंप्यूटर जिसमें सूचना को माप के आधार पर भंडारित तथा प्रदर्शित किया जाता है। इसे एनालॉग कंप्यूटर कहते है। दूसरे वे जो सूचना चाहे किसी भी प्रकार के अंको से बनी हो, उसे वह द्विआधारी अंक प्रणाली 0–1 के रूप में ही भंडारित व विश्लेषित कर सकता है। अर्थात इसमें सूचना संख्यात्मक कोड में ही संचालित होती है। इसे डिजिटल कंप्यूटर कहते हैं।

**DIGITAL VERSATILE DISK**

**डिजिटल वर्सेटाइल डिस्क** : सीडी की तरह ही यह भी एक भंडारण माध्यम है। लेकिन इसकी भंडारण क्षमता 4.7 गिगाबाइट होने के कारण इसमें एक पूरी बड़ी फिल्म आसानी से भंडारित की जा सकती है। इसमें दोनों तरफ भंडारण होता है। इसकी इमेज गुणवत्ता भी बहुत अच्छी है। डी॰वी॰डी॰ पाँच अलग–अलग सीडी क्वालिटी साउंड ट्रैक के साथ आती है। इन पाँच ट्रैकों की आवाज के लिये पाँच अलग–अलग स्पीकरों की आवश्यकता होती है।

**DIGITIZER**

**डिजिटाइजर** : वह विधि जो कि कंप्यूटर को निवेश किये जाने वाले डेटा के भौतिक स्वरूप को अथवा विद्युत संकेतों को कंप्यूटर की समझ में आ सकने वाली अंकाक्षरो व सांख्यकी (Digital) संकेतो में बदल देती है।

**DIRECT ENTRY**

**सीधी प्रविष्टि** : अनुक्रमणिका में बहुशब्दीय विषय की सामान्य शब्दों में बनायी गयी प्रविष्टि।

**DIRECTION WORD**

देखिये Catchword

**DIRECTORY**

**निर्देशिका** : किसी देश के व्यक्तियों, देशों, संस्थाओं अथवा सामयिक प्रकाशनों की वर्गीकृत अथवा वर्णानुक्रम में व्यवस्थित सूची है। इसमें व्यक्ति अथवा संस्था का नाम, पता एवं अन्य विवरण भी दिया जाता है। सामान्यतया ये निर्देशिकाएँ व्यावसायिक संस्थाओं द्वारा प्रकाशित की जाती है।

**DIRECTORY (COMPUTER)**

**डायरेक्टरी :** कंप्यूटर में प्रत्येक सूचना को एक फाइल के रूप में रखा जाता है। फाइलों के संग्रह की सूची को डाइरेक्टरी कहते हैं। प्रत्येक फाइल का एक नाम व उपनाम होता है। लेकिन डाइरेक्टरी का केवल नाम होता है उपनाम नही। प्रत्येक डाइरेक्टरी में अनेक प्रकार की फाइलें रखी जा सकती है। इसमें सब–डाइरेक्टरियाँ भी बनायी जा सकती है। कंप्यूटर में फाइलों को संचित रखने की प्रणाली एक परिवार में व्यक्तियों के नाम वंशावली में रखने जैसी ही है। एक नई डाइरेक्टरी बनाने का कमांड है MD (Make Directory)। डॉस के इस आदेश के द्वारा डाइरेक्टरी अथवा सब–डाइरेक्टरी बनायी जा सकती है।

**DIRECTORY, ROOT (COMPUTER)**

देखिये Root Directory

**DIRECTORY SORT (DS)**

**डाइरेक्टरी सार्ट :** नार्टन यूटिलिटीज का वह प्रोग्राम जो किसी भी डाइरेक्टरी में संचित फाइलों को उनके नामों, उपनामों, समय, या अन्य किसी भी क्रम में जमा कर डिस्क पर अंकित करने की क्षमता देता है।

**DISC**

**डिस्क :** देखिये Disk

**DISCHARGING COUNTER**

**निर्गम-आगम पटल :** पुस्तकालय का वह स्थल जहां से पुस्तकालय कर्मचारी पाठकों को पुस्तकें उधार पर देने व वापस लेने का कार्य करते हैं।

**DISCHARGING SYSTEM**

**आगम-निगर्म प्रणाली :** पुस्तकालय से पाठक को पुस्तक को उधार पर बाहर ले जाने व उसे वापस लाने की प्रक्रिया की सुव्यवस्थित स्वरूप प्रदान करने हेतु कई आगम–निर्गम प्रणालियाँ प्रतिपादित की गयी हैं। जैसे ब्राउन पद्धति, न्यूर्याक पद्धति।

**DISCIPLINE**

**विषय :** अध्ययन अथवा ज्ञान प्राप्ति का संगठित क्षेत्र जिसका सम्बन्ध विशिष्ट प्रकार के विषयों से होता है।

**DISCOGRAPHY**

**डिस्कोग्राफी :** ग्रामोफोन के रिकार्डस की सूची जिसमें रचनाकार, शीर्षक, गायिका, आदि व रिकार्ड बनाने की सूची संख्या का विवरण होता है।

**DISCONTINUED NUMBER**

**समाप्त वर्गांक :** डीवी डेसीमल क्लासीफिकेशन के हर नये संस्करण में

विभिन्न कारणों से कई विषयों के स्थान में परिवर्तन कर दिया जाता है तथा ऐसे विषय के वर्गांको के आगे समाप्त वर्गांक लिख दिया जाता है जिनका प्रयोग नये संस्करणों में अन्य विषयों के लिये किया जा सकता हैं।

**DISCONTINUED PUBLICATION**

**प्रकाशन समाप्त :** ऐसा प्रकाशन जिनको प्रकाशित करना बन्द कर दिया गया है।

**DISCONTINUOUS ARRAY**

**विच्छिन्न पंक्ति :** वर्गीकरण में विषयों की ऐसी पंक्ति जिसके बीच–बीच में अन्तराल होने के कारण नये विषयों को अन्तर्वेशित किया जा सकता है।

**DISCOUNT**

**छूट :** पुस्तकों पर लिखी गयी कीमत पर प्रकाशक अथवा पुस्तक विक्रेता द्वारा दी जाने वाली छूट।

**DISCUSSION BOARD**

**डिस्कशन बोर्ड :** इंटरनेट का वह स्थान जहाँ पर एक उपयोगकर्ता अपने विचार दूसरे उपयोगकर्ताओं के सामने रख सकता है अथवा दूसरों के विचारों पर अपनी राय व्यक्त कर सकते हैं।

**DISK**

**डिस्क :** कंप्यूटर में सूचना को स्थाई रूप से संचित करने हेतु चुम्बकीय डिस्क का प्रयोग किया जाता है। यह डिस्क लौहयुक्त चुम्बकीय पदार्थो द्वारा लेपित होती है तथा ग्रामोफोन रिकार्ड की भाँति होती है। डिस्क को कंकरीट की लीकों से अनके भागों में बाँटा गया होता है जिनमें सूचनाएँ चुम्बकीय रूप से संचित होती है। डिस्क के दोनों ओर के हिस्से प्रयोग किये जाते हैं। यह डिस्कैट, फ्लापी डिस्क आदि नामों से भी जाना जाता है।

**DISK DRIVE**

**डिस्क ड्राइव :** कंप्यूटर की वह वाह्य इकाई जिसमें डिस्क को लगाने के पश्चात् घुमा कर डिस्क में अंकित सूचना को पढ़ा जा सकता है या नई सूचना को अंकित किया जा सकता है। कम क्षमता वाले कंप्यूटरों में एक ही डिस्क ड्राइव होती है जबकि अधिक क्षमता वाले कंप्यूटरों में दो फ्लापी ड्राइव होती है।

**DISK INFORMATION (DI)**

**कंप्यूटर प्रोग्राम :** यह नार्टन यूटीलिटिज का एक प्रोग्राम है जो हार्डडिस्क अथवा फ्लापी डिस्क पर अंकित सूचनाओं के बारे में अनेक प्रकार की तकनीकी जानकारी देता है।

**DISKFIX**

**डिस्कफिक्स** : यह पी॰ सी॰ टूल्स का हार्डडिस्क व फ्लापी डिस्कों के अनेक प्रकार के दोषों को दूर करने के लिये एक शक्तिशाली प्रोग्राम है।

**DISKETTE**

**डिस्कैट** : फ्लापी डिस्क का दूसरा नाम : **देखिये** Floppy Disk,

**DISK OPERATING SYSTEM**

डिस्क संचालन प्रणाली : देखिये DOS

**DISPATCH REGISTER**

**डिसपैच रजिस्टर** : पुस्तकालयों में होने वाले पत्र–व्यवहार का विवरण अंकित करने हेतु प्रयोग की जाने वाली पंजिका को डिसपैच रजिस्टर कहते है। इसमें पत्र की संख्या तथा तिथि, जिसे पत्र भेजा जा रहा है उसका पूरा नाम, पता, पत्र भेजने का उद्देश्य, डाक टिकट का खर्च आदि विवरण अंकित किया जाता है। पुस्तकालय का यह महत्वपूर्ण अभिलेख है।

**DISPLAY**

**प्रदर्शन** : किसी वस्तु प्रलेख, सूचना को दर्शाना; **कंप्यूटर** में सूचना को दर्शाने के लिये मानीटर होता है।

**DISPLAY BOARD**

**प्रदर्शन पट्ट** : पुस्तकालय में नई अधिग्रहण की गयी पुस्तकों को दर्शाने हेतु बनाया गया पट्ट।

**DISPLAY STAND**

**प्रदर्शन स्टैंड** : पुस्तकालय में प्रलेखों को रखने व प्रदर्शन करने हेतु बनाया गया स्टैंड।

**DISSECTION**

**विच्छेदन** : रंगनाथन द्वारा विषय जगत के विभाजन के आधार पर विषयों की संरचना हेतु प्रतिपादित एक विधि। 1950 से 1972 तक इस विधि को **विच्छेदन विधि** कहा जाता था। इस विधि में एक विषय जगत के कई टुकड़े करके विभिन्न प्रकार के मुख्य विषय प्राप्त हो जाते हैं। जैसे विषय जगत–प्रकृति विज्ञान, मानवीकी शास्त्र, समाज विज्ञान, प्रकृति विज्ञान–गणित, पदार्थ विज्ञान, यंत्रशास्त्र। 1973 में रंगनाथन के सहयोगी ए॰ नीलमेघन ने इस विधि का नाम बदल कर **विखण्डन** (Fission) विधि कर दिया। उनके अनुसार किसी भी वस्तु के टुकड़े करने के लिये किसी उपकरण की आवश्यकता होती है जैसे मेढ़क के विच्छेदन के लिये चाकू की आवश्यकता होती है इसलिये विच्छेदन एक बाह्य

प्रक्रिया है जबकि विषय जगत का विभाजन एक स्वतः व आन्तरिक प्रक्रिया है इसलिये विच्छेदन के स्थान पर विखण्डन प्रयोग किया जाना चाहिए।

**DISSEMINATION OF INFORMATION**

**सूचना प्रसारण** : पुस्तकालयों व सूचना केन्द्रों द्वारा विभिन्न माध्यमों व सूचना सेवाओं द्वारा पाठकों तक सूचना पहुंचाना अथवा वितरण करना।

**DISSERTATION**

**शोध प्रबन्ध** : शोधकर्त्ता द्वारा एक विशिष्ट विषय पर गहन व विस्तृत अध्ययन के आधार पर तैयार किया गया ग्रन्थ। इस प्रकार के अध्ययन विभिन्न स्तरों की उपाधि प्राप्त करने हेतु किये जाते हैं।

**DISTILLATION**

**आसवन** : रंगनाथन द्वारा प्रतिपादित इस विधि से प्राथमिक मुख्य विषयों की संरचना हो सकती है; आसवित मुख्य विषय प्रकार 1 तथा आसवित मुख्य विषय प्रकार 2

**DISTILLED MAIN SUBJECTS-KIND 1**

**आसवित मुख्य विषय-प्रकार 1** : परम्परागत एवं विद्यमान मुख्य विषयों में कई ऐसे विषय एवं विचार होते हैं जिनका समानान्तर रूप से कई मुख्य विषयों में प्रयोग किया जाता है तथा उन विषयों के दृष्टिकोण से वह अपने आप में एक महत्वपूर्ण विषय होता है। इस प्रकार के विचारों एवं विषयों में सतत शोधकार्यों, परिक्षणों तथा विशेषज्ञों के अनुभवों के आधार पर इन विचारों एवं विषयों के स्वयं के मार्गदर्शक सिद्धांत उत्पन्न हो जाते हैं तथा इस आधार पर इन विषयों को एक प्राथमिक मुख्य विषय के रूप में मान्यता देना संभव हो जाता है। इसके ज्वलंत उदाहरण प्रबंधन विज्ञान (Management Science) तथा सूचना विज्ञान (Information Science) हैं।

**DISTILLED MAIN SUBJECTS-KIND 2**

**आसवित मुख्य विषय-प्रकार 2** : इस प्रकार के मुख्य विषय एक विशिष्ट प्राथमिक मुख्य विषय से ही आसवित होते हैं। सामाजिक कारणों से एक विषय के किसी विशिष्ट विचार अथवा तकनीक पर गहन अध्ययन किया जा सकता है। जिसके फलस्वरूप इस विचार व तकनीक पर कई प्रलेख व लेख प्रकाशित होने लगते हैं तथा उनके साहित्यिक प्रमाण (Literary Warrant) में अत्याधिक वृद्धि हो जाती हैं। जिस आधार पर उनके हेतु मार्गदर्शक सिद्धांत भी बनाये जा सकते है तथा उनको एक स्वतंत्र विशिष्ट विषय के रूप में प्रतिपादित किया जा सकता है। ऐसे विचार व तकनीक कुछ समय पश्चात् स्वतः ही एक प्राथमिक मुख्य विषय के रूप में स्थापित हो जाते हैं। इस प्रकार कई मुख्य विषय विभिन्न

परम्परागत मुख्य विषयों से अलग अपनी स्वयं की पहचान बना चुके हैं जैसें सार्वजनिक स्वास्थ्य (Public Health), उपचार (Nursing) आदि।

**DISTINCTIVE TITLE**

**विशिष्ट शीर्षक :** विशेष प्रकाशन का विशिष्ट शीर्षक।

**DISTRICT CENTRAL LIBRARY**

**जिला केन्द्रीय पुस्तकालय :** जिला स्तर का केन्द्रीय सार्वजनिक पुस्तकालय।

**DISTRICT LIBRARY**

**जिला पुस्तकालय :** जिला स्तर का सार्वजनिक पुस्तकालय।

**DIVIDE LIKE DEVICE**

**समानान्तर विभाजन विधि :** डीवी डेसीमल क्लासीफिकेशन में संश्लेषण का गुण प्रदान करने का यह सबसे सशक्त माध्यम है। इस विधि के द्वारा पद्धति में परिगणन किये गये वर्गांको के आधार पर एक विषय के वर्गांक को विभाजित करके उस विषय के उपविभाजन बनाये जा सकते हैं। अथवा उसे सहविस्तृत वर्गांक बनाने हेतु प्रयोग किया जा सकता है। इस विधि का प्रयोग संस्करण 2 (1885) से संस्करण 17(1965) तक इस नाम से किया गया। संस्करण 18 (1971) में इस विधि का नाम बदल कर जोड़ विधि (Add Device) कर दिया गया।

**DIVIDE LOCALLY**

**स्थानीय विभाजन विधि :** 1928 में कोलन क्लासीफिकेशन के मुख्य वर्ग L Medicine के लिये रंगनाथन ने एक अस्थाई अनुसूची बनाई जिसमें शरीर के विभिन्न अंगो व अवयवों तथा उनके उपविभाजनों को सुस्पष्ट वर्गांक प्रदान करने हेतु इस विधि का प्रयोग किया गया। कोलन क्लासीफिकेशन के संस्करण 1 (1933) में इस विधि का प्रयोग इस प्रकार से किया गया – L 36 Veins (to be divided locally)। इसी प्रकार का निर्देश अंक L3 से L7 के कुछ विभाजनों के अन्तर्गत भी दिया गया है। किन्तु एक श्रेणी की एक पंक्ति में अनुसूचित इन एकल अंको के आधार पर वर्गांक बनाने के लिये अभिनत अंक विधि (Bias Number Device) का प्रयोग करना पड़ता था जिसका संयोग चिन्ह 0 (शून्य) था। जैसे L760136 Motor nerves of Leg । 1960 में इस विधि का नाम अध्यारोपण विधि (Superimposition Device) कर दिया गया तथा शून्य के स्थान पर – (hyphen) संकेतक का प्रयोग किया गया। संस्करण सात में इसे संयोजित एकल विधि कहा जाता है।

**DIVISION**

**विभाजन :** वर्गीकरण में एक विषय जगत को एक अधिमान्य विशेषता के आधार पर विभाजित करना अथवा समान व असमान वर्गों में बांटना।

**DO ALL CLASSIFICATION**

**बहुप्रयोजन वर्गीकरण :** वर्गीकरण पद्धति जो वृहद मुख्य विषयों, उनके मुख्य विभाजनों से लेकर गहनतम सूक्ष्म विषयों को वर्गीकृत करने में सक्षम हो तथा उनको सहविस्तृत वर्गांक प्रदान कर सकती हो।

**DOC-FINDER**

**डॉक-फाइन्डर :** रंगनाथन के अनुसार कंप्यूटर की रचना गणना करने के लिये की गयी है। पुस्तकालयों में पुस्तक को प्राप्त करने के लिये गणना की आवश्यकता नहीं होती है। इसलिये पुस्तकालयों के लिये विशिष्ट प्रकार की मशीन होनी चाहिये जिसे डॉक–फाइन्डर अर्थात् प्रलेखें को ढूंढने की मशीन, कहा जाना चाहिये। डी॰ आर॰ टी॰ सी॰ बंगलौर में मई 1968 से कई परिक्षण, सेमीनार इस हेतु किये गये है।

**DOCUMENT**

**प्रलेख :** कागज अथवा अन्य सामग्री पर अंकित सूचना का अभिलेख, जिसे इधर–उधर कही भी ले जाया सकता है, तथा भविष्य के उपयोग के लिये सुरक्षित भी रख जा सकता है। इसमें अंकित सूचना किसी भी भाषा अथवा रूप में हो सकती है। तथापि इसे निर्मित करने के लिये किसी यंत्र की आवश्यकता अवश्य होती हैं। ये सूचनाओं के स्रोत व सूचना प्रसार व संचार का सशक्त माध्यम है।

**DOCUMENT BIBLIOGRAPHY**

**प्रलेख ग्रन्थात्मक सूची :** सूचना संग्रह के सभी वृहद एंव सूक्ष्म स्रोतों की सहायक अनुक्रम में व्यवस्थित सूची। यह एक विशिष्ट विषय क्षेत्र से सम्बन्धित हो सकती है अथवा सभी विषयों के प्रलेखों की सामान्य ग्रन्थात्मक सूची हो सकती है। देखिये : Documentation List

**DOCUMENT PROCUREMENT SERVICE**

**प्रलेख प्राप्ति सेवा :** विशेषज्ञों व शोधकर्त्ताओं को उनकी माँग व आवश्यकता के अनुरूप प्रलेखन केन्द्र अथवा पुस्तकालय के पास उपलबध न होने वाली पाठ्य सामग्री को फोटोकापी अथवा आदान–प्रदान माध्यम से प्राप्त करके सेवा प्रदान करना।

**DOCUMENT PROFILE**

**प्रलेख विवरणिका :** यह चयनित सूचना सेवा (S.D.I.) प्रक्रिया का एक पहलु हैं। जिस पुस्तकालय द्वारा अपनी संस्था अथवा केन्द्र के विशेषज्ञों को चयनित सूचना सेवा प्रदान की जा रही है उसमें प्राप्त होने वाले समस्त प्रलेखों को विश्लेषित कर उनकी पूर्ण विवरणिका तैयार की जाती है। जिसमें प्रलेख के विषय–वस्तु को उसी माध्यम व शब्दावली द्वारा प्रदर्शित किया जाता है जिसका प्रयोग पाठक विवरणिका में किया गया है जिससे कि दोनों के मिलान करते समय आसानी रहे।

**DOCUMENTARY REPRODUCTION**

**प्रलेखीय प्रतिलिपिकरण :** प्रलेखों में प्रकाशित लेखों, पुस्तकों के पृष्ठों अथवा अन्य प्रकार की पाठ्य सामग्री का फोटोकापी अथवा अन्य माध्यमों द्वारा प्रतिलिपि प्राप्त करना।

**DOCUMENTATION**

**प्रलेखन :** पुस्तकालय अथवा प्रलेखन केन्द्रों द्वारा प्रलेखों व सूचना सामग्री को एकत्रित व व्यवस्थित कर उनमें निरन्तर प्रकाशित होने वाले नवीनतम विचार को शीघ्रतिशीघ्र विशेषज्ञों व शोधकर्त्ताओं को अवगत कराने की प्रक्रिया ही प्रलेखन है।

**DOCUMENTATION (COMPUTER)**

**डाक्यूमेन्टेशन :** कंप्यूटर प्रोग्रामों के साथ एक पुस्तिका मिलती है। जिसमें डिस्कों पर रिकार्ड किये गये प्रोग्रामों का वर्णन व उनके उपयोग की विधि विस्तार से दी गयी होती है इसे ही डाक्यूमेन्टेशन कहते है।

**DOCUMENTATION CENTRE**

**प्रलेखन केन्द्र :** केन्द्र जिसका उद्देश्य एक विशिष्ट विषय से सम्बन्धित नवीनतम पाठ्य सामग्री में प्रकाशित सूक्ष्मतम विचारों को उस विषय के विशेषज्ञ व शोधकर्त्ताओं को उनकी माँग पर अथवा उनके माँगने से पूर्व ही उन तक पहुँचाना है। इस हेतु केन्द्र प्रलेखों को सुलभ कराने तथा सामयिक सूचना अभिज्ञा सेवा, चयनित सूचना सेवा, सार, अनुक्रमणीकरण, अनुवाद प्रतिलिपिकरण सेवाएँ प्रदान करने हेतु निरन्तर कार्यरत रहना है।

**DOCUMENTATION LIST**

**प्रलेख सूची :** विशिष्ट विषयों के उपयोगकर्त्ताओं हेतु निर्मित संदर्भ सूची जिसमें मुख्यतः सामयिक प्रकाशनों में प्रकाशित लेखों, व अन्य सूक्ष्म प्रलेखों को सम्मिलित कर क्रमबद्ध रूप से व्यवस्थित किया जाता है।

**DOCUMENTATION RESEARCH AND TRAINING CENTRE**

देखिये D.R.T.C.

**DOCUMENTATION SERVICE**

**प्रलेखन सेवा** : प्रलेखन सेवा संदर्भ सेवा का अग्रिम स्तर है जिसमें विशिष्ट विषय के विशेषज्ञों व सूक्ष्म सूचना स्रोतों को अधिक महत्व दिया जाता है। विशेषज्ञों व शोधकर्त्ताओं को उनके विषय की नवीनतम सूचना के साथ ही सम्पूर्ण प्रकाशित पाठ्य सामग्री से अवगत कराने हेतु सामयिक सूचना अभिज्ञा सेवा, चयनित सूचना सेवा, सार सेवा अनुक्रमणीकरण, अनुवाद सेवा प्रदान की जाती है।

**DOCUMENTATION WORK**

**प्रलेखन कार्य** : प्रलेखन सेवा प्रदान करने हेतु एक पुस्तकालय अथवा सूचना अथवा प्रलेखन केन्द्रों में अधिग्रहण किये गये प्रलेखों के आधार पर अनुक्रमणिका व सार तैयार करना, प्रलेखों की सूची का संकलन आदि उन सभी कार्यों को करना जो प्रलेखन सेवा के लिये आवश्यक है।

**DOCUMENTOGRAPHY**

**प्रलेखन सूची** : ग्रन्थसूची का विस्तृत स्वरूप जिसमें सूक्ष्मतम विचार व सभी प्रकार के सामयिक प्रकाशन, समीक्षाएँ, सर्वेक्षण आदि सभी सूक्ष्म प्रकाशन जो सम्बन्धित पुस्तकालय अथवा प्रलेखन केन्द्र में अधिग्रहण किये जाते हैं उनमें प्रकाशित लेख आदि के आधार पर बनायी ज़ाती है। तथापि इसकी उपयोगिता इस बात पर निर्भर है कि सूची कितने कम समय में बनायी जाती है व कितनी शीघ्र उपयोगकर्त्ता तक पहुँचती है। Documentation List भी देखिये

**DOMAIN NAME**

**डोमेन नेम** : इंटरनेट पर किसी व्यक्ति, संस्था या किसी अन्य की पहचान का माध्यम डोमेन नेम कहलाता है जैसे saftaid.India.com डोमेन नेम है। यही नाम उस संस्था अथवा व्यक्ति की पहचान बन जाता है। डोमेन नेम छोटा होने के साथ ही पूरी जानकारी देने वाला होना चाहिये। इस नाम की प्राप्ति हेतु **इंटरनेट नेटवर्क इन्फारमेशन सेन्टर** की साइट rs.internic.net पर रजिस्टर करना होता है। Internic की स्थापना नेशनल साइंस फाउन्डेशन के द्वारा डोमेन नेम आदि को व्यवस्थित करने हेतु किया गया था।

**DONATION RECORD**

**दान-अभिलेख** : पुस्तकालय को किसी भी रूप मे दिये गये वस्तुओं/प्रलेखों के विवरण का रिकार्ड।

**DORKING CONFERENCE**

**डोरकिंक सम्मेलन :** पुस्तकालय वर्गीकरण पर प्रथम अन्तर्राष्ट्रीय अध्ययन सम्मेलन 13 मई से 15 मई 1957 को डोरकिक, इंगलैण्ड में हुआ तथा जिसके बाद विवाद का मुख्य विषय रंगनाथन द्वारा 1937–1957 तक प्रतिपादित सिद्धांत थे। **विस्तृत विवरण देखिये :** International Study Conference on Classification for Information Retrieval.

**DORMITORY LIBRARY**

**छात्रावासीय पुस्तकालय :** विश्वविद्यालयों अथवा कॉलेजों के छात्रावासों के पुस्तकालय जिनमें मनोरंजनात्मक पाठ्य सामग्री को ही अधिक महत्व दिया जाता है। इस प्रकार के पुस्तकालय पश्चिमी देशों में सामान्य रूप से स्थापित किया जाते हैं।

**D.O.S.**

**डॉस :** डिस्क आपरेटिंग सिस्टम के लिये संक्षिप्त शब्द। यह प्रोग्रामों का समूह है जो डिस्क संचालन को व्यवस्थित करता है तथा डेटा व अनुदेशों को डिस्क एवं कंप्यूटर की मुख्य स्मृति के बीच लाने ले जाने का कार्य करता है। तथा उपयोगकर्त्ता व कंप्यूटर के बीच परस्पर सम्बन्ध स्थापित करता है।

**DOS COMMANDS**

**डॉस के ओदश :** बूटिंग की क्रिया के पश्चात् पसर्नल कंप्यूटर की समस्त क्रियाओं का नियंत्रण आपरेटिंग सिस्टम डॉस के हाथ में आ जाता है। इसलिये डॉस से काम करवाने के लिये ऐसे आदेश देने होते हैं जिनको डॉस समझ सकता है। डॉस के विभिन्न आदेशों के विस्तृत वर्णन डॉस मेन्युअल में प्राप्त हो जाता है। ये आदेश अंग्रेजी भाषा में होते हैं डॉस के ये आदेश की–बोर्ड पर सही रूप में टाइप करके फिर Enter कुंजी दबा कर दिये जाते है।

**DOT**

**बिन्दु :** पुस्तकालय वर्गीकरण में संकेतक के रूप में प्रयोग किया जाने वाला अंक। कोलन क्लासीफिकेशन में बिन्दु का प्रयोग स्थान पक्ष के संकेतक के रूप में किया जाता है; जबकि एक्सपैनिव क्लासीफिकेशन में सामान्य एकलों के लिये संकेतक के रूप में, यूनीवर्सल डेसीमल क्लासीफिकेशन में सामान्य एकलों के संकेतक अंको के साथ (जैसे .00 Point of view) तथा विषय के वर्गांक के प्रत्येक तीन अंको के बाद बिन्दु प्रयोग किया जाता है। डी॰ डी॰ सी में भी वर्गांक के प्रत्येक तीन अंको के बाद बिन्दु लगाना आवश्यक है। तथापि डी॰ डी॰ सी॰ के इस बिन्दु का कोई महत्व नहीं है। यह केवल आंखों को आराम देने के लिये लगाया जाता है।

**DOT MAP**

**बिन्दु मानचित्र :** नक्शा जिसमें समान आकार के बिन्दुओं के माध्यम से घनत्व के विस्तार अथवा फैलाव को दर्शाया जाता है।

**DOT MATRIX PRINTER**

**डॉट-मैट्रिक्स प्रिन्टर :** कंप्यूटरों के साथ प्रयोग किये जाने वाले इम्पैक्ट प्रिन्टरों में डॉट–मैट्रिक्स प्रिन्टर एक प्रमुख प्रिन्टर है। यह मुद्रण करते समय काफी शोर करता है। इसमें अलग–अलग अक्षरों के लिये अलग–अलग प्रिन्टहैड नही होते हैं। सारे अक्षर एक ही प्रिन्टहैड से छापे जाते हैं। किन्तु इसमें प्रिन्टहैड दोनों दिशाओं में चलते हुए मुद्रण कर सकता है और मुद्रण में कम समय लगता है। यह एक सेकेंड में 100 से 300 अंकाक्षर मुद्रित कर सकता है तथा कार्बन पेपर लगाकर एक से अधिक प्रतियाँ को एक साथ मुद्रण कर सकता है। इसमें बिन्दुओं के आधार पर मुद्रण होता है। क्रम से जमाए हुए बिन्दुओं के समूह को मैट्रिक्स कहा जाता है इसीलिये प्रिन्टर का नाम है डॉट–मैट्रिक्स।

**DOUBLE CROWN**

**डबल क्राउन :** 20 × 30 इंच के आकार का पेपर।

**DOUBLE DAGGER**

**डबल डैगर (‡) :** संदर्भ संकेत अथवा पाद–टिप्पणी के लिये प्रयोग किया जाने वाला चिन्ह।

**DOUBLETS**

**द्वंयक :** कोलन क्लासीफिकेशन में एक सारगर्मित तथा एक अर्थ रिक्त अंक से बनाया गया है अंक, जैसे – 92, 93

**DOUBTFUL RELEVANT TERMS**

**सन्दिग्घ संबद्ध शब्द :** एक गहन वर्गीकरण हेतु अनुसूची बनाते समय चयनित शब्दों/पदों को विभिन्न भागों में बाँटा जा सकता है जेसे संबद्ध शब्द, सन्दिग्ध संबद्ध शब्द, असंबद्ध शब्द आदि। सन्दिग्घ संबद्ध शब्द ऐसे पद अथवा शब्द होते हैं जिनकी अनुसूची की रूपरेखा बनाते समय संबद्धता स्पष्ट नहीं होती है तथापि ऐसे पदों/शब्दों की सूची में से कई शब्द ऐसे हो सकते हैं जिनकी संबद्धता अनुसूची को अन्तिम स्वरूप प्रदान करने तक स्पष्ट हो जाती है और उनका प्रयोग अनुसूची में किया जा सकता है।

**DOWN TIME**

**डाउन टाइम :** किसी त्रुटि के कारण कंप्यूटर जब निष्क्रिय हो जाता है तो उस अवधि को डाउन टाइम की संज्ञा दी जाती है।

**DOWNWARD NOTATION**

**अधोगामी अंकन** : ऊपर से नीचे की ओर व्यवस्थित अंकन।

**DRAFT**

**प्रारूप** : पुस्तक, लेख, पद्धति, अनुसूची, शासकीय पत्र योजना आदि किसी भी लिखित सामग्री का प्रथम बार लिखा गया प्रारूप जिसको उचित संशोधनों के पश्चात् ही अन्तिम स्वरूप प्रदान किया जा सकता है।

**DRAG**

**ड्रैग** : माउस कंप्यूटर का एक छोटा सा उपकरण है जिसका उपयेाग कर्सर को इच्छित स्थान पर ले जाने के लिये तथा किसी कार्य को करने का आदेश देने के लिये किया जाता है। इसे कंप्यूटर के साथ मेज की समतल सतह पर रख कर हाथ से इधर उधर सरका कर उपयोग में लिया जाता है। माउस के बटन को दबाये रख कर माउस को सरकाने की क्रिया को ड्रैग कहा जाता है।

**DRAW PROGRAMS**

**ड्रा प्रोग्राम** : कंप्यूटर में ग्राफिक्स का कार्य करने के लिये दो प्रकार के प्रोग्राम होते हैं – ड्रा व पेन्ट। ड्रा प्रोग्रामों मे सारी आकृतियों माउस के द्वारा ही बनायी जाती हैं। ये सभी आकृतियाँ केवल रेखाओं द्वारा ही बनायी जाती हैं। इन रेखाओं को कंप्यूटर गणित के समीकरणों के रूप में स्मरण रखता है। इस विधि से चित्र को घटा बढ़ा कर प्रिन्ट करने पर भी किसी प्रकार की वक्रता नहीं आती है। तथा प्लांटर द्वारा इसे बड़े आकार में मुद्रित करने पर भी चित्र उतनी ही स्पष्ट रहता है।

**DRDO**

देखिये Defence Research and Development Organisation

**DRIVE**

**ड्राइव** : कंप्यूटर का वह माध्यम जो रिकोर्डिंग डिस्क को चलायमान करता है।

**DROP DOWN MENU**

**ड्राप डाउन मीनू** : कंप्यूटर के अनेक प्रोग्रामों में कई प्रकार के मीनू उपलब्ध होते हैं। सामान्यतया ये मीनू दिखाई नहीं देते हैं। इनमें एक मीनूबार होता है जिसमें से किसी भी मीनू को माउस की सहायता से खोला जा सकता है। ऐसे मीनू को ड्राप डाउन अथवा पुल डाउन मीनू कहते हैं। इस सूची में से किसी भी नाम, मद अथवा विकल्प का चुनाव कर लेने पर खुला हुआ मीनू बन्द हो जाता है।

**DROP FOLIO**

पृष्ठ संख्या : पृष्ठ अथवा पन्ने के निचले भाग में दी गयी पृष्ठ संख्या।

**D.R.T.C**

डी॰ आर॰ टी॰ सी॰ : डाक्यूमेन्टेशन रिसर्च एण्ड ट्रेनिंग सेन्टर का संक्षिप्त शब्द। प्रलेखन शोध एवं प्रशिक्षण केन्द्र बंगलौर की स्थापना 1962 में हुई। रंगनाथन के संरक्षण में इस केन्द्र ने वर्गीकरण के क्षेत्र में कई नये आयाम स्थापित किये हैं। इस केन्द्र के मुख्य उद्देश्य हैः– प्रलेखन व सूचना विज्ञान में प्रशिक्षण देना, प्रलेखन व सूचना वैज्ञानिकों को सतत शिक्षा प्रदान करना; पुस्तकालय सूचना विज्ञान विषय में सतत रूप से शोधकार्य करवाना व प्रोत्साहन देना; प्रलेखन एवं सूचना विज्ञान विषय से सम्बन्धित सामायिक प्रकाशन, रिपोर्ट व विप्रबंन्ध प्रकाशित करना है। डी॰ आर॰ टी॰ सी॰ द्वारा वार्षिक सेमीनार कराये जाते हैं जो एक विशिष्ट विषय से सम्बन्धित होते हैं तथा डी॰ आर॰ टी॰ सी॰ वार्षिक सेमीनार के नाम से इसकी कार्यवाही तथा लेख प्रकाशित किये जाते हैं। कोलन क्लासीफिकेशन के नये संस्करणों को प्रकाशित करने हेतु सम्पूर्ण प्रक्रिया व कार्य इसी केन्द्र द्वारा पूरा किया जाता है। इसका अन्य मुख्य प्रकाशन हैः– Library Science with a slant to Documentation

**D.T.P.**

देखिये : Desktop Publishing

**DUE DATE**

देय विधि : पाठक द्वारा पुस्तकालय से उधार पर ली गई पुस्तक को वापस करने की तिथि।

**DUMMY**

डमी : मूल कृति के स्थान पर प्रयुक्त खाली पृष्ठों की नकली कृति को डमी कहते हैं।

**DUMP**

डम्प : कंप्यूटर में इस शब्द का प्रयोग पटल, स्मृति या किसी फाइल में संचित जानकारी को दूसरी जगह भेजने को दर्शाने के लिये किया जाता है।

**DUPLICATE**

प्रतिलिपि : एक कृति की मूल प्रति की यथार्थ अनुलिपि।

**DUST COVER**

धूल आवरण : पाठ्य सामग्री को सुरक्षित रखने हेतु लगाया जाने वाला आवरण। इसे बुक जैकेट भी कहते हैं।

**DUST JACKET**

देखिये Dust Cover

**DYNAMIC ATTRIBUTE**

**गतिशील विशेषता :** ज्ञान जगत निरन्तर विकसित होता रहता है। नये वृह्द तथा सूक्ष्म विषयों की सतत्त उत्पत्ति विषय जगत का स्वाभाविक गुण है।

**DYNAMIC CONTINUM**

**गतिशील निरन्तरता :** ज्ञान जगत की विशेषता है कि विकास के साथ ही उसमें निरन्तरता भी होती है। प्रत्येक क्षण नये विचारों का सृजन होता रहता है। एक पुस्तकालय वर्गीकरण पद्धति की संरचना करते समय ज्ञान जगत के इस गुण को ध्यान में रखा जाना चाहिए।

**DYNAMIC THEORY OF LIBRARY CLASSIFICATION**

**पुस्तकालय वर्गीकरण के गतिशील सिद्धांत :** पुस्तकालय वर्गीकरण के क्षेत्र में 1937 से 1972 तक प्रतिपादित सिद्धांतो को गतिशील सिद्धांतो की संज्ञा दी जाती है। 1937 में रंगनाथन की कृति प्रोलेगोमिना टू लाइब्रेरी क्लासीफिकेशन का प्रथम संस्करण प्रकाशित हुआ जिसमें रंगनाथन द्वारा प्रतिपादित 28 उपसूत्रों का वर्णन व व्याख्या दी गयी थी तथा इनको कोलन क्लासीफिकेशन के दूसरे संस्करण को बनाने हेतु मार्गदर्शक सिद्धांतों के रूप में प्रयोग किया गया था। इसी के साथ गतिशली सिद्धांतों के युग का आरम्भ हुआ। इस पुस्तक के दूसरे संस्करण (1957) में 35 उपसूत्र 11 सिद्धांत, 21 अभिधारणाएँ तथा क्षेत्र व्याख्या (Zone Analysis) की परिकल्पना सम्मिलित थी। इसका तीसरा संस्करण 1967 में प्रकाशित हुआ जिसमें 43 उपसूत्र, 11 नियम, 13 अभिधारणाएँ 4 पक्ष अनुक्रम के लिये सिद्धांत तथा 9 विधियों का विस्तृत विवरण था। इस युग के ये गतिशील सिद्धांत पुस्तकालय वर्गीकरण पद्धति की संरचना एवं विकास में न केवल मार्गदर्शक सिद्धांतो का कार्य करते है अपितु वर्गीकरण रचना तंत्र को ऐसी यांत्रिकी प्रदान करते हैं जिससे निरन्तर उत्पन्न होने वाले असीमित बहुआमी विषय जगत को स्वतः ग्राह्ता प्राप्त हो सके। रंगनाथन द्वारा प्रतिपादित ये गतिशील सिद्धांत पुस्तकालय वर्गीकरण क्षेत्र में मील के पत्थर हैं।

**DYNAMIC UNIVERSE OF SUBJECTS**

**गतिशील विषय जगत :** जिस प्रकार एक वट वृक्ष की शाखाओं के स्वःउपरोपण से नये वृक्ष तथा उनकी शाखाओं पर नई शाखाओं का उगना एक स्वाभाविक प्रक्रिया है उसी प्रकार विषय जगत का सतत्त व निरन्तर विकास भी स्वाभाविक गुण है। विभिन्न विषय क्षेत्रों में शोध कार्यों के आधार पर नये व विभिन्न प्रकार के विषयों की सतत्त उत्पत्ति से विषय जगत निरन्तर गतिशील रहता है।

**E.A.M.**

**इ.ए.एम. :** इलेक्ट्रोनिकल अकाउन्टिंग मशीन के लिये प्रयुक्त संक्षिप्त शब्द। अर्थात विद्युत से चलने वाली लेखा मशीन।

**E.C.**

**ई. सी. :** देखिये Expansive Classification

**Ed.**

**एड :** संशोधित (Edited), संस्करण (Edition), सम्पादक (Editor) के लिये प्रयोग किया जाने वाला संक्षिप्त शब्द।

**EDIT**

**सम्पादित करना :** एक पुस्तक अथवा सामयिक प्रकाशन में एक अथवा कई लेखकों के कार्य अथवा लेखों को प्रकाशन हेतु तैयार करने का कार्य।

**EDITED**

**सम्पादित :** एक अथवा विभिन्न लेखकों की कृतियों अथवा लेखों के संग्रह को प्रकाशन हेतु मूल लेखक के अतिरिक्त अन्य व्यक्ति द्वारा सम्पादित किया गया कार्य।

**EDITION**

**संस्करण :** एक पुस्तक की मूल प्रति से लेकर भविष्य में विभिन्न समयों में प्रकाशित होने वाली प्रतियाँ अर्थात मूल संस्करण के पश्चात् प्रकाशित होने वाले संस्करणों में थोड़ा अथवा अधिक संशोधन, इस परिवर्तन को संस्करण के लिये प्रयुक्त किया गया शब्द भी इसे इंगित कर सकता है जैसे संशोधित (Revised) संस्करण, नया (New) संस्करण, वृहद् (Enlarged) संस्करण

आदि। एक ही कृति को यदि विभिन्न रूपों में प्रकाशित किया गया है तब भी संस्करण को विभिन्न नामों से इंगित किया जा सकता है जैसे पाठान्तरित (Variant) संस्करण, विविध टीका समन्वित (Variorium) संस्करण, स्मारक (Memorial) संस्करण आदि।

**EDITION DELUX**

**राजसंस्करण** : एक कृति के सामान्य संस्करण में सम्मिलित विषय–वस्तु से अधिक व विशिष्ट समाग्री पर आधारित अथवा बड़े अथवा उच्चकोटि के कागज पर प्रकाशित संस्करण।

**EDITION STATEMENT**

**संस्करण विवरण** : सूची प्रविष्टि में प्रलेख के संस्करणों के बारे में दी जाने वाली सूचना जैसे संस्करण 2, (Ed 2)।

**EDITOR**

**सम्पादक** : वह व्यक्ति जो मूल लेखकों के कार्य को प्रकाशन हेतु तैयार करता है तथा अति आवश्यक व अपरिहार्य सूक्ष्म संशोधन व परिवर्तन करके उसे अन्तिम स्वरूप प्रदान करता है। समाचार पत्रों में सम्पादक ही उसके विषय–वस्तु के लिए उत्तरदायी होता है।

**EDITOR ENTRY**

**सम्पादक प्रविष्टि** : सूचीकरण में सम्पादक के नाम से बनायी जाने वाली प्रविष्टि।

**EDITOR REFERENCE**

**सम्पादक संदर्भ** : सूची में सम्पादक के नाम से संदर्भ अथवा सम्पादक के नाम से बनी प्रविष्टि से दूसरी प्रविष्टि के लिये संदर्भ।

**EDITORIAL**

**सम्पादकीय** : समाचार पत्र में सामयिक विषय पर लिखा गया लेख जो समाचार पत्र की नीति का सूचक होता है।

**EDITORIAL BOARD**

**सम्पादकीय समिति** : दो या अधिक व्यक्तियों का वह समूह जो किसी भी प्रकाशन में प्रकाशित होने वाली विषय–वस्तु तथा अन्य बातों के लिए नीति निर्धारित करता है।

**EDUCATIONAL AND SCIENTIFIC CONCENSUS**

**शैक्षिक एवं वैज्ञानिक सहमति** : ब्लिस द्वारा प्रतिपादित अवधारणा। देखिए concensus.

**EFFECTIVE LINK**

प्रभावी कड़ी : देखिये Sought Link.

**EFFECTIVE DECADE**

**प्रभावी दशक** : कोलन क्लासीफिकेशन में 20 साल की अवधि को प्रभावी दशक के रूप में प्रयोग किया गया है। मानव की एक पीढ़ी में भिन्नता हेतु साधारणतया एक दशक 30 साल का माना जाता है। किन्तु पुस्तकालय वर्गीकरण के दृष्टिकोण से एक शताब्दी के अन्तर्गत ही उस शताब्दी के दशकों की सीमा होनी चाहिए जो 30 साल की अवधि के प्रयोग से संभव नहीं है क्योंकि इस आधार पर बना अन्तिम दशक दूसरी शताब्दी के 20 वर्षों को सम्मिलित करके ही बनाया जा सकता है। इसीलिए रंगनाथन ने दशकों को 1900-1919, 1920-1939, 1940-1959, 1960-1979, 1980-1999 इस प्रकार बनाया है तथा प्रत्येक शताब्दी को एक रोमन बड़ा अक्षर आबँटित किया है जैसे M1800-1899, N1900-1999 आदि। प्रत्येक दशक को उसके अन्तिम वर्ष के तीसरे अंक से इंगित किया जाता है। जैसे 1900–1919 = 1, 1920 – 1939 = 3, 1940 – 1959 = 5

**e.g.**

ई. जी. : लेटिन शब्द exampli gratia का सूक्ष्म शब्द, जिसका पूरा अंग्रेजी शब्द है – for example अर्थात् उदाहरण के लिए।

**EGA**

देखिये Enhanced Graphic Adapter.

**ELECTROGRAPHIC PROCESSES**

देखिये Electrophotographic Processes.

**ELECTROGRAPHY**

**विद्युत छायांकन** : चेस्टर कालर्सन ने अमेरिका में 1937 में विद्युत छायांकन का आविष्कार किया। वर्तमान में इसे जीरोग्राफी के नाम से जाना जाता है।

**ELECTRONIC DOCUMENT DELIVERY SYSTEM**

**इलैक्ट्रानिक प्रलेख प्रदाय प्रणाली** : प्रकाशित सूचना सामग्री को वीडियोटेक्स तथा आनलाइन प्रणाली के माध्यम से पाठक को प्रदान करने की प्रणाली।

**ELECTRON MICROSCOPE**

**इलेक्ट्रॉन सूक्ष्मदर्शी** : सूक्ष्मदर्शी एक ऐसा यंत्र है जो छोटी वस्तुओं को बड़ा करके दिखाता है। सूक्ष्मदर्शी यंत्र का विकसित रूप इलेक्ट्रॉन सूक्ष्मदर्शी यंत्र

है जो सूक्ष्मदर्शी यंत्र से कई गुना अधिक प्रभावशाली है इलेक्ट्रान सूक्ष्मदर्शी में इलेक्ट्रान बीम का प्रयोग किया जाता है। इसमें काँच के लैंसों के स्थान पर विद्युत और चुंबकीय लैंस होते हैं।

**ELECTRONIC MAIL**

इलेक्ट्राँनिक मेल : देखिए E-Mail

**ELECTRONIC PROCESS**

**इलेक्ट्रानिक प्रक्रिया :** रिप्रोग्राफी की इस विधि में मूल प्रलेख की अनुकृति (Facsimile) स्टेनसिल अथवा आफसेट मास्टर तैयार करने के लिये विद्युतीय प्रक्रिया का प्रयोग किया जाता है। इस विधि में प्रलेखों के प्रतिलिपिकरण हेतु मूल प्रलेख की प्रत्येक पंक्ति का फोटो इलेक्ट्रिक सैल द्वारा सावधानी से अवलोकन किया जाता है। जो घूम रहे बेलन/ड्रम पर लिपटा रहता है। इसमे मूल प्रलेख की अनुकृति तैयार की जाती है। इसलिये मूल प्रलेख से पुनः मिलाने की आवश्यकता नहीं होती है।

**ELECTRONIC PUBLISHING**

**इलेक्ट्राँनिक प्रकाशन :** अपनी कृति को एक लेखक वर्ड प्रोसेसर द्वारा टाइप करके डिस्क पर संचित कर प्रकाशन के लिए भेज सकता है।

**ELECTRO PHOTOGRAPHIC PROCESSES**

**विद्युतीय छायांकन प्रक्रियाएँ :** विद्युतीय छायांकन की दो विधियाँ – जीरोक्स तथा इलेक्ट्रोफैक्स प्रतिलिपिकरण के लिए प्रयोग की जाती हैं। इन दोनों विधियों से बड़ी शीघ्रता से स्थायी शुष्क प्रतियाँ तैयार की जाती है। इसके द्वारा डियाजो (Diazo), हेक्टोग्राफिक (Hectographic) तथा लीथोग्राफिक, (Lithographic) प्रक्रियाओं के लिए इन्टरमीडिएट मास्टर (Intermediate Masters) भी तैयार किये जाते हैं। जीरोक्स में स्लेनियम प्लेट व ड्रम का उपयोग किया जाता है तथा किसी भी प्रकार के कागज पर प्रतिलिपि बनायी जा सकती है। इलेक्ट्रोफैक्स में ड्रम के स्थान पर जिंक आक्साइड से लेपित कागज का प्रयोग किया जाता है।

**ELECTROSTATIC COPY**

**इलेक्ट्रोस्टेटिक प्रति :** विद्युतीय छायांकन प्रक्रिया से बनायी गयी प्रति।

**ELECTROSTATIC PROCESSES**

**इलेक्ट्रोस्टेटिक प्रक्रियाएँ :** देखिये Electro photographic Processes

**ELSINORE CONFERENCE**

**एलसीनोर सम्मेलन :** पुस्तकालय वर्गीकरण पर दूसरा अन्तर्राष्ट्रीय

अध्ययन सम्मेलन जो 14 से 18 सितम्बर 1964 को एलसीनोर, डेनमार्क में हुआ। जिसमें स्पष्ट किया गया कि सामान्य, विशिष्ट अथवा स्वचालित वर्गीकरण विषय में शोध की आवश्यकता है। देखिए International Study Conference on Classification

**E-MAIL**

**ई-मेल :** इलेक्ट्रानिक मेल का अर्थ है कंप्यूटर नेटवर्क के द्वारा एक कंप्यूटर से दूसरे कंप्यूटर को सूचना व संदेश भेजना अर्थात कंप्यूटर की सहायता से संदेश भेजना। अर्थात् कंप्यूटर की सहायता से संदेश अथवा चिट्ठी को अपने गंतव्य इलेक्ट्रानिक मेल वाक्स तक टेलीफोन लाईन के माध्यम से भेजना ही ई.मेल है। इसमें एक कंप्यूटर से जो संदेश अथवा सूचना भेजी जाती है उसे उस व्यक्ति के कंप्यूटर जिसे सूचना भेजी जा रही है, में पढ़ा जा सकता है। यह सूचना किसी भी रूप में जैसे आँकड़े, तस्वीर, प्रलेख के रूप में हो सकती है। यह सूचना ध्वनि के साथ भी भेजी जा सकती है। ई–मेल का इनपुट व आउट–पुट दोनो ही ईलेक्ट्रानिक के रूप में होते हैं। ई–मेल प्रणाली का आवश्यक तत्व टेलीफोन लाइन है। यदि कंप्यूटर के जाल को सामान्य तारों से जोड़ा जाता है तो वह नेटवर्क कहलाता है जबकि ई–मेल ऐसा नेटवर्क है जो टेलीफोन लाइन से जोड़ा जाता है। कंप्यूटर तथा टेलीफोन मोडम के जरिए जुड़े होते हैं। यह मोडम कंप्यूटर के डिजिटल सिग्नल को टेलीफोन के मैग्नेटिक सिग्नल तथा मैग्नेटिक को डिजिटल सिग्नल में बदलता है। ई–मेल से जुड़ा कंप्यूटर जब दूसरे कंप्यूटर को संदेश भेजता है तो पहले भेजी जाने वाली सामग्री मुख्य कंप्यूटर (सर्वर) को भेजता है जो उस सामग्री को प्राप्तकर्ता कंप्यूटर के मेल बाक्स को भेज देता है। वहाँ यह समाग्री/संदेश तब तक पड़ा रहता है जब तक उसे प्राप्त न कर लिया जाय। यह मेल बाक्स एक विशेष चाबी से ही खोला जा सकता है। प्रत्येक ई–मेल बाक्स का अपना पता होता है जिसमें कंप्यूटर प्रयोगकर्ता का नाम तथा उस नेटवर्क का नाम शामिल होता है जिससे वह कंप्यूटर जुड़ा हुआ है। यदि सूचना प्राप्त करने वाले का पता सही नहीं है तब इस त्रुटि की सूचना भेजने वाले को मूल सूचना/संदेश सहित अथवा बिना उसके भेज दी जाती है। भारत में ई–मेल सेवा 1994 में दिल्ली में शुरू हुई थी। जिसे इकनेट नामक निजी संस्था द्वारा भारत सरकार के लाइसेंस के अन्तर्गत आरम्भ किया गया था, तथापि सम्पूर्ण भारत में अब अनेक सरकारी व गैर सरकारी ई–मेल सेवाएँ उपलब्ध है। सरकारी सेवाओं में मुख्य हैं – अर्नेट (एजुकेशनल एण्ड रिचर्स नेटवर्क), निकनेट (नेशनल इन्फारमेटिक्स सेंटर नेटवर्क) आदि।

**EMBOSSED BOOK**

**उत्कीर्ण मुद्रित पुस्तक :** अन्धे पाठकों के लिए पुस्तक जिसमें विषय–वस्तु को उभरे हुए अक्षरों की भाषा में प्रकाशित किया जाता है।

**EMPTY DIGIT DEVICE**

**अर्थरिक्त अंक विधि :** रंगनाथन द्वारा प्रतिपादित इस विधि में वर्गीकरण पद्धति की अंकन प्रणाली के सारगर्भित अंको के रूप में प्रयोग किये जाने वाले अंकों में से कुछ अंकों को अर्थरिक्त अंकों के रूप में प्रतिपादित किया जाता है। इसलिए ऐसे अंक अपने आप में किसी विषय अथवा एकल विचार को कृत्रिम नाम देने की क्षमता नहीं रखते हैं तथापि इनका क्रमसूचक गुण अक्षुण्य रहता है। ऐसे अंको के बाद जब एक नया सारगर्भित अंक जोड़ा जाता है तब ये सारगर्भित अंक बना जाते हैं जैसे कोलन क्लासीफिकेशन में अंक 9 अर्थरिक्त अंक है किंतु इसके बाद 1, 2 आदि जोड़ने से यह सारगर्भित अंक बन जाता है जिसका प्रयोग एकल विचारों को कृत्रिम नाम देने के लिए किया जा सकता है।

**EMPTY AND EMPTYING DIGIT DEVICE**

**अर्थरिक्त एवं अर्थरिक्तकारी अंक विधि :** रंगनाथन द्वारा प्रतिपादित इस विधि में अंकन प्रणाली के कुछ अंकों में इस तरह के गुण प्रतिपादित किये जाते हैं कि वह स्वय तो अर्थहीन होता है तथा जो अर्थपूर्ण अंक उसके साथ जोड़ा जाता है वह उसे भी अर्थहीन कर देता है। जैसे कोलन क्लासीफिकेशन में अंक U, W, Y को इसी प्रकार के अंक के रूप में प्रतिपादित किया गया है। इसलिये इस प्रकार के अंकों से बनने वाला वर्गांक तीन अंक से कम का नहीं हो सकता है जैसे LUI Social Medicine.

**EMPTYING DIGIT DEVICE**

**अर्थरिक्तकारी अंक विधि :** 1963 में रंगनाथन द्वारा प्रतिपादित इस विधि में अंकन प्रणाली के कुछ अंकों को अर्थरिक्तकारी अंक के रूप में प्रतिपादित किया जाता है अर्थात जिस सारगर्भित अंक के साथ एक अर्थरिक्तकारी अंक को जोड़ा जाता है वह भी अर्थरिक्त हो जाता है। तथा उसका सारगर्भित अर्थ समाप्त हो जाता है तथापि इन दो अंकों से बनने वाला अंक एक नये सारगर्भित अंक के रूप में प्रयोग किया जा सकता है जैसे X Emptying Digit व K Zoology है इस K के साथ अर्थरिक्तकारी अंक X के जोड़ने से इसका Zoology के लिए कृत्रिम नाम समाप्त हो जाता है तथा KX एक नये मुख्य वर्ग के रूप में Animal Husbandry के लिए प्रयोग किया जा सकता है। तथापि K के क्रमसूचक गुण में कोई परिवर्तन नही हुआ है वह अक्षुण्य रहता है।

**ENCODE**

**कूटबद्ध :** कंप्यूटर में निवेशित डेटा को संकेताक्षरों की उस भाषा में परिवर्तित करना जिसे वह समझता है।

**ENCODER**

**कूटबद्धकार :** कंप्यूटर का वह माध्यम जो कूटबद्ध प्रक्रिया को करता है। जैसे कंप्यूटर की कीबोर्ड विधि।

**ENCODING**

**कूटबद्ध प्रक्रिया :** कंप्यूटर की वह प्रक्रिया जो एक प्रकार के सिग्नल अथवा अंकाक्षरों से दूसरे प्रकार के सिग्नलों अथवा अंकाक्षरों में परिवर्तित करता है।

**ENCRYPTION**

**एनक्रिप्शन :** कंप्यूटर अथवा अन्य प्रणाली में गुप्त सूचना को सुरक्षित रखने का एक माध्यम, जिसमें सूचना प्राप्ति के संकेतांकों को इस तरह छितरा दिया जाता है कि अवैध अथवा निषिद्ध सूचना के निवेश को रोका जा सके।

**ENCYCLOPAEDIA**

**विश्वकोष :** इस शब्द की उत्त्पत्ति ग्रीस भाषा के दो शब्दों एन्कूकिलोस (Enkukilos) एवं पोडिया (Paedia) से हुई है जिसका अर्थ है सामान्य शिक्षा। प्राचीन काल में विश्वकोश मुख्यतः विद्वानों को लक्ष्य में रख कर बनाये जाते हैं तथापि विश्वकोश सर्वज्ञान विषयक होता है। इसमें सम्पूर्ण ज्ञान जगत के सभी शाखाओं, प्रशाखाओं अथवा एक विशिष्ट विषय क्षेत्र से सम्बन्धित विषयों के बारे में विस्तृत व सम्पूर्ण जानकारी होती है। विषयों को वर्णानुक्रमिक अनुक्रम में व्यवस्थित किया जाता है तथा एक अथवा कई खण्डों में प्रकाशित हो सकता है। इस शब्द का सर्वप्रथम प्रयोग एल्सडेट (Johann Henrich Alsted) ने 1608 में अपनी पुस्तक Encyclopaedia Cursus Philosophici में किया। लेटिन भाषा में लिखा गया यह अन्तिम विश्वकोश था।

**END-MATTER**

**अन्तिम-सामग्री :** एक मुद्रित पुस्तक के मूलपाठ के समाप्त होने के बाद दी जाने वाली समाग्री, जैसे ग्रन्थसूची परिशिष्ट, टिप्पणियाँ, शब्दावली, अनुक्रमणिका आदि।

**END NOTES**

**अन्त टिप्पणी :** पुस्तक अथवा अध्याय के अन्त में दी जाने वाली टिप्पणियाँ।

**ENDOWMENT FUND**

**धर्मदा निधि :** धर्मार्थ के लिये प्राप्त किया गया धन।

**ENERGY FACET**

**क्रिया पक्ष :** रंगनाथन द्वारा प्रतिपादित पाँच मूलभूत पक्षों में से एक पक्ष, जिसका आधार एक विषय की क्रियात्मक विशेषताएँ होती है। देखिये – Fundamental Category Energy.

**ENIAC**

**इनिएक :** इलेक्ट्रानिक न्यूमेरिकल इंटेग्रेटर एण्ड कैलकुलेटर के लिये प्रयुक्त संक्षिप्त शब्द। यह पहली पीढ़ी का प्रथम कंप्यूटर है जिसे मैरी मूर स्कूल ऑफ इंजीनियरिंग, पेन्सिलवेनिया के दो छात्रों जे. पी. एकर्ट (J.P. Eckert) तथा जे. डव्ल्यू माकले (J.W. Mauchley) ने बनाया। इस तीस टन भारी दैत्याकार कंप्यूटर में 18,000 वैक्यूम ट्यूब या बाल्ब केन्द्रीय संसाधक के रूप में प्रयोग किया गया था। इसे चलाने के लिए लगभग 150 किलोवाट विद्युत ऊर्जा की आवश्यकता होती थी। यह एक मिनट में 500 जोड़ व 400 संख्याएँ गुणा कर सकता था।

**ENLARGED EDITION**

**परिवर्धित संस्करण :** मूल कृति में संशोधन करके तैयार किया गया संस्करण। इसे संशोधित संस्करण भी कहा जा सकता है।

**ENTER KEY**

**इन्टर की :** कंप्यूटर के कीबोर्ड का मध्य भाग लगभग टाइप–राइटर के कीबोर्ड की ही तरह होता है इसमें क्रम से कुन्जियाँ लगी होती हैं। जिनसे कंप्यूटर द्वारा पाठ्य सामग्री को टाइप किया जा सकता है। इसमें इन्टर–की एक महत्वपूर्ण कुंजी है। कंप्यूटर के कीबोर्ड से कोई भी अक्षर टाइप करने पर वह मानीटर के पटल पर तत्काल दिखाई देने लगता है लेकिन कंप्यूटर के लिये इन टाइप किये गये अक्षरों का कोई महत्व नहीं होता है। जब तक कि इन्टरकी को न दबाया जाय। इसके दबाने ही कंप्यूटर टाइप की गयी पूरी लाइन का अर्थ समझने व उसके अनुरूप कार्य करने के चेष्टा करता है।

**ENTITY**

**सत्व :** कोई भी विद्यमान – मूर्त अथवा वैचारिक वस्तु अथवा विचार।

**ENTRY**

**प्रविष्टि :** **सूचीकरण** में प्रविष्टि एक प्रलेख या अन्य पाठ्य सामग्री का एकांश लेखा है। **सूचना पुनः प्राप्ति** में एक प्रोग्राम का वह प्रथम निर्देश का पता

जिसका पालन आवश्यक होता है; निवेश, निर्गत में एक इकाई को भी प्रविष्टि कहा जाता हैं

**ENTRY WORD**

**प्रविष्टि शब्द :** सूची में एक प्रविष्टि के शीर्षक का प्रथम शब्द जिसका प्रयोग प्रविष्टि के विन्यास के लिये किया जाता है।

**ENUMERATION DEVICE**

**परिगणन विधि :** परिगणन का अर्थ है कि पद्धति को बनाते समय अथवा संशोधन करते समय सभी विद्यमान व भविष्य के सम्भावित विषयों एवं एकल विचारों के लिए वर्गांकों का परिगणन कर देना। सभी प्रकार की वर्गीकरण पद्धतियाँ इस विधि का प्रयोग करती हैं। भिन्नता केवल इतनी होती है। कि परिगणनात्मक वर्गीकरण पद्धति में सभी विषयों के लिये तैयार वर्गांक प्रदान किये जाते हैं जबकि पक्षात्मक पद्धति में इस विधि का सीमित प्रयोग किया जाता है तथा नये विषयें को ग्राह्यता प्रदान करने तथा वर्गांक को सहविस्तृत बनाने हेतु विभिन्न प्रकार के अन्य माध्यमों, विधियों का प्रयोग भी किया जाता है।

**ENUMERATIVE CLASSIFICATION SCHEME**

**परिगणनात्मक वर्गीकरण पद्धति :** वर्गीकरण पद्धति जिसमें भूतकाल, वर्तमान व भविष्य के पूर्वानुमानित सभी सम्भावित विषयों व एकल विचारों का परिगणन कर दिया जाता है। अपनी अनुसूचियों में सम्पूर्ण विषय जगत को सम्मिलित करने का प्रयत्न करती है तथा विषय जगत के विभिन्न विषयों को वर्गां व उपवर्गों को पदानुक्रम में विभाजित कर उनके लिये तैयार वर्गांक प्रदान करती है। इस प्रकार की पद्धति पूर्णतया परिगणनात्मक (Purely Enumerative) हो सकती है। अर्थात् एक ही अनुसूची में सभी सम्भावित व विद्यमान विषयों के केवल तैयार वर्गांकों का परिगणन किया जाता है। पद्धति लगभग परिगणनात्मक (Almost Enumerative) हो सकती है। जिसमें तैयार वर्गांकों के साथ–साथ कुछ सामान्य एकलों की सारणियाँ भी होती है जिनके आधार पर वर्गकार एक विषय के तैयार वर्गांक को कुछ सीमा तक सहविस्तृत बना सकता है।

**EPHEMERAL MATERIAL**

**अल्पकालिक उपयोगी समाग्री :** पुस्तिकाएँ समाचार पत्रों की कतरने तथा इसी प्रकार की अन्य पाठ्य सामग्री जिनकी उपयोगिता अल्पकाल के लिए ही होती है।

**EPIGRAPH**

**पुरालेख :** आदिसूक्ति/पत्थरों, **मूर्तियों** अथवा **भवनों** पर लिखे गये लेख; किसी भी **साहित्यिक रचना** अथवा **अध्याय** के आरम्भ में लिखे गये वाक्य।

**EPILOGUE**

**उपसंहार** : साहित्यिक कृति के अन्त में दिया गया अनुच्छेद; किसी भी नाटक के अन्त में दर्शकों को दिया गया संक्षिप्त भाषण।

**EPISODE**

**प्रसंग** : किसी घटना, वृतान्त आदि के लिये प्रयुक्त शब्द।

**EPITHET**

**विशेषक** : एक व्यक्ति का अतिरिक्त नाम, अथवा पदवी, उपाधि के द्वारा प्राप्त नाम जो उसे उसी नाम के अन्य व्यक्तियों से भिन्न करता है। **सूचीकरण** में इस प्रकार के व्यक्ति के लिये बनायी गयी प्रविष्टि में उसके व्यक्तिगत नाम के बाद इसे लिखा जाता है।

**EPITOME**

**सार-संग्रह** : किसी विशिष्ट उद्देश्य की पूर्ति हेतु एक साहित्यिक कृति का संक्षिप्तिकरण अथवा सारांश। तथापि कृति की विषय–वस्तु में कोई परिवर्तन नहीं किया जाता है।

**EPOPEE**

**महाकाव्य।**

**EQUIVALENCE RELATION**

**समानार्थक वर्णन सम्बन्ध** : सूचना पुनः प्राप्ति में दो विवरणों को समान समझा जाता है यदि दोनों का अर्थ समान हो। **वर्गीकरण** में जे. ई. एल. फैराडेन ने दो विषयों को तुल्यता अथवा समसंयोजकता को दर्शाने के लिये समानार्थक सम्बन्ध का प्रयोग किया है।

**EQUIVALENCE TABLE**

**तुल्यांक सारणी** : डीवी डेसीमल क्लासीफिकेशन संस्करण 20(1989) से एक नई सारणी जोड़ी गयी है। यदि नये संस्करण में किसी मुख्य वर्ग या उसके उपविभाजनों या सारणी के किसी उपविभाजन के वर्गांकों में संशोधन या अन्य कारणों से परिवर्तन किया गया है तो यह तुल्यांक सारणी ऐसे विषयों/उपविभाजनों के दोनों संस्करणों के वर्गांकों को एक साथ आमने सामने व्यवस्थित करके वर्गकार के लिये स्पष्ट चित्रण प्रस्तुत कर देता है।

**EQUAL TO SIGN**

**संकेतक =** : वर्गीकरण पद्धति **यू॰डी॰सी॰** में भाषा सामान्य सारणी के लिये प्रयुक्त संकेतक; **सी॰सी॰** के संस्करण 7 में संयोजित एकलों (Compound Isolates) के घटक को जोड़ने का संकेतक।

**ERASE**

**इरेज़ :** कंप्यूटर का आन्तरिक आदेश जिसके द्वारा किसी भी फाइल को डिस्क पर से मिटा सकते हैं।

**ERRATA**

**शुद्धि-पत्र :** एक पुस्तक को मुद्रित करने के बाद जोड़ी गयी वह सूची जिसमें उन त्रुटियों को सही करके दिखाया जाता है जो पुस्तक के लिखने अथवा मुद्रण के समय हो गयी थी।

**ERRATIC PAGINATION**

**अनियमित अथवा अनिश्चित पृष्ठांकन।**

**ESC/ESCAPE**

**कंप्यूटर कुंजी :** कंप्यूटर कीबोर्ड की एक कुंजी जो प्रायः किसी आदेश को रद्द करने के लिए उपयोग की जाती है।

**ESSENTIAL CHARACTERISTIC**

**आवश्यक विशेषता :** वर्गीकरण हेतु प्रयोग की जाने वाली उपयोगी विशेषता। सेयर्स ने इस हेतु एक उपसूत्र प्रतिपादित किया है जिसके अनुसार वह विशेषता जो वर्गों के विन्यास के दृष्टिकोण से अति उपयोगी है उसे आवश्यक विशेषता कहा जाता है।

**ESTIMATES**

**अनुमान :** पुस्तकालय की भविष्य की आवश्यकताओं के आधार पर निर्धारित की गयी अनुमानित धनराशि। सामान्यतया यह एक वित्त वर्ष के अनुमानित खर्च का व्यौरा होता है।

**EVALUATION**

**मूल्यांकन :** संगठन, संस्था, व्यवसाय आदि के कार्यों व सेवाओं के मूल्यांकन के द्वारा यह निर्धारित करना कि वह अपने स्थापित उद्देश्यों का प्रभावी ढंग से निष्पादन किस सीमा तक कर रहा है; **एक पुस्तक के** विषय–वस्तु की उपयोगिता, श्रेष्ठता, कमियों आदि को जानने की प्रक्रिया को भी मूल्यांकन की संज्ञा दी जाती है।

**EVEN PAGE**

**समपृष्ठ :** पुस्तक के समअंकों वाले पृष्ठ, सामान्यतय यह बामपृष्ठ होता है।

**EVERY BOOK ITS READER**

**प्रत्येक पुस्तक को उसका पाठक :** रंगनाथन द्वारा 1931 में प्रतिपादित

पुस्तकालय विज्ञान के पाँच सूत्रों में से तीसरा सूत्र, जिसके अनुसार पुस्तकालय में प्रत्येक पुस्तक तक उसका पाठक पहुँचना चाहिए। इस हेतु पुस्तकालय में पुस्तकों का चयन पाठकों के दृष्टिकोण से किया जाना चाहिए; **सूची** में प्रलेखों की व्यवस्था वर्गीकृत एवं वर्णानुक्रम दोनों से व्यवस्थित किया जाना चाहिए, **शैल्फ** में प्रलेखों की व्यवस्था वर्गीकृत सूची के अनुसार होनी चाहिए तथा पाठकों को शैल्फ में व्यवस्थित प्रलेखों तक पहुँचनें की पूर्ण स्वतंत्रता होनी चाहिए।

**EVERY READER HIS/HER BOOK**

**प्रत्येक पाठक को उसकी पुस्तक :** रंगनाथन द्वारा 1931 में प्रतिपादित पुस्तकालय विज्ञान का दूसरा सूत्र। इस हेतु रंगनाथन ने पुस्तकालय से सम्बन्धित विभिन्न वर्गों के दायित्व निर्धारित किये हैं। इस सूत्र की पूर्ति में एक **राज्य** का महत्वपूर्ण भूमिका होती है उसका दायित्व है कि पाठकों को उनकी आवश्यकता व रूचि के अनुसार पुस्तके सुलभ कराने के लिये पुस्तकालय को समुचित धनराशि आबँटित करे; राज्य के प्रत्येक व्यक्ति को समुचित व निशुल्क पुस्तकालय सेवा प्रदान करने हेतु पुस्तकालय अधिनियम पारित करे; **पुस्तकालय अधिकारियों** का दायित्व है कि पुस्तकों का चयन पाठकों को ध्यान में रख कर करें; संदर्भ सेवा के द्वारा पाठक को उसकी पुस्तक उपलब्ध कराने में सहायक हो। तथा सूची में उन सभी प्रविष्टियों को बनाये जिनके माध्यम से पाठक को उसकी पुस्तक आसानी से प्राप्त हो सके। **पाठक** का भी दायित्व है कि पुस्तक का प्रयोग स्वंय करे व अन्य पाठकों को भी करने दें।

**EVOLUTIONARY SEQUENCE**

**विकासात्मक अनुक्रम :** एक वर्गीकरण पद्धति में विषयों एवं एकल विचारों को सहायक अनुक्रम प्रदान करने हेतु उनके विकसित होने की प्रक्रिया को आधार बनाया जा सकता है। इसे दो प्रकार से प्रयोग किया जा सकता है – विकास के प्रथम चरण से विकास के अन्तिम चरण (Increasing Development Sequence) अथवा विकास के अन्तिम चरण से विकास के प्रथम चरण तक (Decreasing Development Sequence).

**EXCHANGE**

**विनियम :** ऐसी व्यवस्था जिसमें दो पुस्तकालय अपनी अतिरिक्त सामग्री को किसी अन्य पुस्तकालय जिनको इस पाठ्य सामग्री की आवश्यकता हो, उससे उनकी आवश्यक अतिरिक्त सामग्री के साथ विनिमय करता है; अथवा दो संस्थाओं द्वारा अपने प्रकाशनों को परस्पर विनिमय करने की व्यवस्था।

**EXHAUSTED EDITION**

**निःशेष संस्करण :** एक कृति का वह संस्करण जिसकी मुद्रित सभी

प्रतियाँ विक चुकी हैं तथा प्रकाशन भी बंद कर दिया गया है।

**EXHAUSTIVENESS**

**निःशेषता :** एक वर्गीकरण पद्धति में एक विषय की पंक्ति में एकल विचारों का परिगणन करते समय उस विषय जगत की प्रत्येक इकाई को सर्वांगीण रूप से निःशेष कर दिया जाना चाहिए तथा भविष्य में उत्पन्न प्रत्येक नये विचार के वहिर्वेशन तथा अन्तर्वेशन के लिए भी प्रावधान किया जाना चाहिए।

**EXIT**

**निकास :** **पुस्तकालय** से बाहर जाने का द्वार; **कंप्यूटर** में एक क्रिया अथवा प्रोग्राम का अन्तिम आदेश।

**EX-LIBRARY COPY**

**पूर्व-प्रलेख विवरण :** पुस्तकालय की सूची में एक पुस्तक का विवरण जो कभी पुस्तकालय में थी।

**EXPANSION CARD**

**एक्सपेन्शन कार्ड :** एक प्रिन्टेड सर्किट बोर्ड जिसे कंप्यूटर की सिस्टम यूनिट पर लगा कर कंप्यूटर की क्षमता बढ़ाई जा सकती है।

**EXPANSION METHOD**

**विस्तारण विधि :** वर्गीकरण पद्धति में एक अनुसूची के विषयों व एकलों को सूक्ष्मतर स्तर तक विस्तार करने की प्रक्रिया। डीवी डेसीमल क्लासीफिकेशन को संशोधित करने के लिये इस विधि का अत्याधिक प्रयोग किया जाता है जिसमें पुराने संस्करण में परिगणन किये गये ऐसे विषय जिनको एक वर्गांक के अन्तर्गत सामूहिक रूप से वर्गीकृत कर दिया गया हो अथवा एक विषय के उपविभाजन जिनका पूर्व संस्करणों में परिगणन नही किया गया हो अथवा एक विषय में विकसित नई अवधारणा अथवा विचार को परिगणन करने के लिये उस वर्गांक का विस्तार किया जाता है।

**EXPANSION SLOT**

**एक्सपेन्शन स्लौट :** कंप्यूटर के मुख्य सर्किट बोर्ड (Mother Board) पर लगे सॉकेट जिनमें अनेक प्रकार के एक्सपेनशन कार्ड लगा कर विविध प्रकार के कार्य किये जा सकते हैं।

**EXPANSIVE CLASSIFICATION**

**इक्सपैन्सिव क्लासीफिकेशन :** चार्ल्स एमी कटर (1837–1903) द्वारा बनायी गयी वर्गीकरण पद्धति। इस पद्धति का कटर ने अपने पुस्तकालय बोस्टन

एथेनियम पुस्तकालय की पुस्तकों को वर्गीकरण करते हुए सात चरणों में बनाया। जिसके प्रथम छः भाग 1891–93 के बीच प्रकाशित हुए जिसमें मात्र 160 पृष्ठ थे। सातवाँ भाग बनाने की प्रक्रिया के बीच ही कटर का 1903 में स्वर्गवास हो गया। इस पद्धति में 26 मुख्य वर्ग हैं जिनको विकासात्मक क्रम में व्यवस्थित किया गया है। एक सामान्य सारणी **लोकल लिस्ट** के नाम से सम्मिलित की गयी है जिसमे भौगोलिक विभाजन तथा सामान्य उपविभाजन दिये गये हैं। पद्धति में मिश्रित अंकन का प्रयोग किया गया है। रोमन बड़े अक्षर मुख्य वर्गों, रोमन छोटे अक्षर उपविभाजन तथा अरैविक अंक भौगोलिक व सामान्य उपविभाजनों के लिये प्रयोग किये गया है। यह एक परिगणनात्मक वर्गीकरण पद्धति है।

**EXPRESSIVE TITLE**

**स्पष्ट शीर्षक :** वर्गीकरण के दृष्टिकोण से प्रलेख का ऐसा शीर्षक जो एक प्रलेख के विषय–वस्तु को स्पष्ट रूप से प्रदर्शित करता है। सामान्यतया प्रलेख के शीर्षक से ही उसका विषय–वस्तु स्पष्ट नही होता है। इसीलिये रंगनाथन ने व्यावहारिक वर्गीकरण हेतु नौ चरणों की प्रक्रिया प्रतिपादित की है जिसका प्रयोग वर्गाकार सरल से मिश्रित विषयों को वर्गीकृत करने की जटिल प्रक्रिया को सुगमता से कर सकता है। उसी प्रक्रिया का यह दूसरा चरण है। जिसमें प्रलेख को वर्गीकृत करने से पहले विषय–वस्तु के विभिन्न घटको को प्राप्त कर प्रलेख का घटकों के नाम सहित स्पष्ट शीर्षक बनाया जाता है। इन घटकों के नाम विषय वस्तु से अथवा अन्य स्रोत से प्राप्त किये जा सकते हैं।

**EXTENDED MEMORY**

**विस्तारित स्मृति :** यह कंप्यूटर की स्मृति में वृद्धि करने के लिये एक प्रकार की अतिरिक्त स्मृति है जिसके प्रयोग के लिये उचित साफ्टवेयर की भी आवश्यकता होती है। इसे वाह्य भंडारण भी कहा जाता है।

**EXTENSION**

**विस्तार :** वर्गीकरण पद्धति में एक विषय का विस्तार उसके क्षेत्र अथवा फैलाव का सूचक होता है। किसी भी विषय का विस्तार उस विषय के अन्र्तगत आने वाले वर्गों एवं एकल विचारों की मात्रा, क्षेत्र, अथवा फैलाव से मापा जाता है। इसलिए एक विषय जितना अधिक विस्तृत होता है उतनी ही कम उसमें विशेषताएँ होती हैं जैसे एशिया। जबकि एक विषय की गहनता उसमें सम्मिलित विशेषताओं की मात्रा से मापी जाती है। जैसे देहरादून में एशिया + भारत + उत्तराखण्ड + देहरादून विशेषताये सम्मिलित हैं।

**EXTENSION CARD**

**विस्तृतपत्रक :** सूचीकरण में यदि एक प्रलेख की प्रविष्टि एक पत्रक में पूरी नहीं होती है तो प्रविष्टि को पूरा करने हेतु प्रयुक्त किये गये पत्रक को विस्तृत पत्रक कहा जाता है। इसे संलग्न पत्रक (Continuation Card) भी कहा जाता है।

**EXTENSION-INTENSION SEQUENCE**

**विस्तृतता-गहनता अनुक्रम :** एक वर्गीकरण पद्धति में विषयों एवं एकल विचारों को सहायक अनुक्रम में व्यवस्थित करने हेतु, उनमें यदि विस्तृतता अथवा गहनता के विभिन्न स्तर प्रकट होते हैं, और यदि सहायक है तो उनको विस्तार ह्रास (Decreasing Extension) अथवा गहनता वृद्धि (Increasing Intension) के के सिद्धान्त के आधार पर व्यवस्थित किया जा सकता है।

**EXTENSION SERVICE**

**प्रसार सेवा :** पुस्तकालय से बाहर दी जाने वाली सेवा जैसे चल पुस्तकालय सेवा, चलचित्र प्रदर्शनी आदि।

**EXTERNAL COMMANDS**

**वाह्य आदेश :** कंप्यूटर प्रोग्राम के लिये दो प्रकार के आदेश होते हैं – आन्तरिक आदेश जो प्रोग्राम में निहित होते हैं तथा वाह्य आदेश जो बाहर के माध्यमों से दिये जाते हैं। डिस्क ऑपरेटिंग सिस्टम कई प्रकार की सुविधाएँ प्रदान करता है जैसे डिस्कों की प्रतिलिपि बनाने की, फार्मेट करने आदि की सुविधाएँ। ऐसे कार्यों के लिए प्रोग्राम सिस्टम सॉफ्टवेयर में फ्लॉपी डिस्क पर अलग से आदेश दिये जाते है इन्हीं को वाह्य आदेश कहते हैं।

**EXTERNAL DEVICE**

**वाह्य माध्यम :** कंप्यूटर पर निर्गत अथवा निर्गम पोर्ट अथवा संचारण पथ द्वारा जोड़ी गयी एक वाह्य इकाई।

**EXTERNAL READER**

**सदस्येत्तर पाठक :** विशिष्ट व्यक्ति जैसे किसी व्यावसायिक निकाय अथवा संस्था के सदस्य, जिसको पुस्तकालय का सदस्य न होते हुए भी पुस्तकालय को प्रयोग करने की अनुमति दे दी गयी हो।

**EXTERNAL STORAGE MEDIUM**

**वाह्य उपकरण :** कंप्यूटर के वाह्य उपकरणों में भंडारित की गयी स्मृति जैसे सी.डी. रोम, टेप, फ्लापी डिस्क।

**EXTERNAL WORK**

**प्रसार कार्य :** पुस्तकालय सेवाओं के बारे में जानकारी प्रदान करने हेतु किये गये कार्य जैसे वाचन मण्डल, भाषणों का आयोजन, वाद–विवाद, आदि।

**EXTRACT**

**सारगर्भित सार :** ऐसा सार जिसमें एक प्रलेख की सम्पूर्ण सूचना की अभिव्यक्ति के लिये वाक्यों तथा अनुच्छेदों का चयन करके उसके उद्धरणों को तर्कपूर्ण एवं क्रमबद्ध अनुक्रम में व्यवस्थित किया जाता है। इसमें पुस्तक के चित्रों, चार्ट आदि को भी सम्मिलित किया जा सकता है।

**EXTRAPOLATION IN ARRAY**

**पंक्ति में वहिर्वेशन :** वर्गीकरण में विषय जगत के समकक्ष वर्गों के व्यवस्थित अनुक्रम को पंक्ति कहते हैं। समकक्ष वर्गों की इस पंक्ति में जब नये विषय पंक्ति के आरम्भ व पंक्ति के अन्त में स्थान की माँग करते है तथा उनको ग्राह्यता प्रदान की जाती है तो उसे पंक्ति में वहिर्वेशन कहा जाता है।

**EXTRAPOLATION IN CHAIN**

**श्रृंखला में वहिर्वेशन :** वर्गीकरण में विषय जगत के समकक्ष वर्गों को जब अधीनस्थ वर्गों में विभाजित किया जाता है तो श्रृंखला का सृजन होता है। प्रत्येक श्रृंखला की सभी कड़ियों के अन्त में यदि नये एकल स्थान की मांग करते हैं तो उनकों श्रृंखला के अन्त में ग्राह्ययता प्रदान करना ही श्रृंखला में वहिर्वेशन कहलाता है।

**FABLE**

**नीति कथा :** किस्सा कहानी

**FABRIANO PAPER**

**फैफरिआनों पेपर :** इटैलियन कागज जिसका प्रयोग विशिष्ट व अच्छे संस्करणों के प्रकाशन के लिये किया जाता है।

**FABRIC BINDING**

**कपड़े की जिल्द :** चमड़ा अथवा चर्मपत्र के स्थान पर मखमल, सिल्क, साटिन अथवा कैन्वस आदि का प्रयोग भी जिल्दबंदी के लिये किया जाता है।

**FACET**

**पक्ष :** वर्गीकरण में एक मिश्रित विषय के किसी भी घटक—मूल विषय अथवा एकल, को निर्दिष्ट करने के लिये प्रयोग किया जाने वाला शब्द, जैसे मूल पक्ष, एकल पक्ष, भाषा पक्ष आदि, अथवा एक मिश्रित विषय के विश्लेषण के पश्चात् प्राप्त घटकों अथवा विभाजनों के एक सामूहिक नाम को भी पक्ष की संज्ञा दी जाती है जैसे व्यक्तित्व पक्ष, क्रिया पक्ष आदि।

**FACET ANALYSIS**

**पक्ष विश्लेषण :** रंगनाथन द्वारा 1944 में पक्ष तथा 1950 पक्ष विश्लेषण की अवधारणा को मान्यता प्रदान की गयी। एक विषय में अन्तर्निहित पक्षों को पहचानने, विभाजित करने तथा श्रेणीबद्ध करने हेतु पक्ष विश्लेषण विधि का प्रतिपादन किया गया। इस प्रकार एक विषय में अन्तर्निहित विशेषताओं को सुनिश्चित कर उनके आधार पर पक्षों को पहचानकर उनको व्यवस्थित करने की प्रक्रिया को ही पक्ष विश्लेषण कहते हैं। तथापि रंगनाथन के अनुसार 'पक्ष

विश्लेषण एक मानसिक प्रक्रिया है जिसके द्वारा एक विषय के वर्गीकरण की आधारभूत सम्भावित विशेषताओं की श्रृंखला का परिगणन किया जाता है तथा विषय में सम्बन्धित विशेषताएँ किस मात्रा में घटित हुई हैं यह निश्चित किया जाता है।

**FACET FORMULA**

**पक्ष परिनियम :** वर्गीकरण में एक या अधिक विशेषताओं के आधार पर विभाजित विषय से प्राप्त विभिन्न घटकों के विन्यास के लिये बनाया गया परिनियम।

**FACET INDICATOR**

**पक्ष संकेतक :** वर्गीकरण पद्धति में एक विषय के विभाजनों अथवा घटकों की पहचान बताने अथवा उनको पृथक करने हेतु उनके वर्गांकों, एकल अंको के पूर्व में लगाये जाने वाले चिन्हों को पक्ष संकेतक की संज्ञा दी जाती है। कोलन क्लासीफिकेशन में पाँच मूलभूत श्रेणियों को इंगित करने के लिये प्रत्येक श्रेणी को एक विशिष्ट संकेतक आबंटित किया गया है।

**FACET SYNTAX**

**पक्षरचना :** देखिये Syntax of Facets

**FACETED CLASSIFICATION SCHEME**

**पक्षात्मक वर्गीकरण पद्धति :** एक पक्षात्मक पद्धति में केवल एकल विचारों के लिये अंको का परिगणन किया जाता है। विशिष्ट एकल विचारों व सामान्य एकलों के लिये पृथक अनुसूचियाँ दी जाती है। किसी भी मिश्रित विषय का वर्गांक बनाने के लिये विषय की व्याख्या व संश्लेषण प्रक्रिया का प्रयोग करना आवश्यक होता है।

**FACETED NOTATION**

**पक्षात्मक अंकन :** बहुपक्षीय अंकन जिसमें बहुआयामी विषय तत्व को विभिन्न खण्डों में विभाजित कर एकल अंको को अर्थपूर्ण संकेतकों से जोड़ा जाता है। इस प्रकार से बनाया गया वर्गांक प्रलेख के विषयतत्व में अन्तर्निहित विशेषताओं को प्रदर्शित कर सकता है।

**FACSIMILE**

**प्रतिकृति :** एक प्रलेख की मूलप्रति की ठीक उसी रूप में प्राप्त प्रतिलिपि जो विद्युतीय प्रणाली, छांयाकित प्रति प्रणाली आदि से प्राप्त की जा सकती है। यह लेटिन शब्द fac simile से उत्पन्न शब्द है जिसका अर्थ है इसे इसी तरह बनाओ (make (it) similar)। ईसा से छठी शताब्दी पूर्व असीरिया में मिट्टी के गोल बेलनों पर उल्टी लिपि में शब्द खोद दिये जाते थे और उन्हें गीली मिट्टी पर घुमाने पर उनकी आवश्यकतानुसार प्रतियाँ तैयार की जाती थी। हस्तलिपि

द्वारा अथवा कार्बन कागज के उपयोग से भी सीमित मात्रा में प्रतियों प्राप्त की जा सकती है। विद्युतीय प्रणाली में इसे फैक्स (Fax) कहा जाता है।

**FACSIMILE EDITION**

**प्रतिकृति संस्करण** : छायांकित अनुकृतिकरण द्वारा मूल प्रति की प्रतिलिपि द्वारा बनाया गया संस्करण।

**FACSIMILE TRANSMISSION**

**प्रतिकृति संचारण** : देखिये Fax Machine

**FACULTY LIBRARY**

**संकाय पुस्तकालय** : विश्वविद्यालय के विभागीय पुस्तकालय ।

**FAIR COPY**

**सही प्रति** : हस्तलिखित अथवा टाइप की गयी प्रति में पूर्ण संशोधनों व परिवर्तनों के बाद तैयार की गई प्रति।

**FALSE DATE**

**मिथ्या तिथि** : एक प्रलेख में प्रकाशित गलत प्रकाशन तिथि। जिसे किसी आश्य से अथवा अनजाने में दे दिया गया हो। सूची प्रविष्टि में सही तिथि को कोष्ठक में दिया जाता है।

**FALSE DROP**

**निरर्थक संदर्भ : अनुक्रमणिका** में दिया गया मिथ्या संदर्भ; **सूचना पुनः प्राप्ति** में ऐसा संदर्भ जो खोजे गये विषय से सम्बन्धित नहीं है।

**FALSE HYPHEN**

**मिथ्या हाइफल** : एक लाइन के अन्त में एक शब्द का यदि आधा ही हिस्सा मुद्रित होता है तो उसके बाद हाइफल (छोटी संयोजक रेखा) लगायी जाती है जो दूसरी लाइन के आरम्भ में मुद्रित होने वाले आधे शब्द को जोड़ने का कार्य करता है जिसके आधार पर उस शब्द को पूरा पढ़ा जाता है।

**FALSE LINK**

**मिथ्या कड़ी** : रंगनाथन ने 1938 में एक नई अवधारणा श्रृंखला प्रक्रिया (Chain Procedure) का प्रतिपादन किया। जिसमें एक प्रलेख के वर्गांक के आधार पर सूचीकरण हेतु विषयशब्द प्रविष्टि बनायी जाती हैं। इस वर्गांक का वह अंक जिसका कोई अर्थ नहीं है उसे मिथ्या कड़ी कहा जाता है जैसे कोलन क्लासीफिकेशन में पाँच मूलभूत श्रेणियों के संकेत चिन्ह से बनी कड़ी।

**FAMILY NAME**

**कुलनाम** : परिवार के वंश को इंगित करने वाला नाम।

**FANCIFUL TITLE**

**काल्पानिक आख्या :** एक प्रलेख की ऐसी आख्या जिससे किसी विषय का आभास न होता हो।

**FANFOLD PAPER**

**पंखे की आकृति का कागज :** डॉट मैट्रिक्स प्रिन्टरों में शीट के अतिरिक्त अन्य प्रकार के कागजों को लगाने को भी सुविधा होती है। इन प्रिन्टरों पर डेटा प्रिन्टिग के लिये लम्बे कागज–पंखे की आकृति में मोड़े हुए मिलते हैं। कागज के दोनों ओर बराबर दूरी पर गोल छेद बने होते हैं। जिनके द्वारा प्रिन्टर उन्हें चलाता है। प्रत्येक मोड़ पर थोड़ा सा कटाव रहता है जिससे फार्म को आसानी से फाड़ा जा सके। दो निकटतम मोड़ो की दूरी को फार्म कहा जाता है जो दूरी सामान्यतया 11 अथवा 12 इंच होती है। ऐसे कागज कार्बन पेपर के साथ भी मिलते है जिससे एक से अधिक प्रतियाँ प्राप्त की जा सकें।

**FARMINGTON PLAN**

**फारमिंगटन योजना :** जनवरी 1948 में 60 से अधिक अमेरिका के शोध संस्थानों के पुस्तकालयों ने विदेशी पुस्तकों को पारस्परिक सहयोग से खरीदने हेतु एक सामूहिक योजना आरम्भ की, जिससे यह सुनिश्चित हो सके कि विदेशों में प्रकाशित उपयोगी पुस्तकों की एक प्रति एक अमेरिकन पुस्तकालय में उपलब्ध है तथा अन्तर–पुस्तकालय सहयोग से प्राप्त की जा सकती है। इस योजना को के॰ डी॰ मेटकाफ आदि ने फारमिंगटन में बनाया इसीलिये इसे फारमिंगटन योजना कहते है।

**FASCICULE**

**आंशिक प्रकाशन :** प्रकाशन व मुद्रण की सुविधा के दृष्टिकोण से एक कृति को छोटी–छोटी किस्तों में प्रकाशित किया गया प्रकाशन। ऐसा प्रकाशन अपने आप में पूर्ण नहीं होता है।

**FAVOURED COLLECTION**

**अधिमान्य संग्रह :** एक विशिष्ट पुस्तकालय में विशिष्ट विषय के विशेषज्ञों की सुविधा हेतु उनके विषय से सम्बन्धित प्रलेखों को अलग से व्यवस्थित कर दिया जाता है। जैसे क्षेत्रीय अध्ययन केन्द्रों के पुस्तकालयों में चीन, नेपाल, श्रीलंका, भारत पर सभी विषयों के प्रलेखों को इन देशों के आधार पर व्यवस्थित करना।

**FAVOURED COUNTRY**

**अधिमान्य देश :** कोलन क्लासीफिकेशन में मातृ भूमि के अतिरिक्त ऐसे देश जिनसे सम्बन्धित प्रलेखों को एक पुस्तकालय में सबसे अधिक उपयोग

किया जाता है उसको अन्य देशों के प्रलेखों में वरीयता प्रदान कर अधिमान्य देश माना जाता है तथा उससे सम्बन्धित प्रलेखों को अनुक्रम में मातृभूमि सम्बन्धित प्रलेखों के पश्चात् व्यवस्थित किया जाता है। इस हेतु स्थान एकल अनुसूची में अंक–2 मातृभूमि व अंक 3 ग्रेट ब्रिटेन (भारत में अधिमान्य देश) के लिये प्रयोग किया गया है। इस स्थिति में इस अनुसूची के अंक 44 India व 56 Great Britain प्रयोग नहीं किये जायेगें।

**FAVOURED HOST CLASS**

**अधिमान्य मूल वर्ग :** एक विशिष्ट विषय का पुस्तकालय एक वृहद अथवा सूक्ष्म विषय से सम्बन्धित हो सकता है जैसे धर्म अथवा जैन धर्म से सम्बन्धित पुस्तकालय। इसे इस पुस्तकालय का अधिमान्य मूलवर्ग माना जा सकता है तथा अन्य विषयों की पुस्तकों से इस विषय की पुस्तकों को पहले व्यवस्थित किया जा सकता है। कोलन क्लासीफिकेशन में इसे प्राथमिकता के आधार पर व्यवस्थित करने हेतु पद्धति में अधिमान्य मूल वर्ग के लिये जो वर्गांक आबंटित किया गया है उसके स्थान पर शून्य (0) को प्रयोग करने का प्रावधान है। डीवी डेसीमल क्लासीफिकेशन में भी कुछ मुख्य वर्गों में विकल्पों का प्रावधान है जिनका प्रयोग अधिमान्य विषय को पहले व्यवस्थित करने के लिये किया जा सकता है।

**FAVOURED LANGUAGE**

**अधिमान्य भाषा :** पुस्तकालय में अवाप्त की गयी अधिकांश प्रलेख जिस भाषा में लिखे हुए है उसी को पुस्तकालय की अधिमान्य भाषा माना जाता है जो सामान्यतया उस देश की मातृभाषा ही होती है। तथापि भारत में अधिकांश पुस्तकें अंग्रेजी भाषा में लिखी व पढ़ी जाती है इसलिये भारतीय पुस्तकालयों में अधिकांश पुस्तकें अंग्रेजी भाषा में ही होती है तथा इसी को पुस्तकालय की अधिमान्य भाषा माना जाता है। कोलन क्लासीफिकेशन में इसे इंगित करने हेतु उचित प्रावधान हैं। डीवी डेसीमल क्लासीफिकेशन में भी इस हेतु विकल्प दिये गये है।

**FAX CARD**

**फैक्स कार्ड :** कंप्यूटर के रिक्त स्लाट में लगाया जा सकने वाला एक कार्ड, जिसको लगाने पर कंप्यूटर से फैक्स के द्वारा संदेश भेजे जा सकते है।

**FAX MACHINE**

**फैक्स मशीन :** फैक्स मशीन एक ऐसी अत्याधुनिक मशीन है, जिसकी सहायता से ग्राफ, चार्ट, हस्तलिखित अथवा, मुद्रित प्रलेखों को टेलीफोन नेटवर्क के द्वारा एक स्थान से दूसरे स्थान तक ऐसे प्रेषित किया जाता है, जैसे प्राप्त

करने वाले सिरे पर संदेश की मूल प्रति की फोटो कापी मिल रही हों। फैक्स मशीन द्वारा अपने प्रलेख संदेश भेजने हेतु मशीन में डालकर प्रेषित किये जाने वाले स्थान का कोड नम्बर मशीन प्रकाशीय स्कैनर जैसे उपकरण के द्वारा संचारित करती है, यह प्रलेख का निरक्षण करती है तथा तुलनात्मक अध्ययन करने वाले एक यंत्र कंपैरेटर की सहायता से उस प्रलेख पर अंकित सूचना को विद्युत संकेतो में परिवर्तित कर देती है। इन विद्युत संकेतों को पुनः टेलीफोन लाइन के द्वारा पूर्व निर्धारित स्थान पर भेज देती है, जिसे प्रिंटर पर छाप कर प्रेषित मूल प्रलेख की प्रतिलिपि संबद्ध व्यक्ति को उपलब्ध करा दी जाती है।

**FEATURED TIME**

**विशेषता आधारित काल :** कोलन क्लासीफिकेशन में विशेषता आधारित काल से तात्पर्य उस काल से है जो चन्द्रमा व पृथ्वी की गति तथा वायुमण्डलीय जैसी विशेषताओं के आधार पर बनाया गया है। जैसे जब पृथ्वी अपनी धुरी पर घुमती है तब रात व दिन होता है। इसी प्रकार मौसम के विभिन्न रूप गर्मी, सर्दी, बरसात आदि वायुमण्डलीय प्रक्रिया के लक्षण है। संस्करण 6 में इन एकलों का संकेतक उल्टा कौमा (') तथा संस्करण साथ में हाइफन प्रयोग किया गया है। जैसे गर्मी 'm5 (संस 6) तथा – 952 (संस 7)

**FEDERATION INTERNATIONAL DE DOCUMENTATION AND INFORMATION (FID)**

देखिये International Federation for Documentation.

**FESTSCHRIFT**

**अभिनन्दन ग्रन्थ :** किसी विशिष्ट व्यक्ति के सम्मान में प्रकाशित ग्रन्थ। सामान्यतया इस प्रकार के ग्रन्थ उस विशिष्ट व्यक्ति के विषय क्षेत्र पर लिखे विभिन्न व्यक्तियों के लेखों का संग्रह होता है। इस प्रकार के ग्रन्थ संस्थाओं अथवा संघों के सम्मान में भी प्रकाशित किये जा सकते है।

**FIBER OPTICS**

**फाइबर ऑप्टिक्स :** ग्लास अथवा प्लास्टिक से बनी यह तकनीक एक धागे की तरह दिखती है तथा इस प्रकार के धागों के गुच्छे अथवा समूह से फाइबर ऑप्टिक्स केबल बनता है। इस प्रकार के केबल में इलैक्ट्रिक तरंगों के स्थान पर लाइट तरंगें प्रवाहित होती है। मेटल केबल की तुलना में फाइबर आप्टिक्स में डेटा अधिक तेजी से संचारित होता है तथा डेटा के खराब होने की सम्भावना भी कम होती है। मेटल केबल की तुलना में यह हल्का व पतला भी होता है। इसमें डेटा ऐनालॉग की जगह डिजिटल के स्वरूप में संचारित होता है।

**FICTION**

**कथासाहित्य :** गद्य रूप में लिखे गयी कहानी व उपन्यास, जिनकी विषयवस्तु सामान्यतया लेखक की कल्पना पर आधारित होती है।

**FICTITIOUS IMPRINT**

**कल्पित प्रकाशन-विवरण :** लेखक के नाम को अज्ञात रखने, साहित्यिक चोरी को छुपाने के लिये पुस्तक में मनगढन्त प्रकाशन विवरण दे दिया जाता है। इस प्रकार के विवरण कानूनी कार्यवाही से बचने अथवा अन्य प्रतिबन्धों के कारण दिये जाते हैं।

**F.I.D.**

देखिये International Federation for Information and Documentation

**FID/CA**

**एफ॰ आई॰ डी॰/सी॰ए॰ :** अन्तर्राष्ट्रीय सूचना एंव प्रलेखन संघ की सामान्य वर्गीकरण के सिद्धान्त की कमेटी (1950-1961) देखिये FID/CR

**FID/CR**

**एफ॰ आई॰ डी॰/सी॰ आर॰ :** अन्तर्राष्ट्रीय सूचना एवं प्रलेखन संघ ने 1950 में सामान्य वर्गीकरण के सिद्धांतों हेतु कमेटी FID/CA (Committee on General Theory of Classification) स्थापित की। 1961 में इस कमेटी के स्थान पर वर्गीकरण शोध कमेटी FID/CR (Commitee on Classification Research) की स्थापना की गयी। किन्तु औद्योगिक, सामाजिक एवं आर्थिक क्षेत्रों में होने वाले निरन्तर परिवर्तनों को ध्यान में रखते हुए 1994 में इस कमेटी का नाम ज्ञान व्यवस्थापन की वर्गीकरण शोध कमेटी (Committee on Classification Research for Knowledge Organisation) रख दिया गया। तथापि इसके सूक्ष्म नाम FID/CR में कोई परिवर्तन नहीं किया गया। अर्थात् इस कमेटी का सूक्ष्म नाम भी FID/CR ही रहेगा। इस नाम परिवर्तन के साथ ही इसका कार्यक्षेत्र भी बढ़ाया गया है। पूर्व में इस कमेटी का उद्देश्य 'वर्गीकरण के क्षेत्र में शोध कार्य करवाना था' जिसे 1994 में इसके नाम परिवर्तन के साथ ही संशोधित किया गया। अब इसका मुख्य उद्देश्य 'वर्गीकरण के क्षेत्र में इस प्रकार के शोध को प्रोत्साहन तथा समर्थन देना व शोध कार्य करवाना है जो सूचना भंडारण व पुनः प्राप्ति प्रणालियों तथा सूचना संचालन के क्षेत्र में ज्ञान व्यवस्थापन के क्षेत्रों में सभी पहलुओं पर लागू होता हो'। इस कमेटी ने त्रैमासिक क्रमिक प्रकाशन 'Classification Issues for Knowledge Organisation' भी आरम्भ किया है। जिसका भाग 1 अंक 1 जनवरी 1995 में प्रकाशित हुआ।

इस कमेटी द्वारा वर्गीकरण शोध के लिये रंगनाथन पुरस्कार भी दिया जाता है। रंगनाथन पुरस्कार 1976 से हर दूसरे साल दिया जाता है।

**FIELD**

**सूचना इकाई क्षेत्र :** कंप्यूटर में रिकार्ड का वह उपविभाजन जिसमें सूचना की एक इकाई है। जैसे प्रत्येक विद्यार्थी के रिकार्ड के चार सूचना क्षेत्र होगे – विद्यार्थी का क्रमांक, उसका कुलनाम, उसके हस्ताक्षर व जन्म तिथि।

**FIFTH GENERATION COMPUTER**

**पाँचवी पीढ़ी का कंप्यूटर :** 1980 के दशक के आरम्भ में ग्रेट ब्रिटेन के जौन अलवे (John Alvey) के शोध दल के कार्यों के आधार पर पाँचवी पीढ़ी के कंप्यूटर तकनीक का आरम्भ हुआ जो अलवे प्रोग्राम के नाम से जाना जाता है। पंचम पीढ़ी के कंप्यूटर की कल्पना एक ऐसी मशीन के रूप में की गयी है जिसमें कृत्रिम बुद्धि (Artificial Intellegence) हो, जो मानव की तरह सोच सकता हो व निर्णय ले सकता हो।

**FIFTH LAW OF LIBRARY SCIENCE**

**पुस्तकालय विज्ञान का पाँचवा सूत्र :** रंगनाथन द्वारा 1931 में प्रतिपादित पुस्तकालय विज्ञान के पाँच सूत्रों में से पाँचवा सूत्र जिसके अनुसार पुस्तकालय एक वर्धनशील संस्था है इसलिये पुस्तकालय की सभी मूलभूत आवश्यकताओं भवन, मानव संसाधन, वर्गीकरण पद्धति, सूची संहिता, आदि को इसी दृष्टिकोण से बनाया तथा चुना जाना चाहिये।

**FILE**

**फाइल :** सामान्यतया फाइल का तात्पर्य हस्तलिखित, टाइप किये गये, मुद्रित अथवा मशीन पठनीय सामग्री के संग्रह को सुव्यवस्थित ढंग से रखने की संचिका से होता है। कंप्यूटर में समस्त सूचना का संग्रह डिस्कों पर किया जाता है। डिस्क पर संचित सूचना के एक खण्ड को भी फाइल कहा जाता है। एक फाइल में मूलपाठ चित्र या बाइनरी प्रणाली में ही सूचना हो सकती है इन फाइलों का प्रयोग दफ्तरों की फाइलों की तरह ही किया जाता है प्रत्येक फाइल का एक नाम व एक उपनाम होता है। फाइलों की सूची को डाइरेक्टरी कहा जाता है।

**FILE PROCESSING**

**संचिका संसाधन (प्रकमण) :** कंप्यूटर में फाइल बनाने व प्रयोग करने की प्रक्रिया।

**FILE SERVER**

**फाइल सर्वर :** मल्टीयूजर सिस्टम में जो बड़ा मुख्य कंप्यूटर होता है

उसे फाइल सर्वर कहते हैं। अर्थात् एक बड़े कंप्यूटर में यह एक ऐसी विधि है जिससे एक ही समय एक से अधिक लोग एक साथ कार्य कर सकते हैं।

**FILE SIZE**

**फाइल साइज :** नार्टन यूटिलिटीज का वह प्रोग्राम जो कंप्यूटर की फाइलों के आकार तथा उन फाइलों के समूह द्वारा डिस्क पर घेरे हुए स्थान की जानकारी देता है।

**FILIATORY SEQUENCE**

**वंशानुक्रम :** वर्गीकरण में एक विषय जगत के विभाजन से प्राप्त वर्गों एवं एकलों को उनके पारस्परिक सम्बन्धों की मात्रा के आधार पर व्यवस्थित किये जाने से प्राप्त अनुक्रम। रंगनाथन ने इस हेतु दो उपसूत्र भी प्रतिपादित किये हैं – अधीनस्थ वर्गों का उपसूत्र व समकक्ष वर्गों का उपसूत्र।

**FILING**

**फाइलिंग :** लिखित सामग्री, पुस्तके या अन्य पाठ्य सामग्री को पूर्व नियोजित अनुक्रम में व्यवस्थित करना तथा बाद में निरन्तर प्राप्त सामग्री को यथास्थान क्रम से लगाने की प्रक्रिया।

**FILING ORDER**

**विन्यास-क्रम :** पुस्तकालय में पुस्तकों तथा सूची प्रविष्टियों को व्यवस्थित करने का क्रम। यह वर्गीकरण पद्धति द्वारा निर्धारित विन्यास क्रम हो सकता है अथवा पुस्तकालय द्वारा निर्धारित क्रम या अन्य मान्यता प्राप्त क्रम हो सकता है।

**FILING TERM**

**विन्यास पद :** सूची में प्रविष्टि व्यवस्थित करने हेतु प्रयोग किया जाने वाला शब्द अथवा पद।

**FILING WORDS**

**विन्यास शब्द :** सूची में प्रविष्टि के शीर्षक का वह प्रथम शब्द जिसके आधार पर उसे व्यवस्थित किया जाता है।

**FILM**

**चलचित्र :** प्लास्टिक से बनी एक पतली डोरी जैसा पदार्थ जिस पर रासायनिक तत्व का लेप करके उसे प्रकाश सुग्राही बना दिया जाता है।

**FILM CLIP**

**फिल्म कतरन :** किसी विशिष्ट विषय को प्रदर्शित करने हेतु बनाई गई फिल्म की कतरन।

**FILM LIBRARY**

**फिल्म पुस्तकालय :** चलचित्र सामग्री संग्रह रखने वाला पुस्तकालय।

**FILM PROJECTER**

**फिल्म प्रदर्शक :** बिजली से चलने वाली मशीन जो सामान्यता 35 मिलिमीटर लम्बी फिल्म पट्टी को प्रदर्शित करने के लिये बनाई जाती है।

**FILM READER**

**फिल्म रीडर :** सूक्ष्म छायाकंन विधि से प्राप्त सूक्ष्म कागज अथवा फिल्म की प्रति, जिसे आंखों से सीधा पढ़ना सम्भव नहीं होता इसको पढ़ने के लिये फिल्म रीडर नामक एक उपकरण प्रयोग किया जाता है।

**FILM SCRIPT**

**चलचित्र आलेख :** चलचित्र की कहानी, संवाद तथा अभिनय के बारे में पूर्ण विवरण व निर्देश।

**FILM STRIP**

**फिल्म पट्टी :** फिल्म की एक लम्बी पट्टी जो 16 अथवा 35 मिलीमीटर की अथवा अन्य लम्बाई की हो सकती है। जिसमें चलचित्र, रेखाचित्र आदि छायांकित किया गया हो। इसे पढ़ने अथवा देखने के लिये विशेष उपकरण का प्रयोग करना आवश्यक होता है।

**FILMOGRAPHY**

**फिल्मसूची :** चलचित्रों अथवा चलचित्र से सम्बन्धित व्यक्तियों के बारे में लिखी गयी सामग्री की सूची।

**FINAL DIGIT DEVICE**

**अन्तिम अंक विधि :** यू॰ डी॰ सी॰ मध्यम संस्करण (1985) में इस विधि का प्रयोग किया गया है। पद्धति के ऐसे वर्गांक जिनके आगे तीन बिन्दु लगे हुए है जैसे .... 12, इस विधि को प्रयोग करने के संकेतक है। इस विधि को एक विशिष्ट सारणी के समानान्तर माना जाता है। ये तीन बिन्दु मात्र इस बात के सूचक हैं कि इस बिन्दुओं के बाद प्रयोग किये गये अंको का प्रयोग अन्तिम अंक के रूप में आगे उपविभाजनों को बनाने के लिये किया जा सकता है। इन अंको को बिना बिन्दुओं के प्रयोग किया जाता है जैसे 539.12 ...1, ...12, 539. 1212

**FINAL PROOF**

**अन्तिम प्रुफ :** पुस्तक अथवा लेख की मुद्रण से पूर्व की प्रति जो सभी तरह के संशोधनों के पश्चात् अन्तिम मुद्रण के लिये सुनिश्चित प्रति मानी जाती है।

**FINANCIAL MANAGEMENT**

**वित्तीय-प्रबंधन :** एक संस्था, संगठन, पुस्तकालय आदि का वित्तीय संग्रह व उपयोग की सुनिश्चित व्यवस्था करने की प्रक्रिया।

**FINE**

**अर्थदण्ड :** पुस्तकालय के उपयोगकर्त्ताओं से उधार पर ली गयी पुस्तक पर अंकित देय तिथि के पश्चात् पुस्तक रखने पर लगाया गया दण्ड।

**FINIS**

**इतिश्री :** यह एक एक लेटिन शब्द है जो सामान्यतः पुस्तक की विषय–वस्तु के अन्त में अंकित किया जाता है।

**FINITE UNIVERSE**

**परिमित ज्ञान जगत :** विषय जगत जिसके सत्वों की संख्या निश्चित है। जैसे एक कक्षा के छात्रों की संख्या।

**FIRM ORDER**

**निश्चित आदेश :** पुस्तकालय अधिग्रहण अनुभाग द्वारा विशिष्ट पाठ्य सामग्री को उपलब्ध कराने के लिये पुस्तक विक्रेता को दिया गया निश्चित आदेश। सामान्यतया ऐसे आदेश वापस नहीं लिये जाते हैं।

**FIRST EDITION**

**प्रथम संस्करण :** एक कृति की सम्पूर्ण प्रतियाँ जो हस्तलिखित अथवा टाइप अथवा अन्य माध्यमों से तैयार की गयी मूल प्रति के आधार पर प्रथम बार एक ही समय में मुद्रित व प्रकाशित हुई हैं, को प्रथम संस्करण की संज्ञा दी जाती है। यदि इस कृति को इसी रूप में बाद में प्रकाशित किया जाता है तो उसे पुर्नमुद्रित संस्करण कहा जाता है।

**FIRST FACET**

**प्रथम पक्ष :** वर्गीकरण में एक मिश्रित विषय के मूल विषय को प्रथम पक्ष की संज्ञा दी जाती है।

**FIRST GENERATION COMPUTER**

**प्रथम पीढ़ी कंप्यूटर (1946-1954) :** विश्व का सबसे पहला सांख्यकी अथवा डिजिटल कंप्यूटर 1946 में अमेरिका की मेरी मूरी स्कूल आफ इलैक्ट्रीकल इंजीनियरिंग, यूनिवर्सिटी आफ पेन्सिलवेनिया के दो छात्रों जे॰ पी॰ एकरेट (J. Presper Eckert) व जे डब्ल्यु मॉकले (J.W. Mauchly) ने बनाया। जिसे एनिएक (ENIAC) के नाम से जाना जाता है। इसका पूरा नाम है – इलैक्ट्रानिक न्यूमेरिकल इंटेग्रेटर एण्ड कैलकुलेटर। इसके पश्चात् एडवॉक (EDVAC) अर्थात् इलैक्ट्रोनिक डिस्क्रीट वेरिएबुल ऑटोमेटिक कैलकुलेटर (1950) तथा

यूनीवॉक (UNIVAC) अर्थात् यूनिवर्सल ऑटोमेटिक कंप्यूटर (1951) बना। जिसका प्रयोग अमेरीकी जनगणना के लिये किया गया। IBM701 तथा IBM 650 (1954) में बने। ये सभी कंप्यूटर निर्वात नलिकाओं (Vaccum Tubes) से बने थे तथा इनका आकार बड़ा व भार अधिक होता था। इनके रखरखाव के लिये अधिक स्थान तथा वातानुकूलित वातावरण की आवश्यकता होती थी। इनकी गति धीमी व क्षमता भी सीमित होती थी।

**FIRST IMPRESSION**

**प्रथम आवृत्ति :** एक कृति की पाण्डुलिपि मे बिना किसी संशोधन अथवा परिवर्तन के प्रथम बार किया जाने वाला मुद्रण को प्रथम आवृत्ति अथवा प्रथम संस्करण कहा जाता है।

**FIRST INDENTION**

**प्रथम दण्ड :** सूची पत्रक के बाये किनारें के प्रारम्भ से 8 अक्षरों के समानान्तर स्थान पर सीधी खड़ी रेखा।

**FIRST LINK**

**प्रथम कड़ी :** वर्गीकरण में वर्गो की एक श्रृंखला में सबसे कम क्रम की कड़ी को प्रथम कड़ी की संज्ञा दी जाती है। जैसे 11, 113, 113221 में 11 प्रथम कड़ी है।

**FIRST NAME**

**प्रथम नाम :** कुलनाम में पहला नाम अथवा परिवार व गौत्र नाम से भिन्न व्यक्तिगत नाम।

**FIRST ORDER ARRAY**

**प्रथम क्रम की पंक्ति :** वर्गीकरण में एक विषय जगत को प्रथम विशेषता के आधार पर विभाजन से प्राप्त वर्गो की पंक्ति।

**FIRST PROOF**

**प्रथम प्रुफ :** मुद्रण के लिये तैयार प्रति जिसमें गेली प्रुफ के बनने से पहले मुद्रण के प्रुफ रीडर अथवा लेखक द्वारा प्रथम बार संशोधन किये जाते हैं।

**FIRST VERTICAL**

**प्रथम अनुलम्ब :** सूची पत्रक पर प्रथम खड़ी रेखा जो लाल स्याही से अंकित होती है। सूचीकार के लिये यह रेखा मार्गदर्शक का कार्य भी करती है कि प्रविष्टि का शीर्षक व उसके बाद की पंक्तियाँ कहाँ से आरम्भ करनी हैं।

**FISSION**

**विखण्डन :** पुस्तकालय वर्गीकरण पद्धति में ज्ञान जगत को मुख्य वर्गों

में विभाजित करने की प्रक्रिया को विखण्डन कहा जाता है। विभाजन के प्रथम चरण में इस विधि से प्राथमिक मुख्य विषयों (Primary Basic Subjects) की संरचना की जाती है। सामान्यतया इस चरण का आधार दर्शनिक एवं विचारकों के विभिन्न क्षेत्रों में उनकी रूचि के आधार पर विकसित विषय होते है। तथापि ज्ञान जगत की तीन मुख्य विशेषताओं प्रकृति विज्ञान, मानवीकी शास्त्र तथा समाजिक विज्ञान के आधार पर ही इनका स्थान सुनिश्चित किया जाता है। 1973 में रंगनाथन के सहयोगी ए॰ नीलमेघन ने ही इस प्रक्रिया को विखण्डन विधि की संज्ञा दी है। रंगनाथन ने इसे विच्छेदन विधि नाम दिया था। देखिये Dissection

**FIVE LAWS OF LIBRARY SCIENCE**

**पुस्तकालय विज्ञान के पाँच सूत्र :** रंगनाथन द्वारा 1931 में पुस्तकालय विज्ञान हेतु पाँच सूत्र प्रतिपादित किये गये। जिनके अनुसार (1) प्रलेख उपयोग के लिये हैं; (2) प्रत्येक पाठक को उसका प्रलेख; (3) प्रत्येक प्रलेख को उसका पाठक; (4) पाठक का समय बचाइयें तथा; (5) पुस्तकालय वर्धनशील संस्था है। मूलरूप से प्रलेख शब्द के स्थान पर पुस्तक शब्द का प्रयोग किया गया है।

**FIVE PREDICABLES**

**पाँच वाच्य :** ऐसे शब्दों की श्रृंखला जो गुणों का द्योतक है। उन पाँच गुणात्मक शब्दों को जो पदों के गुण को प्रकट करते हैं– पाँच वाच्य कहा जाता है। इनको पारफिरी का वृक्ष (Tree of Porphry) तथा रेमियन वृक्ष (Ramean Tree) के द्वारा स्पष्ट किया गया। तीसरी शताब्दी के तर्कशास्त्री पारफिरी (233–304) द्वारा अरस्तु की पुस्तक Topics पर लिखी गयी पुस्तक व्याख्या में अरस्तु के चार वाच्यधर्मो के स्थान पर पाँच वाच्यधर्मो को विज्ञान के वर्गीकरण का आधार माना। ये हैं :– (1) **प्रजाति** (Genus) मुख्य वर्ग अथवा वर्ग समूह जिसको उपविभाजनों में बांटा जा सकता है; (2) **उपजातियों** (Species) – प्रजाति के विभाजन से प्राप्त उपविभाजन; (3) **व्यावर्तक गुण** (Difference)– वह गुण अथवा विशेषता जिसके आधार पर प्रजाति को विभाजित किया जा सकता है; (4) **गुण-धर्म** (Property)– वस्तु अथवा वस्तुओं के समूह का वह गुण जो सब में समान रूप से विद्यमान तो है किंतु इन तक ही सीमित नहीं है। गुस्सा मानव में समान रूप से विद्यमान है किन्तु यह मानव तक ही सीमित नहीं है जानवरों में भी यह गुण विद्यमान होता है; तथा (5) **सांयोगिक गुण** (Accident) – ऐसा गुण जो एक वस्तु में संयोगवश है। मौलिक रूप से उस गुण का उस वस्तु से सम्बन्ध हो यह आवश्यक नहीं है। जैसे मनुष्य की बोली आदि।

**FIXED DISK**

**फिक्ड डिस्क :** हार्ड डिस्क का दूसरा नाम।

**FIXED LOCATION SYSTEM**

**निश्चित स्थान प्रणाली :** यह पुस्तकालयों में पुस्तकों को व्यवस्थित करने की अत्यन्त पुरानी प्रणाली है। इस प्रणाली में एक अंक मुख्य विषय को जैसे हिन्दी – A, एक अंक शैल्फ को जैसे – B तथा शैल्फ में किताबों को रखने के डिब्बे की संख्या अंक जैसे – 6, इस आधार पर प्रत्येक पुस्तक को वर्गांक आबंटित किया जाता था। यदि एक पुस्तक का वर्गांक AB6 है तो इस आधार पर उसका शैल्फ, डिब्बा सब निश्चित हो जाता था। डीवी ने इसी प्रणाली से पाठक व पुस्तकालय कर्मचारियों को होने वाली समस्याओं के कारण ही डेसीमल क्लासीफिकेशन की रचना की।

**FLAT BED SCANNER**

**फ़्लैट बैड स्कैनर :** इस उपकरण से जिस चित्र को कंप्यूटर पर देखना हो उस चित्र को स्कैनर पर रख कर सम्बन्धित बटन दबा देने से ही सारी क्रिया अपने आप पूरी हो जाती है।

**FLEXIBILITY**

**लोचकता :** एक वर्गीकरण पद्धति की अंकन प्रणाली का वह गुण जो नये असीमित एकल विचारों व विषयों को एक पंक्ति में कहीं भी ग्राह्त्ता प्रदान करने की क्षमता रखता हो।

**FLOPPY DISK**

**फ्लॉपी डिस्क :** फ्लॉपी डिस्क लचीले प्लास्टिक से बनी एक लचीली डिस्क अर्थात् चक्रिका है जिस पर लौहयुक्त चुम्बकीय पदार्थ का लेप होता है। ग्रामोफोन के छोटे रिकार्ड से छोटा तथा आयतन में उससे पतला होता है। डिस्क लीकों से अनेक भागों में बांटा गया होता है जिसमें सूचनाएँ चुम्बकीय रूप से संचित की गयी होती है। डिस्क के दोनों ओर के हिस्से प्रयोग किये जाते हैं। फ्लापी डिस्क को प्लास्टिक या कार्डबोर्ड से बने एक चौकोर आवरण के बीच में रखा जाता है जो इसके टिकाऊपन को बढ़ाता है। प्रयोग करते समय यह डिस्क इस आवरण के अंदर ही घूमती है। इसमें डेटा तो सीमित मात्रा में भंडारित किया जा सकता है किन्तु किसी भी प्रकार के डेटा व आकड़े तुरन्त व सीधे प्राप्त किये जा सकते है। तथा इनको आसानी से इधर–उधर या एक कंप्यूटर से दूसरे कंप्यूटर तक ले जाया जा सकता है। कुछ डिस्कों के समूह को **डिस्को पैक** कहते है जो बड़े कंप्यूटरों पर प्रयोग किया जाता है। एक डिस्क पैक 2 करोड़ से 100 करोड़ सूचनाएँ संचित करने में समर्थ होता है। डिस्क

विभिन्न आकारों में उपलब्ध हैं जैसे 5.5 इंच, 5.25 इंच तथा 8 इंच व्यास की डिस्के। इनको डिस्केट (Diskette) भी कहते हैं।

**FLOPPY DISK DRIVE**

**फ्लॉपी डिस्क ड्राइव :** यह फ्लॉपी डिस्कों में अंकित सूचना को पढ़ने के लिये एक विशेष प्रकार की मशीन है। फ्लॉपी डिस्क के बीच में एक गोल छेद होता है जिसमें डिस्क ड्राइव की धुरी घुस कर डिस्क को तेजी से घुमाती है। इससे डिस्क पर रिकार्डिंग की जा सकती है या उस पर अंकित डेटा को पढ़ा जा सकता है।

**FLOW CHART**

**फ्लोचार्ट : समस्या** के हल का चरणबद्ध व सुव्यवस्थित चित्रण को फ्लों चार्ट कहते हैं। **कंप्यूटर** के द्वारा किसी समस्या को सुलझाने में प्रयोग की जाने वाली विधि को क्रमांक अथवा तार्किक रूप से रखना एलगोरिथिम कहते हैं तथा एलगोरिथिम लिखने की प्रक्रिया का सुव्यवस्थित चित्रात्मक प्रस्तुतीकरण को फ्लो चार्ट कहा जाता है।

**FLY LEAF.**

**सादा पन्ना :** पुस्तक के आरम्भ व अन्त में लगे कोरे पृष्ठ।

**FOCUS**

**केन्द्र बिन्दु :** वर्गीकरण में एकल विचार के लिये प्रयुक्त सामान्य शब्द। रंगनाथन द्वारा इस शब्द का प्रतिपादन 1944–45 में किया गया तथा इसका प्रयोग प्रथम बार कोलन क्लासीफिकेशन संस्करण 3 (1950) में किया गया। तथापि संस्करण 5 (1957) से इस शब्द के स्थान पर एकल (Isolate) अथवा एकल केन्द्रबिन्दु (Isolate Focus) शब्द प्रयोग किया जाने लगा।

**FOLDER**

**पुस्तिका :** एक कागज को परतों में मोड़ कर बनाया गया प्रकाशन। मोड़ कर बनाये गये इन पृष्ठों को न काटा जाता है न सिला जाता है।

**FONT**

**टाइप के अक्षर :** किसी भी मशीन जो मुद्रित सामग्री का उत्पादन कर सकती है, उसके विशिष्ट प्रकार व आकार का टाइप के अक्षर को फोंट कहते हैं। टाइपराइटर के फांट आमतौर पर निश्चित पिच वाले होते हैं अर्थात् उसका प्रत्येक अक्षर समान जगह घेरता है चाहे वह I हो अथवा M । इस प्रकार के फांट पुस्तक अथवा पत्रिकाओं के प्रकाशन के लिये काम में नहीं लाये जाते है। फांट को स्थूल मान से दो भागों में बांटा जा सकता है। बिटमैप्ड फांट तथा आउटलाइन फांट। बिटमेप्ड फांट में प्रत्येक अक्षर पिक्सलों के चौकोर खाने में,

खास आकार व रिजोल्यून वाला होता है। इसका वर्तमान में प्रयोग नहीं होता है, आउटलाइन फांट में प्रत्येक अक्षर गणितीय ढंग से रेखाओं व उभार का प्रतिनिधित्व करता है इसलिये इन्हें आसानी से उचित प्रकार का आकार दिया जा सकता है। ये दो प्रकार के टाइपों में उपलब्ध हैः– पोस्ट स्क्रिप्ट जिसका विकास ऐडोब ने 1985 में किया। दूसरा फारमैट, टु टाइप का (True Type) का विकास 1990 में ऐपल तथा माइक्रासाफ्ट ने मिलकर किया। इसमें एक ही फांट फाइल होती है जिसे स्क्रीन या प्रिंटर पर देखा जा सकता है। फांट किसी विशेष पांइट साइज का व अपने विशेष गुण जैसे रोमन, इटालिक या सेमी बोल्ड, सूक्ष्म ऐमीबोल्ड से जाना जाता है। जबकी टाइपफेस सामान्य होता है।

**FOOLSCAP**

**फुलस्केप** : एक मानक आकार का कागज पूर्व में इसे बड़ा फुलस्केप कहा जाता था।

**FOOLSCAP FOLIO**

**फुलस्केप पन्ना** : 18½ इंच का पुस्तक आकारं का पन्ना।

**FOOLSCAP OCTAVO**

**आठपेजी** : 6¾ × 4½ इंच का पुस्तक आकार का आठपेजी कागज।

**FOOLSCAP QUARTO**

**चौपेजी** : 8½ × 6¾ इंच का पुस्तक आकार का चौपेजी कागज।

**FOOT**

**अधोभाग** : पृष्ठ का निचला भाग।

**FOOTNOTE**

**पादटिप्पणी** : पृष्ठ के निचले हिस्से में उस पृष्ठ में अंकित मूल विषय से सम्बन्धित संदर्भ अथवा विषय–वस्तु के बारे में स्पष्टीकरण अथवा प्रमाणिकता।

**FORENAME**

**अग्रनामः** एक व्यक्ति का कुलनाम व गोत्रनाम से भिन्न अपना व्यक्तिगत नाम, जिसके आधार पर उसे वैयक्तिकता प्रदान की जाती है।

**FORENAME ENTRY**

**अग्रनाम प्रविष्टि** : सूची में एक लेखक के कुलनाम के स्थान पर उसके व्यक्तिगत नाम से बनायी गयी प्रविष्टि।

**FORWARD**

**प्राक्कथन** : एक पुस्तक में लेखक के अतिरिक्त अन्य व्यक्ति द्वारा पुस्तक व लेखक के बारे में लिखी गयी भूमिका।

**FORM**

**रूप :** वर्गीकरण में इसका अर्थ है कि प्रलेख की विषय–वस्तु किस रूप में व्यवस्थित की गयी है अथवा लिखी गयी है। जैसे कविता, नाटक, कहानी के रूप में अथवा भाषण, चिट्ठियाँ अनुक्रमणिका आदि के रूप में प्रस्तुती।

**FORM CLASSES**

**रूपवर्ग :** वर्गीकरण में प्रलेख का वर्गांक बनाते समय उसके विषय–वस्तु की प्रस्तुती के रूप को भी ध्यान में रखा जाता है। इस हेतु वर्गीकरण पद्धति में विभिन्न प्रकार के रूपों के लिये अंक आंबटित होते है जिन्हें रूप वर्ग कहा जाता है।

**FORM DIVISIONS**

**रूप विभाजन :** पुस्तकालय वर्गीकरण में ऐसे वर्ग जो सामान्य रूप से विषय जगत के सभी विषयों के साथ प्रयोग किये जाते हैं जैसे शब्दकोश, विश्वकोश, पत्रिका, क्रमिक प्रकाशन, जीवनी आदि, को सामान्य वर्ग कहा जाता है। तथापि विभिन्न वर्गीकरण पद्धतियों में इनको विभिन्न नाम दिये गये है। डी॰ डी॰ सी॰ व यू॰ डी॰ सी॰ में इनको रूप विभाजन कहा जाता है। डी॰ डी॰ सी॰ के विभिन्न संस्करणों में इसके नाम परिवर्तित होते रहते हैं। वर्तमान संस्करणों में इनको मानक उपविभाजन नाम दिया गया हैं।

**FORM ENTRY**

**रूप प्रविष्टि :** सूची में एक प्रलेख की प्रविष्टि इस आधार पर भी बनायी जाती है कि – (1) प्रलेख में विषय–वस्तु की अभिव्यक्ति किस रूप में हुई है जैसे कविता, नाटक आदि; (2) प्रलेख किस रूप में प्रकाशित हुआ है जैसे क्रमिक प्रकाशन, सामयिक प्रकाशन आदि।

**FORM FACET**

**रूप पक्ष :** वर्गीकरण में साहित्य किस रूप में लिखा गया है इसकी स्पष्ट अभिव्यक्ति वर्गांक में करने हेतु मुख्य वर्ग साहित्य में रूप पक्ष का प्रावधान किया जाता है। पुस्तकालय वर्गीकरण की सभी मुख्य पद्धतियों में साहित्यिक रूप हेतु प्रावधान है। तथापि कोलन क्लासीफिकेशन में साहित्य मुख्य वर्ग के साथ ही अन्य विषयों के मुख्य वर्गो के प्रलेखों को किस रूप में लिखा गया है इस हेतु भी एक पृथक सारणी का प्रावधान है जिसके आधार पर प्रलेख के ग्रथांक में रूप पक्ष का अंक प्रयोग किया जा सकता है।

**FORM NUMBER**

**रूप अंक :** वर्गीकरण में यह स्पष्ट करने हेतु कि एक प्रलेख के विषय–वस्तु की अभिव्यक्ति किस रूप में की गयी है जैसे नाटक, कविता के रूप

में एक साहित्यिक कृति लिखी गयी है तो प्रलेख के वर्गांक में इस हेतु अंक प्रयोग करना रूप अंक कहलाता है। अन्य मुख्य विषयों में प्रथम विषय–वस्तु किस विषय से सम्बन्धित है, के लिये वर्गांक बनाया जाता है तत्पश्चात् यह विषय किस रूप में लिखा गया है जैसे भाषण, कविता, पत्र, नक्शा, नियमावली आदि, इस हेतु ग्रंथाक में रूप अंक आंबटित किया जा सकता है।

**FORMAT**

**ग्रन्थाकार** : एक पुस्तक के बनावट व दिखावट को व्यक्त करने वाला शब्द। जैसे पुस्तक का आकार, बनावट उसका कागज, जिल्दसाज़ी, चित्रों आदि का विवरण। (2) इस शब्द का प्रयोग यह भी इंगित करता है कि एक कागज को पुस्तक के अनुच्छेद बनाने हेतु कितनी बार मोड़ा गया है; (3) **श्रव्य-दृश्य** मशीनों में प्रयोग होने वाले विभिन्न उपकरणों का भौतिक स्वरूप; (4) **कंप्यूटर** में एक डिस्क को सूचना भंडारण के लिये तैयार करने की प्रक्रिया। जैसे एक नई फ्लापी डिस्क में कोई ट्रैक या सेक्टर नहीं होते है इसलिये कुछ भी सूचना रिकार्ड करने से पहले ट्रैक तथा सेक्टर बनाने की क्रिया को फॉर्मट करना कहते हैं; अथवा कंप्यूटर के निर्देशों के हिस्सों को व्यवस्थित करना अथवा डेटा प्रस्तुती भंडारण, संचरण या संग्रह का पूर्व नियोजित स्वरूप आदि तैयार करना फॅमिट है।

**FORTH**

**फोर्थ** : मूलरूप से खगोलवेताओं के द्वारा बनायी गयी उच्चस्तरीय कंप्यूटर भाषा है जिसमें अधिकतम आदेश सामान्य अंग्रेजी भाषा में है। इस भाषा की अच्छी विशेषताओं के फलस्वरूप इसका प्रयोग माइक्रोकंप्यूटर के सिस्टम सॉफ्टवेयर लिखने के लिये भी प्रोत्साहित किया जाता है।

**FORTNIGHTLY**

**पाक्षिक पत्रिका** : हर दूसरे सप्ताह प्रकाशित होन`वाला क्रमिक प्रकाशन।

**FORTRAN**

**फोरट्रान** : पूरा नाम फार्मूला ट्रांसलेशन (Formula TRANS lation) 1950 के दशक में विकसित यह कंप्यूटर की प्रथम उच्च स्तरीय प्रोगामन भाषा है जिसका प्रयोग विभिन्न प्रकार के कंप्यूटरों में थोड़ा अथवा बिना किसी संशोधन के किया जा सकता है। इस भाषा में प्रोग्रामों को गणितीय सूत्रों में लिखा जा सकता है। फोरट्रान द्वारा विज्ञान व गणित के जटिल समीकरणों का हल सुगमता से किया जा सकता है। इसका प्रयोग पुस्तकालय व सूचना विज्ञान के क्षेत्र में भी किया जा सकता है।

**FORWARD ARROW**

**अग्रमुखी तीर →** : कोलन क्लासीफिकेशन संस्करण (1960) तक भविष्य की ओर इंगित करने वाली काल अवधि के लिये इसे संकेतक के रूप में प्रयोग किया गया। इस संकेतक का प्रतिपादन 1948 में तथा प्रयोग संस्करण 4(1952) से आरम्भ किया गया। संस्करण 7 (1987) में इस संकेतक के स्थान पर अंक Z आबंटित किया गया है। जैसे N57 → के स्थान पर Z ← N57

**FORWARDING**

**फार्वडिंग** : जिल्दसाजी में एक प्रलेख के सिलाई के पश्चात् की गयी प्रक्रिया। इसके पश्चात् ही प्रलेख का आवरण लगाया जाता है। इस कार्य को करने वाले व्यक्ति को फार्वर्डर (Forwarder) कहा जाता है।

**FOUNT**

देखिये Font

**FOURTH GENERATION COMPUTERS**

**चतुर्थ पीढ़ी के कंप्यूटर** : 1971–1985 की अवधि में विकसित कंप्यूटर प्रणाली को चतुर्थ पीढ़ी के कंप्यूटर की संज्ञा दी जाती है। तृतीय पीढ़ी के कंप्यूटरों में एक चिप पर 10 से 100 ट्रांजिस्टर स्थापित किये गये थे। जबकि चतुर्थ पीढ़ी में एक डाक टिकट के आकार के सिलिकन चिप्पड़ पर हजारों लाखों ट्रांजिस्टरों को स्थापित कर सर्किट बनाये गये। इस तकनीक को लार्ज स्केल इन्टीग्रेशन (Large Scale Integration) तथा इस तकनीक द्वारा बनाये गये सर्किट को लार्ज स्केल इन्टीग्रेटेड सर्किट अर्थात् वृहद् एकीकृत परिपथ नाम दिया गया। जिसके फलस्वरूप सिलिकन के एक छोटे से चिप्पड़ पर कंप्यूटर का मस्तिष्क अर्थात् केन्द्रीय संसाधक इकाई के समूचे इलैक्ट्रानिक घटकों और परिपथों को स्थापित करने में सफलता मिली। इस नये आविष्कार को **माइक्रोप्रोसेसर** का नाम दिया गया। 1980 के दशक में अति वृहद् संकलन की तकनीक विकसित हुई। जिसके फलस्वरूप कंप्यूटर का आकार छोटे व भार कम होने के साथ ही इनके कार्यक्षमता व कार्य कुशलता में अत्याधिक वृद्धि हुई तथा कीमतों में भी भारी कमी हो गयी। माइक्रों चिप के आविष्कार से व अन्य सहायक उपकरणों के निर्माण से इलैक्ट्रानिक डिजिटल कंप्यूटर के क्षेत्र में एक क्रांति हुई व अधिक शक्तिशाली कंप्यूटरों के साथ ही डेस्क पाकेट केलकुलेटर तथा लैप टाप कंप्यूटर भी उपलब्ध होने लगे हैं।

**FOURTH LAW OF LIBRARY SCIENCE**

**पुस्तकालय विज्ञान का चतुर्थ सूत्र** : रंगनाथन द्वारा 1931 में प्रतिपादित पुस्तकालय विज्ञान के पाँच सूत्रों में से एक सूत्र। जिसके अनुसार पुस्तकालयों

को निर्देश दिया गया है कि **पाठक का समय बचाओं**। अर्थात् पुस्तकालयों को ऐसे माध्यमों का प्रयोग करना चाहिये जिससे प्रत्येक पाठक को अपना प्रलेख बिना किसी अवरोध के शीघ्र प्राप्त हो सके। रंगनाथन ने इस हेतु अबाधित प्रवेश (Open Access) तथा निषिद्ध प्रवेश (Closed Access) प्रणाली में से अबाधित प्रवेश प्रणाली को प्रयोग करना, शैल्फ में विषयानुसार वर्गीकृत विन्यास, विश्लेषणात्मक सूचीकरण, मार्गदर्शक संदर्भ सेवा आदि को पूर्ण रूप से कार्यान्वित करने का सुझाव दिया है।

**FREDERIC GOUDY**

देखिये Goudy, Frederic

**FREE ACCESS SYSTEM**

**अबाधित प्रवेश प्रणाली** : एक पाठक को उसकी पुस्तक अथवा प्रलेख तक पहुँचने में किसी भी प्रकार का अवरोध नहीं होना चाहिए। अर्थात् पुस्तकालयों में सभी प्रकार की पाठ्य सामग्री के संग्रह जिन स्थानों पर भी रखे गये हों, उस स्थान पर अपने प्रलेख को स्वयं प्राप्त करने की पूरी स्वतंत्रता पाठक को होनी चाहिये। यही इस प्रणाली का उद्देश्य है।

**FREE ACQUISITION**

**मुफ्त अधिग्रहण** : वह प्रक्रिया जिसमें एक पुस्तकालय के सभी प्रकाशित प्रलेखों को बिना खरीद मूल्य के प्राप्त करने का अधिकार होता है जैसे कापीराइट पुस्तकालय को यह अधिकार प्राप्त है।

**FREELY FACETED CLASSIFICATION SCHEME**

**निर्बाध पक्षात्मक वर्गीकरण पद्धति** : कोलन क्लासीफिकेशन संस्करण 7 (1987) को इस श्रेणी की पद्धति माना जाता है क्योंकि इस पद्धति में पक्ष (Facet) को संयोजित विषय (Compound Subject) का भाग माना जाता है जबकि संस्करण 6(1960) तक इसे एक मुख्य विषय का भाग माना जाता था। इसीलिये पक्षों का निर्धारण भी संयोजित विषय की व्याख्या के आधार पर ही किया जाता है। ऐसे कई पक्ष जिनको पूर्व में स्तर माना जाता था अब उपपक्ष अथवा घटक माना जाता है जैसे स्थान पक्ष में महाद्वीप अथवा देश अथवा राज्य के साथ प्रयोग होने वाले घटकों को अब उपपक्ष कहा जाता है।

**FRONT COVER**

**बाह्य आवरण** : प्रलेख का मुख्य प्रथम आवरण।

**FRONTISPIECE**

**मुख चित्र** : शीर्षक पृष्ठ के सामने वाले पृष्ठ पर छपा चित्र। यह पुस्तक का प्रथम पृष्ठ होता है। जिसमें पृष्ठ संख्या नहीं होती है।

**FROZEN CHAIN**

**अवरूद्ध श्रृंखला :** एक विषय की श्रृंखला की एक वर्ग पर समाप्त होने वाली अन्तिम कड़ी।

**F.T.P.**

**एफ.टी.पी. :** फाइल ट्रांसफर प्रोटोकाल के लिये प्रयुक्त संक्षिप्त शब्द। इसका प्रयोग इंटरनेट से जुड़े विभिन्न कम्प्यूटरों के मध्य फाइल आदान प्रदान के लिये किया जाता है।

**FUGITIVE MATERIAL**

**अल्पकालिक पाठ्य सामग्री :** किसी विशिष्ट विषय अथवा उद्देश्य हेतु प्रकाशित स्थानीय अथवा अल्पसमय के लिये उपयोगी पाठ्य सामग्री। जैसे विवरणिका (Brochure), पैम्फलेट आदि

**FULL CLOTH BINDING**

**पूर्णवस्त्र जिल्द :** जब प्रलेख की पीठिका तथा सम्पूर्ण गत्तों पर बिना किसी सिलाई तथा जोड़ के कपड़े को आवरण के रूप में चिपकाया जाता है तो उसे पूर्ण वस्त्र जिल्द कहते हैं। भारत में धार्मिक ग्रन्थों पर सामान्यतया इसी प्रकार की जिल्द प्रयुक्त की जाती है।

**FULL DUPLEX**

**फुल-डयूप्लेक्स :** यह एक प्रकार का मोडेम है जिसमें दोनों दिशाओं से डेटा आ और जा सकता है। तथापि इसके लिये टेलीफोन की दो लाइनों की आवश्यकता होती है।

**FULL LEATHER BINDING**

**पूर्ण चर्म जिल्द :** जब प्रलेख की पीठिका तथा सम्पूर्ण गत्तों पर बिना किसी जोड़ व सिलाई के चर्म को ही आवरण के रूप में चिपकाया जाता है तो उसे पूर्ण चर्म जिल्द कहते हैं। यह जिल्द मंहगी तो अवश्य होती है किन्तु मजबूत व टिकाऊ होती है।

**FULL NAME**

**पूर्ण नाम :** एक व्यक्ति का व्यक्तिगत नाम, कुलनाम तथा अन्य कोई भी तत्व से बना हुआ उसका पूरा नाम।

**FULL POINT**

देखिये Full Stop

**FULL STOP**

**पूर्ण विराम :** एक वाक्य की समाप्ति पर लगाया जाने वाला विराम चिन्ह।

**FULL TITLE**

**पूर्ण आख्या** : एक प्रलेख की मुख्य आख्या।

**FUND**

**कोष** : प्रलेखों की खरीद के लिये एकत्रित धनराशि।

**FUNDAMENTAL CATEGORIES**

**मूलभूत श्रेणियाँ** : रंगनाथन द्वारा 1944 में प्रतिपादित पाँच मूलभूत श्रेणियाँ – व्यक्तित्व, पदार्थ, क्रिया, स्थान व काल। जिन्हें संक्षिप्त अंग्रेजी नाम PMEST से अधिक जाना जाता है। इन पाँच श्रेणियों को एक सामान्य नाम देने हेतु रंगनाथन ने एक काल्पनिक नाम मूलभूत श्रेणियाँ (Fundamental Categories) प्रतिपादित किया। रंगनाथन के अनुसार 'यह एक अविभाजित एकीकृत शब्द है जो PMEST को व्यक्त करता है। इसका अर्थ किसी शब्दकोश में भी उपलब्ध नहीं हो सकता है क्योंकि यह दो अलग अलग शब्दों – मूलभूत (Fundamental) व श्रेणी (Category) से बनाया गया है। तथा इसका प्रयोग वर्गीकरण के संदर्भ में ही हो सकता है।

**FUNDAMENTAL CATEGORY ENERGY**

**मूलभूत श्रेणी क्रिया** : कोलन क्लासीफिकेशन संस्करण 1(1933) से संस्करण 3(1950) तक सभी ऐसे एकल विचार जिनको अन्य श्रेणी में सम्मिलित नहीं किया जा सकता था, उनको अनिश्चित एकलों (Problem Isolates) के नाम से सम्बोधित किया गया। संस्करण 4(1952) इन एकलों को **क्रिया श्रेणी** की अभिव्यक्ति मान लिया गया। जिसके फलस्वरूप यह विवाद उत्पन्न हो गया कि ऐसे विचार व अवधारणायें जिनमें न क्रिया है न प्रक्रिया, उनको कैसे क्रिया पक्ष की अभिव्यक्ति माना जा सकता है। इसलिये कोलन क्लासीफिकेशन संस्करण 6 तक मूलभूत श्रेणी क्रिया **सर्वव्यापी** श्रेणी थी जो हर मुख्य वर्ग में विविध रूपों में प्रस्तुत थी। इसमें विभिन्न प्रकार के एकलों को सम्मिलित किया गया था। इनमें ऐसे भी एकल थे जिनमें क्रिया का गुण नहीं था जैसे–प्रणाली, संरचना, सूचीकरण, बीमारी, पुस्तक चयन आदि। संस्करण 7 में इसे मात्र क्रिया की अभिव्यक्ति माना जाता है। जिससे इस श्रेणी का सर्वव्यापी स्वरूप समाप्त हो गया है। इसका संकेतक कोलन : है।

**FUNDAMENTAL CATEGORY MATTER**

**मूलभूत श्रेणी पदार्थ** : कोलन क्लासीफिकेशन में पाँच मूलभूत श्रेणियों में से यह दूसरी श्रेणी है। संस्करण 6 तक मात्र निर्माण व उपभोग आदि में काम आने वाले पदार्थों को इस श्रेणी की अभिव्यक्ति माना जाता था। जबकि संस्करण 7 में कई ऐसे एकल विचार जो संस्करण 6 में क्रिया श्रेणी में सम्मिलित थे, इस

श्रेणी की अभिव्यक्ति माने जाने लगे हैं। जैसे गुणधर्म एकल, प्रणाली एकल आदि। इस श्रेणी का संकेतक सेमीकोलन; है।

**FUNDAMENTAL CATEGORY MATTER-MATERIAL**

**मूलभूत श्रेणी पदार्थ-वस्तु :** 1966 में रंगनाथन जब कोलन क्लासीफिकेशन के संस्करण 7 पर काम कर रहे थे तब गुणधर्म एकल विचारों से सम्बन्धित विषयों के गुणों व लक्षणों की पहचान की गयी। 1967 से सी॰ सी॰ संस्करण 6 के क्रिया एकल विचारों का योजनाबद्ध ढंग से अवलोकन किया गया तथा ऐसे सभी एकल विचारों को सुनिश्चित किया गया जिनके गुणधर्म अथवा प्रणाली की अभिव्यक्ति माना जा सकता था। 1971 में रंगनाथन ने एक लेख लिखा जिसमें पदार्थ श्रेणी के तीन प्रकारों को मान्यता प्रदान की गयी थी – पदार्थ–गुणधर्म, पदार्थ–प्रणाली तथा पदार्थ–वस्तु। इन सबका संकेतक सेमीकोलन ; है। सी.सी. संस्करण 7 में पदार्थ–वस्तु श्रेणी की अभिव्यक्ति वस्तु पदार्थ अथवा व्यक्तित्व के लिये सहायक अवधारणा के रूप मे मानी गयी है। इसका स्वरूप मूलरूप से संस्करण 6 के पदार्थ श्रेणी जैसा ही है जिसकी प्रासंगिकता कुछ ही मुख्य विषयों तक सीमित है। जैसे पुस्तकायलय विज्ञान, इन्जीनियरिंग आदि।

**FUNDAMENTAL CATEGORY MATTER-METHOD**

**मूलभूत श्रेणी पदार्थ-प्रणाली :** रंगनाथन द्वारा इस श्रेणी की पहचान 1958 में कर ली गयी थी तथापि इसका स्पष्ट स्वरूप अभी भी पहचाना नहीं जा सका हैं। 1971–1981 तक के विभिन्न गहन अध्ययनों के आधार पर संस्करण 7 में इसका क्रियान्वयन भी किया गया है तथापि इसके प्रयोग हेतु अभी भी स्पष्ट नियम प्रतिपादित नहीं किये गये है। इसे पदार्थ श्रेणी के रूप में क्रियाओं में प्रयोग होने प्रणाली अथवा माध्यम अथवा विधि माना गया है साथ ही वर्ग–उद्भवक (Speciator) की अभिव्यक्ति भी माना गया है।

**FUNDAMENTAL CATEGORY MATTER-PROPERTY**

**मूलभूत श्रेणी पदार्थ-गुणधर्म :** कोलन क्लासीफिकेशन संस्करण 6 तक पदार्थ–गुणधर्म एकलों को क्रिया श्रेणी की अभिव्यक्ति माना गया जबकि इन एकलों में किसी प्रकार की क्रिया घटित नहीं होती है जैसे Function Constitution, Structure आदि। 1966 में गुणधर्म एकलों की पहचान की गयी तथा संस्करण 7 में इनको सामान्य पदार्थ–गुणधर्म एकल तथा विशिष्ट पदार्थ–गुणधर्म एकल के रूप में सम्मिलित किया गया है। इस हेतु एक सामान्य पदार्थ–गुणधर्म एकलों की सूची प्रदान की गयी। विशिष्ट मुख्य विषयों के आधार पर भी सामान्य गुणधर्म एकल बनाये जा सकते हैं जैसे– Meaning P:4 ; को सामान्य गुणधर्म एकल ; p4 बनाया जा सकता है।

**FUNDAMENTAL CATEOGRY PERSONALITY**

**मूलभूत श्रेणी व्यक्तित्व :** कोलन क्लासीफिकेशन में व्यक्तित्व श्रेणी को एक मूल विषय की धुरी होने के कारण सबसे ठोस श्रेणी माना गया है। व्यक्तित्व श्रेणी के बिना किसी भी घटक में गुण, विशेषता, प्रक्रिया, क्रिया संभव नहीं है। यहाँ तक कि स्थान तथा काल में प्रभाव व विस्तार भी व्यक्तित्व श्रेणी के बिना संभव नहीं है। तथापि रंगनाथन ने इसकी स्पष्ट व्याख्या नहीं की है। उनके अनुसार व्यक्तित्व श्रेणी की पहचान सबसे कठिन है, यह भ्रामक है, अकथनीय है, अवर्णनीय है। इसलिये इसकी पहचान अवशेष विधि (Method of Residue) द्वारा की जानी चाहिये। इसका संकेतक कौमा (,) है।

**FUNDAMENTAL CATEGORY SPACE**

**मूलभूत श्रेणी स्थान :** मूलभूत श्रेणी स्थान विभिन्न भौगोलिक एकलों के रूप में घटित होती है। सभी वर्गीकरण पद्धतियों में स्थान श्रेणी की अवधारणा को उसी रूप में प्रतिपादित किया गया है जिस रूप में सामान्यतया स्थान शब्द को समझा जाता है। यह एक सामान्य एकल के रूप में प्रयोग किया गया है। तथापि सी.सी. तथा यू.डी.सी में इसे विशिष्ट संकेतक–सी॰सी॰ में बिन्दु . तथा यू॰ डी॰ सी॰ में सरकुलर ब्रैकेट ( ) आबंटित किये गये हैं।

**FUNDAMENTAL CATEGORY TIME**

**मूलभूत श्रेणी काल :** काल श्रेणी सामान्य रूप से प्रयोग होने वाली काल अवधारणा पर ही आधारित है। जैसे दिन–रात, वर्ष, दशक, शताब्दि को काल श्रेणी की अभिव्यक्ति माना जाता है। सभी वर्गीकरण पद्धतियों में इसे सामान्य एकल के रूप में प्रतिपादित किया गया है। तथापि सी॰ सी॰ में व यू॰ डी॰ सी॰ में इसे विशिष्ट संकेतक – सी॰ सी॰ में ' (Single inverted comma) तथा यू॰ डी॰ सी॰ मैं " " (double inverted comma) आबंटित किये गये है।

**FUNDAMENTAL LAWS**

**आधारभूत नियम :** पुस्तकालय विज्ञान के पाँच सूत्रों के रूप में रंगनाथन ने आधारभूत नियमों का प्रतिपादन किया है। ये पाँच सूत्र हैं– पुस्तकें उपयोग के लिये हैं, प्रत्येक पाठक को उसकी पुस्तक, प्रत्येक पुस्तक को उसका पाठक, पाठक का समय बचाओं तथा पुस्तकालय एक वर्धनशील संस्था है। इन सूत्रों को पुस्तकालय जगत का प्रमुख (Head) माना जाता है जिनकी प्रभुसत्ता सर्वोपरि तथा निर्णय अन्तिम है।

**FUSED LINK**

**समेकित कड़ी :** देखिये Fused Number

**FUSED NUMBER**

**समेकित अंक :** कोलन क्लासीफिकेशन मे कालानुक्रामिक विधि, भौगोलिक विधि तथा विषय विधि द्वारा प्राप्त अंक को समेकित अंक माना जाता है। क्योंकि इस विधि से प्राप्त अंक समूह को एक अंक जैसा (Quasi digit) माना जाता है। इसलिये इस अंक समूह में प्रयुक्त प्रत्येक अंक एक पृथक कड़ी के रूप में प्रयोग नहीं किया जा सकता है। अपितु पूरे अंक समूह के आधार पर एक समेकित कड़ी ही प्राप्त होगी जैसे मुख्य वर्ग साहित्य में एक लेखक का जन्म साल तीन अंकों से बनता है, जैसे J64 शैक्सपियर, तो J64 को एक अंक मानकर शेक्सपियर हेतु इस समेकित अंक से ही खोज कड़ी बनेगी।

**FUSION**

**विलयीकरण :** यदि शोधकर्ता की परिकल्पना ऐसे विषय पर आधारित है जिसका सम्बन्ध दो भिन्न मुख्य विषयों से है तो यह संभव है कि शोधकार्य की प्रक्रिया में इन दोनों विषयों के आत्मसात होने से एक नये विषय की संरचना हो जाय। वर्तमान समय में इस प्रकार के शोधकार्य एक आवश्यक व सतत प्रक्रिया हो गयी हैं जिसके फलस्वरूप ही कई नये प्राथमिक मुख्य विषयों की संरचना भी सतत प्रक्रिया हो गयी है। जैसे Biology + Physics = Biophysics; Astronomy + Physics = Astrophysics;

**GALLERY**

**दीर्घा** : पुस्तकालय में प्रलेखों को प्रदर्शित करने का स्थान।

**GALLEY PROOF**

**गैली प्रूफ** : मुद्रक का प्रूफ, जिसमें प्रलेख के प्रकाशन से पूर्व लेखक द्वारा संशोधन किये जा सकते हैं।

**GAP DEVICE**

**रिक्त स्थान विधि** : एक वर्गीकरण पद्धति में विषयों की एक पंक्ति में विषयों तथा एकलों की पंक्ति में एकलों को अंक आवंटित करते समय कुछ अंको को रिक्त छोड़ दिया जाता है जिससे भविष्य में उत्पन्न होने वाले विषयों व एकल विचारों को ग्राह्यता प्रदान की जा सके। इसी को रिक्त स्थान विधि कहा जाता है।

**GARBAGE**

**गार्बेज** : कम्प्यूटर के दृष्टिकोण से गार्बेज का अर्थ है अवांछित अथवा अर्थहीन डेटा।

**GARBAGE - IN GARBAGE - OUT**

**कूड़ा डालोगे तो कूड़ा ही मिलेगा** : कम्प्यूटर एक मशीन है जो काम उपयोगकर्ता उसे बतायेगा वही वह करता है। जो सूचना उसमें भंडारित की जायेगी उसे ही वह हमें देगा। इसलिये कम्प्यूटर की त्रुटियाँ वास्तव में मनुष्य की ही त्रुटियाँ होती हैं। इसी आधार पर प्रोगामरों ने उपर्युक्त मुहावरा कम्प्यूटरों के बारे में निकाला है जिसे GIGO भी कहते हैं।

**GATE REGISTER**

**द्वार पंजिका :** पुस्तकालय प्रवेश द्वार पर रखी जाने बाली पंजिका जिसमें पुस्तकालय के अन्दर प्रवेश करने से पूर्व प्रत्येक पाठक अथवा आगन्तुक को पंजिका पर अपना नाम, आने का समय, दिनांक, पूरा पता तथा हस्ताक्षर करने होते हैं। इस पंजिका के आधार पर पुस्तकालय के विभिन्न आकड़े भी बनाये जाते हैं।

**GATEWAY**

**गेटवे :** कम्प्यूटर नेटवर्क की दो अलग–अलग संचार सुवधिाओं को जोड़ने के लिये प्रयोग किया जाने वाला प्रोग्राम।

**GAZETTEERS**

**भौगोलिक कोश :** गजेटियर एक वर्णानुक्रमिक भौगोलिक कोश है जिसमें भौगोलिक स्थानों–शहरों, नदियों, झीलों, पर्वतों आदि के बारे में भौगोलिक ऐतिहासिक, सांख्यिकीय, सामाजिक आदि सूचना का विवरण होता है।

**GELATIN TRANSFER REVERSAL**

**जिलेटिन ट्रान्सफर रिर्वसल :** प्रतिलिपिकरण की इस स्थानान्तरण विधि में एक नेगेटिव माध्यम जिसे मेट्रिक्स कहते हैं, का प्रयोग किया जाता है। मेट्रिक्स एक कागज होता है, जिस पर प्रकाश सुग्राही सिलवर कम्पाउण्ड युक्त जिलेटिन इमलशन विकसित करने वाले (Developer) तथा रंग बनाने वाले अवयवों की परत चढ़ी रहती है। जब कोरा कागज इस मैट्रिक्स के सम्पर्क में लाया जाता है तथा रबर के नर्म वेलन पर लपेट कर घुमाया जाता है तो उस कोरे कागज पर आकृति प्रतिबिम्बित हो जाती है। इस प्रक्रिया से अधिकतम छः प्रतियाँ प्राप्त की जा सकती है जो क्रमशः धुँधली होती जाती है।

**GENEALOGICAL TABLE**

**वंशावली सारणी :** किसी व्यक्ति अथवा व्यक्तियों की वंशावली को प्रर्दशित करने वाली सारणी।

**GENERAL ADDED ENTRY**

**सामान्य अतिरिक्त प्रविष्टि :** प्रविष्टि जो किसी एक विशिष्ट प्रलेख से सम्बन्धित नहीं होती है जैसे सी॰सी॰ में वर्ग निर्देशी प्रविष्टियाँ (Class Index Entries)।

**GENERAL CANON OF MNEMONICS**

**स्मृति सहायक का सामान्य उपसूत्र :** वर्गीकरण हेतु रंगनाथन द्वारा प्रतिपादित इस उपसूत्र के अनुसार 'किसी एक अवधारणा के लिए प्रयुक्त वर्गांक

अथवा वर्गांक के किसी एक भाग के लिये जो अंक अथवा अंकों का समूह प्रयोग किया गया है, उनको उन सभी वर्गांकों में भी प्रयुक्त किया जाना चाहिए जो समान अवधारणाओं को अभिव्यक्त करते हैं।

**GENERAL CLASSIFICATION**

**सामान्य वर्गीकरण पद्धति :** वर्गीकरण पद्धति जो सम्पूर्ण विषय जगत के विद्यमान व भविष्य के सम्भावित विषयों के विभाजनों, उपविभाजनों को सहायक अनुक्रम में व्यवस्थित करने का प्रयत्न करती है। इस प्रकार के वर्गीकरण को छोटे–बड़े, सामान्य अथवा विशिष्ट सभी प्रकार के पुस्तकालय प्रयोग कर सकते हैं।

**GENERAL ENCYCLOPAEDIA**

**सामान्य विश्वकोष :** विषय जगत की सभी शाखाओं, प्रशाखाओं के विशेषज्ञों द्वारा लिखे गये लेखों के माध्यम से सम्पूर्ण विषय जगत से सम्बन्धित सूचना प्रदान करने का यह एक महत्वपूर्ण सूचना स्त्रोत है। इनको नाम अथवा विषयों के अनुसार वर्णानुक्रमिक अनुक्रम में व्यवस्थित किया जाता है तथा एक अथवा एक से अधिक खण्डों में प्रकाशित हो सकते हैं।

**GENERAL ENTRY**

**सामान्य प्रविष्टि :** सूची प्रविष्टि जो किसी विशिष्ट प्रलेख के लिये नहीं अपितु सामान्य विषय को इंगित करने के लिये बनायी गयी है जैसे सी॰सी॰सी॰ में वर्ग निर्देशी प्रविष्टि (Class Index Entry)।

**GENERAL INDEX**

**सामान्य अनुक्रमणिका :** विषय जगत के अनेक क्षेत्रों से सम्बन्धित लेखों को अनुक्रमणिकाबद्ध करने वाली अनुक्रमणिका।

**GENERAL INFORMATION PROGRAMME (GIP)**

**सामान्य सूचना प्रोग्राम :** 1976 यूनेस्को के 19वें सत्र के सामान्य सम्मेलन में सामान्य सूचना प्रोग्राम (GIP) पारित किया गया। इस हेतु 1978 के 20वें सामान्य सम्मेलन में पाँच मुख्य उद्देश्य निर्धारित किये गये – (1) प्रादेशिक, राष्ट्रीय तथा अन्तर्राष्ट्रीय स्तर के लिये सूचना नीतियों एवं योजनाओं का सूत्रबद्धता को प्रोत्साहित करना, (2) सूचना संचालन हेतु विधियों, मानकों एवं नियमों का विकास एंव प्रसार, (3) सूचना की मूलभूत आवश्यकताओं व आधार के विकास में योगदान, (4) शिक्षा, संस्कृति, संचार तथा प्रकृति विज्ञान व सामाजिक विज्ञान के क्षेत्रों में विशिष्ट प्रकार की सूचना सेवा प्रणाली विकसित करना, तथा (5) सूचना के उपयोगकर्ताओं तथा विशेषज्ञों के प्रशिक्षण एंव शिक्षा को प्रोत्साहन देना। फ्रैंच भाषा में इस प्रोग्राम का नाम Programme General d information (PGI) है। तथापि यह अंग्रेजी संक्षिप्त नाम (GIP) से फ्रैंच संक्षिप्त नाम PGI ही अधिक प्रचलित है।

**GENERAL LIBRARY**

**सामान्य पुस्तकालय :** पुस्तकालय जिसमें विषय जगत के सभी विषयों के प्रलेखों का अधिग्रहण किया जाता है। जैसे एक विश्वविद्यालय का केन्द्रीय पुस्तकालय जिसमें विश्वविद्यालय में पढ़ाये जाने वाले सभी विषय के विद्यार्थियों, अध्यापकों, शोधकर्ताओं की शैक्षिक आवश्यकताओं की पूर्ति हेतु प्रलेखों का अधिग्रहण किया जाता है।

**GENERAL PHASE RELATION**

**सामान्य विषय सम्बन्ध :** कोलन क्लासिफिकेशन में विषयों के पारस्परिक सम्बन्धों को प्रदर्शित करने हेतु प्रतिपादित विधि का एक प्रकार। इसमें दो पृथक मुख्य वर्गों अथवा एक ही मुख्य वर्ग की एक पंक्ति के दो भिन्न विषयों के सामान्य सम्बन्धों को वर्गांक में अभिव्यक्त किया जाता है।

**GENERAL PURPOSE COMPUTER**

**बहुउद्देशीय कम्प्यूटर :** कम्प्यूटर जो विविध समस्याओं के हल हेतु बनाये गये प्रोग्रामों का संचालन करने की क्षमता रखता है।

**GENERAL READER**

**सामान्य पाठक :** पाठक जो किसी विशिष्ट विषय अथवा रूचि से सम्बन्ध न रखता हो।

**GENERAL REFERENCE**

**सामान्य संदर्भ :** एक सूची अथवा अनुक्रमणिका में इसे भी देखिये (See also) संदर्भ जो उपयोगकर्ता को उन विभिन्न विषय शीर्षकों को निर्दिष्ट करता है जिनमें उसे अपने विशिष्ट विषय से सम्बन्धित प्रलेखों को सूचना प्राप्त हो सकती है।

**GENERAL SEMANTICS**

**सामान्य अर्थविज्ञान :** पौलिश वैज्ञानिक अल्फ्रैड कोरजा विस्की (Alfred Korzybski 1879-1950) द्वारा प्रतिपादित एक नया विषय, जिसमें तथ्य (Facts) व शब्दों (Words) के सम्बन्धों में भ्रामकता से उत्पन्न भ्रान्ति को स्पष्ट किया जाता है।

**GENERAL - SPECIAL CONCEPT**

**सामान्य - विशिष्ट अवधारणा :** वर्गीकरण में एक विशिष्ट विशेषता के आधार पर प्राप्त एक विषय का वह उपविभाजन जिसका प्रयोग सामान्य रूप से

उन सभी विषयों के साथ भी किया जा सकता है जिनको अन्य विशेषताओं के आधार पर प्राप्त किया गया है।

**GENERAL SUBJECT ENTRY**

**सामान्य विषय प्रविष्टि :** वर्ग के नाम से वर्गांक को इगिंत करने वाली प्रविष्टि अथवा विषय के नाम से अन्य विषय को इंगित करने वाली प्रविष्टि जैसे सी॰सी॰सी॰ में वर्ग निर्देशी प्रविष्टि अथवा **इसे भी देखिये** प्रविष्टि।

**GENERALIA CLASS**

**सामान्य वर्ग :** प्रत्येक वर्गीकरण पद्धति में एक ऐसा सामान्य मुख्य वर्ग भी बनाया जाता है जिसके आधार पर ऐसे प्रलेखों को वर्गांक आवंटित किया जाता है जो विषय जगत के एक से अधिक मुख्य वर्गों से सम्बन्धित विषयों पर लिखे गये हो।

**GENERIC DESCRIPTOR**

**सामान्य विवरणपद :** किसी वर्ग, प्रकार अथवा विषय से सम्बन्धित सामान्य संकेत शब्द अथवा विवरण पद।

**GENERIC CLASS INDEX ENTRY**

**सामान्य वर्ग निर्देशी प्रविष्टि :** सूचीकरण में सामयिक अथवा क्रमिक प्रकाशन को सामान्य शीर्षक द्वारा बनायी गयी वर्ग निर्देशी प्रविष्टि, जैसे Periodical शब्द को शीर्षक के रूप में प्रयोग करके बनायी गयी प्रविष्टि। इस प्रकार की प्रविष्टि पाठक को उसके विशिष्ट प्रकार के सामयिक अथवा क्रमिक प्रकाशन तक पहुँचने में सहायक होती है।

**GENERIC NAME ENTRY**

**सामान्य नाम प्रविष्टि :** सूचीकरण में ग्रन्थ निर्देशि प्रविष्टि अथवा वर्ग निर्देशि प्रविष्टि में जब सामान्य विवरण पद का प्रयोग शीर्षक के रूप में किया जाता है तो उसे सामान्य नाम प्रविष्टि कहा जाता है जैसे College, Conference, University। इस प्रकार की प्रविष्टि इन विषयों से सम्बन्धित पाठ्य सामग्री को एक स्थान पर व्यवस्थित करने में सहायक होती है।

**GENEVA CONVENTION**

**जिनेवा कन्वेनशन :** 1952 में यूनेस्को द्वारा यूनीवर्सल कापीराइट कन्वेनशन बुलाया गया, जो 1955 से प्रभावित हुआ। इस सम्मेलन में इस बात पर सहमति हुई कि कापीराइट को सरल प्रक्रिया द्वारा, जिसमें कापीराइट का चिन्ह ©, कापीराइट प्राप्तकर्ता का नाम तथा प्रकाशन वर्ष सम्मिलित हो, द्वारा सुनिश्चित किया जाना चाहिये। इस सम्मेलन को संक्षिप्त में जिनेवा कन्वेनशन कहा जाता है।

**GENUS**

**प्रजाति** : वस्तुओं के समूह, अथवा विचारों की श्रृंखला अथवा एक विषय जिसका विभाजन दो या अधिक उपसमूहों अथवा उपवर्गों में किया जा सके अथवा वह पद जो इनका द्योतक हो, को प्रजाति कहते हैं।

**GEOGRAPHICAL DIVISION**

**भौगोलिक विभाजन** : **वर्गीकरण** की सारणी में भौगोलिक उपविभाजन तथा **सूचीकरण** के विषय शीर्षक में देश क्षेत्र अथवा स्थान के उपविभाजनों को भौगोलिक विभाजन कहा जाता है।

**GEOGRAPHICAL DEVICE**

**भौगोलिक विधि** : कोलन क्लासिफिकेशन में ऐसे विषय अथवा एकल विचार जिनको बनाने, विभाजित करने अथवा वैयक्तिता प्रदान के लिये उनकी भौगोलिक विशेषता को आधार बनाया जाता है तब इस हेतु स्थान पक्ष के लिये निर्मित स्थान एकलों की सारणी के एकलों का प्रयोग किया जाता है। किन्तु इन स्थान एकलों को व्यक्तित्व या अन्य श्रेणी में बदलने के लिये रंगनाथन ने एक सुनिश्चित विधि प्रतिपादित की है जिसे भौगोलिक विधि कहा जाता है। इस विधि के द्वारा ही कोलन क्लासिफिकेशन में स्थान एकलों का अन्य श्रेणी में रूप परिवर्तन किया जाता है। रंगनाथन इसे छद्मवेश (Impersonation) भी कहते हैं।

**GEOGRAPHICAL CONTIGUITY**

**भौगोलिक समीपता** : वर्गीकरण पद्धति में भौगोलिक उपविभाजनों को सहायक अनुक्रम में व्यवस्थित करने के लिये स्थानों की समीपता को भी आधार बनाया जा सकता है।

**GEOGRAPHICAL ENTRY**

**भौगोलिक प्रविष्टि** : सूचीकरण में स्थान–वर्णन, भौगोलिक मार्गदर्शक, स्थलाकृति–विज्ञान से सम्बन्धित प्रलेखों के लिये बनायी गयी प्रविष्टि जो एक क्षेत्र, स्थान, देश के नाम से बनायी गयी हो।

**GEOGRAPHICAL INDEX**

**भौगोलिक अनुक्रमणिका** : वर्गीकरण पद्धति में भौगोलिक उपविभाजनों की वर्णानुक्रमिक अनुक्रमणिका।

**GEOGRAPHICAL ISOLATES**

**भौगोलिक एकल** : एक वर्गीकरण पद्धति में महाद्वीप, देश, राज्य, जिला, प्राकृतिक भूखण्डों जैसे पहाड़, नदी, आदि को भौगोलिक एकलों के रूप में मान्यता प्रदान की जाती है।

**GEOGRAPHICAL NUMBERS**

**भौगोलिक अंक :** एक वर्गीकरण पद्धति में भौगोलिक उपविभाजनों को अंकों के रूप में दिया गया कृत्रिम नाम, जैसे भारत 44 (सी॰सी॰), 54 (डी॰डी॰सी॰)। इन्ही अंकों के आधार पर प्रलेखों को देशों, क्षेत्रों, स्थानों के अंक आंवटित किये जाते हैं। भौगोलिक उपविभाजनो की सारणी एक सामान्य सारणी होती है इसलिये इन भौगोलिक अंकों को पद्धति के सभी मुख्य विषयों व उनके उपविभाजनों के साथ प्रयोग किया जा सकता है।

**GEOLOGICAL TIME**

**भूगर्भीयकाल :** भूगर्भीय अध्ययन के आधार पर पृथ्वी के भूविज्ञान के एतिहासिक विवरण देने वाला समय। कोलन क्लासीफिकेशन में इस स्तर के काल का विभाजन पृथ्वी के स्तर – विन्यास (Stratigraphy) के आधार पर किया गया है तथा इन्ही परतों के आधार पर वैज्ञानिकों द्वारा नापी गयी समय अवधि का प्रयोग भी किया गया है।

**GHOST WRITER**

**भूतलेखक :** ऐसा लेखक जो अपनी कृतियों को किसी अन्य व्यक्ति के नाम (सामान्यतया प्रसिद्ध व्यक्ति) से लिखता है।

**GIFT BINDING**

**उपहार जिल्दबन्दी :** पुरस्कार हेतु अथवा प्रकाशक द्वारा उपहार बाजार के लिये विशेष आदेश द्वारा कराई गयी पुस्तकों की विशिष्ट अथवा चर्म की जिल्दबन्दी।

**GIFT BOOK REGISTER**

**उपहार पुस्तक पंजिका :** पुस्तकालय द्वारा उपहार पर प्राप्त की गयी पुस्तकों का विवरण रखने वाली पंजिका।

**GIGABYTE**

**गिगाबाइट :** एक हजार मेगाबाइट अथवा एक अरब बाइट।

**GIGO**

**गिगो :** देखिये Garbage - in - Garbage - out।

**GIST**

**सार :** एक प्रलेख में लिखी गयी विषय वस्तु में उल्लिखित केन्द्रीत तत्वों से बनाया गया सार।

**GIVEN NAME**

**व्यक्तिगत नाम :** एक व्यक्ति को उसके जन्मदिन पर दिया गया व्यक्तिगत

नाम, जो सामान्यतया माँ–बाप द्वारा उसकी पहचान स्वरूप उसे दिया जाता है। यह एक अक्षर अथवा शब्द समूह से मिलकर बना हुआ नाम हो सकता है। इसको क्रिस्शयन नाम, मुख्य नाम (First Name) अग्र नाम (Forename) तथा निजी नाम (Personal Name) भी कहते हैं।

**GLOSS**

**व्याख्या अथवा टीका** : प्राचीन पाण्डुलिपियों में किसी शब्द की संक्षिप्त व्याख्या अथवा भाष्य पृष्ठ के हाशिये अथवा लाइन के उपर दी जाती थी यह व्याख्या सामान्यतया अधिक परिचित भाषा में दी जाती थी। इसी प्रकार की व्याख्या मूल पाठ में प्रयुक्त विदेशी शब्दों अथवा कठिन लेखाशों के लिये हाशिये अथवा मूलपाठ में ही दी जा सकती है।

**GLOSSARIAL INDEX**

**शब्दकोशिय अनुक्रमणिका** : एक पुस्तक की ऐसी अनुक्रमणिका जिसमें सूचीबद्ध शब्दों का अर्थ अथवा विवरण व पृष्ठ संख्या भी दी जाती है।

**GLOSSOGRAPHY**

**टीकालेखन** : टीका अथवा व्याख्या लेखन अथवा शब्दावली को संकलित करने की कला।

**GLOSSARY**

**शब्दावली** : इस शब्द की उत्पत्ति लेटिन शब्द के ग्लोसेरियम (Glossarium) से हुई। लैटिन में **ग्लोसा** का अर्थ है वे शब्द जिनकी व्याख्या अथवा स्पष्टीकरण देने की आवश्यकता है जबकि ग्रीक भाषा में **ग्लोसा** का अर्थ है परिभाषा सहित शब्दों की सूची। इस प्रकार ग्लोसरी को शब्दकोश कहा जा सकता है जिसमें विशिष्ट विषय के शब्दों की परिभाषा सहित सूची है। इसमें शब्दों के अर्थ के साथ उसकी व्याख्या भी हो सकती है।

**GOA PUBLIC LIBRARY ACT**

गोवा का सार्वजनिक पुस्तकालय अधिनियम जो 26 नवम्बर 1993 को गोवा विधान सभा द्वारा पारित किया गया। यह देश का 9वाँ अधिनियम है।

**GO LIST**

**शब्द सूची** : सूचना पुनः प्राप्ति प्रणाली तथा अनुक्रमणीकरण में अंकाक्षरों अथवा शब्दों की सूची। जिसमें से विशिष्ट शब्दों, पदों का चयन सरलता से हो जाता है।

**GOUDY, FREDERIC**

अमेरिका के फ्रेडेरिक गाउडी ने 1915 में एक टाइपफैस बनाया।

जिसका भव्य अलंकरण के लिये प्रयोग किया जाता है। यह टाइप फेस खुले काउंटरों तथा अनुपात से अधिक के आकार के कैपिटल अक्षरों के कारण अधिक स्थान घेरता है। यह टाइपफेस गाउडी के नाम से ही जाना जाता है।

**GOVERNMENT DOCUMENT**

**राजकीय प्रलेख** : राजकीय खर्चे तथा प्राधिकार से प्रकाशित प्रकाशन सामग्री।

**GOVERNMENT LIBRARY**

**राजकीय पुस्तकालय** : सरकार के खर्च व राजकीय नियमों के आधार पर चलने वाले पुस्तकालय। राजकीय पुस्तकालयों को राष्ट्रीय, विभागीय तथा सूचना केन्द्रों के पुस्तकालयों में विभाजित किया जा सकता है।

**GOVERNMENT PUBLICATION**

**राजकीय प्रकाशन** : सरकारी प्रकाशन जैसे निर्देशक, रिपोर्ट तथा विवरणात्मक व ऐतिहासिक स्वरूप वाले प्रकाशन जो सदन अथवा सरकारी विभागों के लिये सरकार द्वारा प्रकाशित किये जाते हैं।

**GRADATION IN SPECIALITY**

**विशिष्टता श्रेणीकरण का सिद्धान्त** : हेनरी एवलिन ब्लिस द्वारा प्रतिपादित सिद्धान्त जिसके अनुसार एक वर्गीकरण पद्धति में विषयों की व्यवस्था सामान्य से विशिष्ट की ओर की जानी चाहिये। ब्लिस के अनुसार सभी विज्ञानों का उद्गम स्त्रोत एक सामान्य विषय होता है। इसलिये प्रत्येक विषय को उसी विषय के अन्तर्गत श्रेणीकृत किया जाना चाहिये जिससे उसका उद्गम हुआ है तथा सामान्य से क्रमशः विशिष्ट विषय के आधार पर उनको व्यवस्थित किया जाना चाहिये। ब्लिस द्वारा इस हेतु प्रतिपादित एक अत्यन्त महत्वपूर्ण सिद्धान्त अधीनीकरण (Subordination) है। उनके अनुसार समकक्षता तथा अधीनीकरण सहसम्बद्ध शब्द है। अर्थात एक समकक्ष वर्ग भी विषय जगत के किसी विषय अधीन होता है। इस सिद्धान्त का प्रतिपादन ब्लिस ने विशिष्ट पुस्तकालयों के दृष्टिकोण से किया है उनके अनुसार विशिष्टता ही अधीनीकरण को जन्म देता है तथा प्रत्येक विशिष्ट विषय – वृहद् अथवा सूक्ष्म विषय जगत के एक सामान्य विषय का ही विभाजन होता है तथा उसके अन्तर्गत ही उसे श्रेणीकृत किया जाना चाहिये।

**GRAMOPHONE LIBRARY**

**ग्रामोफोन पुस्तकालय** : पुस्तकालय जिसमें ग्रामोफोन रिकार्ड का ही संग्रह किया जाता है।

**GRAPH**

**लेखाचित्र :** संख्यातम सूचना की चित्रात्मक प्रस्तुती। लेखाचित्र अथवा बिन्दुरेखा चित्र विभिन्न प्रकार के हो सकते हैं।

**GRAPH PLOTTERS**

**ग्राफ प्लाटर्स :** कम्प्यूटर में आलेखी अथवा बिन्दुरेखा चित्रों को कागज पर खींचने के लिये एक प्रकार का उपकरण प्रयोग किया जाता है जिसे प्लाटर कहते हैं। सामान्यतया इनका प्रयोग इंजीनियरिंग ड्राइगों व मानचित्रों आदि के आलेखी चित्रों को खींचने के लिये किया जाता है। इससे एक ही आकृति को छोटा या बड़ा करके भी खींच सकते हैं। प्लाटर में एक पैन होता है जो कम्प्यूटर के आदेशानुसार कागज पर टिक कर आकृति खींचता है। अधिकतर प्लाटर्स में एक से अधिक पैन एक साथ लगाये जा सकते हैं जिससे एक साथ अनेक रंगों की आकृतियाँ खींची जा सकती है।

**GRAPHICS**

**लेखाचित्र कला :** कागज अथवा कंप्यूटर पर रेखायें खीच कर चित्र बनाने की कला।

**GRAPHICS IN COMPUTER**

**कम्प्यूटर में लेखाचित्र :** कम्प्यूटर के द्वारा मॉनीटर के पटल पर ग्राफ, चार्ट, नक्शे व चित्र बनने की कला का प्रयोग सभी महत्वपूर्ण क्षेत्रो में किया जा रहा है। विडियो खेलों के उछलते–कूदते पात्र, टेलीविजन विज्ञापन, एक भाषा की फिल्म का दूसरी भाषा का अनुवाद पटल पर प्रदर्शित करना, सभी कम्प्यूटर ग्राफिक्स की क्षमता का उदाहरण है।

**GRAPHICS DISPLAY IN COMPUTER**

**लेखाचित्र प्रदर्शन :** कम्प्यूटर में पिक्सल के माध्यम से मॉनीटर के पटल पर ग्राफिक्स का प्रदर्शन किया जाता है। कम्प्यूटर में प्रयोग किये जाने वाले अंक, अक्षर व चिन्ह को बिन्दुओं के समूह बनाने के लिये प्रयोग किया जाता है और इन्हीं बिन्दुओं को पिक्सल कहते हैं। बेसिक व अन्य भाषाओं में इस प्रकार के प्रोग्राम लिखने की सुविधा है जिनके द्वारा सरल प्रकार के ही चित्र बनाये जा सकते हैं।

**GREY LITERATURE**

**अर्धप्रकाशित सामग्री :** सरकारी अथवा गैर सरकारी विभागों व संगठनों के द्वारा प्रकाशित ऐसी सामग्री जिनको विधिवत् प्रकाशित नहीं किया जाता है। जैसे रिपोर्ट।

**GROUP**

**समूह :** विषय जगत के विभाजन के आधार पर बनने वाले वर्ग समूह, जिनको समान अथवा असमान अथवा अन्य विशेषताओं, गुण, लक्षण के आधार पर बनाया जा सकता है।

**GROUP NOTATION DEVICE**

**समूह अंकन विधि :** वह विधि जिसके द्वारा वर्गीकरण पद्धति की एक पंक्ति का प्रत्येक अंक दो या अधिक अंको का ही बनाया जा सकता है। अर्थात कोई भी एकल अंक एकाकी अंक नहीं हो सकता है। उसका प्रत्येक अंक सारगर्भित होता है। जैसे कोलन क्लासीफिकेशन में मुख्य वर्ग कृषि में कृषि की जाति, प्रजाति बनाने के लिये तीन अंको के वर्गांक का प्रयोग किया गया है। जैसे J381 Rice में 3 Food, 8 Seed, 1 Rice है।

**GROUP ROUTING METHOD**

**समूह परिसंचरण विधि :** इस विधि में पुस्तकालय द्वारा सामयिक प्रकाशनों के अंकों को उनकी सूचना हेतु किसी एक सदस्य के पास भेजने के बजाय एक विभाग अथवा समूह को भेजे जाते हैं। पुस्तकालय द्वारा वह तिथि या अवधि भी उस पर लिखी गयी होती है जब उस विभाग अथवा समूह को उस अंक को लौटाना है। इसके पश्चात क्रमशः अन्य विभाग व समूह को इसे भेजा जाता है। भेजे जाने वाले अंक के मुखपृष्ठ पर एक पर्ची भी संलग्न की जाती है जिसमें भेजे जाने वाले विभाग/समूह का नाम, पाठक का नाम, परिसंचरण तिथि, दूसरे विभाग/समूह को भेजने की तिथि, पुस्तकालय को वापस लौटाने की तिथि आदि सूचना अंकित होती है।

**GUARANTOR**

**जमानती :** यदि एक ऐसा व्यक्ति जो सामान्य रूप से पुस्तकालय का सदस्य नहीं बन सकता है तो ऐसे बाहरी व्यक्ति को पुस्तकालय की सदस्यता प्राप्त करने हेतु पुस्तकालय का सदस्य जमानती बन कर उसकी पहचान की जमानत देता है तथा उसके द्वारा पुस्तकें खोने अथवा अन्य नुकसान पर उत्तरदायित्व स्वीकार करता है।

**GUARDING**

**सुरक्षण :** यदि पुस्तक के कुछ पृष्ठों, चित्रों अथवा मानचित्रों आदि के मोड़ कमजोर हो गये हो तो उनको लिनन अथवा पतले तथा मजबूत कागज की पट्टियाँ चिपकाकर मजबूत बना दिया जाता है जिससे वह सिलाई पकड़ सके। इसे ही सुरक्षण कहते हैं।

**GUIDE BOOK**

**निर्देशिका** : किसी देश, स्थान, संस्थान, भवन, दर्शनीय स्थल के बारे में विवरण देने वाली पुस्तिका।

**GUIDE CARD**

**निर्देशक पत्रक** : पुस्तकालय सूची में पत्रकों के बीच–बीच में प्रयोग किये जाने वाले पत्रक जो सूची पत्रकों के विन्यास को इंगित करते हैं।

**GUIDED SCHEME**

**मार्गदर्शक युक्त पद्धति** : रंगनाथन के अनुसार यदि एक पुस्तकालय वर्गीकरण पद्धति की संरचना स्पष्ट सिद्धान्तों व अभिधारणाओं पर की गयी है तो उसे मार्गदर्शक सिद्धान्तों पर निर्मित पद्धति कहा जाता है।

**GUIDES**

**मार्गदर्शक** : पुस्तकालय के विभिन्न विभागों, अध्ययन कक्षों, प्रलेख संग्रह स्थलों आदि तक पाठक सुगमता से पहुँच सके इस हेतु पुस्तकालय विभिन्न प्रकार व आकार के मार्गदर्शक प्रयोग करता है। इन मार्गदर्शकों का आबाधित प्रवेश प्रणाली में अत्याधिक महत्व होता है।

**HAGIOGRAPHER**

**सन्तचरित-लेखक :** लेखक जो सन्त व धर्मात्मा मनुष्यों के बारे में ही लिखता हो।

**HAGIONYM**

**सन्त-नाम :** सूची प्रविष्टि में सन्त के नाम का उसके व्यक्तिगत नाम की तरह प्रयोग करना।

**HALF BINDING**

**अर्ध जिल्द :** इस प्रकार की जिल्दबन्दी में प्रलेख की पीठिका तथा कोनों पर अलग–अलग प्रकार की जिल्द साम्रगी, जैसे कपड़ा, चमड़ा आदि का उपयोग किया जाता है।

**HALF CLOTH BINDING**

**अर्ध वस्त्र जिल्द :** एक प्रलेख के आवरण के रूप में वस्त्र को केवल पीठिका, गत्तों के कुछ भाग तथा कोनों पर चिपकाया जाये तथा शेष भाग पर कागज चिपका दिया जाये तो इसे अर्ध वस्त्र जिल्द कहा जाता है। यह जिल्द अधिक टिकाऊ नहीं रहती है इसलिये इसका उपयोग थोड़े समय के लिये उपयोगी पाठ्य सामग्री की जिल्दबन्दी के लिये किया जाता है।

**HALF DUPLEX**

**हाफ-ड्यूप्लेक्स :** सूचना संचार की ऐसी प्रणाली जिसमें किसी भी दिशा में सूचना भेजी जा सकती है। लेकिन दोनों दिशाओं में सूचना एक साथ नहीं भेजी जा सकी है अपितु एक बार एक दिशा में भेजी जा सकती है। जैसे टेलीफोन में एक बार एक दिशा का व्यक्ति ही बात कर सकता है।

**HALF LEATHER BINDING**

**अर्ध चर्म जिल्द :** यदि एक प्रलेख के केवल पीठिका, गत्तों के कुछ भागों तथा कोनों पर आवरण के रूप में चर्म चिपकाया जाये तथा गत्तों के शेष भागों पर कपड़ा चिपकाया जाये तो उसे अर्ध चर्म जिल्द कहते हैं।

**HALF MONTHLY**

**अर्धमासिक :** हर 15 दिन के बाद अथवा महिने में दो बार प्रकाशित होने वाला सामयिक प्रकाशन।

**HALF TITLE**

**संक्षिप्त आख्या :** एक प्रलेख के मुख पृष्ठ से पहले लगे पृष्ठ में कभी–कभी संक्षिप्त आख्या मुद्रित की गयी होती है।

**HALF TITLE PAGE**

**संक्षिप्त आख्या पृष्ठ :** एक प्रलेख के मुख पृष्ठ से पूर्व लगा वह पृष्ठ जिस पर सामान्यतया संक्षिप्त आख्या मुद्रित की गयी होती है। किन्तु इसमें लेखक व प्रकाशक का विवरण नहीं होता है। कभी–कभी इस पृष्ठ पर ग्रन्थमाला, ग्रन्थमाला–सम्पादक, व ग्रन्थमाला क्रमांक भी मुद्रित रहते हैं।

**HALF YEARLY**

**अर्धवार्षिक :** सामयिक प्रकाशन जो हर छः माह की अवधि में प्रकाशित होते हैं।

**HANDBILL**

**इश्तहार :** हाथ द्वारा बनायी गयी विज्ञापन सामग्री, जैसे पोस्टर आदि।

**HANDBOOK**

**पुस्तिका :** एक विषय की संक्षिप्त सूचना अथवा विवरण देने वाली लघु पुस्तिका। इस प्रकार की पुस्तिकाएँ मिश्रित सूचना का संक्षिप्त एंव सुविधा जनक संकलन में होती है। इसमें तथ्यात्मक सूचनाएँ, आंकडे आदि भी हो सकते हैं।

**HAND-HELD SCANNER**

**हाथ से चलाने वाला स्कैनर :** स्कैनर एक ऐसा उपकरण है जिसके द्वारा किसी भी छपी हुई आकृति या चित्र को कम्प्यूटर पर देखे जा सकने वाले चित्र में बदला जा सकता है। छोटे चि़त्रों के लिये हाथ से चलाने वाला स्कैनर भी होता है जिसमें प्रयोग करते समय रोशनी हो जाती है तब इसे चित्र पर एक सिरे से दूसरे सिरे तक घुमाया जाता है। ऐसा करने से छपा हुआ चित्र उभर कर मानीटर के पटल पर दिखाई देने लगता है। तथापि हाथ से चलाते समय स्कैनर के हिलने की सम्भावना रहती है जिसका प्रभाव चित्रों के आकार व स्वरूप पर पड़ सकता है।

**HANDLING ISOLATES**

**संचालन एकल :** एक मुख्य विषय के ऐसे एकल विचार जो उसके संचालन, व्यवहार, उपचार के लिये प्रयोग किये जाते हैं, जैसे सी॰सी॰ के मुख्य विषय L Medicine में – Pathology, Theraphy, Surgery आदि एकल।

**HANGING INDENTION**

**काल्पनिक हाशिया :** पुस्तक अथवा लेख के अनुच्छेद की प्रथम पंक्ति को छोड़कर बाकी लाइनों के लिये लेखक अथवा मुद्रक द्वारा कागज के बायीं ओर छोड़ा गया हाशिया। **सूची पत्रक** में सामान्यतया यह हाशिया मुद्रित होता है जिसमें प्रथम लाइन का हाशिया लेखक/वर्गांक से आरम्भ होता है तथा दूसरी लाइन के हाशिये से लेखक अथवा आख्या आदि आरम्भ किया जाता है।

**HANGING PARAGRAPH**

**काल्पनिक अनुच्छेद :** देखिये Hanging Indention

**HARD BOARD**

**दफ्ती :** जिल्दबन्दी में प्रयोग किया जाने वाला सख्त कागज।

**HARD BOUND**

**पक्की जिल्द :** उत्तम कागज पर मुद्रित तथा मजबूत व टिकाऊ जिल्द वाली पुस्तक, जिसे पुस्तकालय संस्करण भी कहते हैं।

**HARD COPY**

**हार्ड कापी :** मनुष्य द्वारा सामान्य रूप से न पढ़े जा सकने वाले स्वरूप में अंकित सूचना को कागज या ऐसे स्वरूप में बदल कर प्रतिलिपि बनाना, जिससे वह आसानी से पढ़ी जा सके अथवा **कम्प्यूटर** में भंडारित सूचना को कागज पर मुद्रित कर प्रतिलिपि प्राप्त करना।

**HARD COPY PRINTER**

**हार्ड कापी प्रिंटर :** कम्प्यूटर में प्रदर्शित सूचना को कागज पर मुद्रित करने हेतु हार्ड कापी प्रिंटर नामक उपकरण कम्प्यूटर से जोड़ा जाता है। इसके द्वारा ही कम्प्यूटर से वांछित किसी भी सूचना को कागज पर मुद्रित कर प्रतिलिपी प्राप्त की जा सकती है।

**HARD COVER**

**हार्ड आवरण :** देखिये Hard Bound

**HARD DISK**

हार्ड डिस्क : कंप्यूटर के अंदर स्थायी रूप से लगी डिस्क, जिसमें सूचना भंडारण की क्षमता बहुत अधिक होती है। इसके अतिरिक्त वांछित सूचना को

ढूढ़ने या नई सूचना को रिकार्ड करने में भी बहुत तेजी से काम करती है।

**HARD DISK BACK UP**

**हार्ड डिस्क बैक अप :** सुरक्षा के दृष्टिकोण से कम्प्यूटर की हार्ड डिस्क में संचित सूचना को फ्लापी डिस्कों पर रिकार्ड करके रखा जाता है। जिससे कि यदि कभी हार्ड डिस्क खराब हो जाय तो सभी महत्वपूर्ण डेटा को फ्लापी डिस्कों से प्राप्त किया जा सके। इसी को बैक–अप कहते हैं।

**HARDWARE**

**हार्डवेयर :** कम्प्यूटर की संरचना करने वाले सभी कल पूर्जे जैसे मदरबोर्ड, मानीटर, कीबोर्ड, मोडेम आदि। फ्लापी डिस्क हार्डवेयर है जबकि उसमें संचित सूचना साफ्टवेयर है।

**HARRIS'S CLASSIFICATION SCHEME**

**हैरिस की वर्गीकरण पद्धति :** सेंट लूईस पब्लिक स्कूल हेतु हैरिस ने Ýkll cdu dhi) fr dsvkkj ij 1870 में एक वर्गीकरण पद्धति बनाई जिसमें बैकन की पद्धति के मुख्य वर्गों इतिहास, कला, विज्ञान के अनुक्रम को उल्टा करके विभिन्न अन्य विषयों को भी जोड़ा गया। इसीलिये हैरिस की पद्धति को प्रथम विपर्यस्त बैकन प्रणाली (Inverted Baconian) माना जाता है। डीवी डेसीमल क्लासिफिकेशन का आधार भी हैरिस की ही पद्धति को माना जाता है।

**HARYANA PUBLIC LIBRARY ACT. 1989**

हरियाणा सार्वजनिक पुस्तकालय अधिनियम जो सितम्बर 1989 को हरियाणा विधान सभा द्वारा पारित किया गया।

**HEAD**

**शीर्ष :** (1) पृष्ठ के उपरी सिरे पर छोड़ा गया हाशिया, (2) पुस्तक अथवा पृष्ठ का शीर्ष भाग, (3) पुस्तक का उपरी किनारा।

**HEAD AND TAIL**

पुस्तक का शीर्ष एंव निचला किनारा।

**HEADING**

**शीर्षक :** (1) सूचीकरण में प्रविष्टि के अग्र अनुच्छेद में दी जाने वाली सूचना। (2) पुस्तक के पृष्ठ, अध्याय अथवा अनुच्छेद के शीर्ष भाग में दिया गया शीर्षक।

**HEADLINE**

**पृष्ठशीर्षक :** पुस्तक के शीर्ष भाग में दिया जाने वाला शीर्षक अथवा अध्याय का शीर्षक। इसे शीर्ष शीर्षक (Head Title) भी कहते हैं।

**HECTOGRAPH**

**हेक्टोग्राफ :** प्रतिलिपि बनाने के लिये जेलाटिन की ग्लीसरीन लेपित परतों का प्रयोग करने वाली मशीन।

**HEGELIAN CLASSIFICATION SYSTEM**

**हीगल की वर्गीकरण पद्धति :** जर्मन दार्शनिक हीगल (George Wilhelm Fridrich Hegel 1770-1831) ने अपनी पुस्तक Logic (1812) में त्रयात्मक (Triadic) दार्शनिक पद्धति का वर्णन किया जिसमें ज्ञान जगत को पूर्ण विचार (Absolute idea) मान कर तीन दृष्टिकोणों से व्याख्या कर उसे तीन मुख्य भागों में विभाजित किया है। ये हैं – Logic, Natural Sciences तथा Philosophy of Spirit।

**HELIOGRAPH**

**हिलियोग्राफ** : जर्मन निवासी ब्रेयर (Albrecht Broyer) ने 1839 में रिफ्लेक्स विधि का प्रयोग करके मुद्रण किया। उसने जिन पृष्ठों से प्रतिलिपि बनानी थी उनको सिलवर क्लोराइड कागजों के सम्पर्क से प्रतिलिपियाँ बनायी जिसे हिलियोग्राफ अथवा सूर्यचित्रिक कहते हैं।

**HELPFUL ORDER**

**सहायक क्रम :** वर्गीकरण पद्धति की एक पंक्ति में विषयों व एकल विचारों को सुनिश्चित अनुक्रम में इस तरह व्यवस्थित करना कि पाठक अपने विशिष्ट विषय तक सुगमता से पहुँच सके।

**HELPFUL SEQUENCE**

**सहायक अनुक्रम :** वर्गीकरण पद्धति में एक पंक्ति में वर्गों तथा एकलों का उपयोगकर्ताओं के दृष्टिकोण से सहायक अनुक्रम।

**HERBIE**

**हरबी :** अप्रैल – मई 2000 में ई–मेल के द्वारा फैलाया गया कम्प्यूटर वाइरस। इसे लव वग II भी कहा जाता है क्योंकि इससे पूर्व आई लव यू कम्प्यूटर वाइरस ने भी ई–मेल द्वारा वाइरस फैलाया गया था।

**HEURISTIC APPROACH**

**अन्वेषणात्मक दृष्टिकोण :** शोधकार्य की वह प्रक्रिया जिसमें किसी भी समस्या का परिक्षण प्रणाली द्वारा निरन्तर मूल्यांकन करने के पश्चात् ही अन्तिम निष्कर्ष प्राप्त किया जाता है।

**HEURISTIC SEARCH DEVICE**

**अन्वेषणात्मक खोज विधि :** वह विधि जिसे शोधकर्ता द्वारा प्रलेख अथवा सूचना की खोज की प्रगति के साथ ही खोज में निरन्तर संशोधन किया जाता है।

**HIERARCHICAL CLASSIFICATION**

**पदानुक्रमिक वर्गीकरण :** वर्गीकरण जिसमें वर्गों का विभाजन वशांनुक्रम सिद्धान्त पर किया जाता है तथा प्रत्येक वर्ग, उपवर्ग व उनके अधीनस्थ वर्गों में तर्कसंगत सम्बन्ध प्रदर्शित करते हुए उनको श्रेणीबद्ध क्रम में व्यवस्थित किया जाता है।

**HIERARCHICAL NOTATION**

**पदानुक्रमिक अंकन :** विषयों का क्रम सामान्य से विशिष्ट की ओर तथा समकक्ष वर्ग से चरणबद्ध प्रक्रिया के आधार पर अधीनस्थ वर्गों को प्रदर्शित करने वाला अंकन।

**HIERARCHICAL RELATION**

**पदानुक्रमिक सम्बन्ध :** वर्गीकरण पद्धति अथवा सूचना पुनः प्राप्ति प्रणाली में दो वर्गों अथवा अवधारणाओं के परस्पर सम्बन्ध, जिसमें एक वर्ग दूसरे का अधीनस्थ होता है।

**HIERARCHY**

**पदानुक्रम :** वर्गीकरण पद्धति की एक अनुसूची में विषयों एंव एकल विचारों के विभाजन की निरन्तर प्रक्रिया में उनका वंशानुक्रम स्पष्ट रूप से प्रदर्शित होता है। समकक्ष वर्गों को अधीनस्थ वर्गों में तथा अधीनस्थ वर्गों को उनके उपवर्गों में विभाजित करने की प्रक्रिया में इस सिद्धान्त का प्रयोग करना ही पदानुक्रम है।

**HIEROGLYPH**

**चित्रलिपि :** मूलरूप से पत्थर पर अंकित चित्रलिपि जिसका प्रयोग प्राचीन मिश्रदेश में सूचना अथवा विचार व्यक्त करने के लिये किया जाता था।

**HIGH LEVEL LANGUAGES**

**उच्चस्तरीय भाषाऐं :** कम्प्यूटर की उच्चस्तरीय भाषाऐं वे भाषाऐं है जो सामान्य रूप से बोली जाने वाली भाषाओं के समानान्तर हैं। इन भाषाओं में लिखे गये आदेशों को कम्प्यूटर एसेम्बलर के द्वारा एसेम्बली भाषा तथा मशीनी भाषा में अनुवाद किया जाता है इसलिये प्रोग्रामों को अंग्रेजी भाषा में लिखा जा सकता है। इस प्रकार की सर्वप्रथम भाषा कोबोल (COBOL) थी। इसके पश्चात कई अन्य भाषाऐं जैसे फोरट्रान, एलगोल, बेसिक, पास्कल आदि विकसित हुई। इन भाषाओं को प्रयोग करना व याद रखना अत्यन्त आसान होता है।

**HISTORICAL BIBLIOGRAPHY**

**ऐतिहासिक ग्रन्थ सूची :** पुस्तकों के कलात्मक दृष्टि से अध्ययन को

ऐतिहासिक ग्रन्थ सूची कहते हैं। इस प्रकार की सूची का सम्बन्ध पुस्तक उत्पादन, मुद्रण, जिल्दसाजी, लिखने की कला, चित्रलेख, प्रकाशन कला आदि से होता है। इसे विश्लेषणात्मक सूची भी कहते हैं।

**HISTORY CARD**

**संस्थागत-पत्रक :** सूची में एक संस्था के नाम से बना पत्रक जिसमें उसकी स्थापना तिथि, नाम परिवर्तन, अन्य संस्थाओं से उसकी सम्बद्धता का विवरण होता है। इसे सूचना पत्रक भी कहते हैं।

**HOBBES'S PHILOSOPHICAL SYSTEM**

**हाब्स की दार्शनिक पद्धति :** अंग्रेज दार्शनिक थामस हाब्स (Thomas Hobbes) (1588-1679) ने अपनी पुस्तक लिवयाथन (Leviathan 1651) में विज्ञान व कला की सह संबद्धता के आधार पर ज्ञान जगत को विभाजित कर एक वर्गीकरण पद्धति बनायी। जैसे संगीत को ध्वनि विज्ञान से सहसम्बद्ध किया गया है।

**HOLDINGS**

**संग्रह :** पुस्तकालय में उपलब्ध पाठ्य सामग्री संग्रह।

**HOLDINGS CARD**

**संग्रह पत्रक :** सूची पत्रक जिसमें एक कृति अथवा सामयिक प्रकाशन के पुस्तकालय में उपलब्ध खण्डों व भागों का विवरण होता है।

**HOLLERITH CODE**

**होलिरिथ कोड :** डा॰ हर्मन होलिरिथ द्वारा 1888 में आविष्कृत छिद्रित पत्रक की संकेत पद्धति, जिसमें छिद्रित पत्रक को क्षेत्रों में बाँट कर उनके विभिन्न अर्थ प्राप्त किये जा सकते थे। 1890 में इसका प्रयोग अमेरिका की जनगणना के लिये किया गया। इन छिद्रित पत्रकों की संकेत पद्धति के लिये 0-9 के अंक तथा 26 रोमन शब्दों का प्रयोग किया गया। देखिये Punch Card

**HOLOGRAPH**

**स्वलेख :** लेखक के हस्तलिखित प्रलेख अथवा पांडुलिपी जिसमें लेखक के हस्ताक्षर भी हो सकते हैं।

**HOLOGRAPHY**

**होलोग्राफी :** फोटोग्राफी की एक विशेष प्रकार की विधि जिसमें किसी कैमरे की आवश्यकता नहीं होती है। इसीलिये इसे लैंसलैस फोटोग्राफी भी कहते हैं। होलोग्राफी का अविष्कार एक ब्रिटिश इंजीनियर डेनिस गेबर ने सन् 1948

में किया था। इस हेतु 1971 में उन्हें नोबल पुरस्कार से सम्मानित भी किया गया। गेबर ने होलोग्राम बनाने के लिये साधारण प्रकाश की सहायता ली थी। किंतु 1960 में लैंसर किरणों के अविष्कार के बाद इसे बनाने के लिये हीलियम नयॉन लैंसर किरणों का प्रयोग किया जाता है। इस लैंसर से निकलने वाली किरणों को चौड़ा करके एक ऐसे दर्पण पर डाला जाता है जो किरणों के कुछ हिस्से को आर–पार जाने देता है और कुछ को परावर्तित कर देता है। पार निकली हुई किरणों को उस वस्तु पर डाला जाता है जिसका चित्र लेना होता है। वस्तु से परावर्तित किरणों को और दर्पण से परावर्तित किरणों को एक दूसरे से इंटरफीयर (Interfere) कराते हैं और एक फोटो फिल्म पर डालते हैं। फोटा फिल्म पर वस्तु का चित्र इंटरफीयरेंस की टेढ़ी–मेढ़ी, रेखाओं के रूप में अंकित हो जाता है। यह **होलोग्राम** कहलाता है। इसमें प्रकाश की तीव्रता तथा फेज दोनों ही रिकार्ड हो जाते हैं। जब इस फिल्म पर लैंसर किरणे डाली जाती है तो वस्तु का तीन कोणों वाला चित्र दिखाई देता है। इस नेगेटिव से वस्तु का कोई भी हिस्सा देखा जा सकता है। यही होलोग्राफी है।

**HOME BINDERY**

**गृह-जिल्दबन्दी कक्ष :** पुस्तकालय का जिल्दबन्दी विभाग अथवा कक्ष।

**HOME DELIVERY SERVICE**

**गृह वितरण सेवा :** पुस्तकालय सेवाओं के प्रसार का एक माध्यम जिसमें चल पुस्तकालयों के माध्यम से दूर दराज के पाठकों को चल वाहनों के द्वारा पुस्तक सेवा प्रदान की जाती है।

**HOME LIBRARY**

**गृह-पुस्तकालय :** एक व्यक्ति द्वारा किया गया प्रलेखों का स्वंय का संग्रह जिनकी व्यवस्था भी वह अपने अनुरूप ही करता है।

**HOME PAGE**

**होम पेज :** इंटरनेट उपयोगकर्ता के दृष्टिकोण से होम पेज का तात्पर्य उस वेब पेज से होता है जो ब्राउजर को खोलते ही उसके सामने आता है। जबकि वैबसाइट डेवलपर के दृष्टिकोण से वह पेज जो उपयोगकर्ता द्वारा पेज चुने जाने पर सर्वप्रथम दर्शाया जाता है, उसे होम पेज कहते हैं।

**HOMOGENEOUS UNIVERSE OF ISOLATES**

**सजातीय एकल जगत :** वर्गीकरण में एक ही विशेषता के आधार पर प्राप्त एकल विचार। जैसे भाषा विशेषता के आधार पर प्राप्त सम्पूर्ण भाषा एकल, अथवा प्राकृतिक भूखण्ड विशेषता के आधार पर प्राप्त विभाजन – पहाड़, घाटी, नदी, झील।

**HOMOGRAPH**

**समानाकार शब्द :** दो या अधिक ऐसे शब्द जिनका वर्णविन्यास एक समान है किन्तु उनकी उत्पत्ति, अर्थ तथा कभी कभी उच्चारण भी भिन्न होता है जैसे अंग्रेजी शब्द Volume का प्रयोग ग्रन्थ, मात्रा, प्रबलता, आयतन के लिये किया जाता है।

**HOMOLOGY**

**सजातीयता-सिद्धान्त :** वर्गीकरण पद्धति में अनुसूचियों को बनाने के लिये प्रयुक्त सिद्धान्त, जिसमें वर्गों के विभाजन के आधार के लिये प्रयोग किये जाने वाली आवश्यक विशेषताओं में समरूपता होती है।

**HOMONYM**

**समनाम शब्द :** ऐसे शब्द जिनका नाम, उच्चारण व वर्गविन्यास एक समान होता है जबकि इनका हर विषय में तात्पर्य व अर्थ भिन्न होता है जैसे हिन्दी शब्द राशी – जिसका वर्ग धर्म में विभिन्न राशियों से, अर्थशास्त्र में रकम या कुलयोग होता है। इनको भिन्नार्थक शब्द भी कहते हैं।

**HOMOPHONE**

**समस्वर शब्द :** दो ऐसे शब्द जिनका उच्चारण समान है किन्तु वर्ण–विन्यास तथा अर्थ भिन्न हो जैसे कि अंग्रेजी शब्द Right, Write, तथा Rite अथवा Wrote व Rote, अथवा Nun व None।

**HONORIFIC TITLE**

**सम्मान सूचक उपाधि :** राजस्व, पदवी, प्रतिष्ठा, श्रेष्ठता के रूप में प्रदान की गयी उपाधि।

**HORIZONTAL NOTATION**

**अनुप्रस्थ अंकन :** एक वर्गांक के अंक, जिनको एक पड़ी या अनुप्रस्थ रेखा में व्यवस्थित किया गया है।

**HOSPITAL LIBRARY**

**चिकित्सालय पुस्तकालय :** एक चिकित्सालय के कर्मचारियों तथा रोगियों के उपयोग के लिये विकसित किया गया पुस्तकालय।

**HOSPITALITY**

**ग्राह्यता :** एक वर्गीकरण पद्धति में पंक्ति एंव श्रृंखला में नये विषयों अथवा एकल विचारों को उनकी माँग के अनुरूप स्थान प्रदान करना ग्राह्यता कहलाता है।

**HOSPITALITY IN ARRAY**

**पंक्ति में ग्राह्यता :** वर्गीकरण में समकक्ष वर्गों की एक पंक्ति में नये

समकक्ष वर्गों को उनकी माँग के अनुरूप स्थान प्रदान करना ही पंक्ति में ग्राह्यता कहलाता है।

**HOSPITALITY IN CHAIN**

**श्रृंखला में ग्राह्यता :** वर्गीकरण में एकल विचारों की एक श्रृंखला में प्रत्येक नये एकल विचार को उसकी मांग के अनुरूप स्थान प्रदान करना ही श्रृंखला में ग्राह्यता कहलाता है।

**HOST BOOK**

**मूल पुस्तक :** एक कृति जिस पर अन्य पुस्तकें लिखी गयी हो। कोलन क्लासीफिकेशन में मूल पुस्तक पर लिखी गयी पुस्तक को अनुलग्न अथवा सम्बद्ध पुस्तक कहा जाता है।

**HOST COMPUTER**

**केन्द्रीय कम्पूटर :** एक केन्द्रीय कम्प्यूटर जो विभिन्न टर्मिनलों या सेवा बिन्दुओं को डेटा, सूचना तथा अन्य कम्प्यूटिंग सुविधाऐं प्रदान करता है। इस केन्द्रीय कम्प्यूटर से टर्मिनल को स्थाई परिपथों से अथवा डायल – अप (Dial Up) लाइनों से जोड़ा जा सकता है।

**HOST DOCUMENT**

**मूल प्रलेख :** ऐसा प्रलेख जिस पर कई अन्य अनुलग्न अथवा संबद्ध पुस्तकें प्रकाशित हो चुकी हो अथवा एक सामयिक प्रकाशन जिसमें प्रकाशित लेखों के दृष्टिकोण से उसे मूल प्रलेख माना जा सकता है।

**HOUSE CORRECTIONS**

**स्वः संशोधन :** प्रकाशक अथवा मुद्रक के प्रूफ रीडर द्वारा किये जाने वाले संशोधन।

**HOUSE JOURNAL**

**संस्थागत पत्रिका :** एक संगठन अथवा संस्था द्वारा अपने कर्मचारियों अथवा ग्राहकों के उपयोग हेतु प्रकाशित पत्रिका।

**HOUSE KEEPING**

**नित्यकार्य : पुस्तकालय** में निरन्तर किये जाने वाले कार्य, जैसे पुस्तक चयन, अधिग्रहण, वर्गीकरण, सूचीकरण, पुस्तक आदान–प्रदान आदि; **कम्प्यूटर** में एक प्रोग्राम के अन्तर्गत होने वाले नित्यकार्य जिनका सीधा सम्बन्ध किसी समस्या के समाधान से नहीं है।

HTML देखिये Hypertext Mark-up Language

HTTP देखिये Hypertext Transfer Protocol

**HULME E WYNDHAM**

ह्यूम (1859 - 1954) पुस्तकालय विज्ञान के उन विचारकों में से है जिन्होने वर्गीकरण हेतु स्पष्ट सिद्धान्त प्रतिपादित किये हैं। 1911 से 1912 की अवधि में उन्होने छः लेख लिखे जो Library Association Record नामक पत्रिका में प्रकाशित हुए। इन लेखों को Principle of Book Classification शीर्षक के अन्तर्गत प्रकाशित किया गया। ह्यूम द्वारा प्रतिपादित सिद्धान्त है – Principle of Literary Warrant; Principle of Coordination; Principle of Collocation तथा Principle of Relativity of Classes। तथापि ह्यूम Principle of Literary Warranty (साहित्यिक माँग का सिद्धान्त) के कारण ही प्रसिद्ध हुए। जिसके अनुसार एक वर्गीकरण पद्धति में उन विषयों के लिये प्रावधान होना चाहिये जिन पर पुस्तकें लिखी गई हैं न कि विषय जगत में विद्यमान विषयों के लिये।

**HUB**

**हब :** किसी भी वस्तु के केन्द्रीय भाग को हब कहते हैं। जैसे मनुष्य की नाभि अथवा एक पहिए का वह केन्द्रीय भाग जहाँ पर सभी स्ट्रिप एक साथ मिलती है। नेटवर्किंग में हब से तात्पर्य उस स्थान से होता है जहाँ पर विभिन्न दिशाओं से डेटा आता है और वापस विभिन्न दिशाओं में जाता है। दूसरे शब्दों में हब एक समन्वयकारी माध्यम है जिसके द्वारा नेटवर्क के स्टार मॉडल में विभिन्न लाइनों को एक दूसरे से जोड़ा जाता है। नेटवर्क की हब कई प्रकार की होती है। एक साधारण हब जो कि केवल डेटा को एक स्थान से दूसरे स्थान पर भेजने के काम में आता है। दूसरी ऐक्टिव हब जो सिग्नल का दुबारा नवीनीकरण करता है जिससे कि वह फिर से नये की तरह ही कार्य सके तथा तीसरे प्रकार के हब को सामान्यतया इंटेलीजेंट हब कहा जाता है। जो कुछ अतिरिक्त कार्य भी करता है।

**HYBRID COMPUTER**

**हाइब्रिड कम्प्यूटर :** वह कम्प्यूटर जिसमें एनालाग तथा डिजिटल दोनों प्रकार के कम्प्यूटरों का मिश्रण होता है। इसलिये यह दोनों प्रकार के कम्प्यूटरों की प्रक्रियाओं को करने में सक्षम होता है।

**HYPER CATALOG**

**हाइपर कैटालॉग :** 1985 में लिंकोमिंग विश्वविद्यालय (Linkoping University) स्वीडन के पुस्तकालय एंव सूचना विज्ञान की प्रयोगशाला द्वारा हाइपर कैटालागं परियोजना पर कार्य आरम्भ किया गया। इस परियोजना का मुख्य उद्देश्य हाइपरटेक्स (Hypertext) अवधारणा पर आधारित सूची को

बनाना था। यह परम्परागत सूची की तरह मात्र सूचना प्राप्ति का ही साधन नही है अपितु एक सम्पूर्ण डेटाबेस के रूप में सूचना प्रबंधन का भी माध्यम है।

**HYPERTEXT**

**हाइपरटेक्स्ट :** दूरदर्शन प्रौद्योगिकी तथा कम्प्यूटर तकनीक को सूचना संसाधन से समाकलित करने की एक नई विचारधारा के फलस्वरूप कई नये शब्द जैसे मल्टीमीडिया, हाइपरमीडिया तथा हाइपरटेक्स्ट का प्रादुर्भाव हुआ। 1965 में टेड नेलसन (Ted Nelson) ने दो शब्दों हाइपरमीडिया व हाइपरटेक्स्ट का प्रतिपादन किया। नेलसन ने कम्प्यूटर आधारित बेतरतीब अनुक्रमरहित लिपि को हाइपरटेक्स्ट की संज्ञा दी। अपनी इस विचारधारा को नेलसन ने नये साहित्य (New Literature) की रचना के रूप में प्रस्तुत किया। सामान्य परम्परागत प्रलेखों में सूचना पंक्तिबद्ध रेखीय अनुक्रम में होती है जबकि हाइपरटेक्स्ट प्रलेख का वह स्वरूप है जिसमें सूचना की प्राप्ति श्रृंखलाबद्ध व पंक्तिबद्ध न होकर बेतरतीब (non-linear) होती है। इस प्रकार के प्रलेख योजनाबद्ध कडियों से अन्य सम्बन्धित प्रलेखों से संबद्ध होते हैं। इन कड़ियों में से उपयोगकर्ता स्वय आवश्यक कड़ी का चयन करता है जिसके फलस्वरूप सभी हाइपरटेक्स्ट प्रलेख अथवा पृष्ठ बेतरतीब सूचना के रूप में कम्प्यूटर पर प्रदर्शित हो जाते हैं। इन्टरनेट के प्रत्येक प्रलेख को एक विशिष्ट पहचान चिन्ह आंबटित किया जाता है जिसे एकरूप प्रलेख स्थान निर्धारक (Uniform Resource Locator) कहा जाता है। इस पहचान चिन्ह के तीन भाग होते हैं – (1) प्रलेख को लाने के लिये प्रयोग किया जाने वाला नयाचार (Protocol) का प्रकार, (2) कम्प्यूटर का वह स्थान जहाँ प्रलेख भंडारित किया गया है, (3) तत्पश्चात् प्रलेख तक पहुँचने के लिये कम्प्यूटर में डाइरेक्टरी मार्ग जो एक फाइल का नाम हो सकता है।

**HYPERTEXT MARK UP LANGUAGE**

**हाइपरटेक्स्ट मार्कअप लैंग्वेज :** वेब (Web) में सूचना प्राप्त करने के लिये इस भाषा का प्रयोग किया जाता है। वेब का प्रत्येक पृष्ठ इस भाषा का प्रलेख माना जाता है। जिसमें मूलपाठ, तथा इस भाषा के संकेतशब्द होते हैं। जो मूलपाठ के स्वरूप को परिभाषित करते हैं। वेब में अपना पृष्ठ खोलने के लिये उपयोगकर्ता को इस संकेत भाषा का ज्ञान होना आवश्यक है। तथापि इस भाषा की फाइल बनाने वाले प्रोग्राम भी उपलब्ध है।

**HYPERTEXT TRANSFER PROTOCOL**

**हाइपर टैक्स्ट ट्रांसफर प्रोटोकोल :** यह संक्षिप्त में http शब्द से जाना जाता है। यह विश्वव्यापी जाल (WWW) के केन्द्रित कम्प्यूटरों अर्थात सर्वर से

उपयोग कर्ता के कम्प्यूटरों तक हाइपरमीडिया पँहुचाने की विधि है। दूसरे शब्दों में वेब ब्राउजर द्वारा प्रयोग किया जाने वाला एक प्रोटाकाल (नयाचार) है। जिसका उपयोग इंटरनेट पर वेब सर्वर से लिंक जोड़ने के लिये किया जाता है।

**HYPHEN**

**हाइफन** : यह एक रेखिका चिन्ह (–) है जिसका प्रयोग सामान्यतया दो शब्दों को जोड़ने के लिये किया जाता है। **पुस्तकालय वर्गीकरण** में इसका प्रयोग संकेतक के रूप में भी किया गया है। यू॰डी॰सी॰ की काल सारणी में इस चिन्ह का B.C. काल को इंगित करने के लिये प्रयोग किया गया है। कोलन क्लासीफिकेशन संस्करण 6 तक अध्यारोपण विधि (Superimposition Device) के लिये तथा संस्करण 7 में संयोजित विषयों के घटकों को जोडने के लिये संकेतक के रूप में प्रयोग किया गया। डीवी डेसीमल क्लासीफिकेशन में एक विषय के पूर्ण विस्तार को इंगित करने के लिये प्रयुक्त वर्गांक के प्रथम व अन्तिम भाग को जोड़ने के लिये इस चिन्ह का प्रयोग किया गया है।

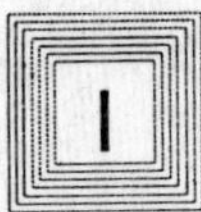

**IAL**

इन्टरनेशनल अलजबरिक लैंग्वेज (International Algebraic Language) के लिये प्रयुक्त संक्षिप्त शब्द। इस भाषा को अलगोल (ALGOL) भाषा के रूप में विकसित किया गया है।

**IASLIC**

**आइजलिक :** यह विशिष्ट पुस्तकालयों तथा सूचना केन्द्रों का भारतीय संघ है। Indian Association of Special Libraries and Information Centres के लिये आइजलिक संक्षिप्त शब्द है। इस संघ की स्थापना 3 सितम्बर 1955 को कलकत्ता में जिन उद्देश्यों को पूरा करने हेतु की गयी वे है :– ज्ञान के सुव्यवस्थित अधिग्रहण, व्यवस्था तथा प्रसारण को प्रोत्साहन व समर्थन देना; पुस्तकालय एवं सूचना सेवा तथा प्रलेखन कार्यों की गुणवत्ता में सुधार लाना; विशिष्ट पुस्तकालयों, वैज्ञानिक तथा तकनीकी व शोध संस्थाओं, विद्धत्संस्था व्यावसायिक संगठन व औद्योगिक शोध–संस्थाओं साथ ही अन्य सूचना व प्रलेखन केन्द्रों के कार्यों में समन्वयन स्थापित करना तथा उनमें पारस्परिक सहयोग तथा सहायता को विकसित करना; पुस्तकालयों, सूचना विभागों, प्रलेखन केन्द्रों, वैज्ञानिक, शोधकर्त्ताओं तथा विशेषज्ञों व अन्य समान रूचि रखने वाले व्यक्तियों के लिये सम्पर्क स्थान प्रदान करना; विशिष्ट पुस्तकालयों व प्रलेखन केन्द्रों में कार्यरत कर्मचारियों के व्यावसायिक हितों की सुरक्षा करना व उनकी तकनीकी कार्यकुशलता को बढ़ाना; विशिष्ट पुस्तकालयों तथा प्रलेखन तकनीक हेतु शोध केन्द्र के रूप में कार्य करना; वैज्ञानिक व प्रौद्योगिकी तथा अन्य विषय क्षेत्रों के लिये सूचना केन्द्र के रूप में कार्य करना; तथा ऐसे सभी कार्य करना जो संघ के उद्देश्यों को पूरा करने में प्रासंगिक व सहायक हो।

आइज़लिक द्वारा कई महत्वपूर्ण प्रलेखन एवं सूचना सेवाएँ प्रदान की जाती है जिनमें अनुकृतिकरण तथा अनुवाद सेवा प्रमुख हैं। संघ के मुख्य प्रकाशनों में बुलिटन, आइज़लिक न्यूसलैटर तथा इंडियन लाइब्रेरी सांइस अब्सट्रैक्ट नियमित रूप से प्रकाशित होते हैं।

**ibid**

**इबिड** : लैटिन शब्द ibidem के लिये प्रयुक्त संक्षिप्त शब्द, जिसका अर्थ है उसी स्थान में अथवा वही संदर्भ। इस शब्द का प्रयोग सामान्यतया उन प्रलेखों व लेखों के संदर्भ में किया जाता है जिनका उस लेख अथवा अध्याय में कई बार प्रयोग किया गया है। संदर्भ सूची में ऐसे लेख अथवा प्रलेख का नाम आदि क्रमशः लगातार कई बार लिखना हो तब उनका पूर्ण विवरण बार–बार लिखने के स्थान पर Ibid लिखा जाता है।

**IBM**

**आई॰ बी॰ एम॰** : International Business Machines Corporation के लिये प्रयुक्त संक्षिप्त शब्द। 1860 में अमेरिका में जन्में डा॰ हर्मन हालरिथ ने 1880 में पत्रक छिद्रण सिद्धांत के आधार पर एक नयी प्रणाली प्रतिपादित की। जिसका प्रयोग 1890 में अमेरिका की जनगणना के लिये किया गया। 1896 में में हालरिथ ने टैबुलेटिंग मशीन कंपनी (Tabulating Machine Company) की स्थापना की। जिसे 1911 में उन्होंने बेच दिया। यह कंपनी दो अन्य कंपनियों के साथ मिलकर एक नई कंपनी Computing Tabulaitng - Recording Company बन गयी। 1924 में यही कंपनी IBM बन गयी जो आज संसार की सबसे बड़ी कंप्यूटर कंपनी है।

**IBM-PC**

**आई॰ बी॰ एम॰ - पी॰ सी॰** : 1981 मे अमेरिका की कंपनी आई॰ बी॰ एम॰ ने छोटे कंप्यूटरों के क्षेत्र में प्रवेश करके तथा आईबीएम – पी॰ सी॰ का निर्माण शुरू किया। 8088 चिप पर बने इस कंप्यूटर को आई॰ बी॰ एम॰ – पर्सनल कंप्यूटर नाम दिया गया। जिसे सामान्य भाषा में पी॰ सी॰ ही कहा जाता है। ये कंप्यूटर उच्चस्तरीय, विश्वसनीय तथा सस्ते भी है।

**IBM-PC/AT**

**आई॰बी॰एम॰ - पी॰सी॰/ए॰ टी॰ अर्थात विकसित तकनीक** (Advanced Technology) : इस कंप्यूटर में इंटेल द्वारा 1982 में द्वारा निर्मित 80286 माइक्रोप्रोसेसर का उपयोग किया गया था। इसके पश्चात् PC/AT286, PCAT386 आदि उन्नत कार्य क्षमता वाले कंप्यूटर भी बाजार में आ चुके हैं।

**IBM-PC/XT**

**एक्स टी अर्थात विस्तारित तकनीक** (Extended Technology) : इस कंप्यूटर में इंटेल 8088 प्रोसेसर प्रयोग किया गया है।

**IBM-PC COMPATIBLES**

**आई० बी० एम० सतुल्य** : आई० बी० एम० पीसी के मानदण्डों पर अनेक निर्माताओं द्वारा इसी प्रकार कंप्यूटर बनाये जा रहे है जिनपर आई० बी० एम० – पी सी पर चलने वाले लगभग सभी सॉफ्टवेयर प्रयोग किये जा सकते है। इसलिये इनको आई० बी० एम० – पी० सी० समतुल्य कंप्यूटर कहा जाता है।

**IBY**

**देखिये** International Book Year

**IC**

इन्टीग्रेटेड सर्किट के लिये प्रयुक्त संक्षिप्त शब्द।

**ICON**

**आइकन** : कंप्यूटर से कार्य करवाने हेतु की–बोर्ड पर टाइप करके आदेश दिये जाते है। लेकिन अब ऐसे प्रोग्राम उपलब्ध हैं जिनमें प्रोग्राम अथवा आपरेटिंग सिस्टम द्वारा पटल पर एक चिन्ह प्रदर्शित किया जाता है जिसे आइकन कहते हैं। यह चिन्ह ऐसे विषय अथवा कार्य अथवा कार्यों की सूची का द्योतक होता है जिनके लिये सामान्य रूप से विशिष्ट छोटे या लम्बे लिखित आदेशों की आवश्यकता होती है। यह उन लोगों के लिये अत्यन्त सुविधाजनक है जिनको ठीक से टाइप करना नहीं आता है। इस विधि को ग्राफिक यूजर इन्टरफेज कहते हैं।

**ICONOGRAPHY**

**प्रतिमा-विज्ञान** : किसी व्यक्ति, स्थान, वस्तु से सम्बन्धित चित्रों मूर्तियों, सिक्कों अथवा इसी प्रकार की **चित्रित सामग्री का अध्ययन** करना; इसी प्रकार की सामग्री की विस्तृत **सूची बनाना**; अथवा आकृति, प्रतिरूप, रेखा चित्र द्वारा **चित्रण करने की कला**।

**ICSU**

**देखिये** International Council of Scientific Unions

**IDEA PLANE**

**वैचारिक स्तर** : वर्गीकरण की मानसिक स्तर पर की जाने वाली प्रक्रिया। रंगनाथन के अनुसार वर्गीकरण की कार्यकुशलता व उपयोगिता वैचारिक स्तर के कार्य पर ही निर्भर करता है क्योंकि इसी स्तर पर वर्गीकरण के उद्देश्यों

की परिकल्पना, ज्ञान जगत के सभी पहुलओं – उसकी संरचना, विशेषताएँ, विभिन्न आयाम तथा विभिन्न प्रकार के पारस्परिक सम्बन्धों की व्याख्या की जाती है। वर्गीकरण पद्धति में विषय एवं एकल विचारों का विभाजन एवं व्यवस्था, भविष्य के अनन्त नये विषयों एवं एकल विचारेां को उनकी मांग के अनुरूप स्थान प्रदान करने की विधि को सुनिश्चित किया जाता है। वैचारिक स्तर का कार्य सर्वोपरि होता है। तथापि इसे अदृश्य कार्य भी कह सकते हैं क्योंकि यह सम्पूर्ण प्रक्रिया मानसिक स्तर पर की जाती है जो दिखाई नहीं देती है।

**IDENTIFICATION**

**पहिचान :** कंप्यूटर में रिकार्ड, फाइल, प्रलेख अथवा अन्य सूचना इकाई के पहचान के लिये प्रयुक्त वर्गांक संकेत अंक अथवा नाम।

**IDENTIFICATION CARD**

**पहचान पत्रक :** पुस्तकालयों में पाठक की पहचान हेतु दिया जाने वाला पत्रक, इस पहचान पत्रक का प्रयोग पुस्तकें उधार पर लेने की प्रक्रिया में भी किया जाता है।

**IDENTIFICAITON DIVISION**

**पहचान विभाग :** कोबोल प्रोग्रम के चार विभागों में से एक विभाग है। इस पहचान विभाग में प्रोग्रामर विवरणात्मक सूचना प्रदान करता है जो संकलित प्रोग्राम की पहचान कराता है।

**IDENTIFICATION STRIP**

**पहचान पट्टी :** माइक्रोफिल्म के आरम्भ का भाग, जिस पर फिल्म में दिये गये विवरण के बारे में सूचना होती है जिसे सीधे पढा जा सकता हैं।

**IDEOGRAM**

**चित्राक्षर :** किसी विचार अथवा वस्तु को भाषा के शब्दों के स्थान पर एक चिन्ह अथवा चित्र से प्रदर्शित करना।

**IDEOGRAPHY**

**चित्रलिपि :** चित्रलिपि का उच्चस्तरीय स्वरूप जिसमें विचारों को चित्रों के माध्यम से प्रदर्शित किया जाता है।

**IFLA**

**इफ्ला :** देखिये International Federation of Library Associations and Institutions

**I.L.A**

**आई॰ एल॰ ए॰ :** इंडियन लाइब्रेरी एसोसिएैशन के लिये प्रयुक्त संक्षिप्त

शब्द। 12 सितम्बर 1933 को भारतीय पुस्तकालय संघ (ILA) की स्थापना हुई। इस संघ के संस्थापक सदस्यों में – डा॰ एस॰ आर॰ रंगनाथन, ए॰ सी॰ बूलनर, के॰ एम॰ असादुल्ला, एम॰ ओ॰ थामस, एस॰ वशीरूद्दीन तथा संतराम भाटिया प्रमुख है। इस संघ की स्थापना जिन उद्देश्यों की पूर्ति हेतु की गयी थी उनमें प्रमुख हैं :– पुस्तकालय आन्दोलन को आगे बढ़ाना तथा भारत के पुस्तकालयों से सम्बन्धित प्रत्येक पक्ष को विकसित करना; पुस्तकालय विज्ञान की शिक्षा को बढ़ावा देना तथा पुस्तकालयाध्यक्षों व अन्य पुस्तकालय कर्मचारियों के प्रशिक्षण में सुधार लाना; ग्रन्थ सूची से सम्बन्धित अध्ययन को बढ़ावा देना; पुस्तकालय विज्ञान में शोध को बढ़ावा देना, पुस्तकालयाध्यक्षों के स्तर तथा सेवा शर्तो में सुधार लाना; समान उद्देश्यों के लिये कार्यरत राज्य स्तरीय तथा अन्य संघो से सम्पर्क स्थापित करना तथा अन्तर्राष्ट्रीय स्तरीय संघों से सहयोग स्थापित करना; संघ के उद्देश्यों को स्वरूप प्रदान करने हेतु बुलिटन, पत्रिकाएँ, पुस्तकें प्रकाशित करना; पुस्तकालय, प्रलेखन व सूचना केन्द्रों की स्थापना करना; पुस्तकालय अधिनियम पारित करवाने की दिशा में कार्य करना; पुस्तकालय सेवाओं में सुधार के लिये प्रयास रत संघों व व्यक्तियों को मंच प्रदान करना; पुस्तकालय एवं सूचना सेवाओं में मानक निर्धारित करना तथा संघ के उद्देश्यों की पूर्ति हेतु अन्य कार्य करना। संघ द्वारा प्रकाशित प्रमुख प्रकाशन हैं :– आई॰ एल॰ ए॰ बुलिटन, आई॰एल॰ए॰ न्यूजलैटर तथा ABGILA जिसके तीन भाग थे – Annals, Bulletin व Granthalaya. 1949-53 तक प्रकाशित होने वाली यह पत्रिका बाद में इन्हीं तीन नामों से अलग–अलग प्रकाशित होने लगी।

**ILLUMINATED BOOK**

**अलंकृत पुस्तक** : सामान्यतया चर्मपत्र पर प्रकाशित पुस्तक अथवा पाण्डुलिपि जिस पर सोने, चाँदी तथा तेज रंगों से हाथ से चित्रकारी तथा अलंकृत किया गया हो।

**ILLUSTRATED BOOK**

**सचित्र पुस्तक** : पुस्तक जिसके विषय–वस्तु को चित्रों, मानचित्रों, आकारों के माध्यम से अधिक स्पष्ट किया गया हो।

**ILLUSTRATIONS**

**चित्र** : एक पुस्तक या लेख के विषय वस्तु को स्पष्ट करने हेतु दिये गये चित्र, फोटोग्राफ, मानचित्र नक्शे, रेखाचित्र, सारणी आदि।

**ILLUSTATOR**

**चित्रकार** : पुस्तक अथवा सामयिक प्रकाशन हेतु चित्र अथवा आरेखण बनाने वाला व्यक्ति।

**I LOVE YOU**

देखिये Love Bug.

**ILSA**

**इलसा** : आइजलिक (कलकत्ता) से प्रकाशित पुस्तकालय विज्ञान सार देखिये Indian Library Science Abstract

**IMMEDIATE NEIGHBOURHOOD RELATIONS**

**निकटस्थ प्रतिवासी सम्बन्ध** : विषयजगत बहुआयामी होता है जिसे पुस्तकालय वर्गीकरण हेतु एक आयामी बनाना आवश्यक होता है। विषय–जगत एक वटवृक्ष की भाँति है जिसकी शाखाएँ, प्रशाखाऐं कही से भी उत्पन्न हो सकती है। रंगनाथन के अनुसार विषय–जगत की प्रक्रिया भी इसी वटवृक्ष के समान है। इस विषय–जगत को जिस बिन्दु से भी नापना शुरू किया जाये वही से विभिन्न विषयों से उसकी निकटतम पारस्परिक सम्बद्धता प्रकट हो जाती है। इस प्रकार के निकटतम प्रतिवासी सम्बन्ध वटवृक्ष की शाखाओं के समान अनगिनत हो सकते हैं। इन सभी में से वर्गीकरण हेतु एक ऐसे निकटतम प्रतिवासी सम्बन्ध का चुनाव करना आवश्यक होता है जिसे निश्चर व स्थाई मानदण्ड के रूप में प्रयोग किया जा सके। रंगनाथन ने इसी आधार पर पाँच मूलभूत श्रेणियाँ PMEST के सिद्धांत को प्रतिपादित कर एक स्थाई मानदण्ड प्रदान किया।

**IMPERSONATION**

**छद्मव्यक्तिता** : कोलन क्लासीफिकेशन में इस शब्द का प्रयोग पाँच मूलभूत श्रेणियों के सन्दर्भ में किया गया है। जब एक श्रेणी ऐसे एकलों का प्रयोग अपने रूप में करने लगती है जो वास्तव में दूसरी श्रेणी की परिसीमा में आते है तब इन एकलों को अपनी परिसीमा में लाने हेतु प्रथम इनका स्वरूप बदलना आवश्यक होता है जिसमें रंगनाथन द्वारा प्रतिपादित विभिन्न विधियाँ सहायक होती है। एक श्रेणी के एकलों को दूसरी श्रेणी के एकलों के रूप में प्रयोग करना ही छद्मव्यक्तिता कहलाता है। जैसे व्यक्तित्व श्रेणी जब साहित्यकारों के एकल अंक बनाने हेतु काल श्रेणी के एकलों का प्रयोग करती है अथवा स्थान श्रेणी एक संगठित स्थान के एकल अंक बनाने हेतु काल श्रेणी के एकलों का प्रयोग करती है तो यह एकल छद्मवेष में ही यह कार्य करते है तथापि ये अपने वास्तविक स्वरूप को नहीं बदलते हैं। रंगनाथन ने एकलों के स्वरूप को बदलने हेतु– भौगोलिक विधि (Geographical device) व कालानुक्रमिक (Chronological device) का प्रतिपादन किया है।

**IMPEX**

**इम्पेक्स :** यह नई दिल्ली स्थित इंडियन बुक एक्सपोर्ट एण्ड इम्पोर्ट कम्पनी (1960) द्वारा प्रकाशित प्रकाशन है। अंग्रेजी भाषा में प्रकाशित सभी भारतीय प्रकाशनों की सूची इस वार्षिक प्रकाशन में प्रकाशित की जाती हैं। प्रविष्टियाँ विषयानुसार, लेखक, शीर्षक तथा माला सहित अंकित की जाती है।

**IMPRINT**

**प्रकाशन-मुद्रण विवरण :** सूचीकरण में पुस्तक के प्रकाशक अथवा मुद्रक का नाम, प्रकाशन स्थान व तिथि आदि का विवरण।

**IMPRINT DATE**

**प्रकाशन तिथि :** पुस्तक की आख्या पृष्ठ अथवा उसके पीछे पृष्ठ पर दी गयी प्रकाशन तिथि।

**IMPROVISED TITLE**

**कामचलाऊ आख्या :** यदि एक प्रलेख में आख्या प्रकाशित नहीं की गयी है अथवा कुछ अन्य शब्दों को जोड़ने के बाद ही आख्या बोधगम्य बनता है जो सी॰ सी॰ सी॰ में यह प्रावधान है कि सूचीकार आख्या बना कर अथवा शब्दों को जोड़कर बोधगम्य बनाकर इसे कोष्ठक में रखकर प्रविष्टि में प्रयोग कर सकता है।

**I.N.B.**

देखिये Indian National Bibliography

**INCLUSION NOTE**

**सम्मिलित विषय टिप्पणी :** वर्गीकरण पद्धति में एक विषय के वर्गांक के नीचे कई अन्य विषय उसी के उपविभाजन अथवा अन्य विषयों का परिगणन कर दिया जाता है तथा उसके साथ यह टिप्पणी दे दी जाती है कि ये विषय भी इसी विषय में सम्मिलित है। इसीलिये उन सबको उसी विषय का वर्गांक आबंटित कर दिया जाता है। डी॰ डी॰ सी॰ में इस प्रकार की टिप्पणी का अत्यधिक प्रयोग किया जाता है।

**INCHARGE**

**प्रभारी :** एक पुस्तकालय अथवा पुस्तकालय के विभिन्न विभागों अथवा अनुभागों के कार्यों को सुचारू रूप से पूरा करने अथवा चलाने के लिये उत्तरदायी व्यक्ति।

**INCUNABULA**

**आदिमुद्रित ग्रन्थ :** यह शब्द लैटिन शब्द के Cunae अर्थात् **पालना** से

उत्पन्न हुआ है। जिसका तात्पर्य है मुद्रण के शैशव काल में मुद्रित पुस्तकें। यह माना जाता है कि फारसी ग्रन्थसूचीकार फिललिबी लैवे (Phillippe Labbe 1606-67) ने इस शब्द का प्रयोग मुद्रण क्रिया के लिये किया था। पुस्तकों के दृष्टिकोण से इस शब्द का प्रयोग अठारहवीं शताब्दी के अन्त के दशकों में ही आरम्भ हुआ। तथापि वर्तमान समय में इस शब्द से तात्पर्य 1500 A.D. से पूर्व मुद्रित पुस्तकों से होता है।

**INDENT**

**हाशिये से हटकर** : एक नये अनुच्छेद की प्रथम लाईन को लिखने, टाइप अथवा मुद्रित करने से पहले, हाशियें के अलावा भी थोड़ी और अधिक खाली स्थान छोड़ा जाता है जिसे **इनडेन्ट** कहते है

**INDENTION**

**अनुच्छेद हाशिया : मुद्रण** में पुस्तक अथवा लेख के अनुच्छेद की प्रथम पंक्ति के अतिरिक्त अनुच्छेद की बाकी पंक्तियों के लिये कागज के बायीं ओर छोड़ा गया हाशियाँ; **सूचीकरण** में सूचीपत्रक के बायें किनारे से प्रविष्टि के आरम्भ होने के बीच का खाली स्थान इन्डेनशन कहलाता है। इसभें दो इन्डेनशन होते हैं। प्रथम–लेखक का नाम अथवा वर्गांक को लिखने की प्रथम लाइन तथा पत्रक के बायें किनारे के बीच का स्थान तथा दूसरा, दूसरी लाइन के लिखने व पत्रक के बायें किनारे के बीच का खाली स्थान। सामान्यतया पत्रक में ये लाइने मुद्रित होती है।

**INDEPENDENT AUXILIARY TABLES**

**स्वतंत्र सामान्य सहायक सारणियाँ** : यू॰ डी॰ सी॰ मध्यम संस्करण (1985) में दो प्रकार की सामान्य सारणियों का प्रावधान है– स्वतंत्र तथा आश्रित सहायक सारणियाँ। स्वंतत्र सामान्य सहायक सारणियाँ ऐसी सारणियाँ है जिनके स्पष्ट संकेतकों के कारण इनके वर्गांको को स्वंतत्र रूप से एक विषय को आंबटित किया जा सकता हैं अर्थात् मुख्य वर्गो के वर्गांकों के बिना ही ये अपने आप में एक विषय के वर्गांक के रूप में पूर्ण हैं। इस प्रकार की सामान्य सहायक सारणियाँ हैं:– भाषा, रूप, काल, स्थान तथा जाति व राष्ट्रीयता की सामान्य सहायक सारणियाँ।

**INDEPENDENTS**

**स्वंतत्र प्रकाशन** : पुस्तकें अथवा पुस्तिकाएँ जिनका प्रकाशन तो स्वतंत्र रूप से पृथक–पृथक किया जाता है। किंतु बाद में उनकी एक साथ जिल्दबन्दी कर एक पुस्तक का रूप दे दिया जाता है।

**INDEX**

**अनुक्रमणिका :** इन्डेक्स शब्द लेटिन भाषा के इन्डीकर (Indicare) से उत्पन्न हुआ है। जिसका अर्थ है निर्देशित अथवा सूचित करना। अनुक्रमणिका विभिन्न प्रकार के प्रलेखों में एक विशिष्ट विषय अथवा सभी विषयों में प्रकाशित सामग्री की क्रमबद्ध सूची है। इस सूची में लेखक का नाम, पुस्तक अथवा लेख की आख्या पृष्ठ संख्या तथा उसकी प्राप्ति के स्रोत का पूर्ण विवरण होता है। विशिष्ट विषयों से सम्बन्धित अनुक्रमणिका विशेषज्ञों व शोधकर्त्ताओं को नये प्रलेखों में प्राप्त सूचना सामग्री तक पहुँचने का महत्वपूर्ण माध्यम है। अनुक्रमणिका विषय लेखकों के नामों, स्थानों के नामों की वणानुक्रमिक सूची हो सकती है अथवा वर्गीकृत सूची हो सकती है।

**INDEX (COMPUTER)**

**संदर्भ सूची :** कंप्यूटर स्मृति में संकेत शब्दों की एक क्रम से रखी गयी सूची, जो अन्य सूचना डेटा को प्राप्त करने का पता भी हो सकता है। अथवा स्मृति में भंडारित सूचना इकाइयों की पंक्ति में से एक विशिष्ट इकाई के चयन के लिये प्रयुक्त अंक भी हो सकता है।

**INDEX ENTRY**

**अनुक्रमणिका प्रविष्टि :** अनुक्रमणिका के लिये बनाई गयी प्रलेखों, लेखों की प्रविष्टि।

**INDEX HOLE**

**इन्डेक्स होल :** फ्लापी डिस्कों के ट्रैक्स जिनमें सूचना रिकार्ड की जाती है। इन ट्रैकों के प्रत्येक भाग को सेक्टर कहा जाता है। इन सैक्टरों की पहचान हेतु फ्लापी डिस्क में तथा बाहर के आवरण में एक छोटा सा छेद होता है जिसे इन्डेक्स होल कहते है।

**INDEX INDIA**

**इन्डेक्स इंडिया :** इन्डेक्स इंडिया राजस्थान विश्वविद्यालय, जयपुर द्वारा 1967 से प्रकाशित त्रैमासिक अनुक्रमणिका है। जिसमें एक हजार से अधिक प्रकाशन सम्मिलित किये जाते हैं। इसमें सामाजिक विज्ञान तथा मानवीकी विषय क्षेत्र में अंग्रेजी में प्रकाशित भारत से सम्बन्धित लेख, सम्पादकीय, पत्र, सर्वेक्षण आदि सम्मिलित किये जाते हैं। खण्ड 2(1968) से समिश्र पुस्तकों में भारतीय दृष्टिकोण से लिखे गये लेखों को भी सम्मिलित किया जाने लगा। खण्ड 6 (1972) से नया भाग Books Review Index जोड़ा गया। जिसमें भारत पर लिखी गयी पुस्तकों की समीक्षाओं को वर्णानुक्रम में अनुक्रमणित किया गया। इसकी प्रविष्टि में समीक्षक का नाम, पत्रिका का नाम जिसमें समीक्षा प्रकाशित

हुई है, को भी दिया जाता हैं। खण्ड 7 (1973) से Index to Theses and Dissertation को भी जोड़ दिया गया। यह विश्व में भारत पर लिखी गयी शोधग्रन्थों की वर्गीकृत सूची है। अनुक्रमणिका के प्रथम मुख्य भाग को कोलन क्लासीफिकेशन के आधार पर व्यवस्थित किया गया है। इसकी प्रविष्टियों को प्रत्येक मुख्य विषय के अन्तर्गत वर्णानुक्रमिक–वर्गीकृत क्रम में व्यवस्थित किया जाता है। इस भाग तक सुगमता से पहुँचने हेतु दूसरे भाग में वर्णानुक्रमिक विषय अनुक्रमणिका तथा लेखक अनुक्रमणिका का भी प्रावधान है। वर्तमान में इसका प्रकाशन स्थगित है।

**INDEX MEDICUS**

**इन्डेक्स मेडिकस :** नेशनल लाइब्रेरी आफ मेडिसन (NLM) अमेरिका द्वारा 1880 के दशक से इस अनुक्रमणिका का प्रकाशन किया जा रहा है। 1880 में इस पुस्तकालय के पुस्तकालयाध्यक्ष डा॰ विलिंग्स (John Shaw Billings) ने इन्डेक्स कैटालॉग ऑफ सज्रन जनरलस आफिस के नाम से इसका प्रकाशन आरम्भ किया था। आर्युविज्ञान से सम्बन्धित सम्पूर्ण विश्व के 36 भाषा में प्रकाशित 3400 के लगभग पत्र पत्रिकाओं पर आधारित विषय तथा लेखक मासिक अनुक्रमणिका है। इसका वार्षिक संग्रह Cumulative Index Medicus के नाम से प्रकाशित होता है। इस इन्डेक्स में सम्मिलित लेखों की पूर्ण प्रविष्टियों को एक या एक से अधिक विषय शीर्षक के अन्तर्गत मुद्रित किया जाता है। लेख की आख्या अंग्रेजी में दी जाती है। अन्य भाषा में लिखे गये लेखों की आख्या का कोष्टक में अंग्रेजी भाषा में अनुवाद दिया जाता है। प्रविष्टि में पत्रिका का संक्षिप्त नाम, अंक की तिथि, खण्ड अंक संख्या, अंग्रेजी के अतिरिक्त अन्य भाषाओं में लिखे गये लेख की भाषा का संक्षिप्त नाम दिया जाता है। यदि व्यक्ति विशिष्ट के बारे में लेख है तो लेखक अनुभाग में सम्मिलित किया जाता है तथा पूर्ण प्रविष्टि से पूर्व कोष्ठक में विषय का नाम दिया जाता है। तथापि अनाम व्यक्ति की जीवनी आदि की प्रविष्टि विषय के नाम से बनायी जाती है।

**INDEX NUMBER SECTION**

**निर्देशि अंक अनुच्छेद :** रंगनाथन द्वारा सी॰ सी॰ सी॰ के नियम FQ93 के अनुसार ग्रन्थ निर्देशि प्रविष्टि में प्रलेख का नामांक, वर्ग निर्देशि प्रविष्टि में विषय का वर्गांक, विशिष्ट विषय प्रविष्टि में प्रलेख का नामांक तथा विषय–विश्लेषणात्मक प्रविष्टि में प्रलेख का वर्गांक को देने वाले अनुच्छेद को निर्देशि अंक अनुच्छेद कहते है।

**INDEX TRANSLATIONUM**

**इन्डेक्स ट्रान्सलेशनम :** यूनेस्कों द्वारा प्रकाशित इन्डेक्स ट्रान्सलेशनम का प्रकाशन यूनेस्कों की स्थापना के साथ ही आरम्भ हो गया था। इससे पूर्व (1932) से इसका प्रकाशन इन्टर नेशनल इनस्टीट्यूट आफ इन्टलेक्चुल क्वापरेशन द्वारा Reportoire International Traductions शीर्षक के अन्तर्गत किया जाता था। इन्डेक्स ट्रान्सलेशनम का प्रकाशन वार्षिकी के रूप में किया जाता है जिसमें अनुवादित पुस्तकों को ही सूचीबद्ध किया जाता है। इन पुस्तकों को प्रकाशित देशों के नाम के अनुसार व्यवस्थित किया जाता है। प्रत्येक देश के अन्तर्गत यू॰ डी॰ सी॰ के दस मुख्य विषयों के आधार पर तथा प्रत्येक मुख्य विषय के अन्तर्गत लेखक के अनुसार वर्णानुक्रमिक क्रम में पुस्तकों को व्यवस्थित किया जाता है। अनुक्रमणिका के अन्त में लेखक अनुक्रमणिका भी दी जाती है। प्रत्येक खण्ड में 70 से अधिक देशों की 50,000 से अधिक अनुवादित कृतियाँ सम्मिलित की जाती है। इसका खण्ड 1, 1948 का प्रकाशन 1949 से हुआ।

**INDEXING**

**अनुक्रमणीकरण :** एक अनुक्रमणिका के लिये प्रविष्टियाँ तैयार करने की प्रक्रिया को अनुक्रमणीकरण कहते है।

**INDEXING PERIODICAL**

**अनुक्रमणीकरण पत्रिका :** सामयिक पत्रिकाओं में प्रकाशित लेखों की सूची को अनुक्रमणीकरण पत्रिका कहते है। इस सूची में लेखक, आख्या, प्रकाशित करने वाली पत्रिका का विवरण, पृष्ठ आदि सम्मिलित किया जाता है। इसे विषयानुसार अथवा वर्णानुक्रमिक क्रम में अथवा अन्य सहायक अनुक्रम में व्यवस्थित किया जाता है। इसका प्रकाशन नियमानुसार व निश्चित अवधि में किया जाता है। इसमें पुस्तक तथा अन्य प्रकार की पाठ्य सामग्री भी सम्मिलित की जा सकती है।

**INDEXING SERVICE**

**अनुक्रमणिका सेवा :** एक विशिष्ट विषय अथवा कई विषयों की सामयिक पत्रिकाओं, तथा अन्य प्रकार की पाठ्य सामग्री में प्रकाशित विषय–सूची को सूचीबद्ध करके नियमित तथा योजनाबद्ध रूप से प्रकाशित होने वाली सामयिक प्रकाशन। इस प्रकार की सेवा संस्थागत विशेषज्ञों के लिये अथवा एक एंजेसी द्वारा शुल्क लेने पर सामान्य रूप से प्रदान की जा सकती है।

**INDIAN ASSOCIATION OF SPECIAL LIBRARIES AND INFORMATION CENTRES**

**विशिष्ट पुस्तकालय एवं सूचना केन्द्रों का भारतीय संघ :** देखिये IASLIC

**INDIAN LIBRARY ASSOCIATION**

भारतीय पुस्तकालय संघ देखिये ILA

**INDIAN LIBRARY SCIENCE ABSTRACTS**

**इंडियन लाइब्रेरी साइंस एब्सट्रेक्ट्स** : यह आइजलिक द्वारा 1967 प्रकाशित त्रैमासिक सारकरण पत्रिका है जिसमें भारत में पुस्तकालय विज्ञान विषय पर अंग्रेजी भाषा में प्रकाशित पुस्तकों व लेखों का सार, सम्मेलनों व गोष्ठियों में प्रस्तुत लेख व कार्यवाही का सार सम्मिलित किये जाते है। प्रविष्टियों को कोलन क्लासीफिकेशन के वर्गांक के आधार पर व्यवस्थित किया जाता है। इसमें लेखक व विषय की वर्णानुक्रमिक अनुक्रमणिका भी दी जाती है। जिन्हें वार्षिकी संचयी अंक के रूप में भी प्रकाशित किया जाता है।

**INDIAN NATIONAL BIBLIOGRAPHY (INB)**

**भारतीय राष्ट्रीय ग्रन्थसूची** : डेलीवरी आफ बुक्स एक्ट 1954 तथा 1956 के अन्तर्गत प्राप्त प्रकाशनों के आधारपर इंडियन नेशनल बिब्लियोग्राफी की रंचना की जाती है; यह भारत के राष्ट्रीय पुस्तकालय, कलकत्ता द्वारा प्रकाशित की जाती है। 1957 में इसका प्रथम प्रकाशन प्रायोगिक रूप में प्रकाशित किया गया था। इसका प्रथम अंक त्रैमासिक (अक्टूबर दिसम्बर 1957) था तथा 1958 से 1963 तक वार्षिक संचयी खण्डों के साथ त्रैमासिक प्रकाशित होती रही। 1964 से 1967 तक इसे मासिक अंक के रूप में प्रकाशित किया गया। 1958 से 1962 का संचयी अंक 1972 में प्रकाशित किया गया। जबकि 1968 से 1970 की अवधि में कोइ भी अंक प्रकाशित नहीं किया गया। 1971 से 1977 के बीच लम्बे अन्तराल के मासिक अंक प्रकाशित किये गये। 1978–1983 तक मुद्रण समस्या के कारण मासिक अंको का प्रकाशन बंद कर दिया गया। तथापि 1978 तथा 1979 में दो वार्षिक खण्ड प्रकाशित किये गये। 1972 के अन्त तक इस राष्ट्रीय ग्रन्थ सूची के दो भाग थे जिसमें प्रत्येक भाग को दो अनुक्रमों में प्रस्तुत किया जाता था–मुख्य भाग तथा अनुक्रमणिका। प्रथम भाग में सामान्य प्रकाशनों तथा द्वितीय भाग में केन्द्रीय एंव राज्य सरकारों द्वारा प्रकाशित अधिकृत कृतियों को सूचीबद्ध किया जाता था। अर्धशासकीय निकायों के अधिकृत प्रकाशनों को भी इस भाग में सम्मिलित किया जाता था। जनवरी 1973 से इन दोनों भागों को मिला कर एक कर दिया गया। वर्तमान में आई० एन० बी० के दो भाग है:– वर्गीकृत भाग तथा वर्णानुक्रमिक भाग। वर्गीकृत भाग में प्रत्येक प्रविष्टि में डी० डी० सी का वर्गांक, लेखक का नाम, पूर्ण आख्या, प्रकाशन स्थान, प्रकाशन वर्ष, पृष्ठ संख्या, चित्रण, जिल्दबन्दी, मूल्य, ग्रन्थमाला तथा व्याख्या (annotation) अंकित होता है। प्रत्येक प्रविष्टि के नीचे दाहिनी

तरफ कोलन क्लासीफिकेशन का वर्गांक दिया जाता है। वर्णानुक्रमिक भाग में – (1) लेखक तथा शीर्षक अनुक्रमणिका तथा (2) विषय अनुक्रमणिका सम्मिलित की जाती है। भारत की क्षेत्रीय भाषाओं में प्रकाशित कृतियों को रोमन लिपि में प्रस्तुत किया जाता है। इस ग्रन्थसूची में मानचित्र, संगीत रिकार्ड, समियिकी तथा समाचार पत्र के प्रथम अंक को छोड़ कर अथवा नाम परिवर्तित किया गया हो तो उसका प्रथम अंक, पाठ्य पुस्तकों की कुंजियों एवं क्षणिक प्रकाशन व प्रचार सामग्री को सम्मिलित नहीं किया जाता है।

**INDIAN NATIONAL SCIENTIFIC DOCUMENTATION CENTRE (INSDOC)**

**भारतीय राष्ट्रीय वैज्ञानिक प्रलखेन केन्द्र :** इस केन्द्र की स्थापना 1952 में यूनस्कों के तकनीकी सहयोग से की गयी थी। इसके मुख्य उद्देश्य हैं :– विज्ञान एवं तकनीकी क्षेत्र के सूचना स्त्रोतों का संग्रह, विज्ञान तथा तकनीकी क्षेत्र में सभी उपयुक्त तथा सम्भाव्य सूचना सेवाएँ प्रदान करना; भारत एवं विदेशों की सूचना सेवाओं तथा सूचना प्रणाली के मध्य समन्वय विकसित करना; वैज्ञानिक कार्यों के प्रकाशित एवं अप्रकाशित प्रतिवेदनों के राष्ट्रीय निक्षेपागार (National Reprository) की स्थापना करना तथा देश व विदेशों में इसकी उपलब्धि हेतु माध्यम के रूप में कार्य करना; सूचना विज्ञान एवं प्रौद्योगिकी तथा प्रलेखन एवं पुस्तकालय विज्ञान सहित सभी के विकास हेतु शोध एवं अन्य गतिविधियों द्वारा योगदान देना; सूचना विज्ञान एवं सेवाओं के उच्चस्तरीय कार्यों को करने हेतु प्रशिक्षित मानव संसाधन विकसित करना; देश के सूचना तंत्र एवं सेवाओं की क्षमताओं व उत्पादकता में वृद्धि हेतु समुचित प्रोद्यौगिकी एवं प्रबंधन प्रणालियों को अपनाना व प्रोत्साहित करना तथा वैज्ञानिक व प्रौद्योगिकी विषय की सूचनाओं के आदान–प्रदान में प्रभावी रूप से सम्मिलित होना। 1962 तक इस केन्द्र का संचालन राष्ट्रीय भौतिकी प्रयोगशाला के द्वारा किया जाता था। 1963 में वैज्ञानिक एवं औद्योगिक अनुसंधान परिषद द्वारा इंसडोक को स्वतंत्र स्वरूप प्रदान कर इसमें एक निदेशक व कार्यकारी परिषद की नियुक्ति की गयी। इन्सडोक द्वारा विभिन्न सूचना सेवाएँ प्रदान की जाती है। जिनमें प्रमुख हैं :– प्रलेख आपूर्ति सेवा; ग्रन्थ संकलन; अनुवाद एवं सूचना सेवा, रिप्रोग्राफिकल सेवा परामर्श सेवा, श्रव्य हश्य सेवा, सूचना प्रसारण व मुद्रण। सूचना प्रसारण हेतु कई पत्रिकाओं का प्रकाशन भी किया जाता है। जिनमें प्रमुख हैं :– इनडियन सांइस एब्सट्रैक्ट्स, नेशनल इन्डेक्स ऑफ ट्रान्सलेशन; ऐनल्स आफ लाइब्रेरी सांइस एण्ड डाकूमेन्टशन तथा कन्टैन्ट्स लिस्ट आफ सोवियत साइन्टिफिक पोरियोडिकल्स। इन्सडोक नई दिल्ली में जवाहरलाल नेहरू विश्वविद्यालय कैम्पस में स्थित है।

**INDIAN SCIENCE ABSTRACTS**

**इंडियन सांइस एब्सट्रैक्ट्स** : इन्सडॉक द्वारा 1955 से 1964 की अवधि में दक्षिणी एवं दक्षिणी पूर्व एशिया के वैज्ञानिक प्रकाशनों की ग्रन्थसूची (Bibliography of Scientific Publications of South and South East Asia) प्रकाशित की गयी, जिसमें प्रतिवर्ष 12,000 से अधिक संदर्भो का उल्लेख किया जाता था। 1965 से इसके स्थान पर इंडियन सांइस एक्सट्रैक्ट्स नामक मासिक पत्रिका का प्रकाशन आरम्भ किया गया, जो अब पाक्षिक पत्रिका के रूप में प्रकाशित होती है। इस सार पत्रिका में लगभग 650 वैज्ञानिक एवं तकनीकी पत्रिकाओं में प्रकाशित 30,000 मौलिक लेखों, सम्मेलन कार्यवाहियों, शोध प्रबंधों प्रतिवेदनों प्रमाणिकी, एकस्व (Patents) आदि को सम्मिलित किया जाता है। इसका वार्षिक चन्दा–भारत 600 रू॰ व विदेशों हेतु 300 डालर है। 1990 से इसे मशीन पठनीय रूप तथा डेटाबेस द्वारा भी उपलब्ध किया जाता है।

**INDICATIVE ABSTRACTS**

**संकेतात्मक सार** : इस प्रकार के सार प्रलेख/लेख की विषय–वस्तु की संक्षिप्त सूचना मात्र प्रदान करते है। यह मूल प्रलेख/लेख की ओर यह इंगित कर देता है कि इसमें क्या है। इस प्रकार के सार के आधार पर उपयोगकर्त्ता यह निर्णय नहीं कर सकता कि उसे वह मूल प्रलेख अथवा लेख पढ़ना चाहिये अथवा नही। इसीलिये मूल प्रलेख/लेख को देखना आवश्यक होता है। इस प्रकार के सार को विवरणात्मक सार (Descriptive Abstract) अथवा सारांश सार (Abstract Summary) भी कहते हैं।

**INDICATOR DIGIT**

**संकेतांक** : पुस्तकालय वर्गीकरण में ऐसे चिन्ह अथवा प्रतीक जिनको सारगर्भित अंको को जोड़ने अथवा उनकी पहचान हेतु प्रयुक्त किया जाता है, को संकेतांक की संज्ञा दी जाती है। जैसे कोलन क्लासीफिकेशन में पाँच मूलभूत श्रेणियों को इंगित करने वाले संकेतक अथवा यूनीवर्सल डेसीमल क्लासीफिकेशन में सामान्य अथवा विशिष्ट सहायक सारिणियों को आबंटित संकेतक जो विभिन्न अवधारणाओं को इंगित करते हैं। इस शब्द को प्रथम बार प्रयोग करने का श्रेय पामर तथा वैल्स (B.I. Palmer and A. J. Wells) को दिया जाता है।

**INDIC NAME**

**भारतीय नाम** : भारतीय मूल को इंगित करने वाले नाम।

**INDIRECT SUBJECT HEADING**

**अप्रत्यक्ष विषय शीर्षक** : अनुक्रमणिका में प्रयोग किया जाने वाला शीर्षक जो देखिये संदर्भो के माध्यम से अन्य विषय शीर्षक को भेजता है।

**INDIVIDUAL ENTRY**

**व्यक्तिगत प्रविष्टि :** सूची में विषय के रूप में एक व्यक्ति अथवा स्थान के अन्तर्गत बनायी गयी प्रविष्टि।

**INDIVIDUAL POPULATION CLUSTER**

**विशिष्ट जनसंख्या समूह :** कोलन क्लासीफिकेशन संस्करण 7 (1987) में विशिष्ट नगर, गांव आदि के नाम से प्रयोग किया जाने वाला स्थान एकल। जैसे 4437-0J जयपुर शहर।

**INDIVIDUALISATION**

**वैयक्तिकता :** एक सत्व, विषय अथवा एकल विचार को वर्गीकरण प्रक्रिया द्वारा पृथक व स्पष्ट स्वरूप प्रदान करना।

**INDIVIDUALISING ELEMENT**

**वैयक्तिकता प्रदत्त तत्व :** सूचीकरण में दो या अधिक समनाम विषयों अथवा शीर्षकों में भिन्नता बताने हेतु प्रयोग किये जाने वाले तत्व जैसे रामायण–तुलसीकृत, बाल्मिकी कृत

**INDONET**

**इन्डेनेट :** यह कंप्यूटर मेन्टीनेन्स कारपोरेशन की महत्वकांक्षी व्यावसायिक परियोजना है। अपने प्रथम चरण में इन्डोनेट ने भारत के सात महानगरों – कलकत्ता, बंगलौर, मुंबई, दिल्ली, हैदराबाद, चिन्नई तथा पुणे में नोड स्थापित किये। जो विदेश संचार निगम, लिमिटेड के गेटवे पैकेट स्वीचिंग सिस्टम (Gateway Packet-Switching System) के द्वारा एक दूसरे से संबद्ध किये जाते है।

**INEDITA**

अप्रकाशित कृति।

**INEDITED**

**असम्पादित :** असम्पादित कृति जिसमें वे सभी त्रुटियाँ अथवा अवांछित सामग्री प्रकाशित की गयी है जिनको सम्पादकीय प्रक्रिया के समय हटाया भी जा सकता था।

**INFLIBNET**

**इंफ्लिबनेट :** इन्फोर्मेशन एण्ड लाइब्रेरी नेटवर्क के लिये प्रयुक्त संक्षिप्त शब्द। इंफ्लिवनेट की स्थापना एवं क्रियान्वयन का श्रेय विश्वविद्यालय अनुदान आयोग (यू॰ जी॰ सी॰) नई दिल्ली को जाता है। वह भारत सरकार द्वारा समर्थित वृह्द राष्ट्रीय सूचना एवं पुस्तकालय नेटवर्क है। सन् 1988 में यू॰ जी॰ सी॰ द्वारा

इस हेतु प्रो॰ यशपाल की अध्यक्षता में एक समिति गठित की गयी, जिसका कार्यक्षेत्र देश में पुस्तकालयों के नेटवर्क की स्थापना हेतु आवश्यक सुझाव देना था। इस समिति की प्रथम बैठक 22 अप्रैल 1988 को सम्पन्न हुई। इस समिति द्वारा एक कार्यदलः– Working Group on Information and Library Network - (INFLIBNET) का गठन किया गया। जिसका कार्य इस हेतु परियोजना तैयार करना था। समिति द्वारा प्रस्तुत प्रतिवेदन के साथ ही इंफ्लिबनेट की स्थापना हो गयी। इस नेटवर्क के मुख्य उद्देश्य हैं :– भारत के विश्वविद्यालयों एवं शैक्षिक व शोध संस्थाओं के पुस्तकालयों के बीच एक नेटवर्क को विकसित करना, तथा सूचना की व्यवस्था और सेवाओं की क्षमता को उन्नत एवं सक्रिय करना; पुस्तकों, पत्र–पत्रिकाओं आदि की आन लाईन संघ सूची का निम्रण एवं इसकी सुविधा; संसाधन केन्द्रों (Resource Centre) की स्थापना कर प्रलेख वितरण सेवा (Document Delivery Service) को सुलभ करना; सूचना संसाधनों की साझेदारी द्वारा उपलब्ध सूचना स्रोतों का अधिकतम उपयोग; इलैक्ट्रोनिक डाक (E-mail) तथा अन्य नई तकनीकों के माध्यम से वैज्ञानिकों, शिक्षकों व शोध कर्त्ताओं को तीव्र संचार की सुविधा प्रदान करना, देश के हर भाग में कार्यरत वैज्ञानिकों शोध व अनुसंधानकर्त्ताओं को उपलब्ध सूचना तक पहुँचने के मार्ग को सुगम बनाना; तकनीकी पद्धतियों, हार्डवेयर, सॉफ्टवेयर, तथा सेवाओं के लिये मानक तथा मार्गदर्शिका विकसित करना; नेटवर्क को सुव्यवस्थित व आरम्भ करने के लिये उच्चस्तरीय व्यावसायिक मानव संसाधन विकसित करना।

**INFLUENCING PHASE**

**प्रभावी विषय :** रंगनाथन द्वारा वर्गीकरण हेतु प्रतिपादित, पाँच प्रकार के विषय सम्बन्धों में से यह एक प्रकार का विषय सम्बन्ध है। जिसके अनुसार यदि एक संयोजित विषय के दो वर्गो अथवा एकलों में से एक दूसरे पर प्रभाव डालता है तो इसके वर्गांक में जिस विषय/ एकल पर प्रभाव पड़ता है उसे प्रथम पक्ष तथा जो प्रभाव डालता है उसे दूसरा पक्ष बनाया जाना चाहिए।

**INFOPRENEURS**

**सूचना उद्यमी :** स्किप विटजन (Skip Weitzon) द्वारा 1989 में प्रतिपादित शब्द, जिसे सूचना विपणन (Information marketing) के संदर्भ में प्रयोग किया गया है। स्किप का कथन था कि **सूचना को डालर में बदलो** (Turn data into dollar)। तथा इसके साथ पुस्तकालयाध्यक्षों को सूचना उद्यमी बनना होगा।

**INFORMACY**

**इन्फॉरमैसी :** प्रलेखन शोध एवं प्रशिक्षण केन्द्र (D. R. T. C.) बंगलौर के प्रोफेसर ए नीलमेघन ने 1995 में अपने एक लेख (Desidoc Bull 15 (6)) में इस शब्द का प्रयोग किया है। उनके अनुसार प्रत्येक व्यक्ति सूचना का संग्रह, प्रक्रमण, उत्पति, संचारण, प्राप्ति व उपयोग करता है। मनुष्य की इस स्वाभाविक प्रकृति का बचपन से ही सबंर्धन, परिष्कृत व शोधन किया जाना चाहिये जिससे कि वह न केवल सूचना–समाज (information society) के अनुरूप बन सके अपितु उसके संपोषण में सहयोग भी प्रदान करे। मनुष्य के इस परिवर्तन को ही नीलमेघन ने **इन्फॉरमेसी** की संज्ञा दी है।

**INFORMATICS**

**सूचना प्रक्रिया विज्ञान :** कंप्यूटर द्वारा सूचना प्रक्रमण प्रक्रिया के उद्भव् के साथ ही इस शब्द का भी प्रतिपादन हुआ। **इन्फॉरमेटिक्स** सूचना अथवा डेटा का कंप्यूटर अथवा दूरसंचार माध्यमों द्वारा अधिग्रहण, भंडारण, विश्लेषण–संश्लेषण व प्रसारण की विधियों से सम्बन्धित विज्ञान है। 1960 के दशक में जब प्रलेख का स्थान सूचना ने ले लिया तब इसी दृष्टिकोण से 1966 में रूसी वैज्ञानिक मिखाईलोव (Alexander Mikhailov) व उनके अन्य दो सहयोगियों द्वारा प्रलेखन के स्थान पर इन्फॉरमेटिक्स शब्द का प्रयोग किया गया।

**INFORMATION**

**सूचना :** सामान्य रूप से आँकड़े अथवा तथ्यों के एकत्रित समूह का विस्तृत स्वरूप जिसे संचारण हेतु कागज अथवा अन्य माध्यम में अंकित किया गया हो, को सूचना कहते है। अथवा विभिन्न रूपों में एकत्रित किये गये तथ्यों डेटा को विश्लेषित व संसाधित करने के पश्चात् प्राप्त डेटा का परिष्कृत अर्थपूर्ण, उपयोगी स्वरूप को सूचना कहा जाता हैं।

**INFORMATION AREA**

**सूचनात्मक क्षेत्र :** छांयाकित प्रतिलिपिकरण (रिप्रोग्राफी) में प्रलेख का मुद्रित अथवा लिपिबद्ध वह भाग जिसमें सूचना अथवा विषय–वस्तु अंकित है।

**INFORMATION BITS**

**सूचना बिट्स :** कंप्यूटर में प्रयुक्त अंकाक्षरों अथवा अंको की कूट भाषा के संकेतों में डेटा को सूचना विट्स कहते है जिनको संसाधित कर सूचना प्राप्त की जा सकती है।

**INFORMATION BROKER**

**डेटाबेस विशेषज्ञ :** डेटाबेस प्रणाली का विशेषज्ञ जो उपभोक्ता के लाभ हेतु अपनी सूचना संचालन दक्षता को बेचता है।

**INFORMATION CARD**

**सूचना पत्रक :** सूची प्रविष्टि पत्रक जो एक व्यक्तिगत लेखक अथवा समष्टि निकाय के नाम आदि में परिवर्तन की सूचना देता है। अथवा एक आख्या के शब्द आदि में परिवर्तन को इंगित करता है।

**INFORMATION CENTRE**

**सूचना केन्द्र :** ग्रन्थात्मक केन्द्र, प्रलेखन केन्द्र अथवा रिसर्च ब्यूरों का एक अनुभाग, जो प्रलेखों तथा केन्द्र सम्बन्धी अन्य सूचना उपयोगकर्त्ताओं को देता है अथवा **केन्द्र** जो एक विशिष्ट पुस्तकालय की तरह प्रलेखों का अधिग्रहण कर विभिन्न माध्यमों द्वारा सूचना सेवा व प्रसारण का कार्य करता है।

**INFORMATION CENTRE FOR TERMINOLOGY**

देखिये INFOTERM

**INFORMATION CHANNEL**

**सूचना पथ :** दो टर्मिनल को जोड़ने वाले हार्डवेयर जिसका प्रयोग डेटा संचारण के लिये किया जाता है। यह हार्डवेयर संचारण हेतु टेलीग्राफ या टेलीफोन लाइन अथवा रेडियो योजक का प्रयोग कर सकता हैं।

**INFORMATION CLEARING HOUSE**

**सूचना वितरक केन्द्र :** अमेरिका के ऐसे विशिष्ट पुस्तकालय जिनकी प्रकाशित सामग्री संग्रह तो बहुत कम होती है किन्तु वे टेलीफोन अथवा पत्रों से सूचना प्रदान करते है तथा अन्य पुस्तकालयों के उपयोग के बारे में जानकारी प्रदान करते हैं, को सूचना वितरण केन्द्र कहते हैं।

**INFORMATION DESK**

**सूचना स्थल :** पुस्तकालय का वह स्थान जहाँ से संदर्भ सेवा प्रदान की जाती है।

**INFORMATION HANDLING**

**सूचना संचालन :** कंप्यूटर में सूचना निवेश से लेकर उपयोगकर्त्ता तक पहुँचाने के लिये भंडारण, प्रक्रमण तथा सूचना पुनः प्राप्ति की प्रक्रिया।

**INFORMATION MARKETING**

**सूचना विपणन :** फिलिप कोटलर तथा सिडने लेवी प्रथम व्यक्ति थे जिन्होंने 1969 में अपने एक लेख के द्वारा यह विचार प्रतिपादित किया कि विपणन अवधारणा का प्रयोग अलाभकारी संस्थाओं में भी किया जा सकता है। इसी अवधारणा के फलस्वरूप 1980 के दशक में पुस्तकालयों तथा सूचना केन्द्रों द्वारा दी जाने वाली सेवाओं के विपणन पर भी विचार किया जाने लगा, जिससे इन सेवाओं का वे सभी उपयोगकर्त्ता लाभ उठा सके जिनको इनकी

आवश्यकता है। कंप्यूटर तकनीक तथा कई प्रकार की इलैक्ट्रानिक तकनीक व उपकरणों के कारण सूचना विपणन अब एक प्रचलित अवधारणा बन गयी हैं तथा कई विशिष्ट विषय सूचना केन्द्र जेसे इन्सडोक, डेसीडोक नैसडाक आदि अपनी सूचना सेवाओं का विपणन करते हैं। ऐसी ही कुछ सेवाएँ जिनका विपणन किया जा रहा है– अनुवाद सेवा, फोटाकापी, सी॰ डी॰ रोम, आनलाइन सर्विस, डेटाबेस सर्विस आदि है।

**INFORMATION NETWORKS**

**सूचना तंत्र :** नेटवर्क का अर्थ है विभिन्न स्थानों पर रखे गये कंप्यूटर टर्मिनलस को सूचना संचारण के लिये एक दूसरे से जोड़ दिया जाना। जिन पुस्तकालयों को कंप्यूटरीकृत कर दिया गया है उन सभी को एक साथ जोड़ कर सूचना तंत्र में बदला जा सकता है जिससे किसी भी पुस्तकालय में उपलब्ध सूचना अथवा सेवाएँ अन्य पुस्तकालयों द्वारा अपने कंप्यूटर के माध्यम से ही प्रयोग की जा सकती है। यह सूचना तंत्र अन्तर्राष्ट्रीय, राष्ट्रीय, स्थानीय किसी भी स्तर का हो सकता है।

**INFORMATION OFFICER**

**सूचना अधिकारी :** पुस्तकालय का वह अधिकारी जिसका मुख्य कार्य पुस्तकालय के उपयोगकर्त्ताओं को आवश्यक जानकारी प्रदान करना है।

**INFORMATION PROCESSING**

**सूचना प्रक्रमण (संसाधन) :** विभिन्न रूपों में एकत्रित तथा निवेश किये गये डेटा को परिष्कृत, व उपयोगी सूचना में परिवर्तित करने हेतु की गई प्रक्रिया। इसे डेटा प्रक्रमण अथवा संसाधन भी कहते है।

**INFORMATION RETRIEVAL**

**सूचना पुनः प्राप्ति :** इस शब्द का प्रयोग प्रथम कालविन मूर्स (Calvin Mooers) ने 1950 में किया जब अमेरिका में कंप्यूटर का प्रयोग आरम्भ होने के कारण प्रलेखन कार्यों का मशीनीकरण कर दिया गया। इसी प्रक्रिया को लक्ष्य करके मूर ने एक नये शब्द **इन्फोरमेशन रिटरीवल** का प्रयोग किया। सामान्य रूप से किसी भी रूप में भंडारित सूचना को उपयोगकर्त्ता को उपलब्ध कराना ही सूचना पुनः प्राप्ति कहा जा सकता है। इसलिये सूचना पुनः प्राप्ति का अर्थ प्रलेखों में अंकित सूचना अथवा मशीनों में भंडारित सूचना को दर्शाना अथवा प्रस्तुत करना अथवा प्राप्त करना ही है। पुस्तकालयों में प्रलेखों की सामान्य सूची अथवा अनुक्रमणिका से लेकर कंप्यूटर आधारित प्रक्रिया से इस शब्द का सम्बन्ध है, वर्गीकरण, अनुक्रमणिका तथा मशीन खोज सभी सूचना पुनः प्राप्ति की प्रणालियाँ है। भिन्नता केवल इतनी है कि सूची व अनुक्रमणिका को उपयोगकर्त्ता

द्वारा सूचना ढूढ़ने से पहले ही बना कर प्रस्तुत कर दिया जाता है जबकि कम्प्यूटर में उपयोगकर्त्ता द्वारा वांछित सूचना को पूछे जाने पर ही कप्यूटर उसका विश्लेषण कर व विस्तृत खोज के बाद ही उपयोगकर्त्ता को सूचना उपलब्ध कराता है।

**INFORMATION SCIENCE**

**सूचना विज्ञान :** 1950 के दशक के अन्त में अमेरिका में एक नये शब्द इन्फारमेशन सांइस का प्रचलन हुआ। 1959 में प्रथम सूचना विज्ञान शब्द का प्रयोग हुआ किन्तु सामान्य स्वीकृति इसे 1962 के बाद ही मिली। 1968 में अमेरिकन डॉक्यूमेंटेशन इन्सटीट्यूट का नाम बदल कर 'अमेरिकन सोराइटी आफ इन्फारमेशन सांइस' कर दिया गया। इसी प्रकार 1970 में अमेरिकन डॉक्यूमेंटेशन नामक पत्रिका का नाम जर्नल आफ दी अमेरिकन सोसाइटी फार इन्फोरमेशन सांइस कर दिया गया। 1960 के दशक में अमेरिका की सरकारी व गैर सरकारी अनुदानों के आधार पर कई योजनाएँ तथा शोध संगठनों की स्थापना हुई जिनके कार्यों पर कंप्यूटर तकनीक का स्पष्ट प्रभाव दिखाई देने लगा। जिससे यह निष्कर्ष निकला कि प्रलेखन (Documentation) का कार्यक्षेत्र प्रलेखों तक ही सीमित है जबकि सूचना विज्ञान के क्षेत्र में कंप्यूटर सॉफ्टवेयर व हार्डवेयर भी आते है। 1980 के दशक में कंप्यूटर व अन्य इलैक्ट्रानिक माध्यमों में उच्चकोटि की तकनीक के विकास होने से सूचना विज्ञान विषय का क्षेत्र व अर्थ में भी परिवर्तन आने लगा है। इस प्रकार सूचना विज्ञान एक जटिल अन्तर्विषयी विषय है जो सूचना उत्पति के विभिन्न पहलुओं सूचना की विशेषताओं, स्रोतों, विकास तथा सूचना संचार की सभी प्रकार की प्रक्रियाओं के अध्ययन से सम्बन्ध रखता है। रूसी वैज्ञानिक मिखाइलोव व उनके दो अन्य सहयोगियों ने भी इसी परिपेक्ष में 1966 में एक नये शब्द इन्फारमैटिक्स (Informatics) का प्रतिपादन किया।

**INFORMATION STORAGE AND RETRIEVAL.**

**सूचना भंडारण एवं पुनः प्राप्ति :** 1950 में सूचना पुनः प्राप्ति की अवधारणा के प्रतिपादन के पश्चात् यह विचार प्रस्तुत किया गया कि इस अवधारणा का कार्यान्वयन तभी संभव हैं जब सूचना का सुव्यवस्थित भंडारण उपलब्ध हो। अर्थात् प्रथम सूचना भंडारण तत्पश्चात् सूचना पुनः प्राप्ति। इसी आधार पर इस अवधारणा की उत्पति हुई। कंप्यूटर तकनीक में इस अवधारणा का ही प्रयोग होता है।

**INFORMATION SYSTEM**

**सूचना प्रणालीः** विभिन्न आवश्यकताओं की पूर्ति हेतु सूचना के संग्रह,

भंडारण, प्रक्रमण तथा पुनः प्राप्ति हेतु एक सुव्यवस्थित प्रक्रिया को सूचना प्रणाली कहते है। कंप्यूटर में सूचना निवेश व निर्गत हेतु किये जाने वाले सभी कार्यों व प्रक्रियाओं के लिये प्रयोग किया जाना वाला यह सामान्य शब्द है।

**INFORMATION TECHNOLOGY**

**सूचना तकनीक :** कंप्यूटर तथा दूरसंचार माध्यमों के द्वारा सूचना स्रोतों का संग्रह, भंडारण, प्रक्रमण एवं संचारण आदि सभी प्रक्रियाओं के लिये प्रयोग किया जाने वाला सामान्य शब्द।

**INFORMATION TECHNOLOGY LAW**

**सूचना तकनीक विधि :** लोकसभा द्वारा **भारतीय सूचना तकनीक अधिनियम 2000** पारित होने के बाद भारत 25वां ऐसा देश बन गया है जिन्होंने साइबर अधिनियम (Cyber Law) बना लिया है। भारतीय सूचना तकनीक अधीनियम में 93 अनुभाग है। जिनको 13 अध्यायों में विभाजित किया गया हैं। इसमें चार अनुसूचियाँ भी सम्मिलित की गयी है जिनमें उन प्रासंगिक संशोधनों का विवरण है जो भारतीय दण्ड संहिता 1860, भारतीय साक्ष्य अधिनियम 1872, बैंकर साक्ष्य अधिनियम 1891 तथा भारतीय रिर्जव बैंक अधिनियम 1934 में किये गये हैं। 13 अध्यायों में विषयों का विवरण इस प्रकार हैः– प्रारंभिक विषय–वस्तु (Preliminary matters), डिजिटल हस्ताक्षर (Electronic signature) इलैक्ट्रोनिक नियंत्रण (Electronic Governance), अधिकार (attribution), स्वीकृति (acknowledgement) तथा इलैक्ट्रोनिक अभिलेखों का प्रेषण, (dispatch of electronic records); इलैक्ट्रोनिक अभिलेखों की सुरक्षा (Secure electronic records), डिजिटल हस्ताक्षरों की सुरक्षा (Secure Digital Signature), डिजिटल हस्ताक्षर प्रमाणपत्र (Digital Signature Certificates), ग्राहकों के दायित्व, दण्ड तथ न्याय निर्णयन; साइबर विनियमन, अपील अधिकरण, अपराध, नेटवर्क सेवा देने वाले किन किन मामलों में उत्तरदायी नहीं होगे, तथा अन्य विविध प्रावधान। खण्ड 79 के अन्तर्गत पुलिस के अफसर को असीमित अधिकार दिये गये हैं। यह पुलिस का अधिकारी उपअधीक्षक से कम का नहीं होना चाहिए अथवा केन्द्रीय सरकार द्वारा प्राधिकृत होना चाहिये। इस अधिनियम के बाद अब सभी इलैक्ट्रोनिक माध्यम जिनमें सूचना अंकित है, को वैधानिक मान्यता प्राप्त हो गयी हैं अब सभी सरकारी विभागों में इनकों भी प्रमाणिक साक्ष्य के रूप में प्रस्तुत किया जा सकता है तथा इलैक्ट्रोनिक माध्यम से लाइसेंस, अनुमोदन पत्र, परमिट प्राप्त किये जा सकते है तथा चल सम्पति से सम्बन्धित सभी लेन–देन किये जा सकते है। तथापि इसमें बौद्विक सम्पदा अधिकार जैसे कापीराइट पेटेंट आदि से सम्बन्धित प्रावधान नहीं है।

**INFORMATION WORK**

**सूचना कार्य :** सूचना संग्रह, विश्लेषण तथा सूचना संचारण व प्रसारण हेतु किये जाने वाले कार्य। साहित्य की खोज, ग्रन्थसूची बनाना, सारकरण, अनुवाद, अनुक्रमणिका, वर्गीकरण सूचना प्रसारण आदि सभी कार्य सूचना कार्य के अन्तर्गत आते हैं।

**INFORMATIVE ABSTRACT**

**सूचनात्मक सार :** इस प्रकार के सार में मूल प्रलेख अथवा लेख के विषय–वस्तु में अंकित महत्वपूर्ण सिद्धांतों व निष्कर्षो को इस प्रकार प्रस्तुत किया जाता है कि उपयोगकर्त्ता को प्रायः मूल प्रलेख अथवा लेख पढ़ने की आवश्यकता नहीं होती है।

**INFORMETRICS**

**इन्फारमेट्रिक्स :** सूचना के मूल्यांकन हेतु गणितीय व सांख्यिकीय गणनाविधि का प्रयोग को इन्फारमेट्रिक्स की संज्ञा दी गयी है। इस शब्द का प्रयोग प्रथम एफ॰ आई॰ डी॰ द्वारा एक कमेटी के नाम 'Committee on Informetrics' के लिये किया गया। जिसका कार्य सूचना विज्ञान मूल्यांकन हेतु गणितीय विधि का प्रयोग के लिये अन्तर्राष्ट्रीय मंच प्रदान करना था।

**INFOTERM**

**इल्फोटर्म : देखिये** International Information Centre For Terminology.

**INFRA**

**इन्फ्रा :** यह लेटिन शब्द है जिसका अर्थ है नीचे (below)। इस शब्द का प्रयोग मूलपाठ अथवा पादटिप्पणी अथवा संदर्भ के एकदम उसके बाद में लिखी जाने वाले विषय अथवा संदर्भ को इंगित करने के लिये किया जाता है।

**INHERENT CHARACTERISTIC**

**अन्तर्निहित विशेषता :** वर्गीकरण में एक विषय को विभाजित करने हेतु दो प्रकार की विशेषताओं का प्रयोग किया जाता हैः– प्राकृतिक विशेषताएँ जो विषयों में अन्तर्निहित होती हैं तथा जन्म से उनको प्राप्त होती है। दूसरा कृत्रिम विशेषताएँ जो आवश्यकतानुसार बाद में प्राप्त की जाती है।

**IN HOUSE-SERVICE**

**आन्तरिक सेवा :** एक संगठन अथवा संस्था से संबद्ध पुस्तकालय द्वारा संगठन व संस्था के विशेषज्ञों व कर्मचारियों को दी जाने वाली सेवा।

**INIS**

**इनिस** : देखिये International Nuclear Information System.

**INITIAL**

**आद्यक्षर** : एक शब्द अथवा शब्दों का प्रथम अक्षर अथवा एक व्यक्ति के नाम के प्रथम अक्षर जिनको वह हस्ताक्षर अथवा अपनी पहचान के लिये प्रयोग करता है, अथवा एक अध्याय अथवा अनुच्छेद का प्रारम्भिक शब्द।

**INITIATION**

**दीक्षा** : रंगनाथन के अनुसार पुस्तकालय में आने वाले प्रत्येक नये पाठक का पुस्तकालय से परिचय कराया जाना चाहिये जिससे कि वह पुस्तकालय की समस्त सुविधाओं व सेवाओं का समुचित उपयेाग कर सके। इसी को रंगनाथन ने पुस्तकालय दीक्षा की संज्ञा दी है।

**INNER INDENTION**

**आन्तरिक हाशिया** : सूची पत्रक के बायें किनारे से 10 अक्षरों का स्थान अथवा सूची पत्रक की दूसरी सीधी लाइन जहाँ से सामान्यतया शीर्षक लिखना आरम्भ किया जाता है। इसे दूसरा हाशिया भी कहते हैं।

**INPADOC**

**इनपाडॉक** : इन्टरनेशनल पेटेन्ट डाकूमेन्टेशन सेन्टर के लिये प्रयुक्त संक्षिप्त शब्द। इस सेन्टर की स्थापना विश्व बौद्विक संगठन (WIPO) के द्वारा 1972 में आस्ट्रीया सरकार के सहयोग से की गयी। इस प्रलेखन केन्द्र ने पेटेन्ट प्रलेखों के ग्रन्थात्मक डेटा का मशीन पठनीय डेटा बैंक स्थापित किया है। यह डेटाबैंक 45 देशों में प्रकाशित पेटेन्ट प्रलेखों के ग्रन्थात्मक डेटा का विशालतम कंप्यूटरीकृत ग्रन्थात्मक डेटा का डेटाबैंक है। इस डेटाबैंक के आधार पर अनेक सूचना सेवायें प्रदान की जाती है। जिनमें पेटेन्ट फैमली सर्विस; पेटेन्ट इनवेनटर सर्विस; **पेटेन्ट गजट** आदि प्रमुख है।

**INPUT**

**निवेश** : कंप्यूटर स्मृति में बाह्य इकाई से डेटा स्थानान्तरण की प्रक्रिया।

**INPUT AREA**

**निवेश क्षेत्र** : कंप्यूटर स्मृति में बाह्य इकाई अथवा कंप्यूटर के सहायक भंडार (backing store) से निवेश किये गये डेटा के लिये सुरक्षित क्षेत्र।

**INPUT DEVICES**

**निवेश उपकरण** : कंप्यूटर में सूचनाएँ व आकड़े भरने वाले उपकरणों

को निवेश उपकरण कहा जाता है। कंप्यूटर का केन्द्रीय संसाधक तभी कार्य आरम्भ करता है जब कंप्यूटर स्मृति में डेटा व प्रोग्राम फीड किये जाते हैं। यह कार्य निवेश उपकरणों द्वारा किया जाता है। कुंजीपटल, छिद्रित पत्रक, फ्लापी डिस्क ऐसे ही उपकरण हैं।

**INPUT LOG**

**निवेश सूची :** कंप्यूटर में निवेश किये जाने वाले डेटा की आपरेटर द्वारा बनायी गयी हस्तलिखित सूची।

**INPUT/OUTPUT CONTROL**

**निवेश/निर्गत नियंत्रण :** कंप्यूटर की हार्डवेयर व सॉफ्टवेयर प्रणाली जो केन्द्रीय संसाधक तथा इसकी बाह्य इकाइयों की पारस्परिक क्रियाओं को नियंत्रित करती है।

**INPUT UNIT**

**निवेश इकाई :** कंप्यूटर में सूचनाएँ व आँकड़े भरने वाले उपकरणों द्वारा इस इकाई में स्वीकार्य भाषा में प्रोग्राम, आकड़े व डेटा कंप्यूटर को फीड कराये जाते हैं। यह इकाई डेटा व प्रोग्राम का एक भाषा से दूसरी भाषा में अनुवाद का कार्य भी करती है। इस इकाई के डेटा से ही कंप्यूटर कार्य करता है।

**INQUIRY VECTOR**

**प्रश्नवाहक :** साल्टन (Gerard Saltan) द्वारा प्रतिपादित स्मार्ट (SMART) प्रणाली में जब एक विषय के प्रलेखों के लिये कंप्यूटर से माँग की जाती है तो यह माँग एक प्रश्न वाहक के रूप में प्रस्तुत की जाती है। कंप्यूटर अपनी स्मृति में संचित डेटा के साथ इस प्रश्न वाहक की तुलना करके अत्याधिक समानता वाली सूचना का चुनाव करता है तथा प्रश्न का उतर देता है।

**INSCRIBED COPY**

**लेखक द्वारा हस्ताक्षरित प्रति।**

**INSDOC**

**इन्सडॉक :** देखिये Indian National Scientific Documentation Centre

**INSERT**

**सन्निविष्ट :** पुस्तक अथवा लेख के संशोधित प्रुफ में एक नये अनुच्छेद अथवा वाक्य को जोड़ना।

**IN-SERVICE TRAINING**

**सेवा-कालीन प्रशिक्षण :** पुस्तकालय के विभिन्न कार्यों व तकनीक के बारे में समय–समय पर कर्मचारियों को दिया जाने वाला प्रशिक्षण।

**INSPEC**

**इन्सपेक** : इन्टरनेशनल 'इन्फोरमेशन सर्विस फार दी फिजिक्स एण्ड इंजीनियरिंग कौम्यूनिटीज' के लिये प्रयुक्त संक्षिप्त शब्द हैं। ग्रेट बिट्रेन के इन्सटीट्यूट आफ इलैक्ट्रोनिक इंजीनियर्स द्वारा स्थापित एवं संचालित इन्सपेक एक सूचना सेवा का विभाग है। इन्सपेक ने 1898 में प्रथम बार सार सेवा का आरम्भ सांइस एब्सट्रैक्टस (Science Abstracts) से किया था। वर्तमान में इन्सपेक द्वारा तीन सार पत्रिकाओं का प्रकाशन किया जा रहा है। ये हैः– Physics Abstracts (पाक्षिक), Computer and Control Abstracts (मासिक) तथा Electrical and Electronics Abstracts (मासिक)। इन्सपेक इन तीनों ही विषयों में अंग्रेजी भाषा में विश्व की विशालतम कंप्यूटरीकृत सूचिना सेवा भी प्रदान करता है। इसके डेटाबेसों की विश्व को प्रमुख प्रणालियों के माध्यम में प्रयोग किया जा सकता है। इन्सपेक द्वारा टेप सेवा माइक्रोफिल्म तथा माइक्रोफिश भी उपलब्ध कराये जाते हैं। यह चयनित सूचना प्रसार सेवा भी प्रदान करता है।

**INSTALMENT**

**किस्त** : पुस्तकालय द्वारा प्रलेखों व सामयिक प्रकाशनों का किस्तों में भुगतान करना।

**INSTUT INTERNATIONAL DE DOCUMENTATION**

यह International Federation for Information And Documentation (FID) का पुराना फ्रैंचभाषा में नाम है।

**INSTITUTION**

**संस्था** : सांस्कृतिक, सामाजिक, आर्थिक, वैज्ञानिक अथवा अन्य किसी विशिष्ट उद्देश्य की पूर्ति हेतु स्थापित एक स्वायत्त निकाय, जिसकी स्थापना सरकार अथवा व्यक्ति समूह द्वारा की जा सकती है। **सूचीकरण में** इसे एक स्वायत्त व स्वतंत्र समष्टि निकाय की श्रेणी में रखा है तथा इसके द्वारा प्रकाशित प्रकाशनों का इसे लेखक माना जाता है।

**INSTITUTIONAL LIBRARY**

**संस्थागत पुस्तकालय** : एक संस्था द्वारा अपने अधिकारियों हेतु स्थापित पुस्तकालय। इस प्रकार के पुस्तकालयों में अधिकतम पाठ्य सामग्री संग्रह उस संस्था के उद्देश्यों के अनुरूप होता हैं।

**INSTRUCTION**

**अनुदेश** : कंप्यूटर प्रोग्राम का वह भाग जो कंप्यूटर को निर्देश देता है कि किस स्तर पर क्या कार्य करना है। सामान्यतया इन अनुदेशों की एक

विशेष इकाई द्वारा जाँच की जाती है जिसे प्रोग्राम नियत्रंक इकाई कहते हें। एक अनुदेश में अंकाक्षरों की एक श्रृंखला होती है जिनको समूह में विभाजित किया गया होता है तथा जो कंप्यूटर को दिये जाने वाले कोडेड अनुदेशों का प्रतिनिधित्व करते हैं। अनुदेशों के समुच्चय को प्रोग्राम कहते हैं तथा सम्बन्धित प्रोग्रामों के समुच्चय को सॉफ्टवेयर कहा जाता है।

**INSTRUCTION ADDRESS**

**अनुदेश पता :** कंप्यूटर के उस स्थान का पता जहाँ पर अनुदेश है।

**INSTRUCTION NOTE**

**निर्देश सूचना :** एक वर्गीकरण पद्धति में वर्गकार को निर्देशों के माध्यम से दी जाने वाली सूचना। जैसे एक वर्गांक में कौन से अन्य विषय सम्मिलित हैं अथवा पूर्व संस्करण में इस विषय के लिये क्या शीर्षक प्रयोग किया गया था।

**INTEGER NOTATION**

**पूर्णाकंन :** एक वर्गीकरण पद्धति का ऐसा अंकन जिसके दाहिने ओर जब भी अंक जोड़ा जाय उसके प्रत्येक अंक का स्थान मान बदल जाता है जैसे 3 तीन, 30 तीस, 303 तीन सौ तीन।

**INTEGRAL NOTATION**

**पूर्ण सांख्यिक अंकन :** एक वर्गीकरण पद्धति में गणितीय रूप में अंको का प्रयोग, जैसे लाइब्रेरी आफ कांग्रेस क्लासीफिकेशन में अंक 1–999 का प्रयोग उपविभाजनों के लिये डेसीमल भिन्न के रूप में **नहीं** अपितु गणितीय रूप में किये गये हैं।

**INTEGRATED CIRCUITS (COMPUTER)**

**संघठित परिपथ :** सेमीकन्डक्टर तकनीक में प्रगति के फलस्वरूप सिलिकाँन के एक छोटे टुकड़े (Chip) पर सैकडों ट्रांजिस्टरों से बने एक समूचे इलैक्ट्रानिक सर्किट बनाना संभव हो गया। एक छोटे से चिप पर कई ट्रांजिस्टर चिपका कर एक संघठित सर्किट बनाने की तकनीक को ही संघठित परिपथ कहते है। तृतीय पीढ़ी के कंप्यूटरों में एक छोटे सिलिकाँन चिप पर 10–100 ट्रांजिस्टर चिपकायें जा सकते थे जबकि चतुर्थ पीढ़ी में एक डाक टिकिट के आकार के सिलिकाँन चिप पर हजारों लाखों ट्रांजिस्टर चिपका कर अतिवृहद श्रेणी संघटन (Large Scale Integration) का प्रार्दुभाव हुआ।

**INTEGRATED COMPUTER PACKAGE**

**संघटित कंप्यूटर प्रोग्राम :** किसी विशिष्ट समस्या के समाधान हेतु कंप्यूटर पैकेज बनाये जाते हैं जिनको एप्लीकेशन पैकेज कहा जाता है। इनको

कई प्रोग्रामों, निर्देशों आदि को संघटित करके बनाया जाता है इसीलिये इनसे कई अन्य सम्बन्धित कार्य भी कराये जा सकते हैं।

**INTEGRATION**

**संघटन :** एक छोटी से सिलिकाँन चिप की सतह पर अधिक से अधिक इलैक्ट्रानिक परिपथ घटकों को चिपका कर संकेन्द्रित करना ही संघटन कहलाता है।

**INTEGRATIVE LEVELS**

**स्तरीय एकीकरण :** इस सिद्धांत का प्रथम प्रयोग जीववैज्ञानिक नीडम (Joseph Needham) ने 1930 के दशक में दिये गये अपने भाषणों में किया। जबकि इस हेतु स्पष्ट सिद्धांतो का प्रतिपादन जे॰ फीबलमैन (J. Feileman) ने किया। इस सिद्धांत के अनुसार सत्व जगत की संरचना स्तरीय एकीकरण से होती है। एक सामान्य विषय जिसमें उत्पन्न होने के समय एक ही विशेषता होती है उसमें दूसरे स्तर के विकास में दूसरी विशेषता का एकीकरण से दूसरा विषय तथा तीसरे स्तर पर तीसरी विशेषता के एकीकरण से तीसरा विषय आदि लगातार क्रम से बनते रहते है जिसके फलस्वरूप अन्त में एक जटिल विषय की संरचना हो जाती है। प्रत्येक स्तर पर बने विषय का अपना गुण धर्म (Property) तथा अपना एक विशिष्ट नाम होता है जो अन्त में एक जटिल विषय के साथ मिल कर एक नये नाम के साथ नया विषय बन जाता है। क्लासीफिकेशन रिसर्च ग्रुप लन्दन ने इस सिद्धांत का प्रयोग अपनी नई सामान्य वर्गीकरण पद्धति में किया है तथा इस ग्रुप के सदस्य डेरीक आस्टीन व डी॰ जे॰ फौस्केट ने इस हेतु व्यापक शोध कार्य किया है।

**INTEGRITY OF NUMBER**

**वर्गांक की अक्षतता :** मेलविल डीवी ने इस सिद्धांत का प्रतिपादन डेसीमल क्लासीफिकेशन में प्रयोग हेतु 1885 में किया। डीवी का मानना था कि पुस्तक को उसके वर्गांक के आधार पर आज जिस स्थान पर रखा गया है उसको सौ साल के बाद भी उसी स्थान पर होना चाहिए। अर्थात एक वर्गीकरण पद्धति में आबंटित विषयों के वर्गांको में किसी प्रकार का भी परिवर्तन नहीं किया जाना चाहिये। तथापि डेसीमल क्लासीफिकेशन की इस आधारभूत नीति में संस्करण 17 (1965) से एक नई नीति 'ज्ञान की गति के साथ–साथ चलने' का सिद्धांत (to keep pace with knowledge) को भी जोड़ दिया गया तथा पद्धति के संशोधन हेतु इसका भी प्रयोग किया जाने लगा। जिसके फलस्वरूप वर्गांकों में निरन्तर परिवर्तन होते रहते हैं।

**INTEL**

**इंटेल** : माइक्रोप्रोसेसर चिप बनाने वाली कंपनी। लगभग 30 वर्षों (1971-2000) से कंप्यूटर की दुनिया में इंटेल की अति महत्वपूर्ण भूमिका रही है। 1971 में 2300 ट्रांजिस्टर युक्त मेमौरी चिप इंटेल 4004 का निर्माण किया गया, जबकि फरवरी 1999 में 95,00,000 ट्रांजिस्टर युक्त पेंटियम III बनाया जिसकी गति 450 मेगाहर्ट्स है।

**INTELLIGENCE**

**बुद्धि** : कंप्यूटर की वह योग्यता अथवा विधि जिसमें वह एक विशेष कार्य को यदि बार–बार करता है तो उसकी कार्यक्षमता में वृद्धि होती है।

**INTELLIGENT MODEMS**

**बुद्धिमान मोडेम** : कई मोडेमों में अनेक प्रकार की सुविधायें बनी होती हैं। उसमें एक बार दिया गया टेलीफोन नंबर वे याद रख सकती हैं और तब तक बार बार डायल करती है जब तक कनैकशन मिल न जाये। वे आने वाले संदेश की घंटी बजने पर उत्तर भी दे सकती है। तथा सूदूर स्थित मोडेम से अपने आप सम्पर्क भी स्थापित कर सकती है । इस प्राकर के मोडेम को स्मार्ट मोडेम भी कहते हैं।

**INTELLIGENT TERMINAL**

**बुद्धिमान टर्मिनल** : कुछ कंप्यूटर टर्मिनल के हार्डवेयर में ऐसे परिपथ (सर्किट) लगे होते हैं जो एक प्रोग्राम को रोक कर रख सकते हैं जिससे कि टर्मिनल बिना मुख्य कंप्यूटर की सहायता से छोटे मोटे कार्य स्वयं ही कर लेता है। एक पर्सनल कंप्यूटर को भी कुछ हार्डवयेर जोड़ कर एक बुद्धिमान टर्मिनल की तरह प्रयोग किया जा सकता है।

**INTENSION-EXTENSION**

**गहनता-विस्तार** : वर्गीकरण में विषयों व एकलों में विशेषताओं की मात्रा पर गहनता व विस्तार का निर्धारण किया जाता है। एक विषय अथवा एकल जितनी कम विशेषताओं के समिश्रण से बना है वह उतना ही अधिक विस्तृत विषय अथवा एकल माना जायेगा तथा उसमें गहनता अतनी ही कम होगी। एक विषय में जितनी अधिक विशेषताएँ होती हैं वह उतना ही अधिक गहन तथा कम विस्तृत होगा।

**INTENSION SEQUENCE**

**गहनता अनुक्रम** : एक वर्गीकरण पद्धति की एक पंक्ति में वर्गों को उनकी विशेषताओं की मात्रा के आधार पर यदि कम मात्रा से क्रमशः अधिक मात्रा के क्रम में व्यवस्थित किया जाता है तो उसे गहनता अनुक्रम माना जायेगा।

**INTERACTIVE DEBUGGER**

**कंप्यूटर सॉफ्टवेयर :** कंप्यूटर प्रणाली में बना एक सॉफ्टवेयर जो प्रोग्राम में तार्किक त्रुटियों को पहचानने व उनको सुधारने के लिये सुविधाएँ प्रदान करता है।

**INTERCALATION DEVICE**

**अन्तर्विष्ट विधि :** वर्गीकरण में प्रयोग की जाने वाली वह विधि जिसमें कुछ संकेतकों अथवा अंको के द्वारा एक एकल विचार का मूलपाठ में प्रयुक्त स्वरूप के आधार पर पक्ष अनुक्रम बनाया जा सकता है। अथवा जहाँ आवश्यक हो एक विषय को संकेतक की सहायता से अन्तर्विष्ट किया जा सकता है। **यू. डी.सी.** पद्धति में स्थान एकल अथवा काल एकल को मूलपाठ के अनुरूप वर्गांक को सही स्वरूप प्रदान करने हेतु इनके संकेतकों के कारण कही भी अन्तर्विष्ट किया जा सकता है। **बी. सी.** पद्धति के दूसरे संस्करण (BC2) में अंक A की सहायता से जहाँ आवश्यक है विषयों के वर्गांको को अन्तर्विष्ट किया जा सकता है। इस पद्धति में सामान्यता जब पूर्व–प्रभावी अंक (Retroactive Notation) विधि से बने वर्गांक में भ्रान्ति उत्पन्न होने का भय रहता है अथवा अधिक अंक बनाने के लिये एक अंक के पहले वह बाद में अंको को परिगणन करने की आवश्यकता होती है तब इस विधि को प्रयोग करने का निर्देश दिया गया होता है।

**INTERCLASS PHASE RELATION**

**अन्तरवर्ग विषय सम्बन्ध :** कोलन क्लासीफिकेशन में एक मिश्रित विषय के दो या अधिक मुख्य वर्गों में अथवा उनके विभाजनों, उपविभाजनों के पारस्परिक सम्बन्धों को अन्तर–वर्ग विषय सम्बन्ध की संज्ञा की गयी है। ये सम्बन्ध सामान्य, तुलनात्मक, भिन्नात्मक, प्रभावात्मक अथवा अभिनत हो सकते हैं। कोलन क्लासीफिकेशन में संस्करण 3 (1950) से ही विभिन्न प्रकार के सम्बन्धों को वर्गांक में स्पष्ट रूप से दर्शाने हेतु नियम दिये गये है। **यू. डी. सी.** में संकेतक कोलन (:) के माध्यम से ऐसे विषयों के वर्गांक बनाये जा सकते है किन्तु उनके पारस्परिक सम्बन्धों को प्रदर्शित नहीं किया जा सकता है।

**INTERFACE**

**इन्टरफेस :** इन्टरफेस शब्द एक ऐसा समाकालित बिन्दु अथवा संधिस्थान अथवा जंकशन है जिस पर विभिन्न स्वतंत्र प्रणालियों अथवा मानवीय समूह अथवा मशीनी घटको के पारस्परिक क्रियाओं व दृष्टिकोणों को समाकलित कर देता है। कंप्यूटर में इन्टरफेस शब्द उन अतिरिक्त इलैक्ट्रोनिक सर्किटों को इंगित करता है जो कंप्यूटर की केन्द्रीय संसाधक इकाई तथा कंप्यूटर की बाह्य इकाइयों जैसे हार्ड डिस्क व प्रिंटर आदि को जोड़ते है।

**INTER-LIBRARY LOAN**

**अन्तर पुस्तकालय उधार :** एक पुस्तकालय में उपलब्ध पुस्तक की यदि दूसरे पुस्तकालय के पाठक को आवश्यकता है तो उस पुस्तक को कुछ दिन के लिये उधार पर प्राप्त किया जा सकता है। यह प्रक्रिया पुस्तकालय सहयोग का ही भाग है।

**INTERLINEAR TRANSLATION**

**अन्तर पंक्ति अनुवाद :** मूलपाठ की प्रत्येक पंक्ति के नीचे दिया गया उस पंक्ति का अनुवाद।

**INTERMEDIATE LANGUAGE**

**मध्यस्थ भाषा :** एक नेटवर्क से जुड़े विभिन्न सूचना केन्द्रों व पुस्तकालयों से प्राप्त ग्रन्थात्मक सूचना भिन्न–भिन्न पद्धतियों के आधार पर वर्गीकृत होती है। इस सूचना का सभी पुस्तकालय व केन्द्र अपनी ही वर्गीकरण प्रणाली के आधार पर प्रयोग कर सकें इस हेतु एक मध्यस्थ भाषा का प्रयोग किया जाता है जिसे नेटवर्क के केन्द्रीय कंप्यूटर की भाषा कहा जाता है। इस भाषा में नेटवर्क में प्राप्त सारी ग्रन्थात्मक सूचना को वर्गीकृत किया जाता है अर्थात् सभी वर्गीकरण पद्धतियों के वर्गांको का इस मध्यस्थ भाषा में अनुवाद कर दिया जाता है जिससे नेटवर्क से जुड़े केन्द्र व पुस्तकालय पूर्ण रूप से अवगत हो जाते हैं तथा नेटवक पर उपलब्ध सम्पूर्ण सूचना का अपनी पद्धति के अनुरूप सरलता से प्रयोग कर सकते हैं। इसे परिवर्तक भाषा (Switching Language) भी कहते हैं। ब्रोड सिस्टम आफ आर्डरिंग (बी॰ एस॰ओ॰) इसी प्रकार की भाषा है।

**INTERNAL COMMANDS**

**आन्तरिक आदेश :** कंप्यूटर प्रणाली में ऐसे आदेश जो प्रोग्राम में ही निहित होते हैं जैसे प्रोगग्रम फाइलों की सूची को नियोजित करना, प्रतिलिपि बनाना, अवांछित फाइलों को मिटाना आदि के लिये जो आदेश दिये जाते है वे सब प्रोग्राम में ही निहित होते है। इसीलिये इनको आन्तरिक आदेश कहते हैं।

**INTERNATIONAL BOOK YEAR**

**अन्तर्राष्ट्रीय पुस्तक वर्ष :** यूनेस्को द्वारा 1972 में अन्तर्राष्ट्रीय पुस्तक वर्ष का आयोजन किया गया। इस संदर्भ में विश्वभर में विभिन्न कार्यकलाप हुए। इसका मुख्य उद्देश्य यूनेस्को के **चार्टर आफ दी बुक** के सिद्धांतों व लक्ष्यों–पुस्तकों निर्बाध प्रवाह, कृतित्व एवं अनुवाद हेतु उत्साहित करना, पाठकों को प्रोत्साहित करना, पुस्तकों का व्यापक उत्पादन एवं वितरण, शिक्षा, हेतु पुस्तकों का उपयोग एवं अन्तर्राष्ट्रीय ज्ञान की अभिवृद्धि हेतु उनकी भूमिका को बढ़ावा देना एवं सक्रियता उत्पन्न करना रहा है।

**INTERNATIONAL BUSINESS MACHINE CORPORATION**

देखिये IBM

**INTERNATIONAL CATALOGUE CARD**

**अन्तर्राष्ट्रीय सूची पत्रक** : अन्तर्राष्ट्रीय स्तर पर स्वीकार्य सूची पत्रक जिसका आकार 5 × 3 इंच (7.5 × 12.5 सेंटीमीटर) है।

**INTERNATIONAL CLASSIFICATION**

**अन्तर्राष्ट्रीय वर्गीकरण** : यह फ्रीमोंट राइडर (Fremond Kider) द्वारा 1961 में बनायी गयी वर्गीकरण पद्धति है। इस पद्धति का पूरा नाम– International Classification for the Arrangement of Books on Shelves of General Libararies है। यह पद्धति पूर्ण परिगणनात्मक पद्धति है जिसकी अनुसूची में भौगोलिक एकलों का भी परिगणन किया गया है। इसमें तीन अंको के वर्गांको का प्रयोग किया गया है। यह 922 पृष्ठों की पद्धति है जिसमें 18,000 विषयी के वर्गांको का परिगणन किया गया है। इस पद्धति में सहायक सारणियों का प्रावधान नहीं है।

**INTERNATIONAL CLASSIFICATION (JOURNAL)**

**इन्टरनेशनल क्लासीफिकेशन : इसको** (ISKO) द्वारा 1974 से प्रकाशित वर्गीकरण विषय की पत्रिका है। इसका नया नाम **नौलेज आरगेनाइजेशन** है। **देखिये** Knowledge Organisation

**INTERNATIONAL COMMITTEE FOR SOCIAL SCIENCES DOCUMENTATION**

**अन्तर्राष्ट्रीय सामाजिक विज्ञान प्रलेखन समिति** : यूनेस्को द्वारा 1950 में स्थापित इस समिति का पंजीकरण फ्रैंच अधिनियम के अन्तर्गत कियागया है। यह सामाजिक विज्ञान क्षेत्र के विभिन्न प्रलेखन सेवाओं के प्रचार प्रसार का कार्य करती है। इसके सदस्य मुख्यतः सामाजिक विज्ञान, प्रलेखन तथा ग्रन्थसूची के अन्तर्राष्ट्रीय संगठनो से सम्बन्धित व्यक्ति होते है। अर्थव्यवस्था का साधन यूनेस्को द्वारा प्रदत्त अनुदान है। इसके अन्य मुख्य कार्यो में सामयिक ग्रन्थसूची तथा निर्देशिका बनाना भी है।

**INTERNATINAL CONFERENCE ON CATALOGUING PRINCIPLES**

**सूचीकरण के सिद्धांतो पर अन्तर्राष्ट्रीय सम्मेलन** : इफला (IFLA) के तत्वाधान में 9 से 18 अक्टूबर 1961 में यह सम्मेलन पेरिस में हुआ। इस सम्मेलन का मुख्य उद्देश्य विभिन्न प्रकार के व्यावहारिक सूचीकरण के मूल सिद्धांतो पर अन्तर्राष्ट्रीय सहमति प्राप्त करना था। सम्मेलन में सूचीकरण नियमों के एकीकरण हेतु जिन सामान्य सिद्धांतो को स्वीकृत किया गया, वे है :– विस्तार विवरण (Scope Statement), सूची के कार्य, सूची का आकार, प्रविष्टि

के प्रकार, बहुविध प्रविष्टियों का प्रयोग, विभिन्न प्रकार की प्रविष्टियों के कार्य, एकरूप शीर्षक का चुनाव, एकल व्यक्तिगत लेखक, समष्टि लेखक के अन्तर्गत प्रविष्टि, बहुल कर्तृत्व, आख्या के अन्तर्गत रखे गये कार्य तथा व्यक्तिगत नाम के अर्न्तगत कार्यों की प्रविष्टि। इन सिद्धांतो पर प्रकाशित संस्करण Statement of Principles को पेरिस सिद्धांतो के नाम जाना जाता है जिसे डा॰ इवा वरोना (Eva Verona) द्वारा लिखा गया तथा इफला की कैटालोगिंग कमेटी द्वारा 1971 में प्रकाशित किया गया।

**INTERNATIONAL COPYRIGHT ACT, 1886**

**अन्तर्राष्ट्रीय कापीराइट एक्ट :** अन्तर्राष्ट्रीय कापीराइट का अधिनियमन विभिन्न संधियों के आधार पर किया गया है। इनमें से मुख्य हैः (1) बर्न कनवेन्शन–साहित्यिक एवं कलात्मक कृतियों के संरक्षण हेतु अन्तर्राष्ट्रीय संधि जिसे बर्न संधि के नाम से जाना जाता है। तथा बर्न में 1886 में आयोजित अन्तर्राष्ट्रीय सम्मेलन में पारित किया गया। इसमें 9 सितम्बर 1886 को हस्ताक्षर किये गये, 4 मई 1896 को पेरिस में पूरा किया गया, 13 नवम्बर 1908 में बर्लिन में संशोधित किया गया, 20 मार्च 1914 को बर्न में पूरा किया गया तथा 2 जून 1928 को रोम में , 26 जून 1948 को ब्रसल्स में, 13 जुलाई, 1967 को स्टोकहोम में, एवं 24 जुलाई, 1971 को पेरिस के सम्मेलनों में संशोधित किया गया। (2) यूनीवर्सल कापीराइट कन्वेनशन जिसे यूनेस्कों द्वारा 1952 में बुलाये गये सम्मेलन में पारित कियागया तथा 1955 से कार्यान्वित किया गया। इसमें इस बात पर सहमति हुई कि कापीराइट हेतु सरल प्रक्रिया होनी चाहिये जिसमें कापीराइट का चिन्ह ©, कापीराइट के स्वामी का नाम तथा प्रथम प्रकाशन वर्ष दिया जाना चाहिये (3) पेरिस संशोधन 1971, यूनीवर्सल कापीराइट कन्वेनशन पर पुर्नकार्य जो 1974 में कार्यान्वित हुआ।

**INTERNATIONAL COUNCIL OF SCIENTIFIC UNIONS (ICSU)**

**अन्तर्राष्ट्रीय वैज्ञानिक संयुक्त परिषद :** अन्तर्राष्ट्रीय शोध परिषद के नाम से 1919 में ब्रुसेल्स में इसकी स्थापना हुई। 1931 में इसका नाम इन्टरनेशनल काउन्सिल आफ साइन्टिफिक यूनियन्स (ICSU) कर दिया गया। इसकी सदस्यता विश्व के सभी वैज्ञानिक संगठनों को प्रदान की जाती है। इन सदस्यों को दो श्रेणियों में बांटा जा सकता है – राष्ट्रीय सदस्य तथा वैज्ञानिक संघो के सदस्य। इसका संचालन तथा प्रशासन एक महासभा तथा कार्य समिति द्वारा किया जाता है। इसकी विभिन्न विषयों की कमेटियाँ अपने अपने क्षेत्रों के कार्यकलापों का समन्वयन तथा आयोजन करती है। इस परिषद के मुख्य उद्देश्य हैं :– प्रकृति विज्ञान क्षेत्र के अन्तर्राष्ट्रीय वैज्ञानिक संघों के क्रियाकलापों तथा कार्यक्रमों का समन्वयन करना तथा उन्हें सुविधा प्रदान करना, संयुक्त राष्ट्र

तथा इसकी विशिष्ट एजेन्सियों से सम्बन्ध एवं सम्पर्क स्थापित करना; समान रूचि एवं उद्देश्यों की पूर्ति हेतु कार्यरत एवं सक्रिय अन्य अन्तर्राष्ट्रीय परिषदों, संगठनों, संघों से सम्पर्क तथा पारस्परिक व्यवस्था स्थापित करना। यह एक अराजकीय परिषद है। 1952 में इस परिषद ने एब्सट्रैक्टिंग बोर्ड (ICSU - Abstracting Board) की स्थापना की जिसका मूल उद्देश्य वैज्ञानिक संघो के प्राथमिक एवं द्वितीयक सूचना स्रोतों के प्रकाशनों के अन्तर्राष्ट्रीय विनियम को प्रोत्साहित एवं सुव्यवस्थित करना; सारकरण एवं अनुक्रमणीकरण सेवाओं के लिये एक अन्तर्राष्ट्रीय मंच स्थापित करना है। इसका कार्यालय पेरिस में स्थित है।

**INTERNATIONAL FEDERATION FOR INFORMATION AND DOCUMENTATION (F.I.D.)**

**अन्तर्राष्ट्रीय सूचना एवं प्रलेखन संघ (एफ॰ आई॰ डी॰)** : 1895 में इन्टरनेशनल इंस्टीट्यूट आफ बिब्लियोग्राफी (IIB) के नाम से इस संघ की स्थानपना की गई जिसका श्रेय पाल औटलेट तथा हेनरी ला फान्टेन को जाता है। प्रथम विश्व युद्ध की समाप्ति के पश्चात् इस संस्था को पुनर्जीवित किया गया। 1924 में इसका स्वरूप अन्तर्राष्ट्रीय संगठन से बदल कर राष्ट्रो के संघ में बदल दिया गया। 1931 में इसका नाम इन्टरनेशनल इंस्टीट्यूट आफ डौकूमेन्टेशन कर दिया गया। जिसे 1938 में पुनः बदल कर इन्टरनेशनल फैडरेशन फार डौकूमेन्टेशन कर दिया गया। 1960 के दशक के पश्चात् सूचना सामग्री को अधिक महत्व दिया जाने लगा। इस परिवर्तन के अनुरूप 12 सितम्बर 1986 की जनरल एसेम्बली में इसका नाम इन्टरनेशनल फेडरेशन फार इन्फारमेशन एण्ड डौकूमेन्टेशन कर दिया गया तथापि इसके संक्षिप्त नाम एफ॰ आई॰ डी॰ (F.I.D) में कोई परिवर्तन नहीं किया गया है। 1991 तक यू॰ डी॰ सी॰ पद्धति का सम्पूर्ण उत्तरदायित्व इसी संघ पर था किन्तु 1992 जनवरी से पाँच देशों के प्रकाशकों के संघ को इसका उत्तरदायित्व सौंप दिया गया। तथापि एफ॰ आई॰ डी॰ को भी इस संघ में छठे सदस्य के रूप में सम्मिलित किया गया है। एफ॰ आई॰ डी॰ का कार्य विभिन्न कमेटियों के द्वारा किया जाता है जिसमें सबसे महत्वपूर्ण कमेटी FID/CR है। इस संघ के मुख्य उद्देश्य हैं :– (1) अन्तर्राष्ट्रीय स्तर पर सूचना एवं प्रलेखन से सम्बन्धित संगठनों एवं व्यक्तियों की गतिविधियों को प्रोत्साहित एवं समन्वित करना; (2) सूचना एवं प्रलेखन के सभी पक्षों व रूपों के अध्ययन व व्यवहार को प्रोत्साहित करना तथा अन्तर्राष्ट्रीय स्तर पर सूचना तंत्र की स्थापना करना, (3) सूचना विशेषज्ञों तथा उपयोगकर्त्ताओं के शिक्षण एवं प्रशिक्षण का आयोजन एवं सहायता करना; (4) उपयोगकर्त्ताओं की सूचना आवश्यकताओं तथा आदतों का अध्ययन अन्वेषण तथा उपयुक्त विधियों का प्रतिपादन करना है।

**INTERNATIONAL FEDERATION FOR INFORMATION AND DOCUMENTATION, COMMITTEE ON CLASSIFICATION RESEARCH FOR KNOWLEDGE ORGANISATION**

देखिये FID/CR

**INTERNATIONAL FEDERATION OF LIBRARY ASSOCIATIONS AND INSTITUTIONS (IFLA)**

**इन्टरनेशनल फेडरेशन ऑफ लाइब्रेरी एसोसिएशन्स एण्ड इन्स्टीट्यूशन्स (इफ्ला) :** इफ्ला की स्थापना 1927 में इन्टरनेशनल लाइब्रेरी एण्ड बिब्लियोग्राफिकल कमेटी (International Library and Bibliographical Committee) के रूप में हुई। ब्रिटिश लाइब्रेरी एसोसिएशन के वर्षगांठ सम्मेलन में इस कमेटी को बनाने हेतु प्रस्ताव पारित किया गया था। इस कमेटी की दूसरी मींटिग रोम में 1929 में हुई जहाँ इसकी साधारण सभा द्वारा इफ्ला अधिनियम की रूप रेखा को स्वीकार किया गया तथा कमेटी का नाम बदल कर इन्टरनेशनल फेडरेशन ऑफ लाइब्रेरी एसोसिएशन कर दिया गया। इस अधिनियम में 1930, 1952, 1959, 1964, तथा 1967 में कई संशोधन किये गये। 1976 में नया अधिनियम स्वीकार किया गया, जिसके आधार पर इसके नाम में Institutions शब्द भी जोड़ा गया। लेकिन इसके संक्षिप्त नाम **इफ्ला** में कोई परिवर्तन नहीं किया गया है। इफ्ला के मुख्य उद्देश्य हैं :– एक अशासकीय व अलाभकारी अन्तर्राष्ट्रीय संघ के रूप में कार्य करना; ग्रन्थसूची, सूचना सेवाओं तथा इनसे जुड़े कर्मचारियों की शिक्षा व अन्य सभी पुस्तकालय के क्रियाकलापों के सभी क्षेत्रों के विकास अन्तर्राष्ट्रीय मेल–मिलाप सहयोग, विचार–विमर्श तथा शोधकार्यों को प्रोत्साहित करना; एक ऐसा संघ प्रस्तुत करना जिसके माध्यम से पुस्तकालय विज्ञान क्षेत्र को अन्तर्राष्ट्रीय अभिरूचि सम्बन्धित विषयों में प्रतिनिधित्व हेतु मंच प्रदान करना; शोध तथा अध्ययन करवाना, सहयोग देना तथा समन्वित करना; पुस्तकालय ग्रन्थसूची, सूचना व प्रशिक्षण कार्यकलापों से सम्बन्धित सूचना का संग्रह, प्रकाशन तथा प्रसार करना; सामान्य अथवा विशेष सम्मेलनों तथा मीटिंगों का आयोजन करना; पुस्तकालय गतिविधियों के सभी क्षेत्रों में सैद्धांतिक व व्यावहारिक उद्देशयों को पूरा करने के लिये प्रोत्साहित करना; तथा सूचनात्मक प्रलेखन व पुरालेख के क्षेत्र में अन्तर्राष्ट्रीय संगठनों से सहयोग करना। एक संस्थागत संघ के रूप में इसका पंजीकरण नीटरलैंड में किया गया है। वर्तमान में इसके विश्व के 132 देशों के 1,500 के लगभग सदस्य हैं। इसका समस्त कार्य सामान्य परिषद, बोर्ड, कमेटियों तथा विभिन्न विभागों व अनुभागों द्वारा किया जाता है। इसमें 32 अनुभाग व राउन्ड टेबल्स हैं। इसके मुख्य प्रोग्राम हैं:– यू॰ बी॰ सी॰–सार्वभौकि ग्रन्थात्मक नियंत्रण–यू॰ बी॰ सी॰ (Universal Bibliographical Control) के तहत चार प्रमुख प्रयास किये

गये हैं– अन्तर्राष्ट्रीय मानक ग्रन्थात्मक विवरण (ISBD), विषय शीर्षकों का मानकीकरण, राष्ट्रीय ग्रन्थात्मक सूचियों को उन्नत करना तथा मशीन पठनीय अभिलेखों का मानकीकरण तथा यू. ए. पी. (Universal Availability of Publications) की सार्वभौमिक सुलभता। इफ्ला द्वारा प्रकाशित प्रमुख प्रकाशन हैः– IFLA Journal, IFLA Annual, Libri, IFLA Directory, ISBD

**INTERNATIONAL INFORMAITON CENTRE FOR TERMINOLOGY (INFOTERM)**

**अन्तर्राष्ट्रीय परिभाषिक शब्दावली सूचना केन्द्र** : इस अन्तर्राष्ट्रीय पारिभाषिक शब्दावली सूचना केन्द्र की स्थापना 1971 में यूनेस्कों की सहायता द्वारा यूनीसीस्टि की रूपरेखा के अन्तर्गत की गयी। यह केन्द्र आस्ट्रीयन मानक संस्थान, वियाना से संबद्ध हैं। इसका मुख्य उद्देश्य पारिभाषिक शब्दावली से सम्बन्धित कार्यों में वृद्धि तथा समन्वयन करना है। दुनिया भर में होने वाले पारिभाषिक शब्दावली कार्यों का संयोजक होने के कारण इसके मुख्य कार्य हैः– विश्व के समस्त पारिभाषिक शब्दावली प्रकाशनों का संग्रह – विशिष्ट रूप से मानक, सिद्धांत तथा विशिष्ट विशिष्ट विषयों के शब्दकोश; पारिभाषिक शब्दावली पुस्तकालयों तथा उनके स्रोतों की सूचना देना; प्रकाशित तथा तैयार हो रही पारिभाषिक शब्दावलियों के बारे में विस्तृत सूचना प्रसारण; पारिभाषिक शब्दावली पाठ्यक्रमों के बारे में सूचना प्रदान करना तथा; पारिभाषिक शब्दावली विश्वबैंक के अन्तरसम्बन्धों की सम्भावनाओं के बारे में पता लगाना। इनफोटर्म के मुख्य प्रकाशन हैः– इनफोटर्म, न्यूज लैटर, इनफोटर्म सीरिज, तथा टर्म नेट न्यूज। टर्मनेट इनफोटर्म द्वारा स्थापित नेटवर्क है जिसका उद्देश्य पारिभाषिक शब्दावली कार्यों में अन्तर्राष्ट्रीय सहयोग स्थापित करना है।

**INTERNATIONAL INFORMATION SYSTEM FOR AGRICULTURAL SCIENCE AND TECHNOLOGY**

देखिये AGRIS

**INTERNATIONAL INFORMATION SYSTEM ON RESEARCH IN DOCUMENTAITON (ISORID)**

**प्रलेखन शोध पर अन्तर्राष्ट्रीय सूचना प्रणाली (आइसोरिड)** : एफ॰ आई॰ डी॰ के सहयोग से 1972 में यूनेस्को द्वारा आइसोरिड की स्थापना की गयी। इस प्रणाली का मुख्य उद्देश्य–सूचना, प्रलेखन, पुस्तकालय तथा पुरालेख अभिलेख प्रबंध के क्षेत्र में शोध, तथा विकास के प्रयासो से सम्बन्धित सूचना का संग्रह, विश्लेषण, व्यवस्थित भंडारण, व प्रसारण करना है। इस उद्देश्य की पूर्ति हेतु कई नीतियाँ निर्धारित की गयी है।, जिसमें प्रमुख हैः– एफ॰ आई॰ डी॰ तथा यूनेस्को के बीच सहयोग का विस्तार करने, नये सदस्यों को सम्मिलित कर आइसोरिड

को विस्तृत करने तंथा आइसोरिड के कार्यकलापों में सुधार करना है। यूनेस्कों तथा एफ॰ आई॰ डी॰ के पारस्परिक सहयोग के आधार पर इस प्रकार की व्यवस्था की गयी है जिससे कि प्रतिस्पर्द्धा तथा अतिरिक्त सूचना सामग्री प्राप्त करने से बचा जा सके। जैसे – (1) शोध पर सभी सूचना सीधे एफ॰ आई॰ डी॰ को भेजी जाय; (2) यूनेस्को थिसारस के आधार पर इस सूचना को एफ॰ आई॰ डी॰ द्वारा संकेताक प्रदान करना तथा (3) सभी उपलब्ध प्रांसगिक सूचना का प्रकाशन एफ॰ आई॰ डी॰ द्वारा प्रकाशित बुलिटन R & D Projects In Documentation And Librarianship में करना है।

**INTERNATIONAL NUCLEAR INFORMATION SYSTEM (INIS)**

**इन्टरनेशनल न्यूकिलियर इनफोरमेशन सिस्टम** (इनिस) : 1962 में अन्तर्राष्ट्रीय परमाणु उर्जा एजेन्सी (IAEA) ने संयुक्त राज्य अमेरिका तथा तात्कालीन सोवियत रूस के सहयोग से इनिस की स्थापना हेतु एक योजना तैयार की। 1968 में अन्तर्राष्ट्रीय कार्यदल ने इस योजना को साकार रूप प्रदान करने हेतु प्रारम्भिक रूपरेखा तैयार की। इनिस की स्थापना तथा क्रियान्वयन हेतु इस रूपरेखा का परमाणु उर्जा एंजेसी के सचिवालय व सदस्य राष्ट्रों ने अध्ययन किया। तत्पश्चात् 1969 में एंजेसी के बोर्ड आफ गवर्नर्स को इसकी स्थापना हेतु प्रस्तुत किया गया। 1969 में ही भारत सहित 20 राष्ट्रों ने इनिस की स्थापना हेतु अपना सहयोग प्रदान किया। 1970 में इसके क्रियान्वयन के साथ ही इनिस एटमइन्डेक्स (INIS Atomindex) का प्रकाशन आरम्भ किया गया। 1973 में इस प्रकाशन में विषय अनुक्रमणिका सम्मिलित की गयी तथा 1975 में क्रमिक सारकरण तथा इनिस मैगनेटिक टेप में मशीन पठनीय सारकरण भी आरम्भ किया गया। इनिस पूर्ण रूप से विकेन्द्रीकृत सूचना प्रणाली है। विभिन्न सदस्य देशों से सूचना एकत्रित कर उसे व्यवस्थित रूप से सदस्य देशों को वितरित किया जाता है। इसके मुख्य उद्देश्य हैं – विश्व के सभी देशों में प्रकाशित आणुविक साहित्य का संग्रह करना तथा इनका सारकरण व अनुक्रमणीकरण करना; अन्तर्राष्ट्रीय स्तर पर प्रलेखन व प्रलेख सूचना पुनः प्राप्ति सेवा प्रदान करना; सूचना प्राप्ति हेतु विकेन्द्रीकरण की नीति का पालन करना तथा सूचना प्रसार के लिये वियना स्थित इनिस के मुख्य केन्द्र द्वारा सुलभ सेवाओं का उपयोग करना; कंप्यूटर उपयोग के लिये मानक निर्धारित करना तथा नियम बनाना; तथा मशीन पठनीय सूचना सेवा प्रदान करना। इनिस के अपने 19 प्रलेखन हैं जिन्हें इनिस संदर्भ श्रृंखला कहते हैं। इनको इनिस मानक एवं नियमावली के नाम से भी जाना जाता है। इन नियमों व मानकों का प्रयोग सूचना व साहित्य निवेश व निर्गत के लिये किया जाता है। भारत में इनिस के सम्पूर्ण कार्यों के लिये भाभा एटामिक रिसर्च सेन्टर, मुम्बई उत्तरदायी है। इनिस

का मुख्य प्रकाशन इनिस एटमइन्डेक्स है। यंह एक मासिक सारकरण पत्रिका है। इसमें प्रतिवर्ष 80,000 से अधिक प्रलेखन सामग्री सम्मिलित की जाती है।

**INTERNATIONAL ORGANISATION FOR STANDARDIZATION (ISO)**

**अन्तर्राष्ट्रीय मानकीकरण संगठन** : 1928 में इस संगठन की स्थापना राष्ट्रीय मानकीकरण संघो का अन्तर्राष्ट्रीय संघ (International Federation of National Standardization Association - ISA) के नाम की गयी। 1938 में जर्मनी के प्रयास से प्रलेखन कार्यों के मानकीकरण हेतु एक तकनीकी कमेटी– ISA-46 का गठन किया गया। द्वितीय युद्ध के पश्चात् इस संघ का पुनर्गठन कर इसका नाम अन्तर्राष्ट्रीय मानकीकरण संगठन कर दिया गया। इसकी तकनीक समिति ISA-46 को नया क्रमांक ISO/TC-46 प्रदान किया गया। इसकी दो अन्य समितियाँ ISO/TC-97 कंप्यूटर एवं सूचना प्रक्रमंण समिति (Computer and Informaiton Processing) तथा ISO/TC-37 परिभाषिक–शब्दावली (Terminology) समिति है जो प्रलखेन कार्यों के मानकीकरण के क्षेत्र में सक्रिय भूमिका निभा रही है। अन्तर्राष्ट्रीय मानकीकरण संगठन का मुख्य उद्देश्य–विश्व में मानकों के विकास को प्रोत्साहित करना है जिससे सूचना सामग्री व सेवाओं के अन्तर्राष्ट्रीय विनियम को सुसाध्य बनाया जा सके। साथ ही वैचारिक, वैज्ञानिक, प्रौद्योगिकी तथा आर्थिक गतिविधियों के क्षेत्र में पारस्परिक सहयोग को विकसित किया जा सकें।

**INTERNATIONAL PATENTS CLASSIFICATION (IPC)**

**अन्तर्राष्ट्रीय पेटेन्ट वर्गीकरण** : इस वर्गीकरण को विकसित करने का मुख्य उद्देश्य पेटेन्ट प्रलेखों को वर्गीकृत करना है जिससे पेटेन्ट सूचना को सुव्यवस्थित कर पुनर्प्राप्ति सुलभ हो सके। इसको विश्व बौद्विक सम्पति संगठन (WIPO) द्वारा विकसित किया गया। इस पद्वति में प्रौद्योगिकी को 8 विभाजनों, 116 वर्गों, 614 उपवर्गों, तथा 51,000 समूहों में विभाजित किया गया है। इस वर्गीकरण के संशोधन तथा विकास का कार्य स्पेशल यूनियन फार दी इन्टरनेशनल पेटेन्ट क्लासीफिकेशन द्वारा किया जाता है जो विपो का एक महत्वपूर्ण कार्यक्रम है।

**INTERNATIONAL SERIALS DATA SYSTEM (ISDS)**

**अन्तर्राष्ट्रीय क्रमिक प्रकाशन डेटा प्रणाली** : इस प्रणाली की स्थापना यूनीसिस्ट ढाँचे के अन्तर्गत 1973 में की गयी। इसके मुख्य उद्देश्य है:– (1) एक अन्तर्राष्ट्रीय पंजी का निर्माण करना जिसमें क्रमिक प्रकाशनों के हेतु उनका सम्पूर्ण विवरण अंकित किया जा सके; (2) प्रत्येक क्रमिक प्रकाशन की पहचान के लिये मानक संकेतों को परिभाषित करना तथा प्रयोग करने हेतु प्रोत्साहित

करना; (3) क्रमिक प्रकाशनों से वैज्ञानिक तथा तकनीकी सूचना पुनः प्राप्ति हेतु सुविधा प्रदान करना; (4) इस सूचना को सामान्यतः सभी देशों, संगठनों अथवा व्यक्तिगत उपयोगकर्त्ताओं को उपलब्ध कराना; (5) पुस्तकालयों, द्वितीय स्तरीय सूचना सेवाओं, क्रमिक प्रकाशनों के प्रकाशकों तथा अन्तर्राष्ट्रीय संगठनों के मध्य संचारण नेटवर्क स्थापित करना; (6) क्रमिक प्रकाशनों के क्षेत्र में ग्रन्थात्मक विवरण, संचारण फार्मेट तथा सूचना विनियम हेतु अन्तर्राष्ट्रीय मानकों को प्रोत्साहित करना। इस प्रणाली का अन्तर्राष्ट्रीय केन्द्र पेरिस में है। इसके राष्ट्रीय तथा क्षेत्रीय केन्द्र भी है जिनको अपने क्षेत्रों में प्रकाशित क्रमिक प्रकाशनों को अन्तर्राष्ट्रीय मानक क्रमिक संख्या (ISSN) आबंटित करने हेतु अन्तर्राष्ट्रीय केन्द्र अधिकृत करता है।

**INTERNATIONAL STANDARD BIBLIOGRAPHIC DESCRIPTION (ISBD)**

**अन्तर्राष्ट्रीय मानक ग्रन्थात्मक विवरण :** 1969 में इफ्ला द्वारा कोपनहैगन (डेनमार्क) में सूचीकरण विशेषज्ञों का अन्तर्राष्ट्रीय सम्मेलन बुलाया गया जिसमें अन्तर्राष्ट्रीय मानक ग्रन्थात्मक विवरण विकसित करने हेतु एक कार्य दल का गठन किया गया। इस कार्यदल द्वारा 1971 में अन्तर्राष्ट्रीय मानक ग्रन्थात्मक विवरण का प्रथम संस्करण प्रस्तुत किया गया। अब तक विभिन्न प्रकाशनों के लिये मानक ग्रन्थात्मक विवरण प्रकाशित किये जा चुके है। जैसे ISBD (M)- Monographs, ISBD (S)- Serials। प्रत्येक पाँच वर्ष के पश्चात् इनका पुनार्वलोकन किया जाता है। इस मानक विवरण (ISBD) का कार्य पुस्तकालय पाठ्य सामग्री हेतु मानक विवरण प्रदान करना है। जिससे कि एक देश में प्रकाशित अभिलेखों को पारस्परिक विनियम योग्य बना कर इनका दूसरे देश के पुस्तकालय सूची अथवा ग्रन्थात्मक सूची में सरलता से प्रयोग किये जा सके; भाषा की कठिनाइयों व अवरोधों को दूर करके एक भाषा में लिखे गये अभिलेखों को अन्य भाषा में लिखे गये अभिलेखों को अन्य भाषा के उपयोगकर्त्ताओं को समझाया जा सके; तथा ऐसे अभिलेखों को मशीन पठनीय स्वरूप में परिवर्तित करके सुविधाजनक सिद्ध हो सके। कई सूचीकरण संहिता जैसे AACR-2 में इसका प्रयोग किया जा रहा है। AACR-2 में इसका पूर्ण विवरण भी दिया गया है।

**INTERNATIONAL STANDARD BOOK NUMBER (ISBN)**

**अन्तर्राष्ट्रीय मानक पुस्तक संख्या :** इस मानक को अन्तर्राष्ट्रीय मानकीकरण संगठन द्वारा अन्तर्राष्ट्रीय प्रयोग हेतु प्रस्तावित तथा अक्टूबर 1969 के पूर्ण अधिवेशन में स्वीकृत किया गया। 1970 में सभी सदस्य संगठनों को इसके प्रयोग हेतु परिपत्र प्रसारित किया गया। मानक पुस्तक संख्या के

आधार पर प्रत्येक नई पुस्तक को उसके मुद्रण के साथ ही एक पहचान अंक आबंटित किया जाता है। इसमें दस अंक 0–9 होते है। इन दस अंको का प्रयोग चार घटकों की अभिव्यक्ति के लिये किया जाता है। प्रथम घटक में पुस्तक का देश, भाषा अथवा अन्य सुविधाजनक इकाई को सम्मिलित किया जा सकता है। दूसरे घटक में प्रकाशक, तीसरा आख्याँ व संस्करण तथा चौथा निरीक्षण अंक (check digit) होता है। जिसे त्रुटियों से बचने के लिये उपयोग में लाया जाता है। प्रत्येक हिस्से को हाइफन – अथवा खाली जगह छोड़ कर पृथक किया जा सकता है। जैसे ISBN-81-7000-259-1 भारत में हिन्दी में प्रकाशित, प्रथम संस्करण, एस॰ एस॰ प्रकाशक

**INTERNATIONAL STANDARD SERIAL NUMBER (ISSN)**

**अन्तर्राष्ट्रीय मानक क्रमिक प्रकाशन संकेत संख्या :** क्रमिक प्रकाशनों के पहचान हेतु 8 अंको से बना यह अन्तर्राष्ट्रीय स्वीकृत मानक संकेत संख्या है। इसका आठवाँ अंक कंप्यूटर संसाधन में प्रमाणिकरण का कार्य करता है। इस मानक को अन्तर्राष्ट्रीय मानकीकरण संगठन की तकनीकी कमेटी 46 ने विकसित किया। इसके प्रबंध व क्रमिक संकेत संख्या का आबंटन का कार्य अन्तर्राष्ट्रीय क्रमिक डेटा प्रणाली का अन्तर्राष्ट्रीय केन्द्र करता है जो पेरिस में स्थित है। इसको फ्रांससी सरकार व यूनेस्कों द्वारा सहायता प्रदान की जाती है।

**INTERNATIONAL STUDY CONFERENCE ON CLASSIFICATION FOR INFORMATION RETRIEVAL**

**सूचना पुनः प्राप्ति के लिये वर्गीकरण पर अन्तर्राष्ट्रीय अध्ययन सम्मेलनः** वर्गीकरण शोध पर यह **प्रथम** अन्तर्राष्ट्रीय अध्ययन सम्मेलन है जो डोरकिंक, इंग्लैण्ड में 13 से 17 मई 1957 को सम्पन्न हुआ। इस सम्मेलन में 1957 से पूर्व के 20 सालों में वर्गीकरण के क्षेत्र में प्रतिपादित विचारों (मुख्यतः रंगनाथन द्वारा प्रतिपादित) का अध्ययन करने तथा उनका सूचना पुनः प्राप्ति में कैसे प्रयोग किया जाय, पर विचार किया गया। इसमें यह भी निर्णय लिया गया कि आधुनिक वर्गीकरण का आधार पक्ष विशलेषण ही होना चाहिये। इस सम्मेलन में हुए विचार–विमर्श का यही संदेश था कि पक्षात्मक वर्गीकरण का प्रयोग शेल्फ व्यवस्था तथा मशीन में सूचना पुनः प्राप्ति दोनों के लिये किया जा सकता है।

**INTERNATIONAL STUDY CONFERENCES ON CLASSIFICAITION RESEARCH**

**वर्गीकरण शोध पर अन्तर्राष्ट्रीय अध्ययन सम्मेलन :** वर्गीकरण पर **दूसरा** अन्तर्राष्ट्रीय अध्ययन सम्मेलन 14 से 18 सितम्बर 1964 को इलसीनोर, (डेनमार्क) में हुआ। इस सम्मेलन का मुख्य उद्देश्य इस विषय पर विचार विमर्श करना था कि भविष्य में वर्गीकरण पर किस प्रकार का अध्ययन व शोध किया

जाना चाहिये। इस सम्मेलन में परम्परागत एवं स्वचालित वर्गीकरण दोनों पर लेख प्रस्तुत किये गये। **तीसरा** वर्गीकरण अध्ययन सम्मेलन 6 से 11 जनवरी 1975 में मुंबई (भारत) में हुआ जिसमें विचार का मुख्य विषय 'व्यापक सचूना तंत्र के लिये वर्गीकरण (व्यवस्थापन प्रणाली) पद्धतियाँ था। **चौथा** सम्मेलन 27 जून 2 जुलाई 1982 को आस्वर्ग (जर्मनी) में हुआ। जिसमें अध्ययन का विषय 'सार्वभौम वर्गीकरण, विषय व्याख्या तथा व्यवस्थापन प्रणाली था **पाँचवां** सम्मेलन 24 से 28 जून 1991 में टोरटों (कनाडा) में हुआ जिसमें विचार का विषय 'ज्ञान प्रस्तुती तथा व्यवस्था के लिये वर्गीकरण शोध' था। **छटा** अन्तर्राष्ट्रीय वर्गीकरण शोध सम्मेलन 16 से 19 जून 1997 में लंदन में हुआ, जिसमें 'सूचना पुनः प्राप्ति के लिये ज्ञान व्यवस्था' विषय पर विचार विमर्श हुआ।

**INTERNATIONAL TRANSLATION CENTRE (ITC)**

**इन्टरनेशनल ट्रांसलेशन सेन्टर** : 1960 में इस सेन्टर की स्थापना यूरोपियन ट्रांसलेशन सेन्टर के नाम से की गयी थी। 1975 में इसका नाम इन्टरनेशनल ट्रांसलेशन सेन्टर कर दिया गया। वर्तमान में यह डेलफ्ट (Delft) नीदरलैड में स्थापित है। इस सेन्टर का मुख्य उद्देश्य अनुवादों के माध्यमों से सूचना का विनियम तथा अनुवादों की अनावश्यक पुनरावृत्ति को रोकना है। आई॰ टी॰ सी॰ अनुवादों को स्वयः तैयार नहीं करता है अपितु यह एक सूचना ब्यूरो की तरह कार्य करता है जिसका मुख्य कार्य केन्द्रीय संदर्भ सूची तैयार करना है जिससे कि अनुवादों के बारे में जानकारी उपलब्ध करायी जा सके। अनुवादों की सूचना देने हेतु यह 1978 से **वर्ल्ड ट्रान्स इन्डेकस** (World Trans Index) प्रकाशित करता है। इसका प्रकाशन 10 अंकों में मासिक अवधि से किया जाता है तथा वार्षिक संचयी अंक अलग से प्रकाशित किये जाते हैं। प्रत्येक खण्ड की स्रोत अनुक्रमणिका (Source Index) तथा लेखक अनुक्रमणिका भी प्रकाशित की जाती है।

**INTERNET**

**इन्टरनेट** : कई कंप्यूटरों को एक साथ जोड़ने से नेटवर्क बनता है। जब इस प्रकार के कई नेटवर्क को जोड़ा जाता है तो एक इन्टरनेटवर्क (Internetwork) बनता है। जिसे संक्षिप्त में इन्टरनेट कहते हैं। दूसरे शब्दों में इन्टरनेट नेटवर्कों का बड़ा भारी संग्रह है। इन्टरनेट के तीन मुख्य लाभ हैः' (1) विश्वस्तर पर सूचना साझेदारी (Information Sharing); (2) ई–मेल अथवा इलैक्ट्रोनिक मेल अर्थात् कंप्यूटर से कंप्यूटर के द्वारा पत्र व्यवहार तथा (3) व्यापारिक कार्यों के विस्तार व उपयोग की सुविधा। इन्टरनेट की स्थापना का श्रेय संयुक्त राष्ट्र अमेरिका की सरकार को एक निकाय **नेशनल सांइस फाउनडेंशन** को जाता है। जिसने 1980 के दशक में सुपर कंप्यूटरों के माध्यम

से सूचना साझेदारी का विचार प्रतिपादित किया। एक सुपर कंप्यूटर जिसमें शोध संस्थाओं व विश्वविद्यालयों की साझेदारी हेतु सूचना भंडारित की गयी थी। इसे सर्वप्रथम विश्वविद्यालय कैम्पस के कंप्यूटरों से जोड़ा गया जिससे कंप्यूटरों का एक, नेटवर्क बन गया। धीरे–धीरे इस नेटवर्क का वैज्ञानिक, शोधकर्त्ता तथा छात्र भी प्रयोग करने लगे। कुछ समय पश्चात् व्यापारिक संगठनों ने भी इस नेटवर्क में रूचि लेनी आरम्भ कर दिया। जिसके फलस्वरूप ही इन्टरनेट की अवधारणा का उद्‌भव हुआ।

**INTERPOLATION**

**अन्तर्वेशन :** वर्गीकरण में वर्गांको की एक पंक्ति अथवा श्रृंखला में किसी भी नये विषय अथवा एकल के वर्गांक को ग्राह्‌ता प्रदान करना ही अन्तर्वेशन कहलाता है।

**INTERPOLATION IN ARRAY**

**पंक्ति में अन्तर्वेशन :** विषय जगत के समकक्ष वर्गों को एक अनुक्रम में व्यवस्थित करने से एक पंक्ति बनती है। समकक्ष वर्गों की इस पंक्ति के किसी भी दो वर्गों के बीच में यदि नये विषय स्थान की माँग करते हैं तथा उनको उनकी माँग के अनुरूप ग्राह्‌ता प्रदान की जाती है उसे पंक्ति में अन्तर्वेशन कहा जाता है।

**INTERPOLATION IN CHAIN**

**श्रृंखला में अन्तर्वेशन :** विषय जगत के समकक्ष वर्गों को पुनः अधीनस्थ वर्गों में विभाजित किया जाता है। इन उपवर्गों के आधार पर बनने वाली पंक्ति को श्रृंखला की संज्ञा दी जाती है। यदि इस श्रृंखला की किसी भी दो कड़ियों के बीच नये एकल स्थान की माँग करते है। तो इन नये एकलों को उनकी माँग के अनुरूप स्थान प्रदान करना ही श्रृंखला में अन्तर्वेशन कहलाता है।

**INTERPRETER**

**अनुवादक :** कंप्यूटर सामान्य भाषा नहीं समझ सकता है। अंग्रेजी अथवा अन्य भाषा, जो हम लिखते अथवा बोलते हैं उसे कंप्यूटर नहीं समझ सकता है। कंप्यूटर मशीनी भाषा ही समझता है। यह मशीनी भाषा इतनी जटिल होती है कि मनुष्य के लिये इसका उपयोग करना कठिन कार्य है। इसी समस्या के समाधान हेतु ऐसे प्रोग्राम बनाये गये जो मनुष्य की समझ में आने वाली भाषा के कुछ चुने हुए शब्दों को मशीनी भाषा में अनुवाद करके कंप्यूटर को समझा देते हैं। इसी प्रकार कंप्यूटर द्वारा मशीनी भाषा में दिये उत्तरों को सामान्य भाषा जैसे अंग्रेजी भाषा में अनुवाद करके मानीटर के पटल पर प्रदर्शित कर देते हैं। ऐसे अनुवादक प्रोग्रामों को इन्टरप्रेटर तथा कम्पाइलर प्रोग्राम कहा जाता है। ये प्रोग्राम अंग्रेजी जैसी सामान्यभाषा के माध्यम से कंप्यूटर से सम्पर्क करने की

क्षमता प्रदान करते हैं।

**INTERROGATION MARK**

**प्रश्न-चिन्ह** (?) : एक सीधे प्रश्न के अन्त में प्रयोग किया जाने वाला विराम चिन्ह।

**INTRA-ARRAY PHASE RELATION**

**अन्तर-पंक्ति विषय सम्बन्ध** : कोलन क्लासीफिकेशन के संस्करण 6 (1960) में इस विधि को मान्यता प्रदान की गयी। इस प्रकार के विषय सम्बन्ध विधि से एक ही मुख्यवर्ग के एक ही पक्ष के तथा एक ही समकक्ष वर्ग के विभिन्न एकलों के पारस्परिक सम्बन्धो को वर्गांक में दर्शाया जा सकता है।

**INTRA-FACET PHASE RELATION**

**अन्तर-पक्ष विषय सम्बन्ध** : कोलन क्लासीफिकेशन संस्करण 5 (1957) में इस प्रकार के विषय सम्बन्ध को मान्यता मिली। इस प्रकार के विषय सम्बन्ध विधि से एक ही मुख्यवर्ग के एक ही पक्ष के विभिन्न समकक्ष वर्गों के पारस्परिक सम्बन्धों को वर्गांक में दर्शाया जा सकता है।

**INTRODUCTION**

**भूमिका** : एक कृति के आरम्भ में दिया गया संक्षिप्त विवरण, जिसमें उस कृति में लिखे गये विषय के बारे में बताया जाता है। यह कृति का प्रथम अध्याय भी हो सकता है।

**INVERSION, PRINCIPLE OF**

**प्रतिलोभता का सिद्धांत** : **देखिये** Principle of Inversion.

**INVERSION OF TITLE**

**शीर्षक प्रतिलोमन** : वर्णानुक्रमिक सूची में आख्या के विशिष्ट शब्दों को क्रम में पहले लाने के लिये आख्या के शब्दों के क्रम को उल्टा कर देना।

**INVERTED BACONIAN SCHEME**

**विपर्यस्त बेकन प्रणाली** : फ्रैन्सिस बेकन ने अपनी पुस्तक The Advancement of Learning (1605) में एक वर्गीकरण पद्धति प्रस्तुत की, जिसमें ज्ञान जगत को तीन भागों – History, Poesy तथा Philosophy में विभाजित किया। इन्हीं विभाजनों को उल्टे क्रम – Philosophy, Poesy, History में व्यवस्थित करके कई वर्गीकरण पद्धति बनायी गयी हैं जैसे डीवी डेसीमल क्लासीफिकेशन । जिनको विपर्यस्त बेकन प्रणाली की संज्ञा दी जाती है।

**INVERTED COMMA**

**उल्टा अर्धविराम** (') : सामान्य रूप से अर्धविराम का प्रयोग उद्धरण

चिन्ह के रूप में किया जाता है जिसे उद्धरण के पहले व बाद में लगाया जाता है। तथापि पुस्तकालय वर्गीकरण पद्धतियों में इस चिन्ह का प्रयोग संकेतक के रूप में किया गया है। कोलन क्लासीफिकेशन में एकाकी उल्टा अर्धविराम तथा यूनीवर्सल डेसीमल क्लासीफिकेशन में युग्म अर्धविराम काल एकल के संकेतक के रूप में प्रयोग किया गया है।

**INVERTED ENTRY**

**विपर्यस्त प्रविष्टि** : एक अनुक्रमणिका की वह प्रविष्टि जिसको इस प्रकार व्यवस्थित किया गया है जिससे मुख्य शब्दों को आगे लाया जा सके।

**IINVERTED HEADING**

**विपर्यस्त शीर्षक** : सूचीकरण में शीर्षक के शब्द अथवा शब्दों को ऐसे व्यवस्थित करना जिससे मुख्य शब्द पहले आ सकें।

**INVOICE**

**बीजक** : किसी भी सामग्री की उनके दाम सहित सूची।

**INVISIBLE PLANE**

**अदृश्य स्तर** : रंगनाथन के अनुसार शाब्दिक स्तर में शब्दों व पदों को व्यवस्थित किया जाता है तथा अंकन स्तर में इन शब्दों/पदों को अंको के रूप में कृत्रिम नाम दिये जाते है। अर्थात्, इन दोनो स्तरों का कार्य दृष्टिगत होता है जबकि वैचारिक स्तर का कार्य सबसे महत्वपूर्ण होते हुए भी दिखाई नहीं देता है इसलिये इसे अदृश्य स्तर की संज्ञा दी जा सकती है।

**I/O**

कंप्यूटर में Input/Output के लिये प्रयुक्त संक्षिप्त शब्द।

**ISBD**

देखिये International Standard Bibliographic Description

**I S B N**

देखिये International Standard Book Number

**I.S.D.S.**

देखिये International Serial Data System.

**I.S.O.**

देखिये International Organisation For Standardization

**ISOLATE IDEA**

**एकल विचार** : एक विचार अथवा विचार समूह जो एक विषय का घटक तो बन सकता है किन्तु अपने आप में विषय के रूप में प्रयोग नहीं किया जा सकता है, को एकल विचार की संज्ञा दी जाती है। जैसे हिन्दी अपने आप में विषय नही है इसे भाषा, साहित्य के घटक रूप में प्रयोग करके ही एक विषय का स्वरूप प्रदान किया जा सकता है।

**ISORID**

देखिये International Information System on Research In Documentation.

**ISSN**

देखिये International Standard Serial Number.

**ISSUE**

अंग्रेजी के इस शब्द के दो भिन्न अर्थ है:– (1) पुस्तक निर्गम–पुस्तकालय से एक पुस्तक को पाठक को उधार पर देना; (2) पत्रिका अंक/सामयिक प्रकाशन अथवा पत्रिका का एक अंक।

**ISSUE DATE**

(1) **निर्गम तिथि :** पाठक द्वारा पुस्तकालय से पुस्तक उधार पर लेने की तिथि अथवा (2) पत्रिका के **अंक की तिथि** – दिन, तिथि, महिना, जिससे वह पहचाना जाता है।

**ISSUE COUNTER**

**निर्गम स्थल :** पुस्तकालय का वह स्थान जहाँ से पुस्तकों का पाठक द्वारा आदान– प्रदान होता है।

**IT**

इन्फोरमेशन टैक्नोलाजी के लिये प्रयुक्त संक्षिप्त शब्द।

**ITALIC**

**तिरछे शब्द :** टाइप अथवा मुद्रण में प्रयोग किये जाने वाले तिरछे शब्द।

**I T C**

देखिये International Translation Centre

**ITEM**

**इकाई :** अनुक्रमणिका व सूचना पुनः प्राप्ति में एक प्रलेख का संदर्भ अथवा एक प्रलखे, पुस्तक, सामयिक प्रकाशन को इंगित करने वाला शब्द।

**ITEM SIZE**

**इकाई आकार :** कंप्यूटर में डेटा की एक इकाई में अंकाक्षर अथवा अंको की कुल संख्या।

**ITERATIVE SEARCHING**

**पुनरावृतीय खोज : पुस्तकालय** में एक उपयोगकर्त्ता की माँग के अनुरूप प्रलेखों अथवा सूचना प्राप्ति खोज, जिस हेतु खोज की प्रक्रिया कई बार पुनरावृति करनी पड़ सकती है। **सूचना पुनः प्राप्ति** में सूचना प्राप्ति के लिये बार–बार दोहराई जाने वाली खोज को भी पुनरावृतीय खोज कहते हैं।

**JACKET**

**पुस्तक आवरण :** इसे बुक जैकेट भी कहते हैं; **फ्लापी डिस्क** को भी सुरक्षा हेतु चौकोर प्लास्टिक आवरण से मंडित किया जाता है।

**JACKETED FILM**

**आवरण मंडित फिल्म :** फिल्म जैकेट में रखी गयी माइक्रोफिल्म।

**JARGON**

**वर्ग-बोली :** एक विशिष्ट मिश्रित भाषा, जो एक स्थान विशेष की उपबोली हो सकती है।

**JAST AUTHOR NUMBER**

**जास्ट लेखक अंक :** एल स्टेनल्ये जास्ट (L Stanley Jast) ने सन् 1900 में ग्रंथाक हेतु एक सरल लेखक अंक विधि का प्रतिपादन किया, जिसमें एक नाम का यदि एक ही लेखक है तो उसके नाम के प्रथम दो अक्षर लेखक अंक के लिये प्रयोग किये जाने चाहिये, यदि एक नाम के कई लेखक हैं तो लेखक के नाम के प्रथम दो अक्षरों के बाद अरैबिक अंक 1, 2, 3 आदि प्रयोग किया जायेगा। एक ही लेखक की दो कृतियों का नाम यदि एक ही अक्षर से आरम्भ होता है तो लेखक के नाम के प्रथम तीन अक्षरों के बाद प्रथम कृति के नाम का पहला अक्षर तथा दूसरी कृति के नाम का पहला अक्षर तथा अरैबिक अंक 1, 2 प्रयोग किये जायेगें। जैसे एक लेखक – Sharma-SH, दो या अधिक लेखक - Sharan - Sh., Sharma, SH1, Sharma, Sudhir, SH2; एक लेखक की दो कृतियाँ–प्रेमचन्द की गबन व गोदान – PRE. G, PRE. GA

**JAST BOOK NUMBER**

देखिये Jast Author Number

**JOB**

**कार्य** : सेवाऐं जिनको प्रतिपादित किया जाता है।

**JOB PRESS**

**छोटा छापाखान** : ऐसे छोटे छापेखाने जो इश्तहार, पर्चे, लेबल, विज्ञापन आदि को कम मात्रा में प्रकाशित करते हैं।

**JOB PRINTER**

**छोटे मुद्रक** : छोटे–छोटे कार्यों जैसे प्रचार पत्र, इश्तहार, लेबल आदि का मुद्रण करने वाला मुद्रक ।

**JOB SPECIFICATION**

**कार्य विनिर्देशन** : एक कार्य के लक्ष्य, उसको प्राप्त करने के लिये मानदण्ड, ऐसे सुझावों का प्रस्ताव जिनसे इस कार्य में सफलता कैसे प्राप्त की जा सकती है आदि विस्तृत विवरण लिख लेना ही कार्य विनिर्देशन कहलाता है। यदि यह केवल कार्य की रूपरेखा मात्र है तो इसे कार्य–विवरण कहा जाता है।

**JOBBER**

**फुटकर पुस्तक विक्रेता** : ऐसे पुस्तक विक्रेता जो प्रकाशकों के पास बाकी बची सभी प्रकार की पुस्तकों का संग्रह करके उन्हें पुस्तकालय अथवा पुस्तक विक्रेताओं को बेचते हैं।

**JOINT AUTHOR**

**सह-लेखक** : ऐसा लेखक जो एक अथवा अधिक व्यक्तियों के सहयोग से एक ग्रन्थ की रचना करते हैं तथा जिसमें प्रत्येक लेखक का कार्य समान होता है।

**JOINT AUTHOR ENTRY**

**सह लेखक प्रविष्टि** : सूचीकरण में एक अतिरिक्त प्रविष्टि, जिसमें प्रविष्टि के अग्रअनुच्छेद को सह–लेखक के नाम को लिखने के लिये प्रयोग किया जाता है।

**JOINT AUTHORSHIP**

**सह कृतित्व** : सूचीकरण में ऐसी पुस्तक का विवरण जिसको एक से अधिक लेखकों के सहयोग से लिखा गया है लेकिन पुस्तक में इसे स्पष्ट नहीं किया गया है।

**JOINT CATALOGUE**

**संयुक्त सूची** : एक से अधिक पुस्तकालयों की सूची प्रविष्टियों की संयुक्त सूची।

**JOINT COMMITTEE**

**संयुक्त समिति :** विभिन्न कमेटियों अथवा पुस्तकालयों के सदस्यों से गठित समिति।

**JOINT WORK**

**सहकृति :** ऐसी कृति जिसको एक से अधिक लेखकों ने लिखा हो लेकिन उसमें प्रत्येक लेखक के व्यक्तिगत कार्य को पृथक रूप से स्पष्ट नहीं किया जा सकता है।

**JOURNAL**

**पत्रिका :** सामयिक प्रकाशन जिसमें एक अथवा विभिन्न विषयों के शोध सम्बन्धित लेख, विशिष्ट समाचार तथा कार्य विवरण होता है। सूचना प्रसारण का यह एक मुख्य प्राथमिक स्रोत है।

**JOURNALISM**

**पत्रकारिता :** समाचार पत्रों, पत्रिकाओं आदि के लिये लिखने, संकलन तथा सम्पादित करने का व्यवसाय।

**JOURNALIST**

**पत्रकार :** पत्रिकाओं अथवा समाचार पत्रों के लिये लिखने अथवा उसका सम्पादन करनें वाला व्यक्ति।

**JOVIAL**

इन्टरनेशन ऐजलेब्रेइक लैंग्वेज (I.A.L) पर आधारित प्रोगामन भाषा।

**JOY STICKS**

**जाय स्टिक :** यह कंप्यूटर का एक निवेश माध्यम है जिसे उपयोगकर्त्ता द्वारा कंप्यूटर दृश्यपटल में कर्सर को संकेत देने के लिये प्रयोग किया जाता है। इस छड़ीनुमा उपकरण को उपयोगकर्त्ता अपने हाथ में पकड़ कर प्रयोग करता है। इस उपकरण का सामान्यतया कंप्यूटर में खेल खेलने के लिये प्रयोग किया जाता है। नये मॉडलों को टेबल पर भी रखा जा सकता है। इसे पैडल (Paddle) भी कहते है।

**JUNIOR ASSISTANT**

**कनिष्ट सहायक :** पुस्तकालय का अधिकारी जो अपने से वरिष्ठ अधिकारी के अधीनस्थ कार्य करता है।

**JUNIOR BOOK**

**बाल पुस्तक :** बच्चों की पुस्तकें।

**JUVENILE EDITION**

**बाल संस्करण** : कुछ समय पूर्व इसे बच्चों की पुस्तकों के ट्रेड नाम की तरह प्रयोग किया जाता था।

**JUVENILE LIBRARY**

**बाल पुस्तकालय** : ऐसा पुस्तकालय जिसमें बच्चों के लिये तथा उनसे सम्बन्धित प्रलेखों का अधिग्रहण किया जाता है।

**JUVENILIA**

**बालरचना** : बाल्यकाल में लिखी गयी रचनायें अथवा किशोरों के लिये लिखी गयी रचनायें।

# K

**K**

**के :** यह ग्रीक शब्द किलो (Kilo) का प्रथम शब्द है जिसका अर्थ है – हजार (Thousand)। कंप्यूटर स्मृति का माप K – बाइट में दर्शाया जाता है। एक किलो में 1024 बाइट्स होती है। 8 विट्स की सूचना को एक बाइट कहते हैं। छोटे कंप्यूटरो में स्मृतियों का रूपांतरण 4 K से 16 K बाइट्स तक होता है। जबकि बड़े कंप्यूटरों में स्मृतियों को K शब्दों में दर्शाया जाता है व इन बड़े कंप्यूटरों में सैकड़ों K शब्द हो सकते हैं।

**KAISER SYSTEM**

**कैसर प्रणाली :** जे केसर द्वारा 1911 में प्रतिपादित अनुक्रमणिका पद्धति जिसके विषयों को दो श्रेणियों में विभाजित किया गया है – मूर्त (Concretes) तथा प्रक्रिया (Process)। मूर्त के अन्तर्गत पदार्थ, उपकरण, वस्तु तथा क्रिया के स्वरूप को सम्मिलित किया गया है जबकि प्रक्रिया को सभी मूर्त स्वरूपों की स्थित (Static) अथवा गतिमान (Dynamic) अवस्थाओं के लिये प्रयुक्त किया गया है। कैसर ने इस सूची में मुख्य शीषकों में मूर्त को क्रम में प्रथम स्थान तथा प्रक्रिया को दूसरा स्थान दिया है। इस प्रणाली का कैसर की पुस्तक Systematic Indexing (1911) में विवरण दिया गया है।

**KANTS CLASSIFICATION**

**कांत का वर्गीकरण :** जर्मन दार्शनिक इमानुअल कांत (Emanual Kant) (1724-1804) द्वारा अपनी पुस्तक Critique of Pure Reason (1781) में द्विभागीय दार्शनिक पद्धति (Dichotomic System) में ज्ञान जगत को दो भागों की प्रक्रिया से विभाजित किया गया है अर्थात ज्ञान जगत से क्रमशः अंतिम स्तर तक प्रत्येक दार्शनिक अवधारणा को क्रमशः दो भागों में विभाजित किया गया है।

**KARNATAKA PUBLIC LIBRARY ACT.**

देखिये Mysore Public Library Act.

**KEEPDOWN**

मुद्रण में बड़े अक्षरों को कम प्रयोग करने का निर्देश।

**KEEPING PACE WITH KNOWLEDGE**

**ज्ञान के साथ विस्तार** : डीवी डेसीमल क्लासीफिकेशन की संशोधन नीति का एक प्रमुख सिद्धान्त है जिसका कार्यान्वयन संस्करण 15(1952) से आरम्भ हुआ। इससे पूर्व मेलविल डीवी द्वारा प्रतिपादित आधारभूत सिद्धान्त वर्गांक की अक्षतता (Integrity of Numbers) का ही प्रयोग किया जाता था।

**KEPT BOOK**

**सुरक्षित पुस्तक** : पुस्तकालय की वह पुस्तक जो पाठकों को सामान्य रूप से उपलब्ध नही होती है। कई कारणों से कुछ पुस्तकों को सुरक्षित रखने हेतु आरक्षित श्रेणी में रखा जाता है।

**KERALA PUBLIC LIBRARY ACT, 1989**

**केरल सार्वजनिक पुस्तकालय अधिनियम** : पुस्तकालय अधिनियम बनाने की प्रक्रिया केरल में 1940 से ही आरम्भ हो गयी थीं। 1940 में तात्कालीन त्रावनकोर के दीवान सर सी.पी. रामास्वामी अय्यर तथा कोचीन राज्य के शिक्षा मंत्री गोविंदा मेनन के अनुरोध पर रंगनाथन द्वारा एक पुस्तकालय बिल का प्रारूप तैयार किया गया तथापि उस समय के राजनैतिक परिवेश के कारण इस प्रारूप पर प्रभावी कार्यवाही नही हो सकी। 1959 में तत्कालीन मुख्य मंत्री ई॰एम॰ एस॰ नम्बुदरीपाद के अनुरोध पर रंगनाथन ने फिर से सार्वजनिक पुस्तकालय अधिनियम का प्रारूप तैयार किया किंतु केरल पुस्तकालय संघ के विरोध के कारण यह भी आगे नहीं बढ़ पाया। 1960 में संघ ने दूसरा बिल सरकार के सन्मुख प्रस्तुत किया, किन्तु इस पर भी कोई कार्यवाही नही हुई। 1971 में इस बिल को विधान सभा में प्रस्तुत किया गया किन्तु यह पारित नही हो पाया। इसे फरवरी 1889 में फिर से प्रस्तुत किया गया तथा कुछ संशोधनों के पश्चात् इसे पारित कर दिया गया। इसमें राज्य सरकार को सर्वोच्च मानते हुए, सार्वजनिक पुस्तकालय संगठन को तीन भागों में विभाजित कर दिया गया है – राज्य पुस्तकालय परिषद, जिला पुस्तकालय परिषद, तथा तालुका पुस्तकालय परिषद। ये तीनों इकाइयॉ समष्टि निकायों के रूप में कार्यरत रहेंगी तथा अधिनियम को लागू करने हेतु समस्त कार्य करेगी।

**KERNEL TERMS/TITLE**

**सार शब्द अथवा शीर्षक** : वर्गीकरण में विषय के पक्ष विश्लेषण से प्राप्त

विषय की विभिन्न विशेषताओं को इंगित करने वाले शब्द। रंगनाथन द्वारा प्रतिपादित व्यावहारिक वर्गीकरण का यह दूसरा चरण है। इस चरण में पुस्तक की आख्या के उन सभी शब्दों को हटा दिया जाता है जो विषय वस्तु को निर्दिष्ट नही करते है। शब्द जैसे in, for, the आदि। इसके पश्चात् बचे सारगर्भित शब्दों का ही शीर्षक के रूप में प्रयोग किया जाता है।

**KEY**

**कुंजी** : कंप्यूटर के कीबोर्ड का वह बटन जिसे दबा कर उपयोगकर्त्ता डेटा का निवेश कर सकता है। **अथवा** कंप्यूटर में एक रिकार्ड को पहचानने अथवा ढूढ़ने के लिये प्रयुक्त अंक अथवा अंकाक्षर।

**KEY BOARD**

**कुंजी पटल** : कंप्यूटर का वह निवेश उपकरण जो उसे वाह्य जगत से जोड़ता है। प्रतिदिन की सूचना/डेटा को निवेश करने का यह सबसे महत्वपूर्ण माध्यम है। कीबोर्ड टाइपराइटर के कीबोर्ड जैसा ही होता है तथापि कंप्यूटर के कीबोर्ड के बटन बहुत आसानी से दबते है। इसके अतिरिक्त इनमें यह सुविधा भी होती है कि यदि किसी बटन को कुछ देर तक दबा कर रखा जाता है तो वह स्वंय ही दोहराने का कार्य करने लगता है। इस कीबोर्ड में भिन्न–भिन्न कार्यों को करने वाली कुंजियाँ भी होती हैं।

**KEYBOARD COMPUTER**

**कुंजीपटल कंप्यूटर** : इस प्रकार के कंप्यूटर में केवल कुंजीपटल के माध्यम से ही सूचना निवेश की जाती हैं

**KEYWORD**

**संकेत शब्द** : एक प्रलेख अथवा लेख के विषय वस्तु को इंगित करने वाले महत्वपूर्ण सारगर्भित शब्द जो उस विषय तक पहुंचने में सहायक सिद्ध होते हैं।

**KEYWORD CLASSIFICATION**

**संकेत शब्द वर्गीकरण** : सूचना पुनः प्राप्ति हेतु बनायी गयी वर्गीकरण पद्धति जिसमें प्रलेख के विषय वस्तु में बार–बार प्रयोग होने वाले शब्दों को विषय तत्व को इंगित करने का सूचक मान कर उन्हीं के आधार पर पद्धति की रचना की जाती है तथा उन्ही के माध्यम से पाठक को उसके प्रलेख/लेख तक पहुचाया जाता है। अर्थात् इस प्रकार की पद्धति में कंप्यूटर में शब्दों को विषय संकेतक के रूप में निवेश किया जाता है तथा उन्हीं संकेत शब्दों के माध्यम से पाठक को उस प्रलेख व लेख तक पहुंचाया जाता है जिसकी उसे आवश्यकता है।

**KEYWORD CLUSTERING**

संकेत शब्द समूह : देखिये Keyword Classification।

**KEYWORD - IN - CONTEXT**

देखिये KWIC

**KEYWORD - OUT OF - CONTEXT**

देखिये KWOC

**KILOBAUD**

**किलोबोड :** कंप्यूटर में डेटा हस्तान्तरण का माप; अथवा एक हजार बाइट प्रति सेकेंड।

**KILOBYTES**

**किलो बाइट :** कंप्यूटर में लगी स्मृतियों की क्षमता बाइटों में ही मापी जाती है। एक अक्षर के लिये एक बाइट प्रयुक्त होता है इसलिए किसी लंबे संदेश को याद रखने के लिये बहुत से बाइटों की आवश्यकता होती है। बड़े आकार की स्मृतियों की क्षमता किलोबाइट (Kilobytes) या संक्षेप KB में तथा उससे बड़ी स्मृतियों की क्षमता का मेगाबाइट या संक्षेप में MB में मापा जाता है। इस पद्धति में 1K का तात्पर्य होता है 1024 बाइट्स।

**KNOWLEDGE**

**ज्ञान :** वह निश्चित जानकारी अथवा विचार समूह जिसे मनुष्य अर्जित कर सुरक्षित करता है जिससे कि इसे निरन्तर दूसरे को प्रदान किया जा सके।

**KNOWLEDGE CLASSIFICATION**

**ज्ञान वर्गीकरण :** सम्पूर्ण ज्ञान जगत अथवा एक विशिष्ट क्षेत्र पर आधारित ऐसी दार्शनिक वर्गीकरण प्रणाली जिसमें सामान्य मुख्य वर्ग (Generalia) सामान्य एकल, अंकन तथा अनुक्रमणिका का प्रावधान नही होता है। सामान्यतः वैज्ञानिक व दार्शनिकों द्वारा अपने स्वंय के उपयोग हेतु इस प्रकार की पद्धतियों की रचना की जाती है। इन पद्धतियों को पुस्तकालय वर्गीकरण पद्धति बनाने हेतु आधार तो बनाया जा सकता है किन्तु बिना आवश्यक संशोधनों व प्रावधानों के इनका प्रयोग प्रलेखों के वर्गीकरण हेतु नही किया जा सकता है।

**KNOWLEDGE CLASSIFICATION (JOURNAL)**

**नोलेज क्लासीफिकेशन :** इन्टरनेशनल सोसाइटी फार नोलेज आर्गनाइजेशन (ISKO) द्वारा 1974 से इस पत्रिका का प्रकाशन किया जा रहा है। इस पत्रिका का पूर्व नाम इन्टरनेशनल क्लासीफिकेशन है। इस पत्रिका में वर्गीकरण के सैद्धान्तिक तथा व्यावहारिक पहलुओं तथा नई तकनीकि के

फलस्वरूप पुस्तकालय वर्गीकरण के सामने चुनौतियां व उनको समाधान हेतु उच्चस्तरीय लेख प्रकाशित होते हैं यह त्रैमासिक पत्रिका है।

**KWAC**

**क्वाक :** यह कीवर्ड एण्ड कान्टैक्स्ट का संक्षिप्त शब्द है। अनुक्रमणिका की इस प्रणाली में प्रलेख की आख्या के महत्वपूर्ण शब्द को आरम्भ में लाने के लिये क्रमावर्तन प्रणाली का प्रयोग किया जाता है अर्थात् क्रर्मावर्तन के आधार पर आख्या के प्रत्येक महत्वपूर्ण शब्द को वर्णानुक्रम के आरम्भ में रखा जायेगा तत्पश्चात् आख्या के अन्य शब्द व्यवस्थित किये जायेगें तथा अन्त में आख्या का वह भाग जो आरम्भ में रखे गये शब्द से आगे आता है रखा जाता है।

**KWIC**

**क्विक :** एच. पी. लुहान (H.P. Luhan) द्वारा 1958 में आई. बी. एम. (International Business Machines) के लिये प्रतिपादित अपरम्परागत अनुक्रमणीकरण पद्धति है। इसका पूरा नाम **की वर्डस इन कानटैक्टस** (Key words in Context) है। यह एक यांत्रिक विधि है जिसे कंप्यूटर द्वारा बनाया जाता है। इस पद्धति में कंप्यूटर में संकेतशब्दों तथा अन्य सहायक शब्दों की एक सूची भर दी जाती है। जब एक अनुक्रमणिका के सभी लेखों व प्रलेखों की आख्या को कंप्यूटर में निवेश किया जाता है तो पहले से प्रस्तुत सूची के शब्दों का तथा इन निवेशित शब्दों का मिलान होता है। अनावश्यक शब्द जैसे the, an आदि को कंप्यूटर छोड़ देता है तथा संकेत शब्दों व उनके बाद, आने वाले शब्दों को मुद्रित कर देता है। इस पद्धति में अवधारणाओं के स्थान पर संकेत शब्दों का प्रयोग किया जाता है। ये शब्द विषय वस्तु को इंगित करने वाले शब्द होते हैं जिनको प्रलेख के विषय–वस्तु, शीर्षक, अथवा सार से छाँट लिया जाता हैं तथा अनुक्रमणिका के शीर्षक के लिये क्रम परिवर्तन (Rotation) से प्रयोग किया जाता है। आख्या के प्रत्येक शब्द को क्रम परिवर्तन के आधार पर वर्णानुक्रम में प्रस्तुत करने के साथ ही प्रत्येक संकेत शब्द के बाद पूर्ण तथा शीर्षक के बाकी संकेत शब्दों को भी दोहराया जाता है। शब्दों के वर्णानुक्रम के साथ–साथ यह भी स्पष्ट हो जाता है कि संकेत शब्द को विषय वस्तु में किस संदर्भ में प्रयोग किया गया है जो उपयोगकर्ता को प्रलेख अथवा लेख को प्राप्त करने में सहायक होते हैं। प्रत्येक वर्णानुक्रमिक के तीन भाग होते हैं – अनुक्रमणिका शब्द (Index Word), संदर्भ (Context) तथा संकेतांक।

**KWOC**

**क्वोक :** की वर्डस आउट आफ कान्टैक्टस का संक्षिप्त शब्द। यह पद्धति क्विक अनुक्रमणीकरण पद्धति का ही संशोधित स्वरूप है तथा यह भी प्रलेख व

लेख की आख्या पर ही आधारित अनुक्रमणीकरण है। इसमें आख्या के सभी महत्वपूर्ण संकेत शब्दों की प्रविष्टि बनायी जाती है। तथा प्रत्येक संकेत शब्द की प्रविष्टि के साथ पूरा शीर्षक तथा क्रमांक भी दोहराया जाता है।

**KYLE CLASSIFICATION**

**कायल वर्गीकरण :** अन्तर्राष्ट्रीय सामाजिक विज्ञान प्रलेखन कमेटी के निवेदन पर यूनेस्कों की सामाजिक विज्ञान की ग्रन्थ सूची का वर्गीकरण करने हेतु मिस बारबरा कायल ने सामाजिक विज्ञान की वर्गीकरण पद्धति की रचना की। इस पद्धति का आधार पाठकों की रूचि को बनाया गया तथा सामाजिक विज्ञान को ज्ञान की एक इकाई मानकर सीधे उसी में पक्ष विश्लेषण का प्रयोग किया गया। इसमें दो श्रेणियाँ व्यक्तित्व (Personalities) तथा क्रियाऐं (Activities) के साथ स्थान व काल श्रेणियों का भी प्रयोग किया गया है।

**LABEL**

**लेबल :** 1. पुस्तकालयों में प्रत्येक प्रलेख पर उसका नामांक लिखने के लिये चिपकाया जाने वाला एक निश्चित आकार व छोटी गोल टिकली; 2. जिल्दबन्दी में पुस्तकों की पीठिका पर लगाई जाने वाली विभिन्न रंगों की चमड़े की पतली पट्टी जिस पर प्रलेख के लेखक, आख्या, खण्ड संख्या आदि अंकित किये जाते हैं। 3. सूचना पुनः प्राप्ति में अंकाक्षरों का एक समूह जिनको डेटा की किसी एक इकाई को स्मृति के क्षेत्र में, रिकार्ड अथवा फाइल में पहचान के लिये प्रयोग किया जाता है।

**LABEL FIELD**

**लेबल क्षेत्र :** कंप्यूटर असेम्बली भाषा में लिखे गये निर्देश के स्रोत फार्मेट में प्रयोग किया जाने वाला एक क्षेत्र। असेम्बली भाषा के विवरणों में यह प्रथम विवरण होता है जिसे स्रोतों की सूची के बायीं ओर के कालम में दिया जाता है।

**LABELLED NOTATION**

**वर्गीकृत अंकन :** कोलन क्लासीफिकेशन में वर्गांक को लिखने का एक विशिष्ट ढंग है जिसमें वर्गांक का प्रत्येक अंकन वर्गीकृत है, प्रथम अंकन मुख्य वर्ग, उसके पश्चात् लिखा जाने वाला प्रत्येक अंकन एक निश्चित पक्ष से सम्बन्ध रखता है जिसे इंगित करने के लिये स्पष्ट पृथक संकेतक लगाये जाते हैं। अर्थात् वर्गांक के प्रत्येक अंकन पर उसके नाम का लेबल लगा रहता है।

**LABORATORY COLLECTION**

**प्रयोगशाला संग्रह :** विश्वविद्यालयों के विभिन्न विभागों के पुस्तकालयों में उनके विषय से सम्बन्धित संग्रह। यह विभागीय पुस्तकालय को भी इंगित करता है।

**LACUNA**

**संग्रह कमी** : एक पुस्तकालय के संग्रह में ऐसे रिक्त स्थान जिनको उचित संग्रह की खरीद से पूरा किया जाना है।

**LAMINA**

**परत** : वर्गीकरण में प्रयुक्त परत अथवा घटक अथवा पहलू। रंगनाथन के अनुसार विषय जगत का जितनी बार विच्छेदन किया जाय उससे उतनी ही बार एक घटक की उत्पत्ति होती है। इस प्रकार एक पंक्ति में मुख्य वर्ग अथवा एक एकल भी एक घटक ही है।

**LAMINATION**

**परतबन्दी** : वर्गीकरण में यह विषय संरचना की वह विधि है जिसमें एक परत (पक्ष) के ऊपर दूसरी परत (पक्ष) के रखने से एक विषय की रचना हो जाती है। कोलन क्लासीफिकेशन में पाँच मूलभूत श्रेणियों के आधार पर बनने वाले विषयों के आधार पर ही 1950 में रंगनाथन ने इस विधि को प्रतिपादित किया। 1971 में नयी अवधारणाओं के आधार पर परतबन्दी को दो प्रकार के विषयों की संरचना का आधार बनाया गया –

**परतबन्दी प्रकार** 1 : जिसमे एक मूल विषय के ऊपर एक या अधिक एकल पक्षों की परतबन्दी से एक संयोजित विषय की संरचना होती है। अर्थात् पाँच मूलभूत श्रेणियों के प्रयोग से बनने वाले विषय।

**परतबन्दी प्रकार** 2 : एक प्राथमिक मुख्य विषय पर एक विशेषक (Qualifier) अथवा वर्ग उद्‌भव (Speciator) को जोड़ने से एक अप्राथमिक मुख्य विषय की संरचना होती है। अर्थात् मुख्य विषय की संरचना में विशिष्टता मुख्य विषय (Specials) अथवा प्रणाली मुख्य विषय (Systems) तथा अन्य माध्यमों से बनने वाले विषयों को जोड़ने से बनने वाले विषयों को इस श्रेणी में रखा गया है।

**LAMINATION METHOD**

**परत चढ़ाने की विधि** : कमजोर, पतले, व नश्वर कागजो की सुरक्षा हेतु प्रयोग की जाने वाली विधि, जिसमें ऐसे कागजो अथवा प्रलेख के पृष्ठों को पतली पारदर्शी थरमो प्लास्टिक पदार्थ की परतों के आवरण के अंदर रख कर तापोचार द्वारा सुरक्षित किया जाता है।

**LAMPOON**

**निन्दात्मक अथवा व्यंग्यात्मक लेखन**

**LAMPOONIST**

व्यंग्यात्मक रचनाओं का लेखक

**LAN**

**लैन** : लोकल एरिया नेटवर्क जिसमें एक ही भवन में कार्य कर रहे अनेक कंप्यूटरों को परस्पर सम्पर्क करने के लिये जोड़ा जाता है।

**LANGUAGE**

**भाषा** : भाषा का अर्थ है ऐसे लिखित व सुनिश्चित शब्दों तथा संकेताक्षरों का सुव्यवस्थित सम्मिश्रण जिसका **मनुष्य** अपनी आवाज के माध्यम से अपने विचारों व भावनाओं को व्यक्त करने के लिये प्रयोग करता है। जिस प्रकार मानव एक दूसरे की बात समझने व जानने के लिये भाषा का प्रयोग करते हैं उसी प्रकार **कंप्यूटर** में भी निर्देशों तथा आदेशों के संचारण के लिये एक विशिष्ट प्रकार की भाषा का ही प्रयोग किया जाता है। जिसमें संकेताक्षर, अंक, व संकेत प्रयोग किये जाते हैं।

**LANGUAGE NUMBER**

**भाषा अंक** : वर्गीकरण में यह इंगित करने के लिये कि प्रलेख किस भाषा में लिखा गया है इसके अनुवाद हेतु भाषा के लिये भी एक कृत्रिम अंक आबँटित किया जाता है। सामान्यतः सभी वर्गीकरण पद्धतियों में मुख्य वर्ग भाषा विज्ञान व साहित्य में भाषा अंक का प्रावधान होता है। जैसे अंग्रेजी भाषा के साहित्य को 810 (डी. डी. सी.) 0111 (सी. सी.) वर्गांक प्रदान किया गया है तथापि कोलन क्लासीफिकेशन में ग्रंथांक में भी प्रलेख की भाषा को अनुवाद हेतु अंक आबँटित करने का प्रावधान है।

**LANGUAGE SUBDIVISION**

**भाषा उपविभाजन** : साहित्य तथा भाषा विज्ञान में विभिन्न भाषाओं को विभाजित करने से प्राप्त उपविभाजन।

**LAPTOP COMPUTER**

**लैपटाप कंप्यूटर** : ऐसे पर्सनल कंप्यूटर जो आकार में इतने छोटे होते हैं कि उनको गोदी में रख कर काम किया जा सकता है। ये कंप्यूटर बैटरियों पर चलते हैं परंतु इनकी कार्यक्षमता बड़े पर्सनल कंप्यूटरों जैसी ही होती है। तथापि अब वाइरलैस सहित कंप्यूटर कीबोर्ड के आने से इनका चलन कम हो गया है। देखिए WAP

**LARGE SCALE INTEGRATION**

**लार्ज स्केल इन्टीग्रेशन** : इस अति वृहद संघटन की तकनीक को 1970 के दशक में टेड होफ्ट (Ted Hoft) नामक अमेरिकी अभियंता ने विकसित किया। होफ्ट ने 1971 में एक डाक टिकट के आकार के सिलिकन चिप के ऊपर हजारों ट्रान्जिस्टरों को स्थापित करने में सफलता पाई। इस तकनीक को

लार्ज स्केल इन्टीग्रेशन तथा इस तकनीक द्वारा बनाये गये सर्किट को लार्ज स्केल इन्टेग्रेटेड सर्किट कहते है। इस तकनीक द्वारा एक सिलिकन के छोटे से चिप पर कंप्यूटर का मष्तिष्क अर्थात केन्द्रीय संसाधक इकाई के समूचे इलैक्ट्रानिक घटकों तथा परिपथों को स्थापित करने में सफलता मिल गयी है। इस नये आविष्कार को माइक्रोप्रोसेसर का नाम दिया गया है।

**LASER PRINTER**

**लेजर प्रिन्टर्स :** लेजर अर्थात् लाइट एप्लीकेशन बाई दि सिमुलेटेड एमिसन ऑफ रेडिएशन (Light Application by the Simulated Emission of Radiation) यह विद्युत फाटोग्राफी प्रणाली पर आधारित है तथा लेजर किरणों के द्वारा प्रतिबिम्ब तथा प्रतिरूप उत्पन्न करता है। इसकी गति अत्यधिक तेज होती है। एक मिनट में यह कितने पृष्ठ मुद्रित कर सकता है इसी आधार पर इसकी गति मापी जाती है। एक सामान्य लेजर प्रिंटर एक मिनट में 1500 से 10,000 पंक्तियां मुद्रित कर सकता है तथा पूरा पृष्ठ एक ही बार में मुद्रित होता है।

**LAST LINK**

**अन्तिम कड़ी :** रंगनाथन द्वारा प्रतिपादित श्रृंखला प्रक्रिया में एक वर्गांक के आधार पर प्राप्त अन्तिम कड़ी।

**LAST OCTAVES**

**अन्तिम अष्टक :** रंगनाथन द्वारा वर्गीकरण हेतु प्रतिपादित अष्टक विधि (Octave Device) जिसमें अंक 9 (नौ) को अष्टकांक कृति अंक के रूप में प्रयोग करके समकक्ष अंकों की प्राप्ति की जाती है। अंक 9 के बाद रोमन अक्षर A-Z का प्रयोग करके अंक बनाने की प्रक्रिया से प्राप्त अंकों को अन्तिम अष्टक कहा जाता है। जैसे LB, LC, XM.

**LATER IN EVOLUTION**

**परवर्ती विकास क्रम :** वर्गीकरण में विषयों की एक पंक्ति में विषयों अथवा एकलों की पंक्ति में एकलों को उनके विकास के प्रथम स्तर से क्रमशः अन्तिम स्तर के आधार पर व्यवस्थित करने की प्रक्रिया।

**LATER IN TIME**

**परवर्ती काल क्रम :** वर्गीकरण में विषयों की पंक्ति में विषयों अथवा एकलों की पंक्ति में एकलों को उनके उत्पत्ति के समय के आधार पर पहले उत्पन्न होने वाले को प्रथम तथा बाद में उत्पन्न होने वाले को बाद में व्यवस्थित करने की प्रक्रिया।

**LAW LIBRARY**

**विधि पुस्तकालय :** कानून से सम्बन्धित प्रलेखों के संग्रह पर आधारित पुस्तकालय। एक विश्वविद्यालय के विधि विभाग में स्थापित ऐसा पुस्तकालय जिसमें विधि के छात्रों, शिक्षकों, शोधकर्ताओं के साथ ही इस विषय से सम्बन्धित अन्य पाठकों को भी पुस्तकालय सेवायें उपलब्ध होती हैं।

**LAW OF IMPARTIALITY**

**निष्पक्षता का नियम :** इस नियम के अनुसार यदि **वर्गीकरण पद्धति** की संरचना अथवा प्रयोग करते समय दो या अधिक पक्षों, एकलों अथवा विचारो में से एक को चुनना है तो पाठकों की आवश्यकताओं को ध्यान में रख कर निष्पक्षता से एक का चुनाव किया जाना चाहिए। **सूचीकरण** में प्रविष्टि बनाने हेतु यदि दो या अधिक दावेदार हैं उदाहरण के लिये प्रविष्टि के शीर्षक हेतु, तो उसका चुनाव पर्याप्त आधारों पर होना चाहिए न कि मनमाने ढंग से।

**LAW OF LOCAL VARIATION**

**स्थानीय विभिन्नता का नियम :** इस नियम के अनुसार प्रत्येक वर्गीकरण पद्धति, सूचीकरण अथवा पुस्तकालय की अन्य तकनीकों में स्थानीय आवश्यकताओं की पूर्ति हेतु विकल्पों का प्रावधान होना चाहिए ।

**LAW OF OSMOSIS**

**परासरणता का नियम :** इस नियम के अनुसार यदि सूची संहिता अथवा वर्गीकरण पद्धति में प्रासंगिक उपसूत्र (Canon of Context) की माँग के अनुरूप परिवर्तन करने की आवश्यकता होती है तो पाठकों की सेवा, मानव संसाधन की उपलब्धि, धन व समय आदि को ध्यान में रख कर ही पुनर्सूचीकरण अथवा पुनवर्गीकरण अथवा आवश्यक संशोधनों के समावेश के बारे में उपयुक्त निर्णय लिया जाना चाहिए।

**LAW OF PARSIMONY**

**मितव्ययिता का नियम :** पुस्तकालय में किसी विशेष तथ्य से सम्बन्धित दो या अधिक विकल्पों में से उस विकल्प को अधिमान्यता दी जानी चाहिए जिसके प्रयोग से मानव शक्ति, सामग्री, धन एवं समय की मितव्ययिता हो सकती हो।

**LAW OF SCATTERING**

**विखराव का नियम :** डा. एस. सी. ब्रैडफोर्ड (Bradford) द्वारा प्रतिपादित तथा बी.सी. विकरी (Vickery) द्वारा संशोधित इस नियम के अनुसार एक विषय में प्रकाशित लेखों का तीसरा भाग ही उस विषय की पत्रिकाओं में प्रकाशित होते है; तीसरा हिस्सा सम्बन्धित विषयों की पत्रिकाओं में प्रकाशित

होते हैं, बाकी तीसरा हिस्सा ऐसी पत्रिकाओं में प्रकाशित होता है जिनमें इनके प्रकाशित होने की सम्भावना नहीं होती है। इस प्रकार एक विषय पर लिखे लेखों के विखराव के कारण शोधकर्ताओं तथा अन्य विशेषज्ञों तक कुछ ही लेख पहुँच पाते हैं। जिसके फलस्वरूप एक ही विषय पर कई लेखों की पुनरावृत्ति का अंदेशा रहता है। एक ही विषय के लेख महत्वपूर्ण अपितु कम प्रचलित अथवा अप्रचलित पत्रिकाओं में प्रकाशित होने के फलस्वरूप लेखों के विखराव के कारण शोधकर्ता अपने विषय की महत्वपूर्ण सूचना से बंचित रह जाता है।

**LAW OF SYMMETRY**

**प्रतिसाम्यता का नियम :** इस नियम के अनुसार पुस्तकालय में प्रयोग की जाने वाली तकनीकों – वर्गीकरण, सूचीकरण आदि में यदि दो तथ्यों अथवा स्थितियों में प्रतिसभ्यता है तथा इसमें से किसी एक को किसी संदर्भ में महत्व दिया जाता है तो दूसरे को भी समानान्तर रूप से महत्व दिया जाना चाहिए।

**LAW REPORT**

**विधि प्रतिवेदन :** न्यायालयों के फैसलों को प्रकाशित करने वाला प्रकाशन।

**LAWS OF INTERPRETATION**

**निर्वचन का नियम :** यह न्याय कोश में 1,008 सूचीबद्ध निर्वचन के नियमों के आधार पर रंगनाथन द्वारा चिन्तन स्तर की प्रक्रिया को नियंत्रित करने के लिये प्रतिपादित एक मौलिक नियम है। जिसके अनुसार वर्गीकरण अथवा सूचीकरण के उपसूत्रों, सिद्धान्तों व नियमों के प्रयोग में यदि परस्पर विरोध हो जाय तो उसके समाधान हेतु निर्वचन के नियम के निर्णय के अनुरूप कार्य किया जाना चाहिए।

**LAWS OF LIBRARY SCIENCE**

**पुस्तकालय विज्ञान के नियम :** रंगनाथन द्वारा प्रतिपादित पुस्तकालय के पाँच सूत्र – पुस्तके उपयोग के लिये हैं; प्रत्येक पाठक को उसकी पुस्तक; प्रत्येक पुस्तक को उसका पाठक; पाठक का समय बचाओं तथा पुस्तकालय वर्धनशील संस्था है, को पुस्तकालय विज्ञान के नियमों की संज्ञा दी गयी है।

**LAYOUT**

**खाका :** एक पुस्तक अथवा लेख अथवा किसी अन्य इकाई की सम्पूर्ण ढ़ाँचे को प्रस्तुत करने हेतु बनायी गयी रूपरेखा।

**LC**

देखिये Library of Congress

**LEADER**

**अग्रलेख :** 1. एक समाचार पत्र का संक्षिप्त लेख अथवा सम्पादकीय जो

समाचार पत्र की नीति को इंगित करता है अथवा समाचार पत्र का मुख्य लेख; 2. मशीन पठनीय रिकार्ड में सूचना का पूर्व भाग जिसमें सूचना की व्याख्या करने, पहचानने तथा ढूढ़ने हेतु आवश्यक डेटा होता है।

**LEADER WRITER**

**अग्रलेख लेखक :** एक समाचार का सम्पादकीय अथवा अग्रलेख को लिखन वाला व्यक्ति

**LEADING**

**लीडिंग :** धातु के प्रयोग के युग में पंक्तियों के बीच दूरी रखने के लिये कम्पोजिटर लैड (Lead) की पत्तियाँ फिट करते थे। इसी आधार पर इस प्रक्रिया को लीडिंग कहा जाने लगा। अब लैड की पत्तियाँ तो नहीं लगायी जाती, पर परम्परा से चले आ रहे शब्द का प्रयोग अभी भी होता है। **वर्ड प्रोसेसिंग** और पेज ले आउट के एप्लीकेशनों में भी दो पंक्तियों के बीच की दूरी कम व ज्यादा करने की व्यवस्था है जिसे लीडिंग कहते हैं। इस दूरी को भी प्वांइट साइज में ही नापा जाता है।

**LEADING LINE**

**अग्रपंक्ति :** एक मानक सूची पत्रक की प्रथम सीधी पंक्ति जिसमें सूची संहिता के नियमानुसार प्रलेख का नामांक (Call Number) अथवा लेखक का नाम लिखा जाता है।

**LEADING SECTION**

**अग्र अनुच्छेद :** एक प्रविष्टि का प्रथम अनुभाग जिसमें सूची संहिता के नियमानुसार नामांक, लेखक का नाम अथवा अन्य पुस्तक प्राप्ति शब्द लिखा जाता है।

**LEAF**

**पन्ना :** कागज का एक पन्ना जिसे यदि एक बार मोड़ो तो दो पन्ने अथवा चार पृष्ठ बन जाते हैं।

**LEAFLET**

**पर्चा :** कागज के एक पन्ने को मोड़कर मुद्रित की गयी एक छोटी पुस्तिका, जिसको पुस्तक की तरह सिया अथवा जिल्दबन्द नहीं किया जाता है।

**LEAP YEAR**

**अधिवर्ष :** वर्ष जिसमें फरवरी माह 29 दिन का होता है। **देखिये** Calender

**LEATHER BOUND**

**चर्म जिल्द :** एक प्रलेख जिसमें चर्म की जिल्दबंदी की गयी है। यह अर्ध–चर्म जिल्द अथवा पूर्ण चर्म जिल्द हो सकती है।

**LEDGER CHARGING SYSTEM**

**पंजी निर्गम प्रणाली :** देखिये Ledger System

**LEDGER SYSTEM**

**पंजी प्रणाली :** यह पुस्तकालय से उधार पर दी जाने वाली पुस्तकों का विवरण लिखने की एक पुरानी प्रणाली है। यह एक रजिस्टर होता है जिसमें पृष्ठों की संख्या भी लिखी गयी होती है। इसमें पुस्तक के लेखक, आख्या, पाठक के हस्ताक्षर पुस्तक प्राप्ति की तिथि, पुस्तक आवाप्ति संख्या तथा देय तिथि की प्रविष्टियाँ बनी होती हैं जिनमें पुस्तक उधार देते समय पूर्ण विवरण सरलता से लिखा जा सकता है।

**LEFT HANDED NOTATION**

**बार्यी दिशा का अंकन :** एक वर्गांक के अंकों को दार्यी से बार्यी ओर एक सीधी रेखा में व्यवस्थित करना।

**LEGAL DEPOSIT**

**पुस्तक जमा कानून :** वह नियम जिसके अन्तर्गत देश में प्रकाशित सभी पुस्तकों अथवा प्रकाशनों की एक अथवा अधिक प्रतियाँ कुछ विशिष्ट पुस्तकालयों में जमा कराना अनिवार्य होता है। ऐसे पुस्तकालयों को कापीराइट पुस्तकालय की संज्ञा दी जाती है।

**LEGEND**

**किंबदन्ती :** पौराणिक अथवा कल्पित दन्त कथाएं।

**LEIBNITZ'S CALCULATOR**

**लीइबनिट्ज गंणक :** जर्मन गणितज्ञ लीइवनिट्ज (Gottfried Wilhelm Von Leibnitz 1646-1716) ने 1671 में एक नया गणक यंत्र बनाया, जो जोड़, घटाव, गुणा व भाग कर सकता था। यह दाशमिक अंक 0 से 9 पर आधारित था।

**LENDING DEPARTMENT/SECTION**

**आदान प्रदान विभाग/अनुभाग :** पुस्तकालय का वह विभाग अथवा अनुभाग जिसमें पुस्तकालय उपयोगकर्ताओं का पंजीकरण तथा पुस्तकों का आदान प्रदान किया जाता है।

**LENGTH**

**लम्बान :** सूचना पुन : प्राप्ति में डेटा के किसी शब्द, रिकार्ड अथवा रिकार्ड में बिट्स अथवा अंकाक्षरों की मात्रा।

**LENIN STATE LIBRARY**

**लेनिन स्टेट लाइब्रेरी :** पूर्व सोवियत संघ (USSR) का राष्ट्रीय ग्रन्थालय और अब रूस राज्य का राष्ट्रीय ग्रन्थालय है। मास्को में स्थित इस ग्रन्थालय की स्थापना 1892 में हुई थी। 1925 में इसका पुर्नगठन भी किया गया। 15 मंजिलों का यह एक भव्य भवन है। इसमें 176 भाषाओं की पुस्तकें हैं तथा लगभग 30 लाख हस्तलिखित पुस्तकें है तथापि यूरोप का सबसे बड़ा ग्रन्थालय माने जाने वाला यह ग्रन्थालय 1991 में पुस्तकालय भवन की जर्जर अवस्था, व पाठ्य सामग्री की अव्यवस्था के कारण अनिश्चित काल के लिये बंद कर दिया गया है।

**LETTER-BY-LETTER FILING**

**अक्षर-प्रत्याक्षर विन्यसन :** पुस्तकों अथवा पत्रकों को वर्णानुक्रमिक विधि से एक अक्षर को इकाई मान कर अक्षर प्रत्याक्षर क्रम से व्यवस्थित करना।

**LETTERING**

**अक्षर-लेखन :** पुस्तकों की पीठिका पर पुस्तक के लेखक, आख्या, खण्ड संख्या आदि के लिखने को जिल्दबन्दी में अक्षर लेखन कहा जाता है। यह लेखन स्वर्ण, रजत, व तांबे के प्रयोग से बने अक्षरों अथवा सामान्य श्वेत अक्षरों में हो सकता है।

**LETTER PRESS**

**लैटर-प्रेस :** कम खर्चे पर छपाई की एक विधि, जिसमें सीसे के बने हुए अक्षरों को हाथ से जमा कर पूरा पृष्ठ बनाया जाता है और उसे मशीन में लगा कर स्याही पोत कर कागज पर मुद्रण किया जाता है। इस विधि में समय भी अधिक लगता है और छपाई भी बहुत सुन्दर नहीं होती है।

**LETTER QUALITY PRINTING**

**लैटर क्वालिटी मुद्रण :** कंप्यूटरों से पाठ्य सामग्री का मुद्रण दो प्रकार से किया जा सकता है। एक डेटा क्वालिटी जिसमें अक्षरों की स्पष्टता बहुत अच्छी नहीं होती है और दूसरा लैटर क्वालिटी जिसमें मुद्रण स्पष्ट व सुंदर अक्षरों का होता है। सामान्यतः इसी को पत्राचार के कार्य में प्रयोग किया जाता है।

**LETTER WRITER**

**पत्र लेखक :** अशिक्षित व्यक्तियों के पत्र लिखने वाला अथवा वह व्यक्ति

जो अपने पत्र लेखन के लिये प्रसिद्ध है तथा जिसके पत्र प्रकाशित भी हो चुके हैं।

**LEVEL**

**स्तर** : 1952 में रंगनाथन द्वारा वर्गीकरण हेतु प्रतिपादित इस अवधारणा का प्रथम प्रयोग मूलभूत श्रेणी व्यक्तित्व व पदार्थ के लिये किया गया। जिसमें यदि मूलभूत श्रेणी व्यक्तितव व पदार्थ की एक ही आवर्तन में कई बार अभिव्यक्ति होती है तो इनको एक साथ उपवर्गों के रूप में एक ही आवर्तन में व्यवस्थित किया जाना चाहिए। इसी प्रक्रिया को स्तर कहते हैं। जैसे P1, P2, P3; M1; M2

**LEXICAL**

**कोश विषयक** : प्रत्येक शब्द के साथ उसका अर्थ।

**LEXICOGRAPHER**

**कोशकार** : शब्दकोश रचनाकार

**LEXICOGRAPHY**

**कोश रचना** : शब्दकोश संकलित करने की प्रक्रिया।

**LEXICON**

**शब्दकोश** : एक भाषा के शब्दों का शब्दकोश जिसमें शब्दों को वर्णानुक्रमिक क्रम में व्यवस्थित किया जाता है तथा उसी भाषा अथवा दूसरी भाषा में उनके अर्थ भी दिये जाते हैं।

**LIBRAMETRY**

**लिबरामेटरी** : पुस्तकालयों की विभिन्न समस्याओं के निराकरण हेतु गणितीय तथा सांख्यिकीय गणनविधि का उपयोग व पुस्तकालय की गतिविधियों के विभिन्न पहलुओं तथा पुस्तकालयों के प्रलेखों की परिमाणात्मक व्याख्या को लिबरामेटरी की संज्ञा दी गयी है। रंगनाथन द्वारा प्रतिपादित इस शब्द का रंगनाथन ने प्रथम बार एसलिब (Aslib) लेमेंगटन स्पा (Leamington Spa) कनाडा में 1948 में वार्षिक सम्मेलन में प्रयोग किया। रंगनाथन का मत था कि जब गणन विधि का प्रयोग – अर्थशास्त्र (Econometry); मनोविज्ञान (Psychometry) आदि विभिन्न विषयों में किया जा सकता है तो पुस्तकालय विज्ञान में भी librametry विधि का प्रयोग किया जा सकता है। रंगनाथन क्योंकि स्वंय गणित के विद्वान थे इसलिये उन्होंने गणित व सांख्यिकी की विभिन्न विधियों का उपयोग पुस्तकालय की विभिन्न गतिविधियों की समस्याओं के समाधान हेतु किया, जिनमें कुछ मुख्य क्षेत्र हैं – पुस्तकालय के विभिन्न

अनुभागों में कर्मचारियों की संख्या निर्धारण करने व उनमें कार्य वितरण के लिये; संदर्भ प्रश्नों को निपटाने के लिये; पुस्तकों के सुव्यवस्थित आदान–प्रदान के लिये; राष्ट्रीय व राज्य स्तर के पुस्तकालयों के संगठन के लिये, पुस्तकालय भवन संरचना हेतु, वर्गीकरण में सबसे अधिक सहायक क्रम प्राप्त करने, सूचीकरण में सही प्रविष्टियों के निर्धारण के लिये, आदि ।

**LIBRARIAN**

**पुस्तकालयाध्यक्ष :** एक पुस्तकालय के प्रबंध, संगठन तथा सुव्यवस्थित सेवाओं के लिए उत्तरदायी व्यक्ति।

**LIBRARIANSHIP (AS DESCIPLINE)**

**पुस्तकालय दर्शन एवं विज्ञान :** पुस्तकालय विज्ञान के सिद्धान्तों एवं पहलुओं का दार्शनिक एवं वैज्ञानिक विवेचन। देखिए Library Science.

**LIBRARIANSHIP (AS PROFESSION)**

**पुस्तकालय संव्यवसाय :** व्यवसाय जिसमें पुस्तकालय विज्ञान के सिद्धान्तों व तकनीकों के अनुरूप कार्य किया जाता है।

**LIBRARY**

**पुस्तकालय :** लेटिन भाषा में लिबर (Liber) शब्द का अर्थ है पुस्तक तथा लिबरारिया (Libraria) का अर्थ है पुस्तको की दुकान। इसी शब्द से पुस्तकालय शब्द की उत्पत्ति मानी जाती है। वास्तव में यह पुस्तकों का आलय ही है जहाँ सभी प्रकार की पाठ्य सामग्री संग्रह उपलब्ध होता है।

**LIBRARY ACCESS SYSTEM**

**पुस्तकालय प्रबंधन प्रणाली :** यह बड़े केन्द्रीय पुस्तकालयों तथा नेटवर्क के सम्पूर्ण प्रबंधन के लिये आई. वी. एक (IBM) द्वारा बनायी गयी प्रणाली है। जिसमें पुस्तकालय के प्रलेखों की तकनीकी प्रक्रमण, सेवाओं व उपयोगकर्ता ग्रन्थात्मक खोज के लिये आन–लाइन कंप्यूटर तकनीक का प्रयोग किया जाता है।

**LIBRARY ACCOUNTS**

**पुस्तकालय आय-व्यय विवरण**

**LIBRARY ACT.**

**पुस्तकालय अधिनियम :** पुस्तकालय प्रबधन तथा सेवाओं को सुव्यवस्थित व उपयोगी बनाने हेतु बनाया गया अधिनियम।

**LIBRARY ACTIVITIES**

**पुस्तकालय कार्य-कलाप :** एक पुस्तकालय का संचालन करने व सेवाओं को प्रदान करने हेतु किये जाने वाले विविध कार्य।

**LIBRARY ADMINISTRATION**

**पुस्तकालय प्रशासन** : ल्यूथर गुलिक (Luther Gulick) के अनुसार प्रशासन की समस्त प्रक्रिया को POSDCORB सूत्र में सारांशित किया जा सकता है। जिसका अर्थ है:-Planning (नियोजन)- एक संस्था के प्रशासक का प्रथम कार्य है उस संस्था के लक्ष्य तथा आदर्शों को सुनिश्चित कर उनकी प्राप्ति हेतु कार्य प्रणाली की सुनियोजित रूपरेखा तैयार करना; Organising (संगठित करना) प्रशासन के स्वरूप व सेवाओं को इस प्रकार से संगठित व व्यवस्थित करना जिससे कि संस्था के उद्देश्यों की पूर्ति की जा सके; Staffing (कर्मचारी नियुक्ति) – संस्था के कार्यों को सुचारू रूप से चलाने के लिये कुशल व योग्य मानव संसाधन की नियुक्ति करना; Directing (निर्देशन) – कुशल नेतृत्व व निर्णय लेने की क्षमता; Coordinating (समन्वयन) – संस्था के विभागों तथा कर्मचारियों में समन्यवन तथा पारस्परिक सहयोग स्थापित करना; Reporting (प्रतिवेदन प्रस्तुती) – संस्था के क्रिया कलापों का एक निश्चित अवधि पर व्यौरा प्रदान करना; Budgeting (वजट प्रस्तुती) – संस्था के वित्तीय संसाधनों का नियोजित रूप से व्यय करने हेतु आय-व्यय की रूपरेखा तैयार करना, जिससे कि प्राप्त राशि से अधिक से अधिक लाभ प्राप्त किया जा सके।

**LIBRARY ADVISORY COMMITTEE (1956)**

**पुस्तकालय परामर्श समिति (1956)** : भारत के सार्वजनिक पुस्तकालयों के लिये विहार के श्री के. पी. सिन्हा की अध्यक्षता में 1956 में एक पुस्तकालय परामर्श समिति का गठन किया गया। इस समिति में 11 सदस्य थे इस समिति ने नवम्बर 1958 में अपनी रिपोर्ट प्रस्तुत की जिसमें मुख्य प्रस्तावित सुझाव है :- सार्वजनिक पुस्तकालयों हेतु 25 वर्षीय विकास योजना तैयार की जाय; प्रत्येक राज्य पुस्तकालय अधिनियम स्वीकृत करे; पुस्तकालय कर लगाने का प्रावधान तथा राज्य व केन्द्र सरकार द्वारा आर्थिक सहायता।

**LIBRARY AND INFORMATION SCIENCE ABSTRACTS (LISA)**

**लाइब्रेरी एण्ड इनफोरमेशन सांइस एब्सट्रैक्ट्स** : लाइब्रेरी एसोसियेशन, इंग्लैंड द्वारा प्रकाशित यह एक मासिक अन्तर्राष्ट्रीय सारकरण पत्रिका है। 1950 से इसका प्रकाशन **लाइब्रेरी सांइस एब्सट्रैक्ट्स** के नाम से आरम्भ हुआ। 1969 में इसका नाम बदल कर **लाइब्रेरी एण्ड इनफोरमेशन सांइस एब्सट्रैक्ट्स** कर दिया गया। 60 देशों की 30 भाषाओं के लगभग 600 पत्रिकाओं में प्रकाशित लेखों के सार इसमें सम्मिलित किये जाते है। प्रत्येक अंक में लेखक अनुक्रमणिका तथा विषय अनुक्रमणिका भी प्रकाशित की जाती है। सार प्रविष्टियों को सी. आर. जी (CRG) लंदन द्वारा निर्मित पुस्तकालय विज्ञान की वर्गीकरण पद्धति

द्वारा वर्गीकृत किया जाता है। अब यह सी डी राम, आनलाइन तथा मैगनेटिक टेपों पर भी उपलब्ध है।

**LIBRARY ASSOCIATION (LA)**

**लाइब्रेरी एसोसियेशन** : पुस्तकालयाध्क्षों का प्रथम अन्तर्राष्ट्रीय सम्मेलन ब्रुसल्य में 2 से 3 अक्टूबर 1877 को हुआ। इस सम्मेलन के समापन समारोह में 5 अक्टूबर को 'लाइब्रेरी एसोसियेशन आफ यूनाईटेड किंगडम' (Library Association of United Kingdom) के नाम से इस संघ की स्थापना की गयी। अमेरिकन लाइब्रेरी एसोसियेशन के ही उद्देश्यों को आधार बनाने के साथ ही इस संघ द्वारा प्रकाशित पत्रिका **लाइब्रेरी जरनल** को भी 10 दिसम्बर 1880 को अपनी पत्रिका के रूप में स्वीकार कर लिया। 1883 में लाइब्रेरी एसोसियेशन की अपनी पत्रिका मन्थली नोट्स (Monthly Notes) प्रारम्भ हुई। 30 जनवरी 1896 में इस संघ का नाम **लाइब्रेरी एसोसियेशन** कर दिया गया तथा 17 फरवरी 1898 को क्वीन विक्टोरिया द्वारा इसे रायल चारेटर प्राप्त हुआ। जनवरी 1899 से संघ का एक अन्य प्रकाशन **लाईब्रेरी एसोसियेशन रिकार्ड** का प्रकाशन आरम्भ हुआ। 1962 में इसके उपनियमों के बनने के पश्चात् यह पूर्णरूपेण व्यावसायिक संघ बन गया है। संघ की 12 शाखाओं में से एक की सदस्यता सदस्यों को स्वतः ही प्राप्त हो जाती है। संघ के सदस्य समूहों में विभाजित होते हैं तथा प्रत्येक सदस्य दो समूहों का तथा अधिक फीस देकर अधिक समूहों का सदस्य बन सकता है। ये समूह विभिन्न विषयों, विभिन्न प्रकार के पुस्तकालयों पर आधारित हैं। इस संघ का आदर्श वाक्य है – **मनुष्य के विचार ही सर्वसामान्य धन हैं** (The thoughts of men are the common wealth)। 1 अप्रैल 1974 को इस संघ के पुस्तकालय का उत्तरदायित्व ब्रिटिश लाइब्रेरी को हस्तांतरित कर दिया गया। इस संघ के अन्य मुख्य प्रकाशन है – Subject Index to Periodicals, British Humanities Index (Q), Current Technology Index (M), Library and Information Science Abstracts (M), Journal of Librarianship (Q).

**LIBRARY AUTHORITY**

**पुस्तकालय प्राधिकारी** : पुस्तकालय की नीतियों को क्रियान्वित करने के लिये उत्तरदायी अधिकारी वर्ग।

**LIBRARY AUTOMATION**

**पुस्तकालय स्वचालन** : पुस्तकालय के विभिन्न कार्यों तथा सेवाओं के लिये कंप्यूटर का प्रयोग करके उनको स्वचालित बना देना।

**LIBRARY BINDING**

**पुस्तकालय जिल्द :** सुदृढ़, टिकाऊ व पक्की जिल्दबन्दी जो प्रलेखों के बार–बार प्रयोग करने पर भी खराब नहीं होती है।

**LIBRARY BROUCHER**

**पुस्तकालय विवरणिका :** पुस्तकालय के कार्यों तथा सेवाओं के बारे में संक्षिप्त विवरण पुस्तिका।

**LIBRARY BUDGET**

**पुस्तकालय आय-व्ययक :** पुस्तकालय का आगामी वर्ष में होने वाला आय–व्यय का अनुमानित वित्तीय लेखा।

**LIBRARY CARD**

**पुस्तकालय पत्रक :** पुस्तकालय द्वारा पाठक को दिया जाने वाला सदस्यता पत्रक अथवा पुस्तक को उधार पर ले जाने के लिय अधिकृत करने वाला पत्रक।

**LIBRARY CESS**

**पुस्तकालय उपकर :** पुस्तकालय की आय में वृद्धि के लिये अधिनियम द्वारा लगाया जाने वाला कर। यह माना जाता है कि यदि जन साधारण पुस्तकालय की सेवाओं का उपयोग करता है तो उनका भी उत्तरदायित्व है कि वे पुस्तकालय के व्यय भार में सहयोग दें तथा इस प्रकार के कर लगाने से पुस्तकालय की सेवाओं के उपयोग के प्रति रूचि जागृत होगी।

**LIBRARY CLASSIFICATION**

**पुस्तकालय वर्गीकरण :** पुस्तकालय वर्गीकरण कृत्रिम भाषा की वह यांत्रिक प्रक्रिया है जो प्रलेखों को सुव्यवस्थित करके प्रत्येक प्रलेख तक उसके पाठक को पहुँचाने की प्रक्रिया को सहज व सरल बना देती है।

**LIBRARY CLERK**

**पुस्तकालय लिपिक :** पुस्तकालय नित्यक्रम के प्रशासनिक कार्यों में पुस्तकालय अधिकारियों की सहायता करने वाला व्यक्ति।

**LIBRARY COLLECTION**

**पुस्तकालय संग्रह :** पुस्तकालय द्वारा अपने पाठकों की रूचि व पुस्तकालय के उद्देश्यों के अनुरूप अधिग्रहित की गई सभी प्रकार की पाठ्य सामग्री।

**LIBRARY COMMITTEE**

**पुस्तकालय समिति :** पुस्तकालय के कार्यों व सेवाओं के बारे में सलाह देने के लिये बनायी गयी समिति।

**LIBRARY COOPERATION**

**पुस्तकालय सहयोग :** पुस्तकालय सहयोग का उद्देश्य है 'सीमित साधनों से अधिकतम पाठकों की आवश्यकताओं की पूर्ति'। इसमें समान उद्देश्यों वाले पुस्तकालय आपस में पाठ्य सामग्री का विनियम, सहयोगी अधिग्रहण, सहयोगी सूचीकरण, कर्मचारी विनिमय, संघ सूची, सहयोगी भंडारण आदि में सहयोग करते हैं। जिससे कि सीमित साधनों से ही पाठकों को उचित सेवा प्रदान की जा सके।

**LIBRARY DISCOUNT**

**पुस्तकालय छूट :** पुस्तकालय के लिये खरीदी गयी पुस्तकों पर पुस्तक विक्रेता द्वारा दी गयी मुद्रित कीमत पर कटौती व छूट।

**LIBRARY ECONOMY**

**व्यावहारिक पुस्तकालय विज्ञान :** पुस्तकालय की स्थापना संगठन व प्रशासन में पुस्तकालय विज्ञान के सिद्धान्तों का प्रयोग। 1876 के दशक में इस शब्द का प्रयोग पुस्तकालय विज्ञान विषय के लिये भी किया जाता था जिसका अर्थ था पुस्तकों का प्रबंधन।

**LIBRARY EDITION**

**पुस्तकालयी संस्करण :** पुस्तकालय के प्रयोग हेतु अच्छे कागज पर मुद्रित तथा सुदृढ़ व पक्की जिल्द वाली पुस्तकें।

**LIBRARY EXTENSION**

**पुस्तकालय प्रसार :** पुस्तकालय के संग्रह तथा सेवाओं के प्रति सामान्यजन का ध्यान आकर्षित करने हेतु पुस्तकालय से बाहर भाषणों का आयोजन, फिल्म दिखाना, पुस्तकों की प्रदर्शनी लगाना आदि।

**LIBRARY FUNCTION**

**पुस्तकालय कार्य :** पुस्तकालय के प्रकार के आधार पर ही उसके उद्देश्य, दृष्टिकोण, आवश्यकताओं तथा कार्यों का निर्धारण होता है। तथापि सामान्य रूप से सभी पुस्तकालयों का मुख्य कार्य प्रलेखों का अधिग्रहण, व्यवस्थापन तथा सूचना सेवा प्रचार व प्रसार होता है।

**LIBRARY HAND**

**पुस्तकालय हस्तलिपि :** सूची पत्रक आदि को यदि हाथ से लिखना हो तो यह आवश्यक है कि सूचीकार की हस्तलिपि साफ, सुपाठ्य तथा स्पष्ट हो। इसी उद्देश्य से पुस्तकालय विज्ञान के विद्यार्थी को पुस्तकालय हस्तलिपि का प्रशिक्षण दिया जाता है।

**LIBRARY HOLDING**

**पुस्तकालय संग्रह :** पुस्तकालय द्वारा अधिग्रहण किया जाने वाला सभी प्रकार का प्रलेख संग्रह।

**LIBRARY HOUR**

**पुस्तकालय कालांश :** विद्यालयों में पुस्तकालय कालांश का प्रावधान होता है। जिसमें अन्य विषयों की भांति नियमित रूप से विद्यार्थियों के स्तर के अनुरूप पुस्तकालय की पाठ्य सामग्री के प्रकार व उनका उपयोग, पुस्तकों को प्राप्त करने के माध्यम, पुस्तकों के प्रति रूचि उत्पन्न करने हेतु कक्षा में भाषण दिये जाते हैं।

**LIBRARY IS A GROWING ORGANISM**

**पुस्तकालय एक वर्धनशील संस्था है :** यह रंगनाथन द्वारा प्रतिपादित पुस्तकालय के पाँच सूत्रों में से पाँचवा सूत्र है, जिसके अनुसार विषय जगत में निरन्तर विकास व वृद्धि के कारण प्रकाशन सामग्री में भी निरन्तर वृद्धि होती रहती है जिसके साथ साथ उनके उपयोगकर्त्ताओं की संख्या भी बढ़ती रहती है। इसी के अनुरूप पुस्तकालय की आधारभूत सुविधाओं, ग्रन्थागार, विभिन्न कक्ष, मानवसंसाधन, बजट के स्वरूप व आकार में निरन्तर वृद्धि होती रहती है।

**LIBRARY KEYS**

**पुस्तकालय कुंजी :** विश्वविद्यालय अथवा अन्य बड़े पुस्तकालयों में सूची पत्रक, ग्रन्थ सूचियाँ, पत्रिकाओं की अनुक्रमणिकाएं को सूचना प्राप्ति की कुंजी कहा जाता है।

**LIBRARY LEGISLATION**

**पुस्तकालय अधिनियम :** वैधानिक रूपरेखा जिसके अनुसार पुस्तकालय संगठन, व्यवस्था पाठ्यसामग्री का उपयोग व सेवा कार्य–प्रणाली को सुव्यवस्थित रूप से संचालित व नियंत्रित किया जा सके।

**LIBRARY LITERATURE**

**लाइब्रेरी लिट्रेचर :** पुस्तकालय एवं सूचना विज्ञान के क्षेत्र में प्रकाशित साहित्य की अनुक्रमणिका का नाम है। न्यूयार्क की प्रकाशन संस्था एच. डब्ल्यू विल्सन कम्पनी द्वारा 1934 से प्रकाशित होने वाली यह द्विमासिक अनुक्रमणीकरण पत्रिका है। इसमें पुस्तकालय एवं सूचना विज्ञान के क्षेत्र में सम्पूर्ण विश्व में प्रकाशित 230 पत्रिकाएं सम्मिलित की जाती हैं। 1921-32 तक इसे अमेरिकन लाइब्रेरी एसोसियेशन के जूनियर मेम्बर राउंड टेबल द्वारा प्रकाशित किया जाता था।

**LIBRARY MANAGEMENT**

**पुस्तकालय प्रबंधन** : पुस्तकालय की प्राथमिकताओं का नियोजन, कर्मचारियों को कार्य करने हेतु प्रेरित करना, पुस्तकालय सेवाओं को उत्तम बनाने हेतु इनका समय समय पर मूल्यांकन करना; तथा पुस्तकालय के लिये संसाधनों की प्राप्ति हेतु कार्य करना ही पुस्तकालय प्रबंधन है।

**LIBRARY NETWORKS**

**पुस्तकालय नेटवर्क** : पुस्तकालयों व सूचना केन्द्रो में सूचना सहयोग व सहभागिता हेतु उनके कंप्यूटरों को जोड़ कर कंप्यूटरों का एक जाल बना देना। नेटवर्क एक ऐसी प्रणाली है जिसमें अनेक कंप्यूटर टर्मिनलों को सूचना संचारण के लिये एक दूसरे से जोड़ दिया जाता है। देखिये Networks.

**LIBRARY NOTATION**

**पुस्तकालय अंकन** : विभिन्न भाषाओं के शब्दों, अंकों, चिन्हों आदि के आधार पर बनायी गयी वर्गीकरणात्मक भाषा, जो प्रलेखों के विषयवस्तु में प्रयुक्त अवधारणाओं को उनके प्राकृतिक नामों के स्थान पर कृत्रिम नाम देने का कार्य करता है।

**LIBRARY OF CONGRESS (LC)**

लाइब्रेरी आफ कांग्रेस (एल. सी.) की स्थापना 1800 में हुई। 24 अप्रैल 1800 को राष्ट्रपति जान एडम्स (John Adams) ने एक कानून पास किया जिसके अनुसार $5,000 अनुदान राशि ऐसी पुस्तकों को खरीदने के लिये आबंटित की गयी जो कांग्रेस के लिय उपयोगी हो। इस पुस्तकालय की प्रथम पुस्तक 1801 में खरीदी गयी।1864 तक इसका संग्रह 80,000 तथा कर्मचारियों की संख्या मात्र 7 थी। 1897 में इस वर्तमान भवन में स्थानान्तरित किया गया। 1899 में हरबर्ट पुटनैम (Herbert Putnam) इसके पुस्तकालयाध्क्ष बने, जिनके प्रयत्नों से ही पुस्तकालय उच्चकोटि का पुस्तकालय बना। 1909 में इसका संग्रह एक मिलियन तक पहुँच गया। 1999 के अंत तक इसका संग्रह 119 मिलियन हो गया, जिसमें 53,120,327 पाण्डुलिपियाँ व 9,249,184 पुस्तकें आदि सम्मिलित हैं। इस पुस्तकालय का मुख्य उद्देश्य मुद्रित साहित्य, मानचित्रों फिल्मों, संगीत, श्रव्य–दृश्य सामग्री तथा हस्तलिपियों का विस्तृत राष्ट्रीय संग्रह विकसित करना है। राष्ट्रीय ग्रन्थसूची को प्रकाशन के लिये भी यह उत्तरदायी है। ग्रन्थात्मक विवरण के लिये यह मशीन पठनीय सूचीकरण (MARC) डेटाबेस विकसित करने के साथ ही मार्क डेटा के विनिमय का राष्ट्रीय केन्द्र भी है। अप्रैल 24,2000 से एक नया बेब साइट (Web site) **अमेरिका के पुस्तकालय** (American library) 3,000 सूचना सामग्री के साथ आरम्भ किया गया है।

यह पुस्तकालय के 200 साल पूरे होने के उपलक्ष में किया गया है। इससे पूर्व के **अमेरिकन मैमोरी बेबसाइट** में प्रत्येक वर्ष एक मिलियन सूचना सामग्री सम्मिलित की जाती रही है जिसमें मुख्य रूप से एतिहासिक सामग्री जैसे जार्ज वाशिंगटन तथा अब्राहम लिंकन के दस्तावेज, नक्शे आदि है।

**LIBRARY OF CONGRESS CARDS**

**लाइब्रेरी आफ कांग्रेस पत्रक :** 1901 से लाइब्रेरी आफ कांग्रेस द्वारा ऐसे सूची पत्रक प्रकाशित किये जाते है तथा विक्रय के लिये उपलब्ध है जिसमें एक प्रलेख की पूरी सूची प्रविष्टि मुद्रित की गयी होती है। तथा डी. डी. सी. व एल. सी. पद्धतियों के वर्गांक दिये गये होते हैं। प्रत्येक पत्रक पर क्रमांक संख्या अंकित होती है। जिसका उपयोग पुस्तकालयों द्वारा पत्रक खरीदने के लिये किया जाता है।

**LIBRARY OF CONGRESS CLASSIFICATION (LCC)**

**लाइब्रेरी आफ कांग्रेस क्लासीफिकेशन :** एल. सी. वर्गीकरण पद्धति का मुख्य आधार कटर की वर्गीकरण पद्धति है जिसके मुख्य वर्गों को विभाजित करने के लिये रोमन बड़े अक्षरों का प्रयोग किया जाता है। इसमें ब्रुनेट पद्धति व डीवी डेसीमल क्लासीफिकेशन की भी कुछ विशेषताओं को सम्मिलित किया गया है। इसके मुख्य वर्गों के लिये रोमन बड़े अक्षरों का प्रयोग किया गया है। प्रत्येक विषय की अनुसूची को पृथक रूप से तैयार व प्रकाशित किया जाता है तथापि सभी अनुसूचियों का प्रारूप मूलरूप से समान होता है। प्रत्येक अनुसूची में भूमिका, मुख्य विषय की वर्गीकरण सारणी, सहायक सारणियां तथा वर्णानुक्रमिक अनुक्रमणिका सम्मिलित की जाती है। नये विषयों का ग्राह्यता प्रदान करने के लिय मुख्य रूप से रिक्त स्थान विधि का प्रयोग किया जाता है। प्रत्येक मुख्य विषय का जब आवश्यक हो संशोधन किया जाता है। एल.सी. पद्धति एक पूर्ण परिगणनात्मक वर्गीकरण पद्धति है तथा अपने पुस्तकालय की पुस्तकों तथा कांग्रेस के सदस्यों की आवश्यकताओं को ध्यान में रख कर बनायी गयी है। प्रत्येक मुख्य विषय के लिये पहले अस्थाई अनुसूची बनायी जाती है तथा पुस्तकालय संग्रह के आधार पर इसका विस्तार कर पूरा किया जाता है। वर्णानुक्रमिक विधि का अत्याधिक प्रयोग किया जाता है।

**LIBRAY OF CONGRESS SUBJECT HEADINGS (LCSH)**

देखिये Subject Headings

**LIBRARY ORGANISATION**

**पुस्तकालय संगठन :** पुस्तकालय के उद्देश्यों को सुनियोजित ढंग से सम्पन्न करने हेतु कार्यों एवं दायित्वों के विभाजन की रूपरेखा एवं उनको पूर्ण करने की व्यवस्था को पुस्तकालय संगठन कहते है।

**LIBRARY PASS**

**पुस्तकालय प्रवेश पत्र** : पुस्तकालय के उपयोगकर्ताओं को आवंटित किया जाने वाला प्रवेश पत्र, जो पुस्तकों की उधार लेने की प्रक्रिया में भी सहायक होता है।

**LIBRARY PERIOD**

देखिये Library Hour

**LIBRARY PLANNING**

**पुस्तकालय नियोजन** : पुस्तकालय नियोजन पुस्तकालय संचालन व प्रबंधन का एक मुख्य कार्य है। पुस्तकालय के उद्देश्यों एवं आदर्शों को पूरा करने हेतु एक निश्चित योजना बनायी जाती है जिससे उपलब्ध संसाधनों से उपयोगी व अधिक से अधिक पुस्तकालय सेवा संभव हो सके।

**LIBRARY RECORDS AND REPORTS**

**पुस्तकालय अभिलेख एवं प्रतिवेदन** : पुस्तकालय के विभिन्न कार्य कलापों एवं सेवाओं का समुचित एवं स्थायी विवरण हेतु बनाये गये अभिलेख एवं प्रतिवेदन, जैसे अवाप्ति रजिस्टर (Accession Register)] सूची, शैल्फ लिस्ट, सेवा अभिलेख, पाठको का अभिलेख, वार्षिक प्रतिवेदन एवं सांख्यिकी, डिस्पैच रजिस्टर आदि।

**LIBRARY RESEARCH CIRCLE**

**पुस्तकालय शोध-समाज** : 1947 में रंगनाथन दिल्ली विश्वविद्यालय में प्रोफेसर नियुक्त हुए। जिसके पश्चात् दिल्ली विश्वविद्यालय में पुस्तकालय विज्ञान स्नातक तथा स्नातकोत्तर पाठ्यक्रम प्रारम्भ किये गये तथा पुस्तकालय शोध समाज की भी स्थापना की गयी जिसकी मीटिंग प्रत्येक रविवार को होती थी। इस सर्कल में किये गये वाद–विवादों के फलस्वरूप रंगनाथन ने कई नये विचारों/अवधारणों व सिद्धान्तों को प्रतिपादित किया।

**LIBRARY SCHOOL**

**पुस्तकालय स्कूल** : पुस्तकालय विज्ञान के अनुमोदित पाठ्यक्रमों के आधार पर शिक्षा देने का सुनिश्चित स्थान। इन पूर्ण अथवा अंशकालीन पाठ्यक्रमों को संचाालित करने वाले विभाग अथवा संस्थाऐं विश्वविद्यालय अथवा कालेज का एक विभाग हो सकता है अथवा स्वतंत्र संस्था हो सकती है।

**LIBRARY SCIENCE**

**पुस्तकालय विज्ञान** : पुस्तकालय एवं सूचना संचारण इकाइयों के इतिहास, संगठन, प्रबंधन, विभिन्न तकनीको, सेवाओं, समाज के प्रति उनके कर्तव्यों तथा सामान्य कार्य कलापों का सैद्धान्तिक एवं व्यावहारिक अध्ययन पर

आधारित एक वृहद विषय है। जिसका आकार–प्रकार तथा परिसीमा विषय व सूचना जगत के साथ निरन्तर बदलता रहता है। 1876 के दशक में इसके लिये Librarianship, Library Economy शब्द प्रयोग किये जाते थे। जिसका अर्थ था पुस्तकों का प्रबंधन। 1895 में इस विषय में प्रलेखन कार्य सम्मिलित किया गया। 1931 में रंगनाथन की पुस्तक Five Laws of Library Science प्रकाशित होने पर **लाइब्रेरी सांइस** शब्द का प्रचलन आरम्भ हुआ। तथापि रंगनाथन ने इस शब्द का प्रतिपादन करने के साथ ही पुस्तकालय के कार्य एवं उद्देश्य को भी स्पष्ट किया कि पुस्तक प्रयोग के लिये है तथा इसके अनुरूप ही पुस्तकालय के कार्यों व उद्देश्यों को निर्धारित किया जाना चाहिये। कंप्यूटर तकनीक के आगमन से सूचना संचारण को अधिक महत्व दिया जाने लगा जिसके फलस्वरूप 1959 से इस विषय को पुस्तकालय एवं सूचना विज्ञान से सम्बोधित किया जाने लगा है।

**LIBRARY SCIENCE ABSTRACTS**

देखिये Library And Information Science Abstracts

**LIBRARY SCIENCE CLASSIFICATION**

**पुस्तकालय विज्ञान वर्गीकरण :** यह वर्गीकरण शोध समूह, लंदन (सी॰ आर॰ जी॰) के सदस्यों द्वारा बनायी गयी, एक पक्षात्मक वर्गीकरण पद्धति है। जिसका प्रकाशन 1965 में Classification of Library Science शीर्षक के अन्तर्गत किया गया। 1975 में इसका नया संस्करण Classification of Library and Information Science शीर्षक के अन्तर्गत प्रकाशित किया गया। इस पद्धति का कुछ संशोधनों के साथ **लाइब्रेरी एण्ड इन्फोरमेशन साइंस एब्सट्रैक्ट्स** (LISA) की प्रविष्टियों को व्यवस्थित करने के लिये किया जाता है।

**LIBRARY SERVICE**

**पुस्तकालय सेवा :** पुस्तकालयों एवं सूचना केन्द्रों द्वारा प्रलेखों के उपयोग तथा सूचना संचार व प्रसार के लिये दी जाने वाली सेवायें।

**LIBRARY SOFTWARE**

**पुस्तकालय साफ्टवेयर :** पुस्तकालय कार्यों के संचालन हेतु बनाया गया कंप्यूटर प्रोग्राम।

**LIBRARY STACKS ROOM**

**पुस्तकालय ग्रन्थ भंडारण कक्ष :** पुस्तकालय का वह कक्ष अथवा स्थान जहाँ सामान्यतः लकड़ी अथवा स्टील की दोनो ओर खुले चार खानों की आलमारीनुमा ग्रन्थाधारों पर पुस्तकालय के संग्रह को सहायक अनुक्रम में व्यवस्थित करके रखा जाता है।

**LIBRARY STAFF**

**पुस्तकालय कर्मचारी :** पुस्तकालय के विभिन्न कार्यों के लिये नियुक्त मानव संसाधन।

**LIBRARY STAMP**

**पुस्तकालय मुहर :** रबर की वह मुहर जिस पर पुस्तकालय का नाम अंकित होता है तथा पुस्तकालय का स्वामित्व अंकित करने हेतु इसे पुस्तकालय में अधिग्रहित किये जाने वाले प्रत्येक प्रलेख पर लगाया जाता है।

**LIBRARY STATISTICS**

**पुस्तकालय सांख्यिकी :** पुस्तकालय के विभिन्न विभागों/अनुभागों द्वारा प्रतिदिन किये जाने वाले कार्यों का लेखा रखा जाता है जिसे पुस्तकालय सांख्यिकी कहते हैं जैसे सदस्यता पंजीयन सांख्यिकी।

**LIBRARY TICKET**

**पुस्तकालय सदस्यता पत्रक :** पत्रक जिसका प्रयोग पाठक द्वारा पुस्तकालय से पुस्तक उधार पर लेने के लिये किया जाता है। यह पाठक के सदस्य होने को प्रमाणित करता है।

**LIBRARY VISITOR'S REGISTER**

**पुस्तकालय प्रवेशी पंजिका :** पुस्तकालय पंजिका जिस पर पुस्तकालय में आने वाले प्रत्येक आगन्तुक को अपना नाम, आने का उद्देश्य, आने का समय, तिथि आदि लिखना होता है। यह पंजिका पुस्तकालय में आने वालों की संख्या बताने के साथ ही कई अन्य कार्यों में भी उपयोगी सिद्ध होती है।

**LIGHT PEN**

**बिजली-पेन :** यह कंप्यूटर का एक निवेश माध्यम है। यह सामान्य पेन की ही तरह बना बिजली का पेन है। जिसके लिखने वाले हिस्से को कंप्यूटर दृश्यपटल से छू कर घुमाने व इस पर लगे बिजली के बटन दबाने से निर्देश लिये जाते हैं। यह **माउस** से सस्ता माध्यम है लेकिन इसको अधिक देर तक प्रयोग करने से हाथ थक जाते हैं। लाइट पेन को काम में लेने के लिये कंप्यूटर में अतिरिक्त इलेक्ट्रॉनिक्स की आवश्यकता होती है। जिसे कंप्यूटर के एक रिक्त स्लाट में एक उपयुक्त कार्ड को लगा कर पूरा किया जा सकता है।

**LIKE ENTITIES**

**सजातीय सत्व :** विषय जगत के ऐसे सत्व जिनमें किसी विशेषता की मात्रा, गहनता, व विस्तार समान हो अथवा अन्य किसी भी आधार पर उस विशेषता के संदर्भ में एक समान हो।

**LIKENESS**

**समानता :** वर्गीकरण में विषयों की विशेषताओं, लक्षण, गुणधर्म आदि में समानता व असमानताओं के आधार पर ही विषय जगत को वर्गीकृत किया जाता है।

**LILLIPUT EDITION**

**बौना संस्करण :** पुस्तक का अति सूक्ष्म संस्करण, जो सामान्यतः 10 इंच लम्बाई से कम की पुस्तक होती है। इसे अंग्रेजी में मिनेयेचर (Miniature) संस्करण भी कहते हैं।

**LIMITED CATALOGUING**

**सीमित सूचीकरण :** सूचीकरण प्रक्रिया को सरल बनाने, प्रविष्टियों में विवरण को कम करने को लाइब्रेरी आफ कांग्रेस ने सीमित सूचीकरण नाम दिया है। 1951 से आरम्भ की जाने वाली इस प्रक्रिया को इस पुस्तकालय में दो प्रकार से प्राप्त किया जाता है : – 1. **सूचीकरण का सरलीकरण** – जिसे विवरणात्मक सूचीकरण में सूचना को कम करके; तथा 2. **चयनित सूचीकरण** :– एक प्रलेख की प्रविष्टियों को कम करके प्राप्त किया जाता है। कटर ने भी सरलीकरण व चयनित सूचीकरण को सूची में छोटा शीर्षक, मध्यम शीर्षक तथा पूर्ण शीर्षक के द्वारा प्रयोग किया है।

**LIMITED EDITION**

**सीमित संस्करण :** एक पुस्तक का ऐसा संस्करण जो विशेष प्रकार के कागज पर मुद्रित किया गया हो, जिसकी जिल्दबंदी भी विशिष्ट प्रकार से की गयी हो तथा जिसकी कीमत अधिक होने के कारण सीमित प्रतियाँ प्रकाशित की गयी हो। ऐसे संस्करण की प्रतियाँ लेखक द्वारा हस्ताक्षरित भी हो सकती है।

**LIMITED EDITIONS CLUB**

**सीमित संस्करण क्लब :** जोर्ज मैके (George Macy) द्वारा 1929 में स्थापित अमेरिका का शुल्क ग्राही पुस्तक क्लब है जो सीमित संख्या में केवल सुंदर बनावट व सुंदर मुद्रित पुस्तकें प्रकाशित करता है।

**LIMP COVERS**

**ढीला आवरण :** पुस्तक जिल्दबन्दी का एक प्रकार जिसमें प्लासटिक अथवा अन्य पदार्थ का लचकदार पुस्तक आवरण बनाया जाता है।

**LINEAL KINSHIP**

**वंशागत सम्बन्ध :** वर्गीकरण में एक ही विषय जगत से उत्पन्न होने वाले विषयों को वर्गों की श्रृंखला अथवा पंक्ति में उनके वंशागत सम्बन्धों के क्रम के आधार पर व्यवस्थित करना।

**LINEAR NOTATION**

**रेखीय अंकन** : वर्गांक के अंकों को एक सीधी रेखा में व्यवस्थित करना।

**LINE**

**लाइन** : **दूरसंचार** पद्धति में एक परिपथ (Channel) को लाइन कहा जाता है; **मुद्रण** में एक कालम अथवा पृष्ठ में एक सीधी पंक्ति में मुद्रित अंकाक्षर को लाइन (पंक्ति) कहा जाता है, यह हाथ से लिखा भी हो सकता है।

**LINE PRINTER**

**लाइन प्रिंटर** : वह मुद्रण यंत्र जो कंप्यूटर से एक बार में एक ही लाइन मुद्रित कर सकता है। यह तेज गति का मुद्रण यंत्र है तथा एक मिनट में 300 से 2000 लाइनें मुद्रित कर सकता है।

**LINGUIST**

**भाषा विज्ञानी** : भाषाविद् जो कई भाषाओं को विद्वतापूर्वक धारा प्रवाह बोल व लिख सकता है।

**LINK**

**कड़ी** : वर्गीकरण में वर्गों की श्रृंखला का एक वर्ग ।

**LINK LANGUAGE**

**सम्पर्क भाषा** : एक सूचना नेटवर्क से जुड़े पुस्तकालयों एवं सूचना केन्द्रों के विभिन्न वर्गीकरण अथवा अनुक्रमणीकरण पद्धतियों से वर्गीकृत सूचना सामग्री के वर्गांकों को एक सामान्य सम्पर्क भाषा में परिवर्तित करके सूचना सामग्री के उपयोग को सहज बनाया जाता है। इस भाषा को मध्यस्थ भाषा अथवा परिवर्तक भाषा भी कहा जाता है। **इसे भी देखिये** Intermediate Language तथा Switching Language.

**LIPPINCOTT AWARD**

**लिपिनकोट पुरस्कार** : अमेरिका के जोजेफ डब्ल्यू लिपिनकोट द्वारा 1937 में स्थापित पुरस्कार है जो उच्चस्तरीय पुस्तकालय सेवाओं के लिये ख्याति प्राप्त पुस्तकालयाध्यक्षों को दिया जाता है। इसका संचालन अमेरिकन पुस्तकालय संघ की पुरस्कार कमेटी (A.L.A. Award Committee) द्वारा किया जाता है।

**LISA**

देखिए Library And Information Science Abstracts.

**LISP**

**लिस्प** : कंप्यूटर प्रोग्राम की भाषा लिस्ट प्रोसेसिंग (List Processing)

के लिये प्रयुक्त संक्षिप्त शब्द है जो असंख्यात्मक डेटा (non-numeric) के संचालन के लिये बनायी गयी प्रोग्रामिंग भाषा है तथा जिसका प्रयोग मुख्यतः कृत्रिम बुद्धि के उपयोग के लिये किया जाता है।

**LIST**

**सूची :** सूचना संग्रह को एक के बाद एक किसी सुनिश्चित क्रम में व्यवस्थित करके बनायी गयी तालिका; अथवा **कंप्यूटर** में कोई भी मुद्रण कार्य, जिसमें लिखित प्रमाणों (रिकार्डस) की एक श्रृंखला को एक फाइल अथवा स्मृति में एक के बाद एक मुद्रित किया जाता है।

**LIST OF ADDITIONS**

**अधिग्रहण सूची :** पुस्तकालय में एक निश्चित अवधि में प्राप्त की गयी प्रलेखों की सूची।

**LIST OF RESEARCH IN PROGRESS**

**शोध प्रगति सूची :** इस प्रकार की सूची में एक संस्था की शोध गतिविधियों का विवरण होता है। इसमें शोध कार्यों का विवरण, शोधकर्ताओं के नाम, अन्वेषण की अवधि, वित्तीय संसाधन प्रदान करने वाली संस्था का नाम आदि सम्मिलित होते हैं।

**LIST PRICE**

**सूची मूल्य :** प्रकाशक द्वारा लगाई गयी पुस्तकों के मूल्य की सूची।

**LITERAL NOTATION**

**शाब्दिक अंकन : वर्गीकरण** में शब्दों का प्रयोग अंकों के रूप में किया जाता है। इसी प्रकार **पुस्तक के अध्यायों** को अंकित करने के लिये भी शब्दों का प्रयोग किया जाता है जैसे अध्याय A, B, C आदि। इसे ही शाब्दिक अंकन कहते हैं।

**LITERAL MNEMONICS**

**शाब्दिक स्मृति सहायक :** वर्गीकरण में किसी विषय अथवा एकल विचार को व्यक्त करने अथवा उसको कृत्रिम नाम देने के लिये उस विषय अथवा एकल विचार के नाम का प्रथम अक्षर अथवा अधिक अक्षरों को प्रयोग करना ही शाब्दिक स्मृति सहायक है। ब्लिस ने इसे Literal Mnemonics तथा रंगनाथन ने Verbal Mnemonics कहा है।

**LITERAL TRANSLATION**

**शब्दशः अनुवाद :** एक भाषा से दूसरी भाषा में प्रत्येक शब्द के अनुवाद के आधार पर किया जाने वाला अनुवाद।

**LITERARY WARRANT**

**साहित्यिक प्रमाण** : इस शब्द का प्रतिपादन ह्यूम (E. Wyndham Hume) द्वारा किया गया है। जिसका प्रयोग वर्गीकरण में एक सिद्धान्त के रूप में विषयों को सहायक अनुक्रम में व्यवस्थित करने के लिये किया जाता है। एक विषय पर प्रकाशित सामग्री की मात्रा अथवा संख्या को यह शब्द इंगित करता है। विस्तार के लिये देखिये Principle of Literary Warrant.

**LITERARY WARRANT SEQUENCE**

**साहित्यिक प्रमाण अनुक्रम** : एक वर्गीकरण पद्धति में विषयों एवं एकलों को सहायक अनुक्रम में व्यवस्थित करने हेतु यदि इनके ऊपर प्रकाशित अथवा सम्भावित प्रलेखों की संख्या ही सबसे उत्तम सहायक अनुक्रम प्रदान करता है तो इनको प्रलेखों की संख्या वृद्धि अथवा संख्या ह्रास के आधार पर व्यवस्थित किया जा सकता है।

**LITERARY WORK**

**साहित्यिक कृति** : धार्मिक कृतियों के अतिरिक्त सृजनात्मक साहित्यिक कार्य जैसे नाटक, कविता, कहानी आदि जिसमें विशिष्ट विशेषतायें जैसे अन्तर्बोध स्वरूप की सुंदरता तथा भावुकता का पुट होता है।

**LITERATE**

**साक्षर** : व्यक्ति जो पढ़ व लिख सकता है।

**LITERATURE EXPLOSION**

**साहित्यिक विस्फोट** : पाठ्य सामग्री का अत्यधिक मात्रा में प्रकाशित होने को साहित्यिक विस्फोट की संज्ञा दी जाती है।

**LITERATURE REVIEWS**

**साहित्य की समिक्षाएं** : देखिये Reviews

**LITERATURE SEARCH**

**स्रोत सामग्री खोज** : शोधकर्ता का प्रथम चरण शोध के विषय पर प्रकाशित साहित्य के बारे में जानकारी प्राप्त करना है। इसे संदर्भ कार्य एवं शोधकार्य के बीच की कड़ी माना जा सकता है। इस प्रकार की खोज में विशिष्ट विषय पर प्रकाशित सामग्री की विस्तृत एवं सुव्यवस्थित खोज की जाती है तथा प्रलेख का सार व पूर्ण संदर्भ सहित ग्रन्थात्मक सूची अथवा सामान्य ग्रन्थात्मक सूची बनायी जाती है। स्रोत सामग्री की खोज की प्रक्रिया में इस विषय पर पूर्व में किये गये शोधकार्यों के बारे में जानकारी प्राप्त होने के साथ ही उस विषय के सभी पहलुओं का स्पष्ट स्वरूप प्राप्त हो जाता है। इस कार्य में शोधकर्ता की सहायता पुस्तकालय का संदर्भ अनुभाग भी करता है।

**LITERATURE SURVEY**

**साहित्य सर्वेक्षण** : एक विशिष्ट विषय पर एक अथवा अधिक पुस्तकालयों में उपलब्ध पाठ्य सामग्री की सूची अथवा एक विषय पर नई पुस्तकों व नये सामयिक प्रकाशनों व पत्रिकाओं में प्रकाशित लेखों की संदर्भ सहित तैयार की गयी सूची को साहित्य सर्वेक्षण के आधार पर बनाया जाता है। इस प्रकार की सूची शोधकर्ता अथवा पुस्तकालय बना सकता है।

**LITHOGRAPH**

**शिला चित्रण** : शिला मुद्रण की प्रक्रिया से बना चित्रण।

**LITHOGRAPHIC PRESS**

**शिला मुद्रण प्रेस** : शिलाओं पर बने मुद्रण से प्रतियाँ बनाने का मुद्रक।

**LITHOGRAPHY**

**शिला चित्रण विधि** : शिला पर एक विशेष प्रकार की रंगीन पेंसिल, खड़िया, रंग अथवा स्याही से चित्रण बनाने की विधि।

**LOAN**

**उधार** : पुस्तकालय के सदस्यों को एक निश्चित अवधि के लिये उधार पर पुस्तक देने की प्रक्रिया।

**LOAN DESK**

**उधार स्थल** : पुस्तकालय का वह स्थल जहाँ से सदस्यों को पुस्तकों को उधार पर देने व लेने की प्रक्रिया पूरी की जाती है।

**LOAN PERIOD**

**उधार अवधि** : पुस्तकालय के सदस्यों को पुस्तक उधार पर देने के पश्चात् पुस्तक को रखने की अवधि। यह अवधि एक पुस्तकालय पुस्तकों के प्रकार – पाठ्य पुस्तकें, दुर्लभ पुस्तकें आदि पर भी निर्धारित कर सकता है।

**LOAN STATISTICS**

**उधार सांख्यिकी** : पुस्तकालय की पुस्तक आदान–प्रदान अनुभाग द्वारा प्रतिदिन निर्गत होने वाली पुस्तकों का लेखा रखा जाता है। जिसके आधार पर प्रतिदिन, प्रतिसप्ताह, प्रतिमाह तथा वर्ष के अन्त में सांख्यिकी तैयार की जाती है। इसे ही उधार सांख्यिकी कहते हैं।

**LOAN SYSTEM**

**उधार-प्रणाली** : पुस्तकों के निर्गत व आगत के लिये प्रयोग की जाने वाली प्रणाली, जैसे रजिस्टर प्रणाली, ब्राउन प्रणाली आदि।

**LOCAL AREA NETWORK**

स्थानीय क्षेत्र तंत्र : देखिये LAN

**LOCAL BIBLIOGRAPHY**

**स्थानीय ग्रन्थात्मक सूची** : किसी स्थान विशेष पर लिखी गयी पुस्तकों

तथा अन्य प्रकार की पाठ्य सामग्री के आधार पर बनायी गयी सूची। इस प्रकार की ग्रन्थात्मक सूची में सामान्यतया उस स्थान के रहने वाले व्यक्तियों, उसका प्राकृतिक इतिहास, संस्कृति, साहित्य एवं भाषा आदि पर लिखे गये प्रलेखों को सम्मिलित किया जाता है।

**LOCAL COLLECTION**

**स्थानीय साहित्य संग्रह :** किसी विशिष्ट क्षेत्र पर प्रकाशित पुस्तकों, नक्शे, चित्र तथा अन्य सामग्री का संग्रह। सामान्यतः उस क्षेत्र में स्थित पुस्तकालय में ही इस प्रकार का संग्रह होता है।

**LOCAL DIRECTORY**

**स्थानीय निर्देशिका :** एक क्षेत्र विशेष से सम्बन्धित निर्देशिका। साधारणतया ऐसी निर्देशिकाएं टेलीफोन, स्थानीय संस्थाओं, पुस्तकालयों, विद्यालयों, सामाजिक वर्गों से सम्बन्धित होती है।

**LOCAL LIST**

**लोकल लिस्ट :** चार्ल्स ऐमी कटर द्वारा बनायी गयी **एक्सपैनसिव क्लासीफिकेशन** (ई. सी.) में भौगोलिक उपविभाजनों के लिये एक सामान्य सारणी का प्रावधान है जिसका नाम लोकल लिस्ट है। इस सारणी में अंक 11–19 के अन्तर्गत इन उपविभाजन के लिये वर्गांक आवंटित किये गये हैं।

**LOCAL LIST**

**स्थानीय साहित्य सूची :** एक क्षेत्र विशेष से सम्बन्धित प्रलेखों की सूची।

**LOCAL UNIT CARD**

**स्थानीय सूची पत्रक :** ऐसे पुस्तकालय जो मुद्रित सूची पत्रक खरीद कर प्रयोग करते हैं, उनको यदि किसी पुस्तक का सूची पत्रक प्राप्त नहीं होता है तो जब तक वह पत्रक प्राप्त नहीं हो जाता है उसका मुख्य सूची पत्रक पुस्तकालय स्वंय बना कर पुस्तक को पाठक के उपयोग हेतु प्रस्तुत कर देता है। इस पत्रक को स्थानीय यूनिट कार्ड कहा जाता है।

**LOCATION MARK**

**अवस्थिति चिन्ह :** सूची प्रविष्टि, पुस्तक सूची, ग्रन्थात्मक सूची में एक संग्रह, पुस्तकालय अथवा एक पुस्तक या लेख के स्थान को इंगित करने के लिये प्रयुक्त चिन्ह।

**LOCATION REGISTER**

**अवस्थिति पंजी :** ऐसे पुस्तकालय जिनमें प्रलेखों की व्यवस्था निश्चित स्थान विधि (Fixed Location) से की गयी हो अथवा निषिद्ध प्रवेश प्रणाली

प्रयोग की जाती हो, उनमें पुस्तकों के स्थान को निर्धारित करने की प्रक्रिया के लिये एक अवस्थिति पंजी का प्रयोग किया जाता है। जिसमें प्रलेख को उसके लेखक, शीर्षक अथवा आवंटित क्रमांक से व्यवस्थित किया जाता है। जिससे शैल्फ में एक प्रलेख की निर्धारित स्थिति को मालूम किया जा सकता है।

**LOCATION SYMBOL**

देखिये Location Mark.

**LOG**

**कार्य पंजी : पंजी** जिसमें किये जाने वाले कार्यों को क्रम से लिखा गया होता है। **कंप्यूटर** में विषयों अथवा परिणामों की श्रृंखला को रिकार्ड करना अथवा एक विशिष्ट विषय से सम्बन्धित सूचना को श्रृंखलाबद्ध करना कार्य पंजी कहा जाता है।

**LOGARITHM**

**लघुगणक** : गणितीय गणनाओं को करने की वह विधि जिसके द्वारा जटिल से जटिल गुणा–भागों को जल्दी व सही ढंग से हल किया जा सकता है। लघुगणक अथवा लागरिथम एक ऐसा तरीका है जिसमें बड़ी से बड़ी गुणा की क्रिया को घनात्मक रूप में और भाग की क्रिया को ऋणात्मक रूप में व्यक्त किया जा सकता है। इसके आविष्कारक स्कॉटलैड निवासी जान नेपियर (John Napier) हैं।

**LOGICAL ARRANGEMENT**

**तर्कसंगत विन्यास** : पुस्तकालय **वर्गीकरण** हेतु ग्रन्थात्मक वर्गीकरण पद्धति की संरचना तर्कसंगत सिद्धान्तों पर आधारित होनी चाहिये। इसमें वर्गों की प्रत्येक श्रृंखला को इस प्रकार व्यवस्थित किया जाना चाहिये कि प्रत्येक समकक्ष व अधीनस्थ वर्ग की पारस्परिक सम्बद्धता स्पष्ट हो सके। ब्लिस ने इस हेतु एक सिद्धान्त भी प्रतिपादित किया है; **सूचीकरण** में प्रविष्टियों का विन्यास वर्णानुक्रमिक न होकर किसी निश्चित सिद्धान्त पर आधारित होनी चाहिये।

**LOGICAL NOTATION**

**तर्कसंगत अंकन** : वर्गीकरण में प्रयुक्त वह अंकन जिसके प्रत्येक अंक, को असीमित विषय जगत को अंक प्रदान करने हेतु क्रमशः निरन्तर पदानुक्रम में विभाजित किया जा सके। जैसे डेसीमल क्लासीफिकेशन में डेसीमल भिन्न विधि पर आधारित अंकन – 2, 22, 222, 2222

**LOGICAL ORDER**

तर्कसंगत क्रम : देखिये Logical Sequence

**LOGICAL SEQUENCE**

**तर्कसंगत अनुक्रम :** वर्गीकरण पद्धति में वर्गों का सहायक अनुक्रम तथा सूचीकरण में प्रविष्टियों का विन्यास तार्किक सिद्धान्तों पर आधारित होना चाहिए। देखिये Logical Arrangement

**LOGO**

**लोगो :** लोगो अमेरिका के प्रौद्योगिकी संस्थान (Massachusetts Institute of Technology, Cambridge MA) द्वारा विकसित कंप्यूटर की भाषा है। इसका विकास शिक्षा को सरल बनाने के उद्देश्य से किया गया है। इस भाषा से चित्रण (Graphics) इतना सरल है कि छोटे बच्चे भी विचारशील व गंभीर चित्रण कर सकते हैं।

**LOGOGRAM**

**शब्द चिन्ह :** एक पूरे शब्द के लिये उसका प्रथम शब्द अथवा सुलभ संकेत प्रयोग करना।

**LONG PAGE**

**लम्बा पृष्ठ :** एक पुस्तक का वह पृष्ठ जिसमें अन्य पृष्ठों से अधिक लाइनें हैं।

**LONG RANGE REFERENCE SERVICE**

**दीर्घकालीन संदर्भ सेवा :** दीर्घ संदर्भ सेवा में पाठक द्वारा पूछे गये प्रश्नों का उत्तर देने में समय लगता है। यह समय आधा घंटे से लेकर कई दिन का हो सकता है। इसे व्यापक संदर्भ सेवा भी कहा जाता है। जबकि रंगनाथन ने इस प्रकार की संदर्भ सेवा को दीर्घकालीन संदर्भ सेवा की संज्ञा दी है।

**LOOSE ASSEMBLAGE**

**अबद्ध संयोजन :** 1950 में रंगनाथन द्वारा प्रतिपादित विषय संरचना विधि जिसके अनुसार दो या अधिक मूल विषयों अथवा एकलों के पारस्परिक सम्बन्धों के आधार पर विषयों की संरचना हो सकती है। कोलन क्लासीफिकेशन में इसको तीन भागों में बाटा गया है। अबद्ध संयोजन प्रकार 1 जिसमें दो या अधिक सरल अथवा संयोजित (Compound) विषयों के पारस्परिक सम्बन्धों के अध्ययन के आधार पर बने विषयों को अन्तर विषय सम्बन्ध विधि के द्वारा वर्गीकृत किया जाता है। अबद्ध संयोजन प्रकार 2 एक ही मुख्य विषय तथा एक श्रेणी के दो या अधिक समकक्ष वर्गों के पारस्परिक सम्बन्धों के अध्ययन के आधार पर बने विषयों को अन्तर–पक्ष विषय सम्बन्ध विधि के द्वारा वर्गीकृत किया जाता है तथा अबद्ध संयोजन प्रकार 3 एक मुख्य विषय के एक ही श्रेणी के तथा एक ही समकक्ष वर्ग के दो या अधिक एकलों के पारस्परिक सम्बन्धों के आधार

पर बने विषयों को अन्तर पंक्ति विषय सम्बन्ध विधि के द्वारा वर्गीकृत किया जाता है।

**LOOSE LEAF BINDING**

**श्लथ जिल्दबंदी :** इस प्रकार से की गयी जिल्दबन्दी जिसमें से प्रलेख का कोई भी पृष्ठ आसानी से निकाला जा सकता है अथवा निकाल कर आसानी से दूसरी जगह लगाया जा सकता है।

**LOOSE LEAF CATALOGUE**

**श्लथ पत्रक सूची :** देखिये Sheaf Catalogue

**LOVE BUG**

**लव बग :** कंप्यूटर का एक विनाशकारी प्रोग्राम है। फिलीपीन इन्टरनेट सर्विस से ई. मेल के द्वारा **आई लव यू** संदेश के माध्यम से यह प्रोग्राम कंप्यूटर में निवेश किया गया। जो कुछ ही घंटों में दुनिया के कंप्यूटरों में फैल गया। लव बग नामक इस वाइरस से प्राथमिक स्तर पर ही $2.5 विलीयन डालर के नुकसान का अनुमान लगाया गया। यह माना जाता है कि 5 मई (वृहस्पतिवार) 2000 को मनीला के आर. रामोनस (Ramones) द्वारा इस प्रोग्राम को बनाया व निवेश किया गया तथापि पुख्ता सबूत न होने के कारण उसे मनीला पुलिस द्वारा छोड़ दिया गया।

**LOWER CASE LETTERS**

**छोटे अक्षर :** यह माना जाता है कि बड़े (Capital) और छोटे (Small) अक्षरो के लिये अपर व लोअर केस शब्दों का प्रयोग धातु के टाइसेटिंग के समय से चला आ रहा है। कम्पोजिटरों की सुविधा के लिये बड़े व छोटे अक्षर एक दूसरे के निकट रखे जाते थे, कैपिटल लेटर ऊपर के खाने में तथा छोटे अक्षर उसके नीचे के खाने में रखे जाते थे इसलिये शब्द अपर केस व लोअर केस से प्रचलित हो गये। वर्तमान समय के फौंट फोल्डर की उस पुराने अक्षरों की खानोवाली ट्रे से कोई तुलना नही है लेकिन इन शब्दों का प्रयोग पूर्ववत् हो रहा है।

**LOWER LINK**

**निचली कड़ी :** रंगनाथन द्वारा प्रतिपादित श्रृंखला प्रक्रिया में दो कड़ियों के मध्य जो कड़ी निचले स्तर पर आती है उसे निचली कड़ी कहा जाता है।

**LOW LEVEL LANGUAGE**

**निम्नस्तरीय भाषाएँ :** ऐसी मशीनी भाषाएँ जिसका प्रत्येक निर्देश मशीनी निर्देश के सदृश होता है। इन भाषाओं को प्रयोग से पहले मशीनी भाषा में अनुवाद करना आवश्यक होता है। यह अनुवाद कंप्यूटर स्वंय करता है।

सामान्यतः प्रत्येक कंप्यूटर निर्माता अपने कंप्यूटर के लिये भाषा बना देते हैं अर्थात् कुछ विशेष शब्द संकेतों को कंप्यूटर स्मृति में डाल देते हैं जो स्मरण कोड (Mnemonic Code) कहलाता है तथा जिनका प्रयोग होने पर कंप्यूटर स्वंय इनको द्विआधारी अंकों में अनुवाद कर देता है इस विधि को एसेम्बलर तथा भाषा को एसेम्बली भाषा कहा जाता है। इसीलिये ऐसी भाषाएँ जो कंप्यूटर से सीधा सम्पर्क कर सकती हैं उनको निम्नस्तर की भाषाएँ कहा जाता है। ये भाषाएँ मानव के सामान्य समझ से दूर तथा मशीनी समझ के निकट होने के कारण भी निम्नस्तरीय भाषा कहलाती है।

**LSI**

देखिये Large Scale Integration

# M

**M**

**एम :** कम्प्यूटर की शब्दावली में एक करोड़ (मिलियन) के लिये प्रयुक्त संक्षिप्त शब्द।

**M**

**रोमन अंक :** 1,000 के लिये मुद्रण में प्रयोग किया जाने वाला शब्द।

**MAC**

**मैक :** (i) Multi-Access Computing का संक्षिप्त शब्द, (ii) डैस्क टाप पब्लिशिंग कार्य के लिये एपैल (Apple) कम्पनी द्वारा निर्मित मैकइनटोश (Macintosh) कम्प्यूटर को भी मैक कह कर सम्बोधित किया जाता है।

**MACHINE INDEXING**

**मशीनी अनुक्रमणीकरण :** वह प्रक्रिया जिसमें अनुक्रमणीकरण प्रक्रिया को पूरा करने हेतु मशीन का प्रयोग किया जाता है।

**MACHINE LANGUAGE**

**मशीनी भाषा :** वह भाषा जो कम्प्यूटर समझ सकता है तथा जिसमें द्विआधारी अंकन 0 व 1 का प्रयोग सभी प्रकार के प्रोग्राम लिखने या आदेश देने के लिये किया जाता है। इसे मशीन कोड भी कहते हैं। देखिये Computing Language

**MACHINE OPERATION**

**मशीन संचालन :** एक मशीन का वह क्रिया कलाप जिसके निष्पादन के लिये उसे बनाया गया है।

**MACHINE READABLE CATALOGUE**

**मशीन पठनीय सूची :** कम्प्यूटर से तैयार की गई प्रलेखों की सूची जिसे कम्प्यूटर पर ही देखा व पढ़ा जा सकता है। तथा आवश्यकता होने पर कम्प्यूटर के माध्यम से मुद्रित किया जा सकता है ऐसी सूचियों को फ्लापी डिस्क, टेप, सी॰डी॰ रोम आदि से या सीधे नेटवर्क के माध्यम से भी किसी भी स्थान पर भेजा सकता है।

**MACHINE READABLE DATABASE**

**मशीन पठनीय सूचना संग्रह :** मशीन द्वारा प्रयुक्त माध्यम पर उपलब्ध सूचना संग्रह।

**MACHINE SCRIPT**

**मशीन लिपि :** मशीनी भाषा में लिखी गयी सूचना।

**MACHINE SORTING**

**मशीनी छटाई :** पूर्व निर्धारित क्रम के आधार पर छिद्रित पत्रकों की मशीन द्वारा छटाई।

**MACHINE TRANSLATION**

**मशीनी अनुवाद :** कम्प्यूटर की वह प्रक्रिया जिसके द्वारा एक भाषा में लिखे गये प्रलेख का दूसरी भाषा में अथवा डेटा को उसके अर्थ में बिना किसी परिवर्तन के एक रूप से दूसरे रूप में बदल देता है।

**MACHINE WORD**

**मशीनी शब्द :** सूचना स्थानान्तरण हेतु अंकाक्षरों की मानक इकाई जिसका कम्प्यूटर संचालन प्रक्रिया में प्रयोग होता है।

**MACRO**

**मैकरो :** कम्प्यूटर की शब्दावली में मैकरोइन्सट्रक्शन (Macroinstruction) के लिये प्रयुक्त सूक्ष्म शब्द।

**MACRO CLASSIFICATION**

**वृहद विषय वर्गीकरण :** वर्गीकरण जो विषय जगत के विस्तृत व वृहद, विषयों को ही वर्गीकृत कर सकता है। इसे विस्तृत विषय वर्गीकरण भी कहते हैं।

**MACRO - DOCUMENT**

**वृहद विषय प्रलेख :** पुस्तक अथवा अन्य पाठ्य सामग्री जिसमें एक विषय का विस्तृत व पूर्ण विवरण होता है।

**MACRO SUBJECT**

**वृहद विषय :** अधिक विस्तार तथा कम गहनता वाला विषय। जैसे एक मुख्य विषय।

**MACRO THOUGHT**

**वृहद विचार तत्व :** विस्तृत विषय जो सामान्यतः पुस्तकों के रूप में प्रकाशित होता है।

**MADRAS PUBLIC LIBRARY ACT 1948**

**मद्रास सार्वजनिक पुस्तकालय अधिनियम 1948 :** डा॰ रंगनाथन के अथक प्रयासों से भारत का प्रथम पुस्तकालय अधिनियम तात्कालीन मद्रास राज्य की विधान सभा में 1948 में प्रस्तुत किया गया। जिसे पुनः चयन समिति को संशोधन हेतु सौंपा गया। जनवरी 29, 1949 को गर्वनर जनरल की सहमति के पश्चात यह अधिनियम पारित किया गया तथा 1 अप्रैल 1950 को सम्पूर्ण राज्य में इसे लागू कर दिया गया। 1 जनवरी 1969 को इसका नाम राज्य के नाम के अनुरूप तमिलनाडु सार्वजनिक पुस्तकालय अधिनियम कर दिया गया। इस अधिनियम में आठ शीषकों के अर्न्तगत नियमों का विवरण दिया गया है।

**MAGAZINE**

**पत्रिका :** सामयिक प्रकाशन जो एक निश्चित अवधि में प्रकाशित होता है।

**MAGAZINE RACK**

**पत्रिका मंजूषा :** पत्रिकाओं को प्रदर्शित करने हेतु लकड़ी अथवा स्टील से बना ग्रन्थाधार।

**MAGAZINE ROOM**

**पत्रिका कक्ष :** पुस्तकालयों में पत्रिकाओं को पढ़ने हेतु आंवटित कक्ष।

**MAGNETIC CARD**

**चुम्बकीय पत्रक :** चुम्बकीय सतह वाला पत्रक जिसकी सतह के कुछ हिस्से को अर्जित करने के पश्चात सूचना रिकार्ड की जाती है। इसे सूचना भंडारण के माध्यम के रूप में प्रयोग किया जाता है।

**MAGNETIC DISK**

**मैग्नेटिक डिस्क :** कम्प्यूटर में सूचना को स्थायी रूप में संचित रखने का माध्यम। ये तीन प्रकार की होती है – 5.25" की फ्लापी डिस्क, 3.6" की डिस्केट व हाई डिस्क। यह लोह आक्साइड तत्व से लेपित चुम्बकीय गुण से युक्त चपटी व गोल आकार की प्लेटें हैं जिन पर डेटा का भंडारण किया जाता है।

**MAGNETIC STORAGE**

**चुम्बकीय संग्रह :** वह उपकरण जिस पर चुम्बकीय गुण उत्पन्न करके ही

डेटा का भंडारण किया जा सकता है। यह इलेक्ट्रो – मैग्नेटिज़म सिद्धान्त पर आधारित उपकरण है।

**MAGNETIC TAPE**

**चुम्बकीय टेप** : छिद्रित पत्रक के स्थान पर कम्प्यूटर तथा अन्य मशीनों में सूचना भंडारण व प्राप्ति के लिये सामान्य रूप से प्रयोग होने वाली नई तकनीक है। यह टेप प्लास्टिक की आधा इंच चौड़ी पट्टी से बना होता है जिसकी सतह चुम्बकीय आक्साइड लेपित होती है। इस पर डेटा/सूचना को चुम्बकीय धब्बों की श्रृंखला के रूप में रिकार्ड किया जाता है। इसे सुरक्षित रखने के लिये काट्रिज या डिब्बे में बंद किया जाता है। इसीलिये इसे काट्रिज टेप भी कहते हैं। ये विभिन्न आकार तथा विभिन्न सूचना संग्रह की क्षमताओं में उपलब्ध है। इस टेप से पुराने भंडारित डेटा को मिटाकर नया डेटा बार–बार भरा जा सकता है।

**MAHARASHTRA PUBLIC LIBRARY ACT 1967**

**महाराष्ट्र सार्वजनिक पुस्तकालय अधिनियम 1967** : महाराष्ट्र राज्य का निर्माण 1960 में हुआ। आरम्भ से ही महाराष्ट्र पुस्तकालय संघ पुस्तकालय अधिनियम संघ लागू करने हेतु सक्रिय रहा। महाराष्ट्र सरकार की सहमति से इस संघ ने मैसूर सार्वजनिक पुस्तकालय अधिनियम के आधार पर पुस्तकालय अधिनियम का प्रारूप तैयार किया, जिसे 17 नवम्बर 1967 को विधान सभा द्वारा पारित किया गया तथा 1 अप्रैल 1968 से सम्पूर्ण राज्य में लागू कर दिया गया।

**MAIN CARD**

**मुख्य पत्रक** : सूची पत्रक जिसमें एक प्रलेख की मुख्य प्रविष्टि बनायी गयी होती है तथा जिसकी सहायता से प्रलेख की अन्य प्रविष्टियाँ बनायी जा सकती है।

**MAIN CATALOGUE**

**मुख्य सूची** : एक पुस्तकालय की केन्द्रीय सूची जिसमें सामान्यतया पुस्तकालय के सभी प्रलेखों की मुख्य प्रविष्टि पत्रक होते हैं।

**MAIN CLASS**

**मुख्य वर्ग** : एक वर्गीकरण पद्धति में विषय जगत के विभाजन से प्राप्त प्रथम पंक्ति के मुख्य विषय।

**MAIN ENTRY**

**मुख्य प्रविष्टि** : सूचीकरण में ऐसी प्रविष्टि जिसमें एक प्रलेख के बारे में अधिकतम सूचना अंकित की जाती है। प्रलेख से सम्बन्धित अन्य सभी प्रविष्टियों को बनाने में भी यह सहायक होती है।

**MAIN HEADING**

**मुख्य शीर्षक : अनुक्रमणीकरण** में विषय को इंगित करने हेतु प्रयोग किया गया मुख्य शीर्षक। **सूचीकरण** में मिश्रित विषय के प्रलेख के लिये प्रयोग किये जाने वाले शीर्षकों में प्रथम शीर्षक, अर्थात मुख्य शीर्षक, उपशीर्षक आदि।

**MAIN LIBRARY**

**मुख्य पुस्तकालय :** पुस्तकालय प्रणाली का मुख्य भाग जिसमें पुस्तकालयाध्यक्ष का कार्यालय, प्रशासनिक विभाग तथा पुस्तकालय प्रणाली व्यवस्था व नीति निर्धारण सम्बन्धी सभी विभागों के साथ ही प्रलेखों की अत्याधिक संख्या भी होती है। इसे केन्द्रीय पुस्तकालय भी कहते हैं।

**MAIN SUBJECTS**

**मुख्य विषय :** देखिये Main Class

**MAIN TITLE**

**मुख्य आख्या :** प्रलेख की आख्याओं में प्राथमिकता प्राप्त आख्या, अर्थात प्रथम शीर्षक जिसके साथ उपआख्या अथवा सहआख्या प्रयोग किया गया हो।

**MAIN TITLE PAGE**

**मुख्य आख्या पृष्ठ :** एक प्रलेख का वह पृष्ठ जिस पर मुख्य आख्या मुद्रित की गयी है। सूचीकरण में इसी पृष्ठ से विभिन्न प्रकार की प्रविष्टियों के लिये मुख्य सूचना प्राप्त की जाती है।

**MAINFRAME COMPUTER**

**मेनफ्रेम कम्प्यूटर :** बहुत अधिक क्षमता व बड़े आकार का कम्प्यूटर जिस पर कई व्यक्ति एक साथ काम कर सकते हैं इस हेतु आवश्यकतानुसार इस पर अनेक टर्मिनल लगाये जा सकते हैं।

**MAIN MEMORY**

**मुख्य स्मृति :** कम्प्यूटर की आन्तरिक स्मृति अर्थात तत्काल उपलब्ध भंडार (Immediate Access Store)।

**MAIN PROGRAM**

**मुख्य प्रोग्राम :** कम्प्यूटर केन्द्रीत रूपरेखा जिस पर विभिन्न अनुभाग व उपनियमित कार्य – प्रक्रिया दिये गये होते हैं।

**MAIN STORAGE UNIT**

**मुख्य संग्रह इकाई :** कम्पूटर की इकाई जिसमें सूचना को प्राथमिक स्तर पर एकत्रित किया जाता है। इसी से अनुदेशों का कार्यान्वयन भी होता है।

**MALFUNCTION ROUTINE**

**असामान्य क्रिया संचालन :** कम्प्यूटर हार्डवेयर के दोष का पता लगाने अथवा प्रोग्राम की त्रुटि के निदान में सहायता करने हेतु बनायी गयी प्रक्रिया।

**MALIBNET**

**मालिबनेट :** मद्रास लाइब्रेरी नेटवर्क के लिये प्रयुक्त संक्षिप्त शब्द। इन्सडोक के सहयोग से फरवरी 1993 में एक संस्था के रूप में इसे पंजीकृत किया गया तथा जून 1993 में एक नेटवर्क के रूप में कार्यान्वित हुआ। इस नेटवर्क का मुख्य उद्धेश्य सामान्यरूप से तमिलनाडू तथा विशिष्ट रूप से मद्रास शहर के पुस्तकालय व सूचना केन्द्रों में पारस्परिक सहयोग स्थापित करके सूचना साझेदारी तथा संचारण को सुलभ व प्रोत्साहित करना है।

**MANAGEMENT**

**प्रंबधन :** देखिये Library Management

**MANIPUR PUBLIC LIBRARY ACT 1988**

**मणिपुर सार्वजनिक पुस्तकालय अधिनियम 1988 :** 1987 में मणिपुर पुस्तकालय संघ की स्थापना के साथ ही संघ ने पुस्तकालय अधिनियम हेतु प्रयत्न प्रारम्भ कर दिया था। जिसके फलस्वरूप 1 अगस्त 1988 को अधिनियम विधान सभा द्वारा पारित किया गया तथा 1 अक्टूबर 1988 से इसे राज्य में लागू कर दिया गया। यह देश का छठा सार्वजनिक पुस्तकालय अधिनियम है जो मुख्यरूप से मद्रास तथा पश्चिम बंगाल सार्वजनिक पुस्तकालय अधिनियम पर आधारित है।

**MANUAL**

**पुस्तिका :** किसी विषय अथवा तकनीक को समझने व प्रयोग करने के लिये लिखी गयी संक्षिप्त विवरण पुस्तिका।

**MANUAL CONTROL**

**हस्त नियंत्रित :** कम्प्यूटर का वह प्रोग्राम अथवा प्रक्रिया जिसका कुछ भाग कम्प्यूटर संचालन करने वाले व्यक्ति द्वारा कम्प्यूटर कन्सोल से नियंत्रित किया जाता है।

**MANUAL INPUT**

**हस्तनिवेश :** कम्प्यूटर कुंजीपटल के माध्यम से संचालन करने वाले व्यक्ति द्वारा डेटा का सीधा निवेश।

**MANUSCRIPT**

**हस्तलिखित ग्रन्थ :** किसी भी प्रकार का प्रलेख जो हाथ से लिखा गया हो।

**MANUSCRIPT CATALOGUE**

**हस्तलिखित ग्रन्थ सूची** : हाथ से लिखे ग्रन्थों अथवा पाण्डुलिपियों की सूची।

**MAP**

**मानचित्र** : कागज पर भूभाग का चित्रण जिसमें प्राकृतिक भूखण्ड, राजनीतिक सीमायें आदि दर्शाया जाता है।

**MARC**

**मार्क** : मशीन पठनीय सूचीकरण (Machine Readable Catalogue) का आरम्भ 1966 में लाइब्रेरी आफ कांग्रेस द्वारा एक योजना के रूप में किया गया। जिससे कि इस पुस्तकालय के प्रलेखों की सूची मशीन पठनीय सूचीकरण से मुद्रित कर अमेरिका के विभिन्न पुस्तकालयों में वितरित किया जा सके। प्रथम चरण में मात्र उन 16 पुस्तकालयों को मशीन पठनीय टेप वितरित किये गये जिनके पास कम्प्यूटर की सुविधाएँ थी। 1967 में मार्क II का प्रयोग आरम्भ किया गया। इसमें मार्क I की सभी कमियों को दूर किया गया तथा 50 पुस्तकालयों को मशीन पठनीय सेवा प्रदान की जाने लगी। 1969 से मार्क फार्मेट द्वारा पुस्तक सेवा भी आरम्भ की गयी। तत्पश्चात् ब्रिटिश राष्ट्रीय पुस्तकालय ने भी यू॰के॰ मार्क (UKMARC) विकसित करना आरम्भ किया तथा 1969 से ब्रिटिश पुस्तकालयों को टेप वितरित करना आरम्भ कर दिया। अन्य फार्मेट जैसे कनाड़ा, आस्ट्रेलिया तथा डेनिस फार्मेट, यू॰एस॰ फार्मेट के समानान्तर हैं जबकि फ्रांस, बेलजियम, नीदरलैण्ड, स्वीटजरलैण्ड तथा ग्रेट ब्रिटेन के प्रतिनिधियों द्वारा बनाया गया इन्टरमार्क (INTERMARC) फार्मेट यू॰के॰ फार्मेट से अधिक जटिल था। मार्क फार्मेट में ए॰ए॰सी॰ आर॰ 2 के आधार पर पूर्ण विवरण प्रदान करने के साथ ही डी॰डी॰सी॰ व एल॰सी॰ के वर्गांक, एल॰सी॰ सब्जैक्ट हैडिंग्स तथा प्रेसिस सब्जैक्ट हैडिंग्स प्रदान किये जाते हैं।

**MARGIN**

**हाशिया** : पृष्ठ के लिखित भाग के चारों ओर का खाली भाग जिसकी चौड़ाई समानुपातिक होना आवश्यक है।

**MARGINAL HEADING**

**पार्श्व-शीर्षक** : पृष्ठ के लिखित भाग के किनारे की तरफ दिये गये शीर्षक।

**MARGINAL NOTE**

**पार्श्व-टिप्पणी** : पृष्ठ के हाशिये पर मुद्रित सूचना अथवा टिप्पणी जो उसके सामने मूलपाठ के संदर्भ में होती है।

**MARKER**

**चिन्ह** : कम्प्यूटर में एक से अधिक विशिष्ट विवरणों को पृथक करने

अथवा उनकी पहचान अलग से हो सके, इस हेतु चिन्ह के रूप में प्रयोग किया जाने वाला संकेताक्षर।

**MARKING**

**चिन्ह लगाना :** पुस्तकालयों में अधिग्रहण किये गये प्रलेखों पर नामांक (Call Number) लिखना अथवा स्वामित्व का चिन्ह लगाना।

**MARTIN, GABRIAL**

**मार्टिन, गैबरिल :** मार्टिन एक प्रसिद्ध ग्रन्थ सूचीकार थे, जिन्होने 1705 तथा 1761 के बीच 147 पुस्तकालय सूचियों का संकलन किया। यह प्रणाली बाद में पेरिस बुकसेलर्स सिस्टम के नाम से लोकप्रिय हुई तथा चार्ल्स ब्रूनेट ने भी इसे अपनी पद्धति का आधार बनाया।

**MASTER CARD**

**मुख्य पत्रक :** सूचना पुनः प्राप्ति प्रणाली का वह पत्रक जिसमें पत्रक के एक समूह हेतु निश्चित अथवा निर्देशात्मक सूचना दी गयी होती है सामान्यतः उस पत्रक समूह का यह प्रथम पत्रक होता है।

**MASTER CATALOGUE**

**प्रमुख सूची :** सूची जिसकी प्रत्येक मुख्य प्रविष्टि प्रमुख पत्रक होता है। पुस्तकालय प्रणाली की यह एक संयुक्त सूची होती है तथा सम्पूर्ण प्रलेख जिनके पत्रक बनाये गये हैं उनका पूर्ण सूचीबद्ध संग्रह होता है।

**MASTER CONSOLE**

**मास्टर कन्सोल :** कम्प्यूटर प्रणाली पर सम्पूर्ण नियंत्रण रखने वाला प्रमुख कन्सोल।

**MASTER DATA**

**मूल सूचना :** एक रिकार्ड की वह सूचना जो यदा–कदा ही परिवर्तित होती है।

**MASTER FILE**

**मूल संचिका :** सूचना की मूल प्रतियों की संचिका अथवा स्थाई सूचना संचिका।

**MASTER FILM**

**मूल फिल्म :** सामान्यतया फिल्म की निगेटिव प्रति जिसका प्रयोग प्रतिकृति बनाने के लिये किया जाता है।

**MASTER VERSION**

**प्रमुख संस्करण :** किसी भी ग्रन्थ का वह संस्करण जिसको आधार बना

कर भविष्य में उस ग्रन्थ के अन्य संस्करण तैयार किये जाते हैं जैसे यू॰डी॰सी॰ पद्धति का दूसरा संस्करण जिसे मास्टर संस्करण माना जाता है।

**MATCHING**

**मिलान :** कम्प्यूटर तकनीक में कोड के दो भिन्न सेटों में समानता व भिन्नता को सुनिश्चित करने की प्रक्रिया। सूचना चयन, छटाई व मिलान प्रक्रिया में यह मुख्य प्रक्रिया है।

**MATHEMATICAL ORDER**

**गणितीय क्रम :** वर्गीकरण में ई॰सी॰ रिचार्डसन द्वारा प्रतिपादित गणितीय क्रम जिसके द्वारा एक पंक्ति में शब्दों को व्यवस्थित किया जाता है तथा जिसके फलस्वरूप समकक्ष वर्गों की एक श्रृंखला बन जाती है। रंगनाथन ने इसे प्रमाणिक क्रम (Canonical order) की संज्ञा दी है।

**MATRIX**

**साँचा :** (1) मुद्रण में वह साँचा जिससे मुद्रण फलक (sterotype) अथवा विद्युत मुद्रांक (electrotype) बनाया जाता है। (2) सूचना पुनः प्राप्ति में अंकों की आयताकार पंक्ति जिनका परिचालन गणितीय सम्बन्धी कार्यों के लिये निर्धारित नियमों के आधार पर किया जा सकता है। (3) एक सर्किट के घटकों की पंक्ति के संदर्भ में भी मैट्रिक्स शब्द प्रयोग किया जता है। (4) सामान्यतया क्रम से जमाए हुए अक्षर अथवा अंकों अथवा बिन्दु समूह को मैट्रिक्स कहते हैं।

**MATRIX PRINTER**

**मैट्रिक्स मुद्रण :** कम्प्यूटर प्रिंटर जिसमें क्रम से व्यवस्थित बिन्दुओं की श्रृंखला के आधार पर प्रत्येक अंकाक्षर बनाया जाता है। जैसे डॉट मैट्रिक्स प्रिंटर।

**MATTER FACET**

**पदार्थ पक्ष :** कोलन क्लासीफिकेशन में पाँच मूलभूत श्रेणियों में दूसरी श्रेणी, जो पदार्थ, गुणधर्म तथा प्रणाली जैसे सत्वों की अभिव्यक्ति प्रस्तुत करती है। इसके तीन प्रकार हैं पदार्थ – वस्तु, पदार्थ – गुणधर्म तथा पदार्थ – प्रणाली। देखिये Fundamental Category Matter

**MATTER MATERIAL**

**पदार्थ - वस्तु :** देखिये Fundamental Category Matter - Method

**MATTER - METHOD**

**पदार्थ - प्रणाली :** देखिये Fundamental Category Matter - Method

**MATTER - PROPERTY**

पदार्थ - गुणधर्म : देखिये Fundamental Category Matter - Property

**M.B.**

एम॰बी॰ : एक करोड़ बाइट अथवा अंकाक्षर। देखिये Megabyte

**MCINTOSH COMPUTER**

**मैकइनटोश कम्प्यूटर** : एपल कम्पनी द्वारा निर्मित तथा डेस्क – टॉप पब्लिशिंग (DTP) हेतु बनाया गया कम्प्यूटर है। इसमें डी॰टी॰पी॰ कार्यों के लिये अनेक सुविधाएँ हैं परन्तु इसका आपरेटिंग सिस्टम अलग होने से इसकी फाइलों या डिस्कों का पी॰सी॰ पर उपयोग नहीं किया जा सकता है।

**MEAN**

**औसत** : वर्गीकरण में एक वर्गांक में अंकों की औसत संख्या।

**MEAN REPAIR TIME**

**औसत मरम्मत समय** : एक निश्चित अवधि में कम्प्यूटर की एक इकाई के खराब होने की संख्या तथा उसको ठीक करने में समय का खर्च के आधार पर प्राप्त औसत मरम्मत समय।

**MECHANICAL INDEXING**

**यांत्रिक अनुक्रमणीकरण** : मशीन के द्वारा सम्पूर्ण अनुक्रमणीकरण प्रक्रिया – तैयारी से संकलन तक का कार्य पूरा करना। इसमें प्रविष्टि युक्त सूची पत्रकों की छंटाई, एकत्रित, व्यवस्थित करना आदि कार्य भी सम्मिलित होते हैं।

**MECHANICAL TRANSLATION**

**यांत्रिक अनुवाद** : कम्प्यूटर अथवा अन्य मशीन द्वारा प्रलेख के मूलपाठ का एक भाषा से दूसरी भाषा के यंत्रवत् अनुवाद होना।

**MECHANISATION**

**यंत्रीकरण** : देखिये Automation

**MEDIA**

**संचार माध्यम** : मुद्रित अथवा श्रव्य–दृश्य संचार माध्यम तथा उनको प्रयोग करने के लिये आवश्यक उपकरण।

**MEDIA CENTRE**

**मीडिया केन्द्र** : केन्द्र जिसमें उपयोगकर्ताओं को श्रव्य–दृश्य साधन व अन्य उपकरण तथा मीडिया विशेषज्ञों की सेवायें उपलब्ध होती है।

**MEDIA PROGRAMME**

**मीडिया कार्यक्रम :** मीडिया केन्द्र के द्वारा उपलब्ध कराई जाने वाली सभी निर्देशात्मक व अन्य सम्बन्धित सेवायें।

**MEDICAL LIBRARY ASSOCIATION OF INDIA**

देखिये MLAI

**MEDICAL LITRATURE ANALYSIS AND RETRIEVAL SYSTEM**

देखिये MEDLARS

**MEDICAL SUBJECT HEADINGS**

देखिये Mesh

**MEDLARS**

**मेडलार्स :** मेडिकल लिटरेचर अनालिसिस एण्ड रिट्रिबल सिस्टम (Medical Literature Analysis and Retrieval System) के लिये प्रयुक्त संक्षिप्त शब्द। वाशिंगटन स्थित नेशनल लाइब्रेरी आफ मेडिसन द्वारा संचालित स्वास्थ्य सूचना प्रणाली है जिसका आरम्भ 14 अगस्त 1961 को किया गया। इस परियोजना को तीन चरणों में पूरा किया गया। प्रथम चरण में इस परियोजना की रूपरेखा, परिसीमा, प्रणाली हेतु मशीन का स्वरूप आदि सुनिश्चित किया गया। फरवरी 1962 में दूसरा चरण आरम्भ हुआ जिसमें प्रणाली की विस्तृत रूपरेखा पर विचार हुआ। तीसरे चरण (फरवरी 1963) में प्रणाली को कार्यान्वित किया गया तथा फरवरी 1964 से इस कार्य को आरम्भ किया गया। जिसे मेडलार्स प्रथम की संज्ञा दी जाती है। इसके द्वारा ग्रन्थात्मक सेवायें जैसे **इन्डेक्स मेडिक्स** तथा इससे सम्बन्धित अन्य सेवाओं को अधिक उत्तम बनाने के लिये प्रयोग किया गया। मेडलार्स **दो** को अगस्त 1967 से जून 1971 के बीच विकसित किया गया जिससे मेडलार्स प्रथम की कमियों को दूर किया जा सके। किन्तु आयुर्विज्ञान में निरन्तर बढ़ती पाठ्य सामग्री हेतु कम्प्यूटरीकृत डेटाबेस बनाने में इससे पूर्ण सफलता न मिलने के कारण 1979 में मेडलार्स **तीन** पर कार्य आरम्भ किया गया जिससे आयुर्विज्ञान साहित्य पर आधारित सूचना प्राप्ति, संचारण व स्थानान्तरण को आसान बनाया जा सके। इसके बनने से कई नई सेवाओं को आरम्भ किया गया। जिनमें से एक मेडलाइन का उपयोगकर्ताओं द्वारा सीधा प्रयोग है।

**MEDLINE**

**मेडलाइन :** अमेरिका की नेशनल लाइब्रेरी आफ मेडिसन द्वारा संचारित मेडलाइन मेडलार्स की आनलाइन सेवा है जिसका आरम्भ अक्टूबर 1971 में किया गया। यह अन्तर्राष्ट्रीय स्तर में आयुर्विज्ञान विषय तथा सम्बन्धित विषयों

का विशालमत तथा सर्वोत्तम डेटाबेस है जिसमें ग्यारह मिलियन से अधिक संदर्भ अनुक्रमणित किये जाते हैं। इसका मुद्रित रूप **इन्डेक्स मेडिक्स** है जो कई खण्डों में प्रकाशित होता है।

**MEGABYTE**

**मेगाबाइट :** कम्प्यूटरों में लगी स्मृतियों की क्षमता बाइटों में मापी जाती है। एक अक्षर के लिये एक बाइट होता है। आठ बिट की सूचना को बाइट कहते हैं। बाइनरी प्रणाली के प्रयोग के कारण एक किलो का अर्थ 1024 अर्थात एक किलोबाइट तथा एक मेगाबाइट 10,48,576 (लगभग दस लाख) बाइट के बराबर होता है। मेगाबाइट शब्द का प्रयोग कम्प्यूटर की स्मृति तथा भंडारण की क्षमता को मापने के लिये किया जाता है।

**MEGAHERTZ**

**मेगाहर्ट्ज :** कम्प्यूटर में डेटा के आदान–प्रदान एंव अन्य क्रियाओं में समन्वय रखने के लिये एक इलैक्ट्रानिक विधि होती है जिसे क्लोक कहते हैं। जो नियमित रूप से विद्युत संकेत देता रहता है। यह क्लोक जितनी अधिक गति से संकेत देगा, कम्प्यूटर की संगणना भी उतनी ही तीव्र गति से होगी। क्लोक की इस गति को मेगाहर्ट्ज अर्थात One Million cycles per second में आँका जाता है।

**MELVIL DEWEY**

**मेलविल डीवी :** मेलविल डीवी का जन्म अमेरिका के न्यूयार्क राज्य के एक नगर एडम्स सेंटर (Adams Centre) में 10 दिसम्बर 1851 को हुआ। डीवी का पूरा नाम मेलविल लुइस कोसुथ डीवी था किन्तु डीवी ने इसे संक्षिप्त कर मेलविल डीवी कर दिया। डीवी को पुस्तकालय वर्गीकरण की प्रथम पद्धति बनाने का श्रेय है इसीलिये इनको अग्रगामी वर्गाचार्य माना जाता है। पुस्तकालयों में अव्यवस्था से सुव्यवस्था स्थापित करने हेतु डीवी ने डेसीमल क्लासीफिकेशन की रचना की, जिसका प्रथम संस्करण 1876 में प्रकाशित हुआ। मेलविल डीवी ने 1872 में अपनी पढ़ाई के साथ–साथ एमहर्स्ट कालेज में अंश कालीन सहायक पुस्तकालयाध्यक्ष का कार्य आरम्भ किया तथा स्नातक उपाधि प्राप्त करने के बाद इसी कालेज में पुस्तकालयाध्यक्ष पद पर 9 जुलाई 1874 को नियुक्त कर दिया गया। 1873 में ही डीवी ने डेसीमल क्लासीफिकेशन का प्रारूप तैयार कर दिया था जिसका प्रयोग उन्होने कालेज की पुस्तकों को वर्गीकृत करने के लिये किया। 1876 में अमेरिकन पुस्कालय संघ को स्थापित करने में मुख्य भूमिका निभाई तथा उसके संस्थापक सदस्य बने। 1876 में ही Library Journal नामक पत्रिका को प्रारम्भ करने में भी सक्रिय भूमिका रही

जिसके 1880 तक डीवी सम्पादक रहे। 1884 में डीवी ने Library Notes नामक पत्रिका के सम्पादक का कार्यभार ग्रहण किया। 1883 से 1888 तक कोलम्बिया कालेज न्यूयार्क में पुस्तकालयाध्यक्ष पद पर कार्य किया। 1887 में प्रथम लाइब्रेरी सांइस स्कूल **स्कूल ऑफ लाइब्रेरी इकोनोमी** की स्थापना की। 80 वर्ष की उम्र में 26 दिसम्बर 1931 को डीवी का निधन हो गया।

**MELVIL LOUIS KOSSUTH DEWEY**

मेलविल डीवी का पूरा नाम।

**MEMOIR/MEMOIRS**

**विवरण :** एक व्यक्ति की जीवनी जो किसी अन्य व्यक्ति द्वारा लिखी गई हो अथवा किसी विचारणीय विषय पर लिखा गया शोध–निबन्ध अथवा संस्मरण अपने अनुभवो, अथवा संस्मरणों के आधार पर एक व्यक्ति द्वारा लिखा गया विवरण अथवा एक आत्मकथा रूपी रिकार्ड; अथवा एक विषय पर किये गये शोधकार्यों, अन्वेषणों का वृंतात। सामान्यतया एक संस्था द्वारा प्रकाशित कार्यवाही या कार्यविवरण।

**MEMORIAL VOLUME**

**संस्मरण ग्रन्थ :** एक व्यक्ति विशेष के स्मरण हेतु कई लेखकों द्वारा लिखे गये लेखों का प्रकाशित खण्ड।

**MEMORY**

**स्मृति :** कम्प्यूटर की स्मृति से तात्पर्य वह स्थान होता है जहाँ आँकड़े, सूचनायें अथवा डेटा भंडारित किये जाते हैं। तथापि कम्प्यूटर के लिये डेटा अथवा सूचनायें कम्प्यूटर के अंदर तथा बाहर दोनों ही जगहों पर भंडारित की जा सकती है। इस प्रकार कम्प्यूटर स्मृति दो प्रकार की होती है – (1) आन्तरिक अथवा प्राथमिक स्मृति जो कम्प्यूटर में अन्तर्निहित होती है। यह स्मृति भी दो प्रकार की होती है (i) **रैम** अर्थात **रैण्डम एक्सैस मैमोरी**, जिसका प्रयोग अस्थायी स्मृति के लिये किया जाता है। इस स्मृति में भंडारित सूचना को कभी भी मिटाया जा सकता है। (ii) **रोम** अर्थात **रीड़ ओनली मैमोरी** स्थाई स्मृति है। (2) बाह्य या माध्यमिक स्मृति जिसमें भंडारण का माध्यम बाहरी उपकरण होते हैं जैसे फ्लापी डिस्क, टेप आदि।

**MENTEFACTS**

**मनसकृत तथ्य :** वर्गीकरण शोध समूह (सी॰आर॰जी॰) लंदन की सदस्या कुमारी बारबरा कायल द्वारा प्रतिपादित इस श्रेणी को मानव मष्तिष्क से उत्पन्न अमूर्त विचार जैसे धार्मिक व दार्शनिक प्रणालियाँ अथवा मानव की परिकल्पना से उत्पन्न विचार जैसे कविता, नाटक, कहानी आदि की अभिव्यक्ति माना जाता है।

**MENU**

**मीनू :** कम्प्यूटर के एक प्रोग्राम में अनुदेशों अथवा विकल्पों की सूची को मीनू कहा जाता है। जिसमें से उपयोगकर्ता अपनी रूचि के अनुरूप विकल्प चुनकर प्रयोग कर सकता है।

**MENU BAR**

**मीनू बार :** कम्प्यूटर में अनेक प्रोग्रामों के कई प्रकार के मीनू उपलब्ध होते हैं। परन्तु सामान्यतया ये दृश्य पटल पर दिखलाई नहीं देते हैं। इनमें एक मीनू बार होती है जिसमें से किसी भी मीनू को माउस की सहायता से खोला जा सकता है। ऐसे मीनू में से किसी भी एक विकल्प के चयन के बाद खुला हुआ मीनू बन्द हो जाता है और प्रक्रिया आरम्भ हो जाती है।

**MERRILL BOOK NUMBER**

**मैरिल ग्रथांक :** विलियम एस मैरिल द्वारा 1912 में प्रतिपादित ग्रथांक प्रणाली जिसमें वर्णमाला के A-Z अक्षरों को 100 संख्याओं में विभाजित कर व्यवस्थित किया गया है। लेखक के नाम के आधार पर इस सारणी से प्रलेख का ग्रथांक बनाया जाता है जैसे 01-A, 02-Agra, 96-Wats।

**MESH**

**मैश :** मेडिकल सब्जैक्ट हैडिंग्स के लिये प्रयुक्त संक्षिप्त शब्द। मैश अमेरिका की नेशनल लाइब्रेरी आफ मेडिसन की आनलाइन डेटाबेस के सूचीकरण, अनुक्रमणीकरण तथा खोज के लिये प्रयोग किया जाने वाला श्रेणीबद्ध थिसारस है। वर्तमान में इसमें 17,678 विषय शीर्षक तथा 86 प्रासंगिक उपशीर्षक हैं। इसका प्रयोग मुख्य रूप से इन्डेक्स मेडिकस तथा मेडलार्स के लिये आयुर्विज्ञान के साहित्य के अनुक्रमणीकरण के लिये किया जाता है। इसका प्रत्येक वर्ष संशोधन किया जाता है जिससे नये विषयों के शीर्षक सम्मिलित किये जा सकें तथा पुराने शीर्षको को हटाया अथवा परिवर्तित किया जा सके। यह दो भागों में प्रकाशित होता है। प्रथम भाग में शीर्षकों को वर्णानुक्रमिक क्रम में व्यवस्थित किया जाता है। अन्तविर्षयी संदर्भ व समानार्थक शब्दों को भी इस भाग में दिया जाता है। दूसरे भाग में शीर्षकों को वर्गीकृत क्रम में व्यवस्थित किया जाता है।

**MESSAGE**

**संदेश :** कम्प्यूटर में एक स्थान से दूसरे स्थान तक सूचना संचारण हेतु अंकाक्षरों तथा चिन्हों से बनाया गया संयोजन।

**META DOCUMENT**

**मेटा-डाकूमेन्ट :** यह रंगनाथन द्वारा प्रतिपादित सूचना स्त्रोत का एक प्रकार है। इसके अन्तर्गत ऐसे प्रलेख आते हैं जिनमें बिना मानव मध्यस्थता के

मशीन अथवा अन्य उपकरणों से सीधे ही सूचना की उत्पत्ति को दर्शाया जाता है। जैसे वर्तमान समय में उपग्रहों की सहायता से कंप्यूटर अनेक सूक्ष्म प्रलेख उत्पन्न कर देता है।

**META LANGUAGE**

**मेटा लैंग्वेज** : रंगनाथन के अनुसार एक विशिष्ट विषय के लिये विशिष्ट तकनीकी शब्दावली बनायी जाती है जिसमें प्राकृतिक भाषा का ही प्रयोग विशिष्ट रूप में किया जाता है इसे ही मेटा लैंग्वेज कहते हैं। अर्थात एक भाषा जो दूसरी प्रकार की भाषा के विवरण के लिये प्रयोग की जाती है उसे मेटा लैंग्वेज कहते हैं। जैसे पुस्तकालय वर्गीकरण हेतु प्रयुक्त की जाने वाली कृत्रिम भाषा जो सामान्य भाषा से ही बनायी गयी है।

**METHOD OF COMPLEMENT**

**सम्पूरक की विधि** : कोलन क्लासीफिकेशन में ईसा मसीह से पूर्व (BC) की अवधि को ईसवी सन् (AD) की अवधि के साथ क्रमनुसार सीधा अनुक्रम प्राप्त करने के लिये इस विधि का प्रयोग किया जाता है। बी॰सी॰ की अवधि वर्तमान से भूतकाल की ओर चलती है अर्थात् 999 बीसी का आरम्भ तथा 1 अंत है। पुस्तकालयों में पुस्तकों को वर्तमान से भविष्य की ओर व्यवस्थित किया जाता है जो ईसवी सन् से सम्भव होता है। इसी के अनुरूप बनाने के लिये बी॰सी॰ काल के प्रत्येक अंक को अंक 9 से घटाया जाता है जैसे C 996 बी॰सी॰ को अंक 999 से घटाने पर 003 बी॰सी॰ प्राप्त होगा। इस विधि से बी॰सी॰ के अंकों को भी सामान्य रूप से वर्तमान से भविष्य की ओर व्यवस्थित किया जा सकता है।

**METHOD OF RESIDUE**

**अवशेष विधि** : कोलन क्लासीफिकेशन में एक प्रलेख के विषय में व्यक्तित्व श्रेणी की पहचान हेतु इस विधि का प्रयोग किया जाता है। अर्थात एक मिश्रित विषय में व्यक्तित्व श्रेणी को प्राप्त करने के लिये पहले काल, स्थान, क्रिया व पदार्थ श्रेणियों की पहचान की जाती है उसके पश्चात जो एकल विचार अवशेष रह जाता है उसी को व्यक्तित्व श्रेणी की अभिव्यक्ति माना जाता है।

**MHZ**

**मेगाहर्ट्ज** : Megahertz का संक्षिप्त शब्द।

**MICRO BIBLIOGRAPHY**

**सूक्ष्म ग्रन्थसूची** : विषय ग्रन्थसूची अथवा अनुक्रमणिका जिसकी सम्पूर्ण पाठ्य सामग्री को सूक्ष्म रूप में मुद्रित करके एक अनुपूरक के रूप में इसके साथ दिया जाता है।

**MICROCARD**

**माइक्रोकार्ड** : सूक्ष्म पत्रक के अविष्कारक फरमान्ट राइडर को माना जाता है।एक सूक्ष्म पत्रक में 80 पृष्ठ के मूलपाठ को सूक्ष्म किया जा सकता है; यह अमेरिका के माइक्रोकार्ड कारपोरेशन के 5 × 3" पत्रक का **ट्रेडनाम** भी है। इस शब्द का प्रयोग विभिन्न आकार के **औपेक पत्रकों** के लिये भी किया जाता है जिन पर फोटोकापी के द्वारा प्रतिकृतियाँ बनायी जाती है। एक माइक्रोकार्ड को एक विशिष्ट प्रकार के उपकरण माइक्रोरीडर द्वारा ही पढ़ा जा सकता है।

**MICROCODE**

**माइक्रोकोड** : कम्प्यूटर में प्रयुक्त सूक्ष्म अनुदेश।

**MICROCOMPUTER**

**माइक्रोकम्प्यूटर अथवा छोटे कम्प्यूटर** : 1970 के दशक में एक ऐसे छोटे कम्प्यूटर का अविष्कार किया गया जिसमें एक आठ बिट का माइक्रोप्रोसेसर था। बाद में इनका आकार व मूल्य भी कम होते गये किन्तु इनकी क्षमता में निरन्तर वृद्धि की जाती रही। इनका प्रयोग व्यक्तिगत कार्यों से लेकर उच्चस्तरीय व्यावसायिक कार्यों को करने के लिये किया जाने लगा है। इसके लिये विभिन्न नाम प्रयोग किये जाते हैं जैसे पर्सनल कम्प्यूटर (पी॰सी॰) होम कम्प्यूटर, डेस्क टॉप कम्प्यूटर आदि।

**MICRO COPY**

**सूक्ष्म प्रति** : एक प्रलेख की ऐसी प्रति जिसे ओप्टिकल (Optical) विधि से अति सूक्ष्म कर दिया गया हो तथा जिसको पढ़ने के लिये चित्रवर्धक (enlarger) की आवश्यकता होती है।

**MICRO DOCUMENT**

**सूक्ष्म विचार प्रलेख** : ऐसे प्रलेख जिनमें सामान्यतया सूक्ष्म विचारों से सम्बन्धित लेख प्रकाशित किये जाते हैं जैसे समाचार पत्र पत्रिकाएँ आदि।

**MICROFICHE**

**माइक्रोफिश** : समतल छायाचित्रण की 105×148 एम॰एम॰ मानक फिल्म (4×6 इंच) तथा 75 × 125 एम॰एम॰ (3×5 इंच) की फिल्म होती है। जिस पर सूचना चित्रांकित की जाती है। इसमें खड़ी व पड़ी रेखाओं में एक प्रलेख का मूलपाठ सूक्ष्म रूप में चित्रांकित कर लिया जाता है। इसे केवल माइक्रोफिश रीडर से ही पढ़ा जा सकता है।

**MICROFILM**

**माइक्रोफिल्म** : सूक्ष्म रूप में पुनरोत्पादन की जाने वाली विधियों में यह

अत्याधिक प्रचलित विधि है। यह सैलूलोज फिल्म पर पाठ्य सामग्री का सूक्ष्म छाया चित्रण है। यह विभिन्न आकारों 8,16,35 अथवा 70 मि॰मि॰ चौडी तथा किसी भी लम्बाई की हो सकती है। सूचना पुनः प्राप्ति के लिये सामान्यतया 100 से 2000 फीट तक लम्बी फिल्मों का प्रयोग किया जाता है। इस विधि की सबसे उत्तम विशेषता यह है कि सूक्ष्म चित्र बहुत कम जगह घेरते हैं तथा पुराने प्रलेखों व अन्य पाठ्य की प्रतिलिपियाँ तैयार कर उनको सुरक्षित रखा जा सकता है।

**MICROFILM JACKET**

**माइक्रोफिल्म आवरण** : माइक्रोफिल्म की प्रत्येक पट्टी को सुरक्षित रूप से रखने के लिये बनाया गया पारदर्शी आवरण।

**MICROFILM PRINT**

**माइक्रोफिल्म प्रिन्ट** : माइक्रोफिल्म से सामान्यतया कागज पर बड़े आकार में किया गया मुद्राकंन।

**MICROFILM READER**

**माइक्रोफिल्म रीडर** : माइक्रोफिल्म पढ़ने के लिये बनाया गया विशिष्ट प्रकार का उपकरण।

**MICROFORM**

**सूक्ष्मरूप** : सभी प्रकार के सूक्ष्म अभिलेखों के लिये सामान्य रूप से प्रयोग किया जाने वाला शब्द है। यांत्रिक तकनीक से एक अभिलेख को सूक्ष्म रूप में फिल्म, कागज अथवा अन्य सामग्री पर परिवर्तित किया जा सकता है। इस प्रकार के अभिलेखों को पढ़ने के लिये एक विशिष्ट प्रकार का उपकरण माइक्रोरीडर की आवश्यकता होती है।

**MICROGRAPHICS**

**सूक्ष्मलेखी** : वह तकनीक जिससे प्रलेखों का इतने सूक्ष्म रूप में पुनरोत्पादन किया जाता है कि उनको पढ़ने के लिये विशिष्ट प्रकार के उपकरण प्रयोग करने आवश्यक होते हैं।

**MICROPHOTOGRAPHY**

**सूक्ष्म छायाचित्रण** : प्रलेख का सूक्ष्म आकार में छाया चित्रण द्वारा प्रतिलिपि तैयार करना।

**MICROPROCESSOR**

**माइक्रोप्रोसेसर** : 1970 के दशक के आरम्भ में एक नये प्रकार का चिप विकसित किया गया जिसमें सिलिकन के एक छोटे से चिप में एक कम्प्यूटर की तीन प्रमुख इकाइयाँ – अंकगणितीय तार्किक इकाई, नियंत्रक इकाई और स्मृति

भण्डार एक साथ स्थापित करना संभव हो गया। इस आविष्कार को माइक्रोप्रोसेसर नाम दिया गया। इस प्रथम माइक्रोप्रोसेसर की सूचना संचित करने की क्षमता मात्र एक किलोबाइट थी। तब से निरन्तर इसका विकास हो रहा है। अब एक कम्प्यूटर इसके आधार पर ही डिजायन किया जाता है। इसीलिये कौन सा कम्प्यूटर कितना शक्तिशाली है यह इस बात पर निर्भर करता है कि उसमें कौन सा माइक्रोप्रोसेसर लगा है जैसे इंटेल कंपनी का 1971 में बना इंटेल 4004 में एक चिप पर 2300 ट्राजिस्टर स्थापित किये गये जिसकी गति 108 किलो हट्र्ज थी। जब कि इसी कंपनी द्वारा 1999 में बनाया गया पेन्टियम III में 95,00,000 ट्रान्जिस्टर स्थापित किये गये है। जिसकी गति 450 मेगाहट्र्ज है।

**MICRO REPRODUCTION**

**सूक्ष्म प्रतिलिपिकरण :** प्रलेख के सूक्ष्म रूप में प्रतिलिपि तैयार करने की प्रक्रिया।

**MICRO SUBJECT**

**गहन विषय :** ऐसे विषय जो सूक्ष्मतम विचारों पर आधारित होने के कारण गहन विषय कहलाते हैं। ऐसे विषय कम विस्तार व अधिक गहनता वाले होते हैं। ऐसे विषय मिश्रित विषय होते हैं जिनमें मुख्य विषय के अतिरिक्त कई एकल विचार सम्मिलित होते हैं। ये सामान्यतया लेख के रूप में प्रकाशित किये जाते हैं।

**MICROSECOND**

**माइक्रोसेकेंड :** एक सेकेंड का एक करोडवाँ अंश; **कम्प्यूटर** संचालन गति को निश्चित करने का मानदण्ड।

**MICRO-SKANER**

**माइक्रो स्कैनर :** सूक्ष्म पत्रकों को पढ़ने के उपकरण का ट्रेडनाम। इसका आकार इतना छोटा है कि इसे जेब में रखा जा सकता है।

**MICRO THOUGHT**

**सूक्ष्म विचार :** कम विस्तार व अधिक गहनता वाले विचार जो सामान्यतया लेख के रूप में प्रकाशित किये जाते हैं।

**MILLISECOND**

**मिलीसेकण्ड :** एक सेकेण्ड का हजारवाँ भाग।

**MIMEOGRAPH**

**मिमियोग्राफ :** मोम की स्टेसिल का प्रयोग करके अनुलिपि बनाने के उपकरण का ट्रेडनाम।

**MINIATURE**

**लघुरूप :** एक प्रलेख के छोटे आकार की प्रतिलिपि जिसको बनाने के लिये प्रकाशीय माध्यम प्रयोग किये जाते हैं। किन्तु यह माइक्रोकापी की तरह सूक्ष्म नहीं होते हैं। हाथी दाँत, अथवा चर्म पर बनायी गयी सूक्ष्म किन्तु विस्तृत चित्रकला अथवा प्रतिकृति को भी लघुचित्रण कहते हैं।

**MINIATURE BOOK**

**लघु आकार पुस्तक :** 3 इंच अथवा 10 सी॰मी॰ आकार की पुस्तक। ऐसी पुस्तकों का मुद्रण भी छोटे आकार के अक्षरों में ही किया जाता है। इसे लिलीपुट संस्करण भी कहते हैं। धार्मिक पुस्तकें, बच्चों की पुस्तकें आदि इस संस्करण में प्रकाशित होती रहती है।

**MINI COMPUTER**

**छोटा कम्प्यूटर :** मध्यम श्रेणी के कम्प्यूटर मिनी कम्प्यूटर कहलाते हैं। ऐसे कम्प्यूटर 2 मेगाबाइट तक डेटा भंडारित कर सकते हैं तथा अधिक से अधिक 40 लाख बाइट डेटा को प्रति सेकंड निवेश/निर्गत माध्यमों से प्राप्त व स्थानान्तरित कर सकते हैं। इसीलिये बैंकों, आफिसों फैक्टरियों आदि में इनका प्रयोग किया जाता है। इन कम्प्यूटरों से जुडे टर्मिनल सामान्यतया एक ही बिल्डिंग में लगे होते हैं तथा उनको कम्प्यूटरों के सीधे तारों द्वारा ही जोड़ा गया होता हैं। ऐसे कम्प्यूटरों के लिये कमरों को वातानुकूलित करने की आवश्यकता नहीं होती है। इनका मूल्य भी काफी कम होता है।

**MINOR AUTHOR**

**अप्रधान लेखक :** डीवी डेसीमल क्लासीफिकेशन में अन्य लेखकों (Other Authors) के लिये संस्करण 14 तक अप्रधान लेखक शब्द प्रयोग किया जाता था। रंगनाथन ने इसे अनुचित ठहराते हुए इसे अन्य लेखकों में बदलने का परामर्श दिया। 15 वें संस्करण से अन्य लेखक शब्द प्रयोग किया जाने लगा।

**MINUTE CLASSIFICATION**

**सूक्ष्मतर वर्गीकरण :** एक वर्गीकरण पद्धति में एक विषय जगत का अन्तिम स्तर की विशेषता तक किया जाने वाला वर्गीकरण। इस प्रकार के वर्गीकरण में मुख्य विषय का वर्गांक उसके उपविभाजनों को आंवटित नहीं किया जाता है। अर्थात प्रत्येक को सहविस्तृत वर्गांक आवंटित किया जाता है।

**MISCELLANY**

**विविध लेख संग्रह :** विभिन्न लेखकों अथवा विभिन्न विषयों पर लेखों का संग्रह।

**MISLEADING TITLE**

**भ्रामक शीर्षक** : एक प्रलेख का ऐसा शीर्षक जो उसमें लिखे गये विषय को इंगित न करता हो अपितु भ्रम ही उत्पन्न करता है।

**MISPRINT**

**मुद्रण दोष** : एक प्रलेख के मुद्रण के समय की गई त्रुटियाँ।

**MISSING ISOLATE**

**लुप्त एकल** : श्रृंखला प्रणाली के आधार पर एक प्रलेख के वर्गांक में रिक्त स्थान के कारण अपर्याप्त एकल। जैसे डी॰डी॰सी॰ के वर्गांक 22/28 में Christianity एकल लुप्त एकल है।

**MISSING LINK**

**लुप्त कड़ी** : सूचीकरण में एक वर्गांक की श्रृंखला प्रक्रिया में व्याख्या करते समय एकलों की श्रृंखला में रिक्त स्थान के साथ एक कड़ी जो लुप्त एकल से सम्बन्धित है, को लुप्त कड़ी कहा जाता है।

**MIXED NOTATION**

**मिश्रित अंकन** : वर्गीकरण पद्धति की अंकन प्रणाली को यदि विभिन्न प्रकार के अंको, प्रतीको, चिन्हों के आधार पर बनाया गया हो तो उसे मिश्रित अंकन की संज्ञा दी जाती है। जैसे कोलन क्लासीफिकेशन की अंकन प्रणाली में 1-2, A-Z, a-z तथा कई अन्य प्रकार के चिन्हों का प्रयोग किया गया है।

**M L A I**

**मलाई** : मेडिकल लाइब्रेरीज एसोसिएशन आफ इंडिया की स्थापना 1980 में की गयी। भारत के इस चिकित्सा पुस्तकालय संघ का मुख्य उद्देश्य स्वास्थ्य विज्ञान पुस्तकालयों के स्तर को उन्नत करना है।

**MNEMONICS**

**स्मृति सहायक** : इस शब्द की उत्पत्ति ग्रीक शब्द के **निमोनिकोस** (Mnemonikos) से हुई है जिसका अर्थ है स्मृति की सहायता करने वाला। पुस्तकालय वर्गीकरण को अधिक उपयोगी व सरल बनाने हेतु उसमें भी ऐसे माध्यमों को सम्मिलित किया जाता है जो वर्गीकरण पद्धति में प्रयुक्त अंको/वर्गांको को याद रखने में सहायक होते हैं।

**MNEMONICS (COMPUTER)**

कम्प्यूटर की शब्दावली में भी स्मृति सहायक शब्द प्रयोग किया जाता है। कम्प्यूटर की भाषा शब्दों, अंकों, विरामचिन्हों तथा अन्य विशिष्ट अंकाक्षरों का समूह है। इनको मिला कर यदि एक शब्द समूह की एक इकाई के संदर्भ में एक

लेबल के रूप में बार–बार प्रयोग किया जाता है तो यह सामान्य शब्द की तरह स्मृति सहायक बन जाता है। जैसे वेतन – चिट्ठा में लेबल के रूप में प्रयोग किये जाने वाले शब्द GROSS, NET आदि।

**MNEMONIC CHARACTERISTICS**

**स्मृति सहायक विशेषता :** एक वर्गीकरण पद्धति में अंकों का इस प्रकार से प्रयोग किया जाना चाहिये कि जिस विषय में भी उस अंक का प्रयोग हो वह समान विशेषता को ही निरूपित करे। जैसे कोलन क्लासिफिकेशन में रंगनाथन ने अंक 1 ऐसी विशिषताओं के लिये प्रयोग किया है जो केवल एक ही हो सकता है जैसे किसी देश का राष्ट्रपति अथवा भगवान।

**MNEMONIC DEVICE**

**स्मृति सहायक विधि :** यदि एक वर्गीकरण पद्धति में एक विचार अथवा समान विचारों के लिये सभी मुख्य विषयों की अनुसूचियों तथा समान्य सारणियों में समान रूप से एक अंक का प्रयोग किया जाता है अथवा विभिन्न विधियों के द्वारा वर्गकार जहाँ आवश्यक हो समान विचार के लिये अनुसूचियों अथवा सामान्य सारणियों से अंक प्रयोग कर सकता हो तो इसे स्मृति सहायक विधि कहा जाता है।

**MNEMONIC NOTATION**

**स्मृति सहायक अंकन :** एक वर्गीकरण पद्धति में प्रयुक्त अंको का इस प्रकार प्रयोग किया जाना चाहिये कि यदि उनका बार–बार प्रयोग होता है तो उपयोगकर्ता को वह याद हो जाना चाहिये। यह तब ही संभव है जब सम्पूर्ण पद्धति में एक विषय अथवा एकल विचार के लिये एक ही एकल अंक अथवा वर्गांक प्रयोग किया जाय। जैसे भारत के लिये सी॰सी॰ में 44 तथा डी॰डी॰सी॰ में 54 प्रयोग किया गया है।

**MOBILE LIBRARY**

**चल पुस्तकालय :** ऐसे पाठक जो सुदूरवर्ती के क्षेत्रों में रहते है तथा पुस्तकालय में आने में असमर्थ है उनके लिये पुस्तकालय वाहनों में उनकी रूचि व उनके लिये उपयोगी पुस्तकों को वाहनों में व्यवस्थित करके उन क्षेत्रों में भेजा जाता है। इस प्रकार की सेवा सर्वप्रथम अमेरिका में 1920 में आरम्भ हुई। इस प्रकार के पुस्तकालय को चलता फिरता पुस्तकालय अथवा पहियों पर चलने वाला पुस्तकालय भी कहते हैं।

**MODEM**

**मोडेम :** अर्थात मोडुलेटर डीमोडुलेटर (Modulator Demodulator)। यह संचार प्रणाली की वह तकनीक है जिसमें दो कम्प्यूटरों को जोड़ कर डेटा

को लम्बी दूरी तक बिना किसी त्रुटि के संचारित किया जा सकता है। यह यंत्र कम्प्यूटर जनित विद्युत संकेतों को अनुरूप ध्वनि संकेतों में परिवर्तित करके उन्हें टेलीफोन की लाइनों द्वारा दूर दराज के क्षेत्रों में भेजने योग्य बना देता है उसी प्रकार से आने वाली ध्वनि संकेतों के अनुरूप विद्युत संकेतों में बदल कर कम्प्यूटर तक भेज देता है।

**MODULAR**

**मौड्युलर :** कम्प्यूटर में अनुरूप मानक इकाइयों के संयोजन से विभिन्न हार्डवेयर तथा साफ्टवेयर बनाने की प्रणाली।

**MODULE**

**मोड्युल :** (i) कम्प्यूटर के प्रोग्राम का एक हिस्सा है जिसका विशिष्ट कार्य होता है तथा अपने आप में पूर्ण होता है। (ii) हार्डवेयर प्रणाली अथवा साफ्टवेयर इकाई जो एक मानक इकाई होती है तथा मोड्यूलर प्रणाली का एक भाग होता है।

**MONASTIC LIBRARY**

**मठ पुस्तकालय :** मध्यकाल में क्लासिकल (प्राचीन उच्च साहित्य) ज्ञान को सुरक्षित रखने हेतु रोमन कैथेलिक गिरजाघरों से सम्बन्धित मठों में स्थापित किये गये पुस्तकालय।

**MONITOR**

**मॉनीटर :** कम्प्यूटर में सूचना प्रदर्शित करने वाला यंत्र। यह दो प्रकार के होते हैं – सादा (मोनोक्रोम) अर्थात एक रंग के तथा रंगीन। रंगीन प्रकार के मानीटरों में टेलीविजन की भाँति कई प्रकार के रंग दिखाये जाते हैं। टेलीविजन के रिसीवर की भाँति मॉनीटर पर भी चमक, सन्तुलन व रंग के नियंत्रक लगे होते हैं जिससे प्रदर्शन को सही ढंग से नियंत्रित किया जा सके। कम्प्यूटर व मॉनीटर में सूचना के परस्पर आदान प्रदान के लिये कई तारों वाला एक केबल भी लगा होता है।

**MONOCHROME**

**एकरंग :** एकवर्णीय कम्प्यूटर मानीटर अथवा एक रंग का चित्र।

**MONOGRAPH**

**विनिबन्ध :** एक विषय पर विद्वतापूर्ण रचना। सामान्यतया इसका प्रयोग एक विषय के विनिबन्धों की ग्रन्थमाला के रूप में किया जाता है।

**MONTHLY BULLETIN**

**मासिक पत्रिका :** महिने में एक बार प्रकाशित होने वाली पत्रिका।

**MONTHLY PROGRESS REPORT**

**मासिक प्रगति प्रतिवेदनः** माह के कार्य कलापों का विवरण अर्थात किसी विशिष्ट विषय पर किये जाने वाले कार्य की एक माह के अन्तर्गत प्रगति सूचना।

**MOTHER BOARD**

**मूलबोर्ड :** एक बड़ा प्रिन्टेड सर्किट बोर्ड जिस पर कंप्यूटर के मुख्य इलेक्ट्रोनिक सर्किट बना होता है। सामान्यतया यह सिस्टम यूनिट के अन्दर पेंदें पर लगा होता है।

**MOTHER COUNTRY**

**मातृभूमी :** वर्गीकरण में वह देश जिससे पुस्तकालय सम्बन्धित है। कोलन क्लासीफिकेशन में मातृभूमी से सम्बन्धित प्रलेखों को अनुक्रम में प्राथमिकता देने हेतु स्थान एकलों में अंक दो आबँटित किया गया है।

**MOUSE**

**माउस :** माउस कम्प्यूटर का एक निवेश माध्यम है जिसे समतल जगह पर रख कर इधर उधर घुमाकर प्रयोग किया जाता है। इसे कई तारों वाले केबल द्वारा कम्प्यूटर से जोड़ दिया जाता है। केबल के दूसरे सिरे पर एक प्लग लगा होता है जिसे कम्प्यूटर के पीछे की ओर लगे सीरियल पोर्ट वाले साकेट में लगा दिया जाता है। कम्प्यूटर को आवश्यक निर्देश देने के लिये माउस का प्रयोग किया जाता है। जो लोग टाइप करना नहीं जानते है वे भी जटिल प्रकार के प्रोग्रामों का प्रयोग सरलता से कर सकते हैं। जब माउस का प्रयोग किया जाता है तो कम्प्यूटर के पटल पर एक तीर की आकृति का संकेत दिखाई देने लगता है। माउस के द्वारा इस तीर के निशान को पटल पर कहीं भी ले जाया जा सकता है। इस प्रक्रिया को पूरा करने के लिये माउस के बटन को दबाया जाता है। माउस की पीठ पर बटन (स्वीच) लगे होते हैं जिनको दबाकर कम्प्यूटर को निर्देश दिये जाते हैं। जैसे जैसे माउस को मेज पर सरकाया जाता है वह तीर का चिन्ह पटल पर चलता रहता है। माउस की पीठ पर बटन दबाने की क्रिया को क्लिक (Click) तथा माउस को इधर उधर सरकाने की क्रिया को ड्रैग (Drag) कहते हैं। इस निवेश उपकरण के द्वारा मुख्यतः जो कार्य सम्भव है वे हैं – कर्सर नियंत्रण, मूल पाठ व डेटा सम्पादन, निर्देश सूची से निर्देशों का चुनाव तथा ग्राफिक्स की उत्पत्ति।

**MSDOS**

**एम॰एस॰डॉस :** एम॰एस॰ अर्थात् माइक्रोसाफ्ट तथा डॉस अर्थात् डिस्क ऑपरेटिंग सिस्टम। माइक्रोसॉफ्ट एक अमेरिकन कंपनी है जो डॉस के निर्माता है। डॉस एक सिंगल यूजर आपरेटिंग सिस्टम है अर्थात डॉस एक पी॰सी॰ पर

एक समय में एक ही व्यक्ति के काम करने की क्षमता प्रदान करता है।

**MS WINDOWS**

**एम॰एस॰ विन्डोज** : यह एक प्रोग्राम है जिसे एम॰एस॰ डॉस बनाने वाली कम्पनी माइक्रोसाफ्ट ने ही बनाया है। इस प्रोग्राम को केवल **विन्डोज** से ही जाना जाता है। यह प्रोग्राम स्वंय में आपरेटिंग सिस्टम नही है किन्तु डॉस के द्वारा कम्पूटर से सम्पर्क करने का वातावरण बना देता है। वास्तव में यह प्रोग्राम का सारा काम डॉस से ही करवाता है। इस प्रोग्राम को उपयोग में लेने से पहले इसे हार्ड डिस्क पर स्थापित किया जाता है। फिर कम्प्यूटर को डॉस से बूट करने के बाद WIN टाइप करके Enter कुंजी दबाने के बाद विन्डोज प्रोग्राम शुरू हो जाता है।

**MULTI - ADDRESS INSTRUCTIONS**

**बहुल पता निर्देश** : कम्प्यूटर में एक से अधिक संचालकों के पते का उल्लेख करने वाले निर्देश।

**MULTI - DIMENSIONAL**

**बहुआयामी** : वर्गीकरण के दृष्टिकोण से विषय जगत के एक समूह अथवा समुच्चय में समाहित विविध विशेषताएँ।

**MULTIDIMENSIONAL UNIVERSE OF SUBJECT**

**बहुआयामी विषय जगत** : एक संयोजित अथवा मिश्रित विषय में कितनी विशेषता है उसी आधार पर उसके विविध आयामों का निर्धारण होता है तथा पुस्तकालय वर्गीकरण के दृष्टिकोण से एक बहुआयामी विषय कहलाता है जैसे जयपुर भौगोलिक एकल चार आयामी है क्यों कि इसके बनने की प्रक्रिया में * दुनिया * एशिया * भारत * राजस्थान * जयपुर का समावेश है।

**MULTILEVEL INDEXING**

**बहुस्तरीय अनुक्रमणीकरण** : जिसमें प्रलेखों के अनुक्रमणीकरण के लिये विस्तृत एवं सूक्ष्म दोनों प्रकार के शब्दों का प्रयोग किया जाता है।

**MULTILEVEL SUMMARIES**

**बहुस्तरीय संक्षिप्त विवरण तालिका** : डीवी डेसीमल क्लासीफिकेशन में सम्पूर्ण विषय जगत को किस प्रकार विभाजित किया गया है। इसका स्पष्ट चित्रण करने हेतु एक स्तरीय संक्षिप्त विवरण तालिकाओं से लेकर बहुस्तरीय संक्षिप्त विवरण तालिकाओं का प्रावधान है। संस्करण 20 से बहुस्तरीय संक्षिप्त विवरण ताकिकाओं को सम्मिलित करने की प्रक्रिया का प्रारम्भ किया गया है। इस प्रकार की तालिका का कार्य तीसरी संक्षिप्त विवरण तालिका (Third

Summary) का कार्य समाप्त होते ही आरम्भ हो जाता है। अर्थात इस प्रकार की तालिका तीसरी संक्षिप्त विवरण तालिका के एक हजार विभाजनों को आगे विभाजित करने की प्रक्रिया दर्शाता है। संस्करण 20 में इस प्रकार की तालिका मुख्य विषय 330, 340, 350, 370, 610, 620, 680 तथा – 4 Europe तथा –7 North America के लिये दी गयी है।

**MULTILINGUAL DICTIONARY**

**बहुभाषी कोश** : कोश जिसमें एक भाषा के शब्दों का अर्थ एक से अधिक भाषाओं में दिया गया हो।

**MULTINOMINAL TERMS**

**बहुनामक पद** : ऐसे शब्द जो दो या अधिक नामों से बने हो जैसे विजय आनंद अथवा नई दिल्ली अथवा मर्चेंट आफ वैनिस।

**MULTIPLE CLASS**

**बहुसत्त्व वर्ग** : एक से अधिक सत्वों से मिलकर बना हुआ वर्ग।

**MULTIPLE COPIES**

**बहुल प्रतियाँ** : एक प्रलेख जिसकी पुस्तकालय में एक से अधिक प्रतियाँ उपलब्ध है।

**MULTIPLE HEADINGS**

**बहुखण्डीय शीर्षक** : कई खण्डों वाला शीर्षक जिसे कौमा जैसे विरामचिन्हो से पृथक किया गया हो।

**MULTIPLE NOTATION**

**बहुखण्डीय अंकन** : एक प्रलेख के वर्गांक के अंकों को यदि 3 से 6 के अंकों के खण्डों में थोड़ा स्थान छोड़ कर अथवा अर्थहीन अंक या चिन्ह के द्वारा पृथक करके एक सीधी लाइन में लिखा जाता है तो उसे बहुखण्डीय अंकन कहा जाता है। जैसे डी॰डी॰सी॰ में वर्गांक हर तीसरे अंक के बाद एक अर्थहीन बिन्दु (dot) लगा कर उसे बहुखण्डीय बना दिया जाता है।

**MULTIPLE SUBJECT HEADING**

**बहुविषयी शीर्षक** : एक विषय का शीर्षक जिसके खण्डो में क्रमशः वर्गों के नाम दिये गये हैं जैसे – भारत, विधि, पुस्तकालय।

**MULTIPLEX**

**बहुविध प्रणाली** : (i) कंप्यूटर में एक बहुबिध प्रणाली में एक अपेक्षाकृत कम गति से भंडारण माध्यम से कई परिपथो से होते हुए तेज गति के केन्द्रीय भंडारण माध्यम में डेटा का स्थानान्तरण किया जाता है जहाँ प्रत्येक परिपथ से

प्राप्त डेटा की निरन्तर छँटाई तथा स्वीकृत किया जाता है; (ii) एक साथ कई संदेशों को उसी सर्किट में संचारित करना।

**MULTIPLEXOR**

**बहुविधक** : संचार नियंत्रण माध्यम जो विभिन्न संचारण परिपथ जो संसाधक से डेटा को इधर से उधर स्थानान्तरण कर रहे हो, उनसे केन्द्रीय संसाधक को जोड़ने में सहायक होता है।

**MULTIPROCESSOR**

**बहुविध संसाधक :** यह एक शक्तिशाली बहुप्रयोजन संसाधक (Multiprocessor) की विशिष्ट विशेषता है जो दो या अधिक ऐसी स्वतंत्र केन्द्रीय प्रक्रमण इकाईयाँ जो एक साथ कई प्रोग्रामों को कार्यान्वित कर सकती है उनको एक साथ कार्य करने की अनुमति प्रदान करता है।

**MULTIUSER SYSTEM**

**बहुप्रयोक्ता प्रणाली** : ऐसी कम्प्यूटर प्रणाली जिसमें एक बड़े व शक्तिशाली कम्प्यूटर को अनेक टर्मिनलों या पर्सनल कम्प्यूटरों से जोड़ कर एक से अधिक उपयोगकर्ता एक साथ कार्य कर सकते हैं।

**MULTI-VOLUMED BOOK**

**बहुखण्डीय पुस्तक** : एक विषय की व्याख्या व विवरण एक से अधिक खण्डों में इस प्रकार से दिया जाना कि सभी खण्ड अवियोज्य हो अर्थात वे सब मिल कर एक ही खण्ड प्रतीत होते हैं।

**MUNICIPAL LIBRARY**

**नगर पालिका पुस्तकालय** : शहरी क्षेत्रों में स्थापित सार्वजनिक पुस्तकालय।

**MUNIMJI**

**मुनीमजी** : व्यापार सम्बन्धी लेखा – जोखा के कार्य के लिये प्रयोग किया जाने वाला कम्प्यूटर प्रोग्राम।

**MUSEUM LIBRARY**

**संग्रहालय पुस्तकालय** : पुस्तकालय जो कि एक संग्रहालय के विशिष्ट तथा दुर्लभ प्रलेखों व अन्य प्रकार की सामग्री संग्रह को सुरक्षित व सुव्यवस्थित रखता है।

**MUSIC LIBRARY**

**संगीत पुस्तकालय** : संगीत से सम्बन्धित अभिलेखों का पुस्तकालय।

**MUX,**

Multiplexor के लिये प्रयुक्त संक्षिप्त शब्द।

## MYSORE PUBLIC LIBRARY ACT 1965

**मैसूर सार्वजनिक पुस्तकालय अधिनियम** : 22 अप्रैल 1965 को मैसूर सार्वजनिक पुस्तकालय अधिनियम पारित हुआ। यह अधिनियम रंगनाथन द्वारा मैसूर राज्य के लिये बनाये गये सार्वजनिक पुस्तकालय अधिनियम तथा 1962 में भारत सरकार द्वारा राज्यों को भेजे गये आदर्श पुस्तकालय अधिनियम पर आधारित है। 1973 में इसका नाम राज्य के नाम के अनुरूप कर्नाटक सार्वजनिक पुस्तकालय अधिनियम कर दिया गया। इस अधिनियम के आठ अध्यायों में नियमों का विवरण है।

**NAME**

**नाम :** (i) विषय जगत में एक सत्व को पहचान हेतु दिया गया नाम; (ii) कम्प्यूटर में प्रोग्रामर द्वारा एक निर्देश, डेटा–तत्व, माध्यम अथवा कार्य की पहचान हेतु प्रयोग किया गया शब्द। सामान्यतया ये शब्द स्थापित मान्य नामों के आधार पर ही प्रयोग किये जाते हैं।

**NAME CATALOGUE**

**नाम सूची :** एक सूची जिसमें नाम के आधार पर बनी प्रविष्टियों को वर्णानुक्रमिक क्रम से व्यवस्थित किया गया हो।

**NAME ENTRY**

**नाम - प्रविष्टि :** एक प्रलेख के लेखक संस्था अथवा स्थान के नाम से बनाई गयी प्रविष्टि।

**NAME INDEX**

**नाम अनुक्रमणिका :** एक प्रलेख के लेखक अथवा उससे सह सम्बन्धित अन्य व्यक्तियों के नाम से बनायी गयी अनुक्रमणिका।

**NAME HEADING**

**नाम शीर्षक :** एक प्रविष्टि में लेखक, संस्था, स्थान आदि के नाम को शीर्षक के रूप में प्रयोग करना।

**NAME REFERENCE**

**नाम संदर्भ :** लेखक के एक से अधिक वैकल्पिक नामों को इंगित करने हेतु सूची में बनायी गयी नाम संदर्भ प्रविष्टि।

**NANOSECOND**

**नैनोसेकेंड** : एक सेकंड का अरबवा भाग (a billionth of a second)।

**NAPIER, JOHN**

**जोन नैपियर** : स्काटलैण्ड निवासी महान गणितज्ञ जॉन नैपियर का जन्म 1550 में एडिनबरा के पास मरचिस्टन कैसल में हुआ था। नैपियर द्वारा आविष्कार की गई विधि को लघुगणक अथवा लागॅरिथम (Logarithms) कहते हैं। लघुगणक पर नैपियर ने 1594 में काम आरम्भ किया। धीरे–धीरे इस विधि को प्रयोग में लाकर उन्होने यह बताया कि कैसे गुणा भाग, वर्गमूल आदि की गणनाओं को तीव्रता से हल किया जा सकता है। लघुगणक एक ऐसा तरीका है जिसमें बड़ी से बड़ी गुणा की क्रिया को घनात्मक रूप में तथा भाग की क्रिया को ऋतात्मक रूप में व्यक्त कर लिया जाता है। घातांको वाली संख्याओ को घातांक से गुणा करके लघुगणक में व्यक्त किया जाता है। नैपियर ने एक यंत्र का भी अविष्कार किया जिसे नैपियर बोन (Napier Bones) कहा जाता है। इससे गुणात्मक क्रिया सरलता से की जा सकती है। नैपियर की मृत्यु चार अप्रैल 1617 को मरचिस्टन में हुई।

**NARROWER TERM**

**सूक्ष्म शब्द** : वर्गीकरण में एक विषय के अधीनस्थ वर्गों, उपवर्गों लिये प्रयुक्त शब्द।

**NASCENT MICRO THOUGHT**

**नवसृजित सूक्ष्म विचार** : विशेषज्ञों द्वारा एक गहनतम सूक्ष्म विषय पर नवसृजित विचार।

**NASSDOC**

देखिये National Social Science Documentation Centre

**NATIONAL BIBLIOGRAPHY**

**राष्ट्रीय ग्रंथ सूची** : एक राष्ट्र में सभी रूपों व सभी भाषाओं में प्रकाशित होने वाले प्रलेखों की सूची।

**NATIONAL BOOK TRUST**

**राष्ट्रीय पुस्तक न्यास** : भारत का राष्ट्रीय पुस्तक न्यास एक स्वायत्वशासी संस्था है जिसकी स्थापना 1957 में पुस्तकों के प्रति जागरूकता पैदा करने के लिये की गयी। यह न्यास पुस्तक प्रकाशन व वितरण के साथ ही पुस्तक मेले का भी नियमित रूप से आयोजन करता रहता है।

**NATIONAL EDUCATIONAL RESEARCH CENTRE**

**राष्ट्रीय शैक्षणिक शोध केन्द्र :** भारतीय विचार धारा से सम्बन्धित कार्यों को प्रोत्साहित करने हेतु भारत में इस प्रकार के केन्द्रों की स्थापना की गयी है। इसी प्रकार का शोध केन्द्र राजा राम मोहन राय शैक्षणिक संसाधन केन्द्र कलकत्ता है जिसकी स्थापना 1972 में हुई।

**NATIONAL GALLERY**

**राष्ट्रीय कलाभवन :** एक राष्ट्र की उत्कृष्ट कलाकृतियाँ का प्रदर्शन करने की दीर्घा।

**NATIONAL INFORMATICS CENTRE**

**राष्ट्रीय सूचना प्रक्रिया विज्ञान केन्द्र :** सरकार के कार्यों को फलदायी बनाने हेतु 1975 में इस केन्द्र की स्थापना की गयी। इस केन्द्र का मुख्य उद्देश्य भारत सरकार के मंत्रालयों व विभागों में कम्प्यूटर तकनीकी के द्वारा प्रभावी सूचना प्रणाली प्रदान करना है इस हेतु इस केन्द्र के मुख्य कार्य है – कम्प्यूटर आधारित उन्नत विधियों तथा माध्यमों को तैयार एंव विकसित कर क्रियान्वित करना; कम्प्यूटर आधारित डेटा प्रबधन तकनीकों के प्रयोग को प्रोत्साहित करना; सूचना विज्ञान तथा सूचना प्रसार एंव संचरण के क्षेत्र में विशिष्ट मानव संसाधन को तैयार करना; तथा शासकीय सूचना प्रणाली के रूप में केन्द्रीय शासन के मंत्रालयों विभागों तथा स्वायत्तशासी संगठनों के बीच कम्प्यूटर नेटवर्क की स्थापना करना है। अपने इन्हीं उद्देश्यां की पूर्ति हेतु इस केन्द्र द्वारा 1977 में निकनेट (Nicnet) की स्थापना की गयी।

**NATIONAL INFORMATION CENTRE FOR CHEMISTRY AND CHEMICAL TECHNOLOGY (NICHEM)**

**रसायन शास्त्र एंव रसायन प्रोद्योगिकी राष्ट्रीय सूचना केन्द्र :** इस केन्द्र की स्थापना 1986 में निसात के क्षेत्रीय केन्द्र के रूप में की गयी। पूना, महाराष्ट्र में स्थित इस केन्द्र द्वारा इस क्षेत्र के वैज्ञानिकों व अनुसंधानकर्ताओं को सामान्य पुस्तकालय सेवाओं के साथ साथ सूचना सेवायें प्रदान की जाती है। जापानी, जर्मन, फ्रैंच, रूसी व चैक भाषाओं से अंग्रेजी में अनुवाद की सुविधाएँ भी उपलब्ध है।

**NATIONAL INFORMATION CENTRE FOR DRUGS AND PHARMACEUTICALS (NICDAP)**

**औषध एंव औषधीय निर्माण विज्ञान राष्ट्रीय सूचना केन्द्र :** भारत सरकार द्वारा इस केन्द्र की स्थापना 1977 में निसात के क्षेत्रीय केन्द्र के रूप में की गयी। इस केन्द्र का मुख्य उद्देश्य औषधीय शोध तथा नीति निर्धारण हेतु सूचना आवश्यकताओं की पूर्ति; सूचना का भंडारण व शीघ्र उपलब्धि तथा सूचना

के प्रयोग के प्रति जागरूकता उत्पन्न करना है। 1951 में केन्द्रीय औषध शोध संस्थान पुस्तकालय की लखनऊ, उत्तर प्रदेश में स्थापना की गयी। यह केन्द्र इसी पुस्तकालय का उन्नत स्वरूप है। इस केन्द्र द्वारा विभिन्न सूचना सेवाएँ प्रदान की जाती है तथा इस हेतु कई सामयिक सूचना अभिज्ञा सेवा बुलिटन प्रकाशित की जाती है। स्पैनिश भाषा से अंग्रेजी में अनुवाद सेवा भी उपलब्ध है।

**NATIONAL INFORMATION CENTRE FOR FOOD SCIENCES (NICFOS)**

**आहार विज्ञान राष्ट्रीय सूचना केन्द्र :** केन्द्रीय आहार प्रौद्योगिकी शोध संस्थान (CFTRI) की स्थापना 1950 में की गयी। इसी केन्द्र के पुस्तकालय में आहार विज्ञान राष्ट्रीय सूचना केन्द्र की स्थापना 1977 में निसात प्रोग्राम के अन्तर्गत की गयी। इस क्षेत्र के वैज्ञानिकों व शोधकर्ताओं को नवीनतम सूचना व अन्वेषणों से अवगत कराने हेतु इस केन्द्र द्वारा विभिन्न सूचना सेवाएँ प्रदान की जाती है। इस हेतु विभिन्न प्रकाशन प्रकाशित किये जाते हैं। आनलाइन खोज के द्वारा ग्रन्थात्मक सूचना प्रदान की जाती है। आहार विज्ञान तथा सम्बन्धित विषयों पर विश्वभर में प्रकाशित साहित्य पर आधारित **डेटाबेस सर्च** की सुविधा भी उपलब्ध है।

**NATIONAL INFORMATION SYSTEMS**

**राष्ट्रीय सूचना प्रणाली :** देखिये NATIS

**NATIONAL INFORMATOIN SYSTEMS FOR SCIENCE AND TECHNOLOGY**

**विज्ञान तथा प्रौद्योगिकी राष्ट्रीय सूचना प्रणाली :** देखिये NISSAT

**NATIONAL LIBRARY CALCUTTA**

**राष्ट्रीय पुस्तकालय कलकत्ता :** इस पुस्तकालय की स्थापना एक सार्वजनिक पुस्तकालय के रूप में अगस्त 1835 को हुई। **इंग्लिश मैन** पत्रिका के सम्पादक स्टाक्यूलर (J.H. Stocqueler) ने इस पुस्तकालय की स्थापना में प्रमुख भूमिका निभायी तथा इसके प्रथम अवैतनिक सचिव बने। पुस्तकालय के प्रबंध हेतु 24 सदस्यों की एक समिति का गठन किया गया। इसके दो भारतीय सदस्य 'ज्ञान अन्वेषण' के सम्पादक ऋषिकृष्ण मलिक तथा विख्यात शिक्षाविद् रसमय दत्त थे। पुस्तकालय का प्रारम्भ 1500 के लगभग दान में प्राप्त पुस्तकों तथा फोर्ट विलियम कालेज से स्थानान्तरित की गयी 4675 पुस्तकों से हुआ। 21 मार्च, 1836 को पुस्तकालय सार्वजनिक उपयोग हेतु खोल दिया गया। 1848 तक पुस्तकों को संख्या 20,000 तक पहुँच गयी 1850 से इसके सदस्यों की संख्या कम होने के फलस्वरूप इसकी आर्थिक स्थिति विगड़ने लगी। इसका प्रबंध

नगरपालिका को भी सौंपा गया। तथापि इसकी आर्थिक स्थिति में कोई परिवर्तन नहीं हुआ। 1902 में इसका नियंत्रण शासन के हाथ में चला गया। 30 जनवरी 1903 को इम्पिरियल लाइब्रेरी की स्थापना हुई जिसमें इस पुस्तकालय को सम्मिलित कर दिया गया। इसी पुस्तकालय को 1948 में भारत के राष्ट्रीय पुस्तकालय का स्वरूप प्रदान किया गया। तात्कालीन शिक्षा मंत्री मौलाना अब्दुल कलाम आजाद द्वारा 1 फरवरी 1953 को औपचारिक रूप से उद्‌घाटन किया गया तथा बी॰एस॰ केशवन को इसका प्रथम पुस्तकालयाध्यक्ष नियुक्त किया गया। 1954 **डिलीवरी आफ बुक एक्ट** के अन्तर्गत भारत में प्रकाशित प्रत्येक प्रकाशन की एक प्रति इस पुस्तकालय में भेजना आवश्यक कर दिया गया। इस पुस्तकालय में सर आशुतोष मुर्खजी, जदुनाथ सरकार, एस॰एन॰ सेन द्वारा दान किया गया बहुमुल्य तथा दुर्लभ संग्रह, अरबी व फारसी साहित्य संग्रह, आदि उपलब्ध है। यह वर्ष में 362 दिन खुली रहती है।

**NATIONAL LIBRARY OF MEDICINE (NLM)**

**नेशनल लाइब्रेरी आफ मेडिसन** : अमेरिका के इस राष्ट्रीय आर्युविज्ञान पुस्तकालय की स्थापना 1836 में सर्जन जनरल के कार्यालय के पुस्तकालय के रूप में की गयी। 1922 में इसका नाम आरमी मेडिकल लाइब्रेरी (Army Medical Library) तथा 1952 में आरम्ड फोरसेस लाइब्रेरी (Armed Forces Library) किया गया 1956 में इसे अमेरिका के स्वास्थ, शिक्षा तथा कल्याण विभाग का हिस्सा बना कर इस आर्युविज्ञान राष्ट्रीय पुस्तकालय बना दिया गया, जो अमेरिका के सभी स्वास्थ्य विज्ञान के पुस्तकालयों के राष्ट्रीय संसाधन के रूप में कार्य करता है। सभी पुस्तकालय सेवाएँ राष्ट्रीय नेटवर्क के माध्यम से पूरी की जाती है। इस नेटवर्क में 4 हजार मुख्य स्त्रोत पुस्तकालय (Primary Access Libraries), 125 संसाधन पुस्तकालय (Resource Libraries), 8 क्षेत्रीय पुस्तकालय भी सम्मिलित हैं। किन्तु पूरे नेटवर्क का राष्ट्रीय संसाधन स्त्रोत एन॰एल॰एम॰ ही है। संदर्भ सेवा हेतु एक मासिक अनुक्रमणिका इन्डेक्स मेडिकस (Index Medicus) का प्रकाशन आरम्भ किया गया। 36 भाषाओं में आर्युविज्ञान विषय में प्रकाशित विश्व की 4 हजार से अधिक पत्रिकाओं के लेख इसमें सम्मिलित किये जाते हैं। इस पत्रिका के मासिक अंको को संचयी खण्डों के रूप में **क्यूमूलेटेड इन्डेक्स मेडिकस** (Cumulated Index Medicus) शीर्षक के अर्न्तगत प्रकाशित किया जाता है। इन्डेक्स मेडिकस का आन–लाइन संस्करण अक्टूबर 1971 में आरम्भ किया गया। कम्प्यूटरीकृत बायोमेडिकल संदर्भ भंडारण तथा सूचना पुनः प्राप्ति प्रणाली मेडलार (MEDLARS) द्वारा 1961 से ग्रन्थात्मक सेवाएँ प्रदान की जाती है। यह पुस्तकालय वेब सेवा

(World Wide Web) से भी जुड़ा हुआ है। मेडलार की दो उपप्रणालियाँ एल हिल (Elhill) तथा टौक्सनेट (Toxnet) में 40 से अधिक आनलाइन सूचना संग्रह (database) है जिनके 18 करोड़ से अधिक संदर्भ उपलब्ध है।

### NATIONAL SOCIAL SCIENCE DOCUMENTATION CENTRE (NASSDOC)

**राष्ट्रीय सामाजिक विज्ञान प्रलेखन केन्द्र :** भारत सरकार द्वारा 1969 में सामाजिक विज्ञान अनुसंधान परिषद की स्थापना की गयी। इस परिषद द्वारा 1970 में सामाजिक विज्ञान प्रलेखन केन्द्र की स्थापना की गयी। जनवरी 1986 से इसका नाम राष्ट्रीय सामाजिक विज्ञान प्रलेखन केन्द्र कर दिया गया। इस केन्द्र के मुख्य कार्य है – संदर्भ एंव शोध सामग्री एकत्रित करना; शोध सूचना श्रृंखला के अर्न्तगत विभिन्न ग्रन्थ सूचियाँ प्रकाशित करना; सामाजिक विज्ञान क्षेत्र में भारत में प्रकाशित पत्रिकाओं की प्रलेखन सम्बन्धी सूचनाएँ अर्न्तराष्ट्रीय प्रलेखन संस्थाओं को प्रदान करना; शोधकर्ताओं को भारत के विभिन्न पुस्तकालयों से शोध पाठ्य सामग्री एकत्रित करने हेतु वित्तीय सहायता प्रदान करना; रिप्रोगाफिकल एंव आधार सामग्री व छांयाकन की सेवाएँ प्रदान करना; सामाजिक विज्ञान क्षेत्र में ग्रन्थात्मक नियंत्रण हेतु प्रयास करना; शोधकर्ताओं की माँग पर ग्रन्थ सूची प्रदान करना; तथा सामाजिक विज्ञान क्षेत्र से सम्बन्धित संस्थाओं में प्रलेखन एंव सूचना केन्द्र स्थापित एंव संचारित करने हतु सहायता प्रदान करना। इस केन्द्र द्वारा दी जाने वाली प्रमुख सेवाएँ हैं – अन्तर – पुस्तकालय आदान प्रदान, ग्रन्थ सूची सेवा, रैफ़ल सेवा, रिप्रोगाफिकल सेवा, परामर्श सेवा आदि। नासडाक के प्रमुख प्रकाशन है – कान्फ्रैन्स अर्लट, सामाजिक विज्ञान समाचार, ऐपनिस न्यूजलेटर आदि।

### NATIS

**नैटिस :** नेशनल इन्फारमेशन सिस्टम का संक्षिप्त शब्द। विश्व स्तर पर प्रत्येक देश में राष्ट्रीय सूचना प्रणाली विकसित करने हेतु प्रोत्साहित करने के लिये यूनेस्कों का यह एक महत्वपूर्ण प्रोग्राम है। सितम्बर 1974 में राष्ट्रीय प्रलेखन, पुस्तकालय व पुरालेख के मूलभूत आधार संरचना पर अन्तरशासकीय सम्मेलन में **नैटिस** की अवधारणा व उद्देश्यों पर स्वीकृति प्रदान की गयी तथा अक्टूबर – नवम्बर 1974 में आयोजित यूनेस्को की सामान्य सभा में इसका अनुमोदन कर दिया गया। नैटिस के 16 उद्देश्यों को दो मुख्य भागों में विभाजित किया गया है – इनमें से 1 से 12 राष्ट्रीय स्तर के तथा 13 से 16 अन्तर्राष्ट्रीय स्तर के उद्देश्य है। ये उद्देश्य है – राष्ट्रीय सूचना नीति को प्रोत्साहित करना; पढ़ने की आदत को प्रोत्साहित करना; उपयोगकर्ताओं की जानकारी को प्रोत्साहित करना; विद्यमान सूचना संसाधनों का विश्लेषण; मानव संसाधनों का विश्लेषण;

नैटिस की प्रौद्योगिकी आवश्यकताओं की योजना बनाना; नैटिस को मानव संसाधन उपलब्ध कराना; नैटिस के लिये कानूनी रूपरेखा स्थापित करना; नैटिस का वित्त प्रबंधन; सार्वभौम ग्रन्थात्मक नियंत्रण; नैटिस की योजना व विकास हेतु सदस्य राज्यों को सहायता; कार्यविधि हेतु दीर्घकालीन कार्यक्रम तथा अन्तरशासकीय सम्मेलनों का आयोजन करना है।

**NATIVE LANGUAGE**

**देशी भाषा** : कम्प्यूटर की ऐसी भाषा जिसकी संरचना व प्रयोग विशिष्ट रूप से एक वर्ग के कम्प्यूटर अथवा आपरेटिंग सिस्टम के लिये किया गया हो।

**NATURAL CHARACTERISTICS**

**नैसर्गिक विशेषता** : वर्गीकरण में सत्वों अथवा वस्तुओं की ऐसी विशेषताएँ अथवा गुण जो वंशागत व अपृथक्ककरणीय है तथा विषय अथवा वस्तु के प्रकार, वर्ग, जाति की पहचान कराने में सक्षम हो।

**NATURAL CLASSIFICATION**

**नैसर्गिक वर्गीकरण** : वस्तुओं व सत्वों के प्राकृतिक व वंशागत विशेषताओं के आधार पर किया जाने वाला वर्गीकरण।

**NATURALNESS - ARTIFICIALITY SEQUENCE**

**नैसर्गिकता - कृत्रिकता अनुक्रम** : एक वर्गीकरण पद्धति में विषयों एंव एकलों को सहायक अनुक्रम में व्यवस्थित करने हेतु यदि उनमें विभिन्न मात्रा में नैसर्गिकता अथवा कृत्रिमता प्रकट होती है और यदि सहायक है तो उनको नैसर्गिकता वृद्धि अर्थात कृत्रिमता का क्रमशः ह्रास अथवा कृत्रिमता वृद्धि अर्थात नैसर्गिकता का क्रमशः ह्रास के सिद्धान्त के आधार पर व्यवस्थित किया जाना चाहिये।

**NAUDE, GABRIEL**

**गैब्रिल नाड़** : फ्रांस के ग्रन्थ सूचीकार व मेज़रिन संग्रहालय के पुस्तकालयाध्यक्ष नाड़ (1643) ने वर्गात्मक ग्रन्थसूचियाँ बनायी जिनमें 12 मुख्य वर्गों के अन्तर्गत विषयों को व्यवस्थित किया गया था।

**NEGATIVE CANONS**

**नकारात्मक उपसूत्र** : सारकरण को सैद्धान्तिक आधार प्रदान करने हेतु रंगनाथन ने सकारात्मक व नकारात्मक उपसूत्र प्रतिपादित किये हैं। नकारात्मक उपसूत्र की माँग के अनुसार सारकर्ता को – सार में ऐसी सूचना सम्मिलित नहीं करनी चाहिये जो विषयलक्षित (Feature Heading) शब्द शीर्षक से प्राप्त होती हो; सार में कोई ऐसी सूचना सम्मिलित न करे जो प्रलेख की आख्या से परिलक्षित होती हो; किसी सुपरिचित लेखक के नाम से सम्बन्धित सूचना का

सार में प्रयोग न करे; प्रलेख में प्रयुक्त उदाहरणों का विस्तृत वर्णन कर सार को बड़ा न करे; तथा पूर्ण वाक्यों का प्रयोग सार में नहीं करना चाहिये। यथासंभव तार–भाषा (Telegraphic Language) का प्रयोग करना चाहिये किंतु इससे विषय की स्पष्टता व अभिव्यक्ति प्रभावित नहीं होनी चाहिये।

**NEIGHBOURHOOD RELATIONS**

देखिये Immediate Neighbourhood Relations

**NEO - CONVENTIONAL DOCUMENTS**

**नवीन – परम्परागत प्रलेख** : रंगनाथन ने मानक (Standards), स्पेसिफिकेशन्स (Specifications), एकस्व (Patents), नवीनतम समाचारों की कतरनों को नवीन परम्परागत प्रलेखों की संज्ञा दी है।

**NETWORK**

**नेटवर्क** : विभिन्न कम्प्यूटरों को सूचना संचार उपकरणों तथा अन्य सम्बन्धित घटकों द्वारा जोड़े जाने की प्रणाली को नटवर्क की संज्ञा दी जाती है। दूसरे शब्दों में एक कमरे में अथवा विभिन्न स्थानों पर रखे कम्प्यूटरों को इस प्रकार से जोड़ दिया जाना कि वे एक इकाई की तरह कार्य करे।

**NEW ADDITIONS**

**नव-अवाप्ति** : एक पुस्तकालय में एक निश्चित अवधि में अवाप्त की गयी पाठ्य सामग्री की सूची।

**NEW BOOKS**

**नवीन पुस्तकें** : एक पुस्तकालय मे खरीदी गयी नई पुस्तकें अथवा नव प्रकाशित पुस्तकें।

**NEW EDITION**

**नवीन संस्करण** : एक पुस्तक का संशोधनों व परिवर्तनों के साथ प्रकाशित नया संस्करण।

**NEWARK CHARGING SYSTEM**

**न्यूआर्क निर्गम प्रणाली** : इस प्रणाली का आविष्कार 1900 में अमेरिका के न्यूजर्सी राज्य के न्यूआर्क सार्वजनिक पुस्तकालय में हुआ। उस समय जॉन काटन डैना (John Cotton Dana) इस पुस्तकालय के पुस्तकालयाध्यक्ष थे। इस प्रणाली में दो पत्रकों का उपयोग किया जाता है। प्रत्येक पुस्तक का एक पत्रक बनाया जाता है जिसे पुस्तक पाकेट में रख दिया जाता है। इस पत्रक में पुस्तक का नामांक (Call Number), अवाप्ति–क्रमांक, लेखक का नाम, पुस्तक की आख्या आदि सूचना का उल्लेख होता है। इसी पत्रक पर पुस्तक देते समय

पाठक का पंजीकरण संख्या भी दर्ज की जाती है। दूसरा पत्रक उपयोगकर्ता का बनाया जाता है जिसे गृहीता पत्रक (Borrower's Card) की संज्ञा दी जाती है तथा जिसे प्रत्येक सदस्य को उसे सदस्यता पंजीकरण के समय दिया जाता है। जो सदस्यता की पहचान के रूप में पाठक के पास रहता है। इस पत्रक पर पुस्तकालय का नाम, सदस्य का नाम, पता, पंजीकरण संख्या तथा सदस्यता समाप्ति की तिथि मुद्रित होती है। इस पत्रक पर पुस्तक प्राप्त करने की पात्रता संख्या तथा निर्गम व आगम तिथि को भी अंकित किया जाता है। न्यूआर्क प्रणाली में जब पाठक पुस्तक उधार लेना चाहता है तो पुस्तक पत्रक तथा गृहीता पत्रक दोनो पर देय दिनांक लिखा जाता है। पुस्तक पत्रक पर सदस्य संख्या लिख कर पुस्तक व गृहीता पत्रक पाठक को दे दिया जाता है। पुस्तक के वापस आने पर देय दिनांक की सहायता से कर्मचारी पुस्तक पत्रक को निर्गम ट्रे से निकाल कर प्राप्ति दिनांक तथा यदि आवश्यक है तो अपने हस्ताक्षर करके उसे वापस पुस्तक पाकेट में रख देता है।

**NEWSBOOK**

**समाचार पुस्तिका** : 1640 से पूर्व न्यूज पेपर के लिये **न्यूज बुक** शब्द प्रयोग किया जाता था। यह 24 पृष्ठों तक की पुस्तिका होती थी जिसमें समाचार प्रकाशित किये जाते थे। सामान्य रूप से इनका प्रकाशन सप्ताह में एक बार होता था। इस प्रकार की प्रथम पुस्तिका 1622 में प्रकाशित हुई।

**NEWS CLIPPING**

**समाचार कतरन** : समाचार पत्रों में प्रकाशित सामाजिक, आर्थिक, राजनीतिक, साहित्यिक अथवा अन्य विशिष्ट घटनाओं से सम्बन्धित सूचनाओं को काट कर व सुव्यवस्थित क्रम के आधार पर बनाया गया एक संदर्भ स्त्रोत।

**NEWSLETTER**

**सूचना पत्र** : किसी संस्था अथवा संगठन की समसामयिक गतिविधियाँ का एक निश्चित समय पर अथवा अनियमित रूप से विवरण प्रकाशित करने वाली पत्रिका।

**NEWSPAPER**

**समाचार पत्र** : सामान्य रूप से प्रतिदिन की नई व हर प्रकार की सूचनाओं को प्रकाशित करने वाला पत्र को समाचार पत्र कहते हैं। न्यूजपेपर शब्द का प्रयोग 1670 से आरम्भ हुआ। इससे पूर्व **कोरनटो** (CORANTO) तथा 1622 से न्यूज बुक शब्द प्रयोग किया जाता था। यह माना जाता है कि समाचार पत्रों का चलन चीन देश से प्रारम्भ हुआ। लगभग 1300 वर्षों पूर्व **चिन्गपाओं** जिसका अर्थ है राजधानी के समाचार, नामक समाचार पत्र के माध्यम

से चीन सरकार की मुख्य–मुख्य समाचारों को जनता तक पहुँचाया जाता था। इसी तरह इटली की राजधानी रोम से भी एक समाचार पत्र **एक्टा ड्यूरना** प्रकाशित होता था जो प्रतिदिन के समाचारों का ब्योरा सामान्य जन तक पहुँचाता था। विश्व का सबसे पहला दैनिक समाचार पत्र बनने का गौरव लंदन से प्रकाशित **मॉर्निंग पोस्ट** को है जो 1762 से छपना आरम्भ हुआ। लगभग 23 साल के बाद **द टाइम्स, लंदन** प्रकाशित होना आरम्भ हुआ जो आज भी प्रकाशित होता है। भारत में 29 जनवरी 1780 को **बंगाल गजट** प्रकाशित होने वाले समाचार पत्र को प्रथम समाचार पर होने का गौरव प्राप्त है।

**NEWSPAPER LIBRARY**

**समाचार पत्र पुस्तकालय** : एक समाचार–पत्र पुस्तकालय जिसमें समाचार पत्र के प्रकाशन में सहायक संदर्भ ग्रन्थ, शासकीय प्रकाशन सामग्री, रिपार्टस, समाचार पत्र कतरन आदि सामग्री का संग्रह होता है।

**NEWSPAPER STACK**

**समाचार पत्र आधार** : जिल्दबंद किये गये समाचार पत्रों को रखने के लिये विशिष्ट रूप से बनाये गये लकड़ी अथवा स्टील के शैल्फ नुमा संग्रहाधार जिनमें समाचार पत्रों को पड़ी स्थिति में रखा जा सके।

**NEWSPAPER STAND**

**समाचार पत्र प्रदर्शक** : पुस्तकालयों में समाचार पत्रों को प्रदर्शित करने हेतु इस प्रकार का आधार जिस पर रखे गये समाचार पत्रों को पाठक उलट–पुलट कर देख सकें।

**NIBBLE**

**निबल** : कम्प्यूटर की शब्दावली में बाइट का आधा भाग अर्थात चार बिट। कई कम्प्यूटर ऐसे भी होते है जो आधा बाइट वाले डेटा का भी संसाधन कर सकते हैं।

**NICKNAME INDEX**

**उपनाम अनुक्रमणिका** : व्यक्तियों, स्थानों, राजकीय प्रतिवेदनों अथवा संगठनों आदि के लिये उपनाम या लोकप्रिय नामों की वर्णानुक्रमिक सूची।

**NICNET**

**निकनेट** : नेशनल इन्फारमेटिक्स सेन्टर नेटवर्क का संक्षिप्त शब्द। नेशनल इन्फारमेटिक्स सेन्टर नई दिल्ली द्वारा 1977 में स्थापित इस नेटवर्क को चार क्षेत्रीय केन्द्रो – दिल्ली, पूना, भुवनेश्वर तथा हैदराबाद से संबद्ध किया गया। 32 राज्य एंव संघीय अधिक्षेत्रों के केन्द्र तथा सम्पूर्ण देश में 440 जनपदीय केन्द्रों (District nodes) की स्थापना की गयी है। निकनेट की

स्थापना बहुआयामी अभिगम तकनीक (Multiple Access Technique) पर आधारित है। इसके अन्तर्गत अनेक प्रकार की सूचना प्रणालियों को स्थापित एंव विकसित किया गया है जिसके आधार पर वांछित सूचना को प्रसारित किया जा सके।

**NIKLAUS WIRTH**

**निकलौस विर्थ :** ज्यूरिच के प्रोफेसर निकलौस विर्थ ने 1960 के दशक में कम्प्यूटर की भाषा पास्कल का विकास किया। इस भाषा का नाम फ्रैंच दार्शनिक व आविष्कारक पास्कल के नाम पर रखा गया जिन्होनें 16 वर्ष की आयु में ही कैलक्यूलेटर का आविष्कार किया था।

**NISSAT**

**निसात :** नेशनल इन्फारमेशन सिस्टम इन साइंस एण्ड टैकनालॉजी का संक्षिप्त शब्द है। निसात को स्थापित करने की भूमिका 1971 में ही आरम्भ हो गयी थी जब भारत सरकार के अनुरोध पर यूनेस्को के प्रतिनिधि डॉ० पीटर लेजर को इस हेतु इन्सडॉक को परामर्श करने के लिये भेजा गया। 1972 में लेजर ने भारत में एक राष्ट्रीय विज्ञान एवं प्रौद्योगिकी सूचना प्रणाली की स्थापना हेतु एक रूपरेखा प्रस्तुत की जिसकी अनेक स्तरों पर विस्तृत समीक्षा की गयी। विज्ञान एंव प्रौद्योगिकी राष्ट्रीय सूचना प्रणाली को राष्ट्रीय कार्यक्रम का एक महत्वपूर्ण क्रिया कलाप मान कर पाँचवी पंचवर्षीय योजना (1974-79) में इसे सम्मिलित किया गया तथा 1975 में इसकी स्थापना का कार्य प्रारम्भ किया गया। 1977 में जिन उद्देश्यों की पूर्ति हेतु इस प्रणाली का शुभारम्भ किया गया वे हैं – (1) राष्ट्रीय सूचना सेवाओं को सुसंगत बनाना जिससे वह सूचना के उत्पादकों, संसाधकों तथा उपयोगकर्ताओं की वर्तमान एंव भावी आवश्यकताओं की पूर्ति में सक्षम हो सके; (2) विद्यमान सूचना सेवाओं एंव प्रणालियों को विकसित करना; (3) राष्ट्रीय एंव अन्तर्राष्ट्रीय सहयोग तथा विनिमय हेतु पारस्परिक सम्बन्धों को प्रोत्साहित करना; (4) सूचना विज्ञान तथा प्रौद्योगिकी एंव संचार विज्ञान में शिक्षण और प्रशिक्षण की सुविधाएँ विकसित करने में सहायता और प्रोत्साहन प्रदान करना, जिससे राष्ट्रीय विज्ञान सूचना नीति के क्रियान्वयन हेतु योग्य एंव प्रशिक्षित मानव संसाधन उपलब्ध हो सके; (5) सूचना सेवाओं की कार्यकुशलता तथा इनके द्वारा प्रदान की जाने वाली सेवाओं में गुणात्मक वृद्धि तथा उन्नयन हेतु सूचना विज्ञान एंव संचार के क्षेत्र में अनुसंधान, नवीनीकरण और विकास के क्रियाकलापों में सहायता एंव प्रोत्साहन प्रदान करना और इन कार्यों में सक्रिय रूप से सहभागिता प्रदान करना; (6) सूचना प्रौद्योगिकी के क्षेत्र में अनुसंधान, विकास एंव नवीनीकरण के क्रियाकलापों में प्रोत्साहन एंव सहायता प्रदान करना;

(7) प्रबंध एंव नियंणात्मक कार्यों के लिये प्रौद्योगिकीय आर्थिक सूचना सुविधाएँ सुलभ करने के कार्यों तथा सूचना के कार्यों व सेवाओं के लिये आधुनिक कम्प्यूटर तथा रिप्रोग्राफिक प्रोद्योगिकी के उपयोग को प्रोत्साहित करना व सहायता प्रदान करना तथा (8) सभी स्तरों पर सूचना सेवाओं के आयोजन के क्रियाकलापों तथा यांत्रिक सूचना सेवाओं को समर्थन एंव प्रोत्साहन प्रदान करना। इन सामान्य उद्देश्यों के अतिरिक्त निसात के कुछ विशिष्ट उद्देश्य भी हैं जैस – सूचना संसाधनों का विकास, सूचना उपयोगकर्ताओं की पहचान, सूचना सेवाओं का प्रावधान, मानव संसाधन का विकास। निसात तीन स्तरीय व्यवस्था के अन्तर्गत कार्य करता है – (1) **मण्डलीय प्रणाली** : इसके अन्तर्गत मण्डलीय सूचना केन्द्रों व स्थानीय सूचना इकाइयाँ कार्य करती है। प्रारम्भिक चरण (1977-84) में चार मण्डलयी सूचना केन्द्रों (Sectoral Information Centres) चर्म तथा सम्बन्धित उद्योग राष्ट्रीय सूचना केन्द्र मद्रास; खाद्य विज्ञान प्रौद्योगिकी सूचना केन्द्र मैसूर; मशीन उपकरण सूचना उपकरण केन्द्र बंगलौर तथा; औषध एंव औषधीय निर्माण राष्ट्रीय सूचना केन्द्र लखनऊ की स्थापना की गयी। वर्तमान में आठ के लगभग सूचना केन्द्र हैं। स्थानीय सूचना इकाइयाँ, मण्डलीय सूचना तंत्र का ही हिस्सा है। प्रत्येक मण्डलीय केन्द्र अनेक ऐसी स्थानीय सूचना इकाइयों के बीच समन्वय स्थापित करते हैं जो प्रयोगशालाओं, अनुसंधान एंव विकास संस्थाओं, औद्योगिक प्रतिष्ठानों, प्रशासनिक विभागों या अन्य समरूप संस्थाओं जैसी निकायों के अंग होती है। (2) **क्षेत्रीय प्रणाली** – इसके अर्न्तगत क्षेत्रीय सूचना केन्द्रों (Regional Information Centres) की स्थापना की गयी जो देश के विभिन्न क्षेत्रों की सूचना आवश्यकता की पूर्ति तत्काल प्रभावी ढंग से कर सके। ये केन्द्र देश के बड़े शहरों में स्थापित कर सम्पर्क केन्द्र के रूप में कार्य करते हैं। (3) **अन्य विशिष्ट सेवाएँ** (Specialised Services) निसात का तीसरा स्तर सूचना सेवाओं के क्रियाकलापों एंव आयोजनों में परामर्शदाता एंव उन्नायक के रूप में कार्य करता है। इसके अन्तर्गत दी जाने वाली कुछ विशिष्ट सेवाएँ हैं – कम्प्यूटर आधारित चयनात्मक सूचना सेवाएँ एंव व्यापारिक डेटाबेसों का प्रयोग; सूचना विश्लेषण केन्द्र और आधार सामग्री केन्द्र के द्वारा विशिष्ट विषय क्षेत्र के विशेषज्ञों को सेवा प्रदान करना; आनलाइन डेटाबेस सेवा–उपयोगकर्ताओं को आनलाइन के माध्यम से विभिन्न डेटाबेसों की सेवा सुलभ कराना; राष्ट्रीय प्रलेख आपूर्ति केन्द्रों द्वारा सेवा; आदि।

**NITC,**

**National Information Transfer Centre** के लिये प्रयुक्त संक्षिप्त शब्द : देखिये ISORID

**NLM**

देखिये National Library of Medicine

**NODE**

**नोड़ :** नेटवर्क का एक कम्प्यूटर अथवा टर्मिनल नोड कहलाता है जैसे यदि केन्द्रीय कम्प्यूटर प्रणाली ही सभी उपयोगकर्ताओं को सेवा देती है तो सभी उपयोगकर्ता उससे सीधे जुड़ सकते हैं इसमें एक केन्द्रीय कम्प्यूटर नोड व दूसरा उपयोगकर्ता टर्मिनल नोड़ कहलायेगा। इस प्रकार नोड़ नेटवर्क के विभिन्न उपयोगकर्ताओं को परस्पर जोड़ने का एक केन्द्र है।

**NOISE**

**व्यवधान : नेटवर्क** के एक सिग्नल से सूचना संचार में व्यवधान डालने वाले तत्व, जैसे बिजली का वोल्टेज अथवा प्रवाह व निरन्तरता में यदा कदा परिवर्तन; **कम्प्यूटर** पर कार्य करते समय संचारण प्रक्रिया में व्यवधान होना जिसके फलस्वरूप गलत निर्देश अथवा निरर्थक उत्तर प्राप्त होते हैं।

**NOMENCLATURE**

**नामावली :** वर्गों अथवा विषयों को नाम देने की प्रणाली अथवा वर्गीकरण।

**NON-BOOK MATERIAL**

**अपरम्परागत पाठ्य सामग्री :** ऐसी पाठ्य सामग्री जो पुस्तक, पत्रिका अथवा पुस्तिका जैसे प्रकाशन माध्यमों की परिभाषा के अन्तर्गत नहीं आते हैं जैसे श्रव्य–दृश्य माध्यम, कम्प्यूटर सॉफ्टवेयर आदि।

**NON-CONVENTIONAL DOCUMENTS**

**अपरम्परागत प्रलेख : देखिये** Non-Book Material

**NON-CURRENT RECORDS**

**अप्रचलित अभिलेख :** ऐसे प्रलेख जिनकी वर्तमान समय में आवश्यकता नहीं है इसलिये इनको शोधकर्ताओं के दृष्टिकोण से अभिलेखागार में सुरक्षित रख दिया जाता है।

**NON-DISTINCTIVE TITLE**

**सामान्य आख्या :** क्रमिक प्रकाशनों को दिया जाने वाला एक ही सामान्य आख्या।

**NON-DOCUMENTARY SOURCES OF INFORMATION**

**सूचना के अप्रलेखीय स्रोत :** अप्रलेखीय स्रोतों को औपचारिक (Formal) तथा अनौपचारिक (Informal) स्रोतों में विभक्त किया जा सकता है। विभिन्न प्रकार के संस्थाएँ व संगठन सूचना के औपचारिक स्रोत हैं जबकि व्यक्तियों के

पारस्परिक वार्तालाप, बैठकों की वार्ता सूचना के अनौपचारिक स्त्रोत हैं।

**NON-FACETED NOTATION**

**अपक्षात्मक अंकन** : एक मिश्रित विषय का वर्गांक जिसे एक सीधी लाइन में एक खण्ड के रूप में लिख दिया जाता है। इस प्रकार के वर्गांक में विषय की विभिन्न विशेषताओं को इंगित व स्पष्ट करने हेतु किसी प्रकार के संकेतक प्रयोग नहीं किये जाते हैं। वर्गांक को विभिन्न खण्डों में विभाजित करने हेतु अन्य माध्यम भी प्रयोग नहीं किये जाते हैं। लाइब्रेरी ऑफ कांग्रेस क्लासीफिकेशन का वर्गांक अपक्षात्मक अंकन का एक उदाहरण है।

**NON-FORMAL EDUCATION**

**गैर औपचारिक शिक्षा** : शिक्षा प्राप्ति की वह प्रणाली जिसमें किसी प्रकार के पाठ्यक्रम अथवा शैक्षणिक संस्था में पंजीकरण की आवश्यकता नहीं होती है। शिक्षार्थी स्वंय शिक्षा ग्रहण करता है।

**NON-HIERARCHICAL NOTATION**

**अपदानुक्रम अंकन** : अंकन जिसमें एक मिश्रित विषय के वर्गांक को बनाने हेतु विषय में अन्तर्निहित प्रत्येक विशेषता के लिये एक अंक प्रयोग नहीं किया जा सकता है।

**NON-IMPACT PRINTER**

**नॉन-इम्पैक्ट प्रिन्टर्स** : इस प्रकार के मुद्रण में आवाज नहीं होती है तथा एक बार में एक ही प्रति मुद्रित होती है। लेजर प्रिन्टर तथा इंकजैट इसी प्रकार के प्रिन्टर है।

**NON-PLAN GRANTS**

**नियमित अनुदान** : नियोजित अनुदान के अतिरिक्त नियमित रूप से प्राप्त आबँटित अनुदान।

**NON-PRIMARY BASIC SUBJECTS**

**अप्राथमिक मुख्य विषय** : एक मूल विषय (Basic Subject) तथा एक या अधिक घटकों के संयोजन से बना मुख्य विषय। कोलन क्लासिफिकेशन में गौण विषयों (Secondary Basic Subjects) जैसे प्रामाणिक विषय (Canonical Classes) तथा संयोजित मुख्य विषय (Campound Basic Subjects) जैसे प्रणाली (Systems) तथा विशिष्टता (Specials), इन में से किसी भी एक घटक के मिलने से बने विषय को अप्राथमिक मुख्य विषय कहा जाता है।

**NON-PRINT MATERIAL**

**अमुद्रित सामग्री** : देखिये Non-Book Material

**NON-RECURRING EXPENDITURE**

**अनावर्तक व्यय :** योजना से आवंटित धनराशि का अंश जो नियमित रूप से लगातार उपलब्ध नहीं होता है।

**NON-TIME RELATIONS**

**असामयिक सम्बन्ध :** जे॰ई॰एल॰ फैराडेन द्वारा वर्गीकरण हेतु प्रतिपादित विषय सम्बन्ध का एक प्रकार, जिसके अनुसार दो असमान अथवा असम्बद्ध विचार मष्तिष्क में कभी भी उत्पन्न हो सकते हैं ऐसे विषयों के सम्बन्ध समय की अनिश्चितता को दर्शाते हैं।

**NORM**

**मानक :** एक नियम, आदर्श अथवा एक प्रमाणिक मानदण्ड।

**NORMATIVE PRINCIPLE**

**मानकीय सिद्धान्त :** किसी विषय को वैज्ञानिक आधार प्रदान करने के लिये प्रतिपादित सिद्धान्त को मानकीय सिद्धान्त की संज्ञा दी जाती है। पुस्तकालय विज्ञान को वैज्ञानिक आधार प्रदान करने तथा उसकी व्यावहारिक कार्यप्रणाली को एक ठोस व उपयोगी आधार प्रदान करने हेतु पुस्तकालय विज्ञान के विभिन्न विद्वानों ने आधारभूत मौलिक सिद्धान्त प्रतिपादित किये है। तथापि रंगनाथन ने चिन्तन स्तर से वर्गीकरण के व्यावहारिक स्तर के लिये भिन्न–भिन्न श्रेणी के सिद्धान्त प्रतिपादित किये हैं। जैसे चिन्तन की मूल प्रक्रिया के लिये मौलिक नियम (Basic Laws), पुस्तकालय विज्ञान के लिये आधारभूत नियम (Fundamental Laws), वर्गीकरण के लिये उपसूत्र (Canons), सहायक अनुक्रम के लिये सिद्धान्त तथा वर्गीकृत कार्य करने के लिये अभिधारणाएँ (Postulates) तथा पक्ष अनुक्रम के सिद्धान्त।

**NORTON DISK DOCTOR**

**नौर्टन डिस्क डाक्टर :** यह प्रोग्राम हार्ड डिस्क व फ्लापी डिस्क में आये हुए अनेक प्रकार के विकारों को दूर करने की क्षमता प्रदान करता है। यह किसी विकृत डिस्क को फिर से बूट की, जा सकने वाली डिस्क बना सकता है।

**NORTON UTILITIES**

**नार्टन यूटिलिटिज :** यह प्रोग्राम कम्प्यूटर में उन सुविधाओं को प्रदान करने हेतु बनाया गया है जो आपरेटिंग सिस्टम प्रदान नहीं कर सकता है। जैसे मिटाई हुई फाइलों व डाइरेक्टरी को अनेक प्रकार से पुनर्जीवित करना। इस प्रकार के कुछ प्रोग्राम है – बीप (BEEP), स्पीड डिस्क आदि।

**NOTATION**

**अंकन :** पुस्तकालय वर्गीकरण में प्राकृतिक भाषा को कृत्रिम भाषा में

बदलने के लिये प्रयुक्त क्रमसूचक अंकों तथा चिन्हों से बनायी गयी वर्गीकरणात्मक भाषा के अंक को अंकन कहते हैं।

**NOTATIONAL BASE**

**अंकन आधार :** एक वर्गीकरण पद्धति में कितने सारगर्मित अंको (Substantive Digits) का प्रयोग किया गया है उसी को उस पद्धति की अंकन प्रणाली का आधार माना जाता है क्योंकि इन्ही अंको के आधार पर विषय जगत को कृत्रिम नाम प्रदान किये जाते हैं। तथा यही आधार एक पद्धति को ज्ञान जगत के निरन्तर विकास के साथ–साथ विकसित होने की क्षमता प्रदान करता हैं।

**NOTATIONAL BREVITY**

**अंकन की सूक्ष्मता :** अंकन की सूक्ष्मता वर्गीकरण पद्धति की अंक प्रणाली के अंकन आधार पर निर्भर करता है। यदि अंकन प्रणाली का आधार सूक्ष्म है तो अंकन बड़ा होगा तथा यदि अंकन आधार बड़ा है तो अंकन सूक्ष्म होगा। जैसे कोलन क्लासीफिकेशन का अंकन आधार 60 अंक है तो उसका अंकन सूक्ष्म है जबकि डीवी डेसीमल क्लासीफिकेशन का अंकन आधार मात्र 10 अंक है इसलिये इसका अंकन बड़ा है जैसे अर्थशास्त्र – सीसी X, डीडीसी 330

**NOTATIONAL PLANE**

**अंकन स्तर :** एक वर्गीकरण पद्धति के लिये शाब्दिक स्तर पर जो शब्दावली निश्चित की गयी है उसे इस स्तर पर वर्गीकरणात्मक भाषा तैयार करके इस शब्दावली को कृत्रिम नाम प्रदान किये जाते हैं।

**NOTATIONAL SYSTEM**

**अंकन प्रणाली :** एक वर्गीकरण पद्धति में प्रयोग किये जाने वाले विभिन्न प्रकार के अंकों, चिन्हों तथा संकेतकों के सम्मिश्रण को उसकी अंकन प्रणाली कहा जाता है। उदाहरण के लिये कोलन क्लासीफिकेशन की अंकन प्रणाली में 74 अंक हैं जिनमें 60 सारगर्मित अंक तथा 14 संकेतक है।

**NOTE**

**टिप्पणी : पुस्तक** के मूल पाठ के बारे में दी गयी व्याख्या अथवा स्पष्टीकरण को टिप्पणी कहते हैं यह पृष्ठ के अन्त में, अध्याय के अन्त में अथवा पुस्तक के अन्त में दिया जाता है; **सूची** अथवा **ग्रन्थसूची** की एक प्रविष्टि में पुस्तक के बारे में दी जाने वाली सूचना जैसे ग्रन्थमाला, परिवर्तित शीर्षक अथवा ग्रन्थात्मक सूचना।

**NOTEBOOK COMPUTER**

**नोटबुक कम्प्यूटर :** नोटबुक के आकार के कम्प्यूटर, जिनको हमेशा

साथ रखा जा सकता है तथा किसी स्थान व किसी भी समय उपयोग में लाया जा सकता है।

**NOVEL**

**उपन्यास :** काल्पनिक व्यक्तियों अथवा घटनाओं के आधार पर लिखी गयी एक लम्बी कहानी।

**NOVELETTE**

**लघुउन्यास।**

**NOVELIST**

**उपन्यासकार :** उपन्यास लिखने वाला साहित्यकार।

**NUMBER - BUILDING**

**वर्गांक बनाना :** वर्गीकरण में एक प्रलेख का एक पद्धति के नियमानुसार वर्गांक बनाने की प्रक्रिया।

**NUMBERALS**

**अंकाक्षर :** वर्गीकरण पद्धति में प्रयोग किये जाने वाले विभिन्न प्रकार के अंक, अक्षर, चिन्ह आदि।

**NUMERIC KEYPAD**

**न्यूमरिक कीपैड :** कम्प्यूटर के दाहिनी ओर लगी अंको वाली कुंजियाँ।

**NUMBERING**

**क्रमाकंन :** पुस्तकालय द्वारा पुस्तक के विभिन्न सुनिश्चित हिस्सों तथा उसके लिये बनायी गयी प्रविष्टियों में पुस्तक का नामांक, अवाप्ति क्रमांक लिखने की प्रक्रिया।

**OBLISK**

**स्तम्भ चिन्ह** : कटार (†) जैसे चिन्ह का दूसरा नाम। डी॰डी॰सी॰ में इस चिन्ह का प्रयोग विभिन्न प्रकार की पाद टिप्पणियों को इंगित करने के लिये किया गया है।

**OBJECT COMPUTER**

**लक्षित कम्प्यूटर** : कम्प्यूटर जिसे किसी लक्षित प्रोग्राम को प्रयोग करन के लिये बनाया जाता है।

**OBJECT LANGUAGE**

**लक्षित सांकेतिक भाषा** : ऐसी भाषाएँ जो कम्प्यूटर को आदेश दे सकती है उच्चस्तरीय भाषा कही जाती है। किन्तु सामान्य मनुष्य के लिये इस प्रकार की मशीनी भाषा की जटिलता के कारण उपयोग करना संभव नहीं होता है। इस तरह की भाषा को सामान्य मशीनी भाषा में अनुवाद करने हेतु कम्पाइलर प्रोग्राम की सहायता से लक्षित सांकेतिक भाषा में अनुवाद किया जाता है जिसे कम्प्यूटर की स्मृति में भर कर कार्य किया जाता है। **पुस्तकालय वर्गीकरण** में वर्गीकरणात्मक भाषा को लक्षित सांकेतिक भाषा कहा जाता है। जिसका उद्देश्य पुस्तकालय में प्रलेखों को सुव्यवस्थित करना होता है। प्राकृतिक भाषा को आधार बनाकर इस प्रकार की तकनीकी शब्दावली अथवा सांकेतिक भाषा सभी विशिष्ट विषयों के लिय बनायी जा सकती है।

**OBJECT PROGRAM**

**लक्षित प्रोग्राम** : उच्चस्तरीय भाषा (Source Language) में लिखे गये प्रोग्राम को कम्पाइलर की सहायता से लक्षित भाषा में अनुवाद किया गया

प्रोग्राम।

**OBJECTIVE CLASSIFICATION**

**विषयाश्रित वर्गीकरण :** एक विशिष्ट विषय क्षेत्र के विषयों के आधार पर बना वर्गीकरण जिसे विशिष्ट वर्गीकरण भी कहते हैं।

**OBJECTIVES**

**लक्ष्य :** एक संस्था अथवा संगठन अथवा तंत्र द्वारा स्थापित निश्चित उद्देश्य अथवा लक्ष्य।

**OBLIQUE**

तिर्यक (/) : तिरछा संकेत चिन्ह।

**OBLITERATOR STAMP**

**विरूपक मोहर :** काटने अथवा मिटाने की मोहर।

**OBSCENE LITERATURE**

**अश्लील साहित्य :** अप्रिय साहित्य जो सामान्य शिष्टाचार तथा नैतिक मान्यताओं के विरूद्ध हो।

**OBSERVATION METHOD**

**अवलोकन विधि :** वह विधि जिसमें शोधकर्ता अपने शोध के विषय क्षेत्र का स्वंय के अवलोकन के आधार पर सूचना/डेटा एकत्र करता है।

**OBVERSE COVER**

**अग्रपृष्ठ :** पुस्तक का ऊपरी आवरण।

**OCCUPATIONAL SAFETY AND HEALTH**

डी॰ जे फौस्केट द्वारा स्वास्थ्य एंव व्यावसायिक सुरक्षा विषय पर बनायी गयी विशिष्ट वर्गीकरण पद्धति। इस पद्धति की अनुसूचियाँ प्रथम 1957 में डोरकिंग सम्मेलन की कार्यवाही में प्रकाशित की गयी। तत्पश्चात इस पद्धति को संशाधित रूप में अन्तर्राष्ट्रीय श्रम संगठन (ILO) जिनेवा के व्यावसायिक सुरक्षा व स्वास्थ्य अन्तर्राष्ट्रीय सूचना केन्द्र के प्रलेखों को वर्गीकृत करने के लिये प्रयोग किया गया।

**O.C.L.C**

**ओ॰सी॰एल॰सी॰ :** अमेरिका के ओहियो राज्य में स्थापित **आन लाइन कम्प्यूटर लाइब्रेरी सेन्टर** विश्व का एक वृहद एंव सर्वाधिक उपयोगी सूचना नेटवर्क है। अपने उद्देश्यों की पूर्ति हेतु ओ॰सी॰एल॰सी॰ ने कम्प्यूटर नेटवर्क प्रणाली का निर्माण किया है। पूर्व में इस शब्द का प्रयोग ओहियों कालेज लाइब्रेरी सेन्टर के लिये किया जाता था।

**OCTAL DIGIT**

**अष्टक अंक** : अष्टक अंक प्रणाली – 0,1,2,3,4,5,6,7 का एक अंक।

**OCTAL NOTATION**

**अष्टक अंकन** : कम्प्यूटर में प्रयोग की जाने वाली अंको की वह प्रणाली जिसमें अंक 8 को मूलांक माना जाता है। इस प्रणाली में अंक 0 से 7 तक प्रयोग किये जाते हैं जिनको आठ चिन्हों की तरह प्रयोग किया जाता है तथा प्रत्येक अंक का स्थान मान आठ के बराबर होता है। इसीलिये यदि 155 अष्टक को डेसीमल अंक में बदलना हो तो – स्थान मान –

| | $8^2$ | $8^1$ | $8^0$ |
|---|---|---|---|
| | (64) | (8) | (1) |
| अष्टक अंक | 1 | 5 | 5 |

रूपान्तरण $(1 \times 64) + (5 \times 8) + (5 \times 1)$

डेसीमल अंक 109

इसी अंक को यदि बाइनरी में बदला जाय तो अष्टक अंक 155 + 1 = 001, 5 = 101, 5 = 101 अर्थात 001101101 लिखा जायेगा।

**OCTAVE DEVICE**

**अष्टक विधि** : रंगनाथन द्वारा 1937 में वर्गीकरण हेतु प्रतिपादित इस विधि द्वारा आठ अंको 1-8 के समूह के द्वारा जब आवश्यक हो अतिरिक्त अंक सृजित किया जा सकता है। इस विधि में अंक 1-8 को सारगर्भित (Substantive) अंक तथा अंक 9 को अर्थरिक्त (Empty) अंक के रूप में प्रयोग किया जाता है। अंक 9 के माध्यम से आठ सारगर्भित अंकों को सृजित करने हेतु अंक 1-8 का प्रयोग इस प्रकार किया जाता है – 91-98, 991 - 998, 9991 - 9998 आदि। इस विधि द्वारा नये समकक्ष वर्गों (Coordinate Classes) को उनकी माँग के अनुरूप ग्राह्यता प्रदान की जा सकती है।

**OCTAVE PRINCIPLE**

**अष्टक सिद्धान्त** : रंगनाथन द्वारा प्रतिपादित सिद्धान्त जिसके आधार पर एक वर्गीकरण पद्धति में अर्थरिक्त अंक 9 के माध्यम से 8 समकक्ष अंकों का समूह सृजन किया जा सकता है।

**OCTAVES**

**आठ का समूह** : कोलन क्लासीफिकेशन में अर्थरिक्त अंक 9 की सहायता से आठ अंकों के समूह उत्पन्न किये जाते हैं जिन्हें आक्टेव्स कहा जाता है।

**OCTAVISING DIGIT**

**अष्टकांक कृति अंक :** अष्टक विधि में अंक 9 को अष्टकांक कृति अंक के रूप में प्रयोग किया जाता है अर्थात इस अंक की सहायता से आठ अंकों को आवश्यकतानुसार समकक्ष अंको के रूप में सृजन किया जा सकता है। जैसे 91 - 98, 991 - 998 आदि।

**OCTAVO**

**आठपरती :** कागज को तीन बार मोड़ कर आठपरती अथवा सोलह पृष्ठ बना देना; अथवा पुस्तक का वह आकार जिसमें कागज आठ पन्नों में मुड़ा होता है।

**OCTAVO EDITION**

**आठपेजी संस्करण :** प्रलेख का वह संस्करण जिसे आठ पेजों के समूह में प्रकाशित किया जाता है।

**ODD PAGE**

**वियुग्म पृष्ठ :** एक प्रलेख का वियुग्म संख्या वाला पृष्ठ जो सामन्यतया प्रलेख का दाहिना पृष्ठ होता है।

**ODD VOLUME**

**फुटकर खण्ड :** कई खण्डों में प्रकाशित होने वाले सामयिक अथवा अन्य प्रकार के प्रकाशनों का वह फुटकर खण्ड जो पृथक रूप से प्रकाशित किया गया हो।

**OFFICIAL CATALOGUE**

**अधिकृत सूची :** पुस्तकालय कर्मचारियों के द्वारा प्रयोग की जाने वाली सूची जो पाठकों को उपलब्ध नहीं होती है।

**OFFICIAL GAZETTEE**

**अधिकृत गजट :** सरकार अथवा सरकार के लिये अन्य एजेंसी द्वारा प्रकाशित पत्रिका, जिसमें वर्गीकृत क्रम में समाचार, आदेश, निर्णय आदि का विवरण होता है।

**OFFICIAL PUBLICATION**

**अधिकृत प्रकाशन :** सरकार के विभिन्न विभागों व एजेंसियों द्वारा प्रकाशित प्रकाशन।

**OFF-LINE**

**आफ-लाइन :** कम्प्यूटर प्रणाली का जो हिस्सा कम्प्यूटर के केन्द्रीय संसाधक से नहीं जुड़ा होता है उसे आफ लाइन प्रक्रमण कहा जाता है।

**OFF-LINE DEVICE**

**आफ लाइन माध्यम :** कम्प्यूटर में कई ऐसे माध्यम होते हैं जिनको कभी भी सीधे केन्द्रीय संसाधक से नहीं जोड़ा जाता है। जैसे कार्ड की छँटाई करने वाले उपकरण अथवा की पंच (Key Punch)। इनको आफ लाइन माध्यम कहा जाता है।

**OFF - LINE EQUIPMENT**

देखिये OFF-Line Device

**OFF - LINE OPERATION**

**आफ लाइन संचालन :** डेटा प्रक्रमण प्रणाली के कार्य ऐसे माध्यमों द्वारा करना जो केन्द्रीय संसाधक से सीधे जुड़े हुए नहीं हैं।

**OLINE BOOK NUMBERS**

**ओलिन ग्रंथाक :** चार्ल्स आर ओलिन द्वारा प्रतिपादित ग्रथांक प्रणाली, जिसमें लेखक के कुलनाम को रोमन अक्षर A में परिवर्तित कर उसके पश्चात् अंकों के आधार पर उनको क्रमानुसार व्यवस्थित किया जाता है जैसे Sa - A75, Sch - A77

**OMISSIBLE**

**त्याज्य :** जिसे यदि आवश्यक तथा वांछनीय हो तो छोड़ा जा सके।

**OMISSION MARKS**

**विलोपन चिन्ह :** तीन बिन्दुओं ..., के रूप में प्रयोग किया जाने वाले इस चिन्ह का प्रयोग तब किया जाता है जब यह इंगित करना हो कि एक उद्दरण में बीच का मूलपाठ छोड़ दिया गया है।

**OMNIBUS BOOK**

**सर्वसंग्रह :** ऐसी पुस्तक जिसमें एक से अधिक लेखकों की पुनर्मुदित कहानियों अथवा उपन्यास अथवा अन्य साहित्यिक कार्यों का संग्रह हो।

**ON APPROVAL**

**स्वीकृति पर :** पुस्तकों को खरीदने से पूर्व देखने हेतु मंगाने की प्रक्रिया, जिससे यह सुनिश्चित किया जा सके कि इनकी आवश्यकता है अथवा नहीं।

**ONE CARD SYSTEM**

**एकल पत्रक प्रणाली :** पुस्तक निर्गम–आगम की इस प्रणाली में पुस्तकालय सदस्य को उतने ही गृहीता पत्रक (Borrower Cards) दिये जाते हैं जितनी पुस्तकें उधार लेने का उसे अधिकार होता है तथा जब वह पुस्तक उधार पर ले जाना चाहता है तो पुस्तकालय कर्मचारी उस पर ग्रन्थ से सम्बन्धित सूचना लिख

देता है तथा देय दिनांक अंकित करता है। पुस्तक पर लगी देय दिनांक पर्चो पर देय दिनांक अंकित करने के पश्चात् गृहीता पत्रक पुस्तकालय में ही रख लिया जाता है तथा पुस्तक पाठक को दे दी जाती है।

**ONE PHASED SUBJECT**

**एक पक्षीय विषय :** वर्गीकरण में एक विशिष्ट विषय जब केवल एक मुख्य वर्ग अथवा उसके किसी एक उपविभाजन तक सीमित हो तो उसे एक पक्षीय विषय कहते हैं।

**ONE PLACE THEORY**

**एक स्थान सिद्धान्त :** वर्गीकरण हेतु जे॰डी॰ ब्राउन द्वारा प्रतिपादित सिद्धान्त जिसके अनुसार एक विषय पर जिस दृष्टिकोण से भी पुस्तकें लिखी गयी हो उन सबको इस प्रकार वर्गीकृत किया जाना चाहिये कि उनको एक ही स्थान पर एक साथ व्यवस्थित किया जा सके। ब्राउन के अनुसार मूर्त एंव स्थाई विषयों को ही वर्गीकरण में प्राथमिकता दी जानी चाहिये, यदा कदा एंव प्रासंगिक रूप से प्रयुक्त होने वाले विषयों को नहीं। जैसे गुलाब पर सभी दृष्टिकोणों से लिखी गयी पाठ्य सामग्री को गुलाब के अन्तर्गत ही वर्गीकृत किया जाना चाहिये।

**ONLINE**

**आनलाइन :** कम्प्यूटर के सभी माध्यम व उपकरण जिनका केन्द्रीय संसाधक इकाई से सीधा सम्बन्ध है तथा उसके नियंत्रण में कार्य करते हैं उनके लिये आनलाइन शब्द प्रयोग किया जाता है। इस प्रकार आनलाइन एक ऐसी प्रणाली है जिसमें केन्द्रीय संसाधक इकाई से दूर तथा अलग–अलग स्थित कम्प्यूटर, टर्मिनल तथा अन्य संचार माध्यमों जैसे टेलीफोन लाइन या सेटलाइट के द्वारा मुख्य कम्प्यूटर से सम्बन्ध बना कर परस्पर अन्तर क्रिया करते हैं। किसी दूर स्थान पर रखे कम्प्यूटर पर भंडारित डेटा को उपयोगकर्ता अपने कम्प्यूटर या टर्मिनल में देख रहा हो तो उसे आनलाइन खोज (Online search) अथवा प्रिन्ट कर रहे हो तो उसे आनलाइन प्रिन्ट कहा जाता है।

**ONLINE ACCESS**

**सीधी प्राप्ति :** नेटवर्क से जुड़े डेटाबेस से सूचना को दूर संचार माध्यम से कम्प्यूटर पर सीधे प्राप्त करना।

**ONLINE CATALOGUE**

**ऑन लाइन कैटालॉग :** आनलाइन कैटालॉग पाठक को अपने विषय के बारे में ग्रन्थात्मक विवरण प्राप्त करने के साथ ही समस्त प्रकार की खोज सुविधाएँ प्रदान करता है। 1980 के दशक में आनलाइन सूचीकरण अवधारणा

का उद्भव हुआ। 1990 के दशक में यह सामान्य अवधारणा के रूप में प्रचलित होन लगी। वर्तमान समय में पुस्तकालय के अन्य स्वचालित डेटाबेस के साथ ही सूची को समाकलित कर दिया जाता है। जिसके फलस्वरूप ग्रन्थात्मक विवरण व नियंत्रण में अभूतपूर्व सुविधाएँ प्राप्त हो गयी है। आनलाइन सूची के कुछ प्रमुख लाभ है – विशाल सूचना भंडारण की क्षमता, पुस्तकालय में अत्याधिक स्थान की बचत, सूची को हर क्षण नयी सूचना के आधार पर ठीक किया जा सकता है, ग्रन्थात्मक विवरण एक बार ही भंडारित करना पड़ता है, बूलियन संचालक अथवा **कीवर्ड** वर्गांक के माध्यम से बहुविध पहुँच तथा वृहद खोज क्षमता प्रदान करता है, प्रलेख अधिग्रहण व आदान–प्रदान प्रणालियों को आसानी से समाकलित किया जा सकता है जिससे विभिन्न सेवाओं हेतु एक समाकालित बिंदु उपलब्ध हो जाता है, संघटित मल्टीमीडिया व हाइपरमीडिया के रूप में प्रयोग किया जा सकता है।

**ONLINE COMPUTER LIBRARY CENTRE**

देखिये OCLC

**ONLINE DATABASE**

**आनलाइन सूचना संग्रह आधार** : एक पुस्तकालय एंव सूचना केन्द्र में पाठकों की आवश्यकताओं की पूर्ति हेतु कम्प्यूटरीकृत डेटाबेस अर्थात रिकार्डों फाइलों, पुस्तकों, पत्र–पत्रिकाओं कर्मचारियों आदि सम्पूर्ण सूचना कम्प्यूटर में भंडारित कर दी जाती है। किसी भी विषय पर निरन्तर भंडारित किया जाने वाला यह एक विशाल सूचना संग्रह है जिसका एक साथ कई उपयोगकर्ता संचार माध्यमों से सीधा प्रयोग कर सकते हैं।

**ONLINE EQUIPMENT**

**आनलाइन उपकरण** : कम्प्यूटर प्रणाली के सभी माध्यम व उपकरण जिनको केन्द्रीय संसाधक के सीधे नियंत्रण में रखा जा सकता है।

**ONLINE PUBLIC ACCESS CATALOGUE (OPAC)**

**आनलाइन सार्वजनिक पहुँच सूची** : आनलाइन सूची की इस प्रणाली के द्वारा कई नई सेवाएँ उपलब्ध करना सम्भव हो गया है। ओपेक प्रणाली के द्वारा अब विभिन्न स्थानों पर स्थापित पुस्तकालयों की सूची का प्रयोग सार्वजनिक रूप से नेटवर्क से जुड़े अपने कम्प्यूटर के माध्यम से किया जा सकता है। यह प्रणाली एक आनलाइन सूची के कार्य करने के साथ ही डेटाबेस के माध्यमों से विभिन्न प्रकार के अन्य प्रलेख जेसे पत्रिकाएँ, विशिष्ट अभिलेख व फाइलें, विभिन्न पुस्तकालयों की सूची, संदर्भ व स्त्रोतों तक पहुँच सम्भव कर देती है। इस प्रकार ओपेक प्रणाली सूचना पुनः प्राप्ति प्रणाली के रूप में कार्य करने के साथ ही

संघटित पुस्तकालय प्रबंधन प्रणाली की एक मानक इकाई की तरह भी कार्य करती है।

**ONLINE STORAGE**

**आनलाइन भंडारण** : केन्द्रीय संसाधक द्वारा नियंत्रित भंडारण इकाई।

**OPAC**

देखिये Online Public Access Catalogue

**OPCIT**

**औपसिट** : लेटिन शब्द Opere Citato का संक्षिप्त, जिसका अर्थ है कार्य में उद्धृत है।

**OPEN ACCESS SYSTEM**

**अबाधित प्रवेश प्रणाली** : प्रणाली जिसमें पुस्तकालय में विभिन्न संग्रहागार कक्षों में भंडारित संग्रह के उपयोग में पाठक को किसी प्रकार की रूकावट न हो। वह कहीं भी पुस्तक व अन्य पाठ्य सामग्री को प्राप्त करने हेतु निर्बाध रूप से संग्रहागार कक्षों में जा सकता है।

**OPEN ARRAY**

**वहिर्वेशनीय पंक्ति** : वर्गीकरण में वर्गों की ऐसी पंक्ति जिसमें बहिर्वेशन सम्भव हो अर्थात नये वर्गों की ग्राह्यता प्रदान करना संभव हो।

**OPEN ENTRY**

**खुली प्रविष्टि** : सूची की ऐसी प्रविष्टि जिसमें सूचना जोड़ने तथा परिवर्तित करने की सम्भावना हो। जैसे पत्रिकाओं के लिये बनायी जाने वाली प्रविष्टि जिनमें पत्रिका के नये अंकों की सूचना निरन्तर रूप से सम्मिलित करना आवश्यक होता है।

**OPEN BIBLIOGRAPHY**

**सामयिक ग्रन्थसूची** (Current Bibliography) का पर्यायवाची।

**OPEN PURCHASE**

**खुली खरीद** : जब प्रलेख किसी भी स्थान तथा विक्रेता से खरीदे जा सकते हों।

**OPEN SHELF LIBRARY**

**अबाधित शेल्फ पुस्तकालय** : देखिये Open Access

**OPERATING SYSTEM**

**संचालन प्रणाली** : यह एक प्रोग्राम है जो कम्प्यूटर के अन्य प्रोग्रामों को संचालित कर नियंत्रित करता है। कम्प्यूटर से उसके सब आन्तरिक कार्यों को

करवाने के लिये प्रोग्राम कम्प्यूटर निर्माता ही बनाते हैं तथा कम्प्यूटर के साथ सिस्टम्स साफ्टवेयर (Systems Software) के नाम से दिये जाते हैं।

**OPERATION**

**संचालन** : एक कार्य को करने हेतु संचालन की निर्धारित कार्य प्रक्रिया अथवा कम्प्यूटर के एक अनुदेश के द्वारा निर्धारित कार्य।

**OPERATION CODE**

**संचालन नियमावली** : कम्प्यूटर प्रोग्राम में अनुदेशों का वह भाग जो कम्प्यूटर के कार्यों को चरणबद्ध रूप से निर्दिष्ट करता है।

**OPERATOR**

**संचालक** : व्यक्ति जो मशीनी उपकरणों अथवा कार्यों का संचालन करता है।

**OPERATORS**

**संयोग चिन्ह** : जे॰ई॰एल॰ फैराडेन ने विषय जगत के वर्गीकरण हेतु सम्बन्धात्मक पद्धति का प्रतिपादन किया है। उनकी इस पद्धति में एक मिश्रित विषय की व्याख्या के आधार पर प्राप्त शब्दों को सार शब्द (analet) तथा एक रेखीय अनुक्रम में व्यवस्थित इन शब्दों (श्रेणियों) के पारस्परिक सम्बन्धों तथा उनमें अन्तर्निहित तर्कों की स्पष्ट व्याख्या करने हेतु संचालक चिन्हों (संयोग चिन्हों) का प्रयोग किया है जिनको फैराडेन ने ऑपरेटर्स की संज्ञा दी है।

**OPTICAL COPYING**

**प्रकाशित प्रतिलिपिकरण** : सामान्य रूप से पढ़ने योग्य प्रतिलिपि तैयार करने की यह एक विधि है, जिसमें एक बड़े आकार के ऋजु चित्रण (photostat) कैमरे तथा तीव्र प्रकाश सुग्राही कागज की पट्टियाँ तथा एक काँच अथवा प्रिज्म (prism) का प्रयोग आकृति को सही करने के लिये किया जाता है। इस विधि में मूल प्रलेख का श्वेत भाग काला व काला भाग श्वेत आता है। इसमें प्रतियों का आकार आवश्यकतानुसार छोटा या बड़ा किया जा सकता है।

**OPTICAL BAR CODE READER**

**ऑप्टिकल बार कोड रीडर** : बार कोड द्वारा कोडित सूचना को प्रकाशीय माध्यम से पढ़ने का यंत्र।

**OPTICAL DISK**

**ऑप्टिकल डिस्क** : प्रकाशीय भंडारण तकनीक का प्रयोग करने वाली डिस्क, जिस पर उच्चतर सूक्ष्म लेजर किरणों द्वारा डेटा अंकित किया जाता है।

**OPTICAL SCANNER**

**ऑप्टिकल स्कैनर** : देखिये Scanner

**OPTIONAL PROVISION**

**वैकल्पिक प्रावधान** : डीवी डेसीमल क्लासिफिकेशन में पुस्तकालयों की स्थानीय आवश्यकताओं की पूर्ति हेतु अनुसूचियों व सारणियों में वैकल्पिक वर्गांकों का प्रावधान है। इन विकल्पों द्वारा मानक वर्गांकों के स्थान पर डी॰डी॰सी॰ के निर्देशानुसार वैकल्पिक वर्गांक बना कर स्थानीय विषयों को अनुक्रम में प्राथमिकता भी दी जा सकती है।

**OPUS NUMBER**

**रचना संख्या** : संगीत की कृति अथवा संग्रह को रचना के क्रमानुसार रचनाकार अथवा प्रकाशक द्वारा आंवटित की जाने वाली संख्या।

**OPUSCUL**

**लघुरचना** : साहित्यिक अथवा संगीत की लघुरचनाएँ।

**ORDER**

**क्रय आदेश** : माँग की गयी वस्तुओं की आपूर्ति हेतु निर्देशात्मक पत्र, अथवा कम्प्यूटर तकनीक के अनुदेश।

**ORDER CARD**

**क्रय आदेश पत्रक** : पुस्तकालय के प्रत्येक प्रलेख के क्रय का रिकार्ड बनाने के लिये प्रयुक्त पत्रक। इस पत्रक के आधार पर ही प्रलेख क्रय आदेश से लेकर खरीद तक की प्रक्रिया पूरी की जाती है।

**ORDER FILE**

**क्रय-आदेश संचिका** : पुस्तकालय द्वारा प्रलेख विक्रेताओं को दिये गये प्रलेखों के क्रय–आदेश सम्बन्धित संचिका।

**ORDER FORM**

**क्रयादेश प्रपत्र** : प्रलेखों के क्रय–आदेश हेतु पुस्तकालय द्वारा प्रयोग किया जाने वाला प्रपत्र।

**ORDER LIST**

**क्रयाधीन पुस्तक सूची** : पुस्तकालय द्वारा प्रलेख विक्रेताओं को भेजे गये क्रय–आदेशों की सूची अथवा क्रय की जाने वाली प्रलेखों की सूची।

**ORDER SECTION**

**क्रय-अनुभाग** : पुस्तकालय का वह अनुभाग अथवा विभाग जिसमें पुस्तक चयन से लेकर अधिग्रहण तक की प्रक्रिया पूरी की जाती है।

**ORDER SLIP**

**क्रय-आदेश पर्ची** : देखिये Order Card

**ORDER OF CLASSES**

**वर्गक्रम** : वर्गीकरण में विशेषताओं का उत्तरोत्तर क्रम, जिसके आधार पर प्रत्येक वर्ग को एक विषय जगत से प्राप्त किया जाता है।

**ORDER OF AN ARRAY**

**पंक्ति-क्रम** : वर्गीकरण में विशेषताओं का उत्तरोत्तर क्रम जिनके आधार पर एक पंक्ति के वर्गों को विषय जगत से प्राप्त किया गया है।

**ORDER OF A CHAIN**

**श्रृंखला-क्रम** : वर्गीकरण में वर्गों की प्रथम कड़ी का क्रम।

**ORDER OF LINK**

**कड़ी-क्रम** : वर्गीकरण में एक कड़ी को बनाने वाले वर्गों का क्रम।

**ORDER OF COMPLEXITY**

**जटिलता क्रम** : वर्गीकरण में एक पंक्ति में वर्गों अथवा एकलों का उनकी जटिलता में वृद्धि अथवा ह्रास के आधार पर बनाया गया क्रम।

**ORDER OF EVOLUTION**

**विकास अनुक्रम** : वर्गीकरण में एक पंक्ति में वर्गों अथवा एकलों का उनके विकास के विभिन्न चरणों – विषय के बनने के प्रथम चरण से अन्तिम चरण तक अथवा अन्तिम चरण से प्रथम चरण तक के आधार पर व्यवस्थित अनुक्रम।

**ORDER OF PRECEDENCE**

**अग्रता-क्रम** : डीवी डेसीमल क्लासिफिकेशन में यदि एक मिश्रित विषय के लिये विभिन्न विशेषताओं के आधार पर वर्गांक दिये गये हैं अथवा कई समानान्तर वर्गांक दिये गये हैं अथवा एक सारणी के दो या अधिक देशों अथवा मानक उपविभाजनों आदि में से एक को चुनना है तो इस प्रकार के निर्देशों का भी पद्धति में प्रावधान है जो वर्गकार को यह निर्धारित करने में सहायक होते हैं कि इनमें से किस वर्गांक को प्राथमिकता दी जा सकती है।

**ORDINAL LANGUAGE**

**क्रमसूचक भाषा** : वर्गीकरणात्मक भाषा को ही क्रमसूचक भाषा की संज्ञा दी जाती है। क्योंकि वर्गाचार्य द्वारा निर्मित वर्गीकरणात्मक भाषा का एक मात्र उद्देश्य पुस्तकालय के प्रलेखों को एक सुनिश्चित अनुक्रम प्रदान करना होता है।

**ORDINAL NUMBERS**

**क्रमसूचक अंक :** वर्गीकरण पद्धति में प्रायः ऐसे अंकों का प्रयोग किया जाता है जिनका क्रमसूचक गुण सुनिश्चित व पूर्ण प्रमाणित है। इन अंकों को वर्गीकरण पद्धति की अंकन प्रणाली का आधार बनाया जाता है जिनका प्रयोग विषयों को कृत्रिम नाम प्रदान करने के लिये किया जाता है। यदि अंकन प्रणाली में ऐसे अंकों का प्रयोग किया जाता है जिनमें प्रमाणिक क्रमसूचक गुण नहीं है तो वर्गाचार्य उनमें इस गुण का सृजन करने पश्चात् ही उनका प्रयोग करता है। इस प्रकार प्रलेखों को सहायक अनुक्रम प्रदान किया जा सकता है।

**ORDINAL VALUE**

**क्रमसूचक गुण :** अंकों अथवा शब्दों के क्रम को इंगित करने वाले गुण जैसे रोमन बड़े अक्षर A के बाद B, C, D - Z का क्रम सुनिश्चित है। इसी को अंकों का क्रमसूचक गुण कहते हैं।

**ORDINARY COMPOSITE BOOK**

सामान्य **संयोजित पुस्तक :** ऐसी पुस्तक जिसमें कई लेखकों के लेख प्रकाशित किये गये हो तथा सभी लेखों को सामूहिक रूप से प्रकाशित करने हेतु पुस्तक को एक सामान्य आख्या आवंटित कर दी गयी हो। ऐसी पुस्तक को सामान्य संयोजित पुस्तक कहा जाता है।

**ORDINARY PUBLICATION**

**सामान्य प्रकाशन :** बिना किसी विशिष्ट उद्देश्य के सामान्य रूप से प्रकाशित होने वाले प्रकाशन।

**ORIGINAL COPY**

**मूल प्रति :** लेखक की अपनी भाषा में अथवा उसके द्वारा लिखी गयी प्रति अथवा प्रकाशित पुस्तक की प्रथम प्रति।

**ORIGINAL EDITION**

**मूल संस्करण :** पुस्तक जब प्रथम बार प्रकाशित होती है तो उसे प्रथम अथवा मूल संस्करण कहा जाता है।

**ORIGINAL WORKS**

**मौलिक रचानयें :** एक लेखक की रचनायें जो मौलिक तथा नवीन विचारों को प्रकट करती है।

**ORIGINALITY**

**मौलिकता :** ऐसा बौद्धिक कार्य जो अपने स्वरूप अथवा विषय की मौलिकता के कारण उसे उसी विषय की अन्य कृतियों से स्पष्ट रूप से भिन्न करता है।

**OROM**

आप्टिकल रीड ओनली मैमोरी के लिये प्रयुक्त संक्षिप्त शब्द।

**OSMOSIS, PRINCIPLE OF**

देखिये Principle of Osmosis

**OTHER DEVICE**

**अन्य विषय विधि :** डीवी डेसीमल क्लासिफिकेशन हेतु डीवी द्वारा प्रतिपादित इस विधि में एक पंक्ति में समकक्ष वर्गों तथा एकलों को ग्राह्यता प्रदान करने के लिये अंक 9 को माध्यम बनाया गया है। एक पंक्ति में विद्यमान समकक्ष वर्गों को प्रथम अंक 1-8 के आधार पर वर्गांक आवंटित किये जाते हैं। जो विषय बाकी बच जाते हैं उनको अंक 9 के अन्तर्गत अन्य विषय के रूप में विभाजित किया जाता है तथा 91, 92, 93-98 वर्गांक प्रदान किये जाते हैं। क्योंकि इन विषयों को अन्य विषय शीर्षक के अन्तर्गत विभाजित किया जाता है। इसीलिये इसे अन्य विषय विधि की संज्ञा दी जाती है।

**OUTLINE**

**रूपरेखा :** एक विषय के सम्पूर्ण मूलपाठ का सारांश।

**OUT OF PRINT**

**अप्राप्य प्रकाशन :** ऐसी कृति जिसकी सभी प्रतियाँ समाप्त हो चुकी हों तथा प्रकाशक उसके पुनर्मुद्रण का भी इच्छुक न हो।

**OUT OF STOCK**

**अनुपलब्ध :** पुस्तक जो प्रकाशक तथा वितरण के पास उपलब्ध न हो। तथापि नयी प्रतियाँ मुद्रित करके संग्रह की पुनः पूर्ति की जा सकती है।

**OUTER FORM**

**बाह्य स्वरूप :** वर्गीकरण में पुस्तक के विषय–वस्तु को दो भागों में बाँटा जा सकता है – बाह्य स्वरूप जो विषय वस्तु के विन्यास, उसके लिखने का ढंग व प्रस्तुति, आदि को इंगित करता है। दूसरा आन्तरिक स्वरूप जो विषय के सिद्धान्त, इतिहास आदि को इंगित करता है।

**OUTPUT**

**निर्गत :** कम्प्यूटर द्वारा प्रस्तुत परिणाम; कम्प्यूटर की आन्तरिक भंडारण इकाई से बाह्य भंडारण इकाई को सूचना का स्थानान्तरण।

**OUTPUT DEVICES**

**निर्गत उपकरण :** उपकरण जो कम्प्यूटर द्वारा प्रस्तुत सूचनाओं को प्रदर्शित व मुद्रित करते हैं या जिन पर इन सूचना की प्रति प्राप्त की जा सकती है। जैसे दृश्यपटल, मुद्रक।

**OUTPUT PROGRAM**

**निर्गत प्रोग्राम :** निर्गत उपकरण में डेटा प्रतिलेखन के लिये लिखा गया विशिष्ट प्रोग्राम।

**OUTPUT UNIT**

**निर्गत इकाई :** यह इकाई कम्प्यूटर व उसके प्रयोग करने वाले के बीच संचार की व्यवस्था करता है। कम्प्यूटर में संचित डेटा, सूचनाओं, आकड़ों पर विभिन्न प्रक्रियाओं द्वारा निकाले गये परिणामों को कम्प्यूटर प्रयोग करने वाले को संचारित करता है। यह इकाई नियंत्रण इकाई के साथ संयोजक का कार्य करती है व निर्गत को अपने अन्दर संजोये रखती है जब तक कि प्रयोग करने वाले को उसकी आवश्यकता न हो।

**OVERDUE BOOK**

**अतिदेय पुस्तक :** पुस्तकालय द्वारा पुस्तक पर्ची पर अंकित देय दिनांक तक न लौटाई जाने वाली पुस्तक।

**OVERDUE CHARGE**

**अतिदेय शुल्क :** पुस्तक पर्ची पर अंकित देय दिनांक के पश्चात पुस्तक लौटाने पर पुस्तकालय द्वारा लिया जाने वाला शुल्क।

**OVERDUE NOTICE**

**अतिदेय सूचना :** ऐसे पाठक जिन्होंने देय दिनांक तक पुस्तक नहीं लौटाई है उनको पुस्तक लौटाने हेतु दिया जाने वाला नोटिस।

**OVERSIZE BOOK**

**वृहदाकार पुस्तक :** असाधारण व बड़े आकार की पुस्तक जिसे सामान्य आकार के शैल्प में अन्य पुस्तकों के साथ व्यवस्थित नहीं किया जा सकता है।

**OWNERSHIP MARK**

**स्वामित्व चिन्ह :** पुस्तकालय की पुस्तकों पर स्वामित्व का चिन्ह अंकित करने हेतु प्रयोग की जाने वाली रबर की मोहर का निशान।

**OXFORD DECIMAL SYSTEM**

यूनीवर्सल डेसीमल क्लासिफिकेशन पर आधारित **बन विद्या** (Forestry) के लिये पद्धति, जिसे आक्सफोर्ड यूनीवर्सिटी के स्कूल आफ फारेस्ट्री ने बनाया है।

**PACK**

**गड्डी** : छिद्रित पत्रकों की एक गड्डी जिनमें किसी प्रकार की समानता है। जैसे प्रोग्राम पैक।

**PACKAGE**

**प्रोग्राम** : कम्प्यूटर के लिये सामान्य साफ्टवेयर जो किसी विशिष्ट उद्देश्य की पूर्ति हेतु लिखे जाते हैं। जैसे वेतन चिट्ठा (Payroll) पैकेज, उत्पादन नियंत्रण पैकेज।

**PACKET ASSEMBLY**

**पैकेट असेमब्ली** : कम्प्यूटर द्वारा अंकाक्षरों को सूचना संचारण हेतु एक साथ संकलन करने की प्रक्रिया।

**PACKETED DIGIT**

**कोष्टित अंक** : वर्गीकरण में कोष्टक के अन्दर सारगर्भित अंक का प्रयोग, जैसे (J) कृषि।

**PACKETED NOTATION**

**कोष्टित अंकन** : वर्गीकरण पद्धतियों में वर्गांक बनाने हेतु कोष्टित अंकन का प्रयोग किया जाता है। कोलन क्लासिफिकेशन में 1955 से वृत्ताकार कोष्टक का प्रयोग विषय विधि से अंकन बनाने हेतु प्रयोग किया गया। जिसके फलस्वरूप सी॰सी॰ अंकन प्रणाली में क्षेत्र – 4 (zone 4) की उत्पत्ति हुई। यूनीवर्सल क्लासीफिकेशन में गुरूकोष्टक [ ] तथा वृत्ताकार कोष्टक ( ) दोनों का ही अंकन बनाने हेतु प्रयोग किया गया है जैसे (540) भारत अथवा उपसमूह/उपविभाजन के लिये जैसे [622 + 699]

**PAD**

**पैड** : यह कम्प्यूटर एक ऐसा उपकरण है जिसके द्वारा बदलती हुई सूचना को बिना कीबोर्ड की सहायता के कम्प्यूटर में निवेश किया जा सकता है। यह एक छोटे आकार का हल्का कागज पर लिखने के पैड जैसा ही होता है। जिस पर एक विशेष पेन (स्टायलस Stylus) से जो भी लिखा जाता है वह तुरंत मॉनीटर के पटल पर दिखाई देने लगता है। तथापि लिखे हुए अक्षरों अथवा बनाई गयी आकृति को मिटा कर दुबारा लिखा अथवा बनाया जा सकता है। इनको डिस्क पर रिकार्ड करके संचित भी कर सकते हैं।

**PAGE**

**पृष्ठ** : प्रलेख के पेज का एक ओर का भाग।

**PAGE CATALOGUE**

**पृष्ठ सूची** : पुस्ताकार सूची, जिसके प्रत्येक पृष्ठ में कुछ प्रविष्टियों को बनाने के पश्चात् रिक्त पृष्ठ छोड़ दिया जाता है जिससे बाद में प्रविष्टियों को उचित स्थान पर सम्मिलित किया जा सके। इसका सर्वोत्तम नमूना ब्रिटिश म्यूजियम (अब ब्रिटिश पुस्तकालय का भाग) के अध्ययन कक्ष का कैटलॉग है। इस प्रकार की सूची को खाता बही सूची (Ledger Catalogue) भी कहते हैं।

**PAGE DESCRIPTION LANGUAGE**

**पेज डेस्क्रिप्शन लैंग्वेज** : डैस्क–टॉप पब्लिशिंग कार्य के लिये विशेष रूप से तैयार किया गया साफ्टवेयर है। इनके द्वारा नियंत्रित लेजर प्रिंटर से अत्यन्त सुन्दर मुद्रण सुनिश्चित किया जा सकता है।

**PAGE LAYOUT PACKAGE**

**पेज ले आउट पैकेज** : डैस्क टॉप पब्लिशिंग कार्य हेतु बनाये गये इस सॉफ्टवेयर का मुख्य कार्य – पृष्ठ की बनावट, टाइप का आकार, कालम की संख्या, पंक्तियों के बीच की दूरी, चार्ट, चित्र आदि को सुविधानुसार प्रस्तुत करना है। यह शब्द संसाधक जैसे वर्डस्टार का भी कार्य करता है। यह निर्गत होने या छापे जाने के पहले ही पाठ का पूरा स्वरूप दर्शा देता है।

**PAGE MAKER**

**पेज मेकर** : यह डैस्ट टॉप पब्लिशिंग कार्य के लिये पी॰सी॰ पर चलाया जा सकने वाला एक प्रोग्राम है। यह साफ्टवेयर पेज – ले – आउट पैकेज का एक उत्तम उदाहरण है।

**PAGE PRINTER**

**पेज प्रिंटर** : कम्प्यूटर का ऐसा मुद्रक जिसमें मुद्रण से पूर्व पूरे पृष्ठ का छपाई का नमूना निश्चित कर लिया जाता है।

**PAGE REFERENCE**

**पृष्ठ निर्देशन** : संदर्भों, अनुक्रमणिका अथवा ग्रन्थसूचियों में लेख अथवा पुस्तक की पृष्ठ संख्या जिसमें उसे प्राप्त किया जा सकता है।

**PAGER**

**पेजर** : पेजर टेलीफोन का स्वरूप तो नहीं है पर विकल्प अवश्य है। पेजर एक साधारण उपकरण है जिसमें एक रेडियो रिसीवर लगा होता है जो कि रेडियो तरंगों द्वारा संदेश पहुँचाता है। 1976 में इसका जब प्रयोग आरम्भ हुआ तब केवल फौजी अफसरों, वैज्ञानिकों एवं कुछ विशिष्ट श्रेणी के व्यक्तियों तक ही सीमित था। 1984 से व्यावसायिक रूप से इसका आरम्भ हुआ। वर्तमान समय में तीन प्रकार के पेजर उपलब्ध है – टोन पेजर जो केवल तरह तरह की टोन बजाकर (8 टोन तक) संकेत देता हैं; न्यूमेरिक पेजर – इस प्रकार के पेजर पर नम्बर के द्वारा संकेत प्राप्त होते हैं, जैसे टेलीफोन नंबर, घर का नंबर आदि। जिसका अर्थ है कि इस नंबर पर सम्पर्क करना है; एल्फा न्यूमेरिक पेजर इस प्रकार के पेजर में नबरों के साथ साथ अक्षरों में भी संदेश प्राप्त होते हैं।

**PAGINATION**

**पृष्ठांकन** : प्रलेख की विषय वस्तु को सुव्यवस्थित रूप से क्रम में रखने हेतु प्रत्येक पृष्ठ पर अंकित की जाने वाली संख्या।

**PAINT BOX**

**पेन्ट बॉक्स** : कम्प्यूटर में रेखाकिंत प्रदर्शन हेतु उपलब्ध रंगो की सूची। इसे पैलियेट (Pallete) अर्थात रंग पट्टिका भी कहते हैं।

**PAINT PROGRAMS**

**पेन्ट प्रोग्राम** : ये ऐसे सरल प्रोग्राम हैं जिन्हें किसी भी सामान्य पी॰सी॰ पर चलाया जा सकता है। इन प्रोग्रामों में चित्रण के लिये पटल के किसी भी पिक्सल (pixel अर्थात कम्प्यूटर मॉनीटर के पटल पर दर्शाने के लिये प्रयोग किये जाने वाले बिन्दु) को प्रदीप्त किया जा सकता है अथवा बुझाया जा सकता है। इन प्रोग्रामों द्वारा अनेक आकार – प्रकार के अक्षर लिखे जा सकते हैं तथा उन्हें विविध प्रकार से जमा भी सकते हैं। इन चित्रों में किसी भी प्रकार के रंग या शेड भर सकते हैं, संशोधन कर सकते हैं, समूचे बड़े चित्र को एक साथ देखने के लिये उसे छोटा करके पटल पर देखा जा सकता है। वर्तमान में पी सी पेन्ट ब्रश, पब्लिशर्स पेंट ब्रश, तथा विन्डोज पेन्ट प्रोग्रामों का अधिक प्रचलन है।

**PAINTING**

**चित्रकला** : चित्र के रूप में विचारों की अभिव्यक्ति।

**PALEOGRAPHY**

**पुरालिपिशास्त्र** : प्राचीन लिपि विज्ञान का अध्ययन।

**PALIMPSEST**

**उपर्यालिखित** : हस्तलिपि जिस पर मूलपाठ के ऊपर दुबारा लिखा गया हो जिससे मूल पाठ पूर्ण रूप से अथवा कुछ अंश तक मिट गया हो।

**PALMLEAF MANUSCRIPT**

**ताड़पत्र पांडुलिपि** : ताड़पत्र पर हस्तलिखित पांडुलिपियाँ।

**PAMPHLET**

**पुस्तिका** : सामयिक सूचनाओं को प्रकाशन करने हेतु कागज का आवरण चढ़ी छोटी पुस्तिका; अथवा समान विषय क्षेत्र या समान आकार की श्रृंखलाबद्ध प्रकाशित पुस्तिकाएँ।

**PAMPHLET BOX**

**पुस्तिका मंजूषा** : छोटी पुस्तिकाओं अथवा कतरनों अथवा अन्य छोटी पत्रिकाओं को रखने के लिये गत्ते अथवा प्लास्टिक अथवा स्टील से बने छोटे – छोटे डिब्बे।

**PANORAMIC CATALOGUE**

**प्रविष्टिदर्शी सूची** : सूची प्रविष्टियों को दर्शाने हेतु श्रृंखला सिद्धान्त का असीमित प्रयोग।

**PAPER**

**कागज** : कागज के निर्माण का आविष्कार ई॰सन् 105 में चीन में हुआ। यह शहतूत के पेड़ की छाल के रेशों से बनाया जाता था। कागज बनाने का वास्तविक विकास 15वीं सदी में यूरोप में हुआ था। कागज लकड़ी से बनाया जाता है। यह लकड़ी को छोटे–छोटे टुकड़ों में काट कर बड़े–बड़े बरतनों में रासायनिक पदार्थों व पानी के साथ उबाला जाता है। उबालने के बाद लकड़ी मुलायम गूदे में बदल जाती है जिसे लुगदी कहते हैं। इस लुगदी को साफ करके छाना जाता है। तत्पश्चात इसमें कुछ रासायनिक पदार्थ डालकर इसे सफेद बनाया जाता है। इस लुगदी में चीनी मिट्टी तथा चाँक मिलाकर मशीन में डाला जाता है जिसमें बारीक तारों से बनी एक जाली बैल्ट के रूप में चलती है। इस मशीन के द्वारा लकड़ी के छोटे–छोटे रेशे आने लगते है जिनसे कागज की पतली परत बननी शुरू हो जाती है। इस परत को बड़े–बड़े रोलरों द्वारा दबाया जाता है जिनसे रेशे पास–पास आने लगते हैं तशा गीले कागज का रूप धारण कर लेते हैं। इसके बाद इस कागज को भाप से गरम रोलरों द्वारा सुखाया जाता

है। अन्त में बड़े–बड़े चिकने बेलनों के नीचे से गुजारकर इस कागज पर चिकनाहट पैदा की जाती है। इस तरह से बने कागज के बड़े बड़े रोल बना लिये जाते हैं। जिनको इच्छानुसार आकार में काट कर बाजार में बिकने भेज दिया जाता है। कुछ सस्ते किस्म का कागज गत्ते, जूट, कपड़े के चिथड़ों, रद्दी कागज व घास फूस से भी बनाया जाता है।

**PAPER BACK**

**कागजी जिल्द** : जब प्रलेख के आवरण के लिये केवल कागज का उपयोग किया जाता है तथा कागज को ही पीठिका तथा गत्तों पर चिपका दिया जाता है तो उसे कागजी जिल्द कहते हैं।

**PAPER BOUND**

**कागजी जिल्द** : देखिये Paper Back

**PAPER COVER**

**कागजी-आवरण** : प्रलेख के आवरण के लिये गत्ते तथा अन्य सामग्री का प्रयोग न करके केवल मोटे कागज का उपयोग करके आवरण तैयार करना। इसे कागजी जिल्द भी कहते हैं।

**PAPER SIZE**

**कागज आकार** : कागज के उत्पादकों द्वारा विभिन्न आकारों के कागजों का उत्पादन किया जाता है जो विभिन्न आवश्यकताओं के अनुरूप होते हैं जैसे 13½ × 17 इंच का फुलस्केप कागज, 17×27 इंच का डबल फुलस्केप कागज आदि।

**PAPER TAPE**

**पेपर टेप** : कम्प्यूटर में सूचना के निवेश व निर्गत हेतु प्रारम्भ में यही माध्यम काम में लाया जाता था। इसमें कागज की पट्टी पर सूचना को छिद्रित करके कोडित किया जाता था।

**PAPER TAPE READER**

**पेपर टेप रीडर** : पेपर टेप में कोडित सूचना को मशीनी भाषा में अनुवाद करके डेटा को केन्द्रीय प्रक्रमण इकाई में संचारित करने का एक माध्यम है।

**PAPERLESS SOCIETY**

**कागजरहित समाज** : कम्प्यूटर तकनीक के उद्‌भव के परिणाम को इंगित करता समाज, जिसमें सभी पाठ्य सामग्री मशीनी उपकरणों में ही अंकित की जायेगी।

**PAPYRUS**

**पेपइरस** : कागज का एक प्रकार, जिसे नील नदी के आस पास उगने

वाले पेड़ की टहनियों को काट कर इसकी पतली पट्टी दबाकर बना लेते थे और उसे कागज की भाँति तैयार कर लेते थे। मिश्र यूनान (ग्रीस) तथा रोम के प्राचीन पुस्तकालयों में सम्पूर्ण संकलन पेपइरस की पट्टियों का ही था जिसे पेपइरस पर लिखी गई हस्तलिपि कहा जाता है।

**PARAGRAPH INDENTION**

**अनुच्छेद हाशिया** : **सूचीकरण** में इसे दूसरा हाशिया कहा जाता है; **मुद्रण** में अनुच्छेद की प्रथम पंक्ति को छोड़कर बाकी पंक्तियों के लिये छोड़ा जाने वाला हाशिया को अनुच्छेद हाशिया कहते हैं।

**PARALLEL ARRANGEMENT**

**समानान्तर विन्यास** : शैल्फ में जगह का पूरा सदुपयोग करने हेतु बड़े आकार की पुस्तकों को पृथक करके नीचे के शैल्फ में अलग से रखना अथवा प्रत्येक वर्ग की बड़े आकार की पुस्तकों को उस वर्ग के अन्त में व्यवस्थित करना अथवा सभी बड़े आकार की पुस्तकों को एक साथ अलग से व्यवस्थित करना समानान्तर विन्यास कहलाता है।

**PARALLEL CLASSIFICATION**

**समानान्तर वर्गीकरण** : एक ही वर्गीकरण पद्धति से वर्गीकृत किये गये प्रलेखों को यदि फिर से उनके आकार, भाषा आदि के आधार पर पृथक कर दिया जाता है तो उसे समानान्तर वर्गीकरण कहा जाता है।

**PARALLEL DEVICE**

**पैरालल विधि** : कम्प्यूटर से प्रिन्टर तक सूचनाएँ दो विधियों से पहुँचाई जा सकती है – सीरियल विधि तथा पैरालल विधि। कम्प्यूटर जनित सूचना में प्रत्येक अक्षर आठ बिट्स का होता है। पैरालल विधि में आठ तार लगाकर आठों टुकड़ो को एक साथ ही भेज दिया जाता है। जब कि सीरियल विधि में आठों टुकड़ों को क्रम से एक के बाद एक भेजा जाता है।

**PARALLEL DIVISION DEVICE**

**समानान्तर विभाजन विधि** : यू॰डी॰सी॰ मध्यम संस्करण (1985) में इस विधि से एक वर्गांक को सहविस्तृत बनाने के लिये पद्धति के अन्य विषयों के वर्गांको का प्रयोग किया जाता है। जिस वर्गांक में इस विधि का प्रयोग करना है उसके आगे संकेतक तथा वह वर्गांक लिखा होता है जिसके उपविभाजनों का प्रयोग करना है जैसे 091/.092 ⌓⌓⌓ 017.091/.092 इस विधि की तुलना डी॰डी॰सी॰ की जोड़ विधि (Add Device) से की जा सकती है।

**PARALLEL EDITION**

**समानान्तर संस्करण** : एक ही कृति के विभिन्न मूल पाठ के रूप में

प्रकाशित होने वाले संस्करण, जैसे गीता अथवा रामायण के विभिन्न व्यक्तियों द्वारा विभिन्न भाषाओं अथवा विभिन्न रूपों में लिखे गये संस्करण।

**PARALLEL PORT**

**पैरालल पोर्ट** : यह माइक्रोकंप्यूटर के पीछे लगा प्रिन्टर चलाने वाला पोर्ट (साकेट) है जिससे डेटा के अनेक बिटों को समानान्तर रूप से एक साथ भेजा जा सकता है।

**PARALLEL SEQUENCE**

**समानान्तर अनुक्रम** : वर्गीकरण पद्धति में यदि विभिन्न मुख्य विषयों की पंक्ति में समान वर्ग एंव एकल घटित होते हैं तो इनका अनुक्रम सभी मुख्य विषयों में एक समान होना चाहिये। किन्तु यह तभी संम्भव है जब वर्गाचार्य ने पद्धति में सहायक अनुक्रम के सिद्धान्त का प्रावधान किया है।

**PARALLEL TEXT**

**समानान्तर मूलपाठ** : देखिये Parallel Edition

**PARALLEL TITLE**

**समानान्तर आख्या** : एक ही आख्या का विभिन्न भाषाओं अथवा लिपियों में प्रयोग किया जाना।

**PARALLEL TRANSLATION**

**समानान्तर अनुवाद** : एक प्रलेख में उसके मूलपाठ के साथ–साथ स्तम्भानुसार अनुवाद प्रकाशित करना।

**PARAM - 10,000 COMPUTER**

**परम 10000 कम्प्यूटर** : सेन्टर फार डेवलपमैंट आफ एडवास्ंड कम्प्युटिंग, भारत सरकार द्वारा इस कम्प्यूटर को विकसित किया गया। जिसका 28 मार्च 1998 को इलैक्ट्रॉनिक विभाग के सचिव श्यामल घोष ने विधिवत् उदघाटन किया। यह एशिया का दूसरा सबसे बड़ा कम्प्यूटर है। एशिया में जापान को छोड़कर भारत ही एकमात्र ऐसा देश है जिसने इतनी अधिक क्षमता वाला कम्प्यूटर विकसित किया है। प्रति सेकंड एक खरब गणितीय, गणना करने की क्षमता वाले इस कम्प्यूटर का उपयोग मौसम विज्ञान, अंतरिक्ष विज्ञान तथा इंजीनियरिंग सम्बन्धी कार्यों से लेकर सैन्य कार्यों के लिये हो सकता है।

**PARAPHRASE**

**व्याख्या** : एक साहित्यिक कृति की संक्षिप्त व्याख्या अथवा भावानुवाद।

**PARCHMENT**

**चर्मपत्र** : लिखने के लिये प्रयोग किया जाने वाला संसाधित चर्म। चर्मपत्र

का प्रयोग स्थाई प्रकार के प्रलेखों तथा जिल्दबन्दी के लिये किया जाता है। पार्चमेंट भेड़ और बकरी की खाल से बना होता था तथा पाँचवी शताब्दी के मध्य तक इसे लिखने के लिये प्रयोग में लाया जाता था।

**PARIS PRINCIPLES**

**पेरिस सिद्धान्त** : सूचीकरण में अन्तर्राष्ट्रीय मानक स्थापित करने हेतु 1961 में इफला (IFLA) द्वारा एक अन्तर्राष्ट्रीय सूचीकरण पर सिद्धान्त सम्मेलन आयोजित किया गया। जिसमें सूचीकरण नियमों के एकीकरण हेतु 12 सिद्धान्त स्वीकार किये गये। ये सिद्धान्त हैं – विषय का विवरण, सूची के कार्य, सूची का ढाँचा, प्रविष्टि के प्रकार, विभिन्न प्रकार की प्रविष्टियों के कार्य, बहुविध प्रविष्टियों के प्रयोग, एकरूप शीर्षक का चुनाव, एक व्यक्तिगत लेखक, समीष्ट निकाय की प्रविष्टि, व्यक्तिगत लेखक के नाम का प्रविष्टि शब्द तथा आख्या के अर्न्तगत प्रविष्टि बनाना।

**PARRY COMMISSION**

**पैरी कमीशन** : ब्रिटेन की विश्वविद्यालय अनुदान कमेटी द्वारा 1963 में एक आयोग स्थापित किया गया जिसका कार्य ब्रिटेन के विश्वविद्यालयों तथा महाविद्यालयों के पुस्तकालयों की स्थिति का अध्ययन करके उनके सुधार तथा ब्रिटिश म्यूजियम पुस्तकालय को पुस्तकालय एंव ग्रन्थात्मक सेवाओं के संदर्भ में एक मुख्य कार्यकारी पुस्तकालय के रूप में विकसित करने हेतु सुझाव देना था। इसके अध्यक्ष यूर्नीवसिटी कालेज आफ वेल्स के प्रिंसिपल डा॰ थामस पैरी थे। इस आयोग की रिपोर्ट **रिपोर्ट आफ दी कमेटी आन लाइब्रेरीस** के नाम से 1967 में प्रकाशित हुई।

**PART PUBLICATION**

**खण्ड प्रकाशन** : पृथक खण्डों में प्रकाशित होने वाले दीर्घकालीन कार्य।

**PARTIAL BIBLIOGRAPHY**

**आंशिक ग्रन्थसूची** : ऐसी ग्रन्थसूची जिसमें प्रकाशन सामग्री सम्मिलित करने की परिसीमा सुनिश्चित करली जाती है। जैसे केवल पुस्तकें अथवा केवल लेख अथवा केवल सामयिक प्रकाशन आदि।

**PARTIAL COMPREHENSIVE MAIN CLASS**

**आंशिक समावेशीय मुख्यवर्ग** : कोलन क्लासीफिकेशन में विभिन्न मुख्य वर्गों के समूह से बने मुख्य वर्ग को आंशिक समावेशीय मुख्यवर्ग की संज्ञा दी गयी है। इस प्रकार के मुख्य वर्ग को 1960 में मान्यता दी गयी तथा अर्थरिक्तकारी अंक (Emptying Digit) के आधार पर इस प्रकार के मुख्य वर्ग को वर्गांक प्रदान किया गया, जैसे AZ Mathematical Sciences, LZ Language and

Literature आदि। संस्करण 7 (1987) में इसको पूंजित मूल विषय Agglomerates Basic Subjects नाम दे दिया गया तथा अंक Z से पूर्व सितारा भी लगाया जाने लगा जिससे इसी अंक से बने अन्य वर्गांकों से इसे भिन्न रूप प्रदान किया जा सके।

**PARTIAL CONTENT NOTE**

**आंशिक विषय वस्तु टिप्पणी** : प्रलेख के विषय वस्तु के केवल मुख्य विषयों के बारे में दी जाने वाली टिप्पणी।

**PARTIAL TITLE**

**आंशिक आख्या** : सूचीकरण में आख्या पृष्ठ पर दिये गये मुख्य आख्या के साथ जो सहायक आख्या दी गयी है इसके आधार पर यदि आख्या बनायी जाती है तो उसे आंशिक आख्या कहते हैं। यह आख्या प्रलेख का विषय संकेत सूचक भी हो सकता है।

**PARTIAL TITLE ENTRY**

**आंशिक आख्या प्रविष्टि** : प्रलेख में दिये गये सहायक आख्या के आधार पर बनायी गयी सूची प्रविष्टि।

**PASCAL CALCULATOR**

**पास्कल का गणक** : फ्राँसीसी गणितज्ञ ब्लेज पास्कल (Blaise Pascal) (1623 - 92) ने 1642 में प्रथम यांत्रिक गणक का आविष्कार किया। यह गणंक गियर, चक्रों तथा डायल से बनाया गया था। हालाँकि पास्कल द्वारा बनाया गया यह केलकुलेटर बहुत साधारण था परन्तु इस मैकेनिकल कैलकुलेटर की बनावट के आधार पर ही बाद में अन्य केलकुलेटर बने।

**PASCAL LANGUAGE**

**पास्कल भाषा** : पास्कल एक उच्चस्तरीय कम्प्यूटर भाषा है जिसका स्त्रोत अलगोल भाषा को माना जाता है। इस भाषा के विभिन्न स्वरूप हैं जिसमें यू॰सी॰एस॰डी॰ पास्कल (University of California, San Diego) अधिक प्रचलित है। इस भाषा को निकलाँस विर्थ (Niklaus Wirth) ने 1968 में विकसित किया तथा इसका नाम फ्रैंच दार्शनिक व गणितज्ञ ब्लेज पास्कल के नाम पर रखा जिन्होंने 16 वर्ष की आयु में ही मैकेनिकल केलक्यूलेटर का अविष्कार किया था। यह भाषा 'सिस्टम प्रोग्राम' तैयार करने के लिये एक उपयोगी भाषा है।

**PASSIVE DOCUMENTATION**

**कर्मप्रधान प्रलेखन** : प्रलेखन कार्य हेतु सूचना का निर्धारण, उपलब्ध होने

का स्थान, रिप्रोग्राफिक सेवाओं का अयोजन आदि कर्मप्रधान प्रलेखन के अन्तर्गत आते हैं।

**PASSWORD**

**संकेत शब्द** : कम्प्यूटर को उसके उपयोगकर्ता द्वारा दिया जाने वाला संकेत शब्द। जिसके द्वारा कम्प्यूटर में भंडारित डेटा को वह बिना किसी अन्य के हस्तक्षेप के सुरक्षित रख सकता है। उपयोगकर्ता अपनी रूचि के अनुसार इस पासवर्ड को चुनता है। जब भी कम्प्यूटर पर उपयोगकर्ता कार्य आरम्भ करेगा, कम्प्यूटर सर्वप्रथम उससे पासवर्ड पूछेगा। यदि कम्प्यूटर को सही उत्तर मिलता है तब ही कम्प्यूटर उसे आगे कार्य करने की सुविधा प्रदान करेगा। कम्प्यूटर पर कार्य करने हेतु पासवर्ड आवश्यक नहीं होता है। लेकिन यदि एक बार कम्प्यूटर को पासवर्ड दे दिया जाय तो उसको बिना बताए कम्प्यूटर पर कार्य नहीं किया जा सकता है।

**PATENT**

**एकस्व** : पेटेन्ट एक प्रकार का वैधानिक संरक्षण है जो किसी वस्तु, प्रक्रिया, सिद्धान्त आदि की अभिकल्पना अथवा निर्माण अथवा उत्पाद के आविष्कार का दूसरों के उपयोग पर प्रतिबंध लगाता है। इस हेतु उसकी अधिकृत अनुमति प्राप्त करना आवश्यक होता है।

**PATENT FILE**

**एकस्व संचिका** : संचिका जिसे पेटेन्ट का विवरण, देश, क्रमांक, आविष्कार करने वाले का नाम अथवा विषय के अन्तर्गत व्यवस्थित किया गया हो।

**PC**

देखिये Personal Computer

**PC CACHE**

**पी॰सी॰ गुप्तभंडार** : कम्प्यूटर स्मृति में एक गुप्तभंडार बना कर उपयोगी प्रोग्रामों की कार्यगति को बढ़ाया जा सकता है।

**PEDESTRIAN WORK**

**सामान्य रचना** : ऐसी सामान्य रचना जिस पर कोई अन्य पुस्तक, रचना अथवा कार्य न लिखा जा सकता हो।

**PEEK-A-BOO SYSTEM**

**पीक अ॰वू॰ पद्धति** : छिद्रित पत्रक प्रणाली की एक पद्धति है जो पद प्रविष्टि (Term Entry) पर आधारित है। यह एक प्रलेख को विषय के पदों द्वारा वर्णन करता है। प्रत्येक विषय के लिये एक पत्रक बनाया जाता है।

अधिग्रहण संख्या को इंगित करने के लिये छिद्रित पत्रक पर संख्या छिद्रित की जाती है। प्रत्येक पत्रक के शीर्ष पर रिक्त स्थान रहता है जिस पर पद या विषय लिखा जाता है। प्रत्येक पत्रक में 500 से 10,000 जगह (Positions) हो सकती है। किन्तु यह इस बात पर भी निर्भर करता है कि पत्रक का आकार क्या है तथा लाइनें कितनी पास–पास खीचीं हुई है। किसी भी विषय से सम्बन्धित सूचना ढूंढते समय सम्बन्धित विषयों तथा पदों वाले पत्रकों को एक दूसरे पर आधारित करके उसमें से प्रकाश को प्रवाहित किया जाता है। इन सभी पत्रकों के आर–पार प्रकाश निकल जायेगा तथा सम्बन्धित स्थिति अथवा जगह की जानकारी देगा। इन पत्रकों से प्रलेखों की क्रम संख्या प्राप्त कर अभीष्ट सूचना तक पहुँचा जा सकता है। इस पद्धति में प्रयुक्त पत्रकों को कोर्डोनियर (Cordonnier) पत्रक अथवा बैटन (Batten) पत्रक भी कहा जाता है जिनको इस पद्धति का प्रतिपादक माना जाता है।

**PEN NAME**

**उपनाम** : साहित्यिक उपनाम अथवा तखल्लुस।

**PENUMBRAL POSITION**

**समीपवर्ती सम्बद्ध स्थान** : ऐसे ग्रन्थ जो श्रेण्य ग्रन्थ (Classics) के आधार पर लिखे गये हैं, उनको श्रेण्य ग्रन्थ के आसपास समीपवर्ती सबद्ध स्थान ही ऑबटित करना चाहिये इसलिये ऐसे ग्रन्थों को केन्द्रित अवस्थिति (Umbral Position) के दोनों तरफ व्यवस्थित किया जाना चाहिये। इनमें भी प्रथम स्थान अभिगम पाठ्य सामग्री (approach material) जैसे संदर्भ सूची, पत्रिकाएँ, जीवनी आदि को दिया जाना चाहिये।

**PENULTIMATE OCTAVE**

**उपान्तिक अष्टक** : रंगनाथन ने 1937 में अष्टक विधि प्रतिपादित की, जिससे कि अंक 9 के साथ इन्डो ऐरविक अंक 1 - 8 का प्रयोग कर नये अंको का सृजन किया जा सके। किन्तु इस विधि में अंक 9 की पुनरावृत्ति के कारण वर्गांक अत्यन्त लम्बा होने लगा, जैसे 99991-99998। इस प्रक्रिया को सीमाबद्ध करने हेतु रंगनाथन ने अंक 9 के साथ रोमन बड़े अक्षरों का प्रयोग आरम्भ किया जैसे 9A - 9Z। इनको उपान्तिक अष्टक अर्थात अन्तिम से पहले की संज्ञा दी गयी। रोमन बड़े अक्षर A- Z का प्रयोग अन्तिम अष्टक के रूप में प्रणाली (Systems) तथा उपान्तिक अष्टक का विशिष्ट विषय क्षेत्र (Specials) के लिये उपयोग किया गया।

**PERCEPTION**

**प्रत्यक्ष ज्ञान** : मष्तिष्क में स्थित एक सत्व का मष्तिष्क से बाहर एक वस्तु से सहसम्बन्धित होकर ज्ञान का सृजन होना।

**PERFECT BINDING**

**परिपूर्ण जिल्द** : इस प्रकार की जिल्द में ग्रन्थ के समस्त भागों को पीछे से काटकर प्रत्येक पृष्ठ पृथक कर दिया जाता है तथा सिलने के स्थान पर पृष्ठों को ग्लू अथवा गोंद द्वारा एक दूसरे से चिपका दिया जाता है। इस प्रकार की जिल्द में श्रम अधिक नहीं करना पड़ता है तथा सस्ती भी पड़ती है। किन्तु इसमें कुछ समय पश्चात् ही पृष्ठ अलग अलग होने लगते हैं।

**PERFORATING STAMP**

**छिद्रक** : छेदक अथवा मोहर, जो एक प्रलेख के पृष्ठ पर स्वामित्व चिन्ह छिद्रित करता है।

**PERIODICAL**

**सामयिक प्रकाशन** : एक विशिष्ट शीर्षक के अन्तर्गत प्रकाशित होने वाला प्रकाशन, जो नियमित रूप से, निश्चित अवधि में, विशिष्ट अंक संख्या सहित क्रमिक रूप से प्रकाशित होता है। इसमें एक अथवा विभिन्न विषयों पर विभिन्न लेखकों के लेख, कहानियाँ, पुस्तक समीक्षा, विभिन्न प्रकार के समाचार आदि प्रकाशित किये जाते हैं।

**PERIODICAL ARTICLE**

**पत्रिका लेख** : लेख जो किसी पत्रिका में प्रकाशित हुआ हो।

**PERIODICAL DISPLAY RACK**

**पत्रिका प्रदर्शक रैक** : पुस्तकालय में नये सामयिक प्रकाशनों को प्रदर्शन करने हेतु विशिष्ट रूप से बनाया गया, स्टील अथवा लकड़ी का उपस्कर।

**PERIODICAL STAND**

**पत्रिका स्टैन्ड** : एक विशिष्ट प्रकार की सज्जा जिस पर उपयोगकर्ताओं के सूचना हेतु पत्रिकाओं को रखा जाता है।

**PERIPHERAL DEVICE**

**बाह्य उपकरण** : एक कीबोर्ड, मानीटर तथा एक केन्द्रीय संसाधक इकाई को मिला कर काम करने योग्य पूरा कम्प्यूटर सिस्टम बन जाता है। किन्तु अन्य कई ऐसे उपकरण भी होते हैं जिन्हें ऐसे कम्प्यूटर से जोड़ देने से उसकी क्षमता व उपयोगिता बढ़ जाती है। ऐसे उपकरणों को बाह्य उपकरण कहते हैं अर्थात कम्प्यूटर पर बाहर से जोड़े जाने वाले उपकरण, जैसे हार्ड–कापी प्रिन्टर, कैसेट रिकार्डर, फ्लापी डिस्क ड्राइव आदि। एक कम्प्यूटर पर कितने पेरिफेरल उपकरण लगाए जा सकते हैं यह कम्प्यूटर के आकार, प्रकार व क्षमता पर निर्भर होता है।

**PERMUTATION INDEXING**

**क्रम परिवर्तन अनुक्रमणिका** : इस प्रकार की अनुक्रमणिका में शब्दों को अनुक्रमणिका का आधार बनाया जाता है। इन शब्दों को संकेत शब्द (Keywords) कहते हैं। ये शब्द ऐसे शब्द होते हैं जिनको लेखक द्वारा महत्वपूर्ण माना गया है तथा प्रलेख की आख्या, भूमिका, सार आदि में प्रयोग किये जाते हैं। ऐसे शब्दों को छाँट कर अनुक्रमणिका में शीर्षक बनाने के लिये प्रयोग किया जाता है। इन चुने हुए शब्दों को क्रमावर्तन (Rotation) पद्धति से अनुक्रमणिका में प्रयोग किया जाता है। इसमें जितने अधिक संकेत शब्द होते हैं उनती ही बार शीर्षक को वर्णानुक्रम में दोहराया जाता है। देखिये KWIC

**PERMUTED TITLE INDEX**

**क्रमावर्तन शीर्षक अनुक्रमणिका** : मशीनी अनुक्रमणीकरण पद्धति के आधार पर बनायी गयी अनुक्रमणिका जिसमें शीर्षक के प्रत्येक महत्वपूर्ण शब्द के आधार पर प्रविष्टि बनायी जाती है तथा उसके बाद प्रलेख का पहचान अंक भी दिया जाता है। इस प्रकार की अनुक्रमणिका – क्वीक (KWIC), क्वोक (KWOC) आदि है।

**PERMUTERM**

**क्रमपरिवर्तन विधि** : अनुक्रमणिका बनाने की वह कार्यविधि जिसमें एक प्रलेख के शीर्षक में निहित सभी प्रमुख शब्दों के क्रमपरिवर्तन करके शब्दों को वाक्य सहश व्यवस्थित कर उनमें परस्पर सम्बन्ध स्थापित किया जाता है।

**PERMUTERM SUBJECT INDEX**

**क्रमचय विषय अनुक्रमणिका** : यह कम्प्यूटर द्वारा बनायी जाने वाली अनुक्रमणिका है। जिसमें अनुक्रमणित प्रत्येक लेख के शीर्षक के महत्वपूर्ण शब्दों का क्रम परिवर्तन के आधार पर प्रलेख तक पहुँचने के लिये मार्ग प्रशस्त किया जाता है।

**PERSONAL AUTHORSHIP**

**व्यक्तिगत कृतित्व** : एक कृति की रचना एंव उसमें दिये गये विचारों की अभिव्यक्ति का पूर्ण उत्तरदायित्व जब एक व्यक्तिगत लेखक के ऊपर होता है तो उस कृति को व्यक्तिगत कृतित्व माना जाता है।

**PERSONAL CATALOGUE**

**व्यक्तिगत सूची** : ऐसी सूची जिसमें एक व्यक्तिगत लेखक द्वारा अथवा उस पर लिखी गयी कृतियों की प्रविष्टि, लेखक के नाम से बनायी गयी हो। इसे नाम सूची (Name Catalogue) भी कहते हैं।

**PERSONAL COMPUTER (PC)**

**पर्सनल कम्प्यूटर** : पी॰सी॰ के नाम से प्रचलित यह एक माइक्रो कम्प्यूटर है। जो एक व्यक्ति अथवा उसके परिवार के द्वारा प्रयोग किया जा सकता है। इसे अमेरिका की I.B.M. (International Business Machines Corporations) कंपनी द्वारा 1981 में बनाया गया। यह कंपनी अब बड़े आकार व अधिक क्षमता वाले कम्प्यूटर ही बनाती है। इस कम्प्यूटर ने कुछ ऐसे मापदण्ड स्थापित किये हैं जिनके आधार पर कई निर्माता समतुल्य कम्प्यूटर बना रहे हैं। पी॰सी॰ शब्द इन सभी कम्प्यूटरों के लिये भी प्रयोग किया जाता है।

**PERSONAL NAME**

**व्यक्तिगत नाम** : एक व्यक्ति/लेखक का निजी नाम।

**PERSONALITY ISOLATES**

**व्यक्तित्व एकल** : रंगनाथन के अनुसार वर्गीकरण में एक मिश्रित विषय की व्याख्या करने पर मूलभूत श्रेणियों – काल, स्थान, क्रिया, तथा पदार्थ की अभिव्यक्ति प्रदर्शित करने वाले एकल विचारों को पृथक करने पर जो एकल विचार बच जाते हैं उनको व्यक्तित्व एकल माना जाता है।

**PHASE**

**पक्ष** : पुस्तकालय वर्गीकरण में एक मिश्रित विषय अथवा मिश्रित विचार के एक घटक को पक्ष कहते हैं। रंगनाथन के अनुसार एक प्रलेख में वर्णन किये गये विषय–वस्तु में कई विषय अथवा विचारों का अबद्ध संकलन हो सकता है तथा प्रत्येक को एक घटक के रूप में दर्शाया जा सकता है।

**PHASE RELATION DEVICE**

**विषय सम्बन्ध विधि** : एक प्रलेख में दो मुख्य विषयों अथवा एक ही मुख्य विषय के दो या अधिक समकक्ष वर्गों अथवा उनके उपविभाजनों के पारस्परिक सम्बन्धों का विभिन्न दृष्टिकोण से अध्ययन का वर्णन हो सकता है। वर्गीकरण पद्धति में इस प्रकार के विषयों को वर्गांक प्रदान करने की विधि को विषय सम्बन्ध विधि कहा जाता है।

**PHILOSOPHICAL CLASSIFICATION**

**दार्शनिक पद्धति** : दार्शनिक एंव वैज्ञानिकों द्वारा निर्मित पद्धतियाँ जिनमें ज्ञान जगत का विभाजन उनके अपने अध्ययन के अनुरूप किया गया होता है। इसीलिये पुस्तकालय में प्रलेखों को व्यवस्थित करने हेतु इनमें अंकन, सामान्यवर्ग, अनुक्रमणिका आदि कई आवश्यक तत्वों का समावेश करके इनको संशोधित करना आवश्यक होता है। देखिये Knowledge Classification

**PHOENIX SCHEDULE**

**पुनर्निमित अनुसूची** : डीवी डेसीमल क्लासिफिकेशन में एक विषय की अनुसूची अथवा सामान्य सारिणी को पूर्ण रूप से परिवर्तित करके एक नयी अनुसूची का सृजन किया जाता है। इस नयी अनुसूची/सारणी में विषय के आधार अंक के अतिरिक्त सभी कुछ बदला जा सकता है। इस अवधारणा का प्रयोग संस्करण 13 से किया गया जिसमें 159.9 Psychology के लिये 89 पृष्ठों की वैकल्पिक अनुसूची (alternative schedule) सम्मिलित की गयी। इसी प्रकार की अनुसूची संस्करण 14 में 582 Taxonomy Botany के लिये दी गयी। किन्तु इस प्रकार की अनुसूची का प्रयोग आवश्यक नहीं होता था। इसीलिये संस्करण 16 से पुननिर्मित अनुसूची की अवधारणा प्रस्तुत की गयी। संस्करण 20 से पुननिर्मित अनुसूची शब्द के स्थान पर पूर्ण संशोधन (Complete Rivision) शब्द प्रयोग किया जाने लगा है।

**PHONOGRAM**

**ध्वनि संकेत** : किसी विचार अथवा ध्वनि को व्यक्त करने हेतु प्रयुक्त संकेत। यह संकेत एक पूरे शब्द अथवा अक्षर अथवा अक्षर के लिये प्रयोग की जाने वाली ध्वनि का घोतक होता है।

**PHOTOCOMPOSITION**

**फोटोकम्पोजिशन** : सर्वप्रथम छापेखाने का अविष्कार लगभग डेढ़ हजार साल पूर्व चीन में हुआ था। जब लकड़ी की पट्टिका पर अक्षर कुरेद कर उसे ठप्पों के रूप में प्रयोग किया जाता था। धातु के टाइप 14वीं शताब्दी में कोरिया में बने। तथापि मुद्रण का श्रेय जर्मन के मुद्रक जोहान गुटेनबर्ग (Johann Gutenberg) को जाता है जिन्होंने अलग–अलग चल टाइप अक्षरों की खोज की। भारत में छापेखाने का आरम्भ 16वीं शताब्दी में हुआ किन्तु सही अर्थ में छापेखाने का प्रारम्भ 20वीं शताब्दी से ही हुआ। जब यंत्र के एक एक अक्षर के धातु के टाइप, जिन्हें मोनोटाइप तथा पूरी पंक्ति जिसे लाइनोटाइप कहते हैं, की खोज हुई। इसके पश्चात फोटोग्राफी का प्रयोग किया गया जिसमें प्लेट तैयार करने पर छपाई होती थी जिसे **लिथोग्राफी** नाम दिया गया। तत्पश्चात एक विशेष प्रकार के कागज का प्रयोग कर प्रकाश के माध्यम से उस पर अक्षर अंकित कर पाना संभव हो गया जिससे फोटो कम्पोजिंग विधि का विकास हुआ। फोटो का अर्थ है – प्रकाश तथा फोटो कम्पोजिंग का अर्थ है – प्रकाश से कृति अथवा रचना। फोटो कम्पोजिंक मशीने कागज या की–बोर्ड पर पंच की गयी सूचनाओं से प्रकाश के माध्यम से अक्षर छापती थी। अब फोटो कम्पोजिंग के साथ कंप्यूटर प्रणाली का भी प्रयोग किया जाने लगा है। कम्प्यूटर द्वारा

फोटोकम्पोजिंग के लिये ऐसे कम्प्यूटर प्रयोग किये जाते हैं जो विशेष प्रकार के शब्द संसाधक होते हैं। कम्प्यूटर स्मृति भंडार में पाठ के अक्षरों के आकार, प्रकार, पंक्तियों के मध्य अन्तर व पंक्तियों की लम्बाई आदि तथ्य संचित कर दी जाती है। कम्प्यूटर में संचित पाठ के प्रुफ निकालने हेतु कम्प्यूटर के साथ एक छोटी सी इलैक्ट्रॉनिक प्रिंटिंग मशीन लगी होती है जो सारे पाठ को कागज पर छाप देती है। पाठ में त्रुटि होने पर संशोधन के लिये उसे पुनः स्क्रीन पर लाया जाता है तथा गलत अक्षर मिटाकर सही अक्षर छापा जाता है। पाठ संशोधित होने पर उसे **टाइप सैटर** नामक यंत्र में रख दिया जाता है यह यंत्र फोटो कम्पोजिंग विधि का महत्वपूर्ण भाग है। फ्लापी डिस्क पर मैगनेटिक संकेतों में संचित पाठ को यह मशीन कुछ विशेष संकेतों में परिवर्तित कर देती है जिसे प्रकाश की गति व दिशा मिलती है व बड़ी तेज गति से अक्षर फिल्म पर अंकित हो जाते हैं। इस फिल्म को एक इलैक्ट्रॉनिक मशीन द्वारा डेवलप किया जाता है व इसके ब्रोमाइन (रासायनिक तत्व) बनते हैं फिर इसके पृष्ठ बनाये जाते हैं जिससे उनकी प्लेट बनती है व मशीन पर चढ़ा कर छपाई की जाती है। ये सारे कार्य स्वचालित मशीनों से किये जाते हैं। लाइनोट्रोन, बॉबसेट, काम्पसेट, कम्प्यूग्राफिक्स फोटो कम्पोजिंग विदेशी विधियों के नाम है। भारत ने भी **आस्टेरिस्क** नामक देशी फोटो कंपोजिंग प्रणाली विकसित की है।

**PHOTOGRAPHY**

**फोटोग्राफी :** फोटोग्राफी अथवा छायाचित्रण प्रक्रिया का अविष्कार 1829 में फ्रैंच चित्रकार डेगुरे। (Louis J.M. Daguerre) ने किया। 1839 में बेलजियम के एक आयुर्विज्ञान के छात्र अलब्रिचट ब्रेअर (Albrecht Breyer) ने रिफ्लक्टोग्राफी नामक प्रक्रिया खोज निकाली जिसमें कैमरे का प्रयोग आवश्यक नहीं था। तथापि निगेटिव से फोटो तैयार करने की प्रक्रिया का विकास हेनरी फोक्स तालबोट ने 1841 में किया। इनका जन्म इंगलैण्ड में 1800 में हुआ था। इस पद्धति में फिल्म पर एक ऐसा रसायन पुता रहता है जिस पर प्रकाश पड़ने से प्रतिक्रिया होती है। यह रसायन सिल्वर बोमाइड कहलाता है। जिस किसी व्यक्ति या वस्तु का चित्र उतारना है उस पर कैमरे का लैंस फोकस करके बटन दबा देते हैं और अंदर की फिलम पर उस व्यक्ति अथवा वस्तु का चित्र आ जाता है। फिल्म पर उतरे इस चित्र को नेगेटिव कहते हैं। इस नेगेटिव में जो चित्र उतरता है उसके रंग मूल से उल्टे होते हैं। अर्थात काला स्थान सफेद व सफेद काला होता है। इस नेगेटिव को अंधेरे स्थान पर अनेक रसायनों से धोया जाता है तथा फोटोग्राफिक कागज पर बिजली के लैप के प्रकाश में प्रिंट किया जाता है।

**PHOTOSTAT**

**फोटोस्टेट :** किसी भी प्रकार के प्रलेख के पृष्ठों का छायाचित्रण प्रक्रिया से उत्तम प्रकार की प्रतियाँ प्राप्त करने का एक माध्यम है। जिसमें एक बड़े कैमरे तथा तीव्र प्रकाश सुग्राही कागज की पट्टियों की आवश्यकता होती है। एक काँच अथवा प्रिज्म (Prism) का प्रयोग आकृति को सही करने के लिये किया जाता है।

**PHOTOTYPE SETTING**

**फोटोटाइप सैटिंग :** सुन्दर व स्पष्ट छपाई के लिये इस प्रणाली का प्रयोग किया जाता है। यह कार्य एक अत्यन्त शक्तिशाली कम्प्यूटर द्वारा किया जाता है। यह कार्य चार चरणों में किया जाता है। पाठ्य सामग्री को कम्प्यूटर में भंडारित किया जाता है जिनके बीच में अक्षरों के आकार प्रकार, लाइनों की लम्बाई तथा इनकी आपसी दूरी आदि के लिये टाइप सैटिंग के अनुदेश भी निवेश किये जाते हैं। कम्प्यूटर इस सामग्री को एक पृष्ठ की आकृति में जमा देता है। अन्त में कम्प्यूटर ये सारी सूचनायें टाइपसैटर को भेज देता है। फोटो टाइप सैटिंग भी प्रिंटर की तरह ही एक निर्गत उपकरण है। इसमें कैथोड रे ट्यूब (CRT) की किरण की रोशनी द्वारा अक्षर बनाएँ जाते हैं और इन्हें सीधे ही एक फोटो फिल्म पर अंकित कर दिया जाता है। इस फिल्म पर बने पृष्ठ को एक ऑफसेट प्रेस द्वारा कागज पर मुद्रित कर दिया जाता है।

**PICTOGRAPH**

**चित्रलिपि :** किसी विषय अथवा वस्तु का विवरण अथवा वृतान्त को चित्रित कर स्पष्ट रूप से समझा देने वाले चित्रात्मक संकेत अथवा सामान्य दृटाष्त। प्राचीन समय में लिखने का यह एक माध्यम था।

**PICTOGRAPHY**

**चित्रलेखन कला :** प्राचीन समय में चित्रों व रेखाकंनों के द्वारा वस्तुओं को अपने लेखन में निरूपित किया जाता था। तथा चित्रों व संकेतों के एक अनुक्रम से उसका सम्पूर्ण विवरण प्रस्तुत कर दिया जाता था।

**PICTORIAL BOOK**

**चित्रमय पुस्तक :** कृति जिसमें पूर्णरूप से अथवा अधिकतम चित्रों का ही समावेश हो।

**PIE CHART**

**पाई-चार्ट :** कम्प्यूटर में एक सूचना के विभिन्न पहलुओं व अंशों को टुकड़ों अथवा खण्डों के रूप में प्रस्तुत करना **पाई-चार्ट** कहलाता है। वर्तमान में उपलब्ध ऐप्लीकेशन सॉफ्टवेयर द्वारा दिये गये आकड़ों के आधार पर ऐसे चार्ट सुगमता से प्रदर्शित व मुद्रित किये जा सकते हैं।

**PICTORIAL MAP**

**चित्रित मानचित्र :** देश के भौगोलिक, जैविक रूपरेखा तथा सामाजिक व आर्थिक विशेषताओं को चित्रित करता हुआ मानचित्र।

**PICTURE BOOK**

देखिये Pictorial Book

**PICTURE COLLECTION**

**चित्र-संग्रह :** मूल चित्रों अथवा उनकी प्रतिलिपियों का संग्रह।

**PIDGIN**

**मिश्रित भाषा :** एक ऐसी भाषा जिसमें कई भाषाओं के शब्द प्रयोग किये गये होते हैं। तथा जिसकी शब्दावली व व्याकरण अल्पविकसित अथवा कल्पित होती है। ऐसी भाषा विभिन्न भाषा बोलने वाले व्यक्तियों से बने एक समूह के बीच संचारण स्थापित करने का कार्य करती है।

**PIRACY**

**साहित्यिक चोरी :** एक साहित्यिक कार्य को उसके लेखक की स्वीकृति तथा आवश्यक भुगतान के बिना प्रकाशित करना।

**PIRATED EDITION**

**अनाधिकृति संस्करण :** साहित्यिक चोरी के आधार पर प्रकाशित अवैध संस्करण।

**PIXEL**

**पिक्सल :** कम्प्यूटर मॉनीटर के पटल पर दर्शाने के लिये सारे अंकाक्षर व चिन्ह बिन्दुओं से बनाये जाते हैं। इन बिन्दुओं को पिक्सल कहते हैं। ये बिन्दु आकृति में पूर्णरूपेण गोल नहीं होते हैं। कम्प्यूटर कितनी बारीकी से प्रदर्शन कर सकता है यह रिजोल्यूशन (resolution) पटल पर इन बिन्दुओं की संख्या पर निर्भर करता है।

**PL/1**

**प्रोग्रामन भाषा 1 :** यह भाषा व्यावसायिक भाषा जैसे कोबोल तथा वैज्ञानिक भाषा जैसे अनगोल, की विशेषताओं के सम्मिश्रण के आधार पर विकसित की गयी है। इसका प्रयोग आई॰बी॰एम॰ ने मेनफ्रेम जैसे बड़े कम्पूटरों में किया है। इस भाषा में विस्तृत व बहुर्मुखी सुविधाओं के कारण यह लघुकम्प्यूटर में उपयोग के लिये अधिक सुविधाजनक नहीं है।

**PLAGIARISM**

**साहित्यिक चोरी :** एक लेखक के मौलिक कार्य को दूसरे लेखक द्वारा अपने मौलिक कार्य के रूप में प्रकाशित करना।

**PLAN**

**योजना :** किसी भी विषय का वर्णन, मानचित्र, रेखाचित्र, रूपरेखा में प्रस्तुत करना।

**PLANE**

**स्तर :** रंगनाथन ने वर्गीकरण की सम्पूर्ण प्रक्रिया – पद्धति की रचना से लेकर प्रलेख को वर्गांक प्रदान करने तक के कार्य को तीन चरणों में विभाजित किया है। जिसे स्तर की संज्ञा दी गई है। ये है – वैचारिक स्तर, शाब्दिक स्तर तथा अंकन स्तर।

**PLASTICISING**

**प्लास्टिक जिल्दबन्दी :** पुस्तक अथवा पुस्तक के आवरण के ऊपर प्लास्टिक का श्लथ (loose) आवरण चढ़ाना अथवा ताप के माध्यम से प्लास्टिक की परत बन्दी कर देना।

**PLATE**

**चित्र-पृष्ठ :** एक प्रलेख के मूलपाठ से सम्बन्धित चित्र, जिनको मुद्रित करने हेतु सामान्यतया धातु की प्लेट पर उत्कीर्णन के आधार पर बनाया जाता है। पुस्तक के मूलपाठ के पृष्ठों से अलग विशिष्ट प्रकार के कागज पर इसे एक तरफ अलग पृष्ठ की तरह मुद्रित किया जाता है।

**PLOTTERS**

**प्लॉटर्स :** प्लाटर कम्प्यूटर जनित आकृतियों को कागज पर खींचने का पेन नुमा उपकरण है। यह पेन कम्प्यूटर के आदेशानुसार कागज पर टिक कर आकृति खींचता है।

**PMEST FORMULA**

**पाँच मूलभूत श्रेणी सूत्र :** रंगनाथन द्वारा पक्षात्मक वर्गीकरण हेतु 1944 में पाँच मूल भूत श्रेणियाँ – व्यक्तित्व, पदार्थ, क्रिया, स्थान व काल का सूत्र प्रतिपादित किया। इस सूत्र के अनुसार प्रत्येक विषय में केवल पाँच ही मूलभूत श्रेणियाँ प्रकट होती हैं।

**POCKET**

**जेब :** पुस्तकालय के प्रत्येक प्रलेख के आवरण के पीछे प्रलेख के विवरण सहित पत्रक को रखने के लिये एक जेब बनायी जाती है। यह पत्रक प्रलेख के आदान–प्रदान प्रक्रिया में सहायक होता है।

**POCKET - CARD - CHARGING SYSTEM**

**पाकेट - पत्रक निर्गम प्रणाली :** ब्राउन निर्गम प्रणाली में प्रत्येक प्रलेख

का एक पत्रक बनाया जाता है। इस पत्रक पर प्रलेख का नामांक, लेखक का नाम, प्रलेख की आख्या व आवाप्ति संख्या लिखी जाती है। इस पत्रक को प्रलेख के आवरण के पीछे लगायी गयी पाकेट में रखा जाता हैं तथा पुस्तक को पाठक द्वारा उधार लेने की प्रक्रिया में इसे प्रयोग किया जाता है।

**POCKET EDITION**

**लघुसंस्करण** : किसी भी कृति का गुटका संस्करण।

**POLICY OF INTEGRITY**

**अक्षतता की नीति** : यह डीवी डेसीमल क्लासीफिकेशन की संशोधन हेतु आधारभूत नीति है। जिसका प्रयोग डी॰डी॰सी॰ के दूसरे संस्करण (1885) से आरम्भ किया गया। इस नीति के अनुसार एक विषय को जो वर्गांक एक बार आवंटित हो चुका है उसे बदला नहीं जाना चाहिये। अर्थात उस विषय का वह स्थाई वर्गांक होना चाहिये, चाहे पद्धति का कितनी ही बार संशोधन किया जाय।

**POLYGLOT**

**बहुभाषी** : एक पुस्तक जिसके मूलपाठ को कई भाषाओं में समानान्तर कालम में व्यवस्थित किया गया हो उसे बहुभाषी पुस्तक तथा एक व्यक्ति जो कई भाषाओं में लिख, पढ़ व बोल सकता हो बहुभाषी व्यक्ति कहलाता है।

**POLYGLOT TITLE**

**बहुभाषी आख्या** : कई भाषाओं में दी गयी आख्या।

**POLYGRAPHY**

**पोलीग्राफी** : ऐसी पुस्तक जिसमें एक या अधिक लेखकों के कई कार्यों को अथवा उनका संक्षिप्त सार दिया गया होता है।

**POLYONYMOUS AUTHOR**

अनेक नामों वाला लेखक।

**POLYSYLLABLE**

**अनेकाक्षर शब्द** : तीन से अधिक शब्दों से बना अक्षर।

**POPSI**

**पॉप्सी** : Postulate Based Permuted Subject Indexing के लिये प्रयोग किया जाने वाला संक्षिप्त शब्द। प्रलेखन शोध एंव प्रशिक्षण केन्द्र, बंगलौर द्वारा प्रतिपादित यह सर्वतोमुखी अनुक्रमणीकरण विधि है जो रंगनाथन द्वारा प्रतिपादित श्रृंखला अनुक्रमणीकरण का ही संशोधित रूप है। इस विधि की प्रक्रिया को दो भागों में बाँटा जो सकता है – (1) प्रलेख के विषय को अभिधारणाओं तथा सिद्धान्तों के आधार पर निरूपित करना तथा (2) निरूपित

विषय में निहित पदों का क्रम परिवर्तन कर प्रविष्टियों को बनाना। इस पद्धति में श्रृंखला बनाने के लिये वर्गांक को आधार नहीं बनाया जाता है। एक मिश्रित विषय में अन्तनिर्हित अवधारणाओं को पाँच मूलभूत श्रेणियों, आवर्तन तथा स्तर की अभिधारणाओं के आधार पर व्यवस्थित किया जाता है। इस प्रक्रिया को नौ चरणों में पूरा किया जाता है। (i) शाब्दिक प्रस्तुतीकरण अर्थात विषय को सिद्धान्तों व अभिधारणाओं को पाँच मूलभूत श्रेणियों, आर्वतन तथा स्तर की अभिधारणाओं के आधार पर विश्लेषित कर शाब्दिक रूप में प्रस्तुत करना, (ii) इस आधार पर प्राप्त विषय के विभिन्न तत्वों का स्पष्ट निर्धारण व प्रस्तुतीकरण, (iii) अनावश्यक पदों की छटनी करना, वाँछित पदों का निर्धारण करना, (iv) आवश्यक वैकल्पिक शब्दों का निर्धारण, (v) विषय निर्देशि प्रविष्टियों का व्युत्पादन, (vi) विषय निर्देशि प्रविष्टि का प्रदर्शन, (vii) वर्णानुक्रम विषय अनुक्रमणिका में अर्न्तविषयी निर्देशों के क्रम का निर्धारण, (viii) प्रविष्टियों का वर्णानुक्रमिक विन्यास तथा, (ix) पाठक को अनुक्रमणिका के प्रयोग सम्बन्धी निर्देश।

**POPULAR EDITION**

**लोकप्रिय संस्करण** : पुस्तक का ऐसा संस्करण जो साधारण कागज पर मुद्रित होता है तथा उसकी जिल्द भी सामान्य जिल्द से कम मजबूत तथा टिकाऊ होती है।

**POPULAR NAME**

**लोकप्रिय नाम** : किसी विभाग, संस्था, समष्टि निकाय अथवा व्यक्ति का संक्षिप्त अथवा सरलीकृत व प्रचलित नाम, जिससे वह सामान्य रूप से जाना जाता है।

**POPULATION CLUSTER**

**जनसंख्या समूह** : पृथ्वी की सतह के ऊपर बनने वाले ऐसे भौगोलिक एकल जिनके बनने का कारण उसकी जनसंख्या होती है। ऐसे एकलों की प्रमुख विशेषता यह है कि प्रत्येक का अपना एक विशिष्ट नाम भी होता है। एक नगर शहर, गाँव किसी विशिष्ट नाम से ही जाने व पहचाने जाते हैं। कोलन क्लासीफिकेशन में इन एकलों को वर्गीकृत करने हेतु भौगोलिक विभाजनों में विशिष्ट विषय क्षेत्र (zone) आँवटित किया गया है तथा वर्णानुक्रमिक विधि से इसके नाम का प्रयोग स्थान एकल के रूप में किया गया है। यूनीवर्सल डेसीमल क्लासीफिकेशन में भी वर्णानुक्रमिक विधि से प्रत्येक ऐसे भौगोलिक एकल को उसका नाम आवंटित किया जा सकता है।

**PORNOGRAPHIC LITERATURE**

**अश्लील साहित्य** : इस शब्द की उत्पत्ति ग्रीक शब्द से हुई है जिसका अर्थ है वैश्याओं के बारे में रचनाएँ।

**PORT**

**पोर्ट** : कम्प्यूटर के पीछे की ओर बने छिद्र जिनमें ऐसे तरह तरह के सॉकेट लगे होते हैं तथा जिनके द्वारा बाहर से जोड़े जाने वाले निवेश–निर्गत उपकरणों के केबल को जोड़ा जा सकता है।

**PORTABLE COMPUTER**

**पोर्टेबल कम्प्यूटर** : बैटरी से चलने वाले छोटे आकार के कम्प्यूटर जिनको कहीं भी ले जाया जा सकता है। ये चार्ज किये जा सकते हैं। इनकी कार्यक्षमता व कार्यदक्षता दोनों ही बहुत अधिक होती है, इनके द्वारा बनाये गये डेटा व प्रोग्राम घरों, दफ्तरों में लगे कम्प्यूटरों पर सुगमता से स्थानान्तिरित किया जा सकता है।

**PORTRAIT**

**चित्र** : किसी व्यक्ति का चित्र, समान्यतया उसके चेहरे की आकृति अथवा उसका शाब्दिक चित्रण अथवा वर्णन।

**POSDCORB**

**ल्यूथर गुलिक** (L Gulik) द्वारा प्रतिपादित पुस्तकालय संचालन कार्यपद्धति का यह एक सिद्धान्त है जिसे संकेताक्षर POSDCORB द्वारा व्यक्त किया गया है। इस सिद्धान्त के मूल तत्व हैं – नियोजन (Planning), संगठन (Organisation), कर्मचारी व्यवस्था (Staffing), निर्देशन (Directing), समन्वयन (Coordinating), प्रतिवेदन प्रस्तुती (Reporting) तथा आय–व्यय प्राक्कलन (Budgeting)। इस सिद्धान्त के द्वारा गुलिक ने पुस्तकालय के मुख्य संचालक के कर्तव्यों को निर्दिष्ट किया है।

**POSITIVE CANONS**

**सकारात्मक उपसूत्र** : रंगनाथन ने सारकरण हेतु नकारात्मक (Negative) तथा सकारात्मक उपसूत्र प्रतिपादित किये हैं। सकारात्मक उपसूत्र के अन्तर्गत पाँच उपसूत्रों का वर्णन है। जिनके अनुसार – (1) यदि मूल लेख में वर्णित विषय क्षेत्र अन्तिम वर्ग (Ulimate Class) से सीमित है तो सार में विषय की यर्थात परिसीमा का उल्लेख किया जाना चाहिये, (2) लेख में उल्लिखित उस विषय में की गई प्राथमिक प्रगतियों का सार में उल्लेख किया जाना चाहिये, (3) किसी अन्य अप्राथमिक प्रगति का विवरण हो तो उसका भी उल्लेख किया जाना चाहिये, (4) लेख में यदि नवीन उपकरणों अथवा तकनीक अथवा अन्य सहायक उपकरण का उल्लेख है तो उन विशिष्ट विशेषताओं का सार में उल्लेख किया जाना चाहिये, (5) लेख में सम्मिलित तथ्य पूर्ण आकडों को भी सार में दिया जाना चाहिये, यदि वे संख्या में अधिक है तो मात्र उनके स्वरूप को ही इंगित करना चाहिये।

**POSITIVE COPY**

**पोजिटिव प्रति :** छांयाकिंत अनुकृतिकरण प्रक्रिया में मुद्रित प्रति अथवा फिल्म जो मूल प्रति के समान है। इन प्रतियों को मूलप्रति का प्रथम निगेटिव बना कर भी प्राप्त किया जा सकता है।

**POST**

**पोस्ट :** Power on Self Test के लिये प्रयुक्त संक्षिप्त शब्द। जब भी कम्प्यूटर का पावर स्विच **आन** करते हैं तो कम्प्यूटर थोड़ा समय लगा कर अपने तैयार होने का संकेत – DOS Prompt प्रदर्शित करता है। इस अन्तराल में अनेक प्रकार के संदेश पटल पर दिखाई देते रहते हैं। क्योंकि जब भी कम्प्यूटर का बटन आन किया जाता है तो कम्प्यूटर पहले अपने सभी कलपूर्जों की जाँच करता है। इस जाँच के पूर्ण होने के बाद ही प्राम्प्ट का चिन्ह पटल पर दिखता है। इसी जाँच प्रक्रिया को पोस्ट कहते हैं।

**POST - COORDINATING INDEXING SYSTEM**

**अन्तर - समन्वयन अनुक्रमणीकरण पद्धति :** 1950 के दशक में प्रतिपादित इस पद्धति में एक विषय के पदों अथवा शब्दों को बिना समन्वयन के पृथक–पृथक रखा जाता है। शीर्षक के प्रत्येक पद अथवा शब्द के लिये पृथक प्रविष्टि बनायी जाती है। उपयोगकर्ता को अपने अभीष्ट प्रलेख प्राप्त करने हेतु खोज के समय इन सभी पदों/शब्दों में समन्वयन स्थापित करना पड़ता है। इस प्रकार की पद्धति के अन्तर्गत बैटन (Batten System), पीक–अ–बू (Peek-a-boo) तथा यूनीटर्म (Uniterm) पद्धतियों को सम्मिलित किया जाता है।

**POSTER**

**विज्ञापन-पत्र :** इश्तहार अथवा विज्ञापन हेतु बनाये गये बड़े आकार के पत्र जिनको किसी वस्तु अथवा विषय की तात्कालीन सूचना हेतु बनाया जाता है।

**POSTERIORISING COMMON ISOLATE**

**परवर्ती सामान्य एकल :** कोलन क्लासीफिकेशन में दो प्रकार के सामान्य एकल प्रयोग किये गये हैं – पूर्ववर्ती सामान्य एकल अर्थात विषय से पूर्व व्यवस्थित किये जाने वाले सामान्य एकल तथा परवर्ती सामान्य एकल जिनकी अभिव्यक्ति पाँच मूलभूत श्रेणियों के रूप में की गयी है तथा इन्हीं के अनुरूप इनको संकेतक भी प्रदान किये जाते हैं। इस प्रकार के सामान्य एकलों पर लिखे गये प्रलेखों को उस विषय पर सामान्य रूप से लिखे गये प्रलेखों के बाद में व्यवस्थित किया जाता है। जैसे पुस्तकालय विज्ञान 2 पुस्तकालय विज्ञान व्यावसाय 2, b इसीलिये इनको परवर्ती सामान्य एकल कहते हैं।

**POSTHUMOUS WORK**

**मरणोपरान्त कृति :** लेखक की वह कृति जो उसके मरने के पश्चात् प्रकाशित हुई हो।

**POSTULATE**

**अभिधारणा :** स्वंय सिद्ध प्रमाण, किसी तथ्य की कल्पना करना अथवा मान लेना कि यह सत्य है अथवा असत्य है। रंगनाथन ने इसी आधार पर वर्गीकरण के लिये अभिधारणाएँ प्रतिपादित की है तथा विषय जगत व उसके विवरण व विभाजन के लिये अभिधारणाओं को इस तरह तथ्यों के साथ प्रयुक्त किया है कि वे प्रमाणित सिद्धान्त दृष्टिगत होते हैं।

**POSTULATE BASED PERMUTED SUBJECT INDEXING**

देखिये POPSI

**POSTULATE OF BASIC FACET**

**मूलपक्ष की अभिधारणा :** इस अभिधारणा के अनुसार प्रत्येक संयोजित विषय में एक मूल पक्ष होता है।

**POSTULATE OF CONCRETENESS**

**मूर्तता की अभिधारणा :** इस अभिधारणा के अनुसार वर्गीकरण में एक विषय में अभिव्यक्त पाँच मूलभूत श्रेणियों को जब उनकी मूर्तता ह्रास के आधार पर व्यवस्थित किया जाता है तो उनका क्रम PMEST होगा।

**POSTULATE OF FACET SEQUENCE WITHIN A ROUND**

**आवर्तन के अन्तर्गत पक्ष अनुक्रम की अभिधारणा :** इस अभिधारणा के अनुसार एक संयोजित विषय में पक्षों के किसी भी आवर्तन में प्रत्येक मूलभूत श्रेणी व्यक्तित्व, पदार्थ, क्रिया, यदि एक ही बार प्रयुक्त होती है तो उनका अनुक्रम व्यक्तित्व पक्ष, पदार्थ पक्ष, क्रिया पक्ष होना चाहिये।

**POSTULATE OF FACET SEQUENCE WITHIN LAST ROUND**

**अन्तिम आवर्तन के अन्तर्गत पक्ष अनुक्रम की अभिधारणा :** इस अभिधारणा के अनुसार एक संयोजित विषय में पक्षों के अन्तिम आवर्तन में जिसमें क्रिया श्रेणी के अतिरिक्त अन्य सभी मूलभूत श्रेणियाँ केवल एक ही बार प्रयुक्त होती है तो उनका अनुक्रम व्यक्तित्व पक्ष, पदार्थ पक्ष, स्थान पक्ष तथा काल पक्ष होना चाहिये।

**POSTULATE OF FIRST FACET**

**प्रथम पक्ष की अभिधारणा :** इस अभिधारण के अनुसार एक संयोजित विषय में मूल पक्ष को प्रथम पक्ष होना चाहिये।

**POSTULATE OF FUNDAMENTAL CATEGORIES**

मूलभूत श्रेणियों की अभिधारणा : इस अभिधारणा के अनुसार एक संयोजित विषय में पाँच तथा केवल पाँच ही मूलभूत श्रेणियाँ – काल, स्थान, क्रिया, पदार्थ व व्यक्तित्व होती हैं।

**POSTULATE OF ISOLATE FACET**

**एकल पक्ष की अभिधारणा :** इस अभिधारणा के अनुसार एक संयोजित विषय के प्रत्येक एकल पक्ष को पाँच मूलभूत श्रेणियों में से एक तथा केवल एक की ही अभिव्यक्ति माना जा सकता है।

**POSTULATE OF LEVEL**

**स्तर की अभिधारणा :** इस अभिधारणा के अनुसार एक संयोजित विषय में मूलभूत श्रेणियाँ व्यक्तित्व तथा पदार्थ एक ही आवर्तन में एक से अधिक बार प्रकट हो सकती है।

**POSTULATE OF LEVEL CLUSTER**

**स्तर समूह की अभिधारणा :** इस अभिधारणा के अनुसार एक संयोजित विषय में एक ही मूलभूत श्रेणी के विभिन्न स्तरों के पक्षों को पक्षों के एक ही आवर्तन के अर्न्तगत रखा जाना चाहिये।

**POSTULATE OF ROUNDS FOR ENERGY**

**क्रिया के लिये आवर्तन की अभिधारणा :** इस अभिधारणा के अनुसार एक संयोजित विषय में मूलभूत क्रिया एक से अधिक बार प्रकट हो सकती है।

**POSTULATE OF ROUNDS FOR MATTER**

**पदार्थ के लिये आवर्तन की अभिधारणा :** इस अभिधारणा के अनुसार एक संयोजित विषय में मूलभूत श्रेणी पदार्थ की अभिव्यक्ति विभिन्न आवर्तनों में हो सकती है।

**POSTULATE OF ROUNDS FOR PERSONALITY**

**व्यक्तित्व के लिये आवर्तन की अभिधारणा :** इस अभिधारणा के अनुसार एक संयोजित विषय में मूलभूत श्रेणी व्यक्तित्व की अभिव्यक्ति विभिन्न आवर्तनों में हो सकती है।

**POSTULATE OF ROUNDS FOR SPACE AND TIME**

**स्थान व काल के लिये आवर्तन की अभिधारणा :** इस अभिधारणा के अनुसार स्थान तथा काल श्रेणी केवल अन्तिम आवर्तन में प्रयोग होने के कारण इनमें स्तर की ही अभिव्यक्ति होती है आवर्तन की नहीं। तथापि **वर्तमान अवधारणा** के अनुसार स्थान व काल श्रेणी में स्तर की अवधारणा प्रयोग नहीं की

जाती है। एक संयोजित विषय में इनके विभिन्न स्तरों को घटक माना जाता है तथा इन घटकों (Component) को संयोजित एकल तथा संयोजित विषय का घटक माना जाता है।

**POSTULATIONAL APPROACH**

**अभिधारणा क्रियाविधि** : रंगनाथन द्वारा व्यावहारिक वर्गीकरण हेतु यह एक उपयोगी तकनीक है जिसके अनुसार कुछ सिद्धान्तों को स्वंय सिद्ध प्रमाण मान कर, उनके आधार पर प्रलेख के विषय की विभिन्न श्रेणियों, स्तरों, आवर्तनों की पहचान कर विषय के प्राकृतिक स्वरूप को कृत्रिम नाम देने की प्रक्रिया पूरी की जाती है।

**POWER ON SELF TEST**

देखिये POST

**PRECIS**

**प्रेसीस** : Preserved Context Indexing System के लिये प्रयोग किया जाने वाला संक्षिप्त शब्द। 1968 में ब्रिटिश नेशनल बिब्लियोग्राफी (BNB) का उत्पादन सीधे मार्क टेप से करने का निर्णय लिया गया। अब तक बी॰एन॰बी॰ की विषय अनुक्रमणिका बनाने के लिये रंगनाथन द्वारा प्रतिपादित श्रृंखला अनुक्रमणिका का प्रयोग किया जाता था जिसे अब इस हेतु अनुपयुक्त पाया गया। इसीलिये प्रेसीस पद्धति की संरचना की गयी। 1971 से इस पद्धति का बी॰एन॰बी॰ की विषय अनुक्रमणिका बनाने के लिये प्रयोग किया जाने लगा। इस पद्धति में दो प्रकार के नियंत्रक कार्य करते हैं – (1) See तथा See also के माध्यम से शब्दावली बिखराव को नियंत्रित करके विभिन्न शब्दों/पदों के माध्यम से लिखे गये एक विषय के पदों/शीर्षकों तक पहुँचा जा सकता है, (2) शब्दों की लड़ी को निरन्तर समनुरूप बनाये रखने के लिये नियमावली का प्रयोग किया जाता है। इसके अतिरिक्त इसमें दो प्रकार के कार्यसूचक (operators) प्रयोग किये जाते हैं। जैसे 1, 2, 3 तथा p, q, h आदि। इनको इनके सामान्य क्रमसूचक गुण के आधार पर व्यवस्थित किया जाता है। इस विधि के द्वारा अनुक्रमणिका बनाने की प्रक्रिया में जिन कार्यों को करना पड़ता है वे हैं – प्रलेख का विषय निर्धारित करना, उसमें अन्तर्निहित अवधारणों की वाक्य रचना की व्याख्या करना तथा उनमें ऐसे शब्द खोजना है जो क्रिया के प्रभाव को दर्शाते हैं। तत्पश्चात् इनको प्रासंगिक कार्य सूचक अंक आंवटित किये जाते हैं। शब्दों के क्रमावर्तन अथवा शंटिग का कार्य – अग्र भाग (Lead) – विशेषक (Qualifier) – प्रदर्शन (Display) के आधार पर किया जाता है। इस प्रकार सभी शब्द

अग्रभाग, विशेषक के रूप में प्रयोग किये जाते हैं। इस पद्धति की परिकल्पना डेरिक आस्टिन (Derek Austin) ने की है।

**PRE - COORDINATE INDEXING SYSTEM**

**पूर्व - समन्वयन अुक्रमणीकरण पद्धति :** इस पद्धति में प्रलेख का अनुक्रमणीकरण करते समय विभिन्न पदों/शब्दों के मध्य समन्वयन स्थापित किया जाता है। यह समन्वयन प्रविष्टियों में भी दिखाया जाता है। इस प्रकार एक प्रलेख की कई प्रविष्टियाँ तैयार की जाती है जो उपयोगकर्ता को प्रलेख तक पहुँचाने में सहायक होती है। पाप्सी व प्रेसीज इसी प्रकार की पद्धतियाँ है।

**PREDICABLES FIVE**

देखिये Five Predicable

**PREFACE**

**प्राक्कथन :** लेखक द्वारा अपनी पुस्तक में लिखी गयी भूमिका, जिसमें रचना का उद्देश्य, विस्तार, उपयोगकर्ता की श्रेणी जिनके लिये पुस्तक लिखी गयी है, आदि का विवरण होता है।

**PREFACE DATE**

**प्राक्कथन तिथि :** एक पुस्तक में लेखक द्वारा लिखी गयी भूमिका के आरम्भ अथवा अन्त में दी गयी तिथि।

**PREFERRED ORDER**

**अधिमान्य क्रम :** एक वर्गीकरण पद्धति में विषय के विभिन्न पक्षों को व्यवस्थित करने हेतु निश्चित किया गया क्रम तथा जिसका प्रयोग पद्धति में नियमानुसार निरन्तर किया जाता है। जैसे कोलन क्लासीफिकेशन में पाँच मूलभूत श्रेणियों के लिये अपनाया गया पक्षपरिनियम PMEST

**PREFIRST OCTAVES**

**प्रथम से पूर्व अष्टक :** कोलन क्लासिफिकेशन की अंकन प्रणाली में प्रयुक्त अंकों को उनका क्षेत्र (zone) व क्रम आवंटित किया गया है। अष्टक विधि में अंक a-z को प्रथम से पूर्व अष्टक की मान्यता प्रदान की गयी है।

**PRELIMINARIES**

**आरम्भिक पृष्ठ :** एक पुस्तक का वह भाग अथवा पृष्ठ जो मूलपाठ के प्रथम पृष्ठ से पहले रखे जाते हैं।

**PRELIMINARY EDITION**

**परिचयात्मक संस्करण :** एक पुस्तक के सामान्य संस्करण के प्रकाशन से पूर्व प्रकाशित संस्करण, जिसका उद्देश्य पुस्तक के मूल पाठ के बारे में

जानकारी देकर समीक्षा प्राप्त करना होता है। इसे अन्तरिम संस्करण भी कहा जाता है।

**PRELIMINARY PAGES**

**प्रारम्भिक पृष्ठ** : देखिये Preliminaries

**PRE-NATAL CATALOGUING**

**प्रकाशन पूर्व सूचीकरण** : प्रलेखों का सूचीकरण उसके प्रकाशन के पूर्व ही कर देना अर्थात उनकी प्रविष्टियाँ उनकी प्रुफ कापी से ही बना ली जाती है। यह कार्य एक केन्द्रीय एंजेसी के द्वारा किया जाता है। इन प्रविष्टियों को प्रलेख में ही मुद्रित कर दिया जाता है अथवा उसके साथ प्रदान की जाती है। इस प्रक्रिया का प्रतिपादन 1971 में लाइब्रेरी आफ कांग्रेस ने किया। 1977 में ग्रेट ब्रिटेन ने इसका व्यावहारिक प्रयोग आरम्भ किया।

**PRE-NATAL CLASSIFICATION**

**प्रकाशन पूर्व वर्गीकरण** : प्रलेख का वर्गीकरण उसके प्रकाशन से पूर्व ही कर दिया जाता है तथा वर्गांक को आख्या पृष्ठ के पश्च भाग में मुद्रित कर दिया जाता है।

**PRE-PUBLICATION PRICE**

**प्रकाशन पूर्व मूल्य** : पुस्तक के प्रकाशन से पूर्व एक निश्चित तिथि तक यदि पुस्तक का क्रय – आदेश दिया जाता है तो उसका मूल्य सामान्य मूल्य से कम हो सकता है।

**PRESCRIBED BOOKS**

**निर्धारित पाठ्य पुस्तके** : शिक्षण संस्थाओं द्वारा अपने विभिन्न पाठ्यक्रमो के लिये निर्धारित की गयी पुस्तकें।

**PRESCRIBED CURRICULUM**

**निर्धारित पाठ्यक्रम** : शिक्षण संस्थाओं द्वारा अपने विभिन्न श्रेणी की उपाधियों हेतु विषयों का स्वीकृत पाठ्यक्रम।

**PRESENTATION COPY**

**उपहार-प्रति** : लेखक अथवा प्रकाशक द्वारा उपहार स्वरूप दी जाने वाली पुस्तक की प्रति। यह लेखक के हस्ताक्षर सहित भी हो सकती है।

**PRESERVED CONTEXT INDEXING SYSTEM**

देखिये PRECIS

**PRESS CLIPPING**

**पत्र-पत्रिका कतरन** : समाचार पत्रों तथा सामयिक प्रकाशनों से आवश्यक

विषयों की सूचना को काट कर संकलित की गयी कतरनें।

**PRESS CUTTING**

देखिये Press Clipping.

**PRESS MARK**

**पुस्तक चिन्ह :** प्राचीन पुस्तकालयों द्वारा पुस्तकों को उनका स्थान सुनिश्चित करने के लिये दिया गया चिन्ह। सामान्यतया यह उस अलमारी अथवा शैल्फ को इंगित करता है जिसमें पुस्तक को वापस रखना है। ये चिन्ह नामांक (Call Numbers) की भाँति स्पष्ट व सुनिश्चित नहीं होते हैं तथा प्रत्येक पुस्तक को उसका स्वंय का नाम प्रदान नहीं कर सकते हैं।

**PRESS PROOF**

**प्रकाशक प्रुफ :** लेखक, सम्पादक अथवा प्रकाशक द्वारा स्वीकृत अन्तिम प्रुफ।

**PRESS RELEASE**

**प्रकाशनार्थ विज्ञप्ति :** समाचार पत्रों अथवा सामयिक पत्रिकाओं में सूचना हेतु प्रकाशित अधिकारिक वक्तव्य।

**PRESUMED AUTHOR**

**प्रकल्पित लेखक :** एक ऐसी कृति जो अनाम प्रकाशित की गयी है अथवा जिसका लेखक संदेहास्पद हो, ऐसी कृति को एक प्रमाणिक अधिकारी द्वारा प्रदान किया एक कल्पित नाम।

**PRIMARY BASIC SUBJECT**

**प्राथमिक मुख्य विषय :** वर्गीकरण पद्धति में सम्पूर्ण विषय जगत को तीन भागों – प्रकृति विज्ञान, मानविकी तथा समाज विज्ञान, में विभक्त करने के पश्चात् विखण्डन विधि (Fission) का प्रयोग करके प्रथम चरण के मुख्य विभाजनों को प्राप्त किया जाता है। कोलन क्लासीफिकेशन में इन विभाजनों को पूर्व में मुख्य वर्ग कहा जाता था 1973 से इनको प्राथमिक मुख्य विषय के नाम से जाना जाता है।

**PRIMARY BIBLIOGRAPHY**

**मौलिक ग्रन्थसूची :** सूची जो प्रलेखों के विषयवस्तु के सम्पूर्ण अथवा किसी अंश का मौलिक अभिलेख होती है। मौलिक ग्रन्थसूची एक विस्तृत व सामान्य सूची भी हो सकती है जिसमें विषय–वस्तु से असम्बद्ध पुस्तकों को तालिकाबद्ध किया गया हो। रंगनाथन के अनुसार मौलिक ग्रन्थसूची उसे कहते हैं जिसका – उत्पादन, संकलन एंव प्रकाशन करने वाली ऐजन्सी कोई प्रकाशक

होता है तथा जिसका प्रस्तुतीकरण उसमें अभिलेखबद्ध पुस्तकों का भौतिक परिक्षण करने के पश्चात् किया गया हो।

**PRIMARY BINDING**

**मूल जिल्दबन्दी :** पुस्तक के प्रथम प्रकाशन में प्रयोग की गयी जिल्दबन्दी का तरीका।

**PRIMARY CHAIN**

**मूल श्रृंखला :** मूल ज्ञान जगत के विभाजन से प्राप्त विषयों की प्रथम श्रृंखला।

**PRIMARY MEMORY**

**प्राथमिक स्मृति :** कम्प्यूटर की वह आन्तरिक स्मृति जिसमें निवेशित डेटा को कम्प्यूटर अपनी स्मृति कोष में भंडारित कर देता है तथा आवश्यकतानुसार इच्छित डेटा को उस कोष से निकाल कर विश्लेषण करता है। इसके दो प्रकार है – रैम (RAM) अस्थाई स्मृति तथा रोम (ROM) स्थाई स्मृति।

**PRIMARY PUBLICATION**

**मौलिक प्रकाशन :** ऐसे प्रकाशन जिसमें मौलिक विषय सामग्री प्रकाशित की गयी है।

**PRIMARY SOURCES**

**प्राथमिक स्त्रोत :** ऐसे प्रलेख जिनमें मौलिक शोध के निष्कर्ष अथवा नये प्रयोगों के विवरण तथा उनके उपयोग की सूचना प्रकाशित की जाती है। इनमें प्रकाशित सूचनाएँ मौलिक होती है तथा ये सूचना के सबसे महत्वपूर्ण स्रोत माने जाते हैं। कई क्षेत्रों में ये ही सूचना के एकमात्र स्रोत होते हैं।

**PRIMARY STORAGE**

**प्राथमिक भंडारण :** कम्प्यूटर का मुख्य भंडारण।

**PRIMER**

**प्रवेशिका :** एक विषय के बारे में प्रारम्भिक ज्ञान प्रदान करने वाले प्रलेख।

**PRINCIPLE OF ALPHABETICAL SEQUENCE**

**वर्णानुक्रमिक अनुक्रम का सिद्धान्त :** इस सिद्धान्त के अनुसार एक वर्गीकरण पद्धति में विषयों एंव एकल विचारों को व्यवस्थित करने हेतु जब कोई भी अन्य सहायक अनुक्रम उपलब्ध न हो, तब विषयों एंव एकल विचारों को वर्णानुक्रमिक अनुक्रम में उनके नाम, जो अन्तर्राष्ट्रीय स्तर पर प्रचलित हो, के आधार पर व्यवस्थित किया जा सकता है।

**PRINCIPLE OF ANTE-CLOCK DIRECTION**

**वामावर्त का सिद्धान्त** : रंगनाथन द्वारा प्रतिपादित इस सिद्धान्त के अनुसार एक वर्गीकरण पद्धति में विषयों एंव एकल विचारों को सहायक अनुक्रम में व्यवस्थित करने हेतु, यदि संभव तथा उपयोगी है तो इनको वृत्ताकार रेखा में वामावर्त दिशा में घटित होना दिखाया जा सकता है।

**PRINCIPLE OF AWAY FROM POSITION**

**दूरी वृद्धि का सिद्धान्त** : रंगनाथन द्वारा प्रतिपादित इस सिद्धान्त के अनुसार एक वर्गीकरण पद्धति में विषयों एंव एकल विचारों को सहायक अनुक्रम में व्यवस्थित करने हेतु, यदि संभव तथा सहायक हो तो इनको एक निश्चित बिन्दु से दूरी वृद्धि के आधार पर घटित होना दिखा कर उस भिन्न दिशा की रेखा के समानान्तर व्यवस्थित किया जा सकता है।

**PRINCIPLE OF BACK TO FRONT**

**पीछे से आगे की ओर का सिद्धान्त** : रंगनाथन द्वारा प्रतिपादित इस सिद्धान्त के अनुसार एक वर्गीकरण पद्धति में विषयों एंव एकल विचारों को सहायक अनुक्रम में व्यवस्थित करने हेतु यदि संभव तथा उपयोगी है तो उनको क्षैतिज रेखा पर पीछे से आगे की ओर व्यवस्थित किया जा सकता है।

**PRINCIPLE OF BOTTOM UPWORDS**

**नीचे से ऊपर की ओर का सिद्धान्त** : रंगनाथन द्वारा प्रतिपादित इस सिद्धान्त के अनुसार एक वर्गीकरण पद्धति में विषयों एंव एकल विचारों को व्यवस्थित करने के लिये यदि संभव तथा सहायक हो तो इनको एक खड़ी रेखा में तल से ऊपर की ओर व्यवस्थित किया जा सकता है।

**PRINCIPLE OF CANONICAL SEQUENCE**

**प्रमाणिक अनुक्रम का सिद्धान्त** : रंगनाथन द्वारा प्रतिपादित इस सिद्धान्त के अनुसार एक वर्गीकरण पद्धति में विषयों एंव एकल विचारों को सहायक अनुक्रम में व्यवस्थित करने हेतु यदि विषयों की एक पंक्ति में विषयों अथवा एकलों की एक पंक्ति में एकल एक परम्परागत रूप से विशिष्ट अनुक्रम में उल्लिखित है तो उनको इसी अनुक्रम में व्यवस्थित किया जा सकता है। हालाँकि इस अनुक्रम में कोई सैद्धान्तिक आधार स्पष्ट नहीं है, फिर भी इस पारम्परिक अनुक्रम के अनुरूप ही विषयों को व्यवस्थित करना अधिक सुविधाजनक होता है।

**PRINCIPLE OF CENTRE TO PERIPHERY**

**केन्द्र से परिधि की ओर का सिद्धान्त** : रंगनाथन द्वारा प्रतिपादित इस सिद्धान्त के अनुसार एक वर्गीकरण पद्धति में विषयों एंव एकल विचारों को

सहायक अनुक्रम में व्यवस्थित करने हेतु यदि विषयों की एक पंक्ति में विषयों अथवा एकलों की एक पंक्ति में एकलों को त्रिज्य रेखा पर घटित होना दिखाया जा सकता है, यदि सहायक है तो उनको केन्द्र से परिधि की ओर व्यवस्थित किया जा सकता है।

**PRINCIPLE OF CLOCKWISE DIRECTION**

**दक्षिणावर्त का सिद्धान्त :** रंगनाथन द्वारा प्रतिपादित इस सिद्धान्त के अनुसार एक वर्गीकरण पद्धति में विषयों एंव एकल विचारों को व्यवस्थित करने हेतु यदि विषयों की एक पंक्ति में विषयों अथवा एकलों की एक पंक्ति में एकलों को वृत्ताकार रेखा में सुविधा पूर्वक घटित होना दिखाया जा सकता है, यदि सहायक है तो उनको दक्षिणावर्त में व्यवस्थित किया जा सकता है।

**PRINCIPLE OF COLLOCATION**

**विषय संस्थिति का सिद्धान्त :** ई० डब्ल्यू ह्यूम (E. Wyndham Hume) द्वारा प्रतिपादित इस सिद्धान्त के अनुसार प्रलेखों की उपयोगिता के दृष्टिकोण से समान विषयों के प्रलेखों को साथ–साथ व्यवस्थित किया जाना चाहिये।

**PRINCIPLE OF COMPLEXITY SEQUENCE**

**जटिलता अनुक्रम का सिद्धान्त :** रंगनाथन द्वारा प्रतिपादित इस सिद्धान्त के अनुसार एक वर्गीकरण पद्धति में विषयों एंव एकल विचारों को व्यवस्थित करने हेतु यदि विषयों की एक पंक्ति में विषयों अथवा एकलों की एक पंक्ति में एकलों में विभिन्न अंशों में जटिलता प्रदर्शित होती है, यदि सहायक है तो उनको उनकी **जटिलता वृद्धि** अथवा **जटिलता ह्रास** के समानान्तर अनुक्रम में व्यवस्थित किया जाना चाहिये, केवल उस स्थिति को छोड़कर जब कोई अन्य महत्वपूर्ण तथ्य इसकी अनुपालना की अनुमति न देता हो।

**PRINCIPLE OF COMPOSITE CLASSIFICATION**

**मिश्रित वर्गीकरण का सिद्धान्त :** हेनरी एवलिन ब्लिस (H.E. Bliss) के द्वारा प्रतिपादित इस सिद्धान्त के अनुसार एक वर्गीकरण पद्धति में एक वर्ग को उपवर्गों में तर्क संगत रूप से विभाजित करने के लिये एक सिद्धान्त अथवा विशेषता का ही प्रयोग किया जाना चाहिये किन्तु उपविभाजनों के लिये अन्य विशेषताओं अथवा सिद्धान्तों का प्रयोग किया जा सकता है तथा कई समकक्ष वर्गों अथवा श्रृंखला को कई सिद्धान्तों व विशेषताओं के आधार पर विभाजित करके मिश्रित वर्गीकरण की संश्लिष्ट प्रणाली में संयोजित किया जा सकता है।

**PRINCIPLE OF CONCRETENESS**

**मूर्तता का सिद्धान्त :** गोपीनाथ एंव नीलमेघन द्वारा सहायक अनुक्रम के लिये प्रतिपादित इस सिद्धान्त के अनुसार यदि विषयों की एक पंक्ति में विषयों अथवा एकलों की एक पंक्ति में एकलों में विभिन्न स्तर की मूर्तता प्रकट होती

है, यदि सहायक है तो उनको **मूर्तता वृद्धि** अथवा **मूर्तता ह्रास** सिद्धान्त के आधार पर व्यवस्थित किया जा सकता है।

**PRINCIPLE OF COORDINATION**

**समन्वयन का सिद्धान्त** : ई॰ डब्लयू ह्यूम द्वारा प्रतिपादित सिद्धान्त जिसके अनुसार एक समकक्ष वर्ग के बीच की दूरी कम करने के दृष्टिकोण से वर्गों को उनके समान विषय वस्तु के क्रम में ही व्यवस्थित किया जाना चाहिये।

**PRINCIPLE OF DECREASING COMPLEXITY**

**जटिलता ह्रास का सिद्धान्त** : रंगनाथन द्वारा प्रतिपादित इस सिद्धान्त के अनुसार एक वर्गीकरण पद्धति में विषयों एंव एकल विचारों को सहायक अनुक्रम में व्यवस्थित करने हेतु यदि विषयों की एक पंक्ति में विषयों अथवा एकलों की एक पंक्ति में एकलों में विभिन्न अंशों में जटिलता प्रदर्शित होती है तो उनको उनकी जटिलता ह्रास के समानान्तर अनुक्रम में व्यवस्थित किया जा सकता है।

**PRINCIPLE OF DECREASING QUANTITY**

**परिमाण ह्रास का सिद्धान्त** : रंगनाथन द्वारा प्रतिपादित इस सिद्धान्त के अनुसार एक वर्गीकरण पद्धति में विषयों एंव एकल विचारों को सहायक अनुक्रम में व्यवस्थित करने हेतु यदि विषयों की एक पंक्ति में विषयों अथवा एकलों की एक पंक्ति में एकलों की परिमाणात्मक भिन्नता को सुनिश्चित किया जा सकता है, यदि सहायक है तो उनको उनकी मात्रा ह्रास के आधार पर व्यवस्थित किया जा सकता है।

**PRINCIPLE OF DEVELOPMENTAL SEQUENCE**

**विकासात्मक अनुक्रम का सिद्धान्त** : गोपीनाथ व नीलमेघन द्वारा प्रतिपादित इस सिद्धान्त के अनुसार एक वर्गीकरण पद्धति में विषयों एंव एकल विचारों को व्यवस्थित करने हेतु यदि विषयों एंव एकलों में विकास के विभिन्न स्तर प्रकट होते हैं, यदि सहायक है तो उनको उनके विकासात्मक अनुक्रम में **अथवा** उनके विकास के प्रतिलोम विकासात्मक अनुक्रम में व्यवस्थित किया जा सकता है।

**PRINCIPLE OF EARLIER IN EVOLUTION**

**पूर्ववर्ती विकास का अनुक्रम** : रंगनाथन द्वारा प्रतिपादित इस सिद्धान्त के अनुसार एक वर्गीकरण पद्धति में विषयों एंव एकल विचारों को सहायक अनुक्रम में व्यवस्थित करने हेतु यदि विषयों की एक पंक्ति में विषयों अथवा एकलों की एक पंक्ति में एकलों का सम्बन्ध विकास की विभिन्न अवस्थाओं से है, यदि सहायक है तो उनको उनके विकास के अन्तिम अवस्था से आरम्भिक मूल अवस्था की ओर व्यवस्थित किया जा सकता है।

## PRINCIPLE OF EARLIER IN TIME

**पूर्ववर्ती काल का सिद्धान्त** : रंगनाथन द्वारा प्रतिपादित इस सिद्धान्त के अनुसार एक वर्गीकरण पद्धति में विषयों तथा एकल विचारों को सहायक अनुक्रम में व्यवस्थित करने हेतु यदि विषयों की एक पंक्ति में विषयों अथवा एकलों की एक पंक्ति में एकलों की उत्पत्ति का समय भिन्न–भिन्न है तो उनको उनके वर्तमान काल से भूतकाल की ओर पूर्ववर्ती अनुक्रम में व्यवस्थित किया जा सकता है।

## PRINCIPLE OF FRONT TO BACK

**आगे से पीछे की ओर का सिद्धान्त** : रंगनाथन द्वारा प्रतिपादित इस सिद्धान्त के अनुसार एक वर्गीकरण पद्धति में विषयों एंव एकल विचारों को सहायक अनुक्रम में व्यवस्थित करने हेतु यदि विषयों की एक पंक्ति में विषयों अथवा एकलों की एक पंक्ति में एकलों को सुविधापूर्वक क्षैतिज रेखा पर घटित होना दिखाया जा सकता है, यदि सहायक है तो उनको आगे से पीछे की ओर व्यवस्थित किया जा सकता है।

## PRINCIPLE OF INCREASING ARTIFICIALITY

**कृत्रिमता वृद्धि का सिद्धान्त** : गोपीनाथ एंव नीलमेघन द्वारा प्रतिपादित इस सिद्धान्त के अनुसार एक वर्गीकरण पद्धति में विषयों एंव एकल विचारों को सहायक अनुक्रम में व्यवस्थित करने हेतु यदि विषयों की एक पंक्ति में विषयों अथवा एकलों की एक पंक्ति में एकलों में विभिन्न मात्रा में कृत्रिमता प्रकट होती है, यदि सहायक है तो उनको उनकी कृत्रिमता की मात्रा में वृद्धि **अर्थात** नैसर्गिकता का क्रमशः ह्रास के आधार पर व्यवस्थित किया जा सकता है।

## PRINCIPLE OF INCREASING COMPLEXITY

**जटिलता वृद्धि का सिद्धान्त** : रंगनाथन द्वारा प्रतिपादित इस सिद्धान्त के अनुसार एक वर्गीकरण पद्धति में विषयों एंव एकल विचारों को सहायक अनुक्रम में व्यवस्थित करने हेतु यदि विषयों की एक पंक्ति में विषयों अथवा एकलों की एक पंक्ति में एकलों में विभिन्न अंशों में जटिलता प्रदर्शित होती है, यदि सहायक है तो उनको उनकी जटिलता वृद्धि के समानान्तर अनुक्रम में व्यवस्थित किया जा सकता है।

## PRINCIPLE OF INCREASING NATURALNESS

**नैसर्गिकता वृद्धि का सिद्धान्त** : गोपीनाथ व नीलमेघन द्वारा प्रतिपादित इस सिद्धान्त के अनुसार एक वर्गीकरण पद्धति में विषयों एंव एकल विचारों को सहायक अनुक्रम में व्यवस्थित करने हेतु यदि विषयों की एक पंक्ति में विषयों अथवा एकलों की एक पंक्ति में एकलों में यदि विभिन्न मात्रा में नैसर्गिकता प्रकट

होती है, यदि सहायक है तो उनको उनकी नैसर्गिकता वृद्धि **अर्थात** कृत्रिमता का ह्रास के आधार पर व्यवस्थित किया जा सकता है।

**PRINCIPLE OF INCREASING QUANTITY**

**परिमाण वृद्धि का सिद्धान्त** : रंगनाथन द्वारा प्रतिपादित इस सिद्धान्त के अनुसार एक वर्गीकरण पद्धति में विषयों एंव एकल विचारों को सहायक अनुक्रम में व्यवस्थित करने हेतु यदि विषयों की एक पंक्ति में विषयों अथवा एकलों की एक पंक्ति में एकलों की परिमाणात्मक भिन्नता को सुनिश्चित किया जा सकता है, यदि सहायक है तो उनको उनकी मात्रा वृद्धि के आधार पर व्यवस्थित किया जा सकता है।

**PRINCIPLE OF INVERSION**

**प्रतिलोमता का सिद्धान्त** : प्रतिलोमता के सिद्धान्त की उत्पत्ति का आधार एक मिश्रित विषय को वर्गीकृति तथा व्यवस्थित करने की प्रक्रिया है। अर्थात मिश्रित विषयों को सामान्य से विशिष्ट क्रम में व्यवस्थित किया जाना चाहिये। इस सिद्धान्त का स्पष्ट स्वरूप 1948 में तब प्रकट हुआ जब रंगनाथन ने मूर्तता ह्रास का सिद्धान्त (Principle of Decreasing Concreteness) प्रतिपादित किया। जिसके आधार पर एक मिश्रित विषय में पक्षों के विन्यास क्रम को सुनिश्चित किया गया। जैसे Basic Class (BS), Personality (P), Matter (M), Energy (E), Space (S), Time (T), अर्थात BS, P, M, E, S, T लेकिन जब प्रलेखों को शैल्फ में व्यवस्थित किया गया तो मूतर्ता वृद्धि का सिद्धान्त (Principle of Increasing Concretness) को प्रयोग किया गया अर्थात – BS, T, S, E, M, P। इसी को प्रतिलोमता के सिद्धान्त की संज्ञा दी गयी। ब्लिस द्वारा बनायी गयी पद्धति बिब्लियोग्राफिक क्लासिफिकेशन संस्करण 2 (BC2) की अनुसूचियों को भी इसी सिद्धान्त के आधार पर बनाया गया है।

**PRINCIPLE OF LATER IN EVOLUTION**

**परवर्ती विकास का सिद्धान्त** : रंगनाथन द्वारा प्रतिपादित इस सिद्धान्त के अनुसार एक वर्गीकरण पद्धति में विषयों एंव एकलों को सहायक अनुक्रम में व्यवस्थित करने हेतु यदि विषयों की एक पंक्ति में विषयों अथवा एकलों की एक पंक्ति में एकलों का सम्बन्ध विकास की विभिन्न अवस्थाओं से है, यदि सहायक है तो इनको विकास के प्रथम चरण से अन्तिम अवस्था तक के क्रम में व्यवस्थित किया जा सकता है।

**PRINCIPLE OF LATER IN TIME**

**परवर्ती काल का सिद्धान्त** : रंगनाथन द्वारा प्रतिपादित इस सिद्धान्त के अनुसार एक वर्गीकरण पद्धति में विषयों एंव एकल विचारों को सहायक अनुक्रम

में व्यवस्थित करने हेतु यदि विषयों की एक पंक्ति में विषयों अथवा एकलों की एक पंक्ति में एकलों की उत्पत्ति का समय भिन्न–भिन्न है, यदि सहायक है तो उनकी उत्पत्ति के समय के आधार पर उत्तरोत्तर क्रम में इस प्रकार व्यवस्थित किया जाना चाहिये जिससे पहले उत्पन्न होने वाले विषयों व एकलों को प्राथमिकता देकर क्रमशः बाद में उत्पन्न होने वालों को अनुक्रम में स्थान मिले।

**PRINCIPLE OF LEFT TO RIGHT**

**बायीं से दायीं ओर का सिद्धान्त :** रंगनाथन द्वारा प्रतिपादित इस सिद्धान्त के अनुसार वर्गीकरण पद्धति में विषयों एंव एकल विचारों को सहायक अनुक्रम में व्यवस्थित करने हेतु यदि विषयों की एक पंक्ति में विषयों अथवा एकलों की एक पंक्ति में एकलों को सुविधापूर्वक क्षैतिज रेखा पर घटित होना दिखाया जा सकता है, यदि सहायक है तो उनको बायीं से दायीं ओर व्यवस्थित किया जा सकता है।

**PRINCIPLE OF LITERARY WARRANT**

**साहित्यिक प्रमाण का सिद्धान्त :** ई॰ डब्ल्यू ह्यूम (E.W. Hume) द्वारा प्रतिपादित इस सिद्धान्त के अनुसार पुस्तकालय वर्गीकरण पद्धति में विषयों पर प्रकाशित सामग्री को प्रमाण मान कर उसी के अनुरूप विषयों को सूचीबद्ध करना चाहिये। अर्थात जिस विषय पर अधिक प्रलेख प्रकाशित हुए हैं उसे क्रम में प्राथमिकता देनी चाहिये। इस सिद्धान्त की मांग है कि वर्गीकरण प्रणाली की रचना प्रकाशित पुस्तकों के समूह पर आधारित होनी चाहिये न कि अमूर्त विषय जगत के आधार पर।

**PRINCIPLE OF NEAR FROM POSITION or DECREASING DISTANCE**

**स्थिति के समीप अथवा दूरी ह्रास का सिद्धान्त :** रंगनाथन द्वारा प्रतिपादित इस सिद्धान्त के अनुसार एक वर्गीकरण पद्धति में विषयों एंव एकल विचारों को सहायक अनुक्रम में व्यवस्थित करने हेतु यदि विषयों की एक पंक्ति में विषयों अथवा एकलों की एक पंक्ति में एकलों को सुविधापूर्वक एक निश्चित बिन्दु से आरम्भ करके उनको एक पंक्ति में भिन्न दिशा की ओर दिखाया जा सकता है उनको, यदि सहायक है तो समापन बिन्दु से केन्द्र बिन्दु की तरफ व्यवस्थित किया जा सकता है।

**PRINCIPLE OF PERIPHERY TO CENTRE**

**परिधि से केन्द्र की ओर का सिद्धान्त :** रंगनाथन द्वारा प्रतिपादित इस सिद्धान्त के अनुसार एक वर्गीकरण पद्धति में विषयों एंव एकल विचारों को सहायक अनुक्रम में व्यवस्थित करने हेतु यदि विषयों की एक पंक्ति में विषयों अथवा एकलों की एक पंक्ति में एकलों को सुविधा पूर्वक त्रिज्य रेखा पर घटित

होना दिखाया जा सकता है, यदि सहायक है तो उनको परिधि से केन्द्र की ओर व्यवस्थित किया जा सकता है।

**PRINCIPLE OF PURPOSE or USE**

**प्रयोजन अथवा उपयोग का सिद्धान्त :** बी॰सी॰ विकरी (B.C. Vickery) द्वारा प्रतिपादित इस सिद्धान्त के अनुसार एक वर्गीकरण पद्धति में विषयों के क्रम में उद्देश्य की पूर्ति करने वाले विषय को पहले व्यवस्थित किया जाना चाहिये। जैसे कृषि मुख्य वर्ग का उद्देश्य फसलें पैदा करना है तो फसलों (Crops) को क्रम में प्रथम स्थान देना चाहिये।

**PRINCIPLE OF QUANTITATIVE MEASURE**

**परिमाणात्मक माप का सिद्धान्त :** रंगनाथन द्वारा प्रतिपादित इस सिद्धान्त के अनुसार एक वर्गीकरण पद्धति में विषयों एंव एकल विचारों को सहायक अनुक्रम में व्यवस्थित करने हेतु यदि विषयों की एक पंक्ति में विषयों अथवा एकलों की एक पंक्ति में एकलों की परिमाणात्मक भिन्नता को सुनिश्चित किया जा सकता है, यदि सहायक है तो उनको उनकी मात्रा वृद्धि (Increasing Quantity) अथवा मात्रा ह्रास (Decreasing Quantity) के आधार पर व्यवस्थित किया जा सकता है।

**PRINCIPLE OF RELATIVITY OF CLASS**

**वर्ग सापेक्षता का सिद्धान्त :** ई॰ डब्ल्यू ह्यूम द्वारा प्रतिपादित इस सिद्धान्त के अनुसार एक वर्गीकरण पद्धति में एक वर्ग के लिये सम्बन्धित मुख्य विषयों में भी वैकल्पिक स्थान होने चाहिये।

**PRINCIPLE OF RETROACTIVE NOTATION**

**पूर्व - प्रभावी अंक का सिद्धान्त :** जे॰ मिल्स द्वारा इस सिद्धान्त का प्रतिपादन बिब्लियोग्राफिक क्लासीफिकेशन संस्करण 2 (BC2) में संश्लेषण प्रक्रिया हेतु किया गया। इस विधि में एक मिश्रित विषय का वर्गांक बनाने के लिये अनुसूची में ही उस विषय के लिये परिगणन किये गये वर्गांकों का नीचे से ऊपर की ओर संश्लेषण करना पड़ता है। अर्थात जिस विषय का वर्गांक बनाना है उसके आधार अंक पर उसके ऊपर की ओर के क्रम में दिये गये अंकों को उस पर जोड़ कर उस विषय का सहविस्तृत वर्गांक बनाया जाता है। तथापि इसमें किसी संकेतक का प्रयोग नहीं किया जाता है। इस सिद्धान्त के फलस्वरूप बी॰सी॰ 2 निर्बाध पक्षात्मक पद्धति बन गयी है।

**PRINCIPLE OF RIGHT TO LEFT**

**दांयी से बायीं ओर का सिद्धान्त :** रंगनाथन द्वारा प्रतिपादित इस सिद्धान्त के अनुसार एक वर्गीकरण पद्धति में विषयों एंव एकल विचारों को

सहायक अनुक्रम में व्यवस्थित करने हेतु यदि विषयों की एक पंक्ति में विषयों अथवा एकलों की एक पंक्ति में एकलों को सुविधापूर्वक क्षैतिज रेखा पर घटित होना दिखाया जा सकता है, यदि सहायक है तो उनको दांयी से बायीं ओर व्यवस्थित किया जा सकता है।

**PRINCIPLE OF SPATIAL CONTIGUITY**

**स्थानीय समीपता का सिद्धान्त :** रंगनाथन द्वारा प्रतिपादित इस सिद्धान्त के अनुसार एक वर्गीकरण पद्धति में विषयों एंव एकल विचारों को सहायक अनुक्रम में व्यवस्थित करने हेतु यदि विषयों की एक पंक्ति में विषयों अथवा एकलों की एक पंक्ति में एकलों को यदि स्थानीय समीपता में घटित होते दिखाया जा सकता है तो उनको समानान्तर स्थानीय अनुक्रम में व्यवस्थित किया जा सकता है।

**PRINCIPLE OF SUBORDINATION**

**अधीनीकरण का सिद्धान्त :** हेनरी एवलिन ब्लिस द्वारा प्रतिपादित इस सिद्धान्त के अनुसार एक वर्गीकरण पद्धति में सामान्य विषयों के अन्तर्गत विशिष्ट विषयों को व्यवस्थित किया जाना चाहिये। जैसे ब्लिस ने रसायनशास्त्र को विशिष्ट तथा भौतिक विज्ञान को सामान्य माना है। ब्लिस के अनुसार रसायनशास्त्र (Chemistry) भौतिक विज्ञान (Physics) की अवधारणाओं पर आधारित है। इसलिये रसायनशास्त्र को भौतिक विज्ञान के अन्तर्गत व्यवस्थित किया जाना चाहिये।

**PRINCIPLE OF TOP DOWNWARDS**

**ऊपर से नीचे की ओर का सिद्धान्त :** रंगनाथन द्वारा प्रतिपादित इस सिद्धान्त के अनुसार एक वर्गीकरण पद्धति में विषयों एंव एकल विचारों को सहायक अनुक्रम में व्यवस्थित करने हेतु यदि विषयों की एक पंक्ति में विषयों अथवा एकलों की एक पंक्ति में एकलों को सुविधापूर्वक खड़ी रेखा पर घटित होना दिखाया जा सकता है, यदि सहायक है तो उनको ऊपर से नीचे की ओर व्यवस्थित किया जा सकता है।

**PRINCIPLES FOR FACET SEQUENCE**

**पक्ष अनुक्रम के लिये सिद्धान्त :** एक संयोजित विषय के विभिन्न पक्षों व उनके आर्वतनों को सहायक अनुक्रम में व्यवस्थित करने हेतु 1964 में रंगनाथन द्वारा प्रतिपादित चार सिद्धान्त, जिनमें से प्रमुख मितिचित्र सिद्धान्त (Wall Picture Principle) है।

**PRINCIPLES FOR HELPFUL SEQUENCE**

**सहायक अनुक्रम के सिद्धान्त :** एक वर्गीकरण पद्धति में विषयों की पंक्ति

में एकलों को सहायक अनुक्रम में व्यवस्थित करने हेतु रंगनाथन द्वारा प्रतिपादित आठ सिद्धान्त।

**PRINTED BOOK**

**मुद्रित पुस्तक :** टाइप अथवा मशीनी प्रक्रिया से मुद्रित पुस्तक।

**PRINTED CATALOGUE**

**मुद्रित सूची :** पुस्तक के रूप में मुद्रित सूची।

**PRINTER**

**मुद्रक :** पुस्तक अथवा अन्य प्रकाशन सामग्री को मुद्रित करने वाला व्यक्ति अथवा कम्पनी।

**PRINTER (COMPUTER)**

**मुद्रक यंत्र :** कम्प्यूटर का निर्गत उपकरण जिसके आधार पर कम्प्यूटर में उपलब्ध सूचना को कागज पर मुद्रित किया जाता है। प्रिंटर से मुद्रित प्रति को हार्डकापी कहा जाता है।

**PRINTER PORT**

**प्रिंटर पोर्ट :** कम्प्यूटर के पीछे लगा एक साकेट जिसमें प्रिंटर का केबल जोड़ा जाता है।

**PRINTER'S IMPRINT**

**मुद्रक विवरण :** पुस्तक में मुद्रक का नाम, पुस्तक के प्रकाशन का स्थान व तिथि का विवरण।

**PRINTING**

**मुद्रण :** प्रकाशन सामग्री को छापने की प्रक्रिया।

**PRIVATE LIBRARY**

**निजी पुस्तकालय :** एक व्यक्ति, क्लब अथवा संस्था द्वारा अपने स्वंय के उपयोग हेतु बनाया गया पुस्तकालय।

**PRIVATE MARK**

**गोपनीय चिन्ह :** स्वामित्व चिन्ह, जैसे पुस्तकालयों में पुस्तकों के विशिष्ट भाग अथवा पृष्ठ पर पुस्तकालय का नाम मुद्रांकित करना।

**PRIVATE TIME**

**वैयक्तिक काल :** कोलन क्लासीफिकेशन में ऐसे काल एकल जो विशिष्ट एकल विचार, विषय, व्यक्ति, संस्था आदि के व्यक्तिगत काल, एकलों की तरह प्रयोग किये जाते हैं उनको वैयक्तिक काल की संज्ञा दी गयी है। इस प्रकार के काल एकलों को काल विभाजन सारणी से कालानुक्रमिक विधि (Chronological

Device) के माध्यम से प्रयोग किया जाता है अर्थात इस विधि द्वारा सामान्य काल एकलों को वैयक्तिक काल एकलों में परिवर्तित किया जाता है। जैसे एक व्यक्ति, संस्था का जन्म साल बनाना। उदाहरण के लिये रंगनाथन की जीवनी 2wM92 यहाँ 1892 रंगनाथन के जन्मवर्ष को वैयक्तिक काल की तरह प्रयोग किया गया है।

**PROBLEM ISOLATES**

**अनिश्चित एकल :** कोलन क्लासीफिकेशन संस्करण 3 (1950) तक ऐसे सभी एकल जो व्यक्तित्व व पदार्थ व क्रिया के रूप में नहीं पहचाने जाते थे उनको अनिश्चित एकलों के नाम से सम्बोधित किया जाता था। संस्करण 4 (1952) में इन अनिश्चित एकलों को क्रिया एकल (Energy Isolates) नाम दे दिया गया। संस्करण 7 (1987) में इस श्रेणी में से पदार्थ श्रेणी के एकलों को हटा कर इसको सही रूप में क्रिया श्रेणी बना दिया गया है।

**PROCEEDING**

**कार्यवाही :** एक संस्था अथवा संगठन के सम्मेलनों अथवा बैठकों की प्रकाशित कार्यवाही, जिसमें बैठक व सम्मेलनों में पढ़े गये लेख, सार, अथवा रिपोर्ट भी सम्मिलित हो सकती है।

**PROCESSING**

**प्रक्रमण :** पुस्तकालय में प्रलेखों को पाठक तक पहुँचाने हेतु तैयार करने के लिये की जाने वाली प्रक्रिया तथा सूचना पुनः प्राप्ति में डेटा संचालन प्रक्रिया को भी संसाधन अथवा प्रक्रमण कहते हैं।

**PROFESSIONAL ASSISTANT**

**प्रशिक्षित सहायक :** पुस्तकालय के प्रशिक्षित कर्मचारी जो ऐसे कार्य करते हैं जिनमें प्रशिक्षण एंव विशिष्ट दक्षता की आवश्यकता होती है।

**PROFILE**

**विवरणिका :** पुस्तकालय द्वारा उपयोगकर्ताओं की विशिष्ट विषय रूचि व अन्य आवश्यक विवरण सहित बनायी गयी उपयोगकर्ता अभिरूचि विवरणिका अथवा प्रलेखों की पूर्ण विवरण सहित रूपरेखा।

**PROFORMA INVOICE**

**औपचारिक देयक :** प्रलेखों के अनुमोदनार्थ हेतु प्रकाशक अथवा विक्रेता द्वारा दिया जाने वाला देयक।

**PROGRAM**

**प्रोग्राम :** कम्प्यूटर से कोई भी काम करवाने के लिये आदेशों की क्रमबद्ध सूची को प्रोग्राम कहते हैं। ये आदेश प्रोग्रामिंग भाषा में लिखे जाते हैं।

**PROGRAM CARDS**

**प्रोग्राम पत्रक :** छिद्रित पत्रकों पर मशीनी अथवा स्रोत भाषा में लिखे गये अनुदेश। प्रायः एक अनुदेश/निर्देश के लिये एक पत्रक प्रयोग किया जाता है।

**PROGRAM CONTROLLER**

**प्रोग्राम नियंत्रक :** कम्प्यूटर की वह इकाई जो कम्प्यूटर को दिये गये आदेशों के कार्यान्वयन पर नियंत्रण रखता है।

**PROGRAMMER**

**प्रोग्रामर :** कम्प्यूटर के प्रोग्राम लिखने का विशेषज्ञ, जो एक कम्प्यूटर के लिये उपयुक्त भाषा में प्रोग्राम लिखता है तथा कम्प्यूटरों के प्रोग्राम का संपादन भी करता है।

**PROGRAMMING**

**प्रोग्रामिंग :** कम्प्यूटर से कार्य करवाने के लिये उसे निर्देश/अनुदेश देने आवश्यक होते हैं। इनके द्वारा कम्प्यूटर को यह बताया जाता है कि उसे क्या करना है, कैसे करवाना है इसे ही प्रोग्रामिंग कहते हैं। प्रोग्राम लिखने के लिये कम्प्यूटर के अनुरूप भाषा का प्रयोग किया गया जाता है।

**PROGRAMMING LANGUAGES**

**प्रोग्रामिंग भाषाएँ :** कम्प्यूटर सामान्य रूप से बोली जाने वाली भाषा नहीं समझता है। वह केवल मशीनी भाषा समझता है। इसीलिये कम्प्यूटर को निर्देश देने के लिये जिस भाषा का प्रयोग किया जाता है उसका अपना ही व्याकरण होता है। इनको प्रोग्राम लिखने की भाषा अथवा प्रोग्रामिंग भाषा कहते हैं। जैसे कोबोल, बेसिक आदि।

**PROJECTOR**

**चित्र प्रक्षेपक :** परदे पर चित्र प्रतिबिम्बित करने वाला उपकरण।

**PROM**

**प्रोम :** प्रोग्रामेबल रीड ओनली मेमोरी (Programmable Read Only Memory) के लिये प्रयुक्त संक्षिप्त शब्द। यह कम्प्यूटर निर्माता द्वारा भंडारित अर्ध चालक चिप है जिस पर केवल एक ही बार प्रोग्राम लिखा जा सकता है। तथापि उपयोगकर्ता इसे मिटा कर बदल सकता है। बिजली बंद होने पर इसकी सूचना लुप्त नहीं होती है।

**PROMPT**

**प्राम्पट :** कम्प्यूटर का वह चिन्ह जो यह इंगित करता है कि कम्प्यूटर उस स्थान पर अनुदेश लेने या कार्य करने के लिये तैयार है अर्थात कम्प्यूटर का यह चिन्ह आगे आदेश देने के लिये आमंत्रित करता है।

**PROOF-READER**

**प्रुफ रीडर :** वह व्यक्ति जो मुद्रक द्वारा मुद्रित पृष्ठों से मुद्रण त्रुटियों को ठीक करता है।

**PROPER NAME**

**वास्तविक नाम :** एक व्यक्ति, स्थान अथवा वस्तु का व्यक्तिगत नाम जिसके द्वारा उसका उल्लेख किया जा सकता है।

**PROPER NAME TITLE**

**वास्तविक नाम आख्या :** सूचीकरण में वास्तविक नाम से आरम्भ होने वाली आख्या।

**PROSPECTUS**

**विवरणिका पुस्तिका :** शैक्षणिक संस्था द्वारा प्रस्तावित शैक्षणिक कार्यक्रम का विवरण; अथवा मुद्रक/प्रकाशक द्वारा नये प्रकाशनों की विवरण पुस्तिका।

**PROTOCOL**

**प्रोटोकॉल :** दो कंप्यूटरों के मध्य संचारण हेतु प्रयोग किये जाने वाले नियमों के समूह को नयाचार/प्रोटोकॉल कहते हैं।

**PSEUDO CHAIN**

**आभासी कड़ी :** एक विषय जगत को विभाजित करने के पश्चात् एक ऐसी अन्तिम कड़ी जो कृत्रिम सत्व है तथा ऐसा आभास होता है कि उस विषय के उपविभाजन के रूप में वह अन्तिम कड़ी है।

**PSEUDO CLASSIC**

**आभासी श्रेण्य ग्रन्थ :** ऐसी कई कृतियाँ होती है जो उत्कृष्ट कृति होते हुए भी उनको श्रेण्य ग्रन्थ नहीं माना जा सकता है। रंगनाथन ने ऐसी कृतियों को आभासी श्रेण्य ग्रन्थ की संज्ञा दी है। यदि इस प्रकार की कृतियों पर अन्य पुस्तकें लिखी जाती है तो उनको सम्बद्ध पुस्तक (Associated Book) माना गया है। इन सभी पुस्तकों को आभासी श्रेण्य ग्रन्थ का ही वर्गांक आंवटित करके एक साथ व्यवस्थित किया जाता है तथा ग्रंथाक के द्वारा प्रत्येक सम्बद्ध पुस्तक को पृथक अंक देकर व्यक्तिगत स्वरूप प्रदान किया जाता है। कोलन क्लासिफिकेशन के ग्रथांक के पक्षपरिनियम में इस हेतु स्पष्ट प्रावधान है।

**PSEUDO ENTITY**

**आभासी सत्व :** रंगनाथन के अनुसार वर्गों की प्रत्येक पंक्ति में एक अथवा अधिक सत्व सम्मिलित होते हैं। जब तक इन सत्वों को विभाजित नहीं किया जाता तब तक यह अपने सामान्य निकटतम विषय जगत में ही समाहित

रहते हैं अर्थात यह उसका एक हिस्सा होता है। इस प्रकार के निकटतम विषय जगत में यदि एक खाली निरर्थक निकटतम विषय जगत को एक अतिरिक्त सत्त्व की तरह जोड़ा जाता है तो इसे आभासी सत्व कहा जायेगा। अर्थात यह मान लेना कि वह सत्व है।

**PSEUDOPIGRAPHY**

**कृत्रिम नामकरण :** लेखकों को नकली नाम प्रदान करना।

**PSEUDOGRAPH**

**जाली ग्रन्थ :** एक साहित्यिक कृति जिसमें एक विशिष्ट लेखक का नाम मिथ्या रूप से दिया गया है।

**PSEUDONYMOUS AUTHOR**

**छद्म नाम लेखक :** लेखक जो अपनी रचनाओं में अपने वास्तविक नाम के स्थान पर नकली नाम का प्रयोग करता हो।

**PSEUDONYMOUS WORK**

**छद्मनाम कृति :** ऐसी कृति जिसके आख्या पृष्ठ पर लेखक ने वास्तविक नाम के स्थान पर छद्मनाम प्रयोग किया हो।

**PUBLIC DOCUMENT**

**राजकीय प्रलेख :** नियमित रूप से प्रकाशित होने वाले विभिन्न प्रकार के शासकीय प्रलेख जैसे रिपोर्ट, सांख्यिकी आदि।

**PUBLIC LIBRARY**

**सार्वजनिक पुस्तकालय :** सार्वजनिक पुस्तकालय सामान्य जनता के उपयोग हेतु बनाये जाते हैं। इसमें समाज के सभी सदस्यों को समान रूप से पुस्तकालय पाठ्य सामग्री व सेवाएँ प्रदान की जाती है। इसका पूर्ण अथवा आशिंक रूप से संचालन समाज से एकत्रित साधनों से किया जाता है।

**PUBLIC LIBRARY MANIFESTO**

**सार्वजनिक पुस्तकालय घोषणा पत्र :** 1949 में यूनेस्को ने प्रथम सार्वजनिक पुस्तकालय घोषणा पत्र प्रकाशित किया। जिसे विश्व की सभी प्रमुख भाषाओं में प्रकाशित किया गया। इफला (IFLA) की सहायता से जुलाई 1973 तक इसका 35 भाषाओं में अनुवाद कर दिया गया था। रूस ने रूसी भाषा तथा 14 क्षेत्रीय भाषाओं में इसका अनुवाद किया। इस घोषणा पत्र में उन सेवाओं का वर्णन किया गया है जिनको सार्वजनिक पुस्तकालयों को देना चाहिये। इसमें पुस्तकालयों के प्रशासन एंव वित्त–प्रबंधन के बारे में भी जानकारी प्रदान की गयी है।

**PUBLIC RECORDS**

**राजकीय अभिलेख :** शासकीय प्रक्रिया से बनने वाले अभिलेख जो लिखित अथवा अन्य माध्यमों से प्राप्त अभिलेख हो सकते हैं।

**PUBLICATION**

**प्रकाशन :** किसी भी रूप में प्रकाशित प्रलेख सामग्री।

**PUBLICATION DATE**

**प्रकाशन तिथि :** एक प्रलेख में अंकित की गयी वह तिथि जब उसे प्रकाशित किया गया है।

**PUBLISHED PRICE**

**प्रकाशित मूल्य :** पुस्तक पर अंकित वह खुदरा मूल्य जिसमें वह प्रकाशित की गयी है।

**PUBLISHER**

**प्रकाशक :** वह व्यक्ति, कंपनी अथवा समष्टि निकाय जो एक पुस्तक को विक्रय हेतु बाजार तक पहुँचाता है। यह आवश्यक नहीं है कि पुस्तक का मुद्रक व प्रकाशक एक ही हो।

**PUBLISHERS' BINDING**

**प्रकाशकीय जिल्द :** वह जिल्द जिसमें एक पुस्तक की प्रकाशित होते समय प्रकाशक द्वारा जिल्दबन्दी की जाती है।

**PUBLISHER'S CASE**

**प्रकाशकीय खोल :** पुस्तक का वह आवरण जो प्रकाशक पुस्तक को प्रकाशित करते समय प्रदान करता है तथा इसी रूप में उसे विक्रय हेतु प्रस्तुत किया जाता है। इसे संस्करण जिल्दबन्दी भी कहते हैं।

**PUBLISHER'S CATALOGUE**

**प्रकाशकीय सूची :** प्रकाशक द्वारा विक्रय हेतु तैयार की गई पुस्तकों की सूची।

**PULL DOWN MENU**

**पुल डाउन मीनू :** कार्य में सुविधा हेतु कम्प्यूटर के लगभग सभी प्रोग्रामों में उसके द्वारा किये जा सकने वाले कार्यों की सूची दिखाते हैं। इसे मीनू कहते हैं। अनेक प्रोग्रामों में कई प्रकार के मीनू उपलब्ध होते हैं। इनमें एक मीनू बार मीनू होती है जिसमें से किसी भी मीनू को माउस की सहायता से खोला जा सकता है। ऐसे मीनू को पुल डाउन मीनू या ड्राप डाउन मीनू कहते हैं। ऐसे मीनू में से किसी भी चीज़ का चयन करने पर खुला मीनू बंद हो जाता है और प्रक्रिया आरम्भ हो जाती है।

**PUNCH**

**छेदना** : एक छिद्रित पत्रक अथवा पेपर टेप को छिद्रित करना।

**PUNCHED CARD**

**छिद्रित पत्रक** : छिद्रित पत्रक मशीनों में सूचना भरने का एक प्राचीन माध्यम है। ये कई प्रकार के होते हैं। किन्तु सबसे अधिक प्रयोग किया जाने वाला पत्रक 80 कालम पत्रक है। इसमें 1 से 80 तक की संख्याएँ बाये से दाये लिखी होती है। पत्रक का प्रत्येक अनुलम्ब कालम 12 रेखाओं में विभाजित होता है। इन 12 छिद्रित स्थानों में से 9 संख्यात्मक अंकों 1, 2, 3 – 9 के लिये होते हैं। बाकी 3 क्षेत्रीक स्थान कहलाते हैं जिनको 0, 11, 10 से दिखाया जाता है। 11 स्थान को X क्षेत्र तथा 10 को Y क्षेत्र भी कहा जाता है। एक कालम में एक ही विशेषता पंच की जा सकती है। इसीलिये यह कार्ड अधिकतम 80 विशेषताएँ ही संचित कर सकता है। छिद्रित पत्रकों में कार्ड पंत्र मशीन द्वारा छेद किये जाते हैं। पंच कार्ड के स्मृति भंडार में कार्ड रीडर मशीन द्वारा भंडारित किये जाते हैं। हालाँकि जोसेफ मेरी जैक्वार्ड ने उन्नीसवीं शताब्दी के आरम्भ में एक बुनाई मशील विकसित की थी जिसमें बुनाई के नमूनों को नियंत्रित करने के लिये छिद्रित पत्रकों का प्रयोग किया गया था। तथापि छिद्रित पत्र के संकेत पद्धति का अवष्किार डा॰ हरमन होलिरिथ (Herman Hollerith) ने किया जिन्होने अमेरिकन जनगणना 1890 के लिये छिद्रित पत्रकों का उपयोग किया।

**PURE BASE**

**शुद्ध अंकन आधार** : वर्गीकरण पद्धति जिसकी अंकन प्रणाली जो केवल एक ही प्रकार के अंकों के आधार पर बनाया गया हो। जैसे डी॰डी॰सी॰ की अंकन प्रणाली जिसमें केवल अरैबिक अंक 0-9 का प्रयोग किया गया है।

**PURE NOTATION**

देखिये Pure Base

**PURELY ENUMERATIVE SCHEME**

**पूर्ण परिगणात्मक पद्धति** : इस प्रकार की वर्गीकरण पद्धति में सभी विद्यमान व भविष्य के सम्भावित व पूर्वानुमानित सरल एंव संयोजित सभी प्रकार के विषयों तथा उनके वर्गांकों का परिगणन कर दिया जाता है। वर्गकार को इन्ही के आधार पर प्रलेखों को वर्गीकृत करना पड़ता है। इस प्रकार की पद्धति का उदाहरण लाइब्रेरी आफ कांग्रेस क्लासीफिकेशन है।

**PUTTING KNOWLEDGE TO WORK**

**ज्ञान का कार्यान्वयन** : अमेरिका के विशिष्ट पुस्तकालय संघ का आदर्श वाक्य।

**QOPH**

**कौप :** हीबरू भाषा का 19वां शब्द।

**QUDRIVIUM**

**चार विषय :** मध्यकाल के सात उदार कलाओं (Seven Liberal Arts) के चार विषय अंकगणित, खगोल विज्ञान, रेखागणित तथा संगीत।

**QUALIFICATION**

**योग्यता :** शिक्षा प्राप्त करने पर मिलने वाली उपाधि ।

**QUALIFIER**

**विशेषक :** (1) 1964 में रंगनाथन ने **एक नई अवधारणा** विशेषक प्रतिपादित की, जिसके द्वारा एक समग्र विचार को उसका विशिष्ट नाम प्रदान किया जा सकता था। जैसे 1967 Model Car – यहां 1967 काल पक्ष न होकर कार का मोडल इंगित करता है। जिसे विशेषक की संज्ञा दी गयी। 1970 के दशक में इस अवधारणा का नाम वर्ग उद्भव (Speciator) कर दिया गया। (2) एक विषय अनुक्रमणिका में विभिन्न समान शीर्षकों के साथ जोड़े गये उपशीर्षक अथवा विशेषक।

**QUANTITATIVE SEQUENCE**

**परिमाणात्मक अनुक्रम :** एक वर्गीकरण पद्धति में विषयों अथवा एकलों को सहायक अनुक्रम में व्यवस्थित करने हेतु यदि उनकी परिमाणात्मक भिन्नता को सुनिश्चित किया जा सकता है तो उनको मात्रा वृद्धि अथवा मात्रा ह्रास के आधार पर व्यवस्थित किया जा सकता है।

**QUARTERLY**

**त्रैमासिक :** हर तीसरे महिने प्रकाशित होने वाला सामयिक प्रकाशन ।

**QUARTO**

**चार पेजी :** चार तह किया गया कागज।

**QUARTO EDITION**

**चौपेजी संस्करण :** चार तह किये गये कागज पर प्रकाशित पुस्तक।

**QUASI CLASS**

**वर्ग सदृश :** एक ऐसा वर्ग जो वास्तव में वर्ग नहीं है किन्तु ऐसा लगता है जैसे कि वर्ग ही हो। जैसे श्रेण्य विधि (Classic Device) के आधार पर बनने वाला वर्ग। इस शब्द का प्रतिपादन रंगनाथन द्वारा अपनी पुस्तक Headings and Canons: Comparative Study of the Catalogue Code, (1955) में अनुभाग 2191 के अर्न्तगत किया गया।

**QUASI-COMMON**

**सामान्य सदृश :** अन्तर्राष्ट्रीय प्रलेखन एवं सूचना संघ (FID) द्वारा बेलग्रेड में 1952 में बुलाये गये सम्मेलन में रंगनाथन ने मूलसमरूप स्मृति सहायक (Seminal Mnemonics) के लिये सामान्य सदृश शब्द का प्रयोग किया था। 1957 में इसके स्थान मूलसमरूप स्मृति सहायक शब्द प्रयोग किया गया।

**QUASI-DIGIT**

**अंक सदृश :** अंकाक्षरों का समूह जिसे वर्गीकरण में एक अंक माना जाता है जैसे लेखक का जन्म वर्ष M96 एक अंक सदृश माना जाता है।

**QUASI-LAMINATION**

**परतबन्दी सदृश :** अध्यारोपण विधि (Superimposition Device) में एक विषय की एक पंक्ति के दो एकलों को संकेतक – (हाइफन) से जोड़ा जाता है। जबकि परबन्दी में भी विभिन्न पक्षों को एक दूसरे के ऊपर परतबन्दी की जाती है जैसे PMEST से बनने वाला वर्गांक। इसलिये रंगनाथन ने अध्यारोपण को भी परतबन्दी सदृश की संज्ञा दी है।

**QUASI-SUBJECT**

**विषय सदृश :** एक ऐसी कृति जिसे **वर्गीकरण पद्धति** में एक विषय सदृश माना जाता है अथवा **सूचीकरण** में जिसकी आख्या को विषय शीर्षक के रूप में प्रयोग किया जाता है। श्रेण्य ग्रन्थ, धार्मिक पुस्तक तथा साहित्यिक कृति इसके उदाहरण हैं। जैसे रामायण, भगवद् गीता आदि।

**QUASI-SAUBJECT DEVICE**

**विषय विधि सदृश :** कोलन क्लासीफिकेशन संस्करण 7(1987) मे

वर्ग–उद्भव (Speciators) के लिये विषय विधि का प्रयोग बिना वृत्ताकार कोष्टक के किया गया है जो कि समानान्तर विषय विधि (Analogus, Subject Device) का ही एक रूप है। इसमें भी दूसरे विषय के एकलों का प्रयोग बिना कोष्ठक संकेतक के किया गया है। जैसे –

V;18 = X Economic Policy    W:6 – 2 Hereditary

V;18 = Z Legal Policy.    X – J Capitalism

**QUERY**

**पूछताछ** : किसी विषय पर संदेह होने पर लगाया जाने वाला **प्रश्नवाचक चिन्ह**? जिसका प्रयोग मुद्रक के प्रूफ रीडर द्वारा किसी विषय में संदेह होने के कारण लेखक को उस विषय को देखने के लिये प्रयोग किया जाता है; **अथवा** पुस्तकालय में पाठक द्वारा सूचना अथवा प्रलेख को प्राप्त करने हेतु पूछताछ।

**QUESTIONED DOCUMENT**

**संदिग्ध प्रलेख** : ऐसा प्रलेख जिसकी उत्पत्ति अथवा लेखक संदेहास्पद हो।

**QUESTION MARK**

**प्रश्न चिन्ह** : पूछताछ के लिये लगाया जाने वाला चिन्ह ?

**QUESTIONNAIRE**

**प्रश्नावली** : सूचना एकत्र करने का एक अत्यन्त प्रभावशाली व सशक्त माध्यम।

**QUICK REFERENCE SERVICE**

**तात्कालिक संदर्भ सेवा** : पुस्तकालय में पाठक द्वारा पूछे जाने वाले संदर्भ प्रश्नों का तत्काल उत्तर प्रदान कर देना। इस सेवा में उत्तर देने की अवधि कुछ मिनट से आधे घंटे तक की हो सकती है।

**QUOTATION MARK**

**उद्धरण चिन्ह** : एक वाक्य, अनुच्छेद के आगे पीछे लगाये गये उद्धरण चिन्ह (inverted comma) जो सामान्यतया यह इंगित करते हैं यह उद्धृत किया गया है।

**QUOTES**

**उद्धरण देना** : देखिये Quotation Mark

**RACK**

**ग्रन्थाधार :** पुस्तक तथा अन्य प्रकार की पाठ्य सामग्री को रखने के लिये लकड़ी अथवा स्टील से बनाया गया उपकरण। पुस्तकालयों में पाठ्य सामग्री के अनुरूप ही इसका ढाँचा बनाया जाता है।

**RACK UP**

**रैक अप :** वीडियों में डेटा प्रस्तुत करने का ढंग, जिसमें पर्दे पर सूचना दिखाते समय नीचे की ओर एक नई पंक्ति जोड़ी जाती है तथा ऊपर की पंक्ति मिटा दी जाती है। इस प्रकार प्रत्येक पंक्ति बारी–बारी से ऊपर की ओर बढ़ती जाती है तथा नई पंक्ति के लिये जगह बनती जाती है। इसे को रैकअप कहते है।

**RADHAKRISHNAN COMMISSION**

**राधाकृष्णन आयोग 1948-49 :** भारत सरकार ने उच्च शिक्षा के पुनरावलोकन हेतु 1948 में सर्वपल्ली डा॰ राधाकृष्णन की अध्यक्षता में विश्वविद्यालय शिक्षा आयोग की स्थापना की। इस आयोग ने शिक्षा के साथ–साथ पुस्तकायलयों को उच्चस्तरीय बनाने हेतु कई महत्वपूर्ण सुझाव दिये। जैसे पुस्तकालयों में उच्च शिक्षा प्राप्त प्रशिक्षित कर्मचारी का होना, पुस्तकालय को प्रतिदिन 12 घंटे खोलना, पुस्तकालय उपयोग के बारे में पाठक को शिक्षित करना, अबाधित प्रवेश प्रणाली का प्रयोग इत्यादि।

**RADIAL ROUTING**

**क्रमबद्ध संचरण :** विशिष्ट पुस्तकालयों के उपयोगकर्त्ताओं को सामयिक प्रकाशन अथवा अन्य पाठ्य सामग्री को संचरण करने का यह एक माध्यम है।

जिसमें प्रत्येक उपयोगकर्त्ता को पत्रिकाओं के जो अंक भेजे जाते है उनको प्रयोग करने के पश्चात् वापस पुस्तकालय को लौटाने पड़ते हैं। जिससे पुस्तकालय द्वारा उस अंक को दूसरे उपयेागकर्त्ता को भेजा जा सके। इस माध्यम से संचरण पर भेजी जाने वाली पाठ्य सामग्री पर नियंत्रण रखा जा सकता है।

**RADIX**

**मूलांक** : अंकन प्रणाली में अंको की अवस्थिति प्रस्तुत करने की प्रणाली। जैसे डेसीमल प्रणाली में मूलांक 10 है तथा बाइनरी प्रणाली में 2

**RAM**

**रैम** : कंप्यूटर मुख्य स्मृति के दो स्वरूप हैं :– रैम तथा रोम। रैम तात्कालिक उपयोग के लिये होती है। देखिये Random Access Memory.

**RANDOM ACCESS**

**बेतरतीब भंडारण** : कंप्यूटर में भंडारण की वह विधि जिसमें सूचना का भंडारण क्रमवार न होकर बेतरतीब व यादृच्छिक होता है। तथापि भंडारण की यह सबसे प्रचलित विधि है।

**RANDOM ACCESS MEMORY (RAM)**

**रैन्डम ऐक्सिस मैमोरी अथवा यादृच्छिक सुलभ स्मृति** : सिलिकन चिप पर इलैक्ट्रोनिक परिपथों (Circuits) के रूप में स्थापित यह एक अस्थाई स्मृति भण्डार है। इस स्मृति में भंडारित सूचना तात्कालिक उपयोग के लिये होती है तथा इसे स्थाई रूप से नहीं रखा जा सकता है। इसमें सूचना किसी भी समय संचित की जा सकती है नयी सूचना जोड़ी जा सकती है जब आवश्यक हो सूचना को हटाया अथवा परिवर्तित किया जा सकता है। बिजली बन्द होने पर सारी सूचना लुप्त हो जाती है। इसे रैम इसलिये कहते हैं क्योंकि भंडारित सूचना में से किसी भी स्थान की सूचना को कभी भी पढ़ा जा सकता है। किसी सूचना के स्थान को प्राप्त करने के लिये सारी स्मृति पढ़ना आवश्यक नहीं होता है।

**RANGANATHAN ADVISORY COMMITTEE (1957)**

**रंगनाथन सलाहाकार समिति** : विश्वविद्यालय अनुदान आयोग द्वारा रंगनाथन की अध्यक्षता में 1957 में एक समिति का गठन किया जिसने पुस्तकालयों के प्रबंधन के सभी पहलुओं पर अपने सुझाव दिये।

**RANGANATHAN AWARD FOR CLASSIFICATION RESEARCH**

**वर्गीकरण शोध के लिये रंगनाथन पुरस्कार** : इस पुरस्कार की स्थापना 1975 एफ० आई० डी० की वर्गीकरण शोध कमेटी के तत्वाधान में प्रलेखन शोध

तथा प्रशिक्षण केन्द्र (DRTC) बंगलौर के छात्र संगठन द्वारा की गयी। यह पुरस्कार वर्गीकरण शोध के क्षेत्र में उच्चकोटि का योगदान देने वाले व्यक्ति को हर दूसरे साल दिया जाता है। प्रथम पुरस्कार ग्रेट ब्रिटेन के डेरिक आस्टीन को 1978 में दिया गया।

**RANGANATHAN BOOK NUMBER SYSTEM**

**रंगनाथन ग्रंथाक प्रणाली :** रंगनाथन द्वारा प्रतिपादित ग्रंथाक प्रणाली स्पष्ट पक्ष परिनियम– LFYA.V–S; C:EVN पर आधारित है। L –भाषा, F –रूप, Y – प्रकाशन वर्ष; A– एक ही विषय तथा एक ही प्रकाशन वर्ष के लिये आवाप्ति संख्या, V–खण्ड संख्या, S – परिशिष्ट, C – प्रतियों की संख्या तथा EVN समालोचना को इंगित करता है।

**RANGANATHAN S.R.**

**एस॰ आर॰ रंगनाथन :** स्याली रामामृत रंगनाथन (1892–1972) एक ऐसे पुस्तकालय दार्शनिक एवं वैज्ञानिक हैं जिन्होंने पुस्तकालय विज्ञान विषय हेतु 1931 में पाँच सूत्र प्रदान कर इस विषय के सैद्धान्तिक व व्यावहारिक पक्ष को नया आयाम प्रदान किया। वर्गीकरण में बहुर्मुखी विशेषताओं वाले प्रलेखों को वर्गांक में स्पष्ट रूप से प्रस्तुत करने हेतु एक पूर्ण पक्षात्मक वर्गीकरण पद्धति कोलन क्लासीफिकेशन की रचना की। वर्गीकरण व सूचीकरण में तकनीकी शब्दावली का प्रतिपादन किया तथा पुस्तकालय विज्ञान के प्रत्येक विषय हेतु स्पष्ट सिद्धांत प्रतिपादित कर सैद्धान्तिक आधार प्रदान किया। 1917 से 1923 तक रंगनाथन ने गणित के अध्यापक के रूप में कार्य किया। 4 जनवरी 1924 को मद्रास विश्वविद्यालय के प्रथम पुस्तकालय का पद ग्रहण किया। 1945 में बनारस हिन्दु विश्वविद्यालय में तथा 1947 में दिल्ली विश्वविद्यालय में पुस्तकालयध्यक्ष तथा प्रोफेसर के पद पर कार्य किया। 1948 में उन्हें D.Lit की उपाधि से सम्मानित किया गया तथा 1962 से अन्तिम समय तक डी॰ आर॰ टी॰ बंगलौर के मानद प्रोफेसर पद पर रहे। 1965 में विश्वविद्यालय अनुदान आयोग द्वारा पुस्तकालय विज्ञान में राष्ट्रीय प्रोफेसर का पद प्रदान कर सम्मानित किया गया। रंगनाथन द्वारा लिखी गयी पुस्तकें व लेख वर्तमान में शोधकार्यों के लिये उच्चकोटि के सूचना स्रोत हैं। इस अन्तर्राष्ट्रीय ख्याति प्राप्त विद्वान के कारण ही भारत को पुस्तकालय विज्ञान के क्षेत्र में विश्व के मानचित्र में स्थान प्राप्त हुआ है।

**RANGANATHANISM**

**रंगनाथन दर्शन :** इस शब्द का प्रयोग प्रथम बार 1985 में डा॰ श्रीमति पुष्पा ध्यानी ने अपने लेख 'Ranganathanism and Ranganathanians' में

किया। जिसे रंगनाथन दर्शन पर अन्तर्राष्ट्रीय सम्मेलन (1985) दिल्ली में प्रस्तुत किया गया था।

**RANKED ISOLATE**

**श्रेणीबद्ध एकल :** एकल विचार जगत को वर्गीकृत करते समय एकलों की पंक्ति में श्रेणीबद्ध किया गया एक एकल।

**RANKING**

**पंक्तिबद्ध करना :** विषय जगत को विभाजित करने के फलस्वरूप प्राप्त सत्व समूहों को एक निश्चित क्रम में व्यवस्थित करना जिससे इनको पंक्तिबद्ध अथवा श्रेणीबद्ध किया जा सके। इस प्रकार प्रत्येक समूह को एक वर्ग अथवा श्रेणी प्राप्त हो जाती है।

**RARE DOCUMENTS**

**दुर्लभ प्रलेख :** विशेष महत्व तथा उपयोगी प्रलेख जिनकी सीमित प्रतियाँ ही उपलब्ध हों तथा खरीद के लिये भी उपलब्ध न हों।

**RAW DATA**

**अपरिष्कृत आंकड़ा :** ऐसे आँकड़े अथवा सूचनाएँ जिनको संसाधित नहीं किया गया है।

**RAW TITLE**

**अपरिष्कृत शीर्षक :** व्यावहारिक वर्गीकरण हेतु रंगनाथन ने नौ चरणों की एक प्रक्रिया प्रतिपादित की है जिसके प्रथम चरण में प्रलेख के आख्या पृष्ठ पर दिया गया प्रलेख का शीर्षक उसी रूप में लिखा जाता है। इसे अपरिष्कृत शीर्षक कहा जाता है।

**READER**

**रीडर :** अंग्रेजी भाषा के इस शब्द के कई अर्थ है :– (1) पाठक जो पुस्तकालय की पाठ्य सामग्री का उपयोग करता है; (2) मुद्रक द्वारा मुद्रित सामग्री के प्रुफ पढ़ने वाला व्यक्ति; (3) माइक्रोफिल्म जैसी सूक्ष्म पाठ्य सामग्री को पढ़ने का उपकरण; (4) तथा उच्च शिक्षण संस्थाओं में अध्यापकों के दूसरे स्तर का पद जिसे रीडर कहते हैं।

**READER'S ADVISORY SERVICE**

**पाठक परामर्शी सेवा :** पुस्तकालयों में पाठकों को पुस्तकों को प्राप्त करने तथा पुस्तकालय के सेवाओं की जानकारी, अथवा उपयोग हेतु परामर्शी सेवा।

**READER'S CARD**

**पाठक पत्रक :** पाठक को पंजीबद्ध करते समय पुस्तकालय द्वारा पाठक को दिया जाने वाला पत्रक, जिसका प्रयोग पुस्तकों के आदान–प्रदान तथा पुस्तकालय की सेवाओं को प्राप्त करने के लिये किया जाता है।

**READER'S PROFILE**

**उपयोगकर्त्ता अभिरूचि विवरणिका :** चयनित सूचना सेवा (SDI) प्रदान करने हेतु पुस्तकालय उस उपयोगकर्त्ता की जिसे सेवा प्रदान करनी हैं, उसकी विषय रूचि की पूर्ण विवरण सहित एक ब्यौरा तैयार किया जाता है जिसमें उपयोगकर्ता का विषय क्षेत्र, सूचना की प्रकृति, भाषा, जिसमें पाठ्य सामग्री उपलब्ध करानी है आदि का विवरण होता है। इसे उपयोगकर्ता अभिरूचि विवरणिका कहते हैं।

**READER'S TICKET**

**पाठक पत्रक :** देखिये Reader's Card

**READER'S REGISTER**

**पाठक पंजी :** पुस्तकालय में पंजीकृत पाठकों के बारे में जानकारी प्रदान करने वाली पंजी।

**READING CIRCLE**

**अध्ययन मंडल :** ऐसा समूह जो किसी विषय अथवा पुस्तकों पर विचार विमर्श हेतु नियमित रूप से मिलता हो।

**READING LIST**

**पाठ्य सामग्री सूची :** एक विशिष्ट विषय पर प्रकाशित सामग्री की विशिष्ट उद्देश्य की पूर्ति हेतु बनायी गयी सूची।

**READING ROOM**

**अध्ययन कक्ष :** पुस्तकालय का वह कक्ष जहाँ पुस्तकालय के उपयोगकर्त्ता बैठ कर पुस्तकें, समायिक प्रकाशन आदि पढ़ सके।

**READ ONLY MEMORY**

**रीड ओनली मैमोरी :** देखिये ROM

**READ ONLY OPTICAL DISC**

**रीड ओनली आप्टिकल डिस्क :** 1978 में प्रथम बार रीड ओनली आप्टिकल डिस्क 12" के आप्टिकल वीडियों डिस्क के रूप में व्यापारिक दृष्टि से उपलब्ध हुआ। तथा 1982 से 4.72" के सीडी रोम के रूप में प्राप्त हो रहा है।

**READY REFERENCE SERVICE**

**तात्कालिक संदर्भ सेवा :** संदर्भ सेवा जिसको प्रदान करने में बहुत कम समय लगता है। यह समय कुछ क्षणों से लेकर आधे घंटे तक का हो सकता है। इस प्रकार की सेवा में पाठकों द्वारा पूछे गये प्रश्न स्पष्ट व तथ्य पूर्ण होते है। जिनका उत्तर सामान्य संदर्भ स्रोतों जैसे शब्दकोश, विश्वकोश, वार्षिकी, जीवनकोश आदि से प्राप्त किया जा सकता है।

**REAL TIME**

**रियल टाइम :** कंप्यूटर की वह प्रणाली जिसमें कंप्यूटर में डेटा निवेश के साथ–साथ निष्कर्ष प्राप्त होने लगते है।

**REAM**

**रीम :** बीस जस्ते कागज की गड्डी।

**REBINDING**

**पुनः जिल्दबन्दी :** पुस्तक की पुरानी जिल्द को नई में बदलना।

**RECALL**

**वापस मंगाना :** पुस्तकालय से उधार पर दी गयी पुस्तक को वापस मंगाना।

**RECALL NOTICE**

**प्रत्याह्वान सूचनापत्र :** पुस्तकों को निश्चित अवधि में न लौटाने वाले पाठकों को पुस्तकालय द्वारा पुस्तकों को वापस करने के लिये प्रेषित किया गया सूचना पत्र।

**RECALL RATIO**

**प्रत्याह्वान अनुपात :** सूचना पुनः प्राप्ति में एक विषय पर मशीन में निवेश किये गये प्रलेखों की संख्या के अनुपात में उस विषय पर पूछे गये प्रश्न के लिये वास्तव में आह्वान के लिये प्रलेखों का अनुपात।

**RECALL VALUE (CANON)**

देखिये Canon of Recall Value

**RECENSION**

**संशोधन :** एक प्रकाशित कृति के मूलपाठ को नये सूचना स्रोतों के आधार पर पूर्णरूपेण संशोधित करना।

**RECORD**

**अभिलेख :** (1) तथ्यों को स्थाई रूप से सुरक्षित रखने वाले विभिन्न प्रकार के प्रलेख; (2) सूची की प्रविष्टि में एक प्रलेख से सम्बन्धित सूचना; (3)

सूचना पुनः प्राप्ति में सम्बन्धित सूचना इकाइयों का संग्रह जिसे संचालन प्रणाली सूचना की एक इकाई का द्योतक मानती है।

**RECORD OFFICE**

**अभिलेख-कार्यालय :** प्रलेखों को उपयोग हेतु सुरक्षित रखने का स्थान।

**RECORDING DENSITY**

**रिकार्डिंग घनत्व :** डिस्क में डेटा संग्रह करने की क्षमता को किलोबाइट में आँका जाता है। डिस्कों के निर्माता फ्लापी डिस्कों में अधिक से अधिक सूचना भरने का प्रयत्न करते हैं। निर्माता द्वारा डिस्क में जिस घनिष्ठता से सूचना को भरा गया हो उसे ही रिकार्डिंग घनत्व कहते हैं।

**RECTO**

**दाहिना पृष्ठ :** एक प्रलेख का दाहिना पृष्ठ, जिसमें सामान्यतया वियुग्म पृष्ठ संख्या होती है।

**RECURRENT CLASSES**

**पुनरावर्ती वर्ग :** वर्गीकरण पद्धति के ऐसे विषय अथवा एकल जो सामान्य रूप से सभी विषयों में घटित हो सकते हैं। इसलिये पद्धति में ऐसे वर्गों को सामान्य उपविभाजन की संज्ञा दी जाती है।

**RECURRENT IDEAS**

**पुनरावर्ती विचार :** देखिये Recurrent Classes

**REFERENCE**

**संदर्भ :** (1) एक लेख अथवा पुस्तक में उल्लिखित विचारों का दूसरे लेख व पुस्तक में उल्लेख करना; (2) दो वस्तुओं में सम्बन्ध स्थापित करना जैसे पुस्तकालय के संचित ज्ञान सामग्री से पाठक को मिलाना अथवा दोनों में सम्बन्ध स्थापित करना; (3) सूचीकरण में एक शीर्षक से दूसरे का निर्देश।

**REFERENCE ASSISTANT**

**संदर्भ-सहायक :** पुस्तकालय की सेवाओं व कार्यप्रणाली से एक नये पाठक को अवगत करना, पुस्तकालय सूची तथा सभी प्रकार की पुस्तकों के उपयोग में सहायता देना तथा पाठकों को उनकी रूचि की पाठ्य सामग्री के चयन में मागदर्शन करने वाला कर्मचारी।

**REFERENCE BOOK**

**संदर्भ-पुस्तक :** देखिये Reference Documents

**REFERENCE CARD**

**निर्देश-पत्रक** : सूचीकरण में अन्तर्विषयी प्रविष्टि पत्रक।

**REFERENCE COLLECTION**

**संदर्भ संग्रह** : पुस्तकालय में संदर्भ प्रलेखों का संग्रह । सामन्यतया इन प्रलेखों को पुस्तकालय से बाहर ले जाने की अनुमति नहीं होती है।

**REFERENCE DEPARTMENT**

**संदर्भ विभाग** : पुस्तकालय का विभाग/अनुभाग जिसमें संदर्भ ग्रन्थ रखे गये हैं तथा जहाँ बैठकर पाठक उनका उपयोग कर सकता है।

**REFERENCE DOCUMENTS**

**संदर्भ प्रलेख** : संदर्भ पुस्तकें व अन्य संदर्भ पाठ्य सामग्री जो पाठ्य पुस्तकों की भाँति सतत अध्ययन के लिये प्रयोग नहीं की जाती है। इस प्रकार के प्रलेखों में उल्लिखित सूचना का संकलन इस प्रकार का होता है कि उसका उपयोग एक निश्चित व विशिष्ट सूचना प्राप्ति के लिये ही किया जाता है। तथा इनका प्रयोग पुस्तकालय में ही किया जाता है।

**REFERENCE LIBRARIAN**

**संदर्भ-पुस्तकालयाध्यक्ष** : पुस्तकालय में संदर्भ–विभाग का संचालन करने वाला अधिकारी।

**REFERENCE LIBRARY**

**संदर्भ पुस्तकालय** : ऐसा पुस्तकालय जिसमें मुख्य रूप से संदर्भ हेतु प्रयोग किये जाने वाले सूचना स्रोतों का ही संग्रह होता है। यह संग्रह पुस्तकालय में उपयोग हेतु ही उपलब्ध होता है।

**REFERENCE MATERIAL**

**संदर्भ-सामग्री** : **देखिये** Reference Documents.

**REFERENCE SECTION**

**संदर्भ-अनुभाग** : देखिये Reference Department

**REFERENCE SERVICE**

**संदर्भ-सेवा** : पुस्तकालय में पाठ्य–सामग्री के उपयोग तथा सूचना की खोज व प्राप्ति में पाठक को दी जाने वाली सेवा।

**REFERENCE SOURCE**

**संदर्भ-स्रोत** : सूचना प्राप्ति के लिये प्रयुक्त सभी प्रकार के प्रलेख।

**REFERENCE TOOLS**

**संदर्भ-साधन** : **देखिये** Reference Documents

**REFERENCE WORK**

**संदर्भ कार्य :** पाठक को पुस्तकालय द्वारा सूचना प्राप्ति में दी जाने वाली सहायता अथवा संदर्भ अनुभाग द्वारा संदर्भ सेवा हेतु संकलित सूची अथवा अन्य ग्रन्थात्मक तैयार सामग्री।

**REFERENCES**

**संदर्भ :** एक लेखक द्वारा अपने कार्य के संदर्भ में प्रयोग किये गये अन्य कार्यों के प्रलेखों की सूची जिसे सामान्यतया लेख अथवा पुस्तक के अध्याय के अन्त में दिया जाता है।

**REFERRAL CENTRE**

**निर्देशक केन्द्र :** ऐसे सूचना केन्द्र जो सूचना सुलभ कराने के स्थान पर शोधकर्त्ताओं को उनके विषय सम्बन्धित सूचना स्रोतों की प्राप्ति के पुस्तकालय व सूचना केन्द्रों के बारे में जानकारी प्रदान करते हैं। ऐसे केन्द्र सामान्य पुस्तकालय सेवा प्रदान नहीं करते है। अमेरिका में ऐसे केन्द्रों को सम्पर्क केन्द्र (Switching centres) भी कहते है।

**REFLECTOGRAPHY**

**प्रतिक्षेपकांन :** देखिये Reflex Method

**REFLEX METHOD**

**रिफ्लेक्स विधि :** इस विधि में प्रतिलिपियों को प्राप्त करने हेतु प्रतिबिम्बन प्रक्रिया का प्रयोग किया जाता है। जिसमें सुग्राहित (Sensitiesed) पेपर से होकर प्रकाश जाता है तथा शीट के सफेद भाग से न कि काले मुद्रित भाग से प्रतिबिम्बित होता है। इससे नेगेटिव तैयार किया जाता है। तत्पशचात् उसी प्रकार के कागज पर स्थानान्तिरित प्रकाश (transmitted light) द्वारा नेगेटिव को मुद्रित किया जाता है। और पॉजेटिव प्रति तैयार हो जाती है।

**REGIONAL BIBLIOGRAPHY**

**क्षेत्रीय ग्रन्थसूची :** एक विशिष्ट क्षेत्र से समन्धित प्रलेखों की क्रमबद्ध सूची।

**REGIONAL CATALOGUE**

**क्षेत्रीय सूची :** एक क्षेत्रीय पुस्तकालय की पुस्तकों की सूची अथवा एक विशिष्ट भौगोलिक क्षेत्र के व्यक्तियों द्वारा लिखी अथवा उनसे सम्बन्धित पुस्तकों की सूची।

**REGIONAL LIBRARY**

**क्षेत्रीय पुस्तकालय :** एक प्रादेशिक पुस्तकालय जिसमें कई जिलों के पाठकों की आवश्यकताओं की पूर्ती हो सकती है।

**REGISTER SYSTEM**

**पंजीप्रणाली :** यह पुस्तकालयों में पुस्तक निर्गम–आगम की अति प्राचीन प्रणाली है जिसमें प्रत्येक पृष्ठ पर पृष्ठसंख्या सहित कई कालम बनाये जाते हैं जिनमें तिथि, अधिग्रहण संख्या, लेखक का नाम, पुस्तक की आख्या, पाठक का नाम व संख्या, देय दिनांक, पाठक के हस्ताक्षर, पुस्तक प्राप्ति की तिथि तथा प्राप्त करने वाले कर्मचारी के हस्ताक्षर होते हैं।

**REGISTERED READER**

**पंजीकृत पाठक :** पाठक जिसे पुस्तकालय की सदस्यता उपलब्ध हो गयी हो तथा पुस्तकालय से पुस्तकें उधार पर प्राप्त कर सकता है।

**REGISTRATION**

**पंजीकरण :** पुस्तकालय के नियमों के आधार पर एक पाठक को पुस्तकालय की सदस्यता प्रदान करना। जिसके पश्चात् वह पुस्तकालय से पुस्तकें उधार लेने तथा अन्य सेवाओं को उपयोग करने का अधिकारी हो जाता है।

**REGISTRATION CARD**

**सदस्यता पत्रक :** एक सदस्य को पंजीकरण के पश्चात् पुस्तकालय द्वारा दिया जाने वाला सदस्यता पत्रक, जो पहचान पत्रक का कार्य करता है। यही पत्रक पाठक को पुस्तकालय से पुस्तकें उधार लेने व अन्य सेवाओं के उपयोग करने के लिये अधिकृत करता है।

**REGISTRATION FORM**

**पंजीयन प्रपत्र :** पुस्तकालय को पंजीकरण प्रपत्र दिया जाता है जिसमें पाठक का नाम, पिता का नाम, विभाग/कालेज का नाम, घर का पता आदि विवरण भर कर देना होता है। इसी के आधार पर पाठक का पंजीकरण किया जाता है।

**REGISTRATION OF READERS**

**पाठक पंजीकरण :** पुस्तकालय की सेवाओं व संग्रह का उपयोग करने हेतु प्रत्येक पाठक का पंजीकरण किया जाता है। पुस्तकालय द्वारा पाठक को पंजीकरण प्रपत्र दिया जाता है जिसमें पाठक को अपना पूरा विवरण व पता देना होता है जिसके आधार पर पुस्तकालय उसे सदस्यता प्रदान करता है तथा इसी आधार पर वह पुस्तकालय से पुस्तकें उधार पर प्राप्त करने के साथ ही अन्य सेवाओं का भी उपयोग कर सकता है।

**RE-INFORCED BINDING**

**प्रबलित जिल्दबन्दी :** प्रकाशक द्वारा की गयी एक पुस्तक की जिल्दबन्दी

को अधिक सुदृढ़ करने हेतु पुस्तकालय जिल्दसाज द्वारा की जाने वाली जिल्दबन्दी को प्रबलित जिल्दबन्दी कहा जाता है।

**RE-ISSUE**

**पुनर्प्रकाशन :** एक प्रकाशन को नये रूप अथवा नये संस्करण अथवा नई कीमत पर प्रकाशित करना।

**RE-ISSUE (BOOK)**

**पुनर्निगम :** पाठक द्वारा उधार पर ली गयी पुस्तक देयदिनांक पर वापस लाने पर फिर से उसी पाठक को उस पुस्तक को उधार पर देना।

**RELATED TERMS**

**सम्बद्ध शब्द :** वर्गीकरण अथवा सूचना पुनः प्राप्ति में एक विषय के शब्दों की विशिष्टता एवं महत्व में पारस्परिक समकक्षता का होना। जैसे वृहद शब्द, सूक्ष्म शब्द।

**RELATIONAL OPERATORS**

**सम्बन्धात्मक सूचक :** वर्गीकरण व अनुक्रमणीकरण जिसमें एक मिश्रित विषय की विशेषताओं को पदो/शब्दों में व्यक्त करके संकेतकों अथवा चिन्हों से जोड़ कर सम्बन्ध बताए जाते हैं। इन चिन्हों को सम्बन्धात्मक सूचक नाम दिया जाता है। फैराडेन ने कुछ ऐसे ही संचालक चिन्हों के आधार पर ही वर्गीकरण हेतु एक सम्बन्धात्मक पद्धति का प्रतिपादन किया है।

**RELATIVE INDEX**

**सापेक्षिक अनुक्रमणिका :** एक वर्गीकरण पद्धति की वर्णानुक्रमिक अनुक्रमणिका जिसमें पद्धति के विभिन्न मुख्य विषयों में उल्लिखित विषयों से सम्बन्धित विषयों व उसके विभिन्न दृष्टिकोण को एक प्रविष्टि के अन्तर्गत इस तरह प्रस्तुत किया जाता है कि प्रलेखों को उस विषय तथा सम्बन्धित विषयों के वर्गांकों को अनुसूची में प्राप्त करके उनको वर्गीकृत करना आसान हो जाता है।

**RELATIVE INDEX (DDC)**

**सापेक्षिक अनुक्रमणिका (डी॰डी॰सी॰) :** सापेक्षिक अनुक्रमणिका डीवी डेसीमल क्लासीफिकेशन की अनुसूचियों के विषयों व वर्गांकों तक पहुँचने का महत्वपूर्ण माध्यम है। इसमें प्रत्येक अर्थपूर्ण शब्द के लिये एक प्रविष्टि दी जाती है। विभिन्न विषयों के पर्यायवाची शब्दों तथा सामान्य उपयोग में आने वाले महत्वपूर्ण शब्दों से भी प्रविष्टि बनायी जाती है। प्रविष्टियों को वर्णानुक्रमिक शब्दानुशब्द क्रम से व्यवस्थित किया जाता है। इसमें अन्तर्निदेश (Cross References) भी दिये जाते हैं जिससे पर्यायवाची शब्दों तथा ऐसे घटक जो

कई विषयों के अन्तर्गत उपलब्ध है, उनकी भी सूचना प्राप्त हो जाती है। डी॰डी॰सी॰ के प्रथम संस्करण में इसका नाम वर्णानुक्रमिक विषय अनुक्रमणिका (Alphabetical Subject Index) था। जिसे संस्करण 2 में सापेक्षिक अनुक्रमणिका कर दिया गया।

**RELATIVE LOCATION**

**सापेक्षिक स्थिति :** प्रलेखों के पारस्परिक सम्बन्धों के आधार पर उनको व्यवस्थित करना।

**RELEVANT CHARACTERISTCS**

**प्रासंगिक विशेषता :** वर्गीकरण के दृष्टिकोण से वह विशेषता जो विषय के विभाजन के लिये प्रासंगिक है। सेर्यस इसे आवश्यक (Essential) विशेषता कहते हैं। रंगनाथन ने प्रासंगिकता का उपसूत्र प्रतिपादित करके स्पष्ट शब्दों में कहा है कि 'एक विषय जगत के वर्गीकरण के लिये जिस विशेषता को आधार बनाया जाता है उसे वर्गीकरण के उद्देश्य से प्रासंगिक होना चाहिये।'

**RELOCATIONS**

**पुनर्स्थानीकरण :** डी॰डी॰सी॰ के संशोधन का एक सशक्त माध्यम पुनर्स्थानीकरण है। इस विधि में नये विषयों को ग्राह्यता प्रदान करने, एक ही विषय के अन्तर्गत वर्गीकृत कई विषय होने पर उनको अन्य स्थान पर वर्गीकृत करने अथवा पुराने संस्करण में गलत स्थान पर वर्गीकृत किये जाने पर सही स्थान प्रदान किया जाता है। इस विधि का प्रयोग करके डी॰डी॰सी॰ के नये संस्करण को नये व सही रूप में प्रस्तुत करने का प्रयत्न किया जाता है। इस विधि का प्रयोग संस्करण 2 (1885) से ही आरम्भ हो गया था।

**REMAINDERS**

**अवशेष प्रतियाँ :** एक पुस्तक की ऐसी प्रतियाँ जो अब बिक नहीं रही है। ऐसी प्रतियों को प्रकाशक कम दामों में पुस्तक विक्रेता को अथवा निलामी द्वारा बेचने का प्रयत्न करता है।

**REMINDER**

**स्मरण पत्र :** पाठकों द्वारा पुस्तकों को देय दिनांक तक न लौटाने के कारण उसे पुस्तकालय पुस्तक लौटाने हेतु एक पत्र भेजता है जिसे स्मरण पत्र कहा जाता है।

**REMOTE ACCESS**

**रिमोट एक्सेस :** रिमोट का अर्थ है कम्प्यूटर के ऐसे बाह्य इकाईयाँ जो अपने कार्यों को कम्प्यूटर से दूरस्थ स्थान से करती है। जबकि रिमोट एक्सेस का अर्थ है दूरस्थ अभिगम अर्थात दूरस्थ कम्प्यूटर से जुड़ा कन्सोल टाइपराटर

जो मुख्य कम्प्यूटर से सीधे सम्पर्क कर सकता है तथा ऐसे टर्मिनल या कम्प्यूटर से सूचना प्राप्त कर सकता है जो मुख्य संसाधक या कम्प्यूटर से दूरी पर स्थित है।

**REMOTE CONTROL**

**रिमोट कन्ट्रोल :** बैटरी से चलने वाला यह एक छोटा सा उपकरण है। इसके बटन दबाने पर जो भी आदेश दिये जाते है उनको हल्की रोशनी द्वारा टी॰वी॰ या वी॰सी॰आर॰(VCR) तक पहुँचा देता है। टेलीविजन अथवा वी॰सी॰आर॰ में लगे एक लघु कम्प्यूटर उन संकेतों को पढ़ कर निहित आदेशों की अनुपालना करता है।

**RENEWAL**

**नवीनीकरण :** एक पाठक द्वारा अंकित देय दिनांक को आगे बढ़ा देना **अथवा** पुस्तकालय सदस्यता की निश्चित अवधि समाप्त होने के पश्चात् सदस्यता का नवीनीकरण करना।

**RENEWAL SLIP**

**नवीनीकरण पर्ची :** सदस्यता नवीनीकरण **अथवा** पुस्तक उधार अवधि बढ़ाने हेतु पर्ची, जिसमें इस हेतु आवश्यक सूचना मुद्रित होती है तथा जिसे भर कर पाठक पुस्तकालय को देता है।

**REPAIRING**

**मरम्मत :** पुस्तकालय में पुस्तकों की जिल्द की मरम्मत तथा पुस्तक की सिलाई, आवरण तथा जोड़ आदि की टूट फूट ठीक करना।

**REPLACEMENT - DOCUMENTS**

**प्रलेख प्रतिस्थापन :** फटी हुई पुस्तकों अथवा अन्य प्रकार की पाठ्य सामग्री के स्थान पर नई प्रति खरीद कर रखना अथवा ऐसी पुस्तक अथवा अन्य पाठ्य सामग्री जिसे हटा दिया गया हो उसके स्थान पर दूसरी प्रति रखना।

**REPLICA**

**प्रतिकृति :** एक प्रलेख की प्रतिकृति **अथवा** एक कलाकृति की प्रतिरूप कृति।

**REPORT**

**प्रतिवेदन :** एक संस्था अथवा संगठन की संगठनात्मक क्रियाकलापों का विवरण देने वाला प्रकाशन।

**REPORTING**

**सूचित करना :** एक संस्था अथवा संगठन की उपलब्धियों व विकास कार्यों के बारे में नियमित जानकारी प्रदान करना।

**REPOSITORY**

**भंडार** : एक पुस्तकालय अथवा पुस्तकालय समूह तंत्र का प्रलेख संग्रह भंडार।

**REPRINT**

**पुनर्मुद्रण** : (i) एक मूल पुस्तक के किसी संस्करण का बिना किसी संशोधन अथवा परिवर्तन के फिर से उसी रूप में प्रकाशित करना; (ii) सामयिक प्रकाशन में प्रकाशित लेख की अलग से प्रकाशित प्रतियाँ।

**REPRINT EDITION**

**पुनर्मुद्रित संस्करण** : एक प्रलेख की यदि सभी प्रतियाँ एक साथ मुद्रित व प्रकाशित की जाती है तो उसे प्रथम संस्करण तथा निश्चित प्रकाशित प्रतियों के समाप्त होने पर इसकी अतिरिक्त प्रतियाँ प्रकाशित की जाती है तो उसे पुनर्मुदित संस्करण कहते हैं।

**REPROGRAPHY**

**प्रतिलिपिकरण** : इस शब्द की उत्पत्ति अंग्रेजी शब्द **रिप्रोडक्शन** तथा **फोटोग्राफी** से हुई है जिसका अर्थ है फोटोग्राफी प्रक्रिया से एक से अधिक प्रतियों का उत्पादन करना। तथापि वर्तमान समय में प्रलेख के प्रतिलिपिकरण से सम्बन्धित सभी प्रकार के कार्य व तकनीक रिप्रोग्राफी के अन्तर्गत ही आती है। इस प्रकार छायाकंन अथवा किसी भी अन्य माध्यम द्वारा एक मूल प्रलेख की एक या अधिक प्रतिकृतियों का उत्पादन रिप्रोग्राफी कहलता है। इस शब्द का प्रयोग प्रथम बार जर्मनी में 1963 में सम्पन्न हुये प्रथम अन्तर्राष्ट्रीय रिप्रोग्राफी सम्मेलन में किया गया।

**REQUISITION CARD**

**मांग-पत्रक** : पुस्तकालय में उपलब्ध ऐसे मुद्रित पत्रक जिनको भर कर एक पाठक किसी पुस्तक को खरीदने की मांग अथवा सुझाव प्रस्तुत कर सकता है। इसे सुझाव–पत्रक (Suggestion Card) भी कहते हैं।

**REQUISITION SLIP**

**माँग पर्ची** : यदि पुस्तकालय में निषिद्ध प्रवेश प्रणाली को (Closed Access) प्रयोग किया जाता है तो पाठक को पुस्तक प्राप्त करने हेतु पुस्तकालय में उपलब्ध मांग पर्ची पर अपनी वांछित पुस्तक का शीर्षक, लेखक का नाम, नामांक (Call Number) लिखकर कर देना होता है तभी उसे अपनी पुस्तक प्राप्त हो सकती है।

**RE-REGISTRATION**

**पुनर्पंजीकरण :** पुस्तकालय सदस्यता अवधि समाप्त होने पर पाठक का पुनर्पंजीकरण करना। यह पुस्तकालय द्वारा स्वतः अथवा पाठक द्वारा आवेदन करने पर किया जाता है।

**RESEARCH LIBRARY**

**शोध पुस्तकालय :** विशिष्ट विषय से सम्बन्धित प्रलेखों का पुस्तकालय। इस प्रकार के पुस्तकालय में शोधकर्ताओं व विशेषज्ञों को उनके विषय पर विभिन्न सूचना सेवाओं के साथ–साथ अन्य सम्बन्धित पुस्तकालयों व सूचना केन्द्रो के बारे में निर्देशक सेवा भी प्रदान की जाती है।

**RESEARCH MONOGRAPH**

**शोध विप्रंबध :** शोध विप्रंबध शोधकर्ताओं द्वारा प्रकाशित मौलिक शोध का प्रतिवेदन है। जो मौलिक शोध के परिणामों को प्रस्तुत करते हैं।

**RESERVATION**

**आरक्षण :** ऐसी पुस्तक जिसे विभिन्न कारणों से पुस्तकालय पाठक को तत्काल उपलब्ध नहीं करा सकता है। ऐसी पुस्तक हेतु पाठक द्वारा किया गया आरक्षण।

**RESERVATION CARD**

**आरक्षण पत्रक :** पत्रक जिसमें पाठक आरक्षण कराने हेतु पुस्तक का आवश्यक विवरण भर कर पुस्तकालय को देता है।

**RESERVE COLLECTION**

**आरक्षित संग्रह :** पुस्तकालय का ऐसा संग्रह जिसका उपयोग अबाधित रूप से नहीं किया जा सकता है, अपितु पुस्तकालय से विशिष्ट अनुमति लेने पर ही इस प्रकार के संग्रह का उपयोग किया जा सकता है।

**RESOLVING POWER**

**समाधान शक्ति :** यह डा॰ रंगनाथन के सहयोगी एस रामचंद्रन के द्वारा क्रमसम्बद्धता का उपसूत्र (Canon of Modulation) के लिये सुझाया गया वैकल्पिक नाम है। जिसका अर्थ है वह शक्ति जो एक विषय जगत के प्रथम क्रम की पंक्ति के लिये उपयुक्त वर्गों अथवा श्रेणीबद्ध एकलों को पहचानने में सहायक होती है।

**RESOURCE SHARING**

**स्त्रोत साझेदारी :** एक पुस्तकालय में उपलब्ध पाठ्य सामग्री का उपयोग पारस्परिक सहयोग के आधार पर दूसरे पुस्तकालयों द्वारा किया जाना ही स्त्रोत

साझेदारी है। इस प्रक्रिया का प्राथमिक स्वरूप अन्तर–पुस्तकालय अदान–प्रदान (Inter Library Loan) है जबकि इसका आधुनिकतम स्वरूप नेटवर्क है जिससे पुस्तकालयों में उपलब्ध आवश्यक प्रलेखों की सूचना अथवा उसका सार तुरंत प्राप्त किया जा सकता है।

**RESTRICTED ACCESS**

**प्रतिबंधित प्रवेश :** देखिये Closed Access

**RESTRICTED BOOK**

**प्रतिबंधित पुस्तक :** पुस्तकालय में उपलब्ध ऐसी पुस्तक जिसका प्रयोग पुस्तकालय की विशिष्ट अनुमति पर ही किया जा सकता है।

**RESULT - ACTAND - ACTION - ACTOR - TOOL PRINCIPLE**

**परिणाम - क्रिया - कर्ता - साधन सिद्धान्त :** रंगनाथन द्वारा पक्ष अनुक्रम के लिये प्रतिपादित सिद्धान्त। 1964 तक इस सिद्धान्त का नाम Commodity - Raw Material - Transformation Principle था। 1967 में इसे Commodity - Actand - Action - Actor - Tool Principle नाम दिया गया। डी॰आर॰टी॰सी॰ बंगलोर में इन दोनों पर अध्ययन के फलस्वरूप ही इस नये नाम का प्रयोग किया गया। इस सिद्धान्त के अनुसार 'यदि एक विषय में पक्ष स पक्ष ब के उपर पक्ष द के द्वारा, पक्ष ई को साधन के रूप में प्रयुक्त करके क्रिया करता है। यदि इसका परिणाम एक उपयोगी वस्तु अ है तो इनको अ – ब – स – द – ई के क्रम में व्यवस्थित किया जायेगा।

**RETRIEVAL**

**पुनः प्राप्ति :** किसी भी रूप में (पुस्तकालय सूची, सार पत्रिका अथवा कम्प्यूटर में) संग्रहीत ज्ञान में से आवश्यक सूचना ढूंढकर पुनः प्राप्त करना ही सूचना पुनः प्राप्ति कहलाता है। इस शब्द का प्रयोग 1950 के दशक में काल्विन मूर्स (Calvin Moorse) ने सूचना पुनः प्राप्ति के लिये कंप्यूटर तकनीक के संदर्भ में किया।

**RETROACTIVE NUMBER DEVICE**

**पूर्व प्रभावी अंक विधि :** इस विधि का प्रयोग बिब्लियोग्राफिक क्लासीफिकेशन संस्करण 2 में वर्गांक बनाने के लिये किया गया है जिसकी अनुसूचियों को प्रतिलोमता का सिद्धान्त (Principle of Inversion) के आधार पर व्यवस्थित किया गया है। इस विधि के द्वारा एक मिश्रित विषय का वर्गांक बनाने के लिये अनुसूची में परिगणन किये गये एकल अंकों का नीचे से ऊपर की ओर संश्लेषण करना पड़ता है। अर्थात जिस मिश्रित विषय का वर्गांक बनाना है उसका आधार अंक प्रयोग करने के पश्चात् उससे पूर्व के अंकों को क्रमशः जोड़कर सहविस्तृत

वर्गांक बनाया जाता है। इस विधि की मुख्य विशेषता यह है कि बिना किसी संकेतक के संश्लेषण प्रक्रिया का प्रयोग किया जा सकता है। इस विधि के प्रतिपादक जे॰ मिल्स है जो इस पद्धति को संशोधित करने की कमेटी के प्रमुख हैं।

**RETROSPECTIVE BIBLIOGRAPHY**

**अनुदर्शी ग्रन्थ सूची :** पूर्व अर्थात भूतकाल में प्रकाशित पुस्तकों के आधार पर बनायी गयी ग्रन्थ सूची।

**RETROSPECTIVE PERIODICAL INDEX**

**अनुदर्शी सामयिक प्रकाशन अनुक्रमणिका :** विगत अनेक वर्षों में प्रकाशित सामयिक प्रकाशनों की क्रमबद्ध अनुक्रमणिका।

**RETURN DESK**

**निर्गम डैस्क :** पुस्तकालय का वह स्थान जहाँ से पुस्तकों का आदान–प्रदान किया जाता है।

**RETURNS**

**अवशेष प्रलेख :** ऐसे बचे हुए प्रलेख जो न बिकने के कारण पुस्तक विक्रेता के द्वारा प्रकाशक को वापस भेजे गये हैं।

**REUSE OF NUMBERS**

**अंको का पुनर्प्रयोग :** वर्गीकरण पद्धति में एक संस्करण में रिक्त छोड़े गये अथवा भिन्न विषयों को आवंटित अंकों को दूसरे संस्करण में अन्य विषयों को आवंटित करना। यह विधि डी॰डी॰सी॰ की संशोधन प्रक्रिया का महत्वपूर्ण माध्यम है।

**REVIEW**

**समीक्षा :** सामयिक प्रकाशन अथवा समाचान पत्रों में प्रकाशित एक साहित्यिक कृति की समालोचना अथवा आलोचनात्मक व्याख्या।

**REVIEW COPY**

**समीक्षार्थ प्रति :** प्रकाशक अथवा लेखक द्वारा सामयिक प्रकाशन अथवा समाचार पत्र को समीक्षा हेतु भेजी गयी पुस्तक की प्रति।

**REVIEW PERIODICAL**

**समीक्षा पत्रिका :** सामयिक प्रकाशन जिसमें मुख्यतः विवेचनात्मक लेख तथा नई प्रकाशित कृतियों की समीक्षाओं का प्रकाशन होता है।

**REVIEW JOURNAL**

**समीक्षा-पत्रिका :** देखिये Review Periodical

**REVISED EDITION**

**संशोधित संस्करण :** पुस्तक का नया संस्करण जिसे मूल संस्करण की त्रुटियों, कमियों को दूर करके उस विषय पर प्रतिपादित व प्रकाशित नये विचारों के आधार पर तैयार किया गया हो।

**REVOLVING BOOKCASE**

**चक्र-मंजूषा :** प्रलेखों को रखने के लिये ऐसी पुस्तक मंजूषा जिसके चारों तरफ प्रलेख रखने के लिये शैल्फ बने होते हैं तथा जिसे चारों तरफ घुमाकर प्रयोग किया जा सकता है।

**RIC**

**राइडर इन्टरनेशनल क्लासीफिकेशन का संक्षिप्त शब्द :** देखिये International Classification

**RICE PAPER**

**राइस पेपर :** एक छोटे से पेड़ के गूदे से बनाया गया कागज।

**RICH DIGITS**

**अर्थतत्व पूर्णांक :** पुस्तकालय वर्गीकरण में प्राकृतिक भाषा को कृत्रिम भाषा में बदलने के लिये अंकों, शब्दों, चिन्हों का प्रयोग किया जाता है। जिनको वर्गाचार्य द्वारा अर्थ गुण प्रदान किया जाता है तथा इनकों इनके क्रमसूचक गुण के आधार पर ही व्यवस्थित किया जाता है। वर्गीकरण पद्धति की अंकन प्रणाली के वे अंक जिनको विषयों व एकलों के प्राकृतिक नाम के स्थान पर कृत्रिम नाम के रूप में प्रयोग किया जाता है उन्हें सारगर्भित अंक (Substantive Digits) अथवा अर्थतत्व पूर्णांक कहा जाता है।

**RIDER BOOK NUMBER**

**राईडर ग्रथांक :** फ्रीमोंट राईडर ने बिस्कों ग्रंथाक को संशोधित कर ग्रथांक बनाया, जिसमें प्रकाशन वर्ष के लिये दशक का प्रथम अंक ही प्रयोग किया जाता है, इसके पश्चात् लेखक के कुलनाम का प्रथम अक्षर जोड़ा जाता है। विशिष्ट स्थिति में जैसे एक पुस्तक की कई प्रतियाँ हो तो इस ग्रथांक के बाद तीसरा अंक c तथा कई खण्डों में प्रकाशित होने वाली पुस्तक के ग्रथांक में v जोड़ा जाता है। राइडर ने इसे दो चिन्हों का ग्रथांक नाम दिया है।

**RIDER, FREMONT (1885-1962)**

**फ्रीमोंट राइडर :** राइडर ने इन्टरनेशनल क्लासीफिकेशन नाम से 1961 में एक वर्गीकरण पद्धति बनाई है। माइक्रोकार्ड की अवधारणा को प्रतिपादित करने के लिये भी राइडर उल्लेखनीय पुस्तकालयाध्यक्ष है। राइडर ने दो अन्य पुस्तकें Compact Book Storage तथा And Master of Non (आत्मकथा) भी लिखी है।

**RIGIDLY FACETED CLASSIFICATION**

**अनम्य पक्षात्मक वर्गीकरण :** कोलन क्लासीफिकेशन के प्रथम तीन संस्करणों को अनम्य पक्षात्मक वर्गीकरण पद्धति की संज्ञा दी जाती है। 1933-1950 में प्रकाशित इन तीन संस्करणों में प्रत्येक मुख्य विषय में पक्ष तथा उनका अनुक्रम पूर्व निर्धारित था। सभी पक्षों के लिये एक ही संकेतक **कोलन** : प्रयोग किया जाता था, जिसका प्रयोग प्रत्येक पक्ष के लिये आवश्यक था चाहे प्रलेख की विषय–वस्तु में वह पक्ष घटित होता हो अथवा नहीं। यह न केवल भ्रान्ति ही उत्पन्न करता था अपितु एक पक्ष का कोलन संकेतक यदि ग़लती से छूट जाये तो वर्गांक का अर्थ ही बदल जाता था।

**ROBOT**

**रोबोट :** रोबोट शब्द का प्रयोग 1920 में चेकोस्लोवाकिया के एक नाटककार करेल चापेक (Karel Capek) ने अपने नाटक 'Rossum's Universal Robots' में किया था। चैक भाषा में रोबोट का अर्थ है – बन्धुआ मजदूर या दास। इस शब्द का प्रयोग कई वर्षों तक कहानियों में ही किया जाता रहा। दूसरी पीढ़ी के कंप्यूटरों में छोटे सिलिकॉन ट्राँजिस्टरों के उपयोग होने से रोबोटिक तकनीक पर कार्य आरम्भ हुआ। 1954 में ऐसे रोबोट बने जिनमें इलैक्ट्रॉनिक स्मृति थी। वे देख व सूंघ सकते थे तथा दूरी का अनुभाग भी लगा सकते थे। 1971 में माइक्रोप्रोसेसर का आविष्कार होने से रोबोट के विद्युत चालित संवेदों को माइक्रो प्रोसेसर से नियंत्रित किया जाने लगा। इनसे इनकी कार्यक्षमता में अन्यन्त वृद्धि हो गयी है। पाँचवी पीढ़ी के कम्प्यूटर ने तो रोबोट को मष्तिष्क भी प्रदान कर दिया है। रोबोट एक ऐसी स्वचालित मशीन है जो मनुष्यों द्वारा किये जाने वाले कई कार्यों को कम्प्यूटर नियंत्रण से कर सकता है। अनेक सेन्सरों से युक्त व कम्प्यूटर द्वारा नियंत्रित रोबोट अब कई काम स्वंय की बुद्धि से भी कर सकता है। जापान में कार निर्माण उद्योग में रोबोट का सर्वाधिक उपयोग होता है केलीफोर्निया में **ओल** नामक रोबोट का प्रयोग ब्रेन ट्यूमर की शल्य चिकित्सा में किया गया। रोबोट नर्स का कार्य कर सकता है। होटल के मशीन वेटर का काम कर सकता है। तथा उत्पादन के क्षेत्र में भी अनेक कार्य कर सकता है।

**ROBOTICS**

**रोबोटिक्स :** वह विज्ञान अथवा कला जो कृत्रिम बुद्धि तथा यंत्रविज्ञान पर आधारित है।

**ROLE INDICATORS**

**कार्यसूचक अंक :** कुछ अनुक्रमणीकरण पद्धतियों में पदों के साथ कार्यसूचक अंकों का भी प्रयोग किया जाता है जिससे यह प्रकट हो जाता है कि

विषय की व्याख्या एंव खोज में यह पद/शब्द किस तरह का कार्य करेगा। सामान्यतया अंक 0-10 तक का प्रयोग इस प्रकार के कार्यसूचक अंकों के रूप में किया गया है। तथापि डेरिक आस्टीन ने **प्रेसीस** प्रणाली में छोटे रोमन अक्षर व एरैबिक अंक दोनों का ही प्रयोग इस हेतु किया है।

**ROLL**

**रोल** : दस्तकार द्वारा प्रयोग किया जाने वाला एक उपकरण।

**ROM**

**रोम** : रीड ओनली मैमोरी के लिये प्रयुक्त संक्षिप्त शब्द है। यह कम्प्यूटर की स्थाई प्रकार की इलैक्ट्रानिक स्मृति है। कम्प्यूटर के निर्माता इस प्रकार की स्मृति के निर्माण के समय में उनमें कुछ ऐसे प्रोग्राम भर देते हैं जिनकी कम्प्यूटर को बार–बार आवश्यकता होती है। इस स्मृति में अंकित सूचना को अनेक बार पढ़ा जा सकता है पर इसे बदला नहीं जा सकता है अर्थात एक बार इस स्मृति में जो सूचना अंकित कर दी जाती है उसमें कोई संशोधन नहीं किया जा सकता है।

**ROMAN NUMERALS**

**रोमन अंक** : रोमन बड़े अक्षर – A, B, C - Z जिनका प्रयोग अंकों के रूप में भी किया जाता है जैसे V = पाँच के लिये, X को 10, L = 50, C = 100 को इंगित करता है।

**ROOF CLASSIFICATION**

**आवरण वर्गीकरण** : 1970 में एफ. आई. डी. (FID) की वर्गीकरण शोध कमेटी (FID/CR) ने यह निर्णय लिया कि नेटवर्क प्रणाली में प्रयोग हेतु यूनीवर्सल डेसीमल क्लासीफिकेशन में कुछ मूलभूत परिवर्तन करके एक आवरण पद्धति बनायी जाय जो नेटवर्क से जुड़े विभिन्न केन्द्रों व पुस्तकालयों में प्रयोग की जाने वाली पद्धतियों के वर्गांकों को बदलने में मध्यस्थ पद्धति का कार्य करे। तथापि यह योजना कार्यान्वित नहीं हुई। देखिये B.S.O.

**ROOT DIRECTORY**

**रूट डाइरेक्टरी** : कम्प्यूटरों में फाइलों के संग्रह की सूची को डाइरेक्टरी कहते हैं। फाइलों की तरह प्रत्येक डाइरेक्टरी का एक नाम होता है। इन सभी डाइरेक्टरियों की सूची को एक मुख्य डाइरेक्टरी में रखा जाता है जिसे रूट डाइरेक्टरी कहते हैं।

**ROUNDS**

**आवर्तन** : वर्गीकरण पद्धति कोलन क्लासीफिकेशन में एक मिश्रित विषय

में यदि व्यक्तितत्व श्रेणी, पदार्थ श्रेणी तथा क्रिया श्रेणी की अभिव्यक्ति एक से अधिक बार होती है तो उसे आवर्तन कहा जाता है किंतु क्रिया श्रेणी के प्रस्तुती से ही आवर्तन की अभिव्यक्ति हो सकती है।

**ROUTE**

**रोट** : यह संचारण पथ (Channel) का समानार्थक शब्द है किंतु इस शब्द का प्रयोग आपरेटिंग सिस्टम तथा नेटवर्क के सम्बन्ध में किया जाता है।

**ROUTER**

**रूटर** : कंप्यूटर हार्डवेयर का वह भाग जिसे दो अलग–अलग नेटवर्कों को जोड़ने के काम में लिया जाता है। इसे गेटवे भी कहते हैं।

**ROUTING**

**संचरण** : विशिष्ट पुस्तकालयों में विशेषज्ञों व शोधकर्ताओं को उनके विषय में प्रकाशित नवीनतम सूचना से अवगत कराने हेतु पत्रिकाओं को उन तक पहुँचाने का यह एक माध्यम है। संचरण प्रक्रिया सरकुलर रूटिंग अथवा रेडियल रूटिंग से पूरी की जा सकती है। सरकुलर रूटिंग अर्थात चक्राकार परिक्रमा लगाकर पत्रिका का वापस आना है। इस विधि में पत्रिकाओं के अंक जिसे संचरण पर भेजना है, उसके आवरण पर पुस्तकालय द्वारा वितरण पर्ची चिपका दी जाती है। जिनको पुस्तकालय द्वारा यह अंक भेजना है इस पर्ची पर क्रमवार उसका नाम, विभाग आदि लिख दिया जाता है। साथ ही क्रम में दूसरे विशेषज्ञ के नाम, विभाग के विवरण के आगे उस तिथि को भी लिख दिया जाता है जिस दिन तक वह पत्रिका उस तक पहुँच जानी चाहिये। इस पर्ची पर यह भी निर्देश होता है कि क्रम के अनुसार यह दूसरे उपयोगकर्ता को निश्चित समय पहुँच जानी चाहिये। इस प्रकार चक्राकार संचरण के माध्यम से पत्रिका का यह अंक सबको सूचना देती हुई वापस पुस्तकालय के सम्बन्धित अनुभाग में पहुँच जाती है। रेडियल अर्थात क्रमबद्ध संचरण में जिस उपयोगकर्ता के पास पत्रिका भेजी जाती है वह प्रयोग करने के पश्चात् पत्रिका को वापस पुस्तकालय को भेज देता है। पुस्तकालय ही पत्रिका को दूसरे उपयोगकर्ता को भेजता है।

**ROUTING SLIP**

**संचरण पर्ची** : पुस्तकालय द्वारा संचरण हेतु भेजी जाने वाली पत्रिका के आवरण पर चिपकाई जाने वाली पर्ची जिस पर पाठक का नाम, विभाग, तथा पत्रिका भेजने की तिथि लिखी जाती है।

**ROYALTY**

**रॉयल्टी** : एक लेखक को उसकी कृति प्रकाशित करने वाले प्रकाशक से

अनुबंध के आधार पर मिलने वाला स्वत्व शुल्क, जो कृति के प्रकाशन मूल्य का भाग होता है।

**RUNNING TITLE**

**पुनरावृत आख्या :** पुस्तक के वाम पृष्ठ अथवा प्रत्येक पृष्ठ पर मुद्रित संक्षिप्त शीर्षक।

**RUN ON**

**जारी रखिये :** हस्तलिपि अथवा प्रुफ में इस शब्द का प्रयोग किया जाता है। जिसके द्वारा मुद्रक को निर्देश दिया जाता है कि मुद्रित पाठ्य सामग्री को सतत् चलने दीजिए, नया अनुच्छेद आरम्भ न करें।

**RUN - ON - CHAPTERS**

**अविच्छिन अध्याय :** एक अध्याय के समाप्त होने पर उसी पृष्ठ से नया अध्याय आरम्भ कर देना।

**SACRAMENTARY**

**संस्कार ग्रन्थ :** ग्रन्थ जिसमें धर्म विधि का विवरण है।

**SACRED WORK**

**धार्मिक कृति :** एक धर्म की ऐसी आधारभूत पुस्तक जिसे उस धर्म के मानने वालों ने भी मौलिक पुस्तक स्वीकार किया हो जैसे श्रीमद्‌भागवद् गीता।

**SALTON'S MAGICAL AUTOMATED RETRIEVAL TECHNIQUE**

देखिये SMART.

**SAMPLE PAGE**

**नमूना पृष्ठ :** मुद्रक द्वारा सम्पूर्ण पुस्तक का नमूना तथा **मॉडल** प्रदर्शित करने हेतु चुना गया एक पृष्ठ।

**SAMPLING**

**प्रतिचयन :** शोधकार्यों हेतु प्रयोग की जाने वाली वह प्रक्रिया जिसमें एक विशिष्ट विषयजगत के एक भाग का चयन कर उसके अध्ययन व मूल्यांकन के आधार पर उस विषय के बारे में निष्कर्ष प्राप्त किये जाते हैं।

**SATNET**

**सैटनैट :** Internet-via-satellite अर्थात् सेटलाइट के माध्यम से इन्टरनेट का कार्य जो 1970 के दशक से आरम्भ हुआ। वर्तमान समय के व्यस्त सार्वजनिक टेलीफोन से यह इन्टरनेट का सबसे विश्वसनीय व शीघ्रगामी माध्यम माना जाता है।

**SAVE**

**सेब :** कंप्यूटर की अस्थायी स्मृति से स्थायी स्मृति जैसे फ्लापी डिस्क

अथवा मैगनेटिक टेप में सूचना संचय हेतु हस्तान्तरण करने की क्रिया।

**SAVE THE TIME OF THE READER**

**पाठक का समय बचाओ** : रंगनाथन द्वारा प्रतिपादित पुस्तकालय विज्ञान का चौथा सूत्र। इस सूत्र के अनुसार पुस्तकों को व्यवस्थित करने की प्रक्रिया ऐसी होनी चाहिये जिससे एक पाठक को पुस्तकालय में उसके विषय की उपलब्ध सम्पूर्ण सामग्री शीघ्रता से प्राप्त हो सके।

**S.B.N.**

देखिये Standard Book Number

**S.C.**

**एस॰ सी॰** : देखिये Subject Classification

**SCALAR CHAIN**

**पद सोपान श्रृंखला** : पुस्तकालय प्रशासन का एक सिद्धांत, जिसके अनुसार किसी भी संस्था अथवा संगठन के उच्चतम सिरे से निम्नस्तर तक के कर्मचारियों की कार्यप्रणाली व. आचार–व्यवहार की स्पष्ट व निश्चित रूप रेखा होनी चाहिये जिससे कि पुस्तकालय कार्य अनुशासन सहित सुचारू रूप से चलता रहे।

**SCALAR CLASSIFICATION**

**सोपानवत् वर्गीकरण** : समान विषयों को निरन्तर समकक्ष वर्गों, अधीनस्थ वर्गों में विभाजित वर्गीकरण ही सोपानवत् वर्गीकरण है। ब्लिस ने इस हेतु एक सिद्धांत भी प्रतिपादित किया है।

**SCAN**

**अनवीक्षण : सूचना पुनः प्राप्ति** प्रणाली में प्रत्येक संदर्भ अथवा फाइल की प्रत्येक प्रविष्टि का प्रत्येक दिन जाँच करना; अथवा एक **विशिष्ट पुस्तकालय में** सामयिक सूचना अभिज्ञा सेवा प्रदान करने हेतु सामयिक पत्र–पत्रिकाओं का अवलोकन करना।

**SCANNER**

**स्कैनर** : कंप्यूटर का वह उपकरण जिसके द्वारा कागज पर बने अथवा छपी हुई आकृति या चित्र का पूरा प्रतिबिंब कंप्यूटर में निवेशित किया जा सकता है। ये हाथ से चलाने वाले अथवा फ्लैट बैड स्कैनर (Flat Bed Scanner) होते हैं। छोटे चित्रों के लिये हाथ से चलाने वाला स्कैनर प्रयोग किया जाता है। जिसको चलाते समय हाथ हिलने की सम्भावना रहती है जिससे चित्र में वक्रता आने की सम्भावना रहती है। स्कैनर प्रायः कंप्यूटर के पीछे की ओर लगे

सीरियल पोर्ट में जोड़ कर काम में लिये जाते हैं। इन्हें चलाने के लिये विशेष कार्ड व सॉफ्टवेयर की आवश्यकता होती है जो स्कैनर के साथ ही मिल जाते हैं।

**SCATTER**

**छितराव** : एक विशिष्ट विषय के लेख यदि ऐसी पत्र–पत्रिकाओं में प्रकाशित होते हैं जिससे उसका सीधा सम्बन्ध नहीं हैं या दूसरे विषय से सम्बन्धित हैं; **अथवा** एक अनुक्रमणिका में एक विषय की प्रविष्टि विभिन्न नामों अथवा रूपों में बनने से अलग–अलग हो जाती है। तो लेखों का छितराव हो जाता है। देखिये Law of Scattering.

**SCATTER READ**

**स्कैटर रीड** : कंप्यूटर के विभिन्न क्षेत्रों के भंडारों को एक निवेश रिकार्ड अथवा खण्ड से डेटा वितरण की प्रक्रिया को स्कैटर रीड कहते हैं।

**SCATTERING, LAW OF**

देखिये Law of Scattering

**SCHEDULE**

**अनुसूची** : वर्गीकरण पद्धति में एक विषय में विद्यमान वर्गो व उपवर्गों को पदानुक्रम में सूचीबद्ध के आधार पर बनी शब्दकोश रूपी सारणी जिसमें प्रत्येक एकल अंक अथवा वर्गांक का अर्थ प्राकृतिक भाषा में दिया होता है। **अथवा** सूचना पुनः प्राप्ति में एक फाइल को बनाने में प्रयोग किये गये शब्दों की सूची को अनुसूची कहते है;

**SCHEDULED MNEMONICS**

**अनूसूचित स्मृति सहायक** : एक वर्गीकरण पद्धति में समान विचारों व अवधारणाओं को सम्पूर्ण पद्धति में समान अंको से अभिव्यक्त किया जाय इस हेतु वर्गीकरण पद्धति की संरचना के समय ही ऐसे एकलों के लिये सामान्य अनुसूचियों अथवा विधियों का प्रावधान किया जाता है।

**SCHEDULING**

**शेड्यूलिंग** : कंप्यूटर में विभिन्न कार्यों के संचालन का क्रम, उनके प्राथमिक निर्धारण तथा कार्यों को साधन आबँटित करने के कार्य को शेड्यूलिंग कहा जाता है। यह कार्य मानव व मशीन दोनों कर सकते हैं।

**SCHEME FOR CLASSIFICATION**

**वर्गीकरण पद्धति** : विषय जगत के विभाजन के आधार पर प्राप्त मुख्य विषयों, उनके विभाजनों तथा उपविभाजनों की शब्दावली तथा कृत्रिम भाषा में

उनके अनुवाद सहित पदानुक्रम में व्यवस्थित रूपरेखा, वर्णानुक्रमिक अनुक्रमणिका तथा उनके प्रयोग हेतु यंत्रावली से वर्गीकरण पद्धति की संरचना हो जाती है।

**SCHOLASTIC SYSTEM**

**शैक्षिक पद्धति** : मध्यकालीन यूरोपियन दार्शनिक पद्धति जिसमें सात विषय सम्मिलित थे जिसके दो भाग थे – तीन विषय (Trivium) तथा चार विषय (Quadrivium)। प्रथम में Dialects, Grammer तथा Rhetoric थे जबकि दूसरे में Arithmetic, Astronomy, Geometry तथा Music थे। इनको सात उदार कलाओं के नाम से भी जाना जाता है।

**SCHOOL EDITION**

**विद्यालयी संस्करण** : स्कूल स्तर के विद्यार्थियों के लिये प्रकाशित कम मूल्य का संस्करण।

**SCHOOL LIBRARY**

**स्कूल पुस्तकालय** : स्कूल स्तर पर पढ़ाई जाने वाली पाठ्य पुस्तकें व अन्य संदर्भ पुस्तकों के चयन व उपयोग में सहायता तथा मार्गदर्शन करना, बच्चों में पढ़ने के प्रति रूचि पैदा करने हेतु विभिन्न माध्यमों का प्रयोग करना तथा शिक्षको के शिक्षण कार्य में सहायक बनना ही स्कूल पुस्तकालय की स्थापना का मुख्य उद्देश्य होता है।

**SCIENCE CITATION INDEX**

**सांइस साइटेशन इन्डैक्स** : 1961 में गारफील्ड (Eugene Garfield) द्वारा प्रयोगात्मक रूप में सांइस सांइटेशन इन्डैक्स का प्रकाशन किया गया। 1963 में इसका सही रूप में आरम्भ किया गया जब इन्स्टीट्यूट फार सांइन्टिफिक इन्फारमेशन, फिलाडेलफिया द्वारा त्रैमासिक पत्रिका के रूप में इसका प्रकाशन किया जाने लगा। इसमें 4000 से भी  अधिक पत्र–पत्रिकाओं, प्रतिवेदनों, मानकों, विप्रबन्धों आदि को  सम्मिलित किया जाता है। प्रारम्भ में इसके दो भाग– साइटेशन इन्डेक्स तथा सोर्स इन्डेक्स ही थे। 1967 में तीसरा भाग पर्म्यूटर्म सब्जैक्ट इन्डेक्स भी जोड़ दिया गया। ये तीनों भाग पृथक होते हुए भी संबद्ध अनुक्रमणिकाएँ है। इसकी वार्षिक तथा दसवर्षीय संचित अनुक्रमणिका भी प्रकाशित की जाती है।

**SCIENTIFIC AND EDUCATIONAL CONSENSUS**

**वैज्ञानिक एवं शैक्षिक सहमति** : ब्लिस  के अनुसार वही वर्गीकरण उपयोगी है जो मूलरूप से वैज्ञानिक एवं शैक्षिक सहमति पर स्थापित ज्ञान संगठन के अनुरूप होता है। वैज्ञानिक सहमति से ब्लिस का तात्पर्य वैज्ञानिकों के इस दृष्टिकोण से है कि वे पाठ्य सामग्री की किस प्रकार की व्यवस्था चाहते

हैं जबकि शैक्षिक सहमति शिक्षण संस्थाओं के पढ़ाने के ढंग को इंगित करता है। ब्लिस ने इस हेतु अपनी पद्धति में वैकल्पिक स्थानों के लिये विशिष्ट माध्यमों का प्रावधान किया है।

**SCREEN**

**चित्रपट :** एक विशेष प्रकार का परदा जिस पर चित्र अथवा प्रतिबिम्ब प्रक्षेपित किया जा सकता है; **अथवा** कंप्यूटर में प्रयुक्त कैथोड रे टयूब की चपटी सतह जिस पर निवेशित सूचना प्रदर्शित होती है; **अथवा** प्रलेखों अथवा सूचना की छंटाई।

**SCRIPT**

**लिपि :** हाथ से लिखी प्रति **अथवा** नाटक **अथवा** फिल्म के लिये लिखी गई प्रतिलिपि।

**SCRIPTORIUM**

**धर्मग्रन्थ लिपिशाला :** मध्यकालीन गिरिजाघरों से सम्बन्धित मठो में एक महत्वपूर्ण कक्ष होता था जिनमें पादरी (Monks) द्वारा यूनानी तथा लैटिन के प्राचीन पाण्डूलिपियों का संकलन करके उनकी नकल की जाती थी। इसको मठों का लेखन कक्ष भी कह सकते हैं।

**SCROLL**

**पट्टियाँ :** पेपर अथवा पार्चमेंट की पट्टियाँ जिनपर लिखने के पश्चात् उनको गोलाई में लपेट पर रखा जाता था। प्राचीनकाल में पाण्डुलिपियों को लिखने के लिये पार्चमेन्ट अथवा पिपाईरस की पट्टियों का प्रयोग किया जाता था। इस प्रकार की पट्टियों का वृहद् संकलन मिश्र देश के अलेक्जेन्डरियाँ शहर के पुस्तकालय में था जहाँ 7 लाख से अधिक पट्टियाँ उपलब्ध थीं।

**SCROLL LOCK**

**स्क्रॉल कुंजी :** कंप्यूटर के कुंजीपटल पर स्क्रॉल कुंजी होती है जिसे दबाने से स्क्रॉलिंग की प्रक्रिया रूक जाती है।

**SCROLLING**

**स्क्रॉलिंग :** कंप्यूटर के हश्य पटल पर कई पंक्तियों के टाइप हो जाने पर जब पटल पूरा भर जाता है तो नीचे की तरफ अगली पंक्ति के टाइप होते ही सबसे ऊपर वाली पंक्ति लुप्त हो जाती है। इस तरह नीचे की ओर हर पंक्ति के टाइप होने पर प्रत्येक ऊपरी पंक्ति अपने आप ऊपर सरकती जाती है तथा नीचे नई पंक्ति के लिये स्थान बनता जाता है। इसी को स्क्रॉलिंग कहते हैं।

**SDI**

देखिये Selective Dissemination of Information

**SEARCH STRATEGY**

**खोज नीति :** पुस्तकालयों में संदर्भ सेवा के अन्तर्गत पूछे गये प्रश्नों को सूचना सामग्री से प्राप्त करने हेतु कार्य प्रक्रिया की रूपरेखा तैयार की जाती है जिसे खोज नीति कहा जाता है। खोजनीति पर ही निर्धारित होता है कि कितने कम समय में वांछित सूचना प्राप्त की जा सकती है।

**SEARCH TERM**

**खोज पद :** एक शब्द, पद, वाक्यांश अथवा अंक जिसका प्रयोग सूचना की खोज में वांछित सूचना तक पहुंचने के लिये किया जाता है।

**SEAR'S LIST OF SUBJECT HEADINGS**

देखिये Subject Heading

**SECOND GENERATION COMPUTER**

**दूसरी पीढ़ी के कंप्यूटर :** सन् 1948 में ट्रांजिस्टर का आविष्कार हुआ जिसने कंप्यूटरों के विकास को एक नया मोड़ दिया। 1954–56 में कंप्यूटरों में छोटे सिलिकॉन ट्राजिस्टरों का प्रयोग होने लगा। जिसके फलस्वरूप कंप्यूटर आकार में छोटे तथा अधिक शक्तिशाली होने के साथ ही कंप्यूटर सस्ते भी हो गये। ट्रांजिस्टरों से बने कंप्यूटरों को ही दूसरी पीढ़ी का कंप्यूटर कहते है।

**SECOND HAND BOOK**

**पुरानी पुस्तक :** पुस्तकें जो किसी अन्य व्यक्ति द्वारा प्रयोग में लाई जा चुकी हों तथा उसने इनको पुस्तक विक्रेता को बेच दिया है। जो इनको पुरानी पुस्तकों के रूप में बेचता है।

**SECOND INDENTION**

**द्वितीय हाशिया :** सूची पत्रक के बांयी ओर समानान्तर निश्चित दूरी जो सामान्यतया टाइप के दस अक्षरों स्थान पर होती है अथवा पत्रक की दूसरी अथवा भीतरों शीर्ष लाइन जिससे प्रलेख की आख्या आरम्भ होती है।

**SECOND VERTICAL**

**द्वितीय शीर्ष :** सूची पत्रक की प्रथम खड़ी रेखा से चार अक्षरों की दूरी पर दूसरी खड़ी रेखा जो लाल स्याही से अंकित होती है।

**SECONDARY BASIC SUBJECT**

**गौण मुख्य विषय :** एक प्राथमिक मुख्य विषय के अन्तर्गत ऐसे विषय सम्मिलित हो सकते हैं जो विशेषज्ञों के दृष्टिकोण से समरूप न हो। यदि इनको

विभिन्न खण्डों में विभाजित कर दिया जाता है तो विशेषज्ञों के अध्ययन में सहायक होते हैं। इस प्रकार प्राथमिक मुख्य विषयों के विखण्डन से प्रमाणिक मुख्य विषय (Canonical Classes) उत्पन्न होते हैं जिनको कोलन क्लासीफिकेशन में गौण मुख्य विषय की संज्ञा दी गयी है।

**SECONDARY BIBLIOGRAPHY**

**गौण ग्रन्थ सूची :** प्राथमिक ग्रन्थ सूची के आधार पर बनायी गयी एक विषय की ग्रन्थ सूची को गौण ग्रन्थसूची कहते हैं।

**SECONDARY ELEMENT**

**सहायक तत्व :** सूचीकरण में प्रविष्टि तत्वों को अधिक स्पष्ट करने के लिये जोड़े गये सहायक शब्द अथवा पद जैसे लेखक का कुलनाम प्रविष्टि तत्व हैं तथा उसको स्पष्ट करने के लिये जोड़ा गया उसका व्यक्तिगत पूरा नाम अथवा नाम के प्रथम अक्षर को सहायक तत्व कहते हैं।

**SECONDARY ENTRY**

**सहायक प्रविष्टि :** सूचीकरण में एक प्रलेख की मुख्य प्रविष्टि के अतिरिक्त बनायी गयी अन्य सहायक प्रविष्टियाँ।

**SECONDARY JOURNALS**

**गौण सामयिक प्रकाशन :** ऐसे सामयिक प्रकाशन जो प्राथमिक सूचना स्रोतों में प्रकाशित सूचना की व्याख्या, समीक्षा आदि प्रकाशित करते हैं।

**SECONDARY PERIODICALS**

देखिये Secondary Journals

**SECONDARY PUBLICATION**

**गौण प्रकाशन :** सारपत्रिका, डाइजेस्ट, सामयिक सूचना अभिज्ञा पत्रिकाएँ आदि जैसे प्रलेख जिनका उद्देश्य एक विशिष्ट विषय पर ऐसी सूचना प्रदान करना होता है जो अन्य प्राथमिक प्रकाशनों अथवा अन्य रूपों में प्रकाशित हो चुकी हैं। तथा उनको योजनाबद्ध ढंग से संकलित किया गया जाता है। उनको गौण प्रकाशन कहते हैं।

**SECONDARY SOURCES**

**गौण स्रोत :** इस प्रकार के स्रोत प्राथमिक स्रोतों पर आधारित होते हैं इसलिये इनको द्वितीय स्तर के स्रोत भी कहते हैं। इन स्रोतों में मौलिक सूचना को एक विशिष्ट उद्देश्य के दृष्टिकोण से चयनित एवं व्यवस्थित किया जाता है। इनको गौण प्रकाशन भी कहते है।

**SECONDARY STORAGE**

**सहायक भंडारण** : कंप्यूटर का बाह्य भंडारण उपकरण जिनमें प्रचुर मात्रा में डेटा भंडारण किया जा सकता है तथा जब मुख्य स्मृति की आवश्यकता होती है तो तुरंत डेटा निवेश किया जा सकता है। वस्तुतः ये कंप्यूटर के बाहर के उपकरण हैं जिनमें डेटा भरा जाता है जैसे टेप, फ्लापी डिस्क आदि।

**SECONDARY TITLE**

**उप आख्या** : एक प्रलेख की मुख्य आख्या का अधीनस्थ भाग जो सामान्यतया व्याख्यात्मक होता है।

**SECRET PAGE**

**गुप्त पृष्ठ** : पुस्तकालय के प्रत्येक प्रलेख के आख्या पृष्ठ के पीछे के पृष्ठ पर नामांक व आवाप्ति संख्या अंकित की जाती है। तथापि प्रत्येक पुस्तकालय का अपना एक निश्चित गुप्त पृष्ठ भी होता है उस पृष्ठ पर भी इस सूचना को अंकित किया जाता है। यह पृष्ठ आख्या पृष्ठ के फट जाने आदि पर उपयोगी सिद्ध होता है।

**SECTION**

**सेक्शन** : अंग्रेजी भाषा के इस शब्द का प्रयोग विभिन्न संदर्भो में प्रयोग किया जाता है। एक **पुस्तक** में कई अनुच्छेद (Section) होते हैं। अर्थात् एक पुस्तक के मूलपाठ को कई भागों व अनुच्छेदों में बांटा जाता है जिनके मिलने से यह एक पुस्तक बनती है; एक **संगठन** के विभागों को बांट कर उनको **अनुभाग** (Sections) में विभाजित किया जाता है। **डीवी डेसीमल क्लासीफिकेशन** में एक मुख्य वर्ग को प्रथम कई मुख्य विभाजनों में बाँट कर उनको उपवर्गों (Section) में विभाजित किया जाता है।

**SECTION HEADLINE**

**खण्ड शीर्षक** : एक पुस्तक के प्रत्येक अध्याय का विशिष्ट शीर्षक अथवा उपशीर्षक।

**SECTION MARK**

**परिच्छेद सूचक** : परिच्छेद सूचक अथवा संदर्भ के लिये प्रयुक्त चिन्ह।

**SECTION TITLE**

**उपशीर्षक** : एक पुस्तक के एक अध्याय में प्रयोग किये जाने वाले विभिन्न उपर्शीषक।

**SECTOR DEVICE**

**खण्ड विधि** : अष्टक विधि (Octave Device) की कमियों को दूर करने

हेतु रंगनाथन ने 1963 में अर्थ–रिक्त एवं अर्थ रिक्तकारी अंक (Empty Digit and Emptying Digit) प्रतिपादित किया। तदनुसार अष्टक विधि के स्थान पर खण्ड विधि को मान्यता प्रदान की गयी। अष्टक विधि में अंक 9 एकमात्र अर्थरिक्त (Empty Digit) अंक था जिसके आधार पर पंक्ति के अन्त में नये समकक्ष वर्गों को ग्राह्यता प्रदान की जाती थी। खण्ड विधि में प्रथम चरण में अंक 9, Z, को अर्थरिक्त अंक की तरह प्रतिपादित किया गया। अर्थात खण्ड-a रोमन छोटे कक्षरों में से z को, खण्ड–1, अरैबिक अंकों में से 9 को तथा खण्ड–A रोमन बड़े अक्षरों में से Z को अर्थरिक्त अंक प्रतिपादित कर नये समकक्ष वर्गों को पंक्ति में कही भी असीमित ग्राह्यता प्रदान की जा सकती हैं। इन तीन अंकों का खण्ड कृति अंक के रूप में प्रयोग करके 48 खण्डों का सृजन किया गया। 1967 में 0 (Zero) तथा 1971 में m, y, M, Y, को भी खण्ड कृति अंक के रूप में प्रतिपादित किया गया। अंक शून्य (0) के आधार पर 15 खण्ड तथा m, y, M, Y के आधार पर 80 खण्डों को प्राप्त किया जो 1963 में अंक T, V तथा X को अर्थरिक्तकारी (Emptying) अंक तथा U, W तथा Y को अर्थरिक्त व अर्थ रिक्तकारी अंक के रूप में मान्यता प्रदान की गयी। जिनके आधार पर पंक्ति में अन्तर्वेशन संभव हो गया।

**SECTOR NOTATION**

**खण्ड अंकन** : वर्गीकरण पद्धति की अंकन प्रणाली में प्रयोग किये गये अंको को विभिन्न खण्डों में बांट कर प्रयोग करना। जैसे कोलन क्लासीफिकेशन में खण्ड - a (a - y), खण्ड–1 (1 - 8), खण्ड A - (A - Y) प्रयोग किया गया है।

**SECTOR SYSTEM**

**खण्ड प्रणाली** : वर्गीकरण पद्धति की मिश्रित अंकन प्रणाली को विभिन्न खण्डों में बांट कर प्रत्येक के कुछ अंको को खण्ड कृति अंक के रूप में मान्यता देकर कई खण्डों की उत्पत्ति की जा सकती है जिनके आधार पर पद्धति में असीमित ग्राह्यता प्रदान करने की क्षमता उत्पन्न की जा सकती है।

**SECTORISING DIGIT**

**खण्ड कृति अंक** : रंगनाथन द्वारा प्रतिपादित खण्ड विधि में उस प्रत्येक अर्थरिक्त अंक को जिसके आधार पर अन्य खण्डों की उत्पत्ति की जा सकती है उसे खण्ड कृति अंक कहा जाता हैं। जैसे कोलन क्लासीफिकेशन में खण्ड कृति अंक z से 16 खण्ड, अंक 9 से 16 खण्ड, अंक Z से 16 खण्ड अंक, 0 से 15 खण्ड तथा कोष्टक से 3 खण्ड उत्पन्न किये गये हैं। जिसके फलस्वरूप पद्धति में पंक्ति की क्षमता 1, 166 अंको की हो गयी है।

**SEE**

**देखिये :** सूचीकरण में वर्ग निर्देशि प्रविष्टि जो एक विषय के नाम से उस, वर्गांक तक पाठक को पहुँचाती है जिसके आधार पर उस विषय की प्रविष्टियों को सूची में व्यवस्थित किया गया है।

**SEE ALSO**

**इसे-भी देखिये :** सूचीकरण में इस निर्देश का प्रयोग अन्तविर्षयी प्रविष्टि में किया जाता है जो एक विषय के वर्गांक से सम्बन्धित विषयों की प्रविष्टियों को देखने का निर्देश पाठक को देता है।

**SEEPAGE**

**रिसाव :** एक पत्रिका जिसमें एक विशिष्ट विषय के लेख प्रकाशित होते हैं तथा इसी विषय से इसकी पहचान है, यदि इसमें अन्य विशिष्ट विषय के लेख प्रकाशित हो जाते हैं तो उस विषय के उपयोगकर्त्ता का इन लेखों तक पहुंचना संभव नहीं होता है। और यही साहित्यिक रिसाव का मुख्य कारण है।

**SEGMENT**

**खण्ड :** (1) कंप्यूटर का एक भाग जिसका अपना एक विशिष्ट कार्य होता है (2) कंप्यूटर के एक लम्बे प्रोग्राम को कई छोटी इकाइयों में बांटना।

**SEGMENT MARK**

**खण्ड चिन्ह :** कंप्यूटर टेप फाइल के अनुभागों को पृथक करने के लिये प्रयोग किये जाने वाले अंकाक्षर।

**SELECT BIBLIOGRAPHY**

**चयनित ग्रन्थ सूची :** किसी विषय पर उत्तम प्रकार की उपयोगी कृतियों के आधार पर बनायी गयी सूची। ऐसी ग्रन्थ सूची प्रायः व्याख्यात्मक होती है जिससे प्रत्येक सूचीबद्ध कृति के क्षेत्र एवं उपयोगिता का पता लग जाता है। ऐसी सूचियों :– विशिष्ट वर्ग के पाठकों की रूचि के अनुरूप बनायी जाती है जो उत्तम प्रकार की कृतियों की सूची; विशिष्ट प्रकार की सामग्री की सूची; तथा संदर्भ कृतियों की मार्गदर्शिका हो सकती है।

**SELECT LIST**

**चयनित पुस्तक सूची :** पुस्तकालय में उपलब्ध एक विषय की पुस्तकों में से उत्तम पुस्तकों को चुनकर बनायी गयी सूची।

**SELECTIVE BIBLIOGRAPHY**

देखिये Select Bibliography

**SELECTIVE CATALOGUING**

**चयनित सूचीकरण :** पुस्तकालय के कार्य को कम करने अथवा सूची

बनाने के व्यय को घटाने हेतु कम प्रयोग होने वाली पुस्तकों की केवल आवश्यक प्रविष्टियाँ बनाना अथवा प्रविष्टि में कम उपयोगी सूचना को न देने को चयनित सूचीकरण कहते है।

**SELECTIVE DISSEMINATION OF INFORMATION (SDI)**

**चयनित सूचना प्रसार सेवा :** एक विशिष्ट विषय के पुस्तकालय द्वारा अपनी संस्था के विशेषज्ञों की विशिष्ट रूचि के आधार पर यह सेवा प्रदान की जाती है। यह एक नियोजित सेवा है जिसमें सेवा के इच्छुक विशेषज्ञों की अभिरूचि–विवरणिका व प्रलेख विवरणिका (Document Profile) बनायी जाती है। विशेषज्ञ अभिरूचि विवरणिका (Reader's Profile) में उपयोगकर्त्ता का विषय क्षेत्र व अभिरूचि को प्रदर्शित किया जाता है जब कि पुस्तकालय में प्राप्त होने वाले प्रलेखों को विश्लेषित करने के पश्चात् प्रलेख विवरणिका तैयार की जाती है। पुस्तकालय में नये सामयिक प्रकाशन के अंक आने पर दोनों का मिलान किया जाता है यदि प्रलेख का विषय उपयोगकर्त्ता की अभिरुचि से मिल जाती है तो उपयोगकर्ता को इसकी सूचना भेजी जाती है। कंप्यूटरीकृत सेवा में कंप्यूटर स्वतः ही यह कार्य करके उन पाठकों को चुन लेता है जिनको सार/प्रलेख सूची अथवा सूचना भेजी जानी है।

**SELECTIVE LISTING IN COMBINATION**

**देखिये** SLIC.

**SELF-CHARGING SYSTEM**

**स्वंय निर्गम प्रणाली :** वह प्रणाली जिसमें पुस्तकालय से पुस्तक उधार लेने वाले पाठक को निर्गम हेतु पुस्तक के सभी अथवा कुछ रिकार्ड स्वयं बनाने पड़ते हैं।

**SELF COVER**

**एकरूप आवरण :** एक पुस्तिका जिसमें मूलपाठ व आवरण के लिये एक ही प्रकार का कागज प्रयोग किया गया है।

**SELF-PERPETUATING CLASSIFICATION SCHEME**

**स्वविस्तरणीय वर्गीकरण पद्धति :** रंगनाथन के अनुसार एक मार्गदर्शक युक्त निर्बाध पक्षात्मक पद्धति जो स्पष्ट अभिधारणों व सिद्धांतों पर आधारित है वह अविरल वर्धनशील विषय जगत के साथ निरन्तर स्वतः विकसित होने की क्षमता रखती है। जिसके फलस्वरूप निरन्तर उत्पन्न होने वाले एकल विचारों व विषयों को पद्धति में उनका सही स्थान प्राप्त हो जाता है।

**SEMANTIC CODE**

**अर्थपूर्ण संकेत पद्धति** : मशीन अथवा वर्गीकरण पद्धति में प्रयोग हेतु भाषा पद्धति, जिसमें एक शब्द की अवधारणा को सांकेतिक भाषा में व्यक्त किया जाता है।

**SEMANTIC VALUE**

**अर्थगत गुण** : पुस्तकालय वर्गीकरण पद्धति की अंकन प्रणाली के वे सभी अंक जिनको विषय जगत के विषयों व एकलों को कृत्रिम नाम देने के लिये प्रयोग किया जाता है उनमें वर्गीकरण के दृष्टिकोण से स्वतः अर्थगत गुण उत्पन्न हो जाता है। जैसे B का अर्थ Mathematics अथवा 020 का अर्थ है पुस्तकालय विज्ञान।

**SEMANTICALLY POOR DIGIT**

**अर्थतत्व अपूर्णांक** : वर्गीकरण पद्धति की अंकन प्रणाली में कई ऐसे अंक व चिन्ह हो सकते हैं जिनको सहायक अनुक्रम में व्यवस्थित करने हेतु क्रमसूचक गुण प्रदान किया जाता है उनको एक प्रदत्त नाम भी दिया जाता है। तथापि वे अर्थतत्व से रिक्त होते हैं जैसे कोलन क्लासीफिकेशन में संकेतक कौमा, सेमीकोलन, पूर्ण विराम, व्यक्तित्व, पदार्थ व स्थान पक्ष के सूचक है किंतु ये सारगर्भित नहीं है अपितु अर्थतत्व अपूर्णांक हैं।

**SEMANTICALLY RICH DIGIT**

**अर्थतत्व पुर्णांक** : पुस्तकालय वर्गीकरण पद्धति की अंकन प्रणाली के वे सभी अंकन जो विषयों एवं एकलों को कृत्रिम नाम आबंटित करने के लिये प्रयोग किये जाते हैं उनको अर्थतत्व पूर्णांक कहा जाता है।

**SEMANTICS**

**अर्थविज्ञान** : सांकेतिक भाषा तथा वस्तुओं अथवा अवधारणाओं के बीच उनके अर्थगत सम्बन्धों का अध्ययन अर्थात् एक संकेत को अर्थगत बनाने का अध्ययन को अर्थविज्ञान कहते हैं।

**SEMI-ANNUAL**

**अर्धवार्षिक** : सामयिक पत्रिका जो छः माह की अवधि में प्रकाशित होती है।

**SEMI-COLON**

**अर्धविराम** : रंगनाथन द्वारा पदार्थ श्रेणी हेतु प्रतिपादित संकेतक ।

**SEMI-CONDUCTOR**

**अर्धचालक** : ऐसी धातुएँ जैसे सिलिकॉन, जर्मेनियम आदि कुछ विशेष

अवस्थाओं के अन्तर्गत अशतः विद्युत के चालक हो सकते हैं किन्तु ये धातुएँ अर्धचालक के नाम से जानी जाती है। अर्धचालक दो प्रकार के होते हैं – शुद्ध अर्धचालक तथा बाहरी अर्धचालक, जो अशुद्ध पदार्थों को मिश्रित करके बनाये जाते हैं।

**SEMI-MONTHLY**

**अर्धमासिक :** पाक्षिक प्रकाशित होने वाली सामयिक प्रकाशन ।

**SEMI-PROFESSIONAL**

**अर्ध-व्यावसायिक :** व्यक्ति जिनके पास आवश्यक शैक्षणिक योग्यता के साथ प्राथमिक व्यावसायिक योग्यता भी हो।

**SEMI-WEEKLY**

**अर्ध-साप्ताहिक :** सप्ताह में दो बार प्रकाशित होने वाली सामयिक प्रकाशन।

**SEMINAL MNEMONICS**

**मूलसमरूप स्मृति सहायक :** सेमीनल शब्द का अर्थ है बीजग्रर्भित –बीज से सम्बन्धित । एक पुस्तकालय वर्गीकरण पद्धति में जब इस शब्द का प्रयोग किया जाता है तो विषय जगत के विषयों व एकल विचारों के उद्‌गम में समरूपता व एकत्व से तात्पर्य होता है। भिन्न–भिन्न विषयों में भिन्न–भिन्न नामों से घटित होने वाले मूलसमरूप विषयों को किस तरह व्यवस्थित किया जाना चाहिये। रंगनाथन ने इस हेतु मूलसमरूप स्मृति सहायक का उपसूत्र प्रतिपादित किया। इस उपसूत्र के अनुसार 'एक वर्गीकरण में मूलसमरूप अवधारणाएँ चाहे किसी भी विषय में विद्यमान हो, इनको अभिव्यक्त करने के लिये समान अंक प्रयोग किये जाने चाहियें। जैसे धर्म में भगवान एक ही होता है। एक देश का राष्ट्रपति एक ही होता है तो दोनों को एक समान अंक आंबटित किया जाना चाहिए। रंगनाथन ने 1937 में इसके लिये 'असूचीवद्ध स्मृति सहायक' (Unscheduled Mnemonics) शब्द प्रयोग किया। 1952 में एच॰ जी॰ वैल्स के सुझाव पर मूलसमरूप शब्द का प्रयोग किया गया, जिसका सैद्धांतिक वर्णन Prologomena ...... के दूसरे संस्करण (1957) में किया गया।

**SEMINAL LEVEL**

**मूलसमरूप स्तर :** प्रत्येक जीव के उद्‌गम का आधार एक बीज होता है। बीज के स्वरूप, आकार व रंग में भिन्नता हो सकती है किंतु उसका नाम व कार्यप्रणाली समान होती है। इसी सिद्धांत को आधार बनाकर रंगनाथन ने कई अवधारणाओं को समरूप अंकन आबंटित किये हैं।

**SENDOC**

**सेन्डॉक :** लघु उद्योग के क्षेत्र से सम्बन्धित उद्यमियों की सूचनात्मक

आवश्यकताओं की पूर्ति हेतु 1971 में सेन्डॉक (Small Enterprises National Documentation Centre) की स्थापना हुई। इसके मुख्य उद्देश्य हैं :– लघु उद्योगों को तकनीकी व प्रबंधकीय विकास हेतु आवश्यक सूचना व प्रलेखों का संग्रह, मिलान व भंडारण करना; लघु उद्योगों के विकास से सम्बन्धित व्यक्तियों एवं संस्थाओं को सूचना प्रदान करना; अन्य राष्ट्रीय संस्थाओं के साथ सूचनात्मक गतिविधियों के समन्वयन एवं सहयोग के लिये राष्ट्रीय केन्द्र के रूप में कार्य करना तथा अन्य देशों में स्थापित इसी प्रकार के केन्द्रों एवं संस्थाओं से सम्पर्क बनाये रखना। इसकी मुख्य गतिविधियाँ परामर्श सेवा व प्रकाशन हैं। इसके मुख्य प्रकाशन हैं –सेन्डॉक न्यूज, सेन्डॉक बुलिटन, सैन्डॉक क्रोनिकल तथा एप्रोप्रियेट टैक्नोलोजिकल डाक्यूमेन्टशन बुलिटन ।

**SENSORS**

**सेन्सर्स** : जो ट्राँसड्यूसर्स (Transducers) कंप्यूटर को सूचना देने के लिये उपयोग किये जाते हैं उन्हें सेन्सर्स कहते हैं। ये कंप्यूटर के लिये ज्ञानेन्द्रियों की तरह कार्य करते हैं।

**SENSTIVE PAPER**

**सुग्राही कागज** : फोटोग्राफी हेतु प्रकाश सुग्राही रसायन की परत चढ़ा कर तैयार किया गया कागज।

**SEQUEL**

**उत्तरकथा** : एक साहित्यिक कृति जो पूर्व कृति को जारी रखता है तथापि अपने आप में पूर्ण होता है।

**SEQUENTIAL CONTROL**

**क्रमिक नियंत्रण** : कंप्यूटर संचालन का एक तरीका जिसमें निर्देशों का उसी क्रम में भंडारण किया जाता है जिसमें उन्हें कार्य करना है।

**SEQUENTIAL MEMORIES**

**क्रमिक स्मृतियाँ** : ऐसी रिकार्डिग व्यवस्था जिसमें वांछित भाग को ढूढ़ने के लिये एक सिरे से दूसरे सिरे तक क्रम से देखना पड़े जैसे कैसेट रिकार्डर व टेप रिकार्डर सीक्वेन्शियल मैमोरी माध्यम हैं।

**SERIAL**

**क्रमिक प्रकाशन** : नियमित अवधि जैसे दैनिक, साप्ताहिक, पाक्षिक, मासिक, त्रैमासिक, वार्षिक रूप में लगातार प्रकाशित होने वाले सामयिक प्रकाशन, समाचार पत्र, आदि।

**SERIAL CATALOGUE**

**क्रमिक प्रकाशन सूची** : एक पुस्तकालय में क्रमिक प्रकाशनों की सूची।

**SERIAL CLASSIFICATION**

**आनुक्रमिक वर्गीकरण** : समकक्ष वर्गों तथा उनके उपवर्गो को श्रेणीबद्ध करके कालम में व्यवस्थित करके बनायी गयी वर्गीकरण पद्धति। ब्लिस ने इस हेतु एक सिद्धांत भी प्रतिपादित किया है।

**SERIAL DEVICE**

**सीरियल विधि** : कंप्यूटर से प्रिंटर तक सूचना दो विधियों से पहुँचायी जा सकती है – पैरेलल विधि तथा सीरियल विधि। कंप्यूटरकृत सूचना में प्रत्येक अक्षर की सूचना आठ टुकड़ों (Bits) में दी जाती है। इस विधि में आठ टुकड़े क्रम से एक के बाद एक विधि से भेजे जाते हैं। इसलिये एक ही तार प्रयोग किया जाता है तथापि सूचना भेजने की गतिधीमी होती है।

**SERIAL PUBLICATIONS**

**क्रमिक प्रकाशन** : देखिये Serial

**SERIAL RECORD**

**क्रमिक-प्रकाशन रिकार्ड** : एक पुस्तकालय में प्राप्त क्रमिक प्रकाशनों का रिकार्ड अथवा लिपिबद्ध सूची।

**SERIES**

**ग्रन्थमाला** : एक प्रकाशक द्वारा कई कृतियों को एक सामान्य शीर्षक के अन्तर्गत एक माला के रूप में प्रकाशित किया जाना। इस सामान्य शीर्षक को ग्रन्थमाला का नाम कहा जाता है! सामान्यतया प्रत्येक कृति का पृथक लेखक होता है, उस कृति का अपना विशिष्ट आख्या तथा विशेषताऐं हो सकती हैं तथा उसको ग्रन्थमालाके अन्तर्गत जिस क्रम मैं प्रकाशित किया गया है उसका क्रमांक भी होता है।

**SERIES CARD**

**ग्रन्थमाला पत्रक** : सूची पत्रक जिस पर ग्रन्थमाला की प्रविष्टि बनायी गयी है।

**SERIES ENTRY**

**ग्रन्थमाला प्रविष्टि** : सूचीकरण अथवा ग्रन्थसूची में ग्रन्थमाला के नाम से बनायी गयी प्रविष्टि।

**SERIES NOTE**

**ग्रन्थमाला टिप्पणी** : सूचीकरण अथवा ग्रन्थसूची में ग्रन्थमाला के नाम

से बनायी गयी प्रविष्टि। प्रविष्टि की टिप्पण में ग्रन्थमाला का नाम, क्रमांक दिया जाता है।

**SERIES NUMBER**

**ग्रन्थमाला क्रमांक :** ग्रन्थमाला के अन्तर्गत प्रकाशित की गयी कृति को प्रकाशक द्वारा दिया गया क्रमांक।

**SERIES STATEMENT**

**ग्रन्थमाला विवरण :** एक ग्रन्थमाला के अन्तर्गत प्रकाशित होने वाले प्रत्येक कृति को प्रकाशक द्वारा दिया ग्रन्थमाला का नाम, क्रमसंख्या आदि को ग्रन्थमाला विवरण कहते हैं। सूची प्रविष्टि में टिप्पणी के रूप में इस विवरण को अंकित किया जाता है।

**SERIES TITLE**

**ग्रन्थमाला शीर्षक :** एक कृति में प्रकाशित ग्रन्थमाला का शीर्षक जो कृति के आख्या पृष्ठ अथवा संक्षिप्त आख्या पृष्ठ अथवा आख्या पृष्ठ के बाद के पृष्ठ में अंकित हो सकता है।

**SERVO-CONTROLLED STABILIZER**

**सर्वो कन्ट्रोल्ड स्टेबिलाइजर** : बिजली के वोल्टेज को नियंत्रण करने का उपकरण।

**SEVEN LIBERAL ARTS**

**सात उदार कलाएँ : देखिये** Scholastic System

**SEVENTY-TWOMO (72MO)**

एक कागज की शीट जिसे बहुत बार मोड़ कर एक सौ चवालिस पृष्ठ बनाये गये हैं।

**SHARED AUTHORSHIP**

**सह-कृतित्व :** एक साहित्यिक कृति जिसे दो लेखकों, अनुवादकों, सम्पादकों आदि द्वारा संयुक्त रूप से लिखा गया है।

**SHEAF BINDER**

**शीफ जिल्दसाज** देखिये Sheaf Holder

**SHEAF CATALOGUE**

**शीफ कैटालाग :** शीफ का अर्थ होता है पुलिन्दा । इस प्रकार की सूची मोटे कागज की पर्चियों पर बना कर उनको एक पुलिन्दा बना कर रखा जाता है। प्रत्येक प्रविष्टि को 6" × 4" के मजबूत मोटे कागज पर बनाया जाता है। जिसके बायें किनारे पर छेद कर दिये जाते है। इसके नीचे ऊपर कागज की

मोटी दफ्ती (Board) लगी होती है जो इन प्रविष्टियों को सुरक्षित रखते हैं। इन प्रविष्टियों को श्लथपत्रक जिल्दबन्दी में छेदों के सहारे बाँध दिया जाता है। इसमें से कोई भी प्रविष्टि–पर्ची आसानी से निकाली व रखी जा सकती है। शीफ कैटालॉग का प्रयोग पहली बार 1876 में लीडन विश्वविद्यालय, हालैण्ड में किया गया। 1882 जेम्स डफ ब्राउन ने समायोजी (Adjustable) शीफ कैटालॉग का आविष्कार किया।

**SHEAF HOLDER**

**शीफ होल्डर :** खुले कागजों की सूची अथवा अन्य प्रकार के रिकार्ड को रखने के लिये बनाया गया डिब्बा। कागजों के बायें किनारे पर छेद कर दिये जाते हैं जिससे इन कागजों को इस डिब्बे में सुव्यवस्थित रूप से एक निश्चित स्थिति में रखा जा सके।

**SHEET MAP**

**शीट मानचित्र :** कागज के एक तरफ बनाया गया मानचित्र।

**SHEET PRINTER**

**शीट प्रिंटर :** कुछ मुद्रक विशेष प्रकार व आकार में कटे कागजों पर ही छपाई कर सकते हैं। ऐसे कागज A4 जैसे आकारों में कटे कटाये मिलते हैं। इस प्रकार के कागजों को शीट तथा इस पर मुद्रण करने वालो को शीट मुद्रक कहा जाता है।

**SHELF**

**शैल्फ अथवा निधानी :** लकड़ी, स्टील अथवा अन्य पदार्थ से बनी पुस्तकों व अन्य पाठ्य सामग्री को रखने के लिये बनायी गयी निधानी।

**SHELF CLASSIFICATION**

**शैल्फ वर्गीकरण :** वर्गीकरण जो शैल्फ को ध्यान में रख कर बनाया गया हो कि उनमें प्रलेखों को किस प्रकार व्यवस्थित किया जा सकता है। इस प्रकार के वर्गीकरण में प्रलेखों के विषय के विभिन्न प्रकार के सम्बन्धों को ध्यान में नहीं रखा जाता है।

**SHELF GUIDE**

**शैल्फ निधानी मार्गदर्शक :** शैल्फ में व्यवस्थित प्रलेखों की जानकारी देने हेतु बनाये गये मार्गदर्शक।

**SHELF LIST**

**निधानी-सूची :** पुस्तकालय में प्राप्त प्रत्येक प्रलेख का एक अतिरिक्त पत्रक बनाया जाता है जिसको मुख्य प्रविष्टि की सम्पूर्ण सूचना के आधार पर ही

बनाया जाता है। किसी किसी पुस्तकालय की निधानी सूची में प्रलेख का मूल्य भी अंकित किया जाता है। इन पत्रकों को उसी अनुक्रम में व्यवस्थित किया जाता है जिस अनुक्रम में पुस्तकों को शैल्फ में व्यवस्थित किया गया होता है। यह पुस्तकालय में उपलब्ध प्रलेखों की पूर्ण सूची होती है जिसका प्रयोग पुस्तकालय कर्मचारियों तक सीमित होता है। इस सूची का मुख्यतः उपयोग प्रलेखों के वार्षिक सत्यापन के लिये होता है। इस सूची को पुस्तकालयाध्यक्ष की देख–रेख में सुरक्षित रखा जाता है।

**SHELF MARK**

**निधानी चिन्ह** : प्रत्येक शैल्फ को आंबटित किया गया चिन्ह। देखिये Shelf Number

**SHELF NUMBER**

**निधानी क्रम संख्या** : 1876 से पूर्व प्रलेखों की व्यवस्था हेतु विभिन्न माध्यमों का प्रयोग किया जाता था। उनमें से एक माध्यम के अन्तर्गत प्रत्येक शैल्फ को एक क्रम संख्या तथा चिन्ह आंबटित किया जाता था जिसे उस पुस्तक पर भी अंकित किया जाता था जिसे उस शैल्फ में व्यवस्थित किया जाना है। इसी क्रम संख्या तथा चिन्ह के आधार पर पुस्तक का आदान–प्रदान व पुनर्व्यवस्था की प्रक्रिया भी पूरी की जाती थी।

**SHELF REGISTER**

**निधानी पंजी** : देखिये Shelf List

**SHELVES**

**निधानियाँ** : देखिये Shelf

**SHELVING**

**विन्यसन** : प्रलेखों को निधानियों में व्यंवस्थित करने की प्रक्रिया।

**SHEPARD'S CITATION INDEX**

**शेपर्ड की उद्धरण अनुक्रमणिका** : इस अनुक्रमणिका को उद्धरण अनुक्रमणिका की अवधारणा का प्रतिपादक माना जाता है। शेपर्ड ने 1873 में विधि (Law) के मुकदमों के आधार पर इस अनुक्रमणिका को व्यवस्थित किया। विधि के क्षेत्र में पूर्ववर्ती मुकदमों के निर्णयों को आधार बना कर नये मुकदमों का निर्णय किये जाने की परम्परा है। विधि के क्षेत्र में उद्धरण प्रक्रिया को स्टेयर डिसाइसिस (Stare Decisis) अर्थात् पूर्ववर्ती निर्णय का सिद्धांत कहा जाता है जिसमें एक विधिवेता को समान विषयों के मुकदमें हेतु तर्क करने में पुराने निर्णय सहायक होते है। शेपर्ड उद्धरण अनुक्रमणिका के अन्तर्गत नवीन मुकदमों

के विवरणों को पूर्व के मुकदमों के नाम तथा विवरण के अन्तर्गत उनका उल्लेख कर दिया जाता है जिससे सभी निर्णयों की जानकारी सरलता से प्राप्त हो जाती है। शेपर्ड अनुक्रमणिका नियमित रूप से प्रकाशित होती है।

**SHIFT REGISTER**

**शिफ्ट रजिस्टर** : कंप्यूटर का ऐसा भंडारण स्थान जिसमें से डेटा को दायें से बायें स्थानान्तरित किया जा सकता है।

**SHORT CATALOGUING**

**संक्षिप्त सूचीकरण** : सूचीकरण का वह ढंग जिसकी प्रविष्टि में केवल लेखक का नाम, मुख्य आख्या तथा प्रकाशन वर्ष को ही अंकित किया जाता है।

**SHORT STORY**

**लघुकथा** : लगभग एक हजार से आठ हजार शब्दों में पूर्ण की गयी कहानी।

**SHORT TERM LOAN**

**अल्पकालिक उधार** : पुस्तकालय में कई ऐसे प्रलेख होते है जिनको विभिन्न कारणों से केवल पुस्तकालय में ही पढ़ा जा सकता है। ऐसे प्रलेखों को विशिष्ट कारण से यदि पाठक उधार पर ले जाना चाहता है तो उसे सीमित अवधि के लिये इसे उधार पर दिया जाना अल्पकालिक उधार कहलाता है।

**SHORT TITLE**

**संक्षिप्त आख्या** : एक कृति की संक्षिप्त आख्या जो पूर्ण आख्या की व्याख्या करने व कृति के मूलपाठ को पहचान में सहायक होती है।

**SHORT TITLE SYSTEM**

**संक्षिप्त आख्या प्रणाली** : ग्रन्थात्मक संदर्भो की वह प्रणाली जिसमें एक पुस्तक अथवा लेखक के नाम के संदर्भ में एक बार पूरा विवरण देने के बाद यदि उसको फिर से उसी संदर्भ सूची में दोहराया जाता है तो उसका संक्षिप्त नाम ही प्रयोग होता है।

**SHOULDER NOTE**

**स्कन्ध टिप्पणी** : प्रलेख के पृष्ठ के किनारे ऊपर अथवा कोने में अथवा ऊपर अग्रभाग में दी गयी संक्षिप्त टिप्पणी अथवा उप–शीर्षक।

**SIDE NOTE**

**हाशिया टिप्पणी** : मुद्रित सामग्री के एक तरफ दिया गया विवरण जो मूलपाठ का सार भी हो सकता है।

**SIGNATURE**

**हस्ताक्षर :** एक व्यक्ति द्वारा स्वयं लिखा गया अपना पूरा नाम **अथवा** नाम के आरम्भिक अक्षरों से हस्ताक्षर करना **अथवा** एक पुस्तक के पृष्ठों को सही क्रम में व्यवस्थित करने हेतु जिल्दसाज को निर्देश के रूप में मुद्रित पृष्ठ के प्रत्येक फार्म पर एक अक्षर, अंक अथवा चिन्ह अंकित करना **अथवा** कई बार तह किये गये मुद्रित कागज से बना हुआ पुस्तक का एक भाग; **अथवा** पुस्तक को प्रमाणिकता प्रदान करने हेतु लेखक के पूरे नाम अथवा नाम के आरम्भिक अक्षरों से हस्ताक्षर करना।

**SIGNED EDITION**

**हस्ताक्षरित संस्करण :** पुस्तक का वह संस्करण जिस पर लेखक के हस्ताक्षर किये गये हैं।

**SIGNED PAGE**

**हस्ताक्षरित पृष्ठ :** पुस्तक का प्रथम पृष्ठ जिस पर लेखक के हस्ताक्षर है।

**SILICON**

**सिलिकॉन :** यह विद्युत का अर्धचालक पदार्थ है जिसका प्रयोग इलैक्ट्रोनिक सर्किटों में काम आने वाले डायोड (Diode), ट्रांजिस्टर तथा इन्टीग्रेटेड सर्किट जैसे अवयवों को बनाने के लिये किया जाता है।

**SILICON CHIP**

**सिलिकॉन चिप :** सिलिकॉन वेफर को संसाधित करके बनाई गयी चिप्पड़। सिलिकॉन की इस बारीक अतिसूक्ष्म कतरन के आधार पर इलैक्ट्रोनिक यंत्रों के आकार को छोटा से छोटा किया जा सकता है व अत्याधिक क्षमता उत्पन्न भी की जा सकती है। **देखिये** Chip.

**SILVER HALIDE PAPER**

**सिलवर हेलाइड कागज :** लेन्सरहित प्रतिलिपिकरण हेतु प्रयोग किया जाने वाला कागज। इसमें पोजेटिव प्रति प्राप्त करने के लिये निगेटिव तैयार करने की आवश्यकता होती है।

**SIMPLE BASE**

**सरल आधार :** पुस्तकालय वर्गीकरण पद्धति जिसकी अंकन प्रणाली मे एक ही प्रकार के तथा परिचित अंको का प्रयोग किया गया हो।

**SIMPLE BOOK**

**सामान्य पुस्तक :** एक पुस्तक जो सम्मिश्र कृति (Composite Book)

नहीं है। ऐसी कृति एक लेखक या दो या अधिक लेखकों द्वारा लिखी कृति हो सकती है।

**SIMPLE HEADING**

**सरल शीर्षक** : एक प्रलेख का शीर्षक जो एक ही खण्ड से बना हो।

**SIMPLIFIED CATALOGUING**

**सरलीकृत सूचीकरण** : सूची के प्रयोग को सरल बनाने हेतु प्रलेख की कुछ चयनित सूचनाओं के आधार पर ही प्रविष्टियों को बनाना।

**SIMULATION**

**सिमुलेशन** : सिमुलेशन वह क्रिया है जिसमें किसी वस्तु अथवा कार्य प्रणाली का मॉडल बना कर या तो उसे अध्ययन हेतु प्रयोग में लाया जाता हैं अथवा उसके गुण–दोषों को समझ कर उनको ठीक करने के उपाय ढूढ़ने हेतु प्रयोग किया जाता है। कंप्यूटर द्वारा सिमुलेशन की विधि अनेक क्षेत्रों में प्रयोग की जाती है।

**SIMULATOR**

**सिमुलेटर** : कुछ कंप्यूटरों (हार्डवेयर अथवा सॉफ्टवेयर) में ऐसी व्यवस्था होती है कि वह दूसरे प्रकार के कंप्यूटरों के लिये लिखे गये प्रोग्राम को स्वीकृत करने की अनुमति दे देता है।

**SINGEL AUTHOR**

**एक लेखक** : एक कृति का व्यक्तिगत लेखक जो कृति में लिखे गये विचारों के लिये उत्तरदायी होता है।

**SINGLE LEVEL SUMMARIES**

**एक स्तरीय संक्षिप्त विवरण सारिणी** : डीवी डेसीमल क्लासीफिकेशन में विषय जगत् को किस तरह विभाजित किया गया है। इस हेतु विभिन्न प्रकार की विवरण सारिणियों का प्रयोग किया गया है। प्रथम प्रकार की सारिणयों में 10 विभाजनों वाली सारणी (First Summary), 100 विभाजनों वाली सारणी (second Summary) तथा 1000 विभाजनों (Third Summary) वाली सारणी आती है। ये विभाजन तीन अंको के वर्गांक तक ही सीमित हैं। एक स्तरीय संक्षिप्त विवरण सारिणी में तीन अंको के वर्गांक को आगे बढ़ाया जाता है जैसे 516.1, 516.2 आदि। ये अति सूक्ष्म सारिणियाँ हैं जो मुख्यवर्ग में विभिन्न उपविभाजनों के विभाजन को आगे नौ विभाजनों में कैसे विभाजित किया गया है यह दर्शाती हैं। इसी प्रकार की प्रक्रिया सामान्य वर्गों, देशों, भाषाओं आदि की सामान्य सारिणियों में भी प्रयोग की गयी है।

**SINGLE SIDED DISK**

**सिंगल साइडेड डिस्क** : ऐसी फ्लापी डिस्क जिसमें सूचना केवल एक ही तरफ भरी जा सकती है।

**SINGLE VOLUMED BOOK**

**एक खण्डीय पुस्तक** : पुस्तक जो एक ही खण्ड में प्रकाशित हुई है।

**SINGLETS**

**एकाकी अंक** : वर्गीकरण में सारगर्भित अंक से बना अंक, जैसे 1, 2, 3–8 अथवा A, B, C

**SIRNET**

**सरनेट** : भारत में विज्ञान तथा प्रौद्योगिकी क्षेत्र में अनुसंधान एवं विकास के संगठन वैज्ञानिक एवं औद्योगिक अनुसंधान परिषद (CSIR) ने अपनी विभिन्न प्रयोगशालाओं में सूचना संचारण हेतु एक नेटवर्क सरनेट की स्थापना की है। इस नेटवर्क का पूरा नाम Scientific and Industrial Research Network है। इसका मुख्य नोड CSIRD दिल्ली में स्थित है। इस परियोजना का आरम्भ इन्सडोक में 1989 में हुआ था। इस नेटवर्क के सेन्टर, दिल्ली, बंगलौर, कलकत्ता तथा मद्रास में स्थापित किये गये है। पूरे देश में उपयोगकर्त्ता केन्द्र (User Nodes) को भी स्थापित किया गया है। यह नेटवर्क दूरसंचार माध्यम द्वारा भारत सरकार के इलैक्ट्रोनिक विभाग द्वारा संचालित एरनेट (Education and Research Network) द्वारा जुड़ा है। जिसके माध्यम से सरनेट अन्तर्राष्ट्रीय नेटवर्क से भी सम्बद्ध है।

**SIXTY-FOURMO (64MO)**

**चौसट पृष्ठ** : कागज को छः बार मोड़ कर बनाये गये चौसट पृष्ठ।

**SIZE**

**आकार** : प्रलेख का बाह्य आकार अर्थात् उसकी लम्बाई, चौड़ाई तथा मोटाई; अथवा जिल्दबन्दी सामग्री तथा अक्षर लेखन (Lettering) के बीच रखी जाने वाली सामग्री जिसे सरेस कहते हैं।

**SIZE LETTERS**

**आकार अक्षर** : पुस्तक के आकार को इंगित करने वाले अक्षर, जैसे F (Folio) एक बार मोड़ा गया, Q (Quarto) दो बार मोड़ा गया आदि।

**SIZING**

**साइजिक** : जिल्दबन्दी में **सरेस** का प्रयोग करने का कार्य।

**SKELTON ABSTRACT**

**संक्षेप सार** : सूचना पुनः प्राप्ति में प्रयोग किया जाने वाला सार जिसे

केवल संकेतात्मक भाषा के द्वारा ही प्रस्तुत किया जा सकता है। यह टेलीग्राफिक सार के समानान्तर है।

**SKELTON CATALOGUE CARD**

**रेखाकिंत सूचीकरण :** सूचीकरण के छात्रों को अवगत कराने हेतु ऐसा सूची पत्रंक जिसमें प्रविष्टि के विभिन्न भागों के नामों को ही दर्शाया गया है।

**SKETCH**

**चित्राकंन :** किसी व्यक्ति अथवा घटना का रेखाचित्रण; अथवा सूक्ष्म संगीतात्मक अथवा सामान्य सूक्ष्म नाटक।

**SKIT**

व्यंग्य रचना

**SLANT IN ABSTRACT**

**सार-झुकाव :** यदि एक लेख का सार किसी विशिष्ट विषय अथवा श्रेणी के उपयोगकर्त्ताओं को ध्यान में रख कर लिखा गया हो तो इसे सार में झुकाव की संज्ञा दी जाती है।

**SLIC INDEX**

**स्लिक इन्डैक्स :** Selective Listing In Combination का संक्षिप्त शब्द। यह 1960 के दशक में जे॰ आर॰ शार्प (J.R. Sharp) द्वारा प्रतिपादित अनुक्रमणीकरण प्रणाली है। इस प्रणाली में प्रत्येक प्रलेख के लिये एक पत्रक बनाया जाता है तथा प्रलेख को उसके आख्या अथवा विषय के आधार पर जो शब्द अथवा पद आबंटित किये गये हैं उन शब्दों अथवा पदों को इस पत्रक पर वर्णानुक्रमिक क्रम में लिखा जाता है। इन पदों/शब्दों के आधार पर शब्द संयोजनों को प्राप्त किया जाता है। लेकिन उन्हीं संयोजनों को स्वीकार किया जाता है जो अधिक लम्बे न हो। एक प्रलेख को 5 से अधिक शब्द/पद आबंटित नहीं किये जाते हैं। इन पाँच पदों के आधार पर 16 प्रविष्टियाँ प्राप्त की जा सकती हैं। संक्षिप्त में इसकी प्रक्रिया इस प्रकार हैं। इसमें 80 कालम का आई॰ बी॰ एम॰ पत्रक प्रयोग किया जाता है। पाँच पदों के लिये 15 पंक्ति के पाँच कालम में इस पत्रक को विभाजित किया जाता है। बची हुई पाँच लाइन का कालम प्रलेख के अधिग्रहण संख्या को आंबटित किया जाता है। इस पाँच शब्दों/पदों वाले पत्रक को प्राथमिक पत्रक (Primary Card) कहा जाता है। इस पत्रक को इस प्रकार पंच किया जाता है कि 16 संयोजित पदों के 15 पत्रक प्राप्त हो जाये। इनको अनुपूरक पत्रक (Secondary Card) कहते हैं। पाँच पदों वाले पत्रक को तब तक पंच किया जायेगा जब तक चार पदों वाले पत्रक प्राप्त होते हैं। इसी प्रकार चार पदों वाले पत्रकों से तीन पद वाले पत्रकों

को, तीन पदों वाले पत्रकों से 2 पदों वाले पत्रकों को प्राप्त किया जायेगा। वास्तव में इस प्रक्रिया से पदों के 16 संयोजन प्राप्त किये जाते है। इस प्रक्रिया के पूरे होने के पश्चात् सब पत्रकों को वर्णानुक्रम में व्यवस्थित किया जाता है। इन पत्रकों को कंप्यूटर में निवेश किया जाता है जो अनुक्रमणिका तैयार करता है। इन निवेशित पत्रकों में यदि 20 पत्रकों में एक ही जैसा संयोजन है तो कंप्यूटर प्रथम पत्रक को पूरा मुद्रित करेगा तथा बाकी 19 पत्रकों के केवल अधिग्रहण संख्या ही मुद्रित करेगा।

**SLIP CHARGING SYSTEM**

**पर्ची निर्गम प्रणाली** : इस प्रणाली में जब एक पाठक पुस्तकालय से पुस्तक उधार पर ले जाना चाहता है तो एक पर्ची पर पुस्तक का आवश्यक विवरण तथा सदस्यता सम्बन्धी सूचना लिख देता हैं जिसके आधार पर पुस्तक पाठक को दे दी जाती हैं जब पुस्तक वापस लाई जाती है तो इस पर्ची को प्राप्ति रसीद के रूप में पाठक को दे दिया जाता है।

**SLOTS**

**स्लॉटस** : कंप्यूटर का मुख्य इलैक्ट्रॉनिक सर्किट एक बड़े प्रिन्टेड सर्किट बोर्ड पर बना होता है। इस बोर्ड पर कुछ खाली सॉकेट भी लगे होते हैं जिन्हें स्लॉट्स कहते है। इन पर विभिन्न प्रकार के इन्टरफेस कार्ड लगाये जा सकते है।

**SLOTTED SHELVING**

**खाँचेदार निधानी** : स्टील के खाँचेदार शैल्फ जिनकों किसी तरह से भी संयोजित किया जा सकता है।

**SMALL CAPITALS**

**छोटे अक्षर** : अंग्रेजी भाषा के अक्षर जिनको सामान्य रूप से निरन्तर लेखन के लिये प्रयोग किया जाता है। टाइपसेटिंग के जमाने में कम्पोजिटरों की सहूलियत के लिये बड़े अक्षरों को ऊपर के खाने में तथा नीचे के खाने में छोटे अक्षरों को रखा जाता था जिससे इनका नाम लोअर केस अक्षर पड़ गया।

**SMALL ENTERPRISES NATIONAL DOCUMENTATION CENTRE.**

देखिये SENDOC

**SMALL PAPER COPY**

**छोटे आकर की प्रतिः** पुस्तक का वह संस्करण जो छोटे आकार के कागज पर प्रकाशित किया गया है।

**SMART**

**स्मार्ट** : स्मार्ट से तात्पर्य है साल्टन का ऐन्द्रजालिक स्वचालित सूचना पुनः प्राप्ति तकनीक (Salton's Magical Automated Retrieval Technique). प्रोफेसर साल्टन (Gerard Salton) द्वारा हारवर्ड तथा कौरनेल विश्वविद्यालयों में 1961–64 के दौरान इस तकनीक की अभिकल्पना की गयी। इस प्रणाली में प्रलेख के मूलपाठ का कंप्यूटर में भंडारण किया जाता है जिसको अवधारणा अंको (Concept numbers) के एक सेट के द्वारा प्रस्तुत किया जाता है। जिनको अवधारणा वाहक कहा जाता है। मूलपाठ से प्राप्त विषय सूचक शब्दों (Key words) को समानार्थक शब्दों के आधार पर मानक शब्दों (Standard Form) में परिवर्तित कर दिया जाता है। जब किसी विषय पर प्रलेखों की माँग एक प्रश्न वाहक (Enquiry Vector) के रूप में प्रस्तुत की जाती है तब कंप्यूटर अपनी स्मृति में संचित अवधारणा वाहकों (Concept Vector) के साथ इसकी तुलना करता है तथा समान अवधारणाओं को चुनकर प्रस्तुत कर देता है। यह प्रक्रिया स्वचालित होती है।

**SMART CARD**

**स्मार्ट कार्ड** : प्लास्टिक का एक छोटा सा कार्ड जिसमें ऐसा माइक्रोप्रोसेसर लगा होता है जिसमें जब चाहे सूचना भरी जा सकती है।

**SMART MODEM**

देखिये Intelligent Modem

**SOCIAL SCIENCE CITATION INDEX.**

**सोशल साइन्स साइटेशन इन्डेक्स** : इसका प्रकाशन इन्स्टीट्यूट फार साइन्टिफिक इन्फोरमेशन द्वारा 1973 से किया जा रहा है यह जून व अक्टूबर में प्रकाशित होता है। तथा इसके पश्चात् संचयी खण्ड प्रकाशित किया जाता है। इसमें सामाजिक विज्ञान व सम्बन्धित विषयों पर सामयिक पत्रिकाओं में प्रकाशित लेखों, महत्वपूर्ण सम्पादकीय लेखों को सम्मिलित किया जाता है। चयनात्मक आधार पर प्राकृतिक विज्ञान, बायोमेटिकल व भौतिकी विषय के लेखों को भी सम्मिलित किया जाता है। सांइस साइटेशन इन्डेक्स की भाँति यह भी सोर्स इन्डेक्स, परम्पूटर्स इन्डेक्स तथा साइटेशन इन्डेक्स, पर आधारित है।

**SOCIETY PUBLICATIONS**

**संस्थागत प्रकाशन** : एक संस्था, संगठन अथवा संघ के तत्वाधान में प्रकाशित औपचारिक प्रकाशन।

**SOFTWARE**

**सॉफ्टवेयर** : कंप्यूटर की भाषा में लिखे गये अनुदेशों/निर्देशों के समुच्चय या सेट को प्रोग्राम कहते हैं तथा कंप्यूटर में प्रयोग किये जा सकने वाले

सभी प्रोग्रामों का सामान्य नाम सॉफ्टवेयर है। सॉफ्टवेयर के बिना हार्डवेयर कोई कार्य नहीं कर सकता है। सॉफ्टवेयर तैयार भी मिलते है तथा प्रोग्रामर स्वयं भी प्रोग्राम लिखकर सॉफ्टवेयर तैयार कर सकता है।

**SOLID FILING**

**यथार्थ विन्यास** : शब्दानुशब्द क्रम में व्यवस्थित करना।

**SORTER**

**छटाँई मशीन** : पत्रकों में छिद्रित छेदों के अनुरूप छिद्रित पत्रकों को पूर्व निर्धारित क्रम में व्यवस्थित करने की मशीन।

**SOUGHT LINK**

**खोज कड़ी** : रंगनाथन द्वारा प्रतिपादित श्रृंखला प्रक्रिया में ऐसी कड़ी जिसका पाठको द्वारा अपने पाठ्य सामग्री को सूची में खोजने हेतु प्रयोग करने की पूर्ण सम्भावना हो।

**SOURCE COMPUTER**

**सोर्स कंप्यूटर** : उच्चस्तरीय भाषा में लिखे गये प्रोग्राम को सोर्स प्रोग्राम कहते हैं तथा इस तरह के प्रोग्राम को संकलन करने वाले कंप्यूटर को सोर्स कंप्यूटर कहते हैं।

**SOURCE DOCUMENTS**

**स्रोत प्रलेख** : मौलिक प्रलेख जिनमें मूल शोधकार्यों एवं नये खोजों का विवरण होता है। इनमें प्रकाशित सूचनाएँ मौलिक होती है।

**SOURCE LANGUAGE**

**मशीनी भाषा** : एक प्रलेख की वह प्राकृतिक भाषा जिसमें वह मूल रूप से लिखा गया है, **कंप्यूटर** की उच्चस्तरीय भाषा सामान्य प्राकृतिक भाषा के समान ही होती है किन्तु इस भाषा को कंप्यूटर स्वीकार नहीं करता है। अतः प्रत्येक उच्चस्तरीय भाषा को एक अनुवादक (Compiler) की आवश्यकता होती है। वह प्रोग्राम जो उच्चस्तरीय भाषा में लिखा जाता है। उसे सोर्स प्रोग्राम कहा जाता है तथा जब इसे यांत्रिक भाषा में अनुवाद किया जाता है तो उसे आब्जेक्ट प्रोग्राम (Object) कहा जाता है, जिसमें मशीनी भाषा में निर्देश होते हैं। जब प्रोग्राम इस भाषा में लिखा जाता है तो उसे **सोर्स लैग्जेंज** कहते हैं। कुछ उच्चस्तरीय प्रोग्राम भाषाएँ हैं :– फारट्रेन, पास्कल, कोबोल आदि।

**SOURCE LIST**

**स्रोत सूची** : एक कृति के साथ संदर्भो के रूप में लगायी गयी सूची, जो यह इंगित करती है कि लेखक ने अपनी कृति में किस पाठ्य सामग्री का प्रयोग किया है।

**SOURCE MATERIAL**

**स्त्रोत सामग्री** : देखिये Primary Sources

**SOURCE PROGRAM**

**सोर्स प्रोग्राम** : कंप्यूटर के उच्चस्तरीय भाषा में लिखे गये प्रोग्राम।

**SOUVENIR VOLUME**

**स्मारिका** : विशिष्ट अवसरों पर प्रकाशित ग्रन्थ।

**SPACE**

**स्पेस** : मुद्रण में धातु का बिना किसी अक्षर का आयताकार ठप्पा जिसका प्रयोग दो शब्दों के बीच दूरी बनाने के लिये किया जाता है।

**SPACE ISOLATES**

**स्थान एकल** : वर्गीकरण में पृथ्वी की ऊपरी सतह, अन्दरूनी व बाहरी भाग को स्थान एकल की अभिव्यक्ति माना जाता है।

**SPACING**

**अन्तराल** : मुद्रित सामग्री को एक पृष्ठ अथवा पृष्ठों में इस प्रकार बांटना कि वह सुरूचिपूर्ण लगे।

**SPATIAL CONTIGUITY SEQUENCE**

**स्थानीय समीपता अनुक्रम** : एक वर्गीकरण पद्धति में विषयों एवं एकलों को सहायक अनुक्रम में व्यवस्थित करने हेतु उनके उत्पन्न होने की विभिन्न स्थितियों अथवा भौगोलिक समीपता को आधार बनाया जा सकता है। इस अनुक्रम के प्रयोग हेतु वर्गाचार्य को कुछ निश्चित निर्णय लेने आवश्यक होते हैं। जैसे भौगोलिक उपविभाजनों को व्यवस्थित करने का क्रम कहाँ से आरम्भ किया जाय, सीधी लाइन प्रयोग करे अथवा वृत्ताकार लाइन आदि।

**SPECIAL BIBLIOGRAPHY**

**विशिष्ट ग्रन्थ सूची** : एक क्षेत्र विशेष अथवा विशिष्ट विषय के पुस्तकों की सूची।

**SPECIAL CLASSIFICATION**

**विशिष्ट वर्गीकरण** : विषय–जगत के किसी एक विशिष्ट विषय क्षेत्र अथवा विषय के प्रलेखों को वर्गीकृत करने हेतु बनायी गयी वर्गीकरण पद्धति। वर्गीकरण शोध समूह, लन्दन (CRG) की स्थापना के साथ ही इस अवधारणा का व्यापक प्रचलन हुआ। इस समूह के सदस्यों ने विभिन्न विशिष्ट विषयों पर वर्गीकरण पद्धतियाँ बनायी हैं।

**SPECIAL COLLECTION**

**विशिष्ट संग्रह** : एक सामान्य पुस्तकालय में एक स्थान विशेष, व्यक्ति विशेष आदि से सम्बन्धित संग्रह अथवा एक विशिष्ट विषय अथवा विशिष्ट काल का संग्रह।

**SPECIAL COMPONENT**

**विशिष्ट घटक** : यह रंगनाथन द्वारा 1968 में प्रतिपादित शब्द है। कोलन क्लासीफिकेशन संस्करण 7 में इसका प्रयोग एक ऐसे घटक के लिये किया जाता है जो अपने आप में न विषय है और न एकल विचार। इस विशिष्ट घटक को जब एक मूल विषय के साथ जोड़ा जाता है तो वह संयोजित एकल (Compound Isolate) अथवा संयोजित विषय (Compound Subject) बन जाता है। जैसे जयपुर शहर एक विशिष्ट घटक है लेकिन यह तब तक अर्थपूर्ण नही है जब तक इसे भौगोलिक एकल राजस्थान से नही जोड़ा जाता है। जैसे – 4437 = OJ जयपुर।

**SPECIAL EDITION**

**विशिष्ट संस्करण** : एक कृति के पुराने संस्करण को एक नयी भूमिका, विशिष्ट नाम, नयी सामग्री व संशोधनों के साथ प्रकाशित करना; अथवा सामयिक प्रकाशनों, समाचार पत्रों आदि का वार्षिक अथवा स्मारक संस्करण अथवा विशिष्ट उद्देश्य की पूर्ति हेतु प्रकाशित संस्करण।

**SPECIAL ISOLATE IDEA**

**विशिष्ट एकल विचार** : वर्गीकरण में ऐसे एकल जो मुख्य विषयों से सम्बन्धित होते हैं तथा उनको सम्बन्धित विषय के अन्तर्गत ही परिगणन किया जाता है ऐसे एकलों को विशिष्ट एकल विचार की संज्ञा दी जाती है।

**SPECIAL ISSUE**

**विशिष्ट अंक** : सामयिक प्रकाशन अथवा समाचार पत्र का किसी विशिष्ट उपलक्ष में प्रकाशित अंक।

**SPECIAL LIBRARY**

**विशिष्ट पुस्तकालय** : विशिष्ट पुस्तकालय एक नयी अवधारणा है जिसका प्रादुर्भाव 20 वीं शताब्दी में वैज्ञानिक एवं प्रौद्योगिकी क्षेत्र में बढ़ते परीक्षण, शोधकार्यों के फलस्वरूप हुआ। जब उपयोगकर्त्ताओं की एक विशिष्ट विषय पर समूची प्रकाशित सूचना को तात्कालिक प्राप्त करने की मांग होने लगी। जिसको पूरी करना सामान्य पुस्तकालयों के लिये संभव नहीं था। तब इस प्रकार के पुस्तकालयों को स्थापित किया जाने लगा जिनका मुख्य उद्देश्य विशिष्ट विषयों की संस्थाओं व विभागों के ही विशेषज्ञों तथा शोधकर्त्ताओं की मांग के अनुरूप संदर्भ सेवा प्रदान करना था। इस प्रकार विशिष्ट पुस्तकालय का

कार्यक्षेत्र एक विशिष्ट विषय व उसी विषय के उपयोगकर्त्ताओं तक सीमित होता है।

**SPECIAL NUMBER**

**विशिष्ट अंक** : सामयिक प्रकाशन का किसी विशिष्ट उद्देश्य अथवा प्रयोजन हेतु प्रकाशित अंक।

**SPECIAL PURPOSE COMPUTER**

**विशिष्ट कार्य के कंप्यूटर** : किसी विशिष्ट कार्य हेतु बनाये गये कंप्यूटर।

**SPECIALS BASIC SUBJECTS**

**विशिष्ट क्षेत्र मुख्य विषय** : वर्गीकरण में एक प्राथमिक मूल विषय में एक आधार विषय (Core Entity) को किसी एक प्रासंगिक विशेषता का प्रयोग करके एक विशिष्ट क्षेत्र के अध्ययन तक सीमित किया जा सकता है। कोलन क्लासीफिकेशन में इससे उत्पन्न विषयों को संयोजित विशिष्ट क्षेत्र मुख्य विषय कहा जाता है। उदाहरण के लिये भौतिकी मुख्य विषय को एक प्रांसगिक विशेषता का प्रयोग करके विशिष्ट क्षेत्र के अध्ययन तक सीमित किया जा सकता है:– Atom = Atomic Physics, Particles = Particle Physics। इस अवधारणा का प्रतिपादन रंगनाथन द्वारा 1952 में विस्तारित मुख्य वर्ग (Amplified Basic Class) के रूप में किया गया। इनको सम्बन्धित मुख्य वर्ग में उपान्तिक अष्टक (Penultimate Octaves) के आधार पर वर्गांक आंबटित किया गया जैसे X9C Child Medicine, C9C Atomic Physics आदि। तथा इनको स्तर की अवधारणा के आधार पर एक संयोजित विषय के रूप में प्रयोग किया गया, जैसे LB, 9C, 7 जो भ्रान्ति उत्पन्न करता था। 1970 में रंगनाथन ने संयोजित विषय व संयोजित एकल की अवधारणा को प्रतिपादित कर इस भ्रान्ति को समाप्त किया। अब इनको अप्राथमिक मुख्य विषय की तरह हाइफन लगा कर प्रयोग किया जाता है। जैसे : L-B-9C

**SPECIATOR**

**वर्ग-उद्भवक** : कोलन क्लासीफिकेशन में वर्ग–उद्भवक शब्द एक अवयव, गुणधर्म, पदार्थ, भौगोलिक विभाजन अथवा समय को निर्दिष्ट करता हैं। यदि इसे किसी समग्र विचार पर लगा दिया जाता है तो उसकी विभिन्न किस्में उत्पन्न हो जाती है। जैसे 2 Government 2-11 Imperial, 2-13 National। जब भी आवश्यक हो विषय जगत के किसी भी एकल विचार को विशिष्टता प्रदान करने के लिये वर्ग–उद्भवक् का प्रयोग किया जा सकता है। 1964 में रंगनाथन ने विशेषक (Qualifier) की अवधारणा का प्रतिपादन किया था।

भट्टाचार्य के सुझाव पर इसके स्थान पर वर्ग–उद्भवक् का प्रयोग आरम्भ किया गया।

**SPECIES**

**वर्ग** : वर्गीकरण में एक वर्ग समूह जिसे विभिन्न प्रकार व उपजातियों (genus) में विभाजित किया जाता है।

**SPECIFIC CLASSING**

**विशिष्ट वर्ग-निर्धारण** : एक वर्गीकरण पद्धति में एक विषय के सूक्ष्मतम वर्ग को सहविस्तृत वर्गांक आबंटित करना।

**SPECIFIC ENTRY**

**विशिष्ट प्रविष्टि** : सूची में विशिष्ट प्रलेख को इंगित करने वाली प्रविष्टि।

**SPECIFIC INDEX**

**विशिष्ट अनुक्रमणिका** : अनुक्रमणिका जिसमें विषय–जगत के प्रत्येक विशिष्ट वर्ग के लिये विशिष्ट प्रविष्टि हो।

**SPECIFIC SUBJECT**

**विशिष्ट विषय** : एक प्रलेख का विशिष्ट विषय, विषय जगत का वह भाग होता है जिसमें उन सभी प्रमुख तत्वों का समावेश होता है जो उसके विषय–वस्तु को बनाते हैं। रंगनाथन के अनुसार एक पुस्तक का विशिष्ट विषय ज्ञान का वह भाग है जिसका विस्तार एवं गहनता विषय–वस्तु के समानान्तर हो।

**SPECIFIC SUBJECT ENTRY**

**विशिष्ट विषय प्रविष्टि** : सूची में उस प्रलेख के नाम से बनायी गयी प्रविष्टि जिसमें विषय का विवरण दिया गया है।

**SPECIFIC SUBJECT HEADING**

**विशिष्ट विषय शीर्षक** : सूचीकरण में प्रलेख के विशिष्ट विषय के शीर्षक के अन्तर्गत बनायी गयी प्रविष्टि। ये विषय शीर्षक श्रृंखला प्रक्रिया से अथवा प्रलेख के विभिन्न भागों का अवलोकन करके प्राप्त किये जा सकते है

**SPECIFICATIONS**

**विशिष्ट विवरण** : विभिन्न विषयों अथवा क्षेत्रों के लिये निश्चित किये गये मानक निर्देश।

**SPECIMEN PAGES**

**नमूने के पृष्ठ** : मुद्रक द्वारा पुस्तक छपाई के नमूने हेतु प्रस्तुत किये गये कुछ पृष्ठ।

**SPINE**

**पुस्तक पीठिका :** पुस्तक के पीछे का भाग अथवा आवरण का वह भाग जो पुस्तक की जिल्द के दो पृष्ठों को जोड़ता है तथा जिस पर जिल्दसाज लेखक व पुस्तक का नाम भी लिखता है।

**SPINE LABLE**

**पीठिका लेबल :** पुस्तकालय द्वारा प्रत्येक प्रलेख की पीठिका पर एक टैग अर्थात् लेबल चिपकाया जाता है जिस पर उसका नामांक (Call Number) लिखा जाता है।

**SPINE TITLE**

**पीठिका आख्या :** पुस्तक की पीठिका पर मुद्रित आख्या जो सामान्यतया आख्या पृष्ठ में मुद्रित आख्या से छोटा होता है।

**SPLIT CATALOGUE**

**विभाजित सूची :** पुस्तकालय की ऐसी सूची जिसमें विभिन्न प्रकार की प्रविष्टियाँ – विषय, लेखक, शीर्षक आदि को अलग–अलग शब्दों के अन्तर्गत व्यवस्थित किया जाता है।

**SPONSOR**

**प्रायोजक :** वह व्यक्ति, अथवा समष्टि निकाय अथवा संस्था जिसके नाम प्रभुत्व व पूंजी के द्वारा अथवा जिसके तत्वाधान में एक कृति प्रकाशित हुई है। तथापि कृति में प्रकाशित विचारों के लिये लेखक ही उत्तरदायी होता है।

**SPOT SUBJECT**

**अतिसूक्ष्म विषय :** एक वाक्य, यहाँ तक कि एक शब्द में ही प्रस्तुत किया जा सकने वाला विषय।

**SPREADSHEET**

**स्प्रेडशीट :** कंप्यूटर का वह प्रोग्राम जिसमें सूचना को तालिकाबद्ध करके विश्लेषण किया जा सकता है। इस प्रोग्राम में कंप्यूटर का पटल एक बहुत बड़ी वर्कशीट में बदल जाता है। इसमें अनेक स्तम्भों व पंक्तियों के रूप में खाने बने होते है जिनमें सूचना अंकित होती है। इस सुव्यवस्थित सूचना के आधार पर हर प्रकार की व्याख्या व अध्ययन किया जा सकता है।

**SPURIOUS WORK**

**नकली कृति :** ऐसी कृति जिसकी वैद्यता व प्रमाणिकता न हो।

**SQUARE BRACKETS**

**चौकोर कोष्ठक [ ] :** यूनीवर्सल डेसीमल क्लासीफिकेशन के संक्षिप्त

संस्करण (1961) में अधीनस्थ अवधारणायें जिनके लिये उलट कर प्रविष्टि बनाने की आवश्यकता नहीं है ऐसे वर्गांक को कोलन संकेतक जोड़ने के स्थान पर चौकोर कोष्ठक के अंदर रख कर प्रयोग किया जाता है। मध्यम संस्करण (1985) में उपसमूह बनाने के लिये इस संकेतक का प्रयोग किया जाता है; **सूचीकरण** तथा **ग्रन्थ सूची** की प्रविष्टि में यह इंगित करने के लिये इस संकेतक का प्रयोग किया जाता है कि यह मूल कृति में नहीं हैं।

**S.R.C.**

देखिये Standard Reference Code

**S.C.C. I.**

देखिये Social Science Citation Index

**STABBING**

**बेद्यन** : जिल्दबन्दी में आर पार सिलाई को बेद्यन कहते हैं। इस प्रकार की सिलाई से पुस्तक यदि मेज पर रख कर खोली जाती है तो पूरी खुल नहीं पाती है तथा स्वतः ही बन्द हो जाती है।

**STACK**

**संग्रहाधार** : प्रलेखों के भंडारण हेतु लकड़ी अथवा स्टील से बनी निधानी जिसमें सामान्यतया आगे पीछे चार–चार ऊपर–नीचे के शैल्फ बने होते हैं।

**STACK GUIDES**

**संग्रह कक्ष मार्गदर्शक** : पाठक संग्रह कक्ष में अपने विषय के प्रलेखों तक सुविधापूर्वक पहुँच सकें, इस हेतु पुस्तकालय विषय सम्बन्धी अथवा कक्ष की विभिन्न मंजिलों आदि के बारे में मार्गदर्शकों का प्रयोग करता है।

**STACK ROOM**

**संग्रह कक्ष** : पुस्तकालय का स्थान जहाँ संग्रहाधारों में प्रलेखों को सुव्यवस्थित रूप से भंडारण किया जाता है।

**STAFF**

**कर्मचारी** : पुस्तकालय में कार्यरत मानव संसाधन।

**STAFF MANUAL**

**कर्मचारी-पुस्तिका** : पुस्तिका जिसमें पुस्तकालय के विभिन्न अनुभागों अथवा विभागों में कार्यरत कर्मचारियों को उनके कार्य अथवा सेवाओं सम्बन्धी कार्य विवरण तथा नियमों को दिया गया होता है।

**STAFF ROOM**

**कर्मचारी-कक्ष :** पुस्तकालय का वह सुरक्षित कक्ष जिसका कर्मचारी अपने खाली अथवा अवकाश के समय उपयोग कर सकते है।

**STANDARD**

**मानक :** औद्योगिक, व्यावसायिक, शैक्षिक संस्थाओं, अथवा शैक्षिक कार्यों की प्रक्रिया, कार्यविधि, परिमाप तथा शब्दावली सम्बन्धी एकरूपता प्राप्त करने हेतु बनाये गये अधिकारिक मापदण्ड। मानक एक लिखित प्रलेख होता है जिसमें वस्तु विशेष की उत्पादन प्रणाली, गुण, नाप, तौल आदि की सूचनाएँ होती है। प्रत्येक देश में मानक संस्था मानकीकरण की प्रक्रिया के कार्य के लिये स्थापित की जाती है।

**STANDARD BOOK NUMBER**

**मानक ग्रंथाक :** इस प्रणाली का प्रतिपादन ग्रेट ब्रिटेन के प्रकाशक संघ तथा पुस्तक विक्रेता संघ ने किया, जिससे कि यदि आवश्यक हो तो पहचान तथा अभिलेखन का कार्य कंप्यूटर द्वारा किया जा सके। यह नो अंको का ग्रंथाक है जो पुस्तकों, संस्करणों तथा खण्डों को वैयक्तिकता प्रदान करता है। इसका प्रथम अंक समूह यूनाइटेड किंगडम तथा उत्तरी आयरलैण्ड के प्रकाशकों को आबंटित किया गया है। अन्य अंको को आख्या, संस्करण, अथवा खण्ड के पहचान के रूप में आंबटित किया गया है। अन्तिम अंक नियंत्रक अंक कहा जाता है तथा इसका प्रयोग कंप्यूटर में निवेश करते समय होने वाली त्रुटियों को रोकने के लिये किया जाता है। इस प्रक्रिया का आरम्भ 1 जनवरी 1968 से हुआ। यह ग्रंथाक ब्रिटिश नेशनल बिब्लियोग्राफी तथा The Bookseller तथा प्रकाशकों की सूचियों में प्रयोग किया जाता है। 1969 के आरम्भ में अन्तर्राष्ट्रीय मानक संस्थान (ISO) द्वारा एक सम्मेलन आयोजित किया गया, जिसमें इस ग्रंथांक प्रणाली को अन्तर्राष्ट्रीय स्तर पर विकसित करने हेतु मान्यता प्रदान की गयी।

**STANDARD CITATION ORDER**

**मानक पक्ष-विन्यास क्रम :** एक वर्गीकरण पद्धति में सामान्य रूप से प्रयोग किया जाने वाला पक्ष–विन्यास क्रम। जो सामन्यतया निर्भरता (Dependency) अवधारणा पर आधारित होता है जैसे – वस्तु–प्रकार–भाग–गुणधर्म–प्रक्रिया–संचालन।

**STANDARD DOT TYPE**

**मानक बिन्दु प्रणाली :** अमेरिका द्वारा 1913 में अन्धों के लिये स्वीकृत उत्कीर्ण मुद्रण प्रणाली। इसमें अंग्रेजी ब्रेल, अमेरिकन ब्रेल तथा न्यूर्याक बिन्दु का प्रयोग किया गया था। किन्तु इसे कार्यान्वित नहीं किया गया।

**STANDARD EDITION**

**मानक संस्करण** : एक लेखक की कृति का यह सामान्य संस्करण होता है जो यह इंगित करता है कि यह संस्करण सस्ते संस्करण से उत्तम कोटि का संस्करण है। इस संस्करण में भूमिका तथा अन्य सामग्री भी सम्मिलित होती है।

**STANDARD REFERENCE CODE**

**मानक संदर्भ संकेत प्रणाली** : 1970 में FID/CR ने यह निर्णय लिया कि नेटवर्क प्रणाली में प्रयोग हेतु यू॰ डी॰ सी॰ में कुछ मूलभूत परिवर्तन करके एक आवरण वर्गीकरण (Roof Classification) पद्धति बनायी जाय। जो नेटवर्क से जुड़े किसी भी वर्गीकरण पद्धति के वर्गांकों को बदलने में मध्यस्थ पद्धति का कार्य कर सके अथवा इस कार्य हेतु एक मानक संदर्भ संकेत पद्धति (Standard Reference Code–FID/SRC) बनायी जाय। किंतु इस कार्य योजना को कार्यान्वित नहीं किया गया। 1972 में एफ॰ आई॰ डी॰ तथा यूनेस्कों ने विषय क्षेत्र संदर्भ संकेत पद्धति (Subject Field Reference Code) नामक कार्यकारणी समिति का गठन किया। इस समिति का संक्षिप्त नाम भी FID/SRC ही स्वीकृत कर लिया गया। इसी दल के द्वारा **ब्रोड सिस्टम आफ आर्डरिंग** (BSO) की रचना की गयी।

**STANDARD SIZE CARD**

**मानक आकार पत्रक** : सूची तथा अन्य कार्यों के लिये प्रयोग किया जाने वाला पत्रक, जिसका अन्तर्राष्ट्रीय स्वीकृत आकार 5 × 3 इंच है तथा यूरोपियन देशों में 7.5 × 12.5 सेटीमीटर है।

**STANDARD SUBDIVISION**

**मानक उपविभाजन** : डीवी डेसीमल क्लासीफिकेशन में सामान्य वर्गो के लिये मानक उपविभाजन नाम का प्रयोग किया गया है। तथापि विभिन्न संस्करणों में इसके लिये विभिन्न नाम प्रयोग किये जाते रहे हैं :– संस्करण 2 (1885) से संस्करण 12 (1927) फोर्म डिवीजन, संस्करण 13 (1932), कौमन सब डिवीजन, 15 (1951) से 16 (1958) फोर्म डिविजन तथा 17 (1965) से आजतक – स्टैन्डर्ड सबडीविजन । इसे सारणी 1 आंबटित की गयी है। इस सारणी में परिगणन उपविभाजनों का प्रयोग सामान्यरूप से सभी विषयों के साथ किया जा सकता है।

**STANDARD TITLE**

**मानक आख्या** : एक सामान्य कृति अथवा संगीतात्मक रचना, जिसकी प्रतियाँ विभिन्न आख्या के अन्तर्गत प्रकाशित हुई हो, उनके लिये सूची प्रविष्टि हेतु एक मानक आख्या को प्रयोग किया जाता है।

**STANDARD WORK**

**मानक कृति :** स्थायी उपयोगिता हेतु प्रामाणिक एवं मान्यता प्राप्त कृति।

**STANDING COMMITTEE**

**स्थायी समिति :** पुस्तकालय में विशिष्ट कार्यों को अनवरत रूप से पूरा करने लिये, किसी विभाग का प्रबंध देखने के लिये, अथवा विशिष्ट सेवाओं को प्रदान करने में सहायता करने हेतु स्थायी समितियों का गठन किया जाता है।

**STANDING ORDER**

**स्थायी आदेश :** पुस्तकालय में क्रमिक प्रकाशन, सामयिक प्रकाशन, वार्षिकी अथवा एक कृति के निरन्तर प्रकाशित होने वाले खण्डों हेतु सामान्यतया स्थायी क्रयादेश की प्रक्रिया ही प्रयोग में लाई जाती है। जिससे कि नये प्रकाशित अंक अनवरत रूप से प्राप्त होते रहें। **अथवा** ऐसा आदेश जिसकी समाप्ति प्रत्यादेश के बाद ही हो सकती है।

**STAPLING**

**तार की सिलाई :** पुस्तक अथवा पुस्तिका के पन्नों की सिलाई तार से किया जाना।

**STAR**

**सितारा :** इसका प्रयोग वर्गीकरण पद्धतियों में संकेतक के रूप में किया जा सकता है। अथवा **इसे भी देखिये** संदर्भ को इंगित करने के लिये किया जा सकता है।

**STAR MAP**

**सितारा मानचित्र :** आकाशीय सितारों का विवरण देने वाले मानचित्र जिनको खगोलीय मानचित्र भी कहते हैं।

**STAR NETWORK**

**स्टार नेटवर्क :** इस नेटवर्क में केन्द्रीय कंप्यूटर प्रणाली ही अकेले सभी उपयोगकर्ताओं को सेवा प्रदान करती है। इसमें एक केन्द्रीय कंप्यूटर होता है। जिससे उपयोगकत्ताओं के कंप्यूटर सीधे जुड़े होते है। केन्द्रीय कंप्यूटर को सेन्ट्रल नोड तथा उपयोगकर्त्ता कंप्यूटर को उपयोगकर्त्ता नोड कहते है।

**START**

**ढीला पढ़ना :** एक पुस्तक की सिलाई त्रुटिपूर्ण होने के कारण उसके पन्नो का ढीला हो जाने को स्टा्र्ट कहा जाता है।

**STARTER**

**प्रारम्भक :** कोलन क्लासीफिकेशन में विषय विधि के लिये कोष्ठक संकेतक का प्रयोग किया जाता है। इस वृत्ताकार कोष्ठक की प्रथम वक्र रेखा

प्रारम्भक तथा दूसरी कोष्टबन्धक कहलाती है। कोलन क्लासीफिकेशन के सातवें संस्करण में प्रारम्भक को अर्थरिक्त अंक की तरह भी प्रतिपादित किया गया है जिसके फलस्वरूप उसने अपनी अंकन प्रणाली में तीन खण्ड और जोड़ लिये हैं।

**STATE DOCUMENT CENTRE**

**राज्य प्रलेख केन्द्र :** जिस राज्य में इसे स्थापित किया गया है उस राज्य के सम्पूर्ण शासकीय प्रलेखों का अधिग्रहण, व्यवस्था व परिरक्षण का उत्तादायित्व इस केन्द्र का होता है।

**STATE LIBRARY**

**राज्य पुस्तकालय :** राज्य के द्वारा प्रकाशित अभिलेखों, राज्य से सम्बन्धित प्रलेखों, राज्य के द्वारा प्रकाशित पुस्तकें, समाचार पत्र व अन्य सामग्री तथा राज्य के अधिकारियों के लिये उपयोगी पुस्तकों का केन्द्र होता है। कई राज्य पुस्तकालयों में सार्वजनिक पाठकों के दृष्टिकोण से सभी प्रकार की उपयोगी प्रलेखों का भी अधिग्रहण किया जाता है। यह राज्य कोष पर संचालित होता है।

**STATE OF ART**

एक विशिष्ट विषय पर प्रकाशित व अप्रकाशित सामग्री का संर्वागीण योजनाबद्ध तथा आलोचनात्मक समालोचना।

**STEGNOGRAPHY**

**स्टेगेनोग्राफी :** कंप्यूटर द्वारा गुप्त सूचना भेजने का ढंग। सामान्यरूप से एनक्रिप्शन (Encryption) कंप्यूटर में गुप्त सूचना रखने का सुरक्षित माध्यम है। कंप्यूटर में निवेशित गुप्त सूचना को छिपाने का एक तरीका स्टेनोग्राफी भी है। इसके कई तरीके प्रयोग में लाये जाते हैं। दूसरे विश्व युद्ध के समय जर्मनी का माइक्रोडॉट अत्यन्त प्रसिद्ध हुए, जिसमें गुप्त संदेश को फोटोग्राफी से अतिसूक्ष्म व छोटा आकार दे दिया जाता था। तथापि 1980 के दशक में कंप्यूटिंग के क्षेत्र में क्रान्तिकारी परिवर्तन हुए। अब डाटा एनक्रिप्शन से संदेश अथवा सूचना को सुरक्षित रखना व भेजना सरल हो गया है।

**STENCIAL DUPLICATING**

**स्टेंसिल अनुलिपिकरण :** इस विधि में मोम लगे स्टेंसिल या तो टंगणकर्त्ता द्वारा टंकन मशीनों में प्रयोग होने वाले रिबन को हटा कर टाइप किये जाते हैं अथवा स्टाइलस (विशेष प्रकार की पेन) द्वारा हाथ से लिखा जाता है। इस कटे हुए स्टैंसिल को डुप्लीकेटिंग मशीन से सिलेन्डर के चारो ओर लपेट लिया जाता है। सिलेन्डर के चारो ओर चिकनी स्याही लगाई जाती है जिसे सिलेन्डर को बार–बार घुमा कर फैला दिया जाता है। जब ड्रम को घुमाया जाता है तो दूसरी

ओर से कागज डाले जाते हैं। इस प्रक्रिया से स्टेंसिल पर कटे शब्द कागज पर आ जाते हैं। इस स्टेंसिल को सुरक्षित रख कर पुनः प्रयोग किया जा सकता है।

**STEPS IN CLASSIFICATION**

**वर्गीकरण-चरण :** रंगनाथन के अनुसार यदि प्रलेखों को वर्गीकृत करने के कार्य को निश्चित नियमों, सिद्धांतो व अभिधारणाओं के आधार पर किया जाय तो यह यंत्रवत् प्रक्रिया बन जाती है। इस हेतु रंगनाथन ने नौ चरण प्रतिपादित किये हैं जिनके आधार एक वर्गकार प्रलेख को चरणबद्ध रूप से वर्गीकृत कर सकता है।

**STOCK BOOK**

**संग्रह-पुस्तिका :** देखिये Accession Register

**STOCK REGISTER**

**संग्रह पंजिका :** पंजिका जिसमें पुस्तकालय के आधीन मदों का क्रमानुसार पूर्ण विवरण रखा जाता है।

**STOCK TAKING**

**संग्रह निरीक्षण :** देखिये Stock Verification.

**STOCK VERIFICATION**

**संग्रह-सत्यापन :** पुस्तकालय के प्रलेखों के लिये बनी शैल्फ सूची तथा तथा अन्य रिकार्डों के आधार पर पुस्तकालय–संग्रह की वास्तविक जाँच करना, जिससे प्रलेखों की स्थिति, क्षति तथा खोई हुई पुस्तकों आदि का पता लग सके।

**STORAGE DEVICE**

**भंडारण माध्यम :** कंप्यूटर में डेटा व प्रोग्राम निर्देशों के भंडारण हेतु प्रयोग किये जाने वाले माध्यम। यह दो प्रकार के होते हैं :– आन्तरिक भंडारण तथा सहायक भंडारण माध्यम।

**STORAGE OR MEMORY UNIT**

**स्मृति इकाई :** कंप्यूटर की स्मृति इकाई में डेटा को द्विआधारी अंक प्रणाली में भंडारित किया जाता है। यह वह स्थान है जहाँ प्रोग्राम निर्देश तथा डेटा भंडारित किये जाते हैं। इस डेटा को जब आवश्यक हो उपयोग किया जा सकता है। देखिये Memory unit

**STORY HOUR**

**कहानी घंटा :** विद्यालय पुस्तकालय में बच्चों के लिये कहानी तथा समाचार घंटे का प्रावधान किया जाता है जिसमें अध्यापक अथवा पुस्तकालयाध्यक्ष बच्चों को कहानी व समाचार पढ़ कर सुनाते हैं।

**STRAIGHT MATTER**

**अमिश्रित सामग्री :** एक पुस्तक में बिना किसी तालिका, चित्रों, के प्रकाशित मूल पाठ।

**STRATEGIC PLAN**

**नीति-निर्धारण योजना :** 1986 में एफ॰ आई॰ डी॰ द्वारा एक नीति निधारण योजना स्वीकार की गयी। जिसका उद्देश्य एफ॰ आई॰ डी॰ के संगठनात्मक ढाँचे को पुर्नजीर्वित करना तथा अपने उद्देश्यों की पूर्ति हेतु नये माध्यमों का प्रतिपादन तथा उनका प्रयोग करना था।

**STRING**

**लड़ी :** कंप्यूटर में अंको, अक्षरों व चिन्हों का एक समूह को लड़ी कहते हैं।

**STRUCTURAL NOTATION**

**संरचनात्मक अंकन :** अंकन जो वर्गीकरण पद्धति की संरचना अथवा पदानुक्रम को इंगित करता है।

**STUDENT'S EDITION**

**छात्र-संस्करण :** छात्रों को पाठ्य पुस्तकें कम मूल्य पर सुलभ कराने हेतु साधारण कागज तथा कागजी जिल्द में प्रकाशित पुस्तकें ।

**STYLUS**

**स्टाईलँस :** यह एक विशेष प्रकार का पेन है जिसका प्रयोग प्राचीन समय में मोम व चिकनी मिट्टी पर लिखने के लिये किया जाता था। वर्तमान समय में यह एक बिजली से चलने वाला पेन हैं जिससे पुस्तकों की पीठिका पर नामाँक लिख सकते हैं। कंप्यूटर में इस लाइट पेन का प्रयोग पटल पर लिखने, चित्रण करने के लिये किया जाता है।

**SUB-COMMITTEE**

**उपसमिति :** मुख्य समिति के कुछ सदस्यों से बनी समिति। जिसका कार्य किसी विशेष विषय पर विचार विमर्श कर मुख्य समिति को वस्तु स्थिति से अवगत कराना है।

**SUBDIVISONS**

**उपविभाजन :** वर्गीकरण में एक विषय जगत को विभाजित करने की प्रक्रिया से प्राप्त विभाजन व उनके उपविभाजन।

**SUB-HEADING**

**उपशीर्षक :** मुख्य शीर्षक को अधिक स्पष्ट करने के लिये प्रयोग किया

गया शीर्षक अथवा एक विषय के उपविभाजनों के लिये प्रयोग किया गया शीर्षक।

**SUBJECT**

**विषय :** ज्ञान जगत के एक क्षेत्र विशेष से सम्बन्धित संगठित व सुव्यवस्थित विचार समूहन अथवा विषय–वस्तु जिसकी एक प्रलेख में व्याख्या की गयी है।

**SUBJECT ANALYTICAL**

**विषय-विश्लेषणात्मक :** देखिये Analytical Entry

**SUBJECT ARRANGEMENT**

**विषय विन्यास :** प्रलेखों को विषय के आधार पर व्यवस्थित करना। यह व्यवस्था एक वर्गीकरण पद्धति के आधार पर अथवा विषयों के वर्णानुक्रम से की जा सकती हैं

**SUBJECT BIBLIOGRAPHY**

**विषय-ग्रन्थ सूची :** एक विशिष्ट विषय से सम्बन्धित प्रलेखों की क्रमबद्ध सूची।

**SUBJECT BUNDLE**

**विषय समूहन :** 1966 में रंगनाथन ने विषय संरचना की एक नई विधि विषय समूहन प्रतिपादित की, जिसे आंशिक सामवेश्यता (Partial Comprehension) का एक नया प्रकार माना गया। इस विधि के अनुसार जब एक विशिष्ट विषय पर विभिन्न विषयों के वैज्ञानिक व शोधकर्त्ता अपने अपने दृष्टिकोण से अनुसंधान करते हैं किन्तु इनके निष्कर्षो को एक साथ ही प्रकाशित किया जाता है तो विषय समूहन की संरचना हो जाती है जेसे Space Science या Soil Science. 1973 में ए. नीलमेघ्न ने इसे समूहीकरण (Clustering) नाम दिया।

**SUBJECT CATALOUGE**

**विषयात्मक सूची :** सूची जिसमें प्रविष्टियों को विषय के अन्तर्गत व्यवस्थित किया गया हो। यह विन्यास वर्गीकरणात्मक अथवा वर्णानुक्रम हो सकता है।

**SUBJECT CLASSIFICATION (SC)**

**सब्जैक्ट क्लासीफिकेशन :** यह जेम्स डफ ब्राउन द्वारा बनायी गयी वर्गीकरण पद्धति है। ब्राउन ने तीन पद्धतियाँ बनायी प्रथम, **क्वीन-ब्राउन क्लासीफिकेशन** (1894) – इसकी रचना जोन हेनरी क्वीन के साथ मिल कर की गयी, दूसरी पद्धति **एडजेस्टेबल क्लासीफिकेशन** का प्रकाशन उनकी पुस्तक

मैनुअल आफ **लाइब्रेरी क्लासीफिकेशन** (1897) में किया गया। ये दोनों ही पद्धतियाँ पुस्तक वर्गीकरण कि हेतु अपर्याप्त साबित हुई। इसलिये तीसरी पद्धति **सब्जैक्ट क्लासीफिकेशन** का 1906 में प्रकाशन किया गया। ब्राउन ने इस पद्धति की रचना इस मौलिक सिद्धांतो पर की है कि प्रत्येक विज्ञान तथा कला का उद्‌गम् एक निश्चित स्रोत से होता है। इसलिये इस पद्धति में विषयों की व्यवस्था इस प्रकार की गयी है कि – पदार्थ व शक्ति **से** जीवन **से** मष्तिक **से** रिकार्ड उत्पन्न होते हैं। इसमें मिश्रित अंकन प्रयोग किया गया है। रोमन बड़े अक्षर मुख्य वर्गों व एरैबिक अंकन उपवर्गों के लिये प्रयोग किये गये हैं। सामान्य उपविभाजनों के लिये **कैटिगोरिकल टेबल** नाम की सारणी दी गयी है जिसमें संयोग चिन्ह बिन्दु ० के द्वारा अंको का परिगणन किया गया है जैसे .1 Bibliography तथा चिन्ह + का प्रयोग दो विषयों को जोड़ने के लिये किया गया है। अनुक्रमणिका में प्रत्येक विषय हेतु एक प्रविष्टि दी गयी है।

**SUBJECT DEVICE**

**विषय विधि :** एक वर्गीकरण में विषय जगत को विभाजित करने के पश्चात् सम्बन्धित विषय की अनुसूची में उनको वर्गों एवं एकलों के रूप में एक पंक्ति में व्यवस्थित किया जाता है। तथापि ऐसे एकल जो एक साथ कई विषयों में स्थाई रूप से स्थान की माँग करते हैं अथवा प्रलेख की विषय सामग्री के कारण अस्थाई रूप से दूसरे विषयों के एकलों की माँग करते हैं तो रंगनाथन के अनुसार साहित्यिक प्रमाण के आधार पर स्थाई एकलों का एक मुख्य वर्ग में परिगणन कर दिया जाना चाहिये तथा अन्य मुख्य विषयों के लिये समानान्तर विषय विधि अथवा विषय विधि का प्रयोग किया जाना चाहिये। अस्थाई एकलों की माँग करने वाले मुख्य विषयों में भी विषय विधि के प्रयोग द्वारा एकलों को अन्य मुख्यों विषयों से प्राप्त किया जा सकता है। कोलन क्लासीफिकेशन में इस हेतु स्पष्ट प्रावधान हैं। इस हेतु कोष्ठक ( ) संकेतक का प्रयोग किया जाता है जिसके अन्दर किसी भी मुख्य वर्ग का एकल दूसरे मुख्य वर्ग में प्रयोग किया जा सकता है। सन् 1955 से पूर्व इसे समानान्तर विषय विधि (Analogus Subject Device) कहा जाता था तथा बिना किसी संकेतक के किसी भी मुख्यवर्ग के एकल दूसरे मुख्य वर्ग में प्रयोग किये जा सकते थे। संस्करण 7 में इसी विधि का प्रयोग विषय विधि सहश (Quasi Subject Device) के नाम से किया गया है। डीवी डेसीमल क्लासीफिकेशन में विषय विधि का प्रयोग केवल तब ही किया जा सकता है यदि सम्पादक ने जोड़ विधि (Add Device) का निर्देश दिया हो। यूनीवर्सल डेसीमल क्लासीफिकेशन में संकेतक : कोलन के द्वारा इस विधि का प्रयोग सम्भव है।

**SUBJECT ENTRY**

**विषय प्रविष्टि :** सूचीकरण में प्रलेख के विषय को इंगित करने के लिये बनायी गयी अतिरिक्त प्रविष्टि।

**SUBJECT FIELD-REFERENCE CODE**

**देखिये** Standard Reference Code

**SUBJECT GUIDE**

**विषय-मार्गदर्शक :** पाठक को यह बताने हेतु कि किस विषय की पुस्तक किस शैल्फ में व्यवस्थित की गयी है। पुस्तकालय इस हेतु विषय–मार्गदर्शक बनाती है जिससे पाठक सरलता से अपने प्रलेख तक पहुँच सके।

**SUBJECT HEADING**

**विषय शीर्षक :** वर्णानुक्रमिक सूची में एक विषय के प्रलेखों को एक साथ व्यवस्थित किया जाना चाहिये। यह तब ही संभव है जब समान विषय की पुस्तकों को इंगित करने के लिये शीर्षक के रूप में निरन्तर एक ही शब्द अथवा शब्द समूह को प्रयोग किया जा सके। इसके लिये कई मानक विषय शीर्षक सूचियाँ उपलब्ध हैं जैसे लाइब्रेरी आफ कांग्रेस की सब्जैक्ट हैडिंग्स तथा **सेयर्स लिस्ट आफ सब्जैक्ट हैडिंग्स**

**SUBJECT INDEX ENTRY**

**विषय निर्देशि प्रविष्टि :** वर्गीकृत सूची में एक विषय निर्देशि प्रविष्टि पाठक को उस वर्गांक तक पहुँचाती है जिसके अन्तर्गत उसके विषय के प्रलेखों को सूची व शैल्फ में व्यवस्थित किया गया है।

**SUBJECT LIBRARIES**

**विषय-पुस्तकालय :** देखिये Special Libraries

**SUBJECT REFERENCE**

**विषयात्मक निर्देश :** सूची प्रविष्टि जो दूसरे विषय की प्रविष्टि को देखने का निर्देश देती हैं। ये विषय समानार्थक अथवा सम्बन्धित विषय हो सकते हैं।

**SUBJECT WORD ENTRY**

**विषय-शब्द प्रविष्टि :** पुस्तक आख्या के उन शब्दों से बनायी गयी सूची प्रविष्टि जो पुस्तक के विषय–वस्तु को इंगित करते हों

**SUBORDINATE CLASS**

**अधीनस्थ वर्ग :** वर्गीकरण में विषय जगत को पदानुक्रम में विभाजित करने पर प्राप्त उपवर्ग अथवा अधनीस्थ वर्ग।

**SUBORDINATION**

**अधीनीकरण :** एक वर्गीकरण पद्धति में वर्गों को सामान्य से विशिष्ट की ओर विभाजित किया जाता है जैसे प्रकृति विज्ञान की अवधारणा पर भौतिक विज्ञान आधारित है जबकि उष्मा, भौतिक विज्ञान की अवधारणा पर आधारित है। इस प्रक्रिया से एक पंक्ति में विषयों व एकलों के समकक्ष वर्ग प्राप्त होते हैं तथा इनको विभाजित करने पर अधीनस्थ वर्ग उत्पन्न होते हैं। इसी सिद्धान्त पर इनको व्यवस्थित भी किया जाता है अर्थात् समकक्ष वर्गों के अन्तर्गत उनके अधीनस्थ वर्गों को व्यवस्थित किया जाता है।

**SUBROUTINE SOFTWARE**

**दैनिककार्य सॉफ्टवेयर :** कंप्यूटर निर्माताओं द्वारा सामान्य दैनिक कार्यों के लिये बनाये गये सॉफ्टवेयर, जैसे टैक्सगणन के लिये सॉफ्टवेयर।

**SUBSCRIBER**

**ग्राहक :** व्यक्ति अथवा संस्था जो पत्र–पत्रिकाओं को पाने के लिये पैसों का भुगतान करता है।

**SUBSCRIPT**

**अधोलिखित :** एक अक्षर अथवा चिन्ह के एकदम नीचे लिखा हुआ अक्षर अथवा अंक जैसे पानी के नीचे लिखा गया $H_2O$.

**SUBSCRIPTION LIBRARY**

**शुल्कग्राही पुस्तकालय :** पुस्तकालय जिसमें सदस्यता शुल्क के आधार पर ही पुस्तकें प्राप्त की जा सकती हैं। यह कहा जाता है कि सर्वप्रथम वेन्जामिन फ्रैंकलिन ने 1731 में वार्षिक शुल्क के आधार पर लाइब्रेरी कम्पनी आफ फिलाडेलफिया, अमेरिका की स्थापना की थी।

**SUBSIDIARIES**

**सहायक :** एक कृति के मूलपाठ के अतिरिक्त अन्य सामग्री जो पृष्ठों के साथ अथवा अन्त में लगाई गयी हो, जैसे संदर्भ सूची, शब्दावली, परिशिष्ट आदि।

**SUBSTANTIVE DIGIT**

**सारगर्मित अंक :** एक वर्गीकरण पद्धति की अंकन प्रणाली में विषयों एवं एकलों को कृत्रिम नाम में बदलने के लिये जिन अंकों का प्रयोग किया जाता है। उनको सारगर्मित अंक कीं संज्ञा दी जती है।

**SUB-TITLE**

**उप-आख्या :** एक कृति में स्पष्टीकरण हेतु दी गयी आख्या। इस

सहायक अथवा गौण आख्या को सामान्यतया मुख्य आख्या के बाद सीमीकोलन अथवा डैश – आदि चिन्ह लगा कर लिखा जाता है।

**SUGGESTION CARD**

**सुझाव पत्रक :** पुस्तकालय में किसी विशिष्ट पुस्तक को मँगाने अथवा किसी सेवा में सुधार हेतु एक पाठक द्वारा भरा गया सुझाव पत्रक।

**SUMMARY**

**संक्षिप्त विवरण :** प्रलेख के प्रमुख तथ्य एवं निष्कर्षों का संक्षिप्त विवरण अथवा सारांश।

**SUPER COMPUTER**

**सुपर कंप्यूटर :** सामान्य कंप्यूटर से तेज गति, शक्तिशाली व बड़े आकार के उच्चस्तीय कंप्यूटरों को सुपर कंप्यूटर कहा जाता है। इन कंप्यूटरों की संचालन क्षमता मिलियन अनुदेश प्रति सेकेण्ड (Millions of Instructions per second (MIPS) में **नहीं** मापी जाती है। अपितु कितने मिलियन प्रवाहित प्रसंग प्रति सेकेंड (1 Millions of floating point per second-MFLOPS) में मापी जाती है। इसीलिये इनके मूल ढांचे में ही परिवर्तन आवश्यक होते हैं तभी इस उच्चस्तरीय गति को प्राप्त किया जा सकता है।

**SUPER USER**

**सुपरयूजर :** जिस कंप्यूटर के आपरेटिंग सिस्टम में एक समय में कई व्यक्ति कार्य कर सकते है। यदि इनमें से एक को विशिष्ट दर्जा देकर उसे कंप्यूटर पर कार्य करने की सभी सुविधाएँ उपलब्ध होती हैं तथा वह डेटा व प्रोग्रामों में फेरबदल भी कर सकता है जो अन्य नहीं कर सकते हैं। तो उसे सुपर यूजर कहा जाता है।

**SUPERIMPOSED ISOLATE**

**अध्यारोपित एकल :** वर्गीकरण पद्धति की एक पंक्ति में अनुसूचित दो एकलों को जब संकेतक – (हाइफन) के द्वारा एक से दूसरे को जोड़ा जाता है तो एक पर दूसरे एकल की परतबन्दी हो जाती है। इसी को अध्यारोपित एकल की संज्ञा दी गयी है। इसे परतबन्दी सहश (Quasi-Lamination) भी कहा जाता है। कोलन क्लासीफिकेशन के संस्करण 6 तक इस शब्दावली का प्रयोग किया जाता था। जब कि 1970 में बनायी गयी शब्दावली में इसे संयोजित एकल (Compound Isolate) कहा गया है।

**SUPERIMPOSITION DEVICE**

**अध्यारोपण विधि :** रंगनाथन द्वारा वर्गीकरण हेतु प्रतिपादित इस विधि में एक ही मुख्य विषय की एक पंक्ति के दो अनुसूचित एकल अंकों को संकेतक –

(हाइफन) से जोड़ कर एक संयोजित एकल का वर्गांक बनाया जाता है। जिससे एक ऐसा एकल जिसके लिये पंक्ति में एकल अंक उपलब्ध नहीं है किंतु उसी पंक्ति के दो अनुसूचित एकल अंको के समानान्तर विशेषताओं पर आधारित होने से उनको जोड़ कर सहविस्तृत एकल अंक बनाना संभव हो जाता है। 1960 से पहले इस विधि का नाम स्व–अभिनत विधि (Auto Bias Device) था। जबकि 1970 में अध्यारोपण विधि के स्थान पर इसका नाम संयोजित विषय विधि कर दिया गया है।

**SUPPLEMENT**

**परिशिष्ट** : पूर्व प्रकाशित कृति में नयी अथवा अतिरिक्त जोड़ी गयी सामग्री, जो सामान्यतया पृथक प्रकाशित की जाती है। समाचार पत्रों अथवा सामयिक प्रकाशनों के साथ अतिरिक्त प्रकाशित पन्नों को भी परिशिष्ट की संज्ञा दी जाती है।

**SUPOSED AUTHOR**

**अनुमानित लेखक** : एक कृति को उसके अज्ञात लेखक अथवा संदेहास्पद लेखक के कारण विश्वस्त सूत्रों के आधार पर कर्तृत्व प्रदान करना।

**SUPRA**

**उद्वरण निर्देश** : पादटिप्पणी अथवा संदर्भ सूची में पूर्व लिखित संदर्भ को इंगित करने हेतु प्रयोग किया जाने वाला शब्द।

**SURFING**

सर्फिंग : वर्ल्ड वाइड वेब (WWW) में सर्फिंग से तात्पर्य विभिन्न वेबसाइटों पर बिना पूर्व योजना बनाये अथवा एक प्रश्न के उत्तर की खोज में भ्रमण करने से होता है।

**SURNAME**

**कुलनाम** : वह नाम जो वंशानुगत एक परिवार के नाम की तरह प्रयोग किया जाता है। इसे परिवार का हर सदस्य अपने व्यक्तिगत नाम के साथ प्रयोग करता है। सूचीकरण व ग्रन्थसूची में इस कुलनाम का प्रविष्टि के शीर्षक के लिये प्रयोग किया जाता है।

**SURVEY**

**सर्वेक्षण** : एक विषय के बारे में सूक्ष्मतम व पूर्ण विवरण प्राप्त करने हेतु सर्वेक्षण किये जाते है। इस हेतु प्रश्नावली तैयार की जाती है। जिसके आधार पर सूचना एकत्रित की जाती है। इस सूचना की पूर्ण व्याख्या करन के पश्चात् ही इसका उपयोग किया जाता है।

**SUSPENDED PUBLICATION**

**निलम्बित प्रकाशन :** ऐसे प्रलेख जिनका किन्हीं कारणों से प्रकाशन रोक दिया गया हो।

**SWITCHING**

**स्विचिंग :** दूर संचार माध्यमों से टर्मिनल अथवा उपयोगकर्त्ता को जोड़ने की प्रक्रिया।

**SWITCHING CENTRE**

**स्विचिंग सेन्टर :** देखिये Referral Centre

**SWITCHING LANGUAGE**

**परिवर्तक भाषा :** यह नेटवर्क से जुड़े पुस्तकालयों एवं सूचना केन्द्रों में प्रयोग की जानी वाली भिन्न–भिन्न वर्गीकरण भाषाओं के बीच माध्यस्थ भाषा के रूप में कार्य करने के लिये बनायी गयी वर्गीकरण भाषा है। विभिन्न वर्गीकरण पद्धतियों के आधार पर वर्गीकृत सूचना सामग्री का इस मध्यस्थ भाषा में कंप्यूटर द्वारा स्वयं परिवर्तन करने के बाद ही सूचना का संचारण किया जाता है। जिससे नेटवर्क का प्रत्येक सदस्य अपनी वर्गीकरण पद्धति के अनुसार इस सूचना सामग्री को वर्गीकृत कर प्रयोग कर सकता है। क्योंकि इस मध्यस्थ वर्गीकरणात्मक भाषा का ज्ञान नेटवर्क के प्रत्येक सदस्य को होता है। इस भाषा को सम्पर्क भाषा भी कहते है। **देखिये** Intermediate Language; Link Language

**SYMBOL**

**चिन्हित :** जो किसी विशिष्ट विचार, वस्तु अथवा अन्य सत्बों की अभिव्यक्ति के लिये प्रयोग अथवा उसमें अनुवादित किया जा सके।

**SYMBOLIC META LANGUAGE**

**अभिकल्पित सांकेतिक भाषा :** पुस्तकालय वर्गीकरण में प्रयोग करने हेतु परिभाषित अंकाक्षरों से बनायी गयी भाषा।

**SYMBOLOGY**

**प्रतीकशास्त्र :** प्रतीकवाद का अध्ययन, व्याख्या तथा संकेताक्षरों की अभिव्यक्ति व कार्यान्वयन की कला।

**SYNONYM**

**समानार्थक :** कई ऐसे शब्द होते हैं जिनका नाम, उच्चारण भिन्न होता है किन्तु उनका अर्थ एक ही होता है। जैसे पिता, जनक, बाप आदि। इनको समानार्थक शब्द कहते है।

**SYNOPSIS**

**संक्षिप्त रूपरेखा :** पुस्तक अथवा लेख की विषय–वस्तु का सारांश।

**SYNTAX OF FACETS**

**पक्ष-रचना :** एक विश्लेषिक–संशलेषणात्मक वर्गीकरण में एक विषय में अन्तर्निहित पक्षों की रचना सिद्धांतों एवं अभिधारणाओं के आधार पर की जाती है। इसी को रंगनाथन ने पक्ष–रचना की संज्ञा दी है।

**SYNOPTIC TABLES**

**संक्षिप्त तालिका :** वर्गीकरण में शब्दों अथवा पदों के परस्पर सम्बन्धों को प्रदर्शित करने वाली सारणी।

**SYNTHESIS**

**संश्लेषण :** पृथक अवधारणाओं, विचारों अथवा उनकी विशेषताओं को मिलाकर एक मिश्रित अवधारणा, विचार अथवा विशेषता की रचना करना।

**SYNTHETIC CLASSIFICATION**

**संश्लेषित वर्गीकरण :** वर्गीकरण जिसके विषय में अन्तर्निहित विशेषताओं की व्याख्या करने के पश्चात् वर्गीकरण पद्धति की विभिन्न अनुसूचियों के आधार पर वर्गांक की रचना की जाती है।

**SYNTHETIC SOUND**

**कृत्रिम आवाज :** कंप्यूटर में सॉफ्टवेयर द्वारा नियंत्रित करके उत्पन्न की गयी ध्वनि अथवा आवाज। इस प्रकार की आवाज का प्रयोग अनेक प्रकार के बोलने वाले कैलकुलेटरों, घड़ियों, खिलौनों, व चलचित्रों में भी किया जाता है।

**SYS**

**कंप्यूटर आदेश :** यह कंप्यूटर का वह बाह्य आदेश है जिसके द्वारा डिस्क पर डॉस के मूल प्रोग्रामों को स्थापित किया जाता है। तथा इस डिस्क से कंप्यूटर को सीधा बूट किया जा सकता है।

**SYSTEM SOFTWARE**

**सिस्टम सॉफ्टवेयर :** प्रत्येक कंप्यूटर की अपनी संचालन प्रणाली होती है। इसलिये कंप्यूटर निर्माता द्वारा कंप्यूटर खरीदने वाले को कई सॉफ्टवेयर दिये जाते हैं। जिनमें से अधिकतम प्रोग्राम कंप्यूटर नियंत्रण व संचालन कार्यों से सम्बन्धित होते हैं। इन्हीं प्रोग्रामों का सामूहिक नाम सिस्टम सॉफ्टवेयर है।

**SYSTEM VOLUME**

**सिस्टम वाल्यूम :** जिन फ्लापी डिस्कों पर सिस्टम सॉफ्टवेयर दिये जाते हैं उन्हें सिस्टम वॉल्यूम कहते हैं।

**SYSTEMATIC AUXILIARY SCHEDULES**

**क्रमबद्ध सहायक अनुसूचियाँ :** ब्लिस ने सामान्य उपविभाजनों की सारणियों के लिये क्रमबद्ध सहायक अनुसूची नाम प्रयोग किया है। बिब्लियोग्राफिक क्लासीफिकेशन में ऐसी 22 अनुसूचियाँ है जिनको सारणी IV में सूचीबद्ध किया गया है। इनमें कुछ अनूसूचियाँ सामान्य रूप से सभी मुख्य वर्गों में प्रयोग की जा सकती है तथा कुछ विशिष्ट विषयों से सम्बन्धित हैं।

**SYSTEMATIC BIBLIOGRAPHY**

**क्रमबद्धसूची :** प्रत्येक पुस्तक का पूर्ण अवलोकन करने के पश्चात् संदर्भ तथा अध्ययन हेतु उनकी प्रविष्टियों को तर्कपूर्ण एंव उपयोगी ढंग से व्यवस्थित करने पर जो सूची तैयार होती है उसे क्रमबद्ध सूची कहते है।

**SYSTEMATIC CATALOGUE**

**वर्गीकृत सूची :** सूची जिसमें किसी वर्गीकरण पद्धति के आधार पर वर्गों तथा विषयों की प्रविष्टियों को सुनियोजित रूप से व्यवस्थित किया गया हो।

**SYSTEMATIC MNEMONICS**

**क्रमबद्ध स्मृतिसहायक :** एक वर्गीकरण पद्धति में समान विषयों एवं एकलों की अभिव्यक्ति जिस मुख्य विषय में भी होती है उन सब में उनका अनुक्रम व अंक एक समान रखना ही क्रमबद्ध स्मृतिसहायक हैं। रंगनाथन ने इस हेतु सहायक अनुक्रम के सिद्धांत प्रतिपादित किये हैं।

**SYSTEMATIC SCHEDULES**

देखिये Systematic Auxiliary Schedules

**SYSTEM OF RELATIONALS.**

**सम्बन्धात्मक संकेत पद्धति :** जे॰ ई॰ फैराडेन द्वारा प्रतिपादित पद्धति जिसमें संचालक चिन्हो (Operators) के आधार पर मिश्रित विषयों में अन्तर्निहित विभिन्न प्रकार के सम्बन्धों को प्रदर्शित किया जा सकता है।

**SYSTEMS ANALYSIS**

**तंत्र विश्लेषण :** किसी भी नयी प्रणाली के प्रयोग अथवा रचना से पूर्व उसकी पूर्ण व्याख्या करने की कला को तंत्र विश्लेषण कहते हैं। तथापि वर्तमान समय में इसका प्रयोग कंप्यूटर प्रणाली से सम्बन्ध रखता है जिसके अनुसार अपने तंत्र को कंप्यूटरीकृत करने से पूर्व इस आधार पर उसकी व्याख्या की जानी चाहिये :– (1) समस्या को सुनिश्चित करना–जिस हेतु नयी प्रणाली का प्रयोग व रचना की जा रही है उस हेतु उसकी पूर्ण रूपरेखा तथा उसकी परिसीमन निर्धारित की जानी चाहिये; (2) विद्यमान तंत्र की कार्य प्रणाली की

विस्तृत जाँच–पड़ताल; (3) इस जांच के आधार पर प्राप्त निष्कर्षो की व्याख्या करना जिससे नये तंत्र को आवश्यकतानुसार बनाया जा सके; (4) नये तंत्र की संरचना इस तरह करना कि वह व्यावहारिक हो, फलोत्पादक हो तथा उपलब्ध हार्डवेयर तथा सॉफ्वेयर का सर्वोत्तम उपयोग किया जाये, (5) सभी सम्बन्धित पक्षों को नये तंत्र की जानकारी तथा; (6) इसके कार्यान्वयन में सहयोग तथा भविष्य में उसके रखरखाव का प्रबंध।

**SYSTEMS ANALYSIS AND DESIGN (SAD)**

**तंत्र विश्लेषण व संरचना :** किसी भी संस्था अथवा पुस्तकालय को कंप्यूटरीकृत करने से पूर्व उस संस्था का विभिन्न दृष्टिकोणों से विश्लेषण करना आवश्यक होता है। जैसे उन क्षेत्रों तथा कार्यों की पहचान, जिनको कंप्यूटरीकृत करना आवश्यक है, उसका खर्चा, उपयोग, मानवसंसाधान आदि सभी की योजना बनाना।

**SYSTEMS BASIC SUBJECT**

**प्रणाली मूल विषय :** एक प्राथमिक मूल विषय का यदि विभिन्न दृष्टिकोणों से अध्ययन किया जाय तो उस विषय की विभिन्न प्रणालियाँ विकसित हो जाती है। रंगनाथन ने इस अवधारणा को प्रथम **विचारधारा** (School of Thought) के नाम से प्रतिपादित किया। 1952 के दशक में लिखे गये लेखों में रंगनाथन ने इस हेतु **प्रणाली** शब्द का प्रयोग किया। कोलन क्लासीफिकेशन संस्करण 6 तक इस अवधारणा का कार्यान्वयन **विस्तारित मूल वर्ग** (Amplified Basic Class) की तरह करके इसे अन्तर्वेधित पक्ष (Telescoped Facet) की अवधारणा के आधार पर प्रयोग किया गया। इसका वर्गांक कालानुक्रमिक विधि के आधार पर प्राप्त किया गया तथा मुख्य वर्ग में स्तर के रूप में प्रयोग किया गया। 1970 में इसे संयोजित मूल विषय के रूप में प्रतिपादित किया गया है।

**SYSTEMS PROGRAM**

**सिस्टम प्रोग्राम :** कंप्यूटर निर्माता कंप्यूटर खरीदने वाले को कई सॉफ्टवेयर देते हैं जिनमें से अधिक प्रोग्राम कंप्यूटर नियंत्रण व संचालन से सम्बन्धित होते हैं इन्हीं प्रोग्रामों का सामूहिक नाम सिस्टम सॉफ्टवेयर है तथा प्रत्येक प्रोग्राम को सिस्टमस् प्रोग्राम कहा जाता है।

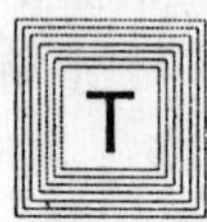

**TABLE**

**तालिका :** तथ्य प्रस्तुत करने का यह सबसे सुविधाजनक माध्यम है। एक विषय का संक्षिप्त विवरण करने अथवा सूचना का एक बड़े भाग को व्याख्या के स्थान पर सारिणी अथवा तालिका के रूप में प्रस्तुत किया जा सकता है।

**TABLE OF CONTENTS**

**विषय सूची :** देखिये Contents

**TABLE OF PRECEDENCE**

**अग्रताक्रम सारणी :** डीवी डेसीमल क्लासिफिकेशन संस्करण 19 (1979) से इस सारणी को सारणी 1 मानक उपविभाजन के अन्तर्गत सम्मिलित किया गया है। इस सारणी के आधार पर यह सुनिश्चित किया जा सकता है कि यदि एक प्रलेख के विषय–वस्तु में दो या अधिक मानक उपविभाजनों की अभिव्यक्ति है तो उनमें से वर्गांक बनाने हेतु किस एक को प्राथमिकता दी जायेगी।

**TABLETS**

**पट्टियाँ :** प्राचीन काल में लिखने के लिये माध्यम के रूप में पत्थर की शिलाएँ, धातु, मोम, लकड़ी व मिट्टी की पट्टियाँ प्रयोग में लाई जाती थी। मिट्टी की गीली पट्टियों पर लिख कर फिर सुखाने के पश्चात् पकाया जाता था।

**TABLETS**

**टैबलेट :** वर्तमान कम्प्यूटर तकनीक में टैबलेट एक छोटे से कागज का लिखने के पैड को कहते हैं जिसको मेज अथवा गोदी पर रखकर स्टाईलस (विशेष पेन) से जो भी लिखा जायेगा वह तुरंत कम्प्यूटर के मॉनीटर के पटल पर दिखाई देने लगेगा। इस पर लिखे अक्षर, चित्र आदि को मिटा कर दुबारा

लिखा व बनाया जा सकता है। इसे पैड भी कहते है। यह कम्प्यूटर का एक अत्यन्त उपयोगी उपकरण है।

**TABULAR CLASSIFICATION**

**सारणीबद्ध वर्गीकरण :** समकक्ष वर्गों को एक समतल स्तर पर तथा प्रत्येक समकक्ष वर्ग के अन्तर्गत उपवर्गों को खड़ी लाईन में कई कालम में व्यवस्थित करना सारणीबद्ध वर्गीकरण है।

**TABULAR WORK**

**सारणीबद्ध कार्य :** आंकड़े अथवा अन्य विषय सामग्री जिसको नियमानुसार अथवा सामान्यरूप से एक खड़ी पंक्ति में व्यवस्थित किया गया हो।

**TABULATED MATERIAL**

**सारणीबद्ध सामग्री :** सारणी अथवा तालिका के रूप में प्रकाशित प्रकाशन सामग्री।

**TABULATOR**

**सारणीयंत्र :** छिद्रित पत्रक प्रणाली का मुख्य उपकरण।

**TACHYGRAPHER**

**आशुलिपिक :** सांकेतिक चिन्हों में शीघ्रता से लिखने वाला व्यक्ति।

**TACHYGRAPHY**

**आशुलिपि :** सांकेतिक भाषा में शीघ्र लिखने की कला, जिसका अंग्रेजी भाषा के लेखक सैमवल पेप्स (Samual Pepys) ने अपनी डायरी लिखने के लिये सर्वप्रथम प्रयोग किया था। इसका अविष्कारक थामस शेल्टन (Thomas Shelton) को माना जाता है।

**TAG**

**लेबल :** (i) पुस्तकालय द्वारा प्रत्येक पुस्तक की पीठिका पर एक लेबल चिपकाया जाता है जिस पर पुस्तक का नामांक लिखा जाता है। इसे ही टैग कहते हैं। (ii) कम्प्यूटर में उस अंकाक्षर अथवा अंक को भी टैग कहते हैं जिसे कम्प्यूटर के रिकार्ड अथवा डेटाबेस के क्षेत्रों की पहचान हेतु प्रयोग किया जाता है।

**TAIL**

**निचला भाग :** (i) एक प्रलेख का निचला अथवा अधोभाग, (ii) अंग्रेजी भाषा के शब्द g के निचले भाग तथा Q के नीचे लगा प्रक्षेपक को भी टेल कहते हैं।

**TAIL MARGIN**

**निचला हाशिया** : एक पृष्ठ की मुद्रित सामग्री की निचली पंक्ति के नीचे की खाली जगह।

**TALKING BOOK**

**बोलने वाली पुस्तक** : अंधों के लिये टेप पर अंकित पुस्तक।

**TALLY**

**टैली** : व्यापार सम्बन्धी लेखा जोखा के कार्यों के उपयोग के लिये बनाये गये साफ्टवेयर का नाम।

**TAMIL NADU PUBLIC LIBRARY ACT**

देखिये Madras Public Library Act

**TAPE**

**टेप** : यह एक लम्बा फीतानुमा उपकरण है जिसमें किसी भी प्रकार की सूचना अथवा ध्वन्यालेखन रिकार्ड किया जा सकता है। यह टेप कागज की अथवा मैगनेटिक (चुम्बकीय) हो सकती है। यह फिरकी (Spool) पर गोलाकार लिपटी होती है तथा जब आवश्यक हो इसे टेप डैक पर लगा कर प्रयोग किया जा सकता है, कम्प्यूटर की मेगनेटिक टेप का सिद्धान्त टेप रिकार्डर के टेप की ही भाँति है। जिस प्रकार टेप रिकार्डर की टेप में संगीत या अन्य आवाज रिकार्ड करके रखी जा सकती है उसी प्रकार कम्प्यूटर की मेगनेटिक टेप में कोई भी सूचना संचित करके रखी जा सकती है।

**TAPE READER**

**टेप रीडर** : कागजी अथवा मैगनेटिक टेप पर रिकार्ड की गई सूचना को पढ़ने का उपकरण।

**TAPE - RECORDER**

**टेप रिकार्डर** : टेप रिकार्डर एक ऐसी मशीन है जो आवाज को प्लास्टिक की एक पतली टेप पर रिकार्ड कर लेती है। इसमें किसी भी समय रिकार्ड की गई ध्वनि को टेप से दुबारा जब चाहें सुना जा सकता है। टेप पर आवाज को अंकित करने के लिये इसे विद्युत धारा में बदलना होता है। अर्थात जिस व्यक्ति की आवाज रिकार्ड करनी होती है वह टेपरिकार्डर में लगे माइक्रोफोन के सामने बोलता है। माइक्रोफोन विद्युतधारा को ध्वनि में बदलता है। यह विद्युत धारा काफी कम होती है। अतः एक एम्लीफायर द्वारा इस धारा को बढ़ा दिया जाता है। यह विद्युत धारा लोहे पर लिपटी तार की एक फिरकी से गुजरती है। इससे लोहे का टुकड़ा चुंबक बन जाता है। इसका चुंबकीय क्षेत्र बदलती हुई

ध्वनि के अनुसार ही बदलता रहता है। इसी दौरान चुंबकीय पदार्थ से युक्त टेप एक मोटर द्वारा चुंबक के बीच से गुजरती है। इस पर आयरन आक्साइड ध्वनि के द्वारा पैदा हुई विद्युत से चुंबक में बदल जाता है। तथा ध्वनि टेप में चुंबकीय क्षेत्र के रूप में अंकित हो जाती है। जब टेप से आवाज को सुनना होता है तो इसे टेपरिकार्डर में लगाकर सुनते हैं। जैसे जैसे टेप चलती है, वैसे वैसे इसके चुंबकीय क्षेत्र से कुंडली में विद्युतधारा पैदा होती है। इस विद्युतधारा का परिमाण टेप पर अंकित ध्वनि के अनुसार बदलता है। इसे एम्पलीफायर द्वारा अधिक कर लाउडस्पीकर में भेज दिया जाता है जहाँ यह फिर से ध्वनि में बदल जाता है। टेप पर अंकित ध्वनि को मिटाकर नई आवाज रिकार्ड की जा सकती है। ध्वनि अंकित टेप को काफी समय तक सुरक्षित रूप से रखा जा सकता है।

**TAPE RECORDER (COMPUTER)**

**टेपरिकार्डर कम्प्यूटर :** बड़े कम्प्यूटरों में जहाँ बहुत अधिक सूचना एकत्रित करने की आवश्यकता होती है वहाँ टेपरिकार्डर का प्रयोग किया जाता है किन्तु कम्प्यूटरों में प्रयोग किया जाने वाला टेपरिकार्डर की बनावट सामान्य से भिन्न होती है। इसमें चौड़े टेप का प्रयोग किया जाता है जिसमें कई समानान्तर ट्रैक (पटरियाँ) एक साथ रिकार्ड किये जा सकते हैं। इस रिकार्डर में डेटा रिकार्ड करने तथा उसे स्थानान्तरित करने की गति भी बहुत अधिक होती है। इनको सीधी, उल्टी अथवा किसी भी दिशा में स्टार्ट (चलाया) किया जा सकता है। ये स्थान अधिक घेरती है व महंगी भी होती है।

**TARGET LANGUAGE**

**लक्ष्य भाषा :** मशीन द्वारा अनुवाद से जिस भाषा में अनुवाद प्राप्त होता है उसे लक्ष्य भाषा कहते हैं।

**TASK FORCE (UDC)**

**कार्यदल :** यूनीवर्सल डेसीमल क्लासिफिकेशन में नई आवश्यकताओं के अनुरूप संशोधन करने हेतु 1989 में डॉ॰ मकलवेन (IC Mcllwaine) की अध्यक्षता में एफ॰आई॰डी॰ ने एक कार्यदल नियुक्त किया। इस कार्यदल ने मार्च 1990 में अपनी सिफारिशें प्रस्तुत की, जिनको अप्रैल 1990 में स्वीकृत कर लिया गया।

**TAXONOMY**

वर्गीकरण विज्ञान।

**TCP/IP**

**ट्रांसफर कंट्रोल प्रोटोकॉल तथा इंटरनेट प्रोटोकॉल का संक्षिप्त शब्द :** इंटरनेट पर उपयोग में आने वाला यह नियमों का समूह है। जिसकी उत्पत्ति

1960 में अमरीका के सुरक्षा विभाग की एडवांस रिसर्च प्रोजेक्ट ऐजेंसी (APRA) द्वारा अपने अनुसंधान केन्द्रों तथा डेटा केन्द्रों को जोड़ने के प्रयास के फलस्वरूप हुई। ये दोनो प्रोटोकॉल TCP तथा IP साथ साथ मिल कर नेटवर्क पर डेटा के सुरक्षित संचारण हेतु व्यवस्था का प्रयोग करते है। डेटा का संचारण तीव्र गति से हो सके इस हेतु डेटा को टुकड़ों में बाँट दिया जाता है। यहाँ इन प्रोटोकॉल का कार्य यह होता है कि टी. सी. पी. डेटा के आरम्भ में एक कोड लिखता है। इस कोड में – पता, डेटा का मूल्य आदि सूचनाएँ अंकित होती है जबकि आई. पी. का कार्य यह सुनिश्चित करना है कि जिस क्रम में डेटा को बाँटा गया था उसी क्रम में पुनः व्यवस्थित हो कर वह उपयोगकर्ता को प्राप्त हो सके। इस प्रकार टी. सी. पी. प्राप्त सूचना को टुकड़ों में बाँट कर उनको डेटाग्राम के रूप में तैयार करता है जिसे एक पैकेट के रूप में संचारित किया जाता है। इंटरनेट प्रोटोकॉल डाकविभाग की तरह ही कार्य करता है तथा डेटा पैकेट के मार्ग निश्चित करता है, इनको टुकड़ों में विभाजित करने के पश्चात् उनको चिन्हित करता है तथा गंतव्य पर इनको क्रम से पुनः व्यवस्थित करता है।

**TEACHER - LIBRARIAN**

**शिक्षक-पुस्तकालयाध्यक्ष :** स्कूल पुस्तकालय जहाँ एक अध्यापक ही पुस्तकालय का कार्य भी करता है।

**TECHNICAL JOURNAL**

**तकनीकी पत्रिका :** प्रौद्योगिक विषयों से सम्बन्धित पत्रिका।

**TECHNICAL LIBRARY**

**तकनीकी पुस्तकालय :** पुस्तकालय जिसमें प्रोद्योगिकी विषय पर लिखे प्रलेखों का ही मुख्य रूप से अधिग्रहण किया जाता हो।

**TECHNICAL PERIODICAL**

देखिये Technical Journal

**TECHNICAL REPORT**

**तकनीकी प्रतिवेदन :** ऐसे प्रकाशन जिनमें वैज्ञानिक एंव प्रौद्योगिकी शोध लेख, अनुवाद तथा अन्य लेख जिनमें वैज्ञानिक शोध व विकास की विद्यमान स्थिति को प्रस्तुत किया गया हो, प्रकाशित करते हैं।

**TECHNICAL SERVICES**

**तकनीकी कार्य :** पुस्तकालय में प्राप्त प्रलेखों को उपयोग हेतु पाठक तक पहुँचाने के लिये विभिन्न कार्य व प्रक्रियाएँ पूरी करनी होती हैं जैसे अधिग्रहण पंजिका में पुस्तक के विवरण देकर आवाप्ति संख्या आवंटित करना,

वर्गीकरण, सूचीकरण, पुस्तक पर नामांक लिखना आदि इसे ही तकनीकी कार्य कहा जाता है।

**TELECOMMUNICATION**

**दूरसंचार** : संचार प्रणाली जो दूरस्थ स्थानों में भी सूचना संचार करने में सक्षम हो। जैसे रेडियो, टेलीविजन, टेलीफोन आदि। इस प्रणाली में सूचना का संचार व प्राप्ति रेडियो परिपथ अथवा विद्युत चुंबकीय सिग्नल के द्वारा संचार माध्यमों से होता है। सैटेलाइट भी एक संचार माध्यम है।

**TELEGRAPHIC ABSTRACT**

**टेलीग्राफिक सार** : विशिष्ट रूप की सांकेतिक भाषा में लिखा गया सार जिसमें प्रलेख के विषय–वस्तु से उन महत्वपूर्ण शब्दों का चयन किया जाता है जो विषय–वस्तु को इंगित करते हैं। इन शब्दों को संकेतों व प्रतीकों में अनुवाद करके सार लिखा जाता है।

**TELE REFERENCE**

**टेलीरिफ्रेन्स** : पुस्तकालय सूची व अन्य सेवाओं का दूरस्थ स्थान से उपयोग करने की प्रणाली। इसमें टेलीटेक्स्ट (Teletext), विडीयोटेक्स (Videotex) तथा केबल टेलीवीजन का उपयोग किया जाता है।

**TELESCOPE**

**दूरबीन** : टेलिस्कोप शब्द की उत्पत्ति ग्रीक भाषा के टेलीस्कोपोस (teleskopos) शब्द से हुई है। टेली का अर्थ है दूर तथा स्कोपोस का अर्थ है देखना। अतः टेलीस्कोप का अर्थ है दूर की वस्तुओं को देखने का यंत्र। दूरबीन या दूरदर्शी यंत्र दो प्रकार के होते हैं। एक प्रकाशीय दूरदर्शी यंत्र व दूसरे रेडियो दूरदर्शी यंत्र। संसार में सबसे पहली दूरबीन हॉलैण्ड के हॉस लिपरशे नामक व्यक्ति ने 1608 में बनाई थी। इटली के वैज्ञानिक गैलीलियो को जब इस अविष्कार का पता लगा तो उन्होने 1609 में एक नये ढंग की दूरबीन बना डाली और दूरबीन के आविष्कार का श्रेय गैलीलियो को प्राप्त हो गया।

**TELESCOPED ARRAY**

**अन्तर्वेधित पंक्ति** : वर्गीकरण पद्धति में एक विषय अथवा एकलों की एक पंक्ति में जब एकल विचार कम तथा एकल अंक अधिक होते हैं तब इस अवधारणा की उत्पत्ति होती है। यदि वर्गीकरण पद्धति एक पंक्ति में उपलब्ध सभी अंकों का प्रयोग करती है तो समकक्ष अंकों का आंवटन अधीनस्थ वर्गों को भी कर दिया जाता है जिसके फलस्वरूप अंकन स्तर पर समकक्ष व अधीनस्थ वर्गों के अंकन समकक्ष अंकन सहश ही दृष्टिगत होते हैं। वैचारिक स्तर पर जब इसकी व्याख्या की जाती है तब ही अंकन का स्पष्ट स्वरूप पता लगता है। इसी

को अन्तर्विधित पंक्ति कहते हैं। वर्गीकरण की सभी प्रचलित पद्धतियों में भौगोलिक एकलों की पंक्ति हेतु इसी विधि का प्रयोग किया गया है। अर्थात अंक 1-World तथा 3-9 महाद्वीप तथा देश को आँबटित किये गये है जिसमें सभी समकक्ष प्रतीत होते हैं।

**TELESCOPED FACETS**

**अन्तर्विधित पक्ष** : एक वर्गीकरण पद्धति के एक मुख्य विषय की एक श्रेणी की एक ही पंक्ति में विभिन्न विशेषताओं से बने समकक्ष दावेदारों के होने से इस अवधारणा की उत्पत्ति होती है। इन सभी को जब एक ही पंक्ति तथा एक ही क्रम में व्यवस्थित कर दिया जाता है तो सम्पूर्ण पंक्ति एक ही विशेषता के आधार पर बनी दृष्टिगत होती है। इसी को अन्तर्विधित पक्ष कहते हैं। कोलन क्लासीफिकेशन में इसके कई उदाहरण मिलते हैं जैसे संस्करण 6 तक प्रणाली (System) तथा विशिष्ट विषय क्षेत्र (Specials) को व्यक्तित्व पक्ष के अन्तर्गत स्तर 1 (P1) की तरह प्रयोग किया गया है। मुख्य वर्ग V इतिहास में विदेश नीति में भी क्रिया पक्ष के पश्चात् स्तर 2 को भी दो विशेषताएँ – देश तथा विदेश नीति का विषय, आवंटित किये गये हैं।

**TELETEX**

**टेलीटेक्स** : टेलेक्स (Telex) सेवा की ही एक नयी सेवा।

**TELETEXT**

**टेलीटेक्स्ट** : टेलीविजन सिग्नल के प्रयोग द्वारा सूचना का संचारण को टेलीटेक्स्ट कहा जाता है। इस प्रणाली में केवल सूचना को प्राप्त किया जा सकता है सूचना को भेजा नहीं जा सकता है। जैसे टेलीविजन पर प्राप्त सूचना। टेलीविजन के पटल पर चित्र के साथ जो टेक्स्ट (मूलपाठ) देखते हैं वह टेलीटैक्स द्वारा सूचना संचार का ही एक नमूना है।

**TELEX**

**टेलेक्स** : यह शब्द टेलीग्राफ एक्सचेंज (Telegraph Exchange) का संक्षिप्त शब्द है। टेलीफोन के उपकरणों जेसे टेलीप्रिंटर, के माध्यम से सूचना भेजने व प्राप्त करने का एक स्वचालित यंत्र है।

**TELL-TALE-TITLE**

**विषय-बोधक आख्या** : प्रलेख की ऐसी आख्या जो उसके विषय को प्रकट करती है।

**TEMPORARY ORGAN**

**अस्थाई अंग** : शासन द्वारा समय–समय पर विशेष कार्य व निश्चित

अवधि हेतु समिति, आयोग आदि बनाये जाते हैं। इनको सूचीकरण में अस्थाई अंग की संज्ञा दी जाती है।

**TERM CARD**

**पद पत्रक :** अनुक्रमणीकरण में विषय को विश्लेषित करने के पश्चात् संघटक विचारों को पदों/शब्दों के रूप में प्रस्तुत कर प्रत्येक के लिये एक पत्रक बनाया जाता है जिसे पद/शब्द पत्रक कहा जाता है।

**TERM ENTRY**

**पद-प्रविष्टि :** समन्वय अनुक्रमणीकरण पद्धतियों में एक मिश्रित विषय को इकाई पदों में विश्लेषण कर प्रत्येक पद की एक प्रविष्टि बनाई जाती है। इसमें प्रत्येक पद अन्य पदों से स्वतंत्र होता है। प्रत्येक प्रविष्टि के शीर्ष पर पद/शब्द को लिखा जाता है तथा पत्रक को 0 से 9 स्तम्भों में विभाजित कर दिया जाता है। समान शब्द/पद वाले प्रलेख के क्रमांक के अन्तिम अंक के आधार पर उसे इस पत्रक में अंकित किया जाता है। पाठक जब प्रलेख की मांग करता है तो इस आंवटित संख्या के आधार पर उस प्रलेख तक पहुँच जाता है। यूनीटर्म में इसी प्रकार के पत्रक बनते हैं।

**TERM INDEXING**

**पद अनुक्रमणीकरण :** एक प्रलेख के विषय को इंगित करने वाले शब्द अथवा पद से बनी अनुक्रमणिका। इन शब्दों अथवा पदों को विषय को विश्लेषित कर प्राप्त किया जाता है।

**TERMLIST ABSTRACT**

**पदसूची सार :** एक प्रलेख अथवा लेख के विषय–वस्तु को थोड़े से मुख्य संकेत शब्दों के द्वारा व्यक्त करके सार प्रस्तुत करना। इस प्रकार के सार कम्प्यूटर निवेश हेतु प्रयोग किये जाते हैं।

**TERM PROFILE**

**पद शब्द विवरणिका :** वर्गीकरण पद्धति की संरचना के लिये प्रत्येक एकल पद अथवा शब्द का एक पत्रक बनाया जाता है जिसमें इस शब्द की परिभाषा, उसकी अभिव्यक्ति पक्ष अथवा वर्ग उद्भवक के रूप में, प्रलेख में किस रूप में घटित हुआ है आदि सम्पूर्ण सूचना अंकित की जाती है।

**TERMINAL**

**टर्मीनल :** कम्प्यूटर से संपर्क करने के लिये टर्मिनल का प्रयोग किया जाता है। कीबोर्ड तथा मॉनीटर दोनों को मिलाकर टर्मिनल कहते हैं।

**TERMS**

**पद :** टर्म लैटिन शब्द टर्मिनस (Terminus) का संक्षिप्त है। प्रत्येक

शब्द पद हो सकता है किन्तु प्रत्येक पद शब्द नहीं हो सकता है पद एक शब्द या अनेक शब्दों का हो सकता है। जिसके द्वारा विचार या तर्क व्यक्त किये जा सकते हैं। वर्गीकरण पद्धति में वर्गों, उपवर्गों को व्यक्त करने के लिये शब्द या शब्द समूह अथवा वाक्यांश प्रयोग किये जाते हैं।

**TERTIARY SOURCES**

**तृतीयक स्त्रोत** : इस स्तर के सूचना स्त्रोतों में प्राथमिक तथा द्वितीय स्त्रोतों के चयनित तथा संक्षिप्त सूचना होती है। इनका मुख्य उद्देश्य पाठकों को प्राथमिक व द्वितीय श्रेणी के सूचना स्त्रोतों तक पहुँचाना होता है। मार्गदर्शिकाएँ तथा शोध प्रगति सूचियाँ इसी प्रकार के सूचना स्त्रोत है।

**TEST PROGRAM**

**परिक्षण प्रोग्राम** : कम्प्यूटर की हार्डवेयर इकाई के सही कार्य का परिक्षण करने हेतु बनाया गया प्रोग्राम।

**TEXT**

**मूलपाठ** : एक प्रलेख का वह भाग जो प्राथमिक पृष्ठों के बाद मुद्रित किया गया होता है तथा जो पुस्तक के विषय वस्तु को स्पष्ट करता है। जिस विषय पर पुस्तक लिखी गयी है उसका यह विवरण होता है।

**TEXT BOOK**

**पाठ्य पुस्तक** : एक विशिष्ट श्रेणी के स्तर के लिये एक निश्चित पाठ्य क्रम के आधार पर लिखी गयी पुस्तक।

**TEXT, COMPUTER**

**मूल सूचना** : कम्प्यूटर में एक सूचना के साथ कई अन्य तत्व भी हो सकते हैं। सूचना संचार को सरल करने के लिये इन अन्य तत्वों को छोड़कर मूल सूचना को ही टेक्स्ट (Text) कहते हैं।

**TEXT EDITOR**

**मूल सूचना सम्पादक** : कम्प्यूटर के मूल सूचना में फेरबदल करने व उन्हें सम्पादित करने के कार्य को टेक्स्ट एडिटर करता है।

**TEXT EDITING (COMPUTER)**

**मूल सूचना सम्पादन** : शब्द संसाधन प्रणाली की वह सुविधा जो उपयोगकर्ता को कम्प्यूटर की माध्यमिक स्मृति व बाह्य भंडारण माध्यमों की मूल सूचना में फेर बदल करने व उन्हें सम्पादित करने की अनुमति देता है।

**TEXT TITLE**

**मूल विषय आख्या** : देखिये Caption

**THEORY OF BOND STRENGTH**

**पारस्परिक बद्धता का सिद्धान्त :** रंगनाथन द्वारा 1962 में प्रतिपादित सिद्धान्त। इस सिद्धान्त के आधार पर रंगनाथन ने कोलन क्लासिफिकेशन के आधार पर बने वर्गांकों में प्रयोग किये गये अंकों की पारस्परिक सम्बन्धों को स्पष्ट किया है। प्रथम प्रकार का सम्बन्ध एक मिश्रित विषय के वर्गांक जो विषय सम्बन्ध विधि के आधार पर बना है, उसमें दिखाया है कि मिश्रित वर्ग के दो पक्षों में सबसे कम तथा मुख्य वर्ग की श्रृंखला की कड़ियों में सबसे अधिक पारस्परिक बद्धता, होती है। इसी प्रकार सामान्य वर्ग, पाँच मूलभूत श्रेणियों के विभिन्न पक्षों, स्तरों, आवर्तनों से बनने वाले वर्गाकों में भी इस बद्धता को दिखाया गया है। इस सिद्धान्त का विस्तृत विवरण रंगनाथन की पुस्तक Descriptive Account of Colon Classification में दिया गया है।

**THEORY OF INTEGRATIVE LEVELS**

**स्तरीय एकीकरण का सिद्धान्त :** इस सिद्धान्त का आरम्भ फ्राँस के दार्शनिक औगस्त कौमटे (August Comte) के यथार्थवाद सिद्धान्त को माना जाता है। तथापि जीव वैज्ञानिक जोजेफ नीडम (Joseph Needham) ने 1930 के दशक में अपने कई भाषणों में इस सिद्धान्त का विवेचन किया। इसीलिये नीडम को ही इस सिद्धान्त का प्रतिपादक माना जाता है। किन्तु इस सिद्धान्त हेतु स्पष्ट नियमों का प्रतिपादन जेम्स फीबलमैन (James Feebleman) ने किया, जो 1954 के दशक में प्रकाशित हुए। इस सिद्धान्त के अनुसार एक वस्तु अथवा विषय का विकास विभिन्न स्तरों पर होता है तथा प्राथमिक स्तर से अन्तिम स्तर तक के विकास की प्रक्रिया में इसमें कई विशेषताओं, गुणधर्मों, लक्षणों का संमिश्रण तथा एकीकरण होता रहता है। विकास के अन्तिम स्तर पर ही इसका समग्र रूप स्पष्ट होता है। इस सिद्धान्त का प्रयोग वर्गीकरण शोध समूह (C.R.C.) लंदन ने अपने सामान्य वर्गीकरण पद्धति में स्तरों के क्रम को निर्धारण करने के लिये किया है।

**THERMAL PROCESS**

**तापीय प्रक्रिया :** प्रतिलिपिकरण की यह ऐसी प्रक्रिया है जिसमें प्रतिलिपि तैयार करने के लिये किसी द्रव्य रसायन का प्रयोग नहीं किया जाता है। इस विधि में ताप सुग्राही कागज (Heat-senstive paper) का उपयोग किया जाता है जिसमें कार्बन अथवा मैटलिक अथवा मुद्रण स्याही का उपयोग कर मौलिक प्रलेख से प्रतियों को तैयार किया जाता है।

**THERMOGRAPHY**

**तापीय छांयाकर :** मुद्रण प्रक्रिया जिसमें ताप का प्रयोग आवश्यक हो।

इस प्रक्रिया में इन्फ्रा रेड ऊर्जा काली एंव सफेद वस्तु पर उपयोग किया जाता है। थर्मोफेक्स कागज उष्मा के प्रति संवेदनशील होता है। जब इस कागज को मूल प्रलेख के सम्पर्क में लाया जाता है तथा इन्फ्रा रेड किरणों को इसमें प्रवाहित किया जाता है तो मूल प्रलेख के काले भाग में उष्मा एकत्रित हो जाती है जिससे थर्मोफेक्स कागज पर प्रतिबिम्ब आ जाता है। इस प्रकार तैयार की गयी प्रतियाँ उसी आकार की तथा पॉजिटिव होती है लेकिन अक्षर उल्टे होने के कारण इसे कागज के दूसरे ओर से ही पढ़ा जा सकता है।

**THESAURI**

**कोश** : देखिये Thesaurus

**THESAUROFACET**

**थिसारोफेसेट** : यह एक पक्षात्मक वर्गीकरण पद्धति है जिसकी वर्णाक्रमिक अनुक्रमणिका की संरचना थिसारस के रूप में की गयी है। वर्गीकरण शोध समूह (C.R.G) लंदन द्वारा निर्मित इंग्लिश इलैक्ट्रिकल कंपनी के लिये इन्जीनियरिंग विषय पर यह एक अत्यन्त महत्वपूर्ण पद्धति है। इस पद्धति का प्रथम संस्करण 1958 में तथा तीसरा 1961 में प्रकाशित हुआ। चौथा संस्करण थिसारोफेसेट के रूप में 1969 में प्रकाशित हुआ। इस पद्धति के दो भाग हैं – वर्गीकरण अनुसूची तथा थिसारस। थिसारस वही कार्य करता है जो सामान्य पद्धति में वर्णानुक्रमिक अनुक्रमणिका करती है किन्तु इसमें शब्दों के विभिन्न पहलुओं को भी विभिन्न माध्यमों से दर्शाया गया है। जो वर्गीकरण अनुसूची के बारे में अधिक जानकारी देने के साथ ही विषयों का स्पष्ट स्वरूप भी प्रकट करता है। जैसे व्यापक शब्द अथवा सीमित शब्द अथवा अतिरिक्त सम्बन्धित शब्द आदि। वर्गीकरण अनुसूची में विज्ञान तथा प्रौद्योगिकी विषय को पहले परम्परागत मुख्य विषयों में विभाजित किया गया है तत्पश्चात् प्रत्येक विभाजन में पक्षात्मक सिद्धान्त का प्रयोग किया गया है। प्रत्येक विस्तृत विषय के अन्तर्गत श्रेणियों को उपपक्षों में व्यवस्थित करने के लिये पक्ष विश्लेषण विधि का प्रयोग किया गया है। प्रत्येक उपपक्ष के अन्तर्गत शब्दों को पदानुक्रम पंक्ति में व्यवस्थित किया गया है। इसमें मिश्रित अंकन का प्रयोग किया गया है। जिसमें रोमन बड़े अक्षर तथा शून्य तथा अंक एक को छोड़कर बाकी इन्डोअरैबिक अंकों का प्रयोग किया गया है। इस पद्धति की सबसे महत्वपूर्ण विशेषता इसकी संश्लेषण प्रक्रिया है। संश्लेषण केवल ऐसे एकलों के लिये प्रयोग किया जाता है जिनकी कई विषयों में समान रूप से आवश्यकता है। संश्लेषण हेतु संकेतक/(stroke) प्रयोग किया गया है। तथापि नये विषयों को ग्राह्यता प्रदान करने के लिये भी संश्लेषण विधि का प्रयोग किया जा सकता है। इस पद्धति का प्रयोग थिसारस के माध्यम से ही किया जाना चाहिये।

**THESAURUS**

**शब्दकोश :** थिसारस मूल रूप से ग्रीक शब्द है जिसका अर्थ है ज्ञान का खजाना अथवा भंडार। किन्तु वर्तमान समय में यह शब्द शब्दों की ऐसी सूची को इंगित करता है जिसमें शब्दों को उनके पारस्परिक सम्बन्धों के आधार पर व्यवस्थित किया जाता है। इस शब्द के प्रयोग का आरम्भ पीटर मार्क रोगट द्वारा 1852 में लिखी गयी पुस्तक Thesaurus of English Words and Phrases में किया गया। इसमें शब्दों को वर्णानुक्रमिक क्रम में व्यवस्थित नहीं किया गया था अपितु विचारों को आधार बनाया गया था। जिससे कि यह जाना जा सके कि एक विचार के लिये कौन सा शब्द प्रयोग किया जाना चाहिये। तथापि **सूचना पुनः प्राप्ति** में थिसारस को उसके कार्य अथवा संरचना के आधार पर ही परिभाषित किया जाता है। **कार्य** के आधार पर इसे प्रलेखों की प्राकृतिक भाषा का अनुवाद करने वाली पारिभाषिक नियंत्रण विधि कहा जा सकता है। जबकि **संरचना** के आधार पर थिसारस एक विशिष्ट विषय जगत की अर्थगत तथा सामान्यरूप से सम्बन्धित पदों की नियंत्रित एंव पारिभाषिक शब्दावली है।

**THESIS**

**शोध ग्रन्थ :** एक विशिष्ट विषय क्षेत्र में किसी नये सिद्धान्त अथवा विद्यमान सिद्धान्त में संशोधन हेतु एक शोधकर्ता द्वारा किया गया गहन तथा विस्तृत अध्ययन के आधार पर एक ग्रन्थ लिखा जाता है जिसे शोध ग्रन्थ कहा जाता है। सामान्यरूप से उच्चशिक्षण संस्थानों में इस प्रकार के शोध ग्रन्थ डाक्टरेट की उपाधि प्राप्त करने हेतु लिखे जाते हैं। एक क्षेत्र विशेष पर किये विस्तृत व गहन अध्ययन की यह एक मौलिक कृति होती है। Dissertation भी देखिये।

**THIRD GENERATION COMPUTERS**

**तीसरी पीढ़ी के कम्प्यूटर :** 1965-1970 की अवधि में विकसित कम्प्यूटर प्रणाली को तीसरी पीढ़ी के कम्प्यूटर की श्रेणी में रखा जाता है। दूसरी पीढ़ी के कम्प्यूटरों में ट्राजिस्टर आदि इलैक्ट्रॉनिक घटकों को एक बोर्ड पर तारों के द्वारा जोड़ा जाता था। जबकि तीसरी पीढ़ी में सिलिकन के एक छोटे से चिप्पड (Chip) पर तार्किक परिपथ तथा स्मृतिकोश जैसे कम्प्यूटर अवयव स्थापित करना संभव हुआ। तार्किक परिपथ ट्राजिस्टरों का एक परिवर्द्धित जाल है जिसे रासायनिक सामग्री द्वारा एक परिपथ के रूप में स्थापित कर दिया जाता है। इस प्रकार पहली बार कम्प्यूटर बिक्री के लिये भी उपलब्ध हुए।

**THIRD INDENTION**

**तृतीय दण्ड :** सूची पत्रक के बायें किनारे से समानान्तर काल्पनिक दूरी है जिसका प्रयोग सूचना अंकित करने के लिये किया जाता है।

**THIRD LAW**

**तीसरा सूत्र :** रंगनाथन द्वारा पुस्तकालय विज्ञान हेतु प्रतिपादित पाँच सूत्रों में से तीसरा सूत्र है। जिसकी माँग है कि प्रत्येक प्रलेख को उसका पाठक प्राप्त होना चाहिये। यह तभी संभव है जब पुस्तकालय में अबाधित प्रवेश प्रणाली प्रयोग की जाती हो, पुस्तकों व सूची पत्रकों की व्यवस्था सहविस्तृत वर्गांक पर आधारित हो, तथा सूची में माला प्रविष्टि, विषय निर्देशी प्रविष्टि आदि विभिन्न प्रकार की प्रविष्टियों का प्रावधान हो। इसी प्रकार संदर्भ सेवा, पुस्तकालय प्रचार, पुस्तकों के चयन आदि पर भी समुचित ध्यान दिया जाता है।

**THREE CARD SYSTEM**

**त्रिपत्रक प्रणाली :** सामायिक प्रकाशनों की सुचारू रूप से प्राप्ति व संचालन हेतु रंगनाथन ने त्रिपत्रक प्रणाली का प्रतिपादन किया है। इस प्रणाली में प्रत्येक सामयिक प्रकाशन का एक पंजीयन पत्रक बनाया जाता है जिसमें उसका नाम, आदि सूचना अंकित की जाती है। इसे इसके नाम से वर्णानुक्रम में व्यवस्थित किया जाता है। दूसरा जाँच पत्रक (Check card) होता है। जिसका प्रयोग सामयिक प्रकाशन के समय पर प्राप्त न होने पर स्मरण पत्र भेजने की तिथि अंकित करने के लिये किया जाता है। जब एक सामयिक प्रकाशन का एक खण्ड पूरा हो जाता है तब उसका वर्गीकृत अनुक्रमणिका पत्रक (Classified Index Card) बनाया जाता है जिसमें सामयिक प्रकाशन का नामांक, आख्या, विक्रेता, प्रकाशक, उपलब्ध खण्ड, अनुक्रमणिकाएँ, पूरक आदि विवरण लिखा जाता है।

**THREE DOTS**

**तीन बिन्दु :** प्रलेख के एक मूलपाठ में जहाँ तीन बिन्दुओं का प्रयोग किया जाता है उसका अर्थ होता है कि प्रयोग की गयी उद्दरण विषयसामग्री का कुछ भाग छोड़ दिया गया है। **सूचीकरण** में जब प्रविष्टि में आख्या का कुछ भाग छोड़ दिया जाता है तब भी तीन बिन्दु प्रयोग किये जाते हैं।

**THREE FOLD CONSISTENCY**

**त्रिविध सांमजस्यता :** ब्लिस द्वारा प्रतिपादित इस सिद्धान्त के अनुसार एक वर्गीकरण पद्धति में वर्गों को विभिन्न सिद्धान्तों, विशेषताओं, सम्बन्धों, विचारों अथवा उद्देश्यों के अनुसार वर्गीकृत किया जा सकता है। तथापि वर्गीकरण के दृष्टिकोण से इनमें तीन तरह की सांमजस्यता होनी चाहिये। अर्थात वर्गीकरण का (i) चुने गये सिद्धान्तों व उद्देश्यों से (ii) मूल सिद्धान्तों से तथा (iii) जहाँ तक संभव हो प्राकृतिक क्रम तथा प्रासंगिक ज्ञान व्यवस्थापन से सांमजस्यता होनी चाहिये।

**THREE PLANES OF WORK**

**कार्य के तीन स्तर :** वर्गीकरण के सैद्धान्तिक व व्यावहारिक प्रक्रिया को सरल, स्पष्ट व उपयोगी बनाने हेतु रंगनाथन ने इस प्रक्रिया का प्रतिपादन किया है। इस प्रक्रिया का सर्व प्रथम विवरण व व्याख्या 1957 में किया गया। 1967 में उनकी प्रकाशित पुस्तक Prolegomena... में इस हेतु विस्तृत उपसूत्र प्रदान किये गये। इस सिद्धान्त के अनुसार वर्गीकरण का कार्य – वैचारिक, शाब्दिक तथा अंकन स्तर पर किया जाना चाहिये। वैचारिक स्तर पर विषय जगत के सभी पहलुओं, संरचना, विशेषताऐं, विषयों के पारस्परिक सम्बन्धों आदि की व्याख्या की जानी चाहिये। शाब्दिक स्तर पर पद्धति की शब्दावली निश्चित की जानी चाहिये। तथा अंकन स्तर पर वैचारिक स्तर पर किये गये कार्यों के आधार पर प्राप्त निष्कर्षों को कार्यान्वित करना है। जिसके लिये अंकन स्तर पर कृत्रिम अंकों की एक पद्धति के रूप में यंत्रावली प्रदान करता है। अंकन स्तर की अयोग्यता वैचारिक स्तर के कार्यों में रूकावट पैदा करता है।

**THRILLER**

**रोमांचक कृति :** उपन्यास अथवा नाटक जिनमें सनसनीखेज विषय सामग्री प्रस्तुत की गयी हो।

**TIME**

**टाइम :** कम्प्यूटर का एक बाह्य आदेश जिसके द्वारा कम्प्यूटर में लगी घड़ी के समय में परिवर्तन कर सकते हैं।

**TIME BOMB**

**टाइम बम :** कम्प्यूटर सिस्टम को क्षतिग्रस्त करने वाला प्रोग्राम। जिसे कम्प्यूटर में चुपचाप निवेश कर दिया जाता है। जो इसमें निवेशित डेटा, आंकडे एक विशेष स्थिति में पहुँचते ही अथवा एक निश्चित समय अथवा तिथि में पहुँचते ही नष्ट कर देता है। यह कार्य किसने किया, यह पता लगाना भी कठिन होता है।

**TIME CATEGORY**

**काल श्रेणी :** 1944 में रंगनाथन ने वर्गीकरण हेतु पाँच मूलभूत श्रेणियों का प्रतिपादन किया। काल श्रेणी उनमें से एक श्रेणी है जो सामान्य रूप से प्रयोग किये जाने वाले शाताब्दी, दशक, ईसवी सन् के आधार पर ही आधारित है। इसक संकेतक ' (inverted comma) है।

**TIME SEQUENCE**

**काल अनुक्रम :** एक वर्गीकरण पद्धति में विषयों अथवा एकलों को

सहायक अनुक्रम में व्यवस्थित करने हेतु उनकी उत्पत्ति के समय को आधार बनाया जा सकता है।

**TIME SHARING PROCESSING**

**समय साझेदारी प्रक्रमण :** कम्प्यूटर के प्रक्रमण समय को विभिन्न छोटी–छोटी इकाइयों में बांटने को समय के हिस्से (time slices) कहा जाता है। जिसे कम्प्यूटर की विभिन्न अभिगम इकाइयों व विभिन्न उपयोगकर्ताओं के बीच बाँटा जाता है। जिसके फलस्वरूप कम्प्यूटर में एक साथ कई उपयोगकर्ता अपनी–अपनी सूचना प्राप्त कर सकते हैं। समय का बंटवारा इतनी तीव्रगति से होता है कि प्रत्येक को यही लगता है कि कम्प्यूटर उसी का कार्य कर रहा है।

**TITLE**

**आख्या :** शब्द अथवा शब्द समूह, जिसका प्रयोग एक कृति को नाम देने के लिये किया गया है।

**TITLE ANALYTICAL ENTRY**

**आख्या विश्लेषिक प्रविष्टि :** एक समिश्र कृति में प्रकाशित एक लेख की आख्या से बनायी गयी विशिष्ट अतिरिक्त प्रविष्टि जिसमें समिश्र कृति की भी सूचना दी जाती है।

**TITLE CARD**

**आख्या पत्रक :** सूची पत्रक जिसमें एक प्रलेख की आख्या से प्रविष्टि बनायी गयी है।

**TITLE CATALOGUE**

**आख्या सूची :** सूची जिसमें प्रलेखों की प्रविष्टि केवल उनकी आख्या के आधार पर बना कर वर्णानुक्रम में व्यवस्थित किया गया है।

**TITLE ENTRY**

**आख्या प्रविष्टि :** सूची, ग्रन्थसूची अथवा अनुक्रमणिका में एक प्रलेख अथवा लेख की आख्या के आधार पर बनायी गयी प्रविष्टि।

**TITLE INDENTION**

**आख्या हाशिया :** सूची पत्रक का द्वितीय शीर्ष जिसे आख्या हाशिया भी कहा जाता है।

**TITLE IN FACET NUMBERS**

**अंकों में आख्या पक्ष :** रंगनाथन द्वारा व्यावहारिक वर्गीकरण हेतु प्रतिपादित प्रक्रिया का यह सॉतवा चरण है, जिसमें आख्या के मानक शब्दों को एकल अंकों में बदला जाता है।

**TITLE IN KERNAL TERMS**

**सारगर्भित शब्दों में आख्या :** रंगनाथन द्वारा व्यावहारिक वर्गीकरण हेतु प्रतिपादित प्रक्रिया का यह तीसरा चरण है। इस चरण में प्रलेख को वर्गीकृत करने हेतु जो स्पष्ट आख्या (Expressive Title) बनायी गयी है उसमें से केवल उन शब्दों को चुना जाता है जो अर्थपूर्ण है तथा विषय–वस्तु को निर्दिष्ट करते हैं। अन्य शब्द जो मात्र आख्या को पूरा करने के लिये प्रयोग किये गये हैं उनको हटा दिया जाता है।

**TITLE IN STANDARD TERM**

**मानक शब्दों में शीर्षक :** रंगनाथन द्वारा व्यावहारिक वर्गीकरण के लिये प्रतिपादित प्रक्रिया का यह छटा चरण है। इस चरण में पुस्तकालय द्वारा प्रयोग की जाने वाली पद्धति के आधार पर पूर्व पाँच चरणों तक आख्या में जिन शब्दों का प्रयोग किया गया है उनको पद्धति में प्रयोग किये गये मानक शब्दों में परिवर्तित किया जाता है।

**TITLE PAGE**

**आख्या पृष्ठ :** प्रलेख का वह पृष्ठ जिसमें आख्या के रूप में उसका नाम अंकित होता है। सामान्यतया इस पृष्ठ पर प्रलेख के लेखक का नाम, प्रकाशक का नाम भी मुद्रित होता है। कभी संस्करण की सूचना भी इस पृष्ठ पर मुद्रित होती है।

**TITLE SECTION**

**आख्या अनुच्छेद :** सूची प्रविष्टि का वह भाग जिसमें एक प्रलेख की आख्या, सहलेखक का नाम (यदि है तो) तथा संस्करण (दूसरे से) आदि का विवरण लिखा जाता है।

**TITLING**

**आख्या लेखन :** पुस्तक पर आख्या के रूप में दिये गये उसके नाम को अंकित करना।

**TOKEN CHARGING SYSTEM**

**टोकन निर्गम पद्धति :** एल॰आर॰ मैकालविन (McColvin) द्वारा वेस्टमिनिस्टर सार्वजनिक पुस्तकालय, लन्दन में 1954 में इस पद्धति का प्रयोग किया गया। इस पद्धति में पाठक को एक सदस्यता पत्रक प्रदान किया जाता है जिस पर पाठक का सदस्यता क्रमांक, पाठक का नाम, पता तथा पुस्तकालयाध्यक्ष के हस्ताक्षर होते हैं। प्रत्येक पाठक को धातु अथवा अन्य पदार्थ से बने उतने टोकन दिये जाते हैं जितनी पुस्तकों को उधार पर ले जाने की वह पात्रता रखता

है। जब पाठक पुस्तक उधार पर ले जाता है तो उसके बदले टोकन पुस्तकालय में जमा करता है जो उसे पुस्तक लौटने पर वापस मिल जाते हैं।

**TOOL PHASE**

**साधन विषय सम्बन्ध :** रंगनाथन द्वारा प्रतिपादित इस विधि का प्रयोग कोलन क्लासीफिकेशन संस्करण 3 (1950) में किया गया तथा इसे संकेतक कोलन (:) आवंटित किया गया। संस्करण तीन के पश्चात् संस्करण 7 (1987) में इसे पुनः मान्यता प्रदान की गयी है। इस प्रकार की विषय सम्बन्ध विधि का प्रयोग तब किया जाता है जब एक प्रलेख में एक विषय की अवधारणाओं तथा सिद्धान्तों का प्रयोग दूसरे विषय की व्याख्या करने के लिये एक माध्यम के रूप में किया गया हो।

**TOOLED EDGE**

**अलंकारित किनारा :** ऐसी किताब जिसके पन्नों के किनारों में नमूने छापे गये हो।

**TOOLING**

**अक्षर-लेखन :** जिल्दबन्दी प्रक्रिया में प्रलेखों पर उसकी आख्या, लेखक का नाम आदि को अंकित करने की क्रिया। अक्षरों को अंकित करने हेतु स्वर्ण, रजत, तांबा का मिश्रण का प्रयोग किया जा सकता है। श्वेत अक्षर लेखन के लिये मसाला लगे श्वेत पन्नों का प्रयोग करते हैं।

**TOPICAL BIBLIOGRAPHY**

**प्रासंगिक ग्रन्थ संदर्भ सूची :** एक पुस्तक के प्रत्येक अध्याय के अन्त में लगाई गये प्रलेखों की संदर्भ सूची।

**TOPOGRAPHICAL CATALOGUE**

**स्थलाकृतिक सूची :** स्थानों से सम्बन्धित पुस्तकों की सूची।

**TOPOGRAPHICAL INDEX**

**स्थलाकृतिक अनुक्रमणिका :** भौगोलिक स्थलों की वर्णानुक्रम में व्यवस्थित अनुक्रमणिका।

**TOPOGRAPHICAL MAP**

**क्षेत्रीय मानचित्र :** एक क्षेत्र विशेष की प्राकृतिक विशेषताओं को दर्शाने वाला मानचित्र।

**TPI**

**ट्रेक्स पर इंच** (Tracks per inch) के लिये सूक्ष्म शब्द। डिस्क में सूचना किस घनिष्टता से अंकित की गयी है इसे प्रति इंच में कितनी पटरियाँ (Tracks) है, इस आधार पर मापा जाता है।

**TRACING**

**सांकेतिका :** सूचीकरण नियमों के अनुसार एक प्रलेख की मुख्य प्रविष्टि पत्रक के आगे अथवा पीछे एक सांकेतिका अंकित की जाती है जिसमें इस प्रलेख के लिये विभिन्न शीर्षकों के अन्तर्गत बनायी गयी अतिरिक्त प्रविष्टियों का विवरण होता है। यह सांकेतिका पुस्तक को हटाने, प्रविष्टियों में परिवर्तन अथवा संशोधन हेतु प्रयोग की जाती है। इसीलिये पुस्तकालय कर्मचारियों के लिये ही उपयोगी होती है।

**TRACKBALL**

**ट्रैकबाल :** यह छोटे कम्प्यूटरों में माउस के स्थान पर प्रयोग किया जाने वाला उपकरण है। इस पर लगी गेंद को उंगलियों व अंगूठे द्वारा घुमाया जाता है। अन्य क्रियायें माउस की ही तरह होती है।

**TRACT**

**प्रचार-पुस्तिका :** धार्मिक, राजनीतिक अथवा सामाजिक विषय के प्रचार हेतु सूक्ष्म विवरण पुस्तिका।

**TRADE CATALOGUE**

**व्यापारिक सूची :** पुस्तक व्यापारियों के पास उपलब्ध पुस्तकों की सूची अथवा एक कंपनी द्वारा बनायी गयी वस्तुओं की सूची जिसमें चित्र सहित वस्तु का विवरण, उपयोगिता व मूल्य अंकित होता है।

**TRADE DIRECTORY**

**व्यापारिक निर्देशिका :** एक विशिष्ट व्यापार अथवा संबद्ध व्यापार समूह से सम्बन्धित निर्देशिका।

**TRADE JOURNAL**

**व्यापारिक-पत्रिका :** किसी व्यापार अथवा उद्योग के दृष्टिकोण से समाचार, लेख, नये प्रकाशनों की सूची, सांख्यिकीय आंकड़े, नये उत्पादनों का विवरण आदि प्रकाशित करने वाली पत्रिका।

**TRADE LITERATURE**

**व्यापारिक साहित्य :** व्यापारियों द्वारा अपने उत्पादन के बारे में सूचना प्रदान करने हेतु विभिन्न रूपों में व्यापारिक साहित्य प्रकाशित किया जाता है। इस प्रकार के साहित्य से महत्वपूर्ण व उपयोगी तकनीकी जानकारी, उच्चकोटि के उपकरणों का पूर्ण विवरण, कार्यप्रणाली व मूल्य की सूचना उपलब्ध होती है।

**TRADITIONAL BASIC SUBJECTS**

**पारम्परिक मुख्य विषय :** ज्ञान जगत के तीन विभाजनों प्रकृति विज्ञान,

मानवीकी शास्त्र तथा सामाजिक विज्ञान के विच्छेदन से प्राप्त मुख्य विषयों को कोलन क्लासिफिकेशन में पारम्परिक मुख्य विषय की संज्ञा दी गई है।

**TRAINING**

**प्रशिक्षण :** कर्मचारियों की व्यावसायिक दक्षता, कार्यकुशलता एंव प्रवीणता के विकास हेतु दी जाने वाली शिक्षा।

**TRANSCRIBE**

**प्रतिलिपि बनाना :** मूल माध्यम से दूसरे माध्यम पर नकल करना, कम्प्यूटर में एक बाह्य भंडारण माध्यम से दूसरे में नकल करना।

**TRANSCRIBER**

**प्रतिलिपिक :** कम्प्यूटर का वह उपकरण जो सूचना को एक माध्यम से दूसरे माध्यम में स्थानांतरित करता है अथवा वह व्यक्ति जो मूल माध्यम से दूसरे माध्यम में नकल करता है।

**TRANSCRIPT**

**प्रतिलिपि :** मूल प्रति के आधार पर बनायी गयी प्रतिलिपी।

**TRANSDUCER**

**ट्रांसड्यूसर :** ट्रांसड्यूसर वह विधियाँ है जो एक संकेत या ऊर्जा को दूसरे संकेत में परिवर्तित करती है। कम्प्यूटर केवल विद्युत संकेतों को ही समझता है। इसलिये किसी भी अन्य प्रकार की सूचना कम्प्यूटर को दी जा सके इसके लिये ऐसे उपकरणों की आवश्यकता होती है जो अन्य चीजें जैसे तापक्रम गति अथवा दबाव आदि को कम्प्यूटर के अनुरूप विद्युत संकेतों में बदल सके। इसके लिये जिन विधियों का प्रयोग किया जाता है उनको ही ट्रांसड्यूसर कहते हैं।

**TRANSFER PROCESS**

**स्थानान्तरण विधि :** छायाकिंत प्रतिलिपिकरण की रिफ्लेक्स विधि जिसमें बिम्ब का स्थानान्तरण प्रतिलिपिक कागज पर किया जाता है। यह दो प्रकारकी होती है – डिफ्यूजन ट्रांसफर रिवर्सल तथा जिलेटिन ट्रांसफर रिवर्सल।

**TRANSFORMED TITLE**

**रूपान्तरित आख्या :** रंगनाथन द्वारा व्यावहारिक वर्गीकरण के लिये प्रतिपादित प्रक्रिया का यह पाँचवा चरण है जिसमें विश्लेषित आख्या को अभिधारणाओं तथा सिद्धान्तों के आधार पर आख्या में प्रयुक्त शब्दों के अनुक्रम को सही किया जाता है। इसी के आधार पर प्रलेख के वर्गांक का अनुक्रम बनता है।

**TRANSMISION**

**संचारण :** एक स्थान से दूसरे स्थान तक सूचना का संचारण करना, जो किसी भी माध्यम जैसे रेडियो टेलीजिन, टेलेक्स आदि से हो सकता है।

**TRANSMISSION COPYING**

**स्थानान्तरण प्रतिलिपिकरण :** प्रलेख प्रतिलिपिकरण की वह प्रक्रिया जिसमें सुग्राही कागज का मूल प्रलेख से स्पर्श कराके प्रकाश में उद्भासित कर प्रतिलिपि तैयार की जाती है।

**TRANSISTOR**

**ट्रांजिस्टर :** अंग्रेजी भाषा में इस शब्द का अर्थ है – **Transfer** of Electricity Across a **Resistor,** इसके Trans तथा istor दो शब्दों से ट्रांजिस्टर शब्द बना है। अमेरिका के वैज्ञानिक विलियम शाकले, वाल्टर ब्राटेन तथा जोन बर्डोन ने 1948 में ट्रांजिस्टर को विकसित किया। मूलरूप से ट्रांजिस्टर अर्धचालक क्रिस्टल का बना एक टुकड़ा है। सामान्यतः एक अर्धचालक सामग्री जैसे सिलिकन या जर्मेनियम की छोटी चिप पर धातु के तीन बिन्दु सम्पर्क वाली रचना ट्रांजिस्टर कहलाती है। ट्रांजिस्टर एक प्रकार के छोटे पर ठोस वॉल्व है। जिनका कार्य है – बल्ब पर नियंत्रण। कम्प्यूटर में प्रयोग होने वाली चिप पर हजारों – लाखों ट्रांजिस्टर एक वर्ग में समाये रहते हैं। जैसे इंटेल कंपनी द्वारा 1971 में बनाये गये एक चिप कर 2300 ट्रांजिस्टर थे जबकि 1999 में इनकी संख्या 95,00,000 ट्रांजिस्टर हो गयी। सिलिकन की एक चिप पर ट्रांजिस्टर चिपका कर एक संयुक्त सर्किट बनाया जाता है। यद्यपि ट्रांजिस्टर का आविष्कार 1948 में हो गया था किन्तु पहला ट्रांजिस्टर युक्त कम्प्यूटर 1954 में बना।

**TRANSLATION**

**अनुवाद :** एक भाषा में प्रकाशित कृति को दूसरी भाषा में रूपान्तर करने को ही अनुवाद कहते हैं।

**TRANSLATION BANKS/POOLS**

**अनुवाद बैंक :** ऐसा केन्द्र जिसमें एक विषय क्षेत्र अथवा विशिष्ट विषयों में विभिन्न भाषाओं में किये गये कार्यों का अनुवाद भिन्न–भिन्न स्त्रोतों से एकत्रित किया जाता है तथा सहकारिता अथवा सहयोग के आधार पर प्रयोग के लिये उपलब्ध कराये जाते हैं।

**TRANSLATION RIGHTS**

**अनुवादस्वत्व :** एक कृति का अनुवाद करने अथवा न करने का स्वत्वाधिकार रचनास्वत्व के अन्तर्गत आता है।

**TRANSLATOR**

**अनुवादक** : वह व्यक्ति जो एक भाषा में लिखी कृति का दूसरी भाषा में अनुवाद करता है।

**TRANSLITERATION**

**लिप्यंतरण** : एक लिपि के रूपान्तरण को लिप्यंतरण कहते हैं। अर्थात एक भाषा के अक्षरों, प्रतीकों, चिन्हों को दूसरी भाषा में अक्षरशः प्रस्तुत करने की प्रक्रिया को लिपि रूपान्तरण कहा जाता है। जैसे हिन्दी लिपि को रोमन अक्षरों में लिखना।

**TRAVEL GUIDE**

**पर्यटक मार्गदर्शिका** : एक स्थान के बारे में पर्यटकों को पूर्ण सूचना देने हेतु बनायी गयी मार्गदर्शिका जिसमें दर्शनीय स्थानों का विवरण, आवास स्थान, यातायात के साधन, मौसम आदि की सूचना दी जाती है।

**TRAVELLING LIBRARY**

**चल-पुस्तकालय** : देखिये Mobile Library

**TRASH**

**रद्दी रचना** : ऐसी साहित्यिक कृति जो किसी के भी पढ़ने योग्य न हो।

**TREATISE**

**प्रबन्ध** : ऐसी रचानाऐं जो विषय की मूलभूत जानकारी प्रदान करते हैं किन्तु इनकी प्रासंगिकता कुछ समय बाद ही समाप्त हो जाती है।

**TREE OF PORPHYRY**

**पोरफिरी का वृक्ष** : सामान्य शब्दों में पोरफिरी का वृक्ष वस्तुओं के द्वैतात्मक वर्गीकरण विधि का निरूपण करता है जिसमें एक वस्तु को प्रत्येक चरण में विभिन्न विशेषताओं के आधार पर दो भागों में विभाजित किया जा सकता है। जैसे शरीरधारी विशेषता के आधार पर सजीव व निर्जीव, सजीव को चेतन व अचेतन आदि में विभाजित किया जा सकता है। इस वृक्ष का प्रयोग पाँच वाच्य (Five Predicables) को स्पष्ट करने के लिये भी किया जाता है। इस विधि का प्रतिपादन तीसरी शताब्दी के यूनानी तर्कशास्त्री पोरफिरी द्वारा किया गया।

**TRIAL BINDING**

**परख जिल्दबन्दी** : जिल्दसाज अथवा पुस्तक आवरण निर्माता द्वारा प्रकाशक को प्रकाशित होने वाली नई पुस्तक हेतु प्रस्तुत पुस्तक आवरण के नमूने।

**TRILOGY**

**त्रित्व** : नाटक अथवा अन्य साहित्यिक कृति के परस्पर सम्बन्धित तीन ग्रन्थों का सेट।

**TRIMONTHLY**

**त्रैमासिक** : हर तीसरे महिने प्रकाशित होने सामयिक प्रकाशन।

**TRIPLETS**

**त्रिआंक** : वर्गीकरण की अंक प्रणाली में एक सारगर्भित तथा दो अर्थरिक्त अंकों से बना अंक, जैसे कोलन क्लासीफिकेशन में अंक 9 अर्थरिक्त अंक से बना 991, 993 अंक।

**TRIVIUM**

**तीनविषय** : मध्यमकालीन यूरोपियन पद्धति में सात विषय (Seven Libral Arts) सम्मिलित किये गये थे। जिसके तीन विषयों Dialectics, Grammer तथा Rhetoric को ट्रीवइम अर्थात तीन विषय के नाम से जाना जाता है।

**TSR**

यह शब्द Terminate and Stay Resident का संक्षिप्त शब्द है। कम्प्यूटर के कुछ एप्लीकेशन प्रोग्राम काम समाप्त होने पर भी कम्प्यूटर स्मृति से पूरे नहीं निकलते। वे अपना छोटा सा अंश स्मृति (RAM) में छोड़ देते हैं। इस अंश को ही TSR कहते हैं। इसको निकालने हेतु कम्प्यूटर को फिर से बूट करना होता है।

**TURNED COMMA**

**उल्टाकौमा** : उल्टा अल्पविराम , जिसका प्रयोग उद्दरण चिन्ह के रूप में विषय–वस्तु के आरम्भ में किया जाता है, कोलन क्लासीफिकेशन में काल श्रेणी हेतु संकेतक के लिये इसका प्रयोग किया गया है।

**TURNED LETTER**

**उल्टा शब्द** : ऐसे शब्द जिनका उल्टा सीधा दोनो रूपों में प्रयोग किया जाता है जैसे अंग्रेजी शब्द – **n** शब्द का सीधा **u** है।

**TURN KEY SYSTEM**

**तैयार कम्प्यूटर प्रणाली** : इस प्रणाली के अन्तर्गत कम्प्यूटर विक्रेता द्वारा कम्प्यूटर को मानीटर, कीबोर्ड, साफ्टवेयर तथा अन्य सभी उपकरण व सामग्री सहित तैयार कर लिया जाता है। ग्राहक को केवल इसे प्रयोग करना होता है जैसे कार को खरीद कर **चाबी घुमाओं** और कार चलाओ। इसी से यह शब्द लिया गया है।

**TURBO**

**टर्वो** : कुछ माइक्रोप्रासेसर की चिप्स दो गतियों पर कार्य कर सकती है। गति बदलने के लिये सिस्टम यूनिट के बाहर एक स्विच लगा होता है। ऐसे दो गतियों पर चलने वाले चिप को टर्वो कहा जाता है।

**TURTLE**

**टरटल** : कम्प्यूटर की लोगो (LOGO) भाषा में चित्रण कार्य के लिये एक विशेष चिन्ह प्रयोग किया जाता है जिसे टर्टल नाम दिया गया है।

**TYPE (COMPUTER)**

**टाइप** : यह कम्प्यूटर का एक आन्तरिक आदेश है जिसके द्वारा किसी भी डेटा फाइल में अंकित सूचना को मानीटर पटल पर देख सकते हैं।

**TYPE (PRINTING)**

**टाइप** : धातु अथवा लकडी का एक आयताकार ठप्पा जिसके ऊपरी भाग में छपाई के कार्य हेतु एक उभरता हुआ अक्षर, आकार अथवा अन्य अंकाक्षर बना होता है। इसे टाइप कहते हैं।

**TYPE AREA**

**मुद्रित भाग** : एक प्रलेख का मुद्रित भाग।

**TYPE FACE**

**टाइप मुख** : मुद्रण कार्य हेतु प्रयोग किये जाने वाले टाइप का ऊपरी भाग, जिस पर वह अक्षर अथवा चिन्ह है जिसे मुद्रित करना है, अथवा टाइप अक्षरों के विभिन्न प्रकार के नमूने।

**TYPESCRIPT**

**टंकित प्रति** : टंकण द्वारा प्राप्त प्रति।

**TYPE SETTER**

**कम्पोजिटर** : मुद्रण हेतु टाइप को संघटित करने वाला व्यक्ति अथवा यंत्र।

**TYPE SIZE**

**टाइप आकार** : मुद्रण हेतु प्रयोग किये जाने वाले **टाइप** के विभिन्न आकार होते हैं। जैसे पाँच पॉइन्ट, छः पॉइन्ट, 22 पॉइन्ट आदि। इनके विशिष्ट नाम भी होते हैं।

**TYPOGRAPHER**

**मुद्रक** : मुद्रित की जाने वाली सामग्री के विन्यास तथा छपाई के लिये उत्तरदायी व्यक्ति।

**TYPOGRAPHICAL ERROR**

**मुद्रण त्रुटि** : मुद्रण में कम्पोजिटर द्वारा की गई त्रुटि।

**TYPOGRAPHY**

**मुद्रणकला** : छापने की कला।

**UAP**

देखिये Universal Availability of Publications.

**UBC**

देखिये Universal Bibliographic Control

**UDC**

देखिये Universal Decimal Classification

**UDC CONSORTIUM**

**यू.डी.सी. संघ** : दिसम्बर 1991 तक यू. डी. सी पद्धति का सम्पूर्ण दायित्व एफ. आई. डी. (FID) पर था। जिसे 1992 जनवरी को यू. डी. सी. संघ को सौंप दिया गया। इस संघ के पाँच सदस्य बेल्जियम, जापान, नीदरलैंड, स्पेन तथा ग्रेट ब्रिटेन के प्रमुख प्रकाशक हैं। इसका छटा सदस्य एफ. आई. डी. है। डच कानून के अन्तर्गत पंजीकृत यह संघ एक अलाभकारी संगठन की तरह यू. डी. सी का संचालन कर रहा है। इसका सचिवालय रौयल लाइब्रेरी, दी हेग हालैंड में है। एफ. आई. डी. ने इस संघ को यू. डी. सी. की सम्पूर्ण चल और अचल सम्पत्ति हस्तांतरित कर दी है।

**UDC MASTER REFERENCE FILE**

**यू. डी.सी मूल संदर्भ संस्करण** : 1993 में यू. डी. सी. का मशीन पठनीय मूल संदर्भ संस्करण तैयार किया गया जिसे अब इस पद्धति का मानक, संस्करण माना जाता है। इस संस्करण में लगभग 60,000 विभाजन व उपविभाजन हैं। इस संस्करण का प्रबंध यू. डी. सी का तकनीकी निदेशक, दी हेग के अन्तर्गत रखा गया है। इस मशीन पठनीय संस्करण को कोई व्यक्ति अथवा संस्था

अनुज्ञापत्र के आधार पर प्राप्त कर सकता है। जिसके आधार पर वे अपने पाठकों की आवश्यकता के अनुरूप संस्करण बना सकते हैं।

**UGC**

देखिये University Grants Commission

**UK MARC**

**यू. के. मार्क :** यह यूनाइटेड किंगडम मशीन रीडेवल कैटा लौगिंग के लिये प्रयोग किया गया संक्षिप्त शब्द है। जिसमें यू. के. में प्रकाशित सामग्री का ग्रन्थात्मक विवरण दिया जाता है। लाइब्रेरी आफ कांग्रेस के सहयोग से 1968 में यू. के. मार्क बनाया गया जो लाईब्रेरी आफ कांग्रेस के MARC II के समान था।

**ULTIMATE CLASS**

**अन्तिम वर्ग :** एक विषय के विस्तार का वह सूक्ष्मतम चरण जिसमें एक वर्गीकरण पद्धति के आधार पर उसे वर्गीकृत किया जा सकता है।

**ULTIMATE CLASS NUMBER**

**अन्तिम वर्गांक :** एक प्रलेख के विषय को एक वर्गीकरण पद्धति के आधार पर दिया गया सहविस्तृत वर्गांक को अन्तिम वर्गांक कहा जाता है। इस वर्गांक के पश्चात् यदि आवश्यक हो तो विषय को वैयक्तिता प्रदान करने हेतु ग्रंथांक अथवा अन्य माध्यम की सहायता आवश्यक होती है। जैसे कोलन क्लासीफिकेशन में संस्करण 6(1963), नियम 0314 के अन्तर्गत दिये गये स्पष्ट निर्देशों के आधार पर एक श्रेण्य ग्रन्थ को ऑबंटित नामाँक के बाद उसका ग्रंथांक ही उसे वैयक्तिता प्रदान करता है।

**UMBRAL REGION**

**केन्द्रित क्षेत्र :** रंगनाथन द्वारा प्रतिपादित अपूपा पैटर्न के अनुसार शैल्फ में पुस्तकों को व्यवस्थित करने हेतु पाठक की अभिरूचि को केन्द्र बिन्दु बनाया जाना चाहिये। जिससे कि जब पाठक अपने अभिरूचि के विषय की पुस्तकें प्राप्त करने शैल्फ में जाता है तो उसे अपना अभिरूचि क्षेत्र एक केन्द्रित क्षेत्र की तरह दृष्टिगत हो जिसके दोनों ओर उस विषय से संबद्ध पुस्तकें ही होनी चाहिये।

**UNACCESSIONED BOOK**

**अपंजीकृत पुस्तक :** पुस्तक जिसे पुस्तकालय के अवाप्ति पंजी के आधार पर अवाप्ति क्रमांक आबँटित न हुआ हो।

**UNAUTHORISED EDITION**

**अनाधिकृत संस्करण :** पुस्तक का वह संस्करण जो लेखक अथवा मूल प्रकाशन के स्वीकृति के बिना प्रकाशित किया गया हो।

**UNBACKED**

**पृष्ठहीन** : पुस्तक के एक तरफ मुद्रित पन्ना।

**UNBOUND**

**जिल्द रहित** : एक प्रकाशन के मुद्रित पन्ने जिनकों अभी एक साथ बांधा नहीं गया है।

**UNDATED BOOK**

**तिथि रहित पुस्तक** : पुस्तक जिस पर उसकी प्रकाशन तिथि मुद्रित न की गयी हो।

**UNDERGROUND LITERATURE**

**गुप्त साहित्य** : ऐसा प्रकाशन जिसका मुद्रण, प्रकाशन व वितरण सभी गुप्त रूप से किया जाता है। जैसे स्वतंत्रता की लड़ाई के समय भारत में विभिन्न पार्टियों द्वारा प्रकाशित गुप्त साहित्य।

**UNDERRUN**

**कमी होना** : एक प्रलेख की मुद्रित प्रतियों की कमी होना।

**UNDERSCORE**

**रेखांकित करना** : मुद्रित की जाने वाली कृति के प्रूफ में एक लाइन अथवा लाइनों द्वारा रेखांकित करने का अर्थ होता है कि मुद्रण के लिये किस प्रकार का **टाइप** प्रयोग किया जाना चाहिये।

**UNESCO**

**यूनेस्को** : इस संगठन का पूरा नाम 'यूनाइटेड नेशन्स ऐजुकेशनल साइन्टिफिक एण्ड कल्चरल आर्गनाइजेशन' है। (संयुक्त राष्ट्र शैक्षिक, वैज्ञानिक एवं सांस्कृतिक संगठन)। 16 नवम्बर 1945 में लंदन में आयोजित एक सम्मेलन में 44 राष्ट्रों के प्रतिनिधियों द्वारा यूनेस्कों के संविधान का प्रारूप तैयार किया गया, जिसे संयुक्त राष्ट्र की अक्टूबर–दिसम्बर 1946 के अधिवेशन में पारित कर दिया गया तथा यू. एन. ओ. के अनुच्छेद 57 के अन्तर्गत यूनेस्कों की स्थापना पेरिस में कर दी गयी। यूनेस्को की सार्वजनिक पुस्तकालय सेवाओं, राष्ट्रीय पुस्तकालयों के विकास, तथा सूचना एवं प्रलेखन के क्षेत्र में महत्वपूर्ण भूमिका रही है। 1971 से कंप्यूटरीकृत सेवाएँ भी आरम्भ की गयी। 1972 में एफ. आई. डी. के सहयोग से सूचना प्रणाली आइसोरिड (ISORID) की स्थापना की गयी। जिसका मुख्य उद्देश्य सूचना, प्रलेखन, पुस्तकालयों तथा पुरालेख के क्षेत्रों मे अनुसंधान व विकास से सम्बन्धित सूचना को संग्रहीत, संगठित, विश्लेषित व वितरित करना है। नैटिस (NATIS), पी. जी. आई. आदि

इसके अन्य महत्वपूर्ण प्रोग्राम हैं। यूनेस्को द्वारा पुस्तकालय व सूचना विज्ञान के क्षेत्र में कई महत्वपूर्ण प्रकाशन प्रकाशित किये जाते हैं।

**UNESCO COUPONS**

**यूनेस्कों कूपन** : अन्तर्राष्ट्रीय स्तर पर शिक्षा, विज्ञान व सांस्कृतिक प्रोग्रामों की सहायता हेतु अन्तर्राष्ट्रीय मुद्रा के रूप में इसका प्रयोग किया जाता है। जिससे कि विदेशी मुद्रा परिवर्तन होने वाली अनावश्यक प्रक्रिया से बचा जा सके।

**UNEVEN PAGES**

**असमान पृष्ठ** : एक मुद्रित प्रलेख का दाहिना पृष्ठ जो सामान्य रूप से अयुग्म अंकों वाले पृष्ठ होते हैं।

**UNEXPURGATED EDITION**

**अपरिशोधित संस्करण** : एक पुस्तक का वह संस्करण जिसमें ऐसी सामग्री प्रकाशित की गयी है जिसे सामान्यरूप से हटा दिया जाना चाहिए था।

**UNGUIDED SCHEME**

**मार्गदर्शक रहित पद्धति** : रंगनाथन के अनुसार ऐसी वर्गीकरण पद्धति जिसकी संरचना स्पष्ट सिद्धान्तों व अभिधारणाओं पर न की गयी हो वह मार्गदर्शक रहित पद्धति है।

**UNIBID**

**यूनिबिड** : यह यूनिसिस्ट ग्रन्थात्मक विवरण का अन्तर्राष्ट्रीय केन्द्र (UNISIST International Centre for Bibliographic Description) है। इसकी स्थापना 1976 में ब्रिटिश लाइब्रेरी में की गयी। यह सामान्य सूचना प्रोग्राम (PGI) का ही एक भाग है। इसके मुख्य उद्देश्य – मशीन पठनीय ग्रन्थात्मक विवरण हेतु यूनीसिस्ट संदर्भ पुस्तिका तैयार करना; प्रचलित ग्रन्थात्मक विवरण प्रणालियों को सूचना सेवाएँ सुलभ करना; यूनेस्को के सामान्य सूचना कार्यक्रम (PGI) तथा यूनीसिस्ट के अन्तर्गत कार्यरत एजेन्सियों के साथ सहयोग प्रदान करना; तथा सूचना समुदाय द्वारा प्रयुक्त ग्रन्थात्मक विवरणों, मानकीकरण विधियों के क्षेत्र में अनुसंधान तथा विकास व अन्य क्षेत्रों के क्रियाकलापों के समन्वयन में सहयोग प्रदान करना है।

**UNIDO**

**यूनीडो** : संयुक्त राष्ट्र औद्योगिक विकास संगठन (U.N. Industrial Development Organisation) की स्थापना 1967 में की गयी, जिससे कि विकासशील देशों के सामाजिक, आर्थिक विकास को प्रोत्साहित किया जा सके। 1977 में यूनीडो द्वारा औद्योगिक एवं सूचना बैंक (INTIB) की स्थापना की

गयी। जिसमें अनेक प्रकार की सेवाओं व डेटावेस को सम्मिलित किया गया है। इसका प्रमुख प्रकाशन यूनीडो न्यूज लैटर है।

**UNIFORM EDITION**

**समरूप संस्करण :** एक लेखक की सभी कृतियों का एक प्रकार के रूप व जिल्दबन्दी में प्रकाशित होना।

**UNIFORM HEADING**

**समरूप शीर्षक :** व्यक्तिगत अथवा समष्टि लेखक, आख्या अथवा अन्य शीर्षकों के लिये सूची में एक समान शीर्षक का प्रयोग करना।

**UNIFORM SUBDIVISONS**

**यूनीफार्म सवडिवीजन :** डीवी डेसीमल क्लासीफिकेशन के संस्करण 14(1942) में मानक उपविभाजनों के लिये प्रयोग किया जाने वाला शब्द है।

**UNIFORM TITLE**

**एकरूप आख्या :** अनेक नामों से प्रचलित कृति के लिये सूची प्रविष्टि शीर्षक हेतु एकरूप नाम का प्रयोग करना। जैसे वेद।

**UNIMARC**

**यूनीमार्क :** यू. एस. मार्क तथा यू.के मार्क फार्मेट के पश्चात् कई देशों ने इनमे संशोधन करके अपनी आवश्यकता के अनुरूप फार्मेट बनाने आरम्भ कर दिये। किंतु अन्तर्राष्ट्रीय स्तर पर मशीन पठनीय स्वरूप में इन विभिन्न स्वरूपों के आधार पर सूचना का आदान–प्रदान संभव नहीं था। इसलिये 1973 में इफ्ला ने विषय–वस्तु आकल्पन हेतु एक कार्यकारी दल (Working Group on Content Designators) का गठन किया जिसका उद्देश्य अन्तर्राष्ट्रीय स्तर पर विभिन्न राष्ट्रों के मध्य सूचना के विनिमय हेतु एक फार्मेट विकसित करना था। कई बैठकों के बाद अन्ततः अक्टूबर 1975 में पेरिस की बैठक में यूनीमार्क की प्रथम प्रारम्भिक रूपरेखा तथा अप्रैल 1976 में ब्रुसेल्स की बैठक में दूसरी प्रारम्भिक रूपरेखा की समीक्षा की गयी। इस मानक का प्रथम संस्करण 1977 में तथा दूसरा 1980 में प्रकाशित किया गया। इस मानक के फार्मेट का आधार ग्रन्थात्मक विवरण का अन्तर्राष्ट्रीय मानक (ISBD) है।

**UNION CATALOGUE**

**संयुक्त सूची :** जब दो या अधिक पुस्तकालयों की सूचियों को मिलाकर एक सूची बना दी जाती है तो उसे संयुक्त सूची कहते हैं। अन्तर पुस्तकालय आदान–प्रदान की दृष्टि से पाठ्य सामग्री का विवरण ज्ञात करने तथा उनकी प्राप्ति स्रोत पुस्तकालय की जानकारी हेतु यह सूची अति उपयोगी होती है।

**UNION LIST**

**संयुक्त सूची** : दो या अधिक पुस्तकालयों की संयुक्त सूची जिसमें एक विशिष्ट विषय अथवा विशिष्ट प्रकार के प्रकाशनों जैसे सामयिक प्रकाशन अथवा वार्षिकी आदि के संग्रह का पूर्ण विवरण दिया गया हो।

**UNIPARTITE NOTATION**

**अविभाजित अंकन** : ऐसा वर्गांक जो एक ही खण्ड में लिखा जाता है अर्थात् संकेत चिन्हों के द्वारा उसे विभिन्न भागों में विभाजित नही किया जाता है।

**UNISIST**

**यूनिसिस्ट** : यह शब्द United Nations Information System in Science and Technology का संक्षिप्त है। यूनेस्को तथा इन्टरनेशनल काउन्सिल आफ साइन्टिफिक यूनियन्स (ICSU) ने 1967 में एक समिति की स्थापना की, जिसका उद्देश्य विश्व विज्ञान सूचना प्रणाली (World Science of Information System) की सम्भावनाओं का अध्ययन कर प्रतिवेदन प्रस्तुत करना था। 1970 में प्रकाशित इसी प्रतिवेदन के आधार पर यूनेस्कों की 17वीं सामान्य सभा के अधिवेशन में अन्तर्राष्ट्रीय स्तर पर वैज्ञानिक एवं तकनीकी सूचना के स्थानान्तरण को सुगम बनाने हेतु एक दीर्घकालीन प्रोग्राम यूनिसिस्ट का आरम्भ किया गया। यह प्रोग्राम, पाँच मुख्य उद्देश्यों पर आधारित है – 1. अन्तर सम्बन्ध संचारण प्रणाली के माध्यम व साधनों का उन्नयन; 2. सूचना स्थानान्तरण का उन्नयन; 3. सूचना विशेषज्ञों व मानव संसाधन का विकास; 4. विज्ञान सूचना नीति तथा राष्ट्रीय नेटवर्क को विकसित करना तथा; 5. विकासशील देशों को विशेष सहायता प्रदान करना। 1974 में इसमें समाज विज्ञान विषय भी सम्मिलित कर लिया गया। यूनिसिस्ट के अर्न्तगत स्थापित किये गये प्रमुख केन्द्र हैं –– अन्तर्राष्ट्रीय पारिभाषिक शब्दावली सूचना केन्द्र (INFOTERM), अन्तर्राष्ट्रीय क्रमिक प्रकाशन डेटा प्रणाली (ISDS); सूचना संचालन का अन्तर्राष्ट्रीय संदर्भ केन्द्र (IRCIHE), तथा यूनिसिस्ट अन्तर्राष्ट्रीय ग्रन्थात्मक विवरण केन्द्र (Unisist ICBC)। यूनिसिस्ट का प्रमुख प्रकाशन यूनिसिस्ट न्यूज लेटर है।

**UNISIST INTERNATIONAL CENTRE FOR BIBLIOGRAPHIC DESCRIPTION**

देखिये UNIBID

**UNIT CARD**

**यूनिट कार्ड** : एक प्रलेख की मुख्य प्रविष्टि के रूप में यह सूची के मौलिक पत्रक की प्रतिलिपि है। जिसका प्रयोग जब भी आवश्यक हो, अतिरिक्त

प्रविष्टियों को बनाने के लिये किया जा सकता है।

**UNIT CARD SYSTEM**

**यूनिट कार्ड प्रणाली** : इस प्रणाली में एक प्रलेख के मुख्य प्रविष्टि की प्रतिलिपि को ही, जब भी आवश्यक हो, प्रलेख की विशिष्ट अतिरिक्त प्रविष्टि पत्रक के रूप में प्रयोग किया जा सकता है। इसके लिये पत्रक की प्रथम पंक्ति को रिक्त रखा जा सकता है तथा अग्र अनुच्छेद में आवश्यक शीर्षक को जोड़कर अतिरिक्त प्रविष्टि बनायी जा सकती है।

**UNIT CONCEPTS**

**इकाई पद अवधारणा** : एक पदीय अवधारणा (युनिटर्म) का यह विस्तारित स्वरूप है। इसमें प्रत्येक एक विचार के स्थान पर संयुक्त पदों (विचार समूह) को शीर्षक के लिये प्रयोग किया जाता है। इसे पोलिटर्म (Polyterm) भी कहते हैं।

**UNIT CONCEPT COORDINATE INDEXING**

**इकाई पद अवधारणा समन्वय अनुक्रमणीकरण** : यह सूचना पुनः प्राप्ति में प्रयोग की जाने वाली ऐसी पद्धति है जिसको कोलन क्लासीफिकेशन व एक पदीय अनुक्रमणीकरण की तकनीकों को मिला कर बनाया गया है।

**UNITARY CLASS**

**ऐकिक वर्ग** : ज्ञान जगत का वह वर्ग जिसकी संरचना मात्र एक सत्व के आधार पर हुई हो।

**UNITARY GROUP**

**एकात्मक समूह** : ज्ञान जगत का वह समूह जो एक सत्व अथवा विशेषता के आधार पर बना है।

**UNITED NATIONS EDUCATIONAL SCIENTIFIC AND CULTURAL ORGANISATION**

देखिये Unesco.

**UNITED NATIONS INDUSTRIAL DEVELOPMENT ORGANISATION**

देखिये UNIDO

**UNITED NATIONS INFORMATION SYSTEM IN SCIENCE AND TECHNOLOGY**

देखिये UNISIST

**UNITERM INDEXING SYSTEM**

**यूनीटर्म अनुक्रमणीकरण पद्धति** : टोबे (Mortimer Taube) द्वारा 1953 में इस पद्धति का प्रतिपादन किया गया। इस पद्धति में प्रलेख के विषय

के विश्लेषण से आधारभूत अवधारणाएँ प्राप्त की जाती हैं जिनकों इकाई पदों में अभिव्यक्त किया जाता है। प्रत्येक इकाई पद के लिये पद पत्रक (Term Card) बनाया जाता है। जिसमें प्रलेख के विषयवस्तु की सूचना नहीं दी जाती है अपितु प्रलेख का आवाप्ति क्रमांक के अन्तिम अंक के आधार पर पत्रक के 0 से 9 के स्तम्भों में अंकित किया जाता है। जैसे आवाप्ति क्रमांक 352 को 2 वाले स्तम्भ में अंकित किया जायेगा। पत्रकों को वर्णानुक्रम में व्यवस्थित कर दिया जाता है। पाठक द्वारा एक विषय पर सूचना/प्रलेखों की माँग के समय, मांग विश्लेषण कर सम्बन्धित पदों के पत्रकों को अनुक्रमणी संचिका से निकाल कर उनके आबंटित क्रमांकों की तुलना के आधार पर सम्बन्धित प्रलेखों को प्राप्त किया जाता है।

**UNIVAC I**

**यूनिवैक I :** प्रथम पीढ़ी का यह दूसरा कंप्यूटर है जिसका पूरा नाम यूनीवर्सल औटोमैटिक कंप्यूटर है। 1951 में इसका प्रयोग अमेरिकी जनगणना से आरम्भ हुआ! 1952 में आई. बी. एम. (इन्टरनेशनल विजनेस मशीन) कारपोरेशन ने 701 व्यापारिक कंप्यूटर बनाया। इसे प्रथम डिजिटल कंप्यूटर माना जाता है।

**UNIVERSAL AVAILABILITY OF PUBLICATIONS (UAP)**

**प्रकाशनों की सार्वभौमिक उपलब्धता :** इफ्ला द्वारा आरम्भ किये गये प्रोग्रामों में से यह एक अत्यन्त महत्वपूर्ण प्रोग्राम है। इसका मुख्य उद्देश्य है कि 'समस्त प्रकाशित सूचना सामग्री, चाहे वह कहीं भी, कभी भी तथा किसी भी रूप, आकार, भाषा, देश में प्रकाशित हुई हो, उसे उपयोगकर्त्ताओं को जहाँ भी, जब भी आवश्यक हो, उसे आर्थिक, सामाजिक, शैक्षणिक तथा व्यक्तिगत विकास के लिये व्यापक एवं पर्याप्त रूप से उपलब्ध होना चाहिये'। इस प्रोग्राम का लक्ष्य स्थानीय, राष्ट्रीय तथा अन्तर्राष्ट्रीय स्तर पर प्रकाशित सामग्री को उपलब्ध कराने में आने वाली बाधाओं के दूर करना है। इस प्रोग्राम का आरम्भ इफ्ला द्वारा 1973 में किया गया। यूनेस्को द्वारा औपचारिक मान्यता तब मिली जब इसे यूनेस्कों के मीडियम – टर्म प्रोग्राम 1977–87 तथा 1979–80 बजट में सम्मिलित किया गया। 1982 में यूनेस्कों/इफ्ला सम्मेलन पेरिस में हुआ। जिसकी अन्तिम रिपोर्ट (PGI - 823/UAP/6) है जो इस प्रोग्राम के भविष्य के विकास के नीति निर्धारण एवं कार्य प्रणाली के मार्ग दर्शक हेतु मूल प्रलेख माना जाता है।IFLA Journal 4(2) में इस प्रोग्राम के बारे में विस्तृत जानकारी प्रदान की गयी है।

**UNIVERSAL BIBLIOGRAPHIC CONTROL**

**सार्वभौमिक ग्रन्थात्मक नियंत्रण :** इफ्ला द्वारा 1969 में कोपनहेगन,

डेनमार्क में अन्तर्राष्ट्रीय सूचीकरण विशेषज्ञों का एक सम्मेलन आयोजित किया गया। जिसमें अन्तर्राष्ट्रीय स्तर पर सूचना के आदान–प्रदान हेतु प्रत्येक प्रकार के प्रकाशित प्रलेखों के लिये मानक ग्रन्थात्मक विवरण बनाने पर विचार किया गया। अन्तर्राष्ट्रीय मानक ग्रन्थात्मक विवरण निर्धारित करने हेतु एक कार्यकारी दल भी स्थापित किया गया। बाद में अन्य विशेषज्ञ दल भी बनाये गये। इफ्ला का सूचीकरण सचिवालय जिसकी स्थापना 1971 में ब्रिटिश पुस्तकालय के संदर्भ डिवीजन, लंदन में की गयी थी, उसमें 1974 में सार्वभौमिक ग्रन्थात्मक नियंत्रण के लिये अन्तर्राष्ट्रीय कार्यालय खोला गया। 1974 से इफ्ला कार्यालय द्वारा विभिन्न प्रकार के प्रलेखों के लिये अन्तर्राष्ट्रीय ग्रन्थात्मक मानक विवरण (ISBD) तैयार किये गये। यह प्रोग्राम प्रकाशनों की सार्वभौमिक उपलब्धता का ही सम्पूरक प्रोग्राम है।

**UNIVERSAL BIBLIOGRAPHY**

**सार्वभौमिक ग्रन्थसूची :** ऐसी ग्रन्थसूची जिसमें विश्व में प्रकाशित सभी भाषाओं तथा सभी प्रकार के ग्रन्थों को तालिकाबद्ध किया गया हो। इस प्रकार के प्रयास कोनार्ड जेसनर (1516–65) से लेकर वर्तमान समय तक व्यक्तिगत तथा संस्थागत स्तर पर निरन्तर किये जाते रहे है।

**UNIVERSAL COPYRIGHT CONVENTION**

देखिये International Copyright Act.

**UNIVERSAL DECIMAL CLASSIFICATION**

**यूनिवर्सल डेसीमल क्लासीफिकेशन :** 1889 में पाल ओटलेट तथा हेनरी ला फौनटेन द्वारा सार्वभौम सूची वर्गीकृत करने हेतु डेसीमल क्लासीफिकेशन संस्करण 5(1884) का प्रयोग किया गया। किन्तु वर्गांकों को सहविस्तृत बनाने हेतु डी. सी. में व्यापक संशोधन भी किये गये। इन संशोधनों के फलस्वरूप एक विस्तारित डी. सी. पद्धति की रचना हो गयी जिसको यू. डी. सी. के प्रथम संस्करण के रूप में **'मैन्यूअल दी रिपरटोयर बिब्लियोग्राफिक यूनिवर्सल'** नाम से फ्रैंच भाषा में 1905 में प्रकाशित किया गया। फ्रैंच भाषा में ही दूसरा संस्करण 'क्लासीफिकेशन यूनिवर्सल' 1927-33 में तथा तीसरा संस्करण जर्मन भाषा में 'डेसीमल क्लासीफिकेशन' नाम से 1952 में प्रकाशित हुआ। इसकी वर्णानुक्रमिक अनुक्रमणिका तीन खण्डों में 1951–53 में प्रकाशित हुई। प्रथम अंग्रेजी संक्षिप्त संस्करण 1948 में प्रकाशित हुआ। यह पद्धति अब दो भागों में प्रकाशित होती है। प्रथम भाग अनुसूची तथा दूसरा वर्णानुक्रमिक अनुक्रमणिका है। इसका मौलिक स्वरूप डेसीमल क्लासीफिकेशन पर आधारित है। किंतु न्यूनतम तीन अंकों के वर्गांक के स्थान पर एक अंक का वर्गांक भी प्रयोग किया गया है। डी. डी.सी. के परिगणनात्मक स्वरूप को पक्षात्मक में बदलने में यू. डी. सी. की

सहायक सांरणियों की प्रमुख भूमिका है। इस पद्धति में दो तरह की सारणियों का प्रावधान है : सामान्य सहायक सारणियाँ जो सभी मुख्य वर्गों के वर्गांकों के साथ प्रयोग की जा सकती है तथा विशिष्ट सहायक सारणियाँ जो उन्ही मुख्य वर्गों के साथ प्रयोग की जा सकती हैं जिनके लिये इनको बनाया गया है। इसकी अंकन प्रणाली विभिन्न प्रकार के अंकों व चिन्हों से बनायी गयी है। दिसम्बर 1991 तक यू. डी. सी का प्रबंध एफ. आई. डी. द्वारा किया जाता था। जबकि जनवरी 1992 से यू. डी. सी. संघ (UDC Consortium) जिसमें बेल्जियम जापान, नीदरलैंड, स्पेन तथा ग्रेट ब्रिटेन के पाँच प्रमुख प्रकाशक तथा छटे सदस्य के रूप में एफ. आई. डी. सम्मिलित हैं, को इसका प्रबंध सौप दिया गया है। इसका सचिवालय रौयल लाइब्रेरी, दी हेग हालैण्ड में है। 1993 में यू. डी. सी का मशीन पठनीय मूल संदर्भ संस्करण (Machine Readable Master Reference File) बनाया गया है। इसमें लगभग 60,000 विभाजन व उपविभाजन हैं। यू. डी. सी. का प्रकाशन पूर्ण संस्करण, मध्यम संस्करण तथा संक्षिप्त संस्करण में किया जाता है। अब तक इसका अनुवाद 23 से अधिक भाषाओं में हो चुका है। इसमें किये जाने वाले संशोधनों की जानकारी Extension and Corrections से मिल जाती है, 1963 में जे मिल्स द्वारा Guide to Universal Decimal Classification प्रकाशित किया गया था। इसी तरह की मार्गदर्शिका इसकी सम्पादक आई. सी. मैकलवेन द्वारा 1993 में प्रकाशित किया की गयी।

**UNIVERSAL INFORMATION SYSTEM IN SCIENCE AND TECHNOLOGY**

देखिये UNISIST.

**UNIVERSITY GRANTS COMMISSION (INDIA)**

**विश्वविद्यालय अनुदान आयोग :** विश्वविद्यालय शिक्षा आयोग के सुझाव पर 1953 में विश्वविद्यालय अनुदान आयोग की स्थापना हुई। 1956 में इसे अधिनियम द्वारा स्वायत्त संस्था बना दिया गया। इसका मुख्य कार्य विश्वविद्यालय शिक्षा का उन्नयन व समन्वयन तथा अध्यापन, परीक्षा व शोध हेतु मानदण्डों का निर्धारण एवं अनुरक्षण करना है। आयोग अनुदान आबँटित करने के साथ ही शोधकार्यों के कार्यान्वयन में भी सहायता करता है।

**UNIVERSITY LIBRARY**

**विश्वविद्यालय पुस्तकालय :** एक विश्वविद्यालय द्वारा स्थापित एवं संचालित एक विश्वविद्यालय पुस्तकालय का मुख्य कार्य विश्वविद्यालय के शैक्षिक जगत के सभी प्रकार के सदस्यों की शैक्षणिक आवश्यकताओं की पूर्ति हेतु सभी प्रकार के प्रलेखों को संग्रहीत तथा व्यवस्थित कर उनके उपयोग को सुगम बनाना है।

**UNIX**

**यूनिक्स** : मिनी कंप्यूटर में प्रयोग हेतु बेल लैबोरैटरीज, अमेरिका द्वारा विकसित एक संचालन प्रणाली है।

**UNLIKE ENTITIES**

**असमान सत्व** : ऐसे सत्व जिनमें एक विशेषता की मात्रा, गहनता व विस्तार असमान हो अथवा किसी भी अन्य आधार पर उस विशेषता के संदर्भ में असमान हो।

**UNOPENED COPY**

**बिना कटी प्रति** : एक प्रलेख की ऐसी प्रति जिसके विभिन्न पृष्ठों के किनारों को अभी तक काटा नहीं गया है।

**UNPAGED BOOK**

**पृष्ठसंख्या रहित पुस्तक** : ऐसा प्रलेख जिसके पृष्ठों में पृष्ठ संख्या मुद्रित न की गयी हो। सामान्यतया ऐसे पृष्ठ प्रलेख के प्रारम्भिक पृष्ठ (Preliminaries) होते हैं।

**UNPROCESSED BOOK**

**अप्रक्रमणित पुस्तक** : ऐसी पुस्तक जिसे वर्गीकृत, सूचीकृत न किया गया हो तथा पाठकों के उपयोग व निर्गमन हेतु पुस्तकालय द्वारा तैयार न किया गया हो।

**UNSCHEDULED MNEMONICS**

**असूचीबद्ध स्मृतिसहायक** : मूल समरूप स्मृति सहायक (Seminal Mnemonics) का प्रथम नाम, जिसका प्रयोग रंगनाथन ने अपनी पुस्तक Prolegomena ..... के प्रथम संस्करण (1937) में किया। **देखिये** Seminal Mnemonics.

**UNSOUGHT LINK**

**अवांछनीय कड़ी** : रंगनाथन द्वारा प्रतिपादित श्रृंखला प्रक्रिया में एक वर्गांक की ऐसी कड़ी जिसका प्रयोग ऐसे विषयों के लिये किया गया है जिस पर प्रलेखों के प्रकाशन की अथवा पाठकों द्वारा अपने विषय के प्रलेखों को खोजने के लिये प्रयोग करने की प्रायः सम्भावना नहीं होती है।

**UPPER CASE LETTERS**

**अपरकेस अक्षर** : अंग्रेजी भाषा के बड़े अक्षर। देखिये Lower Case Letters.

**UPPER LINK**

**ऊपरी कड़ी** : एक विषय के वर्गांक में अन्तिम कड़ी के अतिरिक्त अन्य कड़ी।

**URBAN LIBRARY**

**नगर-पुस्तकालय** : एक शहर के पाठकों हेतु स्थानीय प्रशासन द्वारा स्थापित सार्वजनिक पुस्तकालय ।

**URL**

देखिये Hypertext.

**USER FRIENDLY**

**उपयोगकर्ता-सहयोगी** : यह शब्द कंप्यूटर के क्षेत्र में प्रयोग किया जाता है। जिसका अभिप्राय कंप्यूटर का उपयोगकर्ता के साथ मैत्रीवत् व्यवहार है। वर्तमान समय में अधिकतर सॉफ्टवेयर इस प्रकार बनने लगे हैं कि उपयोगकर्ता व कंप्यूटर के परस्पर क्रिया से कंप्यूटर का प्रयोग आसानी से किया जा सकता है। जैसे अनेक प्रोग्रामों में एक प्रश्न के उत्तर के लिये कई विकल्प दिये जाते हैं जिनमें से उपयोगकर्त्ता किसी एक का चयन कर सकता है। शेष कार्य कंप्यूटर स्वयं करता है। इसका एक उदाहरण वीडियों टैक्स भी है। वह कंप्यूटर के परदे पर इस प्रकार के संवाद भेजता है कि उपयोगकर्ता बिना किसी तकनीकि अनुदेश के सही दिशा में कार्य कर सके अथवा यह जान सके के वह सही दिशा में कार्य कर रहा है।

**USER HOOK**

**उपयोगकर्ता-खूंटी** : कंप्यूटर सॉफ्टवेयर निर्माता द्वारा दी गयी ऐसी सुविधा जिसके द्वारा उपयोगकर्ता सॉफ्टवेयर के भागों को बदल अथवा प्रतिस्थापित कर सकता है।

**USER PORT**

**उपयोगकर्ता पोर्ट** : उपयोगकर्ता को नेटवर्क से जोड़ने का साधन।

**USER'S PROFILE**

**उपयोगकर्ता अभिरूचि विवरणिका** : चयनित सूचना प्रसार सेवा (SDI) की प्रक्रिया में प्रथम ऐसे उपयोकर्ताओं को सुनिश्चित करना होता है जो इस सेवा के इच्छुक हो। इन्ही चयनित उपयोगकर्ताओं की विषय रूचि को दर्शाने हेतु उसकी रूपरेखा तैयार की जाती है। जिसे उपयोगकर्ता प्रोफाइल अथवा उपयोगकर्ता अभिरूचि विवरणिका कहते हैं।

**USMARC**

**यू. एस. मार्क :** इसका प्रचलित नाम मार्क (MARC) है। यह लाइब्रेरी आफ कांग्रेस का मशीन पठनीय सूची का डेटावेस है जिसका आरम्भ 1965 में किया गया। देखिये MARC

**UTILITARIAN SCHEMES**

**व्यावहारिक पद्धतियाँ :** ऐसी वर्गीकरण पद्धतियाँ जो सुविधा व व्यावहारिक उपयोग के दृष्टिकोण से ही प्रलेखों को व्यवस्थित करती है। 1976 से पूर्व सामान्यतया ऐसी ही पद्धतियाँ थी।

**UTILITY PROGRAMS**

**सुविधात्मक प्रोग्राम :** ऐसे प्रोग्राम कंप्यूटर सॉफ्टवेयर का हिस्सा होते हैं। कंप्यूटर का आपरेटिंग सिस्टम उपयोगी प्रोग्रामों को चलाने की सुविधा देता है। किन्तु कुछ ऐसे भी कार्य होते हैं जिनको उपयोगकर्ता करना चाहता है पर आपरेटिंग सिस्टम उसकी सुविधा नही देता है। इस प्रकार की सुविधायें सॉफ्टवेयर में प्रदान की जा सकती हैं। इसी को सुविधात्मक प्रोग्राम कहते हैं। जैसे संवेदनशील डेटा को सुरक्षित रखने का प्रोग्राम।

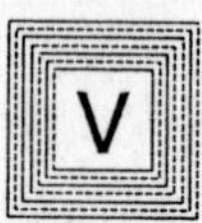

**VACUUM TUBE**

**वैक्यूम ट्यूब :** यह निर्वात नलिका एक इलैक्ट्रान ट्यूब है जिसमें सूचना संचारण का नियंत्रण इलैक्ट्रानों के प्रवाह के द्वारा किया जाता था। यह 1906 में विकसित माध्यम है जिसका प्रयोग प्रारम्भिक कंप्यूटरों में किया जाता था।

**VADE-MECUM**

**सहचर :** इस लैटिन शब्द का अर्थ है मेरे साथ चलो। तात्कालिक संदर्भ हेतु निर्देशिका अथवा पुस्तिका जिसे अपने साथ ले जाया जा सकता है, को भी इसकी संज्ञा दी जाती है।

**VANITY PUBLISHER**

**मिथ्या प्रकाशक :** लेखक के दायित्व व खर्चे पर पुस्तकें प्रकाशित करने वाले प्रकाशक।

**VARIABLES**

**परवर्ती :** गणित में दो प्रकार की मात्राएँ प्रयोग में लायी जाती है – अचल (Constants) जो अपना मूल्य/मान किसी भी समस्या या सवाल में नही बदलती है। तथा परवर्ती (Variables) जिनका उल्लेख नाम द्वारा किया जाता है तथा ये मात्राएँ विशेष समस्या में भिन्न भिन्न मूल्य/मान रखती हैं। जैसे X, Y, Z आदि। कंप्यूटर की भाषा बेसिक में इनका प्रयोग किया जाता है।

**VARIABLES CATEGORY**

**परवर्ती श्रेणी :** इसी आधार पर एरिक डी. ग्रोलियर ने भी वर्गीकरण हेतु– अचल व परवर्ती श्रेणियों का प्रतिपादन किया है। अचल श्रेणी में काल, स्थान व क्रिया को तथा परवर्ती में गुणधर्म, रूप, संगठन, अवयव आदि को रखा गया है।

**VARIABLE MNEMONICS**

**परवर्ती स्मृति सहायक** : स्मृति सहायक जिनको उपयोगकर्ताओं की आवश्यकतानुसार बदला जा सकता है। जैसे स्थानों के नामों में परिवर्तन अथवा सामान्य एकल जिनमें ज्ञान जगत में परिवर्तन के साथ परिवर्तन होते रहते है।

**VARIANT EDITION**

**पाठान्तर संस्करण** : लेखक द्वारा अपनी कृति में संशोधन व परिवर्तन करने के बाद प्रकाशित संस्करण।

**VARIORUM EDITION**

**विविध-टीका-समन्वित संस्करण** : विभिन्न पूर्व प्रकाशित पुस्तकों के मूलपाठ की तुलना पर आधारित संस्करण, जिसमें टीकाकारों की टिप्पणी भी सम्मिलित की जाती है। इनमें जो विभिन्नताएँ होती हैं उनको पाद टिप्पणी में दिखाया जाता है।

**VAT PAPER**

**वैट पेपर** : हाथ से बने कागज का दूसरा नाम।

**VDU**

देखिये Visual Display Unit

**VECTOR PROCESSING**

**वाहक प्रक्रमण** : प्रश्न को विभिन्न वाहकों में बाँट कर कंप्यूटर में डेटा का संसाधन करना।

**VEDIC CLASSIFICATION**

**वैदिक-वर्गीकरण** : भारतीय वैदिक प्रणाली जिसमें विषय जगत को चार भागों – धर्म, अर्थ, काम तथा मोक्ष में विभाजित किया गया है। **धर्म** में समाज को सुसंगत व व्यवस्थित रखने वाले विषय – विधि, धर्मविज्ञान, नीतिशास्त्र, नैतिकता व समाजशास्त्र; **अर्थ** में समाज कल्याण, सम्बन्धित विषय जैसे इतिहास, राजनीतिशास्त्र तथा अर्थशास्त्र; **काम** में मनुष्य की सृजनात्मक प्रवृत्ति से सम्बन्धित विषय – साहित्य, ललित कला तथा **मोक्ष** में दर्शन शास्त्र व आध्यात्मिक अनुभूति को वर्गीकृत किया गया है।

**VEDIO TAPE**

**वीडियो टेप** : चुम्बकीय गुण युक्त टेप जिसमें सूचना संग्रहित करके दृश्य–श्रव्य उपकरणों पर सुना–देखा जा सकता है।

**VERBAL MNEMONICS**

**शाब्दिक स्मृति सहायक** : एक वर्गीकरण पद्धति में विषयों एवं एकलों के

विभाजन के लिये जब उनके नाम के अक्षरों का प्रयोग किया जाता है तो जब भी उनकी अभिव्यक्ति की पुनरावृत्ति होती है उनके नामों के अक्षरों की भी पुनरावृत्ति की जाती है अर्थात् प्रत्येक बार समान नाम के लिये समान अक्षर प्रयोग किये जाते हैं जिससे उनको याद रखना आसान हो जाता है।

**VERBAL PLANE**

**शाब्दिक स्तर** : रंगनाथन द्वारा वर्गीकरण हेतु प्रतिपादित प्रक्रिया का दूसरा चरण। जिसमें वर्गीकरण पद्धति में प्रयोग किये जाने वाली शब्दावली का निर्णय किया जाता है।

**VERBATIM REPORT**

**शब्दशः रिपोर्ट** : भाषणों, व्याख्यानों व वाद विवाद आदि का शब्दशः वृतान्त।

**VERIFICATION**

**सत्यापन** : **वर्गीकरण** में रंगनाथन द्वारा व्यावहारिक वर्गीकरण के लिये प्रतिपादित प्रक्रिया का वह चरण जिसमें प्रथम सात चरणों की उल्टी जॉच की जाती है अर्थात् सात से प्रथम की ओर; **सूचना पुनः प्राप्ति** में छिद्रित पत्रक अथवा पेपर टेप जिनमें डेटा छिद्रित किया गया है। उनकी जॉच प्रक्रिया को भी सत्यापन कहा जाता है।

**VERIFICATION, STOCK**

देखिये Stock Verification

**VERSO**

**बामपृष्ठ** : एक प्रलेख का बाँयी तरफ का पृष्ठ जिस पर समसंख्या वाली पृष्ठसंख्या होती है।

**VERSO OF THE TITLE PAGE**

मुख पृष्ठ का पिछला पृष्ठ जिस पर स्वत्वाधिकार, संस्करण, प्रकाशन वर्ष, पुस्तकालय द्वारा पुस्तक को दिया गया नामांक आदि सूचनाएं अंकित होती है।

**VERTICAL FILE**

**खड़ी संचिका** : पेपर तथा इसी प्रकार की अन्य सामग्री अथवा कतरनें, पुस्तिकाएँ, पत्र–पत्रिकाएँ आदि को डिब्बा, पेटिका आदि में खड़ा करके लम्बरूप में व्यवस्थित किया गया हो।

**VERY LARGE SCALE INTEGRATION**

**अति वृहद श्रेणी संघटन** : 1980 के दशक में विकसित कंप्यूटर तकनीक, जिसमें एक डाक टिकट के आकार के छोटे से सिलिकान चिप पर

लाखों ट्रांजिस्टरों को स्थापित करके सर्किट बनाया गया। **इसे भी देखिये** Large Scale Integration.

**VINITI**

विनीती : **आल यूनियन इन्स्टीट्यूट फार साइन्टिफिक एण्ड टेक्निकल इनफारमेशन** को इसके संक्षिप्त नाम विनीती से ही जाना जाता है। पूर्व सोवियत संघ के राष्ट्रीय प्रलेखन सेवा केन्द्र के रूप में 1952 में इसकी स्थापना की गयी। आरम्भ में विनीति का संचालन सोवियत विज्ञान अकादमी के आधीन वैज्ञानिक सूचना संस्थान के नाम से किया गया। 1955 में इसका नाम विनीती कर दिया गया। इसके जो कार्य निर्धारित किये गये वे हैं – 1. प्राकृतिक विज्ञान तथा प्रौद्योगिकी के क्षेत्र में विश्व स्तर पर प्रकाशित साहित्य का पूर्ण एवं व्यवस्थित सारकरण करना; 2. सामयिक अभिरूचि एवं उपयोग के विषयों सम्बन्धित विभिन्न विषयों पर ग्रन्थसूची, संदर्भ सेवा तथा विशिष्ट सूचना प्रदान करने हेतु सारकरण पत्रिका का प्रकाशन करना; 3. विश्वविद्यालयों तथा स्नातकोत्तर तथा स्नातक स्तर तक की संस्थाओं में वैज्ञानिक सूचना में निर्देशों की व्यवस्था करना; 4. वैज्ञानिक सूचना के कार्यों एवं सेवाओं में प्रयोग किये जाने वाली विधियों व उपकरणों को समुन्नत बनाने हेतु अनुसंधान परियोजनाओं का संचालन तथा व्यवस्था करना; 5. सूचना विशेषज्ञों एवं कर्मियों को उपलब्ध कराने हेतु वैज्ञानिक सूचना प्रशिक्षण की व्यवस्था करना तथा संस्थाएँ स्थापित करना। इसके मुख्य प्रकाशन हैं : – रिफ्रेटिवन्यी जुरनाल, एक्सप्रेस इन्फारमेशन, पायलट इन्फोरमेशन आदि।

**VIRUS**

**वाइरस :** कंप्यूटर वाइरस एक विनाशकारी प्रोग्राम है जो उपयोगकर्ता की बिना जानकारी के कंप्यूटर में निवेश माध्यमों के द्वारा प्रवेश कर जाते हैं। अपनी स्थिति मजबूत बनाने के बाद संक्रामक रोग की तरह फैलना आरम्भ कर देते हैं तथा कंप्यूटर में विद्यमान प्रोग्रामों, फाइलों, डेटावेसो तथा आपरेटिंग सिस्टम को क्षतिग्रस्त कर देते हैं। जैसे ई–मेल के द्वारा निवेश किया गया वाइरस **आई लव यू**। ये प्रोग्राम अति कुशल प्रोग्रामर द्वारा लिखे जाते हैं। इनके बचाव हेतु कुछ हार्डवेयर तथा साफटवेयर का विकास हुआ है जो वाइरस के प्रवेश की चेष्टा की चेतावनी दे देते हैं। कंप्यूटर वायरस को जीव विज्ञान के वायरस की तरह कार्य करने के कारण ही वायरस नाम दिया गया है। जैसे इसमें भी अपने आपको फैलाने की क्षमता ठीक वैसे ही है जैसे सामान्य वायरस एक व्यक्ति से दूसरे व्यक्ति तक पहुँचता है। कंप्यूटर वायरस दो तरह से कार्य करता है –(i) अन्य फाइलों को मात्र संक्रमित करता है अथवा (ii) उस

विनाशक कार्य को करता है जिसके लिये उसे बनाया गया है। 1980 के दशक में छोटे कंप्यूटरों के बनने के साथ ही कंप्यूटर वायरस का भी उद्भव हुआ। इसमें इंटरनेट ने महत्वपूर्ण भूमिका निभाई है क्योंकि इसके माध्यम से कंप्यूटर उपयोगकर्ता बुलिटन बोर्ड सिस्टम का उपयोग कर मॉडम के द्वारा सभी प्रकार के प्रोग्राम आसानी से प्राप्त कर लेते थे। इन लोगों को सबक सिखाने के लिये ही वायरस का जन्म हुआ। यह माना जाता है कि 1981 में प्रयोग हेतु वायरस बनाया गया जिसे Apple II के ऑपरेटिंग सिस्टम की फ्लापियों में वितरित किया गया था। 3 नवम्बर 1983 को एक सम्मेलन में लेन ऐडलमन द्वारा एक कंप्यूटर प्रोग्राम बनाया गया, जिसे उन्होंने **वायरस** का नाम दिया। यह वायरस VAX11/750 सिस्टम के लिये मात्र 8 घंटों में तैयार किया गया था तथा इसका मुख्य उद्देश्य मात्र प्रदर्शन था। तथापि 1986 में दो पाकिस्तानी भाइयों द्वारा बनाये गये ब्रेन वायरस को प्रथम वायरस माना जाता है। जिसे विशेषकर डॉस को लक्ष्य करके बनाया गया था। इसीलिये यह पूरी दुनिया में शीघ्र ही फैल गया। मई 2000 को मनीला वासी 27 वर्षीय रामनोस ने ई–मेल के द्वारा **I Love You** बग निवेश करके काफी नुकसान पहुचाया।

**VISITOR REGISTER**

**आगन्तुक पंजी :** पुस्तकालय में प्रतिदिन आने वाले पाठक तथा अन्य आगन्तुकों का विवरण रखने हेतु पुस्तकालय के मुख्य द्वार पर एक पंजी रखी जाती है जिस पर बने विभिन्न स्तम्भों में प्रत्येक आगन्तुक को विवरण लिखना होता है। इस पंजी से पुस्तकालय में आने वाले आगन्तुकों का परिचय व पुस्तकालय के बारे में उनके विचारों का भी पता लगता है।

**VISUAL AIDS**

**दृश्य उपकरण :** दृश्यपटल पर सूचना प्रदर्शित करने हेतु प्रयोग किये जाने वाले उपकरण।

**VISUAL DISPLAY UNIT**

**दृश्यपटल इकाई :** यह कंप्यूटर में निवेशित सूचना को प्रदर्शित करने की इकाई है। इसे टर्मिनल भी कहा जाता है। यह कैथोड रे ट्यूब की चिपटी सतह है तथा फासफोरस लवणों से लेपित है। इसी ट्यूब की किरणों के आधार पर कंप्यूटर में निवेशित डेटा को इस चिपटी सतह–स्क्रीन पर प्रदर्शित किया जाता है।

**VLSI**

देखिये Very Large Scale Integration.

**VOCABULARY**

**शब्द संग्रह :** वर्णानुक्रम में व्यवस्थित एक भाषा के शब्दों का सम्पूर्ण संग्रह, जिनका अर्थ अथवा अनुवाद, परिभाषा आदि भी दिया जाता है। **सुचना पुनः प्राप्ति** में प्रयोग किये जाने वाले शब्दसंग्रह वर्णानुक्रम अथवा वर्गीकृत क्रम में व्यवस्थित किये जाते हैं। इसका प्रत्येक शब्द अनुक्रमणिका हेतु शीर्षक के रूप में प्रयोग किया जाता है। इसे अनुक्रमणिका भाषा भी कहते हैं।

**VOLATILE MEMORIES**

**अस्थाई स्मृतियाँ :** कंप्यूटर की ऐसी स्मृतियाँ जो बिजली बंद हो जाने पर भंडारित सूचना सुरक्षित रखने में असमर्थ होती हैं। अर्थात् स्मृति में भंडारित सूचना नष्ट हो जाती है।

**VOLTAGE DROPOUTS**

**वोल्टेज ड्रापआउट्स :** पावर सप्लाई लाइन का वोल्टेज बहुत कम या लगभग शून्य हो जाना।

**VOLTAGE REGULATORS**

**वोल्टेज रेग्युलेटर :** ऐसे उपकरण जो विजली सप्लाई लाइन के बोल्टेज को कम या अधिक होने पर भी वोल्टेज को स्थिर रखते हैं।

**VOLUME**

**खण्ड :** किसी भी रूप में प्रकाशित कृति जिसकी स्वंय की आख्या, आवरण तथा स्वतंत्र पृष्ठांकन हो तथा पुस्तकालय द्वारा इसका स्वतंत्र कृति के रूप में सूचीकरण, वर्गीकरण आदि किया गया हो।

**VOLUME**

**वोल्यूम :** मैगनेटिक भंडारण की एक इकाई, जिसे कंप्यूटर से जोड़ा जा सकता है। जैसे मैगनेटिक टेप की रील।

**VOLUME CAPACITY**

**खण्ड धारिता :** एक शैल्फ में प्रलेखों को रखने की क्षमता।

**VOLUME NUMBER**

**खण्ड-संख्या :** एक कृति यदि कई खण्डों में प्रकाशित की जाती है तो प्रत्येक खण्ड को एक क्रम संख्या आवंटित की जाती है। जो उसे अन्य खण्डों से अलग करता है।

**VOLUMEN**

**वोल्यूमन :** लेटिन भाषा में इस शब्द का अर्थ है – एक वस्तु जिसे गोल लपेट कर रखा गया हो। तथापि यह पुस्तक का प्राथमिक रूप है। मध्य युग में

किताबें नहीं थी। अपितु पेपिरस पर लिखा जाता था और उन्हें आपस में चिपका कर रोल बना लेते थे। रोम के लोग इन रोलों को वोल्यूमन कहते थे। इसी शब्द से वोल्यूम शब्द की उत्पत्ति हुई। पॉचवी शताब्दी के मध्यतक लोग पार्चमेंट और वैलम पर लिखने लगे। पार्चमेंट भेड़ व बकरी की खाल से और वैलम गाय के बछड़े की खाल से बना होता है। खाल की चद्दरों को समान आकार में काटकर किताब की तरह सिलाई कर ली जाती थी। लोग इनकी सतह पर लिखते थे। इसी को पुस्तक का आरम्भ माना जाता है। कागज और मुद्रण कला के विकास के साथ ही पुस्तकों को सुन्दर व विभिन्न रूपों में प्रकाशित किया जाने लगा।

**VOLUMINOUS AUTHOR**

**बहुलकृति लेखक :** एक लेखक जिसकी कई पुस्तकों अथवा विभिन्न नामों से प्रकाशित पुस्तक के संस्करणों के लिये सूची में उसके नाम से कई प्रविष्टियाँ बनायी गयी हो।

**VOUCHER**

व्यय प्रमाणक : खर्चे का लिखित विवरण।

**WADEX**

**वेडेक्स :** कम्प्यूटरीकृत अनुक्रमणीकरण प्रणाली जिसमें लेखक का नाम तथा आख्या दोनों का प्रयोग किया जाता है। इसका पूरा नाम है Word And Author Index।

**WALL PICTURE PRINCIPLE**

**भित्ति चित्र सिद्धान्त :** रंगनाथन द्वारा प्रतिपादित पक्ष अनुक्रम के लिये चार सिद्धान्तों में यह मूल सिद्धान्त माना जाता है तथा अन्य सिद्धान्तों को इसी का परिणाम माना जाता है। इस सिद्धान्त के अनुसार यदि एक विषय के दो घटक इस प्रकार के हैं कि एक घटक दूसरे के बिना क्रियाशील नहीं हो सकता है तो क्रम में दूसरा घटक जिसके कारण पहला क्रियाशील होता है पहले व्यवस्थित किया जाना चाहिये। जैसे भारत का राष्ट्रपति। जब तक भारत प्रयोग नही किया जाता तब तक राष्ट्रपति घटक अस्पष्ट रहता है। इसलिये एक वर्गांक के क्रम में घटक भारत को प्रथम व राष्ट्रपति घटक को बाद में व्यवस्थित किया जाना चाहिये।

**WAN**

देखिये Wide Area Networks

**WARM BOOTING**

**वार्म बूटिंग :** पावर फेल हो जाने पर स्मृति (RAM) में स्थित आपरेटिंग सिस्टम लुप्त हो जाता है और पावर दोबारा आने पर कम्पयूटर को फिर से बूट करना पड़ता है। काम करते समय कई बार कहीं से त्रुटि आने पर कम्प्यूटर काम बंद कर देता है। ऐसी स्थिति में भी बूटिंग करना पड़ता है। यदि कीबोर्ड पर लगी Control + Alt (Alternate) + Del (Delete) कुंजियों को एक साथ

दबाया जाय तो भी बूटिंग क्रिया हो जाती है। इसे ही वार्म बूटिंग कहते हैं।

**WEEDING**

छँटनी : पुस्तकालय संग्रह से ऐसे प्रलेख जिनकी उपयोगिता समाप्त हो गयी है अथवा बुरी तरह क्षतिग्रस्त हो गये हैं उनको शैल्फ से हटाने की प्रक्रिया को छटनी कहते हैं।

**WEEKLY**

साप्ताहिक : सप्ताह में एक बार प्रकाशित होने वाले प्रकाशन।

**WEST BENGAL PUBLIC LIBRARY ACT 1979**

पश्चिम बंगाल सार्वजनिक पुस्तकालय अधिनियम 12 सितम्बर 1979 को विधान सभा में पारित हुआ तथा 7 जनवरी 1980 से राज्य में लागू हुआ। इस अधिनियम में की गई कुछ प्रमुख व्यवस्थाएँ हैं – राज्य पुस्तकालय परिषद का गठन, पुस्तकालय समिति, स्थानीय पुस्तकालय प्राधिकरण, जिला पुस्तकालय प्राधिकरण, पुस्तकालय कर नहीं, वित्त व्यवस्था राज्य सरकार द्वारा तथा लेखा परिक्षण व्यवस्था।

**WHOLE ORGAN PRINCIPLE**

**सम्पूर्ण अवयव सिद्धान्त :** रंगनाथन द्वारा पक्ष अनुक्रम के लिये प्रतिपादित सिद्धान्त जिसके अनुसार एक सम्पूर्ण विषय व उसके विभिन्न घटकों को व्यवस्थित करने के लिये पूर्ण विषय को क्रम में प्रथम व घटक को दूसरा स्थान दिया जाना चाहिय। यह सिद्धान्त एक श्रेणी के एक अवार्तन में विभिन्न स्तरों का अनुक्रम निर्धारित करने में सहायक होता है।

**WHO'S WHO**

देखिये Biography

**WIDE AREA NETWORK**

**व्यापक क्षेत्रीय नेटवर्क :** एक शहर, देश अथवा अनेक देशों के कम्प्यूटरों को एक साथ जोड़ कर डेटा संचारण का कार्य करने के लिये बनाया गया नेटवर्क।

**WINDOWS**

**खिड़कियाँ :** कम्प्यूटर का ऐसा ऑपरेटिंग सिस्टम जो कम्प्यूटर के दृश्यपटल को अलग–अलग भागों में विभाजित करके एक से अधिक प्रोग्रामों का प्रदर्शन कर सकता है। इन विभाजनों को खिड़कियाँ अथवा विन्डोज कहा जाता है। इन खिड़कियों में से किसी भी खिड़की को छोटा या बड़ा किया जा सकता है। सभी वांछित प्रोग्राम चालू रहते हैं तथा किसी भी प्रोग्राम को छोड़कर दूसरे

प्रोग्राम पर दूसरा कार्य किया जा सकता है। तथापि विन्डोज पर वे ही एप्लीकेशन प्रोग्राम चलाये जा सकते हैं जो विन्डोज प्रदर्शन के लिये बनाये गये हैं।

**WINDOWS 2000 (W2K)**

**विन्डोज 2000** : माइक्रोसॉफाट कम्पनी द्वारा फरवरी 2000 को एक नया ऑपरेटिंग सिस्टम बाजार में उतारा गया है। यह आपरेटिंग सिस्टम उन सरवर (Server) कम्प्यूटरों के लिये है जो नेटवर्क पर नियंत्रण रखते हैं। MS Windows भी देखिये।

**WIPE DISK**

**वाइपडिस्क** : नार्टन यूटिलिटीज का एक प्रोग्राम जो एक डिस्क पर संचित सभी फाइलों को इस प्रकार से मिटा देता है कि उनको किसी भी प्रोग्राम से पुनर्जीवित नहीं किया जा सकता है।

**WIPE FILE**

**वाइप फाइल** : नार्टन यूटिलिटीज का अन्य प्रोग्राम जो एक फाइल को इस प्रकार से मिटा देता है कि उसे फिर से पुनर्जीवित नहीं किया जा सकता है।

**WIPO**

**विपो** : इसका पूरा नाम World Intellectual Property Organisation है। विपो की स्थापना जुलाई 1967 को स्टोक होम तथा क्रियान्वयन 1970 को हुआ। 1974 में विपो संयुक्त राष्ट्र की विशिष्ट एंजेसी बनी। इसका मुख्य उद्देश्य विश्व बौद्धिक सम्पत्ति की सुरक्षा को प्रोत्साहित करना है।

**WIPRO**

**विप्रो** : कम्प्यूटर साफ्टवेयर बनाने वाली एक कम्पनी जिसकी स्थापना महाराष्ट के छोटे से गाँव अमालनर जिला जलगाँव में खाने के तेल बनाने की कंपनी के रूप में हुई। तथा इसका नाम वेस्टर्न इंडिया वेजिटेबल प्रोटक्ट (WIPRO) रखा गया। 1966 में इस कंपनी ने सॉफ्टवेयर बनाना आरम्भ किया तथा इसी क्षेत्र में अब कार्यरत है।

**WIRELESS - ENABLED COMPUTER**

**वायरलैस तकनीक युक्त कम्प्यूटर** : वर्ष 2000 में कंप्यूटर हेतु एक नयी तकनीक वायरलैस का प्रतिपादन किया गया है। जिसके आधार पर कम्प्यूटर कीबोर्ड को भी वायरलैस तकनीक युक्त बना दिया है। अब्र ई–कार्मस के स्थान पर एम–कार्मस (Mobile Commerce) का प्रयोग बढ़ रहा है। इस हेतु

सेल–फोन (Cell Phones) का उत्पादन किया गया है जिनका व्यापार करने तथा नेट में डेटा खोजने के लिये प्रयोग किया जा सकता है। लैपटाप कम्प्यूटर का स्थान अब वायरलैस ने ले लिया है। भारत में rediff.com तथा Sharekhan.com नेट पर इस तकनीक के प्रयोग की सुविधा प्रदान करने लगे हैं। माइक्रोसाफ्ट के मालिक बिल गेट ने इस तकनीक को आगे विकसित करते हुए ऐसा विन्डोज आपरेटिंग सिस्टम का उत्पादन किया है जो डेस्कटाप कम्पयूटरों को और छोटा तथा **मोमाइल** तकनीक युक्त बना देगा। गेट का एक डिजिटल रनायुतंत्र प्रणाली (Digital Nervous System) अर्थात ऐसी प्रणाली जो सूचना की जहाँ कहीं आवश्यकता हो पहुँचा सके, को बनाने का उद्देश्य है।

**WIRE SEWING**

**तार की सिलाई :** पुस्तकों की जिल्दबन्दी में पुस्तकों की आर–पार की सिलाई को धागे के स्थान पर धातु के तार से करना। इसे स्टेपल (Staple) भी कहते हैं।

**WIRTH, NIKLAUS**

देखिये Niklaus Wirth

**WITHDRAWAL**

**पुस्तक वापसी :** पुस्तकालय में विभिन्न कारणों से जो अनोपयोगी प्रलेख हो गये हो उनको शैल्फ से तथा उनकी प्रविष्टियों को सूची से हटा लेने तथा अधिग्रहण पंजी से उनके विवरण को काट देना ही पुस्तक वापसी प्रक्रिया है।

**WITHDRAWAL REGISTER**

**पुस्तक वापसी पंजी :** पुस्तक की प्राप्ति पर एक अधिग्रहण पंजी में उसका विवरण लिखा जाता है। पुस्तक वापसी प्रक्रिया का अन्तिम चरण भी इस पंजी में अंकित विवरण हटाने के बाद एक अन्य पंजी जिसे वापसी पंजी कहते हैं, में वापसी प्रलेखों का सम्पूर्ण ग्रन्थात्मक विवरण, वापसी का आदेश संख्या व तिथि आदि का उल्लेख अंकित करने पर ही पुस्तक वापसी प्रक्रिया सम्पूर्ण होती है।

**WORD**

**शब्द :** एक भाषा का एक शब्द अथवा शब्दसमूह जिससे किसी विचार व भाव की अभिव्यक्ति होती है। इसी अभिव्यक्ति के परिणाम स्वरूप सदियों पुराने विद्वानों को वर्तमान में जाना पहचाना जाता है, **सूचना पुनः प्राप्ति** में एक विचार के लिये प्रयुक्त अंकाक्षर तथा कम्प्यूटर स्मृति में डेटा की मूल इकाई।

**WORD BOOK**

शब्द संग्रह अथवा शब्दकोश।

**WORD BREAK**

**शब्द तोड़ना :** मुद्रण में एक बड़े अक्षर के शब्द को पंक्ति के अन्त में दो भागों में बांटने की प्रक्रिया।

**WORD BY WROD**

शब्दशः अथवा अक्षरशः

**WORD ENTRY**

**शब्द प्रविष्टि :** एक सूची प्रविष्टि जिसका आरम्भ एक शब्द से होता हो। जैसे रंगनाथन अथवा भारत।

**WORD GROUP**

**शब्द समूह :** एक या अधिक अपृथकरणीय शब्द जिनका प्रयोग एक विषय के विवरण को बोधगम्य बनाने के लिये किया गया है जैसे राजेन्द्र प्रसाद, वासुरे चौधरी, नई दिल्ली।

**WORD INDEX**

**शब्द अनुक्रमणिका :** एक प्रलेख में प्रयोग किये गये शब्दों के चयन से बनायी गयी अनुक्रमणिका।

**WORD LENGTH**

**शब्द आकार :** एक शब्द में प्रयुक्त अंकाक्षरों की मात्रा के आधार पर बना शब्द का आकार।

**WORD PROCESSOR**

**शब्द संसाधक :** मूल पाठ को संचालन करने का प्रोग्राम है। **वर्ड प्रोसेसर** प्रोग्राम द्वारा एक लम्बे लेख को कम्प्यूटर पर टाइप करके डिस्क पर सुरक्षित रूप से संचित किया जा सकता है। पाठ्य सामग्री को सुगमता से टाइप करने के साथ ही आवश्यकतानुसार फेर–बदल किया जा सकता है व व्यवस्थित किया जा सकता है।

**WORD PROCESSING**

**शब्द प्रक्रमण :** कम्प्यूटर द्वारा मूल पाठ को लिखने, सम्पादन व मुद्रित करने के प्रोग्राम की प्रक्रिया।

**WORDSTAR**

**वर्डस्टार साफ्टवेयर :** शब्द संसाधक के लिये सर्वाधिक प्रचलित साफ्टवेयर है। इसमें लेख के मूलपाठ को कम्प्यूटर में टंकित करते समय दृश्यपटल पर भी दिखता रहता है कि किस रूप में प्रिन्ट हो रहा है तथा इच्छानुसार साथ–साथ संशोधन व परिवर्तन भी किये जा सकते हैं। इसकी लोकप्रियता का प्रमुख कारण

इसके सरल निर्देश तथा उपयोगकर्ताओं के अनुकुल होना है।

**WORK**

**कृति** : भाषा, अथवा संकेतों अथवा अन्य किसी भी माध्यम के द्वारा एक विषय अथवा विचार को लिपिबद्ध करके अभिव्यक्त करना जिससे उसका संचारण व संरक्षरण सम्भव हो सके।

**WORK BOOK**

**कार्य पंजी** : कर्मचारियों के प्रतिदिन के कार्य निर्धारण के विवरण की पंजी।

**WORK IN IDEA PLANE**

**वैचारिक स्तर पर कार्य** : रंगनाथन के अनुसार एक पद्धति को बनाने हेतु प्रथम स्तर पर ज्ञान जगत की संरचना, गुण, विशेषताएँ, उसके विभिन्न आयाम एंव विषयों के पारस्परिक सम्बन्धों की विस्तृत व्याख्या की जानी चाहिये। इसी व्याख्या पर एक पद्धति में विभाजनों का क्रम व नये विषयों की ग्राह्यता निर्भर करती है। यही वैचारिक स्तर का कार्य है। वर्गाचार्य के मार्गदर्शन हेतु रंगनाथन ने वैचारिक स्तर पर कार्य के लिये 15 उपसूत्र प्रतिपादित किये हैं।

**WORK IN NOTATIONAL PLANE**

**अंकन स्तर पर कार्य** : एक वर्गीकरण पद्धति की संरचना हेतु वैचारिक एंव शाब्दिक स्तर पर किये गये कार्यों को कृत्रिम भाषा में कार्यान्वित करना अंकन स्तर का कार्य है। इस प्रक्रिया में वर्गाचार्य के मार्गदर्शन हेतु रंगनाथन ने एकाकी व युग्म उपसूत्र प्रतिपादित किये हैं। रंगनाथन के अनुसार विषय जगत चाहे निश्चल हो अथवा गतिशील, प्रत्येक वर्गीकरण पद्धति की अंकन प्रणाली को इन उपसूत्रों की मांगो को पूरा करना चाहिये।

**WORK IN VERBAL PLANE**

**शाब्दिक स्तर पर कार्य** : इस स्तर पर पद्धति के लिये शब्दावली निश्चित की जाती है। वैचारिक स्तर पर जिन एकल विचारों व विषयों को सुव्यवस्थित किया गया है उनके लिये प्राकृतिक भाषा में किस प्रकार के अथवा कौन से शब्द प्रयोग किये जाने चाहिये। यह निश्चित करना शाब्दिक स्तर का कार्य है। रंगनाथन ने इस स्तर के लिये जो उपसूत्र प्रतिपादित किये है वे वर्गाचार्य तथा वर्गकार दोनों का ही मार्गदर्शन करते हैं। वर्गाचार्य की पद्धति संरचना की प्रक्रिया में शब्दों के चयन में तथा वर्गकार की पद्धति के शब्दों की व्याख्या करने में ये उपसूत्र सहायक होते हैं। इन उपसूत्रों की संख्या चार है।

**WORK MANUAL**

कार्यविधि - **पुस्तिका** : पुस्तकालय के विभिन्न विभागों/अनुभागों में

कार्यरत कर्मचारियों के कार्यों के कार्यविधि का विवरण देने वाली पुस्तिका।

**WORK NUMBER**

**कृति-अंक :** कोलन क्लासिफिकेशन में एक साहित्यिक कृति के वर्गांक में, लेखक द्वारा लिखी जाने वाली कृतियों में से यह किस नम्बर की कृति है। इसी को अभिव्यक्त करने के लिये वर्गांक में कृति अंक प्रयुक्त किया जाता है।

**WORK ROOM**

**कार्य कक्ष :** पुस्तकालय कर्मचारियों के कार्य करने के कक्ष जहाँ सामान्य पाठक को जाने की अनुमति नही होती है।

**WORK SHEET**

**कार्यपत्रक : एक पन्ना** जिसमें अपने कार्य हेतु विभिन्न सूचनाओं को अंकित करने के लिये आवश्यकतानुसार पंक्तियाँ बनाई गयी होती हो। **कम्प्यूटर** के पटल को भी स्प्रेडशीट प्रोग्राम द्वारा एक बड़ी वर्कशीट में बदल दिया जाता है। जिसमें विभिन्न सूचनाओं को अंकित करने हेतु स्तम्भ व पंक्तियों द्वारा खाने बनाये गये होते हैं।

**WORLD BIBLIOGRAPHY**

देखिये Universal Bibliography

**WORLD SCIENCE INFORMATION SYSTEM**

**विश्व विज्ञान सूचना प्रणाली :** देखिये UNISIST

**WORLD TRANSINDEX**

देखिये International Translation Centre

**WORLD WIDE WEB**

**विश्वव्यापी जाल :** इस प्रणाली को सामान्य रूप से इसके संक्षिप्त नाम WWW से जाना जाता है। जिसका प्रथम बार प्रयोग जेनेवा में स्थित योरोपिन सेन्टर फार रिसर्च में नाभिकीय भौतिकी (Nuclear Physics) पर कार्य कर रहे वैज्ञानिकों द्वारा किया गया। यह प्रणाली कार्यकारी कम्प्यूटरों (servers) का ऐसा जाल है जिसकी आधारशिला इन्टरनेट पर आधारित है। वेब (Web) का आरम्भ मूलरूप से एक छोटे नेटवर्क के रूप में हुआ जिसमें बेतरतीब (non-linear) सूचना को प्रदर्शित किया जा सकता था इस कम्प्यूटर आधारित अश्रृंखलाबद्ध अनुक्रमरहित बेतरतीब सूचना को एक नये प्रकार का प्रलेख पृष्ठ हाइपरटेक्स्ट (Hypertext) की संज्ञा दी गयी। इस प्रकार बेब का प्रत्येक पृष्ठ हाइपरटेक्स्ट प्रलेख है जिनको अन्य प्रलेखों से जोड़ा गया होता है। इस छोटे नेटवर्क का मुख्य उद्देश्य मात्र शोधकर्ताओं द्वारा सूचना का पारस्परिक अदला–बदली

था। जबकि वर्तमान में सम्पूर्ण विश्व के किसी भी कोने से प्रलेख की जानकारी प्राप्त हो सकती है। सामान्य भाषा में इंटरनेट तथा विश्वव्यापी जाल (WWW) को एक ही मान लिया जाता है जबकि दोनों भिन्न हैं। इंटरनेट हजारों करोड़ों कंप्यूटरों का अन्तर्राष्ट्रीय जाल है जो सम्मिलित रूप से सूचना का संचारण व उपयोग करता है। इस अन्तर्राष्ट्रीय नेटवर्क पर ही वर्ल्ड वाइड वेब आधारित है। वेब इंटरनेट सर्वर की एक प्रक्रिया है जो विभिन्न हाइपरटैक्स्ट प्रलेखों के समूह को प्रयोग करता है। ये प्रलेख एक विशिष्ट प्रकार की प्रोग्रामिंग भाषा–हाइपर टैक्स्ट मार्कअप लैग्वेज़ में लिखे होते हैं। सभी वेबसाइटें एक जैसी प्रोग्रामिंग भाषा में बनी होने के कारण ही सभी ब्राउजर यह समझते हैं कि इन वेबसाइट फाइलों को किस प्रकार पढ़ा जा सकता है। इसलिये वेब सर्फिंक करना सम्भव होता है। इस प्रकार वर्ल्ड वाइड वेब का कार्य इंटरनेट के कारण ही सम्भव है। देखिये Hypertext।

**WORM**

**वार्म :** इस शब्द का पूरा अर्थ है **राइट वन्स एण्ड रीड मैनी टाइम्स**। यह एक ऐसा आप्टिकल टिस्क है जिस पर सूचना लिखी जा सकती है, कई बार पढ़ी जा सकती है। लेकिन मिटाई नहीं जा सकती है।

**WORM-BORE**

**कीट छिद्र :** पुस्तक कीड़ों के द्वारा पुस्तक के पृष्ठों पर बनाये गये छेद।

**WRAPPER**

**पुस्तक आवरण :** प्रलेखों के ऊपर लगाया जाने वाला मुद्रित अथवा अमुद्रित आवरण। यह डस्ट कवर, रैपर, जैकेट आदि के नामों से भी जाना जाता है।

**WRITE OFF**

**बट्टे-खाते में डालना :** पुरानी व अनुपयोगी पुस्तकों को पुस्तकालय द्वारा बट्टे खातें में डाल देना। अर्थात रद्द कर देना। दखिये Written Off।

**WRITTEN OFF**

**बट्टे खाते में डालना :** सत्यापन प्रक्रिया के समय ऐसे प्रलेख जो खो गये हैं अथवा जीर्ण शीर्ण हो गये है अथवा अनुपयोगी है। पुस्तकालय समिति की अनुमति से उनको पूर्ण प्रक्रिया के बाद बट्टे खाते में डाल दिया जाता है।

**WYSWYG**

**विजीविग :** अर्थात What you see Is What you Get अर्थात मुद्रण करते समय जैसा दृश्य कम्प्यूटर मानीटर के पटल पर दिख रहा है वैसा ही मुद्रित भी होगा। इसका प्रयोग डेस्क टॉप पब्लिशिंग में किया जाता है।

**X-HEIGHT**

रोमन लोअर केस शब्द में 'X' कि ऊंचाई को X-Height कहा जाता है। एक पंक्ति में कितने अक्षर आयेंगे तथा पढ़ने में कितनी आसानी रहेगी। छोटे पॉइंट के अक्षरों में X-height अधिक होने पर पढ़ने में आसानी रहती है। जब कि उसी पॉइंट के अक्षरों में X-height कम होने से पढ़ने में कठिनाई होती है।

**XENIX**

**जैनिक्स :** कम्प्यूटर का एक आपरेटिंग सिस्टम है जिसे PC/AT पर चलाया जा सकता है। यह युनिक्स का ही सरलीकृत संस्करण है।

**XEROGRAPHY**

**जीरोग्राफी :** इस विधि का अविष्कार अमेरिका के चेस्टर एफ कार्लसन (Chester E. Carlson) ने 1937 में इलेक्ट्रोग्राफी अर्थात विद्युत छायांकन के नाम से किया। जिसे बाद में बदल कर जीरोग्राफी कर दिया गया। 1944 में बाटेल मेमोरियल इन्सटीट्यूट ने कार्लसन की सहायता से अपने ग्राफिक आर्टस रिसर्च डिवीजन में इस विधि पर अनेक प्रयोग किये। सबसे पहले व्यावसायिक उद्धेश्य हेतु जीरोग्राफी मशीन हेलायड मशीन कंपनी ने 1950 में बनायी। जीरोग्राफी एक शुष्क एवं अरसायनिक विधि है जिसमें स्लेनियम युक्त विद्युत अवेशित जिंक प्लेट का प्रयोग किया जाता है। इस प्लेट का प्रयोग अनेक बार किया जा सकता है। इस प्लेट की प्रतिलिपि तैयार की जाने वाली मूल प्रति को एक विशेष प्रकार के कैमरे के सामने निश्चित समय तक उद्भासित किया जाता है तो विद्युत आवेश प्रकाश सुग्राही परत में से होकर प्रदीप्त भाग में जाता है। इससे निगेटिव तथा पॉजीटिव आवेश आपस में मिल जाते हैं तब प्रदीप्त क्षेत्र में आवेश घनत्व कम हो जाता है। अन्त में प्रकाश सुग्राही परत पर आरम्भिक

# Z

**ZATACODING**

**जैटोकोडिंग :** यह सूचना पुनः प्राप्ति के लिये छिद्रित पत्रक प्रणाली है जिसका प्रतिपादन अमेरिका के कालाविन एन॰ मूर्स (Calvin N. Mooers) ने किया। इस पद्धति में पत्रक के ऊपरी एंव निचले किनारों में संकेतों को छिद्रित किया जाता है। पत्रकों के किनारे नुचे होने के कारण इसे कोरनुचा जेटोकार्ड (Edge-Notched Zeto Card) भी कहा जाता है। प्रत्येक प्रलेख के लिये एक पत्रक प्रयोग किया जाता है। एक प्रलेख से सम्बन्धित विवरण पदों (Descriptors) को पत्रक पर अंकित करके प्रदर्शित किया जाता है। प्रत्येक पद को एक संकेत संख्या भी आंवटित की ज़ाती है। पत्रक को छांटने तथा सूचना प्राप्ति के लिये उनके चयन हेतु एक यांत्रिक चयनक का प्रयोग किया जाता है।

**ZERO**

**शून्य :** वर्गीकरण में शून्य का संकेतक अथवा सारगर्भित अंक के रूप में प्रयोग किया गया है। कोलन क्लासिफिकेशन में संस्करण 4 से संस्करण 6 तक इसे विषय सम्बन्ध विधि के संकेतक के रूप में प्रयोग किया गया। संस्करण 7 में इसको अर्थरिक्त अंक की तरह मान्यता दी गयी है जिसके आधार पर इसकी अंकन प्रणाली में 15 खण्डों (zones) की उत्पत्ति की जा सकती है। यूनीवर्सल क्लासीफिकेशन में शून्य–बिन्दु विशिष्ट सारणी के संकेतक के रूप में प्रयोग किया जाता है।

**ZINCOGRAPHY**

**यशद मुद्रण :** मुद्रण की फोटो–यांत्रिक विधि जिसमें रूपाकंन अथवा रेखा चित्रण सफेद व काले रंग में उत्पन्न की जाती है। इसमें जस्ते का ठप्पा प्रयोग किया जाता है जबकि तांबे का प्रयोग विशिष्ट उत्कृष्ट कार्यों के लिये

किया जाता है। इसीलिये इसे जस्ते के ठप्पे से छापने की कला कहते हैं।

**ZIP DRIVE**

**जिप ड्राइव :** जिप ड्राइव इन्टरफेज के कई विकल्प प्रदान करता है। इन पर प्रति डिस्क 100 मेगाबाइट डेटा की जगह है और बड़े फाइलों के ट्रांसफर में ये बड़े उपयोगी है।

**ZONE ANALYSIS**

**क्षेत्र-विश्लेषण :** जिस वर्गीकरण पद्धति में मिश्रित अंकन प्रयोग किया गया हो उसमें क्षेत्र अवधारणा का प्रयोग संभव है। इस अवधारणा का प्रथम बार उल्लेख कृष्णराव ने 1953 में अपने एक लेख में किया। जिसमें उन्होनें कोलन क्लासिफिकेशन में प्रयुक्त मिश्रित अंकन की व्याख्या के आधार पर यह निष्कर्ष निकाला कि मिश्रित अंकन के आधार पर विषय जगत को विभिन्न क्षेत्रों में बाँटा जा सकता है जैसे a-z क्षेत्र 1, 1-8 क्षेत्र 2, A-Z क्षेत्र 3, तथा प्रत्येक क्षेत्र को भिन्न विषय क्षेत्र आवंटित किया जा सकता है। कोलन क्लासिफिकेशन में रंगनाथन ने अनजाने में ही प्रत्येक प्रकार के अंक को एक भिन्न प्रकार का विषय आंवटित कर दिया था। इस अवधारणा की उत्पत्ति के बाद कोलन पद्धति की अंकन प्रणाली को स्पष्ट रूप से क्षेत्रों में बांट दिया गया – a-z प्रथम से पूर्व क्षेत्र-1, 1-8 प्रथम अष्टक क्षेत्र 2, A-Z अन्तिम अष्टक क्षेत्र 3 तथा 9A - 9Z उपान्तिक अष्टक उपक्षेत्र 3, वर्तमान संस्करण 7 में पाँच क्षेत्रों का प्रावधान है – z-a, z-0, z-1, Z-A, Z (A)।